AF126218

Robert Shaw

Reise nach der Hohen Tatarei, Yarkand und Kashghar

und Rückreise über den Karakoram-Pasz

Robert Shaw

Reise nach der Hohen Tatarei, Yarkand und Kashghar
und Rückreise über den Karakoram-Pasz

ISBN/EAN: 9783743622203

Hergestellt in Europa, USA, Kanada, Australien, Japan

Cover: Foto ©Andreas Hilbeck / pixelio.de

Weitere Bücher finden Sie auf **www.hansebooks.com**

Reise

nach der

Hohen Tatarei, Yârkand und Kâshghar

und

Rückreise über den Karakoram-Paß.

Von

Robert Shaw,

Britischem Commissär in Ladâk.

Autorisirte vollständige Ausgabe für Deutschland.

Aus dem Englischen

von

J. E. A. Martin.

Mit 14 Illustrationen und 2 Karten.

Zweite Auflage. Wohlfeile Volksausgabe.

Jena,

Hermann Costenoble.

1876.

Vorbemerkung des Uebersetzers.

Der Präsident der königlichen geographischen Gesellschaft in London, Sir Roderick Murchison, sagt bei Gelegenheit einer Mittheilung, die Herr Shaw der genannten Gesellschaft über seine, hier dem deutschen Publikum vorgelegten Reise machte, Herr Shaw „sei der erste Engländer, der Yárkand besucht habe und wieder zurückgekehrt sei, um über das Innere des Landes und die Sitten der Bewohner zu berichten."*) Im Hinblick auf dieses Urtheil scheint es nicht unpassend, hier eine allgemeine Zusammenstellung der bis jetzt in jenen Regionen von Europäern ausgeführten Reisen und Untersuchungen, sowie derjenigen Routen, über welche Eingeborne als Gehülfen berichten konnten, folgen zu lassen.

Angaben über topographische Verhältnisse nördlich von Hochasien, über Yárkand und Khótan, besitzen wir schon von Marco Polo (geboren 1250 oder 1254); sie wurden vermehrt durch die Arbeiten der Jesuiten, unter denen P. Goës und P. Hallerstein, der 1760 in Elchi war, zu nennen sind.

Ueber den Karakorum=Paß nach Yárkand, auf der Route, die den Künlün zur Rechten läßt, muß der Weg des russischen

*) Proceedings of the Royal Geographical Society. Vol. XIV. Session 1869—70. pag. 136.

Reisenden Georg Raphael Danibeg geführt haben, dessen Bericht
vom Jahre 1815 Humboldt in seinem „Central=Asien" erwähnt.
Danibeg ging von Le über Járkand, Aksu und Turfan nach
Semipalatinsk.

Erreicht hatte die Kammhöhe des Karakorum auch Thomson,
1848, aber nicht überschritten. Er betrachtete diese Uebergangs=
stelle als eine Vorstufe zum Uebergange über den Künlün, der
„als die wasserscheidende Kette" noch folge. —

Die ersten Ueberschreitungen der Karakorumkette nebst der
noch nördlicher gelegenen Künlünkette waren den Brüdern
Herm., Ad. und Rob. von Schlagintweit, 1856 und 1857, mög=
lich geworden.

Im Jahre 1856 war Turkistán unmittelbare Provinz von
China, wo, ungeachtet mancher Verträge in den Hafenstädten,
jedem Europäer durch die Behörden der Zutritt versagt war und
wo für glückliches Gelingen große Vorsicht in Verkleidung und
Auftreten, auch bei dem Zusammentreffen mit den Bewohnern
nöthig war. In manchen Gebieten waren die Eingeborenen sogar
durch räuberisches Auftreten sehr gefährlich. So wurde 1856 für
Adolph von Schlagintweit das Vordringen jenseits der Karakorum=
kette vom Mustaghpasse herab unmöglich. Aber Hermann mit Robert,
der in jenem Sommer Hermann's Gefährte war, gelang es 1856,
bis an den Nordabhang des Künlün ihre Route auszudehnen.

Im Jahre 1857 hatte Adolph eine ganz andere Stelle des
Ueberganges gewählt, den Changchenmo=Paß, den er am 9. Juli
1857 überschritt; er fiel, nachdem er Káshgar erreicht hatte, am
28. August 1857. Wali Khan, ein Usbeken=Häuptling, der kurze
Zeit vorher einen Theil von Turkistán in räuberischen Angriffen
sich unterworfen hatte, war es, der Adolph's Ermordung befahl.
Wali Khan konnte nicht lange sich halten. —

Nach den Herren von Schlagintweit kam, aber neun Jahre
später, als der erste Europäer W. H. Johnson, Civilbeamter der
indischen Landesvermessung, der bis jenseits des Künlün seine

Forſchungen ausdehnte. Seine Reiſe von Le bis zur Rückkehr dahin, währte von Mitte Juli bis Ende November 1865. Er ging nach Norden über den Changchenmo-Paß und kam über den Karakorumpaß zurück. Sein Bericht nebſt Karte und Höhenangaben iſt im General-Report der indiſchen Landesvermeſſung für 1865/66, zu Dehra Doon 1866 publicirt. — Zur Zeit von Johnſon's Reiſe war Khótan beherrſcht von Habīb-ula, einem nahezu 80jährigen Greiſe, der auf einer Pilgerfahrt nach Mekka geweſen und Anfangs 1863, nach dreijähriger Abweſenheit, zurückgekehrt war. Er wurde dann zum Kazi oder „geiſtlichen und weltlichen Richter" gemacht, und bei den Wirren des Landes zu jener Zeit gelang es ihm, wenige Monate ſpäter, die Chineſen zu vertreiben und ſich zum Khan Babſhah erwählen zu laſſen, wobei er halb als Khan, halb als Prieſterhäuptling fungirte. Wenige Jahre ſpäter, 1866, ward auch dieſer von dem Usbekenführer Yakub-Kuſhbegi überliſtet und überwältigt, der jetzt zum Beherrſcher von ganz Oſt-Turkiſtán ſich erhoben hat. —

1868/69 durchzog Shaw, dem ſpäter auch Hayward ſich anſchloß, Turkiſtán bis nach Yárkand und Káſhgar. Shaw's Erlebniſſe ſind in dem hier vorliegenden Buche zuſammengeſtellt; Hayward, der mit Inſtrumenten zu Höhenmeſſungen und anderen Beobachtungen verſehen war, gab Berichte, die im Journal der Londoner Geographiſchen Geſellſchaft, 1870, erſchienen.

Von den Schlagintweit'ſchen Reiſen hat Shaw jener von Hermann und Robert, im Jahre 1856, in ſeinem Buche nicht erwähnt; Publicationen über dieſelbe hatten die Herren von Schlagintweit theils während der Reiſe (Journ. As. Soc. Bengal etc.), theils nach der Rückkehr erſcheinen laſſen*). Dagegen iſt Adolph's trauriges

---

*) Results of a Scientific Mission to India and High Asia by Hermann de Schlagintweit-Sakünlünski, Adolphe and Robert de Schlagintweit. Vols I—IV. Fol. Atlas 1—43. Leipzig, Brockhaus.

Reiſen in Indien und Hochaſien ꝛc. Von Hermann von Schlagintweit-Sakünlünſki. 3 Bände. Jena, Hermann Coſtenoble. 1869, 1871 und 1872.

Schicksal wiederholt mit voller Theilnahme besprochen, seines
Vordringens bis Kaschgar ist stets gedacht. Die Reise von Her=
mann und Robert berührte auch nicht eigentlich das Hauptgebiet
der Reise Shaw's, das erst jenseits der Gebirge lag.

. Auf der Shaw's Buche beigegebenen Kartenskizze des „Landes
nördlich von Indien" ist die Karakorumkette nicht angezeigt, sondern
nur der Himálaya und der Künlün. Die Herren von Schlagint=
weit hatten in ihren Berichten zu Dublin (British Assoc. 1857), sowie
auf der allgemeinen Karte ihres großen Atlas 1861 drei Ketten,
Himálaya, Karakorum und Künlün, und ihre relativen Höhenver=
hältnisse zuerst erläutert und die Karakorumkette als die Hauptkette
bezeichnet. Auch auf der neuesten von Col. Walker, Chef der indischen
Landesvermessung, 1868 gegebenen Karte dieser Gebiete ist die Kara=
korumkette als die Hauptkette dargestellt, und der von den Herren von
Schlagintweit vorgeschlagene Name ist beibehalten. Veränderungen
durch die noch späteren Arbeiten sind Fortschritte in der genaue=
ren Definition der gegenseitigen Verhältnisse der drei Ketten
unter sich. Im Buche selbst betrachtet Shaw die Karakorumkette
als die Wasserscheide. (S. 365, 369.)

Die von Shaw aufgestellte Raçenbestimmung der Turkis,
nämlich „den rein arischen Charakter der Turkis", haben auch
die Herren von Schlagintweit im Jahre 1857, unmittelbar nach
ihrer Rückkehr, zu Dublin erläutert und zugleich bewiesen. Sie
hatten nämlich — wie kein anderer Forscher unter ihren Vorgängern
(auch später Niemand, so viel von großen Reisen mir bekannt)
— plastische Typen der verschiedenen Raçen durch Abformung
über Lebende gemacht. Solche Typen erlauben selbst nach der

Sammlung 275 ethnographischer Raçentypen (vordere Hälfte der Köpfe).
Von H., A. und R. von Schlagintweit. Leipzig, J. A. Barth, 1858.
    Die deutsche Ausgabe der „Reisen" ist es, die mir, im Manuscript auch für
die letzten Bogen des unter der Presse befindlichen dritten Bandes, vorliegt.
    *) Dessenungeachtet ist auch in der deutschen Ausgabe Shaw's Karte als
„Facsimile" beigegeben.

Heimkehr, das ganze gesammelte Material zu jeder Zeit kritisch unter sich zu vergleichen, auch stets neue Ausgangspunkte in den Fragen der Combinationen zu prüfen.

Die in neuerer Zeit in Europa erschienenen Publicationen über die zu bereisenden Gegenden mochten Herrn Shaw bei seinem vieljährigen Aufenthalte im Kangrathale nicht allzu leicht zugänglich sein, und da er seine Reise hauptsächlich zu Handels= zwecken unternahm, so mochte er wohl auch nicht das Bedürfniß fühlen, lange wissenschaftliche Vorbereitungen zu treffen. Er theilt uns mit, was er sah und was er erlebte, und dies bietet des Interessanten genug; den Zweck seiner Reise aber hat er so weit erreicht, daß Sir H. Rawlinson in der Londoner geographi= schen Gesellschaft sagen konnte, „der große praktische Werth der Forschungen des Herrn Shaw bestehe darin, daß sie das Mittel geworden, dem britischen Handel einen ausgedehnten Markt zu eröffnen, einen Markt, der fast grenzenlos sei, und der in der Zukunft von der höchsten Wichtigkeit werden könne".

Die neueste Reise von Indien bis Yárkand war 1870 die Mission T. F. Forsyth's, eines hohen Civilbeamten, der als Gesandter mit der Regulirung der Handelsverhältnisse von der indischen Regierung beauftragt war. Es ist dies jene Mission, der auch Herr Shaw, wie er in seinem Vorworte erwähnt, sich anschließen durfte.

Berichte über diese Reise sind in den Publicationen der Londoner geographischen Gesellschaft erschienen. Herr Shaw hat die Resultate derselben in seinem Buche unberücksichtigt gelassen, jedenfalls, wie aus dem Vorworte hervorgeht, um die Veröffent= lichung seiner ersten Reise nicht länger zu verzögern.

Forsyth hatte die Productions= und Handelsverhältnisse im Norden des Künlün bis Yárkand kennen gelernt. Aber mit dem Herrscher Yakub Kushbegi konnte die Conferenz, die der Haupt= zweck seiner Sendung war, nicht stattfinden, da der Letztere zur

Zeit im Kampfe mit feindlichen Nachbarn weit entfernt, nord=
östlich von Yárkand, sich befand*). —

Unter dem Materiale und den Mittheilungen, welche von
Eingebornen geboten werden konnten, kamen zuerst zur
Publication im „Quarterly Oriental Magazine“ Calcutta 1825,
die „Travels beyond the Himálaya“ von Mir Izzet Ullah; er
war der Begleiter Moorcroft's im centralen Tibet gewesen und
unter den von ihm allein ausgeführten Märschen findet sich auch
die Route über den Karakorum=Paß in der Hauptkette und über
den hohen westlichen Yengi Davan=Paß im Künlün nach Karga=
lik, südlich von Yárkand.

Als die nächste Benutzung ähnlicher Mittheilungen ist wohl
die Karte zu nennen, im Maaßstabe von 1 Zoll = 25 englische
Meilen, welche Capitain (jetzt Oberst) Lumsden im Juli 1862
zu Marri nach den Angaben des Yarkandi Mohammad Amin
zusammengestellt hat; Mohamamd Amin war 1856, sowie 1857
der Führer der Herren von Schlagintweit nach Turkistán und
machte auch aus seinen eigenen Reise=Erfahrungen gute Angaben
über manche der umgebenden Gebiete, soweit Schätzungen nach
Vergleichen der Märsche möglich sind.

Der erste eingeborne Vermesser, den Capitain Montgomerie
1863/64 aussandte, wurde von Yarkandis ermordet; seine Auf=
zeichnungen konnte sich Capitain Montgomerie noch verschaffen.

Mit Forsyth's Mission gingen gleichzeitig zwei Eingeborne,
aus dem Gehülfenpersonale der indischen Landesvermessung, ab,
nämlich Ibrahim Khan und Faiz Bakhsh; sie hatten über Yassin
und das Pamir=Plateau nach Yárkand zu gehen. Der Bericht,

---

*) Einen sehr gründlichen Bericht über „Ost=Turkistan und seine
Grenzgebiete“ hat A. Petermann in seinen „Mittheilungen“ 1871 S 257—
273 gegeben. Dort sind unter Anderem, mit Hinzuziehen auch russischer Daten,
die politischen Verhältnisse vom Beginne des Aufstandes gegen China bis zur
gegenwärtigen Lage sehr gut dargelegt. Ebenso sind die Objecte und die Wege
des Handels sorgfältig geprüft und zusammengestellt.

von Ibrahim Khan, ist vorgelegt worden, auch in den Proceedings der Londoner Geographischen Gesellschaft, 1871, gegeben; er läßt aber die wesentlichsten topographischen Fragen ganz unklar.

Es bleibt noch übrig, ein Wort über die deutsche Ausgabe der Shaw'schen Reise zu sagen.

Die Uebersetzung schließt sich möglichst treu an das Original an; selbst Ungenauigkeiten in der Schreibweise topographischer Namen hat der Uebersetzer zu ändern sich nicht erlaubt, da bei dem bis jetzt vorhandenen Materiale sich schwer bestimmen läßt, was das Richtige ist.

Für die den morgenländischen Sprachen entnommenen Wörter ist nach dem Beispiele des Herrn von Schlagintweit-Sakünlünski in seinen „Reisen in Indien und Hochasien" die Schreibweise mit englischen Consonanten beibehalten. Es ist daher in solchen Wörtern

1) ch gleich dem deutschen tsch,
2) j   „   „   „   dsch,
3) sh   „   „   „   sch,
4) kh   „   „   „   ch,
5) v   „   „   „   w,
6) y   „   „   „   j,
7) z als weiches s zu sprechen.

G ist immer, wie im Deutschen, hart zu sprechen, auch vor e und i.

Jena, den 1. Juli 1872.

J. E. A. Martin.

Vorwort.

Um das späte Erscheinen des vorliegenden Buches zu erklären, muß ich einige Worte vorausschicken.

Als ich von meiner Reise nach Yârkand im Januar 1870 nach England zurückkehrte, ging ich daran, meine Notizen über das bereiste Land zu ordnen; da erschien in den Times die telegraphische Nachricht aus Indien, daß einige britische Officiere an den Atalik-Ghâzi oder König von Ost-Turkistân gesandt werden sollten, um demselben einen freundschaftlichen Besuch abzustatten. Ich erbot mich sofort auf telegraphischem Wege, an dieser Expedition theilzunehmen, und erhielt in fünf Tagen eine meinen Wünschen günstige Antwort.

Ich mußte daher England sogleich verlassen und mich eiligst an den Sammelplatz, das nördliche Ende des Pangong-Sees in West-Tibet, begeben.

Die Aufzeichnungen meiner früheren Reise befanden

sich in einem Journale, in welches von Tag zu Tag ein=
getragen wurde, wenn es etwas Interessantes zu schreiben
gab, und in einem Diarium (das außer mir fast Niemand
lesen konnte und) das blos tägliche Marschbewegungen
und solche Dinge enthielt, zu deren ausführlicheren Abschrift
es keine passende Zeit gab. Diese nahm ich in dem Dampf=
schiff mit nach Indien und bereitete sie in der übereilten
Weise, wie es bei der Hitze und den Unannehmlichkeiten
einer Reise im Juni das Rothe Meer hinab nicht anders
möglich war, zur Veröffentlichung vor. Es wäre doch
Schade gewesen, wenn ich mich wieder nach Turkistân ge=
wagt hätte, ohne von den Ergebnissen meiner ersten For=
schungsreise Etwas zu hinterlassen, und so wanderte denn
mein hastig verbessertes Manuscript mit der nächsten Post
nach Hause.

Da eine baldige Rückkehr von meiner zweiten Reise
mir gestattete, mein Buch, ehe ich es der Oeffentlichkeit
übergab, noch einmal sorgfältig durchzuarbeiten, so wurde
es zu diesem Zwecke mir wieder zugesandt. Aber es fand
mich in Folge der Strapazen, die ich ertragen hatte, von
einer schweren und gefährlichen Krankheit niedergeworfen.

Dadurch entstand von Neuem eine Verzögerung, die
ich nicht gern durch eine genauere Durchsicht noch verlängern
wollte.

So tritt denn mein unglückliches Buch, nachdem es

mit mir von Turkistân nach England und wieder nach In=
dien, dann nach Hause und zum zweiten Male nach In=
dien gewandert ist, jetzt endlich seine f ü n f t e Reise zwischen
Asien und Europa an und wird nun hoffentlich nicht
mehr von widrigen Wogen und Winden umhergeworfen
werden.

Die dargelegte Verzögerung wird viele von den
Mängeln, die in dem Buche sich finden, erklären und
hoffentlich entschuldigen.

Inhalt.

Verzeichniß der Illustrationen.

Erstes Kapitel.

Einleitung.

Des Verfassers Niederlassung im Himâlaya. — Interesse für die Gegend jenseits des Himâlaya. — Allgemeine physische Verhältnisse von Tibet und dem Himâlaya. — Die Gegenden jenseits Tibet; bisher unzugänglich. — A. Schlagintweit's Ermordung. — Johnson's Reise nach Khoten. — Des Verfassers vorläufige Reise nach Ladâk. — Die Hochebene von Tibet; ihre kalten Winde; ihre Dörfer und deren Bewohner. — Lamas. — Die Stadt Leh (Ladâk). — Zusammentreffen mit Turki-Kaufleuten. — Ihre Dankbarkeit für die durch Dr. Cayley erlangten Vortheile. — Rückkehr von Ladâk nach Kangra. — Beschwerden im Bara Lâcha-Paß. — Vorbereitungen zu einer Reise nach Ost-Turkistân. — Entschluß, als Kaufmann zu reisen. — Munshi Dîwân Bakhsh als vertrauter Agent und Vorläufer engagirt.

Mehrere Jahre lang hatte ich mich im Kangra-Thale, unter dem schneeigen Himâlaya, niedergelassen. Wiederholte Jagdzüge, die sich bis Kaschmir erstreckten, hatten mich in die Kunst asiatischen Reisens eingeweiht. Hier, an den Grenzen Indiens, wird das Interesse von selbst auf die geheimnißvollen Gegenden gelenkt, die jenseits des großen Gebirgswalles liegen, der an der ganzen Nordseite jenes Reiches sich hinzieht. Forscher finden, daß, wo man auch diese Grenze von Süden her angreift, man immer zuerst ein weit ausgedehntes Gebirgsland zu überschreiten hat, das oft aus hohen, durch große Ströme getrennten, parallelen Zügen besteht (wobei Gebirgszüge und Ströme der Länge nach in derselben Richtung wie die ganze Kette laufen), und daß man endlich ein hohes unfruchtbares Plateau erreicht, das auf den äußeren Höhenzügen, wie auf einer Reihe Mauern, ruht. Dieses unfruchtbare Hochplateau ist Tibet; es erstreckt sich hinter dem ganzen Himâlaya entlang und wird von ihm getragen. Die Natur hat es in Ost= und West=Tibet getheilt, die durch den Sampu*) und den Indus entwässert werden. Beide Ströme entspringen dicht bei einander, und laufen viele hundert Meilen weit in entgegengesetzter Richtung, der erstere nach Osten, der letztere nach Westen. Endlich wenden sich beide nach Süden, durchbrechen das Gebirge und ergießen sich ins Meer, das ganze nördliche Indien zwischen sich schließend. Die Identität des Sampu und des Brahmaputra scheint hinlänglich festgestellt, um diese kurze Darstellung zu rechtfertigen.

Man denke sich eine Mauer, die hinter sich eine hohe Ter= rasse von Kies trägt: man stelle sich vor, daß diese Kiesterrasse in der Mitte einen Buckel hat, so daß die Gewässer, die dort entspringen, nach rechts und links ablaufen, bis sie in der Mauer je eine niedrige Stelle finden und durch dieselbe entrin= nen. Dies ist das Verhältniß, in welchem Tibet und seine Flüsse und die Himâlaya=Kette zu einander stehen. Aber was liegt jenseits, auf der anderen Seite der unfruchtbaren Kiesterrasse? Wird sie auch auf jener Seite von einer Gebirgswand getragen, oder geht sie durch allmälige Senkung in das allgemeine Niveau über, oder erstreckt sie sich in derselben großen Höhe und mit demselben unfruchtbaren Charakter noch in weite Ferne?

Diese Betrachtungen gewannen einen wunderbaren Reiz, wenn man an der gewaltigen Mauer hinaufblickte, hinter der jene Geheimnisse verborgen lagen. Sie wurden genährt durch das Erscheinen jener Eingebornen von Ladâk, Zanskar u. s. w., die sich aus den nähern und zugänglichern Districten West=Tibets (eines Theiles der Gegend, die ich als die Kiesterrasse dargestellt habe) in's Kangra=Thal verlaufen, wo sie jedes Jahr zu sehen sind. Schwarze Zelte eigenthümlicher Art erscheinen im Winter einige Tage nach einander auf freien Plätzen an der Straße und schützen schmutzig=braune Familien schmaläugiger Tibeter —

---

*) Der Fluß Ost=Tibets ist uns unter diesem Namen bekannt. Eigentlich bedeutet aber das Wort „Sampu" in der tibetischen Sprache „Fluß", und der Indus in West=Tibet hat daher gerade so viel Anspruch auf diese Benennung wie der andere.

kleiner Handelsleute, die mit ihren Waaren herabkommen. Im Aeußern, mit ihren hohen Backenknochen, ihrem Schmutz und ihren langen Zöpfen, sind sie nicht besonders einnehmend. Aber sie sind die gemüthlichsten Menschen und grüßen Sie stets mit einem Grinsen.

Ferner bringen jedes Jahr die wenigen englischen Jagd=liebhaber, die in die wilderen Gegenden Ladáks eindringen, Berichte über die wunderbaren Thiere, die sich dort finden, und über die merkwürdigen Sitten der buddhistischen Bewohner herab. Wer sich Mühe genug gibt, bekommt, außer Antilopen und Gazellen, wilde Schafe so groß wie Ponies, wilde Rinder mit buschigen Schwänzen wie die Pferde und langem Haar an den Seiten, das fast bis auf die Erde reicht; wogegen für diejenigen, welche die Jagd nicht lieben, die merkwürdigen Klöster, die auf fast unzugänglichen Felsen stehen, mit ihrem römischen Ceremo=niell, ihren Gebeträdern, ihren riesenhaften Heiligenbildern und alten Handschriften, die Hauptgegenstände der Anziehung bilden.

Während aber Ladák auf diese Art leidlich bekannt wurde obgleich es so weit entfernt lag, daß man fast einen Monat brauchte, um über das Gebirge zu kommen, schien die Gegend jenseits desselben alle Reize des Geheimnisses und weiter Ent=fernung zu vereinigen. Einige wenige eingeborne Handelsleute waren, wie man wußte, bis zu den fernen Märkten Yárkands und selbst Káshghars vorgedrungen und erzählten bei ihrer Rückkehr schreckliche Geschichten von ertragenen Strapazen und überstandenen Gefahren. Menschenleben sollten dort keinen höhern Werth haben als das Leben der Schafe, und nur wenige Händler wagten es, die gefährliche Reise zum zweiten Male zu machen. Auch Gerüchte von Aufruhr in jenen Gegenden ge=langten nach Indien. Die unterworfenen Moghuls, eine musel=männische Race, sollten sich empört, ihre chinesischen Herren ermordet und die Unabhängigkeit des „Landes der sechs Städte", wie sie die Landschaft nannten, die auf unseren Karten als Chinesische Tatarei erscheint, wieder hergestellt haben.

Nimmt man, um sich über diese Gegend zu unterrichten, europäische Bücher zur Hand, so findet man mehr Roman als Geschichte. Dies Land ist die Kleine Bucharei, deren durch Moore unsterblich gemachter Herrscher Lalla Rukh zur Braut bekam.

1*

Die Gebrüder Michell sagen über dasselbe in ihrem Buche „die Russen in Central=Asien" Folgendes:

„Unsere Unkenntniß der fraglichen Gegend ist uns lange zum Vorwurf gemacht, und daß unsere Kunde von derselben „hauptsächlich nur auf Muthmaßungen beruht und jämmerlich mangelhaft ist", als eine Schmach für die Wissenschaft bezeichnet worden. Wenn man diejenigen, welche so schnell und leicht die Energie anfechten, die gerade in diesem Lande schon so viele werthvolle Menschenleben geopfert hat, fragen wollte, auf welche Weise denn ein Land, wo, stark ausgedrückt, jeder Mensch sein Leben in der Hand trägt, für angelsächsische Unternehmung geöffnet werden kann, so würden sie vielleicht in Verlegenheit kommen. Um Muth und gute Führung zu beweisen, dazu gehört etwas mehr als „Thor!" oder „Feigling!" auszurufen, da jeder nachfolgende Reisende immer vor den Beschwerden und Gefahren einer Reise durch Klein=Bokhara zurückschrickt."

Ein trauriges Beispiel dieser Unsicherheit des Lebens prägte sich den Bewohnern des Kangra=Thales besonders tief ein. Im Jahre 1857 zog der große deutsche Reisende Adolph Schlagint= weit auf jener Route hinauf nach Ost=Turkistán (wie ich fortan die fragliche Gegend nennen werde), und wurde daselbst von dem Fürsten, Wallé Khan, der damals die chinesische Besatzung in Káshghar belagerte, ermordet. Aus dem Kangra=Thale hatte er mehrere Diener mitgenommen, die später mit der schmerzlichen Nachricht in ihre Heimath zurückkehrten.

Dies Alles vermehrte, wie man sich denken kann, das Interesse, mit welchem wir die ungeheure Schneewand betrachteten, die zwischen uns und jenem geheimnißvollen Lande, das außer Marco Polo fast noch kein Europäer besucht hatte, die erste Barrière bildet.

Im Jahre 1867 nach dieser Gegend hingelockt, dehnte ich meinen gewöhnlichen jährlichen Ausflug bis Ladâk aus. Mein Gefährte und ich wollten gern den Karawanen begegnen, die aus Central=Asien alljährlich nach West=Tibet kommen. Wir wünschten mit den Kaufleuten Bekanntschaft zu machen und waren vorbereitet, wenn wir eine Gelegenheit fanden, bis nach Khoten zu gehen. Dies kleine muselmännische Fürstenthum, zu Turkistán gehörig, aber davon getrennt, liegt unter dem Gebirge, welches Ladâk im Norden begrenzt. Das Oberhaupt von Khoten hatte im Jahre 1865 Mr. Johnson, einen Officier von der englischen Landesvermessung, der damals in dem benachbarten Gebirge beschäftigt war, sehr gastfreundschaftlich aufgenommen. Wir hofften eine ähnliche Aufnahme zu finden, wenn wir uns die Unterstützung eines angesehenen Kaufmannes verschaffen konn= ten, der uns einzuführen vermochte.

Unsere Hoffnungen wurden jedoch vereitelt, da uns unter= wegs die Nachricht traf, daß Yakub Beg, der neue Herrscher von Kâshghar und Yârkand, in das kleine Fürstenthum Khoten eingefallen sei und das Oberhaupt desselben getödtet habe.

Dies war im vorhergehenden Winter geschehen, und die Nachricht brachte die erste Gesellschaft mit herüber, die das Gebirge überschritt, nachdem es von dem Schnee des Winters und den Fluthen des Frühlings befreit war. Ladâk indeß besuchten wir und wurden durch die neuen Landschaften, die wir sahen, reichlich dafür belohnt. Nachdem wir die engen tannen= gekrönten Schluchten, die jähen Klippen und die Gletscherpässe des wirklichen Himâlaya verlassen hatten, betraten wir das ungeheure Tafelland von Tibet in dem Districte, den man Rupshu nennt. Dies Tafelland erinnert Einen jedoch beim ersten Blick an die Bemerkung des britischen Soldaten über Abyssinien: „Nun gut, wenn es eine Tafel ist, so ist es eine Tafel, welche die Beine alle zu oberst hat."

In einer Höhe gleich derjenigen des Mont=Blanc gelegen, besteht jenes Plateau aus breiten Thälern ohne Wasser, die einige Hundert Meter breit scheinen und in Wirklichkeit Ebenen sind, die sich viele Meilen erstrecken. Auf beiden Seiten erheben sich wellenförmige Gebirge mit allen Schattirungen von roth, gelb und schwarz. Nahe am Gipfel der Berge streicht hier und da der Felsen zu Tage, um die Einförmigkeit der aus Trümmern bestehenden langen Abhänge zu unterbrechen, die voll kleiner Steine liegen. Berge und Ebenen, Alles ist nackter Kies. Von Grün ist keine Spur zu sehen, außer etwa in einer geringen Vertiefung, wo das Auge in einiger Entfernung auf der Erde hin einen matten gelben Schimmer erblickt; wenn man näher kommt, sieht man, daß derselbe von einigen zerstreuten Halmen eines rauhen und stachligen Grases herrührt, die durch den

Kies sich hindurchbohren wie ebenso viele verfärbte Stachelschwein kiele. Fangen Sie an zu verzweifeln, daß Sie die großen Be dürfnisse des Reisenden, Wasser und Holz, finden werden, so führt Ihr Führer Sie in einen verborgenen Winkel der Hügel wo ein kleiner, von einem entfernten Schneelager weit oben an den Hügelwänden entstammender Strom, ehe er unter dem Kies verschwindet, ein Dickicht von zwei bis drei Fuß hohem Genist hat entstehen lassen, und wo Gruppen seichter Löcher in der Erde, mit Mauern von lockeren Steinen umgeben und jede mit einem rohen Herd in der Mitte, zeigen, wo die wandernden Tibeterstämme dann und wann ihre Zelte aufschlagen. Wenn Sie klug sind, benutzen Sie diese schützenden Seitenwände, mögen sie auch niedrig und voller Risse sein, denn am Nachmittag erhebt sich plötzlich ein fürchterlicher, tödlich kalter Wind, der Ihnen, wenn er Sie trifft, unter einem Dutzend Decken alles Leben im Leibe erstarren macht. Um ein Dach über dem Kopf kümmert sich der tibetische Reisende nicht, wenn er sich nur hin ter einer drei Fuß hohen Mauer vor dem Winde schützen kann Daher an jeder Haltestelle die zahlreichen kleinen steinernen Einfriedigungen, die beisammen stehen wie die Zellen einer Honig scheibe, mit der einen Seite immer gegen den herrschenden Wind gerichtet. Während so der Reisende sich vor der Kält des Nachmittags schützt, glaubt er kaum, daß er sich noc in demselben Lande befinde, wo er am Morgen sich gege den Sonnenstich verwahrte und von dem unerträglichen Glanz fast blind wurde.*) In diesem Lande zu reisen, ist schrecklic unbefriedigend. Auf jenen endlosen Ebenen scheinen Sie ni irgendwo anzukommen. Stunden lang marschiren Sie nac demselben Punkte des Compasses hin und sehen dabei imme dieselben Gegenstände vor sich. Wenn Sie eine andere Gesell schaft von Reisenden entdecken, die in der Ferne auf Sie zu

---

*) Diese Thatsache bestätigt eine Anmerkung in Rawlinson's Herodo wo Beispiele angeführt werden zur Unterstützung der Vorstellung des alte Geschichtschreibers, daß in den östlichen Theilen der Welt die Morgen heiße seien als die Nachmittage. Herodot wollte dies durch die Annahme erkläre daß die Sonne den östlichen Gegenden (über denen sie aufgeht) am Morge und den westlichen Gegenden am Abend näher stehe. Die wirkliche Ursache i natürlich rein örtlich.

kommt, so können Sie noch einen halben Tag reisen, ehe Sie derselben begegnen. Die Luft ist so rein, daß es keine Perspective gibt: Alles erscheint in einer einzigen Fläche, und zwar dicht vor den Augen. Wenn Sie endlich diese grenzenlosen Thal= Ebenen durchwandert haben und wieder nach dem bewohnten Lande Ladák hinabsteigen, so haben die ersten Stückchen Dorf= cultur, die Sie an einer gegenüberliegenden Bergwand sehen, einen ganz eigenthümlichen Effect. „Das springt Ihnen in die Augen." Sie scheinen gerade aus der umgebenden Wüstenland= schaft heraus und Ihnen mit fast peinlicher Deutlichkeit entgegen zu kommen. Denken Sie sich Stücke Feld aus den best=angebauten Gegenden Englands hier und da hineingesetzt in eine versengte und furchtbare Gebirgs=Einöde, so, wie man sich etwa den Atlas vorstellen kann, oder wie Aden ist; und dies unter einem italieni= schen Himmel, mit einer Atmosphäre, die wie ein Fernrohr wirkt und die kleinsten und fernsten Gegenstände erkennen läßt. Abstufungen des Grüns gibt es nicht; jedes Stückchen Cultur ist von der umgebenden wüsten Bergwand so deutlich abgegrenzt, als ob es wirklich abgemessen aus einem andern Lande heraus= geschnitten und dort hingelegt worden sei.

Wenn Sie sich dem Dorfe nähern, gehen Sie an einer langen, niedrigen, breiten Mauer vorüber; sie ist mit flachen Steinen bedeckt, die als Inschriften heilige Sprüche in zwei verschiedenen Arten der tibetischen Schrift enthalten. Dies ist ein „Mané", und es gibt kein Dorf, das nicht mehrere derselben hat. An jedem Ende steht wahrscheinlich ein „Chorten", der Gestalt nach ein großes viereckiges Postament und auf demselben eine gewaltig große umgestürzte Theekanne, Alles weiß getüncht; das Ganze krönt eine kleine hölzerne Kugel oder ein Halbmond, auf einer Art Obelisk ruhend.

Die Höhe dieser Bauwerke ist verschieden; sie wechselt von zehn bis zwanzig Fuß. Sie sollen die irdischen Ueberreste heilig gesprochener Lamas enthalten, deren Leichname dort in stehender Stellung begraben wurden. Kleine Löcher an den Seiten sind mit zahlreichen kleinen Medaillons angefüllt, die wie Lava=Schmuck aussehen. Sie stellen wunderbare Figuren hunderthändiger Gott= heiten dar, die von der hier lebenden buddhistischen Secte verehrt werden, und bestehen aus Thon, mit der Asche anderer verstorbener

Lamas vermischt, die so in materiellem Sinn beim Tode in das Ebenbild ihrer Götter verwandelt werden.

Kommt der fromme Tibeter an einen solchen Bau, so geht er stets auf der rechten Seite vorüber. Daher gabelt sich hier die Straße immer, damit sowohl die Kommenden als die Gehenden rechts ausweichen können. Die zerstreut stehenden Häuser des Dorfes haben platte Dächer und zwei Stock; sie sind aus gewaltig großen, an der Sonne getrockneten Ziegeln gebaut; die Wände neigen sich beträchtlich nach innen, und über den Thüren und Fenstern sieht man prachtvolle weiße und rothe Stuckarbeit. Auf den Dächern befinden sich in der Regel kleine Haufen Hörner (entweder von wilden Thieren oder von zahmen Schafen und Ziegen), die ganz voll kleiner Flaggen und Fetzen bunten Kattuns hangen. Grimmig blickende schwarze „Yaks“ (die tibetischen Rinder) mit ihren buschigen Schwänzen und langem Haar, das bis unter die Kniee herabhängt und mit dem sie aussehen, als hätten sie Unterröcke an, grasen auf den Feldern oder brummen verdrießlich, wenn sie an der Nase hereingeführt werden, um unser Reisegepäck zu tragen. Sie werden in der Regel von den Frauen geleitet. Diese tragen roth- und blaue Röcke, die Streifen von oben nach unten laufend, Zeugstiefeln, die sie mit Strumpfbändern an's Knie heraufbinden, eng anliegende Jacken mit Kragen von Schaffell (die Haare nach innen), zuweilen mit scharlachrothem Tuch gefüttert, bloße Köpfe mit sonderbaren Zeugzipfeln, die beide Ohren vor dem scharfen Winde schützen, und vor Allem einen „Perák“, ihren kostbarsten Schmuck; er besteht aus einem breiten Lederstreifen, der vom Scheitel des Kopfes auf dem Rücken herabhängt und mit Reihen großer unechter Türkise völlig besät ist, die nahe am Zipfel sich in einzelne Steine auf-lösen. Die Männer, alle ohne Bart, tragen ähnliche Zeugstiefeln, dicke wollene Kittel, die um die Taille gegürtet werden und gerade bis unter das obere Ende der langen Gamaschen reichen, und auf dem bezopften Kopfe eine Art schwarzer phrygischer Mütze, gleich der eines englischen Kärrners, deren herabhängendes Ende zu verschiedenen Zwecken dient: es wird niedergezogen, um ent-weder die Augen vor der Sonne oder beide Ohren vor den kalten Winden des Nachmittags zu schützen.

Unter der Gruppe, die sich gesammelt hat, um den Reisenden

Bazàr in Leh (Ladàk):

in der Ferne die Ansicht des Gebirgszuges südlich vom Indus.

Nach einer Photographie von Dr. Henderson.

zu sehen, befindet sich in der Regel ein Lama. Er ist in ein rothes Gewand gekleidet, das einen Arm und eine Schulter bloß läßt, wie auch der Kopf ist. In der Hand trägt er einen Gebetcylinder, den er auf seiner hölzernen Handhabe durch eine fast unmerkbare Bewegung der Hand schnell herumdreht; unterstützt wird diese Bewegung durch eine Schnur und ein an dieselbe befestigtes und die Rotation beförderndes kleines Gewicht. Des Lamas Kloster steht auf einer benachbarten Bergspitze oder hängt an der verticalen Vorderwand eines nahen Felsens. So ist ein tibetisches Dorf beschaffen; es hat keinen Baum, außer einigen verkümmerten Weiden an den lebenspendenden Wasserbächen, während ganz oben, bis zur äußersten Kante, eine furchtbare Wüste von Kies, ohne das geringste Zeichen von der Existenz des Menschen, liegt.

In dem breiten Thale des oberen Indus, welches Ladâk ausmacht, erstrecken stellenweise die Dörfer ununterbrochen sich mehrere Meilen weit. Das Getreide steht hier wunderbar üppig, und das Klima ist milder, da die Höhe nur 11,000 Fuß beträgt. Die Stadt Leh selbst liegt unter den Bergen, gegen vier Meilen*) vom Flusse entfernt, einen langen, sanft ansteigenden, kiesigen Abhang hinauf.

Als ich hier ankam, bereitete ich mich vor, die tibetischen Sitten und Gebräuche aufmerksamer zu studiren, aber der erste Gang durch die Stadt beseitigte sofort das ganze, ziemlich geringschätzige Interesse, das ich an den Bewohnern des Ortes zu finden begonnen hatte, und erweckte statt dessen ein größeres Interesse. Ich sah nämlich Männer in den Straßen umherschreiten oder auch schweigend in Reihen längs dem Bazâr sitzen, die einen ganz andern Typus hatten, als die Menschen ringsum. Ihre großen weißen Turbane, ihre Bärte, ihre langen und weiten äußeren Gewänder, die fast bis auf die Erde reichten und, vorn offen, ein an der Taille gegürtetes kürzeres Unterkleid zeigten, ihre schweren Reitstiefel von schwarzem Leder, das Alles gab ihnen ein imponirendes Ansehen, während ihr würdevolles Benehmen, das gegen Andere so ehrerbietig, und

---

*) Unter den Meilen sind immer englische zu verstehen.

Anm. d. Uebers.

doch von indischer Kriecherei oder tibetischer Windbeutelei so frei war, sie im Vergleich zu dem sie rings umgebenden Volke wie Menschen unter Affen erscheinen ließ.

Vielleicht war es zum Theil der Gedanke an ihre geheimnißvolle Heimath, der diesen Turki-Kaufleuten ein so hohes Interesse verlieh. Aus einer Welt gekommen, zu der bis jetzt allen andern Menschen der Zutritt verboten war, mußten diese Männer Augenzeugen gewesen sein von der furchtbaren Rache, die, gleich einer zweiten sicilianischen Vesper, kürzlich 50,000 Eindringlinge einem gewaltsamen Tode geweiht hatte. Sie hatten wahrscheinlich selbst theilgenommen an der Niedermetzelung der chinesischen Götzendiener. Ihre Augen mußten an die Massenhinrichtungen, die in jenen tollen Gegenden täglich vorkommen sollten, ganz gewöhnt sein. Ihre Vorfahren, weit zurück bis in die Zeit Tamerlan's und Chinghis Khan's, mußten theilgenommen haben an jenen Erschütterungen, die, in Central-Asien beginnend, selbst im fernen Abendlande gefühlt wurden.

Als wir anfingen ihre Bekanntschaft zu machen, schien ihr ganzes Wesen kaum dem schrecklichen Charakter zu entsprechen, den man ihren Landsleuten zuschrieb. Sie kamen und setzten sich zu uns in unsere Zelte, sprachen freundlich mit uns durch einen Dolmetscher und schlürften dabei mit hohem Genuß unsern Thee, trotz der von Entsetzen ergriffenen Blicke unserer indischen Muselmänner, die so weit hinduisirt sind, daß sie eine solche Handlung als Kastenbruch betrachten. Unsere Gäste waren im Wesentlichen „gute Gesellschafter"; sie konnten einen Scherz vertragen und verstanden ihn zu erwidern, sprachen frei, überschritten dabei aber nie die gehörige Grenze. Sie schienen sowohl sich selbst als diejenigen hoch zu achten, mit denen sie verkehrten, und als sie sich erhoben, empfahlen sie sich mit den ehrerbietigen Verbeugungen eines Hofmannes. Der Farbe nach waren sie kaum dunkler als Europäer, hatten rothe Lippen und röthliche Gesichter. Gleich bei unserer Ankunft näherte sich mir ein Mann, in einen breitrandigen Filzhut, einen langen geblümten Schlafrock und hohe Reitstiefeln gekleidet. Sein Backen-, Kinn- und Schnurrbart waren hellbraun, sein Gesicht ganz hübsch, und er starrte mich an wie ein Engländer. Ich war eben im Begriff, ihn als solchen anzureden, als er sich auf die

Seite wandte und sich zu meinen muselmännischen Dienern setzte. Er war ein yârkandischer „Hajji" oder Pilger!

Die Turkis schlossen sich sofort an die Engländer an, aber ganz wurden ihre Herzen für dieselben gewonnen, als Dr. Cayley, der neue britische Resident in Leh, ihnen eine beträchtliche Herabsetzung der Zölle verkündigte. Es zeigte sich, daß einige Jahre zuvor der kaschmirische Maharaja, in dessen Gebiete Ladâk liegt, der höchsten Gewalt, der britischen Regierung gegenüber, sich verbindlich gemacht hatte, für Kaufleute, die zwischen Indien und Central-Asien Handel treiben, seine übermäßig hohen Zölle auf fünf Procent herabzusetzen. Wie gewöhnlich, war man dieser Verbindlichkeit nirgends nach gekommen, und nach wiederholten Vorstellungen sah unsere Regierung sich genöthigt, einen Beamten nach Ladâk zu senden, um über die Ausführung zu wachen. Dr. Cayley war der Erste, der zu dieser Stelle ernannt wurde, und er berichtete sofort an unsere Regierung, daß die Herabsetzung der Zölle von den kaschmirischen Beamten systematisch nicht berücksichtigt werde. Als der Maharaja von den einzelnen Umständen officiell Kenntniß erhielt, wurden Befehle nach Ladâk hinaufgesandt, diesem Zustande abzuhelfen, und diesmal wurden die Befehle beachtet, da ein britischer Beamter dort war, um über ihre Ausführung zu wachen. Ich war in dem Augenblicke, als dies öffentlich bekannt gemacht wurde, zufällig in der Stadt Leh, und die Dankbarkeit der yârkandischen Kaufleute äußerte sich zunächst gegen mich, in meiner Eigenschaft als Engländer. Sie brachten mir eine kleine Ovation dar, bis es mir gelang, meine sämmtlichen Freunde in feierlichem Zuge nach dem außerhalb der Stadt gelegenen Hause des britischen Residenten abzuführen, dem ihr Dank in Wirklichkeit gebührte.

Wir verbrachten hier beinahe einen Monat, um die Eigenthümlichkeiten der Turkis zu studiren, so viel wir konnten, uns Kenntniß über ihr Land und dessen Herrscher zu verschaffen und zu einer Expedition im nächsten Jahre den Weg zu bahnen. Endlich traten wir spät im October von Ladâk den Rückweg an, und kamen durch Eilmärsche gerade noch zur rechten Zeit, um den Bara Lácha-Paß zu überschreiten, ehe er für dieses Jahr durch den Schnee gesperrt wurde. Hier hatten wir das Unglück, zwei hindostanische Diener zu verlieren, die zurückblieben und, endlich von der Kälte überwältigt, mit der ihrer Race eigenthümlichen Gleichgültigkeit sich niedersetzten, um zu sterben. Da unsere Gesellschaft sehr zerstreut war und jene Nacht an verschiedenen Stellen bivouakirte, so wußten wir nicht, daß sie fehlten, bis es zu spät war, sie zu retten. Man fand ihre Leichen zusammen= geduckt und von den tibetischen Yak=Treibern geplündert.

Das Bivouak auf dem Schnee in jener Nacht werde ich nie vergessen. Sobald das Pferd, welches das als Brennmaterial dienende Reisholz trug, heraufkam (es war Nachts nach zwölf Uhr), machten wir beiden Engländer mit großer Mühe an einem Felsen ein Feuer an, nachdem wir zu dem Zwecke erst den Schnee weggeräumt hatten. Dadurch angelockt, kam ein Sikh=Kaufmann, der den Paß an demselben Tage überschritt, und setzte sich zu uns. Sein langer schwarzer Bart, auch der Schnurrbart, war mit Eiszapfen als Bartgehänge bedeckt, die das Haar durch ihre Schwere niederzerrten. Sein Gesicht war hager und verstört, und sein einziger Gedanke schien das Feuer zu sein. Ich fand gleich eine Flasche Rum und wollte sie eben entkorken, als er sich umblickte, die Hand auf meine Schulter legte und in ernstem Tone sagte: „Ich nehme Theil daran." Ich lachte und gab ihm etwas, und der Rum schien ihn wieder zu beleben, denn er fing an, sein Schicksal zu beklagen. Er reiste schnell mit seinem ganzen beweglichen Hab und Gut, das fünf leicht beladene Pferde trugen. Das eine, und zwar das werthvollste, pflegte er, während er ritt, selbst zu führen. Nun sagte er mir, als er bemerkt habe, daß er bei dem Halten des Strickes, an dem er das Pferd führte, die Hand erfror, habe er das schatzbeladene Thier im Passe dem Zufall überlassen und wisse nicht, was aus ihm geworden sei. Auf seinem eigenen Pferde habe er ein Packet werthvoller Seidenstoffe gehabt. Dies sei einige Hundert Meter zurück herabgerutscht, aber er habe nicht die Energie besessen, abzusteigen und es aufzuheben. Wer die indischen Kaufleute kennt, dem wird eine solche Nachlässigkeit deutlich genug sagen, wie weit seine Kräfte heruntergekommen sein mußten. Ich rieth ihm für die Zukunft, sich an uns ein Beispiel zu nehmen und, wenn die Kälte so groß sei, nicht zu reiten, son= dern zu gehen; ich versicherte ihm, daß wir die ganze Zeit behaglich warm gewesen seien. Um dies zu erklären, muß ich aber erwähnen, daß unsere Kleidung etwas dazu beigetragen hatte. Wir trugen jedes der gewöhnlichen Kleidungsstücke etwa vierfach, und außerdem einen gewaltig großen Pelzrock und eine unter dem Kinn zusammengebundene Lammfellmütze.

Ich will hier noch hinzufügen, daß unser Freund, der Sikh Tara Sing, seine Schätze wiederbekam; einer meiner Diener nämlich, ein Mann aus dem Gebirge, der hintennach kam, fand in dem Passe ein verlaufenes Pferd, fing es und brachte es mit.

Nachdem wir eine Kälte wie diese durchgemacht hatten und so lange über baumlose Wüsten marschirt waren, kann man sich denken, mit welchem Vergnügen wir unsern letzten Paß, den Rotang, hinabstiegen und auf die prachtvollen Deodar-Wälder und das grüne Thal von Kulu, einem zum Kangra-Districte gehörenden Hügelstaate, hinunterblickten. Sobald wir den Anfang der Wälder erreichten, die von einer guten, sich malerisch durch die Schatten windenden und über köstliche kleine Wildbäche mit klarem Wasser auf rohen hölzernen Brücken führenden Maulthierstraße durchschnitten sind, in einem Klima, das uns nach unserm Winter wie Frühling vorkam, legten wir uns nieder, um den ersten Blick auf solche Wunder zu genießen. In dieser Lage wurden wir von einem englischen Officier aus dem Kangra-Thale überrascht, der sich auf einer Jagdpartie befand. Anfangs wollte er uns gar nicht erkennen, und erst, nachdem wir mehrere Male Englisch zu ihm gesprochen hatten, überwand er den Eindruck, den wir zuerst auf ihn gemacht, daß wir yarkandische Kaufleute seien. Als wir später in unsere Spiegel schauten, sahen wir allerdings, daß unsere Gesichter von dem Glanze des Schnees ganz schwarz waren, während unsere langen Pelzröcke und tibetischen Stiefeln die Täuschung mußten vollendet haben.

Im Kangra-Thale wieder angelangt, ging ich ernstlich daran, mich zur Expedition des nächsten Jahres zu rüsten. Mein Gefährte war leider nicht im Stande, sich mir wieder anzuschließen; ich setzte daher meine Vorbereitungen allein fort. Indem ich Alles, was ich über das zu bereisende Land erfahren hatte, zusammenstellte, erschien es mir als die einzige Aussicht zur Erreichung meines Zweckes, wenn ich als Kaufmann hinaufging. Asiaten, die reisen, thun dies aus drei Gründen, und einen andern Grund können sie überhaupt nicht begreifen. Ihre Reisen haben ent-

weder einen religiösen, oder einen commerciellen, oder einen poli=
tischen Zweck. Sie laufen über den ganzen Continent, um ein
Heiligthum zu besuchen, sie setzen bei einer Handelsreise ihr Leben
aufs Spiel, und Gesandte ziehen beständig von einem entfernten
Staatsoberhaupt zum andern. Der erste und letzte dieser Gründe
war bei mir nicht anzuwenden. Ich war entschlossen als Engländer
zu gehen, und als solcher konnte ich in Central=Asien Nichts
finden, was in religiöser Hinsicht mich anzog: auch eine officielle
Anerkennung von Seiten unserer Regierung konnte ich als Grund
für meine Reise nicht erlangen.

Dennoch war ich überzeugt, daß der günstige Augenblick, den
Verkehr mit Ost=Turkistán zu eröffnen, jetzt gekommen sei. Die
Gründe für diese Ueberzeugung brauche ich hier nicht anzugeben:
sie werden sich in der Folge zeigen. So entschloß ich mich denn,
die dritte und allein noch übrig bleibende Eigenschaft anzunehmen
und als Kaufmann zu reisen, und dies um so lieber, da es mir
eine vortreffliche Gelegenheit bot, den Zustand des central=asiati=
schen Marktes kennen zu lernen und zu ermitteln, welche Aussicht
er dem englischen Handel versprach, besonders in Rücksicht auf
den Absatz des indischen Thees, an dem ich ein persönliches In=
teresse hatte. Konnte ich diese commerciellen Aufschlüsse erlangen,
so war das Resultat meiner Reise im höchsten Grade werthvoll,
denn bei halbbarbarischen Völkern ist der Handel das einzige Band
zu einer Vereinigung. Ich durfte also hoffen, einen dauernden
Verkehr mit Central=Asien herzustellen, was durch den rein zu=
fälligen Durchgang eines englischen Reisenden sich nie erreichen
ließ. Es war dann noch die Frage, ob ich die Landesvermessung
in mein Programm aufnehmen sollte. Ost=Turkistán ist auf
unseren Karten, so weit es sich um eine wirkliche Kenntniß des=
selben handelt, eine weiße Stelle. Alle Einzelheiten beruhen auf
Muthmaßungen.*) Es war daher von hoher Wichtigkeit, wenn
man das Land gehörig vermessen und eine Karte von demselben
entwerfen konnte. Aber ich fragte mich: Ist das nicht zu viel
gewagt? Die Aussichten waren, wie Jedermann sagte, der Art,
daß ein Erfolg der Expedition kaum zu erwarten war. Warum

---

*) Immer die Arbeiten der eingebornen Forscher des Major Montgomerie
ausgenommen, die bis nach Yárkand vorgedrungen waren.

die Schwierigkeiten noch um eine so furchtbare vermehren? Die Landesvermessung ist gerade dasjenige, wovor sich barbarische Völker so sehr fürchten und wogegen sie so mißtrauisch sind. Und nicht blos barbarische Völker haben dieses Gefühl. Das civilisir= teste Volk Europas würde sich beleidigt fühlen, wenn es entdeckte, daß durch Emissäre einer fremden Macht eine geheime Vermessung seines Landes ausgeführt würde. Wenn meine Expedition an diesem Felsen scheitert, so bleibt der Eingang nach Central=Asien noch manches künftige Jahr versperrt. Es entsteht Argwohn gegen die Engländer, der jetzt glücklicher Weise nicht vorhanden ist, und die Aussicht auf eine künftige Landesvermessung sowohl als alle gesetzmäßigen Zwecke meiner Reise werden vereitelt.

Fällt dagegen diese erste und mißlichste Expedition gut aus, sehen die Bewohner, daß der erste Engländer, dem sie je den Zutritt in ihr Land gestattet haben, keine beunruhigende Neugier zeigt, zu viel zu erfahren, finden sie, daß sein Besuch auch keine schlimmeren Folgen hat, als der Besuch eines asiatischen Kauf= mannes: so hat man Grund zu hoffen, daß ihr Argwohn nachläßt und künftige Reisende freiern Zutritt erhalten. Wenn sie ein= gesehen, daß wir keine bösen Absichten gegen sie haben, dann wird es Zeit sein, Beobachtungen zu machen und unsere Karten zu berichtigen.

Ueberhaupt wollen wir ein Land nicht kennen lernen, um eine Karte von demselben zu entwerfen, sondern wir machen von dem Lande eine Karte, um es kennen zu lernen. Es hieße den Zweck den Mitteln opfern, wollte ich unsere Karten auf Kosten unseres künftigen Verkehrs berichtigen und Ost=Turkistán dermaßen erforschen, daß es allen künftigen Forschern verschlossen würde.

Ich faßte daher den Entschluß mich auf einen prismatischen Compaß zu beschränken, der, selbst wenn er gesehen wurde, als harmlos passiren konnte, und alle künstlicheren Instrumente, die mich bei ihrem Sichtbarwerden in Gefahr bringen und bei ihrem Gebrauch zur Unklugheit verleiten konnten, zurückzulassen.

Da ich als Kaufmann reisen wollte, so kam ich mit einem unternehmenden Handelshause in Calcutta überein, daß mir das= selbe auf Speculation eine Partie Waaren heraufsenden sollte, die so ausgewählt waren, wie es für den yárkandischen Markt am passendsten schien.

Auch Geſchenke, hauptſächlich in Schießgewehren beſtehend, mußten eingekauft werden, denn in Aſien kann man Nichts thun, ohne ſich gegenſeitig Geſchenke zu machen. Dieſe ſollten, wie ich hoffte, mir hauptſächlich die Thür öffnen. Ich beabſichtigte näm= lich vor mir einen vertrauten Boten hinaufzuſenden, der in meinem Namen dem Könige und ſeiner Umgebung Geſchenke überbringen und ihnen mittheilen ſollte, daß ich ſelbſt mit noch werthvolleren folgte, die ich perſönlich zu überreichen hoffte. Es ſchien, als ob dieſer Weg die beſte Hoffnung auf Erfolg darböte, indem ich an ihre Habgier appellirte und zu gleicher Zeit ihren Verdacht be= ſeitigte, da ich mich frei und offen vorher anmelden ließ.

Meinen vertrauten Boten fand ich in Diwân Bakhſh, einem Muſelmanne, der ehedem als Munſhi oder Schreiber in meinem Dienſt geſtanden hatte und jetzt eine kleine Stelle bei der Regie= rung inne hatte. Seine Familie war immer im Dienſte der muſelmänniſchen Rajahs von Rajauri geweſen, aber während der Unordnung, die auf unſere Sikh=Kriege folgte, hatte der Maha= raja von Kaſhmir Rajauri annectirt und der abgeſetzte Rajah lebt jetzt als Penſionär von der Güte der britiſchen Regierung. Er hat nach und nach den größten Theil ſeines Gefolges verab= ſchieden müſſen. Diwân Bakhſh und ſeine Brüder wurden dem= nach vor einigen Jahren in die Welt hinausgeſtoßen, um ſich ſelbſt ihr Brod zu verdienen. In Folge ſeiner Abſtammung iſt Diwân Bakhſh beſſer erzogen als die meiſten Munſhis, in deren Klaſſe er eingetreten iſt. Er verſteht gut Perſiſch und ein wenig Arabiſch. Außerdem iſt er an die Etikette und Sitten eines ein= gebornen Hofes gewöhnt. Dieſe Eigenſchaften ließen ihn als einen zu meinem Zweck paſſenden Mann erſcheinen, beſonders da er ein Weib und eine Familie im Kangra=Thale zurückließ, deren künftige Exiſtenz von ſeiner Rückkehr abhing: eine hinlängliche Bürgſchaft für ſein gutes Benehmen, wenn ich unter ſeinen Religionsgenoſſen mich ganz auf ihn ſollte verlaſſen müſſen.

Ihn beauftragte ich daher, nachdem er ſeinerſeits ſich lange bedacht und gezweifelt hatte, hinzugehen und mir in Yârkand den Weg zu bereiten. Während des erſten Theils der Reiſe je= doch ſollte er mich begleiten.

Zweites Kapitel.

Die Stämme Turkiſtâns und der Tatarei.

Charakteriſtik der Bewohner Oſt = Turkiſtâns. — „Tatariſirte Arier.‟ — Die Urbewohner wahrſcheinlich ariſchen Blutes. — Letzter Reſt derſelben in Sári= kol. — Turk und Tajik; Kirghiſe und Sarte. — Die Bewohner von Badakh= ſhan und von Wakhan. — Die Usbeks. — Die Kipchaks. — Die Turkmâns. — Die Kazaks. — Die Kara=Kalpaks. — Die Kirghiſen. — Ihr Mohammeda= nismus; Anſiedler in Oſt = Turkiſtân; Kaſhmiris: Baltis; Badakhſhis. — Der Thian = Schan; Kalmaks. — Die Große Wüſte; die Dulâns. — Die Zungarei. — Die Tungânis: angebliche Etymologie des Namens und Ur= ſprung des Volkes. — Die Taranchis, Kanſu, Charchand und ſeine Erwäh= nung von **Marco** Polo — Zilm und die annähernde Beſtimmung ſeiner Lage. — Die Kalkas.

Die Bewohner Oſt=Turkiſtâns ſind durchaus keine reinen Tataren. Mit den nomadiſchen Kirghiſen, und ſelbſt mit dem civiliſirteren und gemiſchten Stamme der Usbeks verglichen, haben die Bewohner von Yârkand ein entſchieden ariſches Ausſehen.*)

---

*) Dies ſcheint mit dem, was wir von alten Schriftſtellern erfahren, recht gut übereinzuſtimmen. Die Saken bewohnten offenbar dieſe Gegend (Rawlin= ſon's Herodot, App., Buch VII. Eſſay I., § VIII.), und ſie werden von Herodot immer in Verbindung mit den Baktriern, einem ariſchen Volke, und von Strabo (Buch XI., Kap. VI. § 2; Kap. VIII., §§ 2 und 8) in Verbindung mit den Maſſageten, einem andern ariſchen Volke, erwähnt.

Der Umſtand, daß die Saken unter die ſcythiſchen Stämme gerechnet werden, beweiſt noch nicht ihren turaniſchen Urſprung, da auch ein anderer Stamm der Scythen (der Stamm, welcher das jetzige ſüdliche Rußland bewohnt) ſich durch ſeine Sprache als zu den Ariern gehörend erwieſen hat (Rawlinson's Herodot, Vol. III., App., Buch IV., Eſſay II.), und da ferner das Wort Scythe

Sie sind schlank und etwas hager (gleichen dem typischen Amerikaner, wie er in Carricaturen, oder selbst in Portraits des seligen Präsidenten Lincoln dargestellt wird). Sie haben lange Gesichter, wohlgeformte Nasen und volle Bärte. Diese Beschreibung paßt auf den gewöhnlichen yârkandischen Bauer oder Dorfbewohner.

Die verkümmert aussehenden Kirghisen dagegen haben schmale Augen, hohe Backenknochen, dicke eingedrückte Nasen und im Gesicht nicht mehr Haare als ein gewöhnlicher Chinese. Selbst die Usbeks sieht man selten mit Bärten; sie haben in der Regel nur einige einzelnstehende Haare an den Mundwinkeln und am Kinn. Diejenigen, welche noch mehr Haare im Gesicht haben — und deren sind Wenige — verdanken es, wie ich glaube, der Beimischung von Tajik-Blut; sie haben lange in Bokhâra und Khokand unter Menschen jener Race gelebt.

Diese Thatsachen zeigen, wie ich glaube, daß die heutigen Yârkandis nicht, wie die Kirghisen*), reine Tataren, oder selbst arisirte Tataren, wie manche Usbeks, sondern vielmehr, wenn ich mich so ausdrücken darf, tatarisirte Arier sind. Diese Mischung konnte nur dadurch entstehen, daß die alte Bevölkerung Arier waren, denn wir wissen, daß seit der Zeit der tatarischen Einfälle keine Einwanderung jener Race stattgefunden hat. Der Umstand, daß der Name Khoten (und vielleicht noch mehrere andere Namen) von hervorragenden Gelehrten aus arischer Quelle hergeleitet wird, weist ebenfalls auf eine frühe Besitznahme des Landes durch arische Bewohner hin.

Nach den Jahrbüchern der Chinesen rückte um die Mitte des zweiten Jahrhunderts vor Christi Geburt ein Stamm Tataren, Yuchi genannt, durch andere, nordöstlich von ihnen wohnende

wahrscheinlich kein wirklicher ethnischer Name ist. (Strabo sagt: „Die alten griechischen Geschichtschreiber nannten alle nach Norden wohnenden Völker mit dem gemeinschaftlichen Namen Scythen und Kelto-Scythen.")

Das Bild eines scythischen Gefangenen aus den Behistun-Sculpturen, das Rawlinson in seinem Herodot, Band IV. S. 53 gibt, hat einen sehr vollen Bart und andere entschieden arische Züge.

*) Die Kirghisen halte ich für reine Tataren, aber sehr vermischt in Hinsicht der verschiedenen Zweige jener Race.

tatarische Stämme gedrängt, in Yârkand und Kâshghar ein und vertrieb die Urbewohner.

Aus der starken Beimischung arischen Blutes, die, wie ich schon gesagt habe, in der Bevölkerung jener Provinzen noch immer bemerkbar ist, darf man schließen, daß die Urbewohner durchaus nicht ganz vertrieben wurden. Diejenigen, die vor den eindringenden Tataren auswanderten, müssen Anfangs gegen das Pamir-Gebirge und die Pamir-Steppen hinaufgedrängt worden sein: eine gewaltige Gebirgsmauer, die von Norden nach Süden läuft und die Einwanderer von dem nach Westen gelegenen Lande schied, bis sie diese Grenze überströmten und sich in die Thäler ergossen, die nach dem Oxus und den Ebenen von Bokhâra hinabführten. Hier fanden sie Menschen wohnen, die zu einer ihnen verwandten Race gehörten. Bis auf den heutigen Tag jedoch ist ein kleiner Rest von ihnen, der Anstand nahm das Gebirge zu überschreiten, in den Thälern des Sarikol-Districtes östlich vom Pamir und in dem Winkel zwischen ihm und dem Mustak-Gebirge eingeschlossen geblieben. Dieser letzte Rest der transpamirischen Arier ist in den letzten zwei Jahren von seinem Ruheplatze entfernt worden; der Atalik-Ghâzi hat den ganzen Stamm (der aus nicht mehr als 1000 bis 1500 Individuen besteht) nach der Sitte morgen= ländischer Eroberer versetzt, da sie ihm fortwährende Unruhe machten. Einige dieser Gefangenen sah ich in Kâshghar, und ich habe seitdem erfahren, daß jetzt in Sarikol sich keiner mehr be= finde; dort haben kirghisische Einwanderer von Norden her die alte arische Bevölkerung ersetzt. Jene Arier sprechen einen per= sischen Dialect, der mit wenigen und selten gebrauchten Turki= Worten vermischt, aber ohne alle sichtbare Beimischung aus den Dardu-Sprachen ist, die südlich von ihnen gesprochen werden.

Jenseits des Sarikol-Districtes und über der Pamir-Kette drüben machte ein anderer Theil der entrinnenden arischen Be= völkerung Halt und ließ sich in dem hohen Thale von Wakhan an den Quellwassern des Oxus nieder. Auch die anderen Schluch= ten, durch welche das Hochplateau von Pamir sich nach Westen entwässert, sind zum Theil von Menschen dieser Race, zum Theil von wandernden Kirghisen mit ihrem Vieh bewohnt.

Bei unserer jetzigen Kenntniß ist es natürlich schwer zu sagen, wo die Fluth der Einwanderer von Osten her in diesen Thälern

aufhört, und welche von ihnen schon zur Zeit der Wanderung
von Menschen aus den nach Westen gelegenen Ebenen in Besitz
genommen waren, da beide Bevölkerungen zu derselben Race
gehörten. Es ist genug, die Flüchtlinge von Yârkand aus nach
dem Pamir hinauf und über denselben hinüber verfolgt zu
haben.*)

Diejenigen, welche zurückblieben, müssen sich allmälig mit
ihren tatarischen Eroberern vermischt haben, wobei sie denselben
ihre Gesichtszüge gaben, aber von ihnen deren Sprache empfingen.
Darüber braucht man nicht zu erstaunen. Es ist im Morgenlande
nicht ungewöhnlich, daß ein Volk eine andere Sprache annimmt.
Ein auffallendes Beispiel davon liefern die Hazarahs, nördlich
von Afghanistan. Man könnte sie als Typen der tatarischen Race
nehmen, so vollständig stimmen ihre physischen Eigenschaften mit
ihrer wirklichen Abstammung überein. Und dennoch ist ihre
Sprache heutiges Tages die persische. Wenn also reine Tataren
Persisch sprechen, so brauchen wir kein Bedenken zu tragen, die
Thatsache gelten zu lassen, daß die Turki-sprechenden Yârkandis
arisches Blut in einem sehr starken Verhältniß in ihren Adern
haben.

Den einfallenden Tataren, welche die östlich vom Pamir
wohnenden Arier sich einverleibten, gelang es nur die nach
Westen wohnenden zu erobern. Während die Bewohner von
Yârkand und Kâshghar eine offenbar gleichartige Race sind, theilen
sich die Bokhârioten und Khokandis in unterworfene Tajiks und
herrschende Turks. Die großen Handelsstädte sind natürlich auf
beiden Seiten die Versammlungsorte von Menschen aller Stämme,
von denen Viele dort mit ihren Familien sich niedergelassen haben.
Aber die Masse des Volkes im Osten unterscheidet sich unter sich

---

*) Man sagt, daß die Sprache von Wakhan sich von der Sprache von
Badakhshan und der Tajiks von Bokhâra, die fast rein persisch ist, durch die
Aufnahme vieler, dem Sanskrit oder Tâtri ähnlichen Wörter unterscheide.
Sollte dies wahr sein, so würde die Wakhani-Sprache ein hohes Interesse gewinnen, da sie ein Rest von einem bestimmten und sehr alten Zweige der indo-
germanischen Sprache wäre, die von der arischen Race gesprochen wurde, als sie
die Aria-Veja verließ, oder wohl selbst noch in jenem ältesten Sitz der Race
und ehe sie sich in die beiden großen Zweige, den vedischen und den zendischen,
getheilt hatte.

selbst gar nicht. Sie nennen sich Alle mit dem Namen dieses oder jenes besondern Stammes. Sie sind einfach Yârkandis oder Kâshgharis. Ost-Turkistân scheint in der That eine Art Behälter gewesen zu sein, in welchen die verschiedenen Fluthen tatarischer Eindringlinge sich ergossen. So oft er bis zum Rande voll war, strömte er über und überschwemmte die westlichen Ebenen. Dort aber bildeten die auf einander folgenden Wogen für sich bestimmte Kanäle, in denen sie stehen geblieben sind, oder vielmehr, sie fließen wie Oel auf Wasser, anstatt wie Wasser und Wein sich mit einander zu vermischen.

In West-Turkistân ist der Mensch außerdem, daß er einfach ein Bokhâriote oder ein Khokandi ist, noch entweder ein Tajik oder ein Usbek, oder ein Kipchak, oder ein Turkmân.

Diese verschiedenen Stämme theilen sich kreuzweise in je zwei große Gruppen. Die erste Theilung ist die in **Turk** und **Tajik**, oder in Menschen tatarischen und arischen Blutes. Die zweite Eintheilung ist die in Nomaden und ansässige Bewohner, **Kirghisen und Sarten.***) Die Ersteren von der letztgenannten Theilung (die ich alle für Tataren halte) bestehen außer den echten Kirghisen, die wieder in ihre mannigfaltigen Horden eingetheilt werden, aus vielen verschiedenen Stämmen: Kazak, Kipchak, Kara-Kalpak u. s. w. Die Sarten oder ansässigen Bewohner umfassen die arischen Tajiks sowohl als die tatarischen Usbeks und Andere. In ganz Bokhâra und, wie ich glaube, bis zum Syr Dariâ (oder Fluß Jaxartes) machen die Tajiks die große Masse der Bevölkerung aus: sie sind die Landwirthe, die Krämer und Kaufleute, die Schreiber, und werden zuweilen als Soldaten und selbst als Gouverneure gefunden. Jenseits des Jaxartes im Khanate Khokand war die tatarische Fluth (so nahe an ihrer Ausflußstelle) zu stark für sie, und sie finden sich dort mehr zer-

---

*) Die Russen verstehen, wie ich sehe, diese Eintheilung falsch und verwechseln sie mit der andern; sie nehmen die Sarten für ganz dieselben wie die Tajiks (wahrscheinlich weil die ersten Sarten oder ansässigen Bewohner, mit denen sie zusammentrafen, zufällig Tajiks waren). Sie haben jedoch Unrecht, denn alle Khokandis, denen ich in Ost-Turkistân begegnete, stimmten in der Behauptung überein, daß Sarte blos ein Wort sei, welches die Kirghisen gebrauchten, um alle diejenigen zu bezeichnen, die nicht, wie sie selbst, ein Nomadenleben führen, mögen sie Tajiks oder Usbeks sein.

streut, als Kaufleute und Schreiber und selbst in höheren Aem=
tern, aber in nicht so großer Zahl als Landwirthe und Dorf=
bewohner. So berichten wenigstens die Andijânis und Khokan=
dis, die im Dienste des Atalik=Ghâzi in Kâschghar und Yârkand
stehen, von ihrem eigenen Vaterlande.

Die **Tajiks** sind eine sehr hübsche Race, mit hoher Stirn,
großen, ausdrucksvollen, von dunklen Augenwimpern beschatteten
Augen, schmalen, feingeformten Nasen, kurzen Oberlippen und
rosiger Gesichtsfarbe. Ihre Bärte sind in der Regel sehr groß
und voll und haben oft eine braune, bisweilen sogar eine röth=
liche Färbung. Von den zu hohen Kasten gehörenden Männern
des nördlichen Indien unterscheiden sie sich nur darin, daß sie
stärker und kräftiger gebaut sind und vollere Gesichter haben.

Ihre Verwandten, die Männer von **Badakhschan**, haben eine
noch stärkere Aehnlichkeit mit den nördlichen Indern. Einer der=
selben besuchte mich in Yârkand. Mein Munschi sowohl als ich
glaubten seinem Aeußeren nach, er sei ein Kaschmiri, und wir
ließen ihn, um seine Nationalität zu prüfen, durch einen unserer
Leute plötzlich in der Kaschmir=Sprache anreden; aber er verstand
sie offenbar nicht. Er sagte uns auf Persisch, er sei ein Ba=
dakhschi, und wir überzeugten uns später, daß er die Wahrheit
sprach. Nun ist aber sein Kaschmiri=Aeußeres sehr interessant,
da es zeigt, daß sein Volk mit den Ariern verwandt ist. Denn
die Kaschmiris bilden einen so stark markirten Typus, wie die
Juden. Wer sie gesehen hat, wird nie Bedenken tragen die
Nationalität eines derselben vor Gericht zu beschwören. Andere
Badakhschis, die ich sah, kamen ihnen im Aeußern sehr nahe,
aber keiner so auffallend, wie dieser, der wirklich, ohne daß er es
nur irgend beabsichtigt hätte, meinen Munschi täuschte, der unter
Kaschmiris geboren und erzogen war.

Die **Wakhanis** (ein kleiner Stamm derselben hat sich im
Kilian=Thale in der Nähe von Sanju niedergelassen) nehmen an
diesen Eigenschaften Theil, da von ihnen ebenfalls Manche hell=
nußbraune Augen haben, wie auch die **Sarikolis**, die ich in
Kâschghar sah. Aber das rauhe Leben, das sie in ihren Hoch=
land=Thälern führen, hat ihrem Gesichtszuge etwas Unfreundliches
und ihrem Charakter etwas Barsches gegeben, was mit der Gut=
müthigkeit ihrer Nachbarn, der Kirghisen, in Contrast steht.

Alle diese Stämme sprechen verschiedene Dialecte der persischen Sprache, von den Bokhâra-Tajiks an, die sich rühmen, daß ihre Sprache die älteste und reinste Form des Persischen sei, bis zu den Sarikolis und Wakhanis, die ein unbegreifliches Patois sprechen; dies besteht (wie man sagt) aus Wörtern, die sowohl dem Sanskrit als dem Persischen ähnlich sind, und stammt daher wahrscheinlich von der alten Sprachform ab, welche die Mutter von beiden war. Soviel von den reinen arischen Racen Central-Asiens!

Der civilisirteste der tatarischen oder turkischen Stämme*) sind die Usbeks. Sie sind jetzt die herrschende und Krieger-Kaste in den drei Khanaten Khiva, Bokhâra und Khokand. Die Usbeks müssen auf einer späteren Invasionswoge von Osten hereingebracht worden sein. (Gegen das Ende des vierzehnten Jahrhunderts (nach Christi Geburt) werden sie von Timur Lang im Anfang seiner eigenen Lebensbeschreibung als ein heidnischer (nicht-muselmännischer) Stamm erwähnt, der sich, nebst den Jatta**), im Norden des Flusses Jaxartes (das heißt, gerade am Ausgange aus Ost-Turkistân) niedergelassen hatte, häufige Einfälle in die fruchtbare Provinz Mâwar-un-Nahr (das Königreich Bokhâra) unternahm und dort Eroberungen zu machen versuchte; jetzt sind sie (mit Erlaubniß der Russen) Herren dieses Landes und sind daselbst die bigotesten Anhänger des Islâm geworden.

Ihre Unterscheidungsmerkmale sind (in Khokand wenigstens, wo sie wahrscheinlich reineres Blut haben als ihre Brüder, die unter den Tajiks von Bokhâra wohnen) eine modificirte Form der kirghisischen Züge, nämlich schlankere Statur, sehr wenig Haare mehr im Gesicht, das länger ist und nicht so stämmig aussieht, und ein minder häßliches Gesicht. Mögen nun entweder die Tataren eine so wesentlich nomadische Race sein, daß sie, wenn sie sich fest ansiedeln, anfangen ihre Unterscheidungsmerk-

---

*) Man wird mir hoffentlich verzeihen, daß ich diese Wörter eines für das andere gebrauche, wie die Central-Asiaten zu thun pflegen. Ihr Wort Turkisch stimmt mit unserm Worte „Tatarisch" oder „Mongolisch" darin überein, daß es ein Gattungsname ist.

**) Diese hängen wahrscheinlich mit den Massa-Geten zusammen, die von den alten Schriftstellern in der nämlichen Gegend erwähnt werden.

male zu verlieren, oder mögen alle Usbeks jetzt eine gewiſſe
Beimiſchung von Tajik=Blut in ihren Adern haben, es iſt ſicher,
daß ſie den Tataren weniger ähneln als die Kirghiſen. Daß
die erſtgenannte Urſache in dieſer Beziehung etwas mitwirken
kann, zeigt der Unterſchied zwiſchen den Zügen der nomadiſchen
Tibeter von Rupſhu und ihrer anſäſſigen Brüder in Ladâk, die
ohne Zweifel ein und daſſelbe Blut unvermiſcht haben. Die
Erſteren ſehen ganz abſcheulich aus und beſitzen alle nur mög=
liche Häßlichkeit, während die ackerbautreibenden Tibeter, wenn
ſie auch eigentlich häßlich ſind, doch regelmäßigere Züge haben.

Was die Beimiſchung von Tajik=Blut bei den Usbeks
betrifft, ſo iſt dieſelbe ebenfalls wahrſcheinlich, da ohne Zweifel
Manche, die ſich Tajiks nennen, viel usbekiſches Blut haben.
Ein Beiſpiel davon iſt der Atalik=Ghâzi Mohammad Yakub Beg.
Für einen echten Tajik ſind ſeine Backen zu hoch. Die Geſichts=
züge ſind für einen Tajik zu gemein, und der Bart iſt für
einen Turk zu dicht.

Es gibt auch noch einen andern Typus, der ſich durch ein
fleiſchiges, ſchlappes Geſicht, langgezogene Augen, bleiche Haut=
farbe (die mit den rothen, ziegelfarbigen Wangen, wie die
Usbeks in der Regel ſie haben, in Contraſt ſteht) und einen
großen, aber offenbar nicht ſehr kräftigen Körper charakteriſirt.
Dieſer Typus wird einer Abkunft von Moghal=Blut zugeſchrieben.
Es iſt ſehr ſchwer, in Central=Aſien die Abſtammung der ver=
ſchiedenen Typen zu verfolgen, die oft unter demſelben Namen
mit einander vermiſcht werden. Hat ein beſtimmter Stamm, wie
die Usbeks, einen gewiſſen Vorrang erreicht, ſo tragen Leute
von ganz verſchiedenem Blut kein Bedenken, die ehrenvolle Be=
zeichnung zu beanſpruchen, zumal da kein Kaſtenvorurtheil=
oder Religionsunterſchied die Vermiſchung hindert. Zuweilen
erkennt man dieſen Anſpruch eine Zeit lang nicht an, aber im
Verlauf einer oder zweier Generationen wird der urſprüngliche
Unterſchied wahrſcheinlich vergeſſen oder überſehen und dem
künftigen Ethnologen wird eine lebendige Verlegenheit bereitet,
derjenigen ähnlich, welche der Geolog finden würde, wenn man
einen foſſilen Knochen geſchickt in eine Formation brächte, die
älter iſt als jene, welcher er angehört.

So fangen manche der beſſeren Familien in Kâſhghar an,

sich Usbeks zu nennen, und machen damit Anspruch auf eine Verwandtschaft, welche die Andijâni=Usbeks nicht anerkennen.

Von ansässigen Turks gibt· es noch mehrere kleinere Stämme.

Die **Kipchaks** bilden ein Glied zwischen den nomadischen und nicht=nomadischen Turks. Sie besitzen angebautes Land in den Herrschaftsgebieten von Khokand, aber auch sie ziehen vom Frühling bis zur Erntezeit mit ihren Kameel= und Schafheerden umher, um zu weiden. Sie stehen in höherer Achtung als die wirklichen Kirghisen, sollen sehr muthig und daher gute Soldaten sein. Mehrere Tausende von ihnen befinden sich im Dienste des Atalik=Ghâzi in Kâschghar. In der Gesichtsbildung gleichen sie den Kirghisen, sprechen aber einen Turki=Dialect, der sich von dem Dialect der Kirghisen ebensowohl wie von dem der nicht=nomadischen Turks unterscheidet.

Die **Turkmâns** von Urganj (Khiva) sind ebenfalls Wande= rer. Sie leben in Filz=Zelten, die man „Kara=ui" (Schwarz= Haus) nennt, während die Zelte der Kirghisen „Ak=ui" (Weiß= Haus) genannt werden. Unter sich sollen sie eine Art Persisch sprechen, aber sie verstehen auch Turki. Ein Khokandi, der unter ihnen gereist war, erzählte mir viel von der wunderbaren Ausdauer der turkmânischen Pferde und von ihrer Kraft im Flachspringen, über Wasser u. s. w. Sie werden sehr theuer bezahlt und sind so geschätzt, daß ein Fohlen, wenn man seinen Stammbaum genau kennt, oft verhandelt wird, ehe es geboren ist. Da ich aber mit den Turkmâns, die überdies in Mr. Vámbéry's Werke genau beschrieben sind, nie zusammengekommen bin, so zähle ich sie unter den Stämmen Turkistâns blos mit auf.

Ein anderer Nomadenstamm, der das Land westlich und nördlich von Taschkand oft besucht und in der allgemeinen, aber unrichtigen Benennung Kirghisen mit inbegriffen wird, sind die **Kazaks.**

Auch einen Stamm Hirten=**Türks** gibt es, über den ich aber nichts Genaues erfahren konnte; ebenso wenig über die **Kara=Kalpaks,** es sei denn, daß die Letzteren ihren Namen einer Art Sonnenhut aus Filz gegeben haben, der in Ost=Turkistân unter dem Namen „Kalpak" oft benutzt wird. Vielleicht erhielt aber der Stamm seinen Namen von dem Hute und nicht der

Hut von dem Stamme. Der Name Kara-Kalpak (Schwarz-Hut) würde vielleicht besser für die civilisirtere Race passen.

Die Hauptmasse der Nomaden sind jedoch die eigentlichen Kirghisen in ihren mannigfaltigen Horden. Diejenigen, welche in dem Gebirgszuge nördlich von Käshghar leben, sind verschieden von jenen in Khokand, die man als die Alai-Kirghisen kennt, so genannt von den Ebenen dieses Namens, wo sie ihre Heerden weiden. Zu der letztern großen Horde gehören diejenigen, welche in den Thälern auf beiden Seiten des Pamir sowohl als in der Steppe selbst wandern. Sie haben das Gebiet von Sarikol in Besitz genommen, und ein kleiner Theil von ihnen drang noch weiter vor und besuchte einige Jahre lang die Weiden von Sarikia am Flusse Karakash, in der Nähe von Sanju, dem südlichsten Punkte, den diese Nomaden erreichten. Ihre Unterscheidungsmerkmale sind bereits mitgetheilt worden. Daß ihre Augen scheinbar schief stehen, kommt daher, daß sie immer das Gesicht in Falten ziehen, um den von dem dürren Boden reflectirten Glanz zu vermeiden. An dem einen Augenwinkel zieht sich eine Haut- oder Fleischfalte hinauf, so daß der untere Rand desselben eine schiefe Linie bildet. Die Linie des oberen Augenlides dagegen ist horizontal, und die Are der beiden Augen ist eine einzige gerade Linie. Ich habe dies besonders bei den alten Leuten des Stammes bemerkt, deren Augen am Tage kaum sichtbar sind und an dem einen Winkel hinaufgezogen zu sein scheinen; in der Dämmerung aber, oder wenn sie bei dem Feuerlichte ihrer Zelte sitzen, lassen sie die unteren Augenlider in ihre natürliche Lage herabsinken, und die Augen nehmen dann wieder ihre horizontale Gestalt an.

Alle die Stämme, die ich hier beschrieben habe, Tajiks und Turks, sind Muselmänner der „Sunni" oder orthodoxen Lehre Sie alle blicken mehr oder weniger mit religiöser Verehrung auf den Hof von Bokhára, in der Meinung, daß (nächst dem großen Sultán-i-Rum oder Sultan der Türkei, der das Oberhaupt des Islám ist) jener Hof das Muster des Glaubens sei. Die Gebräuche desselben, soweit sie den Religionszwang und die Rechtsbeschränkungen der Hindus und Juden betreffen, werden in den übrigen central-asiatischen Königreichen nachgeahmt. Der Atalik-Gházi, König von Yárkand und Käshghar, erhielt den ersteren

Titel (der Vormund oder Beschützer der religiösen Kämpen bedeutet) vom Amir von Bokhára in seiner Eigenschaft nicht als
weltlicher, sondern als geistlicher Souverän.

Die Usbeks haben mit der Annahme des Islâm meist alle
ihre eigenen Traditionen vergessen und führen in der Regel
mohammedanische Namen, die aus dem Arabischen stammen. Unter
den Kirghisen aber findet man noch immer die alten tatarischen
Namen, wie Toctamiß, Satwaldi u. s. w.

Die Eingebornen Ost-Turkistáns lassen sich, wie ich schon
früher erwähnte, nicht in Stämme eintheilen. Doch sind in Káshghar und Yárkand fast alle die Racen West-Turkistáns, die ich
oben aufgezählt habe, durch Ansiedler oder zeitweilig dort wohnende Leute vertreten, die (besonders seit der Vertreibung der
Chinesen) durch die mannigfaltigen Handelsgeschäfte und den
Militär- oder Civildienst unter dem Atalik-Ghâzi herübergeführt
werden. Auch viele Afghanen sind in seinem Heere zu finden,
wo sie als gute Soldaten hochgeschätzt werden, während die Kashmiris in der Stadt Yárkand ein ganzes Quartier für sich inne haben,
das ein Nest von Schurkerei, Betrug und Sittenverderbniß bildet,
und wo alle beunruhigenden Gerüchte und die lügenhaften Be-
schuldigungen gegen Hindu-Kaufleute ihren Ursprung nehmen.
Die Kashmiris stehen bei den Turks, und besonders bei den
kriegerischen Usbeks, die jetzt Herren des Landes sind, in sehr
schlechtem Rufe.

Auch eine große Menge Baltis (oder muselmännische Tibeter)
haben sich rings um Yárkand niedergelassen. Sie bebauen dort
ein wenig Land und sind die Haupt-Tabaks- und Melonen-
Pflanzer. Ebenso findet man viele bekehrte Chinesen als (Blu-
men- und Gemüse-) Gärtner, wie in den Reihen des Heeres.
Auch die Badakhshi-Ansiedler dürfen in unserm Verzeichniß nicht
fehlen.

Ich bin aber noch immer nicht fertig mit der Eintheilung
der ungleichartigen Masse menschlicher Wesen, die außer den
Landeskindern die Bevölkerung einer central-asiatischen Stadt
ausmacht. Auch aus den nach Osten wohnenden Stämmen finden
sich Viele. Hier muß ich jedoch an die Gestaltung des nach jener
Richtung liegenden Landes erinnern. Dort strecken sich zwei
große Arme bewohnbaren Landes aus und schließen zwischen sich

die unfügsame Wüste Gobi (oder die Takla=Makán der Turks).
Diese zwei Striche bewohnbaren Landes laufen längs der Basis
des nördlichen und südlichen Gebirgszuges (des sogenannten
Thian=Shan und Küen=lün) hin. Durch den ersteren lief die
große Straße nach China, da sie aber von den unterworfenen
Turks nicht benutzt wurde, so ist es schwer, über dieselbe etwas
zu erfahren.

Ich will diesen nördlichen Arm, der unter dem Thian=Shan
oder Mustágh=Gebirge liegt und die Provinzen Aksu, Kuché,
Karashahr u. s. w. umfaßt, zuerst nehmen. Eine bestimmte
Strecke weit ist das Gebirge von Kirghisen bewohnt, auf welche
weiter östlich Stämme von etwas ähnlichem Aussehen folgen, die
aber dem Glauben nach Buddhisten sind und von ihren musel=
männischen Nachbarn **Kalmäk** (Kalmücken) genannt werden.
Soweit ich nachkommen kann, fangen die Kalmücken etwa in der
Nähe von Karashahr an. Im Gebirge sind sie Wanderer wie
die Kirghisen, aber es besteht aus ihnen auch ein Theil der
Stadtbevölkerung. Der Atalik=Gházi hat viele in seinem Dienste,
von denen manche noch immer mit Bogen und Pfeilen bewaffnet
sind. Sie sollen hauptsächlich zu Pferde kämpfen.

Die Säume der Wüste haben die **Duláns** inne, ein musel=
männischer Stamm von räuberischen Halbnomaden. Die Turks
nennen sie einen Moghal=Stamm. Sie sollen in Löchern unter
der Erde oder in Schlammhütten leben. Wieder jenseits der=
selben und zwischen den Lagunen und Seen, deren größter der
Lop Nur ist und die sich mitten in der Wüste in der Nähe des
Districtes Kurdam=kák gebildet haben, wo die vereinigten Ge=
wässer aus Ost=Turkistán im Sande verschwinden, soll nach un=
bestimmten Gerüchten ein wilder Stamm wohnen, der von Fischen
lebt und sich in Baumrinde kleidet, aber ich fand nie einen
Menschen, der sie gesehen hatte.

Hinter dem Thian=Shan oder himmlischen Gebirge erstreckt
sich eine weite Gegend, die früher die Zungarei hieß. Die große
Masse der Bewohner soll kalmückischen Ursprungs sein, aber es
gibt auch noch zwei herrschende Stämme von anderem Blut.
Der eine derselben ist der **Tungáni=**, der andere der **Taranchi=**
Stamm.

Die Tungánis sollen der Tradition nach eine gemischte

Raçe sein, von tatarischen Eindringlingen mit chinesischen Frauen
gezeugt. Diese Tataren sollen sich mit den Weibern, die sie genommen hatten, in den westlichen Theilen Chinas angesiedelt
haben. Ihr Name wird gewöhnlich von der Turki-Wurzel
„trung‟ abgeleitet, was „bleiben‟ bedeutet, und sie werden auch
zuweilen Trungâni genannt. Der Religion nach sind sie strenge
Muselmänner, ihre Sprache aber ist die chinesische. An Gestalt
sind diejenigen, die ich gesehen habe, große, kräftig gebaute Menschen mit stark mongolischen Gesichtszügen und spärlichem Haar.
Nach einer sehr interessanten Mittheilung von einem der besten
Gewährsmänner in diesen Dingen, die ich diesseits China gesehen
habe, wird der Name Tungâni von den chinesischen Wörtern
„tun - jên‟ abgeleitet, die „militärische Colonisten‟ bedeuten.
Beide Ableitungen stimmen mit dem, was man über jene Menschen erfahren kann, so vollkommen überein, daß es schwer zu
sagen ist, welche von ihnen den Vorzug verdient. Am wahr-
scheinlichsten ist es, daß sie sich den chinesischen Namen beilegten,
da dies ihre Sprache ist. Aber im fernen Morgenlande sind den
Ausländern die Völker selten unter den Namen bekannt, welche
sie sich selbst geben.*) Die westlichen Tibeter bezeichnen sich selbst
als „Bôt‟; die Turks, die von ihren indischen Nachbarn „Moghal‟
genannt werden, kennen diese Benennung gar nicht; die „Kal-
mâks‟ der Muselmänner sind die „Sokpo‟ der Tibeter, während
die Chinesen den Central-Asiaten nur als „Katai‟ (Cathay) bekannt sind. Es ist daher leicht möglich, daß Chinesisch sprechende
Tungânis**) einen Namen führen, der aus der Turki-Sprache
stammt.

Die Taranchis sind ebenfalls Ansiedler, aber aus viel
neuerer Zeit. Es scheint ausgemacht zu sein, daß sie aus ihrer
westlicheren Heimath in Turkistân versetzt wurden, um den Wi-

---

*) Dies ist von Wichtigkeit, da es zeigt, daß die Ableitung des Namens,
unter dem ein Volk seinen Nachbarn bekannt ist, keinen entscheidenden Beweis
für seine ethnische Verwandtschaft bildet. Die Kara-katais zum Beispiel sind
keine Turks, obgleich das Wort Kara (schwarz) der Turki-Sprache angehört;
ebensowenig sind die Kizil-bash Turks, obgleich ihr Name (der „Rothköpfe‟
bedeutet) ebenfalls aus dem Turki stammt.

**) Professor Vámbéry sagt, Tungâni komme von einem Turki-Worte,
das „ein Bekehrter‟ bedeute. Siehe Yule's Marco Polo, I, 255.

derſtand zu dämpfen, den ſie gegen ihre chineſiſchen Eroberer
bisher gezeigt hatten, gerade ſo, wie die Kinder Iſrael von den
Königen Aſſyriens verſetzt wurden.

Auch in der Zungarei gibt es einen beträchtlichen Zuſatz
von Chineſen: denn dieſe Gegend wurde als die Botany=Bay des
Reiches benutzt, nach welcher gemeine und auch politiſche Ver=
brecher verbannt wurden.

Oeſtlich von der Zungarei kommen wir nach der chineſiſchen
Provinz Kanſu, die in ihrer Bevölkerung Muſelmänner in
ſtarkem Verhältniß hat. Wieder nördlich davon liegen die Wild=
niſſe der Mongolei, und ſo erreichen wir ein Land, über das
wir nur von der Oſtſeite her Kenntniß erlangen.

Nachdem wir den langen Arm, der ſich längs der Nordſeite
der Wüſte Gobi erſtreckt, verfolgt haben, wenden wir uns jetzt
nach der ſüdlichen Grenze jener ungeheuren Einöde. War unſere
Kenntniß in Bezug auf die erſtere Gegend in Nebel gehüllt, ſo
iſt ſie hier mit Finſterniß umgeben. Doch leuchten zwei Punkte
mit unſicherem Licht hervor.

Charchand ſoll auf einer Straße, die immer am Fuße
eines Gebirgszuges (des ſogenannten Küen=lün der europäiſchen
und chineſiſchen Geographen) und zwiſchen demſelben und der
großen Wüſte Takla=Makân oder Gobi hinführt, einen Monat
weit von Khoten liegen. Man weiß, daß weiter öſtlich als die
Straße von Palu her, die den Reiſenden nach dem Pangong=See
in Weſt=Tibet herüber bringt, keine Straßen über den genannten
Gebirgszug führen; aber es gibt eine Straße, die oſtwärts nach
China hineinführt, die jedoch von den Chineſen, als ſie im Beſitz
des Landes waren, nicht benutzt wurde. Nun iſt Charchand von
den Chineſen ſowohl als von dem Atalik unabhängig. Dies
ſcheint zu Gunſten der Anſicht zu ſprechen, daß es von einer
nicht=muſelmänniſchen Race bewohnt wird, ungeachtet Marco
Polo das Gegentheil behauptet. Karawanen beſuchen es jetzt von
Khoten aus nicht.*)

Der zweite Ort, den ich erwähnt habe, war, wie ich glaube,
den abendländiſchen Geographen bis jetzt nicht bekannt. Ich er=
fuhr ſeine Exiſtenz auf folgende Weiſe: In Yârkand waren zwei

---

*) Siehe Yule's Marco Polo, I, 176 180, II, 475.

Kalmücken, die zum Gefolge des chinesischen Ambân (oder Gou=
verneur) gehört hatten. Dieser Mann hatte zuerst ein hohes
Amt in Lhassa bekleidet und war von da als Gouverneur nach
Ost=Turkistán versetzt worden. Die Kalmücken traten in
Lhassa bei ihm in Dienst und gingen mit ihm nach Yârkand.
Als die Rebellion ausbrach und alle Chinesen ermordet wurden,
verschonte man sie, da sie alte Männer waren, unter der Be=
dingung, daß sie Muselmänner werden wollten. Ihre eigene
Heimath ist, wie sie sagen, **Zilm**, ein Land und eine Stadt,
anderthalb Monatsreisen sowohl von Aksu als von Khoten und,
was die Zeit betrifft, ebenso weit von Lhassa entfernt. Zilm
liegt am Saume des Gebirgslandes, das sich zwischen ihm und
Lhassa erstreckt. Nördlich davon dehnt sich die große Wüste aus.

Sie sagen, von den Turks würden sie „Kalmâk" und von
den Tibetern „Sokpo" genannt. Zilm besitzt Teppich=, Pferde=
geschirr=, Federhalter= und andere Fabriken. Zwischen ihm und
Lhassa findet Handelsverkehr statt; Kaufleute gehen und kommen,
wie zwischen Ladâk und Yârkand.

Dieser Bericht wird dadurch bestätigt, daß Handelsartikel,
wie die erwähnten, unter dem Namen Zilmer oder Zirmer
Waaren dann und wann nach Ladâk eingeführt werden.*)

Wenn nun die Stadt Zilm sechs Wochenreisen sowohl von
Lhassa als von Aksu entfernt ist, so kann man errathen, wo sie
liegt. Die Reise nach dem erstgenannten Orte muß nach der
obigen Darstellung durch Gebirge oder Hoch=Plateaux führen,
während nach dem letzteren Orte der Weg fast ganz durch Ebenen
geht. Man kann daher die Entfernung bis Lhassa mit der Ent=
fernung von Kaschmir bis Yârkand vergleichen, während von
Zilm bis Aksu, wenn man die Umwege abrechnet, etwa sechs=
hundert Meilen sein würden.

Es läßt sich daher annehmen, daß Zilm ungefähr unter
38° nördl. Breite und 90° östl. Länge, oder südlich von Lop
Nur und östlich von Charchand liegt.

Meine beiden kalmückischen Berichterstatter behaupten ferner,

---

*) Es kann kaum zweifelhaft sein, daß Zilm (Zilin?) oder Ziling die
Stadt Sining=fu an der Shensi=Grenze von Tibet ist. Siehe Yule's Marco
Polo, I, 213

daß die westlicheren Sokpo (Kalmücken), mit Einschluß jener von
Zilm, reine Buddhisten seien und von den Bewohnern Lhassas
„nang=pa" oder „unsers Glaubens" genannt würden, während
die östlichen Sokpo „chi=pa" oder „andern Glaubens" hießen und
sehr verachtet seien. Selbst die Wildnisse der Tatarei haben ihre
orthodoxen und ihre heterodoxen Götzendiener, und Mönche in
Gelb kämpfen mit Mönchen in Roth!

Wie im Glauben, so unterscheiden sich die östlichen und die
westlichen Sokpo auch im Dialecte; aber sie schreiben beide die=
selbe Schrift, die, wie die chinesische, columnenweise von oben
nach unten gelesen wird.

Außer diesen Stämmen giebt es noch andere, die **Kalka**
Sokpo heißen (wenn sie nicht etwa genau dieselben sind, wie die
östlicheren der beiden erstgenannten). Sie verehren einen Groß=
Lama, der „Yezun=Dampa" genannt; er soll, wie der Dalai=Lama
von Lhassa, nie sterben, sondern immer aus einem Leibe in den
andern wandern.

Die Kalkas müssen natürlich der unter diesem Namen den
Russen und Chinesen bekannte mongolische Stamm sein, und der
„Yezun=Dampa" ist offenbar derselbe wie der „Guison=tamba"*)
oder Lama=König von Kuren oder Urga an den Grenzen Sibi=
riens. In Lhassa sollen alle ein oder zwei Jahre Sendlinge von
ihm erscheinen, um dem Dalai=Lama ihre Ehrfurcht zu bezeigen.

So haben wir denn unsere mangelhafte Uebersicht der
Stämme an der Südseite der Wüste Gobi vorbei bis in die Ge=
genden fortgesetzt, deren genauere Kenntniß wir von der Ostseite
her erlangt haben. Auf diese Weise rücken die beiden Lichtquellen
gegen einander hin und lassen hoffen, daß der noch übrige Halb=
schatten zwischen ihnen durch die von der einen oder anderen
Seite hereindringenden Strahlen bald zerstreut werden wird.

------

*) Huc's Reisen.

Drittes Kapitel.

Neueste Geschichte von Ost-Turkistân.

Politische Verhältnisse im Khanate Khokand und Vertreibung des Herrschers
Khuda Yâr Khan. — Khoja Wallé Khan und sein Einfall in Ost-Turkistân. —
Er ermordet A. Schlagintweit. — Khuda Yâr Khan kommt wieder auf den
Thron von Khokand. — Unruhen in Kâshghar und Yârkand. — Vorrücken
der Russen in West-Turkistân. — Bericht über die Empörung der Tungânis
gegen die chinesische Regierung. — Die Kirghisen kommen herab und nehmen
Kâshghar. — Ihre barbarische Grausamkeit. — Neuer Einfall von Andijân
her. — Die Tungânis herrschen in Yârkand. — Mohammad Yakub nimmt
Kâshghar und Yârkand. — Er nimmt den Titel Atalik-Ghâzi an. — Erobert
Khoten und läßt den Khan Habibullah hinrichten. — Empfängt einen Ge-
sandten aus Rußland. — Eroberung und Entvölkerung von Sarikol. —
Chronologische Tabelle der neuesten Geschichte.

Um die neuesten Ereignisse in Kâshghar und Yârkand zu
verstehen, muß man in der Geschichte des Staates Khokand auf
der Westseite des Gebirges einige Jahre zurückgehen.

Bis ungefähr vor fünfzehn Jahren umfaßte das Khanat
Khokand die fruchtbaren Ländereien, die von dem Flusse Jaxartes
(oder Syr Dariâ, früher der Sihun genannt) und seinen Neben-
flüssen bewässert werden. Der obere Theil desselben, der Kâshghar
zunächst liegt, ist gebirgig; er machte die alte Provinz Farghâna
aus, die Heimath Bâber's, des Gründers der Groß-Moghul-Dy-
nastie in Indien. Diese Provinz wird jetzt von ihrer früheren
Hauptstadt in der Regel Andijân genannt. Nachdem der Syr
Dariâ in seinem westlichen Lauſe das Gebirge verlassen und nach
Nordwesten sich gewendet hat, nimmt er von einem im Norden

liegenden Gebirgszuge, der Kara-tâgh (das schwarze Gebirge) genannt, viele Nebenflüsse auf. Hier ist das Land fruchtbar und enthält viele Städte; auf der Südseite des Flusses aber dehnt sich die große Wüste Kizil-Kum (rother Sand) aus, die es von Bokhâra trennt. Dies Alles gehörte zu Khokand.

Zu jener Zeit war Khuda Yâr Khan König, und sein Bruder Malla Khan war unter ihm Gouverneur von Tashkend, einer der wichtigsten Städte Central-Asiens. Der König war beim Volke unbeliebt, und darin erblickte sein Bruder eine günstige Gelegenheit, sich zur Macht emporzuschwingen. Er schmiedete Ränke und verschaffte sich unter den Nomadenstämmen der Kipchaks, Kirghisen und anderen eine Partei, mit deren Hülfe er einen Aufstand machte. Von Ush, Margilân, Andijân und anderen Städten schlossen sich ihm Anhänger mit Truppen an, und als er sich stark genug fühlte, marschirte er gegen seinen Bruder. Dies geschah im Jahre 1857. Khuda Yâr wurde sofort fast von allen seinen Truppen verlassen, und als er das sah, sagte er: „Gott ist groß" und zog sich nach Bokhâra zurück.

Gerade zuvor machte der Khoja Wallé Khan Tourra*) von Andijân aus einen Einfall in Kâshghar und Yârkand. Wallé Khan war ein Glied des früheren königlichen Hauses von Ost-Turkistân; diese Herrscherfamilie hatte die letzten hundert Jahre lang zu Andijân in der Verbannung gelebt, und ihre Glieder hatten von da aus immer von Zeit zu Zeit Streifzüge gegen die chinesischen Beherrscher ihres alten Erblandes angeführt. Dies-mal fiel dem Wallé Khan und seinem Lieutenant Tillé Khan das ganze offene Land bis Guma in die Hände; nur die Städte Kâshghar und Yârkand hielten sich gegen sie. Zu dieser Zeit erschien der Reisende Schlagintweit auf dem Kriegsschauplatze. Mein Berichterstatter, ein Kaufmann, der damals gerade in Yârkand war, sagt, man habe den europäischen Herrn mit seinen Dienern und seinem Gepäck sich dem Thore Yârkands nähern sehen, er sei aber, ehe er die Stadt betreten konnte, von den Soldaten Tillé Khan's abgeschnitten und mit allen Ehren in die Umgebung von Kâshghar geleitet worden. Auf dem Thore saß

---

*) Siehe den Anhang: „Geschichte von Ost-Turkistân", Auszug aus Davies' „Handelsbericht".

der kaschmirische Akßal oder Consul, Ahmad Khan. Er schickte
fort und ließ die Ankunft des Europäers dem chinesischen Ambân
in der Neustadt melden. Unterdessen aber wurde Schlagintweit
von den Andijânis eilig nach Káschghar abgeführt. Dort wurde
er von Wallé Khan ermordet. Dieser Fürst soll ein großer „Jin"
oder Dämon gewesen sein und sich täglich mit Bhang berauscht
haben. Seine Hofleute mußten mit niedergeschlagenen Augen und
offenen, vor sich ausgestreckten Händen wie beim Gebete vor ihm sitzen.
Erhob Einer die Augen, so wurde er abgeführt und hingerichtet.
Ging Wallé Khan aus und hörte von einer Moschee her den
„Ruf zum Gebet", so ließ er den „Muezzin" holen und ihm
sagen: „Wie könnt Ihr Euch unterstehen, Eure Stimme zu erheben? Wußtet Ihr nicht, daß Wallé Khan draußen kam?" und
dem Manne wurde auf der Stelle der Kopf abgenommen. Auch
sonst beging er noch viele Grausamkeiten. Ein alter Andijâni,
der mit ihm herübergekommen war, sagte mir, es seien jeden Tag
drei bis vier Menschen hinausgeführt und hingerichtet worden,
meistentheils „be-gunah", das heißt „ohne Schuld". Das war
Schlagintweit's Schicksal, dessen er sich noch gut erinnerte.

Als Khuda Yâr Khan, wie ich erzählt habe, von Khokand
sich zurückzog, wurde er von Bahadur Khan, dem Amir von
Bokhâra, gut aufgenommen. Derselbe behandelte ihn seinem
Stande gemäß, gab ihm ein Weib aus seiner eigenen Familie u. s. w.

Mittlerweile war ein gewisser Alam Kul, ein Häuptling bei
den Kipchaks, der jüngst die Revolution zu Stande gebracht
hatte, unter seinem Herrn Malla Khan, dem neuen Herrscher von
Khokand, sehr mächtig und einflußreich geworden. Nach Verlauf
von drei Jahren jedoch verschworen sich fünf Häuptlinge der
Kirghisen, überfielen während einer zeitweiligen Abwesenheit Alam
Kul's bei nächtlicher Stille den Palast und ermordeten Malla
Khan im Bette. Hierauf blieben die Verhältnisse kurze Zeit un-
geordnet und schwankend, bis Alam Kul durch einen Staatsstreich
die fünf Häuptlinge festnehmen und enthaupten ließ und anfing,
im Namen Sultân Khan's, des jungen Sohnes seines seligen
Herrn, als Reichsverweser zu regieren. Seine Regierung ging
außerordentlich gut. Er unterwarf ganz Khokand seiner Macht,
forderte Bokhâra, das sich der Sache des verbannten Khuda Yâr

angenommen, zum Kampfe heraus, und schien zu etwas Großem
bestimmt, als ein neuer und weit furchtbarerer Feind ihn über=
fiel. Die Russen rückten am Syr Dariâ herauf, griffen den Staat
Khokand an, und Alam Kul's Laufbahn wurde durch seinen Tod
in der Schlacht gegen sie im Jahre 1865 plötzlich unterbrochen.
Der Amir von Bokhâra benutzte dies, marschirte gegen Khokand
und setzte Khuda Yâr Khan wieder auf den Thron. Die Kipchaks
und Andere, die bei seiner früheren Entthronung behülflich ge=
wesen waren, flohen vor ihm, nachdem sie einigen vergeblichen Wi=
derstand geleistet hatten, nahmen seinen Neffen, den Sohn ihres
seligen Herrn, mit fort und brachten ihn nach Kâshghar. Der
Atalik=Ghâzi nahm sie mit Freuden in seinen Dienst und behan=
delte Sultân Khan mit großer Auszeichnung; er wies ihm Häuser,
Diener und Alles an, was zu einem seinem Stande angemessenen
Leben gehörte. Einige meiner Diener sahen ihn in Kâshghar.

Einer meiner Berichterstatter erzählt, die Stadt Oratippa
habe sich einmal gegen Malla Khan empört, und er habe deshalb
angefangen, den Ort zu bombardiren. Eine Bombe fiel in den
Bazâr und riß, als sie zerplatzte, ein tiefes Loch in die Erde.
Da kam sofort eine Wasserquelle zum Vorschein, die vorher sich
nie gezeigt hatte, und ist seitdem ununterbrochen geflossen. Sie
führt den Namen „Malla=Bulak" oder „Malla's Quelle".

Während Alam Kul noch Reichsverweser von Khokand war,
unternahmen in Folge der Gerüchte, daß in Kâshghar und Yâr=
kand Unruhen ausgebrochen seien, die verbannten Khojas von
Andijân aus einen neuen Feldzug. Diesmal war Khoja Buzurg
Khan der Anführer. Es begleitete ihn ein Hülfsheer eingeborner
Khokandis unter dem Kush=bégi Mohammad Yakub Beg, aus
Pishpek gebürtig, das jetzt eine russische Besitzung ist. Dieser
Mann war Gouverneur von Ak=Masjid, am untern Theile des
Jaxartes oder Syr Dariâ, gewesen. Er hatte einst die Russen
zurückgeschlagen nach einer Vertheidigung, welche sie selbst als
„heldenmüthig" bezeichnen. Es gehen jedoch Gerüchte, daß er ent=
weder vor= oder nachher einige Geschäfte mit ihnen gemacht und
ihnen einige Ländereien verkauft habe. Gegenwärtig sind die
einzigen Zeichen, die er von seiner Bekanntschaft mit ihnen auf=
weisen kann, fünf Schußwunden, die er von ihnen erhielt. So
zogen denn die Beiden, Buzurg Khan und Mohammad Yakub,

mit einem kleinen Heere gen Osten, um in der Käshgharei ihr
Glück zu versuchen.

Fünf Monate später wurde der Shaghäwal Mohammad
Yunas (der vorher erster Secretair bei Malla Khan gewesen
war und dann Alam Kul in derselben Eigenschaft diente) mit
einem Auftrag nach Käshghar gesandt. Er hatte seinen Zweck
erreicht und war eben im Begriff zurückzukehren, als er die Nachricht von dem Tode Alam Kul's erhielt. Da er voraussah, daß
Khokand kein Ort mehr für ihn war, trat er in den Dienst des
Kush-bégi Mohammad Yakub (unter dem er schon früher gestanden hatte) und ist seitdem bis zum zweiten Mann im Reiche,
zum Dâd-khwâh von Yârkand, emporgestiegen.

Ehe ich die Geschicke des von Buzurg Khan und dem Kush-
bégi angeführten Feldzuges erzähle, will ich erst meinen Bericht
über die Ereignisse in Khokand schließen.

Der König von Bokhâra marschirte nach Khokand und setzte
seinen Schützling Khuda Yâr wieder ein. Den Khokandis fielen
zwei Elephanten sehr auf, die er mitbrachte und die den Neid
aller anderen central-asiatischen Potentaten erregen. Mir wurde
im Ernste Folgendes erzählt: Der eine der beiden Elephanten
machte sich los und lief auf der Straße nach Bokhâra davon.
Man versuchte vergebens, ihn aufzuhalten und meldete endlich
die Sache seinem Herrn. Der Amir zog seinen Siegelring, das
Symbol seiner Gewalt, ab, übergab ihn einem reitenden Eilboten
und sagte: „Wenn Sie den Elephanten eingeholt haben, legen
Sie den Ring vor ihn hin und befehlen Sie ihm in meinem
Namen, nach Khokand zurückzukehren." Der Mann that dies; der
Elephant blieb stehen, kehrte um und marschirte langsam nach der
Stadt zurück!

Mittlerweile drangen die Russen, nachdem sie, wie immer zu
gewissen Zeiten, Halt gemacht hatten, unaufhaltsam wieder vorwärts den Syr Dariâ hinauf. In der Schlacht bei Irjär geschlagen, zog der Amir von Bokhâra seine Besatzung aus der
Grenzstadt Khojend zurück, die eigentlich zu Khokand gehörte.
Ehe die khokandischen Truppen die Stadt besetzen konnten, standen die Russen vor ihr. Die Bürger bildeten eilig eine Verthei-
digungsmannschaft. Einer derselben, ein Tajik, der mit dabei
gewesen war und mit dem ich in Yârkand verkehrte, versicherte

mir, die Bokhara-Besatzung hätte bei ihrem Rückzuge alle Geschütze entfernt, und als die Stadt belagert wurde, hätte sich nur ein einziges schadhaftes Bronze-Geschütz von kleinem Caliber in derselben befunden.

Die Stadt wurde zwölf Tage lang, zehn außerhalb und zwei innerhalb derselben, gut vertheidigt, ehe sie fiel. Nach der Einnahme standen den verwundeten Khojendliks die russischen Lazarethe offen. Mein Berichterstatter, oder vielmehr ein Freund desselben, zählte im Lazareth dreihundert und siebenzig verwundete Russen, von welchen einige Tage lang nach dem Kampfe täglich vier bis fünf starben. Er gab zu, daß die Stadtbewohner große Verluste gehabt hätten, sagte aber, ihre Verwundeten wären von den russischen Aerzten sehr sorgfältig behandelt worden.

Khojend war bis jetzt die Grenze, bis zu welcher die Russen den Syr Dariâ hinauf vorrückten. Von da haben sie sich südwärts nach Samarkand gewendet und sind so um die große Wüste Kizil-Kum herumgegangen, die sich zwischen dem unteren Laufe des Syr und dem Bokhara-Gebiete ausdehnt; der obere Theil jenes Flusses, der den gebirgigen Theil des Staates Khokand, oder Andijân, bildet, befindet sich noch immer in einem Zustande halber Selbstständigkeit in den Händen Khuda Yâr Khan's.

Nun wollen wir uns nach Ost-Turkistân wenden und die Geschicke Buzurg Khan's und seines Kush-bégi verfolgen. Zunächst aber müssen wir sehen, welche Zustände sie dort fanden.

Den folgenden Bericht erhielt ich von des Königs Mahrambashi, Ala Akhund, dessen Vater unter den Chinesen Gouverneur der Stadt Kâshghar gewesen, während er selbst Dolmetscher bei dem Stabe des chinesischen Ambân war. Er hatte also reichliche Gelegenheit, die Verhältnisse kennen zu lernen, und seine Mittheilung wird durch unabhängige Augenzeugen bestätigt.

Da die in Aksu und Kuché im chinesischen Dienste stehenden Tungâni-Soldaten in Verbindung mit ihren weiter östlich liegenden Landsleuten sich empört hatten, so waren die Chinesen in Kâshghar auf der Hut, um die Pläne derjenigen Tungânis, die einen Theil ihrer eigenen Besatzung bildeten, zu vereiteln. Sie wurden sämmtlich zu einem Feste eingeladen und ermordet, und so wurde der Ambân von Kâshghar von dieser Gefahr befreit.

Anders stand es jedoch in Yârkand und Khoten, wo, wie ich so=
gleich erzählen werde, die Tungânis nach einem Kampfe die
Oberhand behielten. Da in Folge dieser Ereignisse das ganze
Land in Aufruhr war, so sammelten sich die Kirghisen von dem
ganzen Gebirge ringsum, von Süden, Westen und Norden, wie
Geier, die auf Beute hoffen, und griffen Kâschghar an. Ihr vor=
züglichster Häuptling war Sadik.

Die Chinesen und ihre turkischen Anhänger vertheidigten die
Stadt Kâschghar (nach meinem Berichterstatter) ein Jahr und
vier Monate lang (nach den einzelnen Zeitangaben kommen jedoch
nur gegen sechs Monate heraus), bis sie in die größte Noth ge=
riethen. Zuerst aßen sie ihre Pferde, dann die Hunde und Katzen,
dann ihre ledernen Stiefeln und Riemen, die Sättel der Pferde
und ihre Bogensehnen. Zuletzt traten sie in Partien von fünf
bis sechs zusammen und spürten mit gierigen Augen umher, bis
sie einen Menschen allein, vielleicht einen unglücklichen Kameraden
fanden, der noch Fleisch an den Knochen hatte. Sie schleppten
ihn bei Seite, tödteten ihn, theilten darauf das Fleisch unter sich
und Jeder trug sein Stück unter dem Rocke verborgen davon.
Jeden Tag starben dreißig bis vierzig Mann an Hunger. Als
endlich Niemand mehr die Mauern und Thore vertheidigte, hielten
die Kirghisen ihren Einzug.

Ihre barbarische Grausamkeit läßt sich kaum beschreiben.
Der Mahrambaschi und sein Vater (der Turki=Gouverneur der
Stadt), nebst dem Weibe und der Mutter meines Berichterstatters
und vielen anderen angesehenen Gefangenen wurden in ein
kleines Gefängniß so dicht zusammengepackt, daß es unmöglich
war, sich zu setzen oder zu legen. In diesem Zustande blieben
sie zwanzig Tage und erhielten als Nahrung täglich für die
Person einen kleinen Zwieback und etwa eine Untertasse voll
Wasser. Dann wurde dem Vater des Mahrambaschi gesagt, wenn
er nicht 100 Yambus (10,000 bis 11,000 Thaler) schaffte, werde
man ihn tödten. Um der Drohung Nachdruck zu geben, wurden
er und sein Sohn (mein Berichterstatter) einen Tag und eine
Nacht an den langen Zöpfen aufgehängt, die sie aus Höflichkeit
gegen ihre chinesischen Herren trugen. Die Frauen der Familie
wurden ebenfalls, nur auf andere Weise, aufgehängt. Durch
den Verkauf der Häuser und Gärten (die man unter solchen Um=

ständen natürlich nur mit einem geringen Theil ihres Werthes bezahlte) wurden neunzig Yambus zusammengebracht. Für die übrigen zehn Yambus drohten die Kirghisen meinen Mahrambashi und seinen Bruder als Sklaven wegzuführen. Auf irgend eine Weise, die ich nicht genau verstehen konnte, wurde die verlangte Summe vollends beigebracht und die zu Grunde gerichtete Familie wurde dann freigelassen. Vater und Mutter sind nach Mekka gegangen*), wo sie zu sterben gedenken, während der Sohn unter der neuen Regierung königlicher Kammerdiener ist. Die Kirghisen plünderten den ganzen Ort und mordeten rechts und links auf die muthwilligste Weise. Sie rissen die Teppiche von den Fuß= böden weg; die Turki=Kinder wurden dabei unsanft auf den bloßen Fußboden geschoben und, wenn sie anfingen zu schreien, an den Beinen genommen und ihnen am Boden die Schädel zer= schlagen, daß das Gehirn herausspritzte. Mitten in diesen und noch schlimmeren Greuelthaten unterbrach sie die Macht, die unter Buzurg Khan und Mohammad Yakub von Andiján her einrückte. Sie wurden in die Flucht geschlagen und viele ihrer Häuptlinge ergriffen und hingerichtet, unter Anderen Sadik.

Unterdessen hielt sich die Festung (oder Yangi=Shahr) von Káshghar, die gegen fünf Meilen südlich von der Stadt liegt, noch immer mit ihrer chinesischen Besatzung. Die Bewohner von Káshghar, ein unruhiges Volk, aber fest an ihren vorigen Herr= schern, der frommen Familie der Khojas, hängend, schlossen sich Buzurg Khan und seinem energischen Lieutenant an, der, wie man sagt, ursprünglich mit nur achtzig Leuten von Andiján ankam!

Die Seele, die das Ganze leitete, war hierbei immer der Kush=bégi Mohammad Yakub, während Buzurg Khan sich be= gnügte an der Verehrung, die seine Anhänger oder Unterthanen ihm erwiesen, seine alberne Freude zu haben. Der Kush=bégi

---

*) Wie der Mahrambashi mir sagt, lebt sein Vater nicht in Mekka, sondern in einer der kleinen Städte im District von Mekka. Nach Mekka selbst geht er nur, um dort seine Andacht zu verrichten. Der Grund liegt darin, daß nach ihrem Glauben jede Handlung, die in Mekka ausgeführt wird, sie mag gut oder schlecht sein, neunfach zählt. Deshalb zieht man es vor, das tägliche Leben nicht in Mekka zu verbringen, sondern man geht nur hin, um dort seine Andacht zu verrichten!

sammelte Truppen im ringsum liegenden Lande, erhielt noch
500 Mann Verstärkung aus Khokand und legte sich nun vor die
Festung. Während sich die Belagerung in die Länge zog, ström=
ten täglich neue Verstärkungen von Andiján herbei. Jeden Tag
schlossen sich seinem Lager zehn bis zwanzig neue Rekruten an,
aber dennoch gelang es ihm erst in vierzehn Monaten den Platz
zu nehmen. Als die Belagerung sich dem Ende näherte, berief
der Ambân oder chinesische Gouverneur seine höchsten Officiere
zu einem Kriegsrath zusammen und schlug vor, mit Mohammad
Yakub zu capituliren. Die Officiere stimmten bei und fingen an,
unter sich die verhältnißmäßigen Beiträge zu vertheilen, die sie
zu einem Geschenk für den Eroberer geben sollten. Der Ambân
hatte seine ganze Familie versammelt (die Töchter standen hinter
seinem Sessel und die Söhne bedienten die Gäste, die auf Stühlen
rings um das Zimmer saßen, mit Thee). Er lauschte aufmerksam auf
die Zeichen der Einnahme des Platzes. Bald hörte er das „Allaho=ak=
ber"=Geschrei, durch welches die Muselmänner ihren Einzug ankün=
digten; da nahm er seine lange Pfeife aus dem Munde und schüttelte
die Asche auf eine gewisse Stelle des Fußbodens aus; dort stand
ein Zünder von Schießpulver mit einem Fasse in Verbindung,
das er vorher unter dem Fußboden des Zimmers bereit gemacht
hatte. Während die Officiere, die hiervon nichts wußten, sich noch
immer über die Uebergabe beriethen, flog das ganze Haus in
die Luft und sie kamen unter den Trümmern um.

Vor diesem erfolgreichen Ausgang der Belagerung von
Kâshghar hatte aber der Kush=bégi Mohammad Yakub mehrere
Feldzüge gegen Yârkand gemacht, das sich in den Händen der
Tungânis befand. Der Grund dazu lag in folgenden Um=
ständen:

Im Frühlinge des Jahres 1863 suchten die Tungânis sich
in Yârkand die Gewalt anzumaßen, und die Chinesen erboten
sich, ihnen zwei Drittheile von Allem, nur nicht das Commando,
zu geben. Die Tungânis wiesen das Anerbieten zurück und so
blieben die Dinge einen Monat lang. Eines Tages schlachteten
sie sechzig Ochsen und speisten alle bedeutenden Muselmänner der
Stadt. An jenem Tage steckte der Tungâni=Theil der Besatzung
mitten in der Nacht, in der Neustadt wie in der Altstadt, alle
chinesischen Häuser in Brand. So wie die Chinesen heraus=

stürzten, um den Flammen zu entgehen, wurden sie Einer nach dem Andern niedergehauen.

Der Rest schloß sich in den inneren Theil des Yang-Shahr ein. Hierauf forderten die Tungänis die Stadtbewohner auf, sich etwas Mühe zu geben, da sie jetzt oder nie ihre Freiheit erlangen könnten. Da kamen die Letzteren ihnen zu Hülfe. Mein Bericht-erstatter Juma sagt, er sei mit Afskal Ahmad Khoja, dem größten Kaschmiri-Kaufmann, gekommen, und da die Witterung heiß gewesen sei, hätten sie für den Afskal einen „Chah-josh" voll Thee mitgebracht. Als sie sich den Thoren näherten, fingen die Chinesen an, auf sie zu feuern, und die Stadtbewohner ergriff ein allgemeiner Schrecken; der Afskal, der ein dicker Mann war, wurde von zweien seiner Leute um die Taille gefaßt und eiligst fortgeschleppt. Hierauf errangen die Chinesen ihren größten Vortheil. Sie rückten an beiden Mauern entlang nach dem Thore vor und besetzten es. Dadurch wurden die Muselmänner, die im äußeren Theile des Yang-Shahr blieben, gefangen und niedergemetzelt; es waren ihrer an 800. Dann wurden von den Angreifern Trancheen angefangen und nach der Westseite der Mauer hin Approchen hergestellt. Dies dauerte einen Monat. Von den Trancheen aus wurden Minen unter die Mauer geführt und ein vierzig bis fünfzig Meter langer Theil in die Luft gesprengt. Auch da leisteten die Chinesen noch solchen Widerstand, daß der Einzug erst stattfinden konnte, als aus der ganzen muselmännischen Bevölkerung ein Landsturm hergestellt wurde, der gleichzeitig auf allen Seiten angriff. Die Chinesen waren so zusammengeschmolzen (es waren nicht mehr 1000 Mann übrig), daß sie die Festung in ihrem ganzen Umfange nicht hinlänglich vertheidigen konnten, und als die Muselmänner (Stadt- und Landbevölkerung vereinigt) mit großem Lärm einen Sturm unternahmen, zogen sie sich von den Mauern zurück. Die Muselmänner befürchteten Minen und zogen nicht ein, und ihre Vorsicht wurde durch eine furchtbare Explosion gerechtfertigt, die bald darauf stattfand und die Erde ringsum meilenweit erschütterte. Stücke von menschlichen Körpern fielen selbst in der Altstadt nieder, und der Staub war so arg, daß man eine Stunde lang nichts sehen konnte. Dann drangen die Muselmänner ein und hieben die Wenigen, die noch lebten, nieder. Der Ambân und

der Haupttheil der Besatzung waren bei der Explosion gestorben.

Hierauf herrschten die Tungâni-Häuptlinge beinahe ein Jahr
lang und machten einen vergeblichen Angriff auf Khoten (wo
die Muselmänner die chinesische Besatzung überwältigt und den
Hajji Habibullah als König eingesetzt hatten). Sie wurden bei
Sanju geschlagen und verloren alle ihre Geschütze. Hierauf verbündeten sie sich mit den Häuptlingen von Kuché und Aksu, den
glücklichen Führern des Aufstandes gegen die Chinesen.

Um diese Zeit nahm Mohammad Yakub, während er den
größeren Theil der Andijâni-Truppen noch immer zur Belagerung
von Kâshghar Yang-Shahr (Fort von Kâshghar) zurückließ,
Yang-Hissâr weg und marschirte mit einigen Mann gegen Yârkand. Sie kämpften von der Zeit des Morgengebetes bis zur
Zeit der Nachmittagsgebete (es war Feiertag), und Yakub zog
den Kürzeren. Anfangs machte sein Anstürmen die Kuchâris wan-
kend; aber in dem nassen Boden wurden seine Pferde ermüdet
und er nahm seine Zuflucht in die Stadt. Hier wurde er eingeschlossen, aber sein Pferd sprang von der Mauer (?) und er
entkam nach Kâshghar. Die verbündeten Tungânis und Kuchâris
erhielten 40,000 Mann (?) Verstärkung unter Khan Khoja und brachen
nun auf, um Kâshghar zu nehmen, aber Mohammad Yakub lauerte
ihnen in einem Jangel bei Kizil auf und schlug sie durch einen
Ueberfall. Er würde diesen Vortheil benutzt haben, aber in seinem
Lager brach zwischen den Kipchaks und den anderen Andijânis
Uneinigkeit aus, und er mußte sich zum zweiten Male von
Yârkand zurückziehen.

Buzurg Khan hatte jetzt die Festung von Kâshghar vierzehn
Monate belagert und der einzige wirkliche Vortheil, den er erreicht hatte, war die Einnahme der Stadt Yang-Hissâr durch
seinen tüchtigen General Mohammad Yakub. Aber die Zeit fing
an sich zu ändern. Yakub nahm endlich, wie ich oben geschildert
habe, die Festung von Kâshghar, griff darauf Maralbâshi an und
nahm es ebenfalls und schnitt dadurch die Verbindung zwischen
dem Kuché-Heere in Yârkand und dessen Heimath ab. Dann
rückte er wieder gegen Yârkand vor. Nyâz Beg, der jetzige Gouverneur von Khoten, benachrichtigte ihn, daß man beabsichtige,
ihn in der Nacht anzugreifen. Dies setzte ihn in den Stand, den

Angriff zum Nachtheil des Feindes zu wenden, der mit großem
Verlust gänzlich geschlagen wurde. Nach einmonatlicher Belagerung capitulirte der Rest der Besatzung und wurde gefangen
nach Kâshghar gebracht. Dies war im Frühlinge des Jahres
1865, und sein erster Angriff auf Yârkand fand zu Anfang des
vorhergehenden Winters statt. Kâshghar muß daher in der dazwischen liegenden Zeit, das heißt, zu Anfang des Jahres 1865,
genommen worden sein.

Da Mohammad Jakub jetzt Herr von Kâshghar und Yârkand war, so strebte er nach der Oberherrschaft dem Namen wie
der Sache nach. Der Herrscher dem Namen nach, Buzurg Khan
Khoja, hatte sich, während alle die Eroberungen für ihn gemacht
wurden, der Trägheit und Lüderlichkeit ergeben. Jakub's glückliche Erfolge hatten ihn bei den Soldaten beliebt gemacht und
durch seine Freigebigkeit bei Vertheilung von Geschenken, so oft
das Kriegsglück ihm werthvolle Beute in die Hände legte, zog
er sie noch mehr an sich. Buzurg Khan sank bis auf Nichts
herab, und Mohammad Jakub, der anfing, zu den benachbarten
Völkern Gesandte zu schicken, wurde von dem Amir von Bokhâra
als „Atalik-Ghâzi" oder „Vormund der Kämpen" begrüßt, ein
Titel, unter dem er noch jetzt regiert. Einige Glieder der Familie Khoja, die nach so langer Verbannung in ihr früheres
Erbe wieder eingesetzt war, widersetzten sich der Emporhebung
dieses Abenteurers in ihre Stelle. Aber Jakub war der Sache
gewachsen. Der Khoja Wallé Khan (Schlagintweit's Mörder)
wurde ergriffen und hingerichtet und Buzurg Khan in eine stan-
desgemäße Gefangenschaft gebracht, aus welcher er im Jahre 1868
wieder frei gelassen wurde, aber nur unter der Bedingung, daß
er eine Pilgerfahrt nach Mekka mache. Jetzt ist er durch Bokhâra
nach seinem alten Verbannungsorte Andijân zurückgekehrt und
lebt dort mit noch weniger Hoffnung, jemals wieder auf dem
Throne seiner Ahnen zu sitzen, als vor seiner glücklichen
Invasion.

Andere Khojas sind von Mohammad Jakub in hohe Aemter
eingesetzt worden; sie fühlen, wenn sie auch unzufrieden sind, daß
sie es mit einem Geiste erster Größe zu thun haben, und halten
daher Ruhe. Der Einfluß dieser frommen Familie scheint selbst
bei ihren fanatischen Anhängern in Kâshghar im Sinken be-

griffen zu sein. Ihre Anwesenheit hat den Schein der Heiligkeit zerstört, durch den man sie, so lange sie fern waren, betrachtete.

Der Atalik-Ghâzi befestigte in zwei Jahren seine Macht und wendete dann seine Aufmerksamkeit den kleinen Nachbarstaaten zu. Khoten wurde von dem alten Hajji Habibullah Khan regiert, der nach der Ermordung der Chinesen von seinen Landsleuten eingesetzt worden war. Mohammad Yakub schrieb an ihn, redete ihn dabei zärtlich als seinen Vater an und lud ihn zu einer Zusammenkunft auf der Grenze ein. Durch jenes Verhängniß geleitet, mit dem im Morgenlande die Opfer immer in die Netze laufen, in welchen vor ihnen schon Hunderte gefangen wurden, ging der dem Tode geweihte Mann in das Lager des Atalik. Er wurde erst kostbar bewirthet, dann festgenommen und eingesperrt. Sein Siegelring wurde benutzt, um seine höchsten Officiere und Edlen in das Lager ihrer Feinde zu locken. Anfangs wurden er und sie geschont. Als aber ihre Weiber, die nach morgenländischer Sitte unter die Fänger vertheilt worden waren, sich verschworen und ihre neuen Eheherren ermordeten, wurden der König und alle Edlen von Khoten zur Wiedervergeltung sofort niedergemetzelt. Während die höchsten Männer Khoten verlassen hatten, um sich in das Lager des Atalik zu begeben, machte ein Theil von dessen Truppen einen Umweg und zog von der anderen Seite her in Khoten ein. Selbst da wurde noch ein starker Widerstand geleistet und dabei sollen 3000 Mann getödtet worden sein. Endlich aber fiel sowohl die Stadt als die Provinz dem Mohammad Yakub in die Hände. Er war zu Anfang des Ramazân (des Fastenmonats) nach Guma, der Grenzstadt, gegangen und kehrte am Ende desselben Monats als Herr einer neuen Provinz nach Yârkand zurück. Dies fand im Januar 1867 statt.

Hierauf wandte er seine Waffen nach Osten. Wie er es mit Khoten gemacht hatte, so machte er es mit Aksu, Kuché, Pâi und den übrigen Städten und Staaten von Altishahr. Er schlug die Tungânis, die seit der Vertreibung der Chinesen Herren jener Städte waren.

Bei diesem Feldzuge verlor der König einen jungen Sohn, Namens Khuda Kul Bégi, der an der Einnahme von Kuché Theil genommen hatte. Er führte eine Abtheilung Truppen, die ihm anvertraut war, auf einem Gebirgspfad herum und wich auf dieſe Weiſe einem engen Paſſe (dem gewöhnlichen Wege) zwiſchen dem Gebirge und dem Fluſſe aus, wo der Feind ſich ſeinem Vater entgegenſtellte. Durch dieſe Diverſion wurde die Schlacht gewonnen, aber Khuda Kul Bégi ward krank und ſtarb.

Mohammad Yakub rüſtete ſich, um ſeine Eroberungen noch weiter fortzuſetzen und über die nach Oſten gelegenen Kalmücken- und Tungâni-Staaten auszudehnen (beſonders gegen Ala Khoja, den Häuptling von Ila, und Daud Khan, den Häuptling von Urumchi, zu Felde zu ziehen); da traf ihn die Nachricht, daß die Ruſſen am Fluſſe Narin (dem oberſten Theile des Syr Dariâ) ein Fort erbauten, an einem Punkte, der über den Gebirgszug Karan-tâgh oder Kakſhâl hinüber nur ſechs lange Tagereiſen von Kâſhghar entfernt lag. Er begnügte ſich daher mit der nominellen Unterwerfung, welche die Häuptlinge von Karaſhahr, Kumul, Urumchi und Ila ihm anboten, die zum Zeichen der Anerkennung ſeiner Oberhoheit Tribut brachten oder ſandten.

Dann kehrte er um, machte einen Kreis und griff Uſh-Turfân an, das ihm bisher entgangen war. Er nahm den Ort, marſchirte in das Gebirge und kam aus ihm nach einem langen Umwege bei Artaſh oberhalb Kâſhghar heraus.

Im Herbſt des Jahres 1868 wurde der Atalik von einem ruſſiſchen Officier, dem Hauptmann Reinthal, Adjutanten des Gouverneur vom ruſſiſchen Turkiſtân, beſucht. Mit ihm oder bald nach ihm ging ein Geſandter des Atalik, Namens Mirza Shâdi, nach Rußland und zwar bis' nach St. Petersburg.

Zu derſelben Zeit fing Mohammad Yakub an, ſeine Grenze nach Norden hin zu befeſtigen; er ſchloß zu dieſem Zwecke mehrere der Päſſe und baute in dem Gebirge oberhalb Artaſh, drei Tagemärſche von Kâſhghar, ein bedeutendes Fort.

Im Winter deſſelben Jahres, während ich in Yârkand war, brach in dem kleinen Hügelſtaate Sarikol ein Aufſtand aus.

Babaſh Beg, der letzte Häuptling, war geſtorben und einer ſeiner Söhne folgte ihm in der Regierung. Ein anderer Sohn, Namens Alaf Shah, der auf die Regierung Anſpruch machte, floh nach Yârkand. Der Atalik nahm ihn gut auf und ſchickte ihn als ſeinen Vaſallen zurück. Dies war im Jahre 1866. Bei ſeiner Rückkehr nach Sarikol fand Alaf Shah unter dem Scheine

der Freundschaft eine günstige Gelegenheit, seinen Bruder umzubringen, und behielt hierauf die Provinz Sarikol unter der Ober=
lehensherrlichkeit des Atalik.

Um diese Zeit fand ein Kampf statt zwischen den Bewoh=
nern von Shignan jenseits des Pamir und den kirghisischen No=
maden, die es besuchten. Die Letzteren wurden geschlagen und
von den Steppen vertrieben. Während dieser Unruhen warf Alaf
Shah von Sarikol seine Lehenspflicht gegen den Atalik ab und
weigerte sich, als er vorgeladen wurde, nach Yârkand zu kommen.
Die Kirghisen meldeten, daß der kleine Potentat sich zum Kriege
rüste. Um ihn zur Vernunft zu bringen, wurden strenge Maß=
regeln angewandt. Von Yârkand wurden schnell Truppen entsen=
det, und von Káschghar gingen einige Geschütze und eine Abthei=
lung Reiterei ab. Sie zogen, als ich mich auf dem Wege nach
Káschghar befand, in Yang Hissâr an mir vorüber. Alaf Shah
floh nach Badakhshan; aber einer seiner Brüder und alle seine
Weiber fielen nach einigem Kampfe den Truppen des Atalik in
die Hände. Eine große Schaar Gefangener wurde nach Yârkand
hinabgebracht, die vornehmsten Leute jedoch wurden nach Káschghar
geschafft, wo ich einige der Kinder sah.

Alaf Shah's Bruder wurde hingerichtet, aber die Uebrigen
wurden gut behandelt. Später, im Frühlinge 1868, wurden noch
mehr Truppen hinaufgesandt, vielleicht weil ein neuer Aufstand
ausgebrochen war, und die ganze Bevölkerung von Sarikol (die
nicht sehr groß war) wurde in die Ebenen herabgebracht. Leute,
die später das Gebiet durchreisten, behaupten, es seien dort nur
noch Kirghisen und Yârkandis zu sehen; die Letzteren haben sich
auf die Einladung des Atalik=Ghâzi dort niedergelassen. Die
folgende Tabelle enthält eine kurze Uebersicht der einzelnen
Ereignisse:

Frühling 1863. Aufstand der Tungânis in Yârkand; Ermordung der Tungânis in Káschghar.

Herbst· 1863. Einnahme des Fort von Yârkand durch die
Tungânis; die Kirghisen nehmen und plündern
Káschghar.

Januar 1864. Anfang der Belagerung der Festung Káschghar
durch die Andijânis.

Herbst 1864.   Erster Feldzug Mohammad Jakub's gegen
                  Järkand.

Winter 1864—65.   Das Kuchári-Heer wird von Mohammad
                  Jakub bei Kizil geschlagen.

Winter 1864—65.   Einnahme der Festung Kâshghar durch Mo-
                  hammad Jakub.

Winter 1864—65.   Einnahme von Maralbashi durch Mohammad
                  Jakub.

Frühling 1865.   Einnahme von Järkand durch Mohammad
                  Jakub.

Januar 1867.   Einnahme von Khoten durch Mohammad Jakub.

Sommer und Herbst 1867.   Einnahme von Aksu, Kuché, Ush-
                  Turfân u. s. w.

Herbst 1868.   Ankunft eines russischen Gesandten und Erbau-
                  ung des Mustagh-Fort im Passe oberhalb Artash.

Januar 1869.   Wegnahme von Sarikol.

Viertes Kapitel.
Reise von Kangra nach Ladâk.

Das Thal Kulu. — Ein verwaister Yârkandi-Knabe in Aufsicht genommen. — Der Bara Lâcha-Paß. — Wechsel der Landschaft. — Charakter einer regen- losen Gegend. — Tranchée-ähnliches Thal des Indus. — Umweg östlich von Ladâk, um eine neue Route zu suchen. — Auszüge aus Briefen des Tage- buchs. — Hajjis auf der Rückreise nach Central-Asien. — Ihre Ansicht über die Christen. — Das Plateau von Rupshu. — Chinesisches Aussehen der Bewohner. — Der Pangong-See. — Dr. Cayley's Forschungen. — Der Ver- fasser schließt sich ihm an und geht nach Leh. — Unterredung mit dem Ge- sandten von Yârkand. — Uebereinkunft, den Munshi mit dem Gesandten abreisen zu lassen. — Mr. Douglas Forsyth in Leh. — Mühe und Noth bei der Vorbereitung zur Abreise. — Die Arguns oder Mischlinge und ihre Schur- kereien. — Mr. Thorp's Vorschlag, sich dem Verfasser anzuschließen. — Ab- reise von Ladâk.

Am 6. Mai 1868 brach ich auf, um meinen Weg vom vor- hergehenden Jahre nach Ladâk hinauf noch einmal zu machen. Anfangs kam ich aber nicht besonders rasch vorwärts. Ich mußte Anstalten treffen zum Transport der Waaren und, nachdem dies abgemacht war, ihnen vorausgehen, zur Abwechselung immer nach sieben bis acht Tagemärschen für andere Beförderungsmittel (Maulthiere oder Kulies) sorgen und dann bereit sein, um sie weiter zu bringen. Außerdem war unser alter Feind, der Bara Lâcha-Paß, noch nicht frei; ich hatte daher reichlich Zeit zum Jagen und zwar in der besten Zeit des Jahres.

Bis Kulu, einem gegen sieben Tagemärsche von Kangra ge- legenen lieblichen Thale, reiste ich mit dem englischen Beamten hinauf, welchem dasselbe für jenes Jahr übertragen war. Diese reizende Stelle wird in der Regel einem jungen Civilbeamten zu Theil, der hinauf geschickt wird, um ein Jahr lang in einsamer Herrlichkeit über einen District so groß wie ein Schweizer-Canton zu regieren. Als wir in dem Hauptquartier dieses kleinen souveränen Staates anlangten, war fast der erste Mensch, der sich uns vorstellte, der eingeborne Doctor (der von der Regierung dort unterhalten wird); er kam, um zu melden, daß er einen verwaisten Knaben, einen Yârkandi, auf den Hals bekommen habe, da die Mutter des Kindes kurz vorher im dortigen Hospital gestorben sei. Vater und Mutter hatten mit zwei Kindern, einer älteren Tochter und diesem Knaben, vor zwei bis drei Jahren Turkistân verlassen, um eine Wallfahrt nach Mekka zu machen. Das Schicksal dieser Reisenden ist nur ein einzelnes Beispiel von dem, was jährlich Hunderten schlecht verproviantirter und nicht an das Klima gewöhnter Turki-Pilger begegnet, die sich nach Indien wagen. Vater und Tochter waren zuerst gestorben; die Mutter hatte auf dem Rückwege nach ihrer Heimath Kulu erreicht, aber nur um dort, fast an der Schwelle derselben, zu sterben. Auch etwas Geld war zurückgeblieben, das man dem Knaben bei seiner Jugend nicht übergeben konnte. Wir schickten nach ihm, und er kam bald, dem Anschein nach ganz gefaßt und glücklich, ein rosiger dickbackiger Junge, mit hohen Backenknochen und schmalen Augen, von sehr mongolischem Typus, in einen sonderbaren Anzug gekleidet, dessen einzelne Stücke aus Mekka, Indien und Turkistân stammten. Aus dem zuerst genannten Orte trug er ein rothes Mützchen, aus Indien einen weißen baumwollenen Kittel und endlich ein Paar feste Yârkandi-Reitstiefeln, die bis ans Knie reichten. Ich fragte ihn, ob er mit mir nach seiner Heimath reisen wolle, und er sagte sofort „Ja". Mit meinem Freunde, dem Assistant-Commissioner von Kulu, der als Vertreter der Regierung bei dem verwaisten Knaben Vaterstelle vertrat, war bald Alles abgemacht. Daß ich mich des Knaben annahm, dafür kann ich kein großes Verdienst beanspruchen. Ich schützte ohne Zweifel sein Eigenthum vor Raub, dem es unterwegs ausgesetzt gewesen wäre; aber ich gestehe, daß mich dabei hauptsächlich der Gedanke leitete, wie förderlich dies meinen Plänen sein werde. Selbst bei Barbaren konnte es nur eine gute Empfehlung

für den Fremden sein, wenn er ein verwaistes Kind ihrer Raçe
zurückbrachte, das er in einem fernen Lande völlig verlassen
fand. Einem Menschen, der in solcher Angelegenheit in ihr Land
kam, konnten sie schwerlich die Kehle abschneiden! So wurde
denn Rozi meinem Munshi übergeben, mit dem Befehl, ihn gut
zu speisen und so viel als möglich vor Unheil zu bewahren.

Den Bara Lâcha=Paß überschritten wir erst am 2. Juli; in
der Zwischenzeit hatte ich Anstalten zu treffen, um meine Kara=
wane vorwärts zu bringen, und außerdem hatte ich, während
ich auf das Freiwerden des Passes wartete, im Gebirge gejagt.

Der Bara Lâcha ist die Grenze zwischen zwei Gegenden, die
sich durch ihre physische Beschaffenheit von einander unterschei=
den. Diejenige, die wir bereits durchwandert haben, kann man
die eigentliche Himâlaya=Region nennen. Hier sind die giganti=
schen Gebirgszüge mit ewigem Schnee bedeckt, von Gletschern
durchfurcht, und steigen mitten aus dichten Wäldern empor, die
bis zu einer gewissen Höhe hinauf ihre Flanken bekleiden. Sie
sind von einander durch tiefe Schluchten getrennt, deren Wände
jäh abstürzen und durch welche große Ströme fließen. Hier ist in
der That eine Alpenlandschaft. Hat man jedoch den Bara Lâcha=
Paß (oder irgend einen andern Paß auf demselben Gebirgszug)
überschritten, so betritt man eine Gegend, wo alle Schluchten
oder Thäler durch ein immer weiter greifendes Kiesmeer ausge=
füllt zu sein scheinen, welches so hoch gestiegen ist, daß es sich
nur noch einige Hundert Fuß unter den Gipfeln der Gebirgszüge
befindet. Der Raum zwischen den Gebirgen stürzt nicht mehr in
eine scheinbar bodenlose Schlucht ab, deren Wände nach unten
immer näher an einander rücken, bis sie blos noch für den Fluß
Platz lassen. Dieser Raum wird vielmehr von einer breiten Hoch=
ebene eingenommen, aus welcher die höchsten Gebirgszüge nur
wie wellenförmige Erhöhungen hervortreten. Nach den vertica=
len Linien, an welche der Himâlaya uns gewöhnt hat, bemerken
wir die horizontalen. Es ist, als verließe man eine go=
thische Cathedrale und näherte sich dem Parthenon. Zu=
gleich scheint eine gewisse Dürre auf die Oberfläche des Landes
gefallen zu sein. Es gibt keine weiten Schneefelder, um Wasser=
ströme zu speisen, und keinen häufigen Regen, um das Grün zu
erhalten. So muß eine Landschaft im Monde aussehen.

Es scheint, als ob wir hier einen rohen Block vor uns hätten, aus welchem die Natur künftig die gewöhnlichen Züge eines Gebirgslandes herauszuarbeiten beabsichtigte, und zwar durch eine Veränderung des Klimas, die Schnee, Eis und Wasser bringt, um die Erd- und Kies-Massen herauszuschaffen, durch welche die Gebirgszüge jetzt mit einander vereinigt sind. Der fast gänzliche Mangel an Regen führt auf den Gedanken, ob der Eintritt desselben nicht (nach geologischen Zeitaltern) dem Lande eine ähnliche Beschaffenheit geben könnte, wie die Nachbargegend sie hat, wo reichliche Regen und tief eingeschnittene Ravinen mit einander vorkommen.

Von nun an müssen wir jedoch immer daran denken, daß wir uns in der kahlen oder tibetischen Region befinden, wo grüne Stellen ungefähr ebenso selten sind, wie Inseln im Ocean, und in der Regel nichts als Kies sich zeigt.

Aber eine tiefe und breite Tranchée gibt es, die diese Region der Länge nach, das heißt (ungefähr) von Südosten nach Nordwesten, in zwei Theile theilt. Dies ist das Thal des Oberen Indus oder Ladák, wie ich schon erwähnte, als ich von meiner vorigen Reise nach jener Gegend sprach. Diese Tranchée geht jedoch nicht unter 10,000 bis 11,000 Fuß Höhe hinab.

Ehe ich nach Leh, der Hauptstadt des genannten Districtes und dem Orte ging, wo ich mich das Jahr vorher so lange aufgehalten hatte, beschloß ich einen Umweg nach der von Ladák ostwärts gelegenen Gegend zu machen und an der Grenze des chinesischen Tibet hin zu reisen. Hier hoffte ich einen kurzen Einschnitt zu finden, der nicht durch die Stadt, sondern weiter oben über den Indus führen sollte, und auf eine neue Route zu treffen, auf der man muthmaßlich in gerader Linie nach Turkistán hineinkam. Von dieser neuen Route werde ich sogleich mehr zu sagen haben. Die beste Schilderung meiner bisherigen Reise werden die folgenden Auszüge aus Briefen bilden, die ich damals schrieb.

Der erste ist datirt „Camp Rukshin, den 9. Juli 1868". Dies war der Punkt, an welchem ich von der nach Ladák führenden Hauptroute abging, um den oben erwähnten Umweg zu machen.

„In einer Art Reiseoase, nämlich einem zeitweiligen Tata-

renlager, der ersten bewohnten Stelle nach neun Tage langer
Wüste, angekommen, schreibe ich Ihnen, ehe ich mich wieder in
die Wildniß stürze, einen Bericht über meine bisherige Reise.
Ich treffe jetzt Vorbereitungen, meinen muselmännischen Agenten
nach Yârkand abzusenden, damit er zu meinem eigenen Besuche
dort die nöthigen Anstalten trifft. Wir reisen mit einer Anzahl
Hajjis (Pilger), die von Mekka kommen und nach ihrer Heimath
in Central-Asien zurückkehren. Es ist interessant, ihre ceremoniö-
sen Gebete zu sehen, auf deren sorgfältige Beobachtung sie als
Hajjis besonders halten. Fünfmal den Tag waschen sie sich Kopf,
Gesicht und Arme; dann hört man sie in klangvollem Tone „La
Illahi ill' Allah, Mohammad ar' Rasul Ulla-a-a-ah!" (sehr lang-
gezogen) rufen. Auf ein gegebenes Zeichen wirft sich eine ganze
Reihe von ihnen mit der Stirn auf die Erde; dann erheben sie
sich auf die Knie, setzen sich mit gefalteten Händen zurück und
beten still. Alle zusammen streichen sich die Bärte, wenden, ihrem
Vorbeter folgend, die Köpfe gleichzeitig erst rechts, dann links
und reden dabei an jeder Schulter einen unsichtbaren Engel an.

„Ich sagte Ihnen, wie ich glaube, von meinem kleinen
Schützling, einem Waisenknaben, dessen Eltern auf der Rückkehr
von Mekka starben. Ich nehme ihn, so weit ich kann, mit zurück
nach Yârkand hin. Er ist sehr scharfsinnig und erzählt uns in
gebrochenem Hindostani von seinem Vaterlande. Er sagt, er werde
mir aus seiner Heimath in Khoten, wo es Goldbergwerke gebe,
eine Masse Gold als Geschenk herabsenden. Neulich des Nachts
beim Lagerfeuer sitzend, fragte ihn mein Hirtenknabe, der Freundschaft mit ihm geschlossen hat, ob er ihn wieder mit nach Yârkand zurücknehmen werde. „Nein", sagte Rozi, „Du bist ein Hindu,
und man würde erst Dich und dann mich tödten, weil ich mich
mit einem „Kafir" (Heiden) eingelassen habe!"

„Ich habe mit den Muselmännern viel über Religion und
den Korán gesprochen. Die Christen (oder wie sie dieselben nennen, die „Nasári", „Nazarener!") halten sie für nur wenig
tiefer als die Muselmänner stehend, da sie „Männer des Buches"
sind, welchen die Schriften Moses', David's und Jesu gesendet
wurden und deren besonderer Prophet dem Range nach der
Nächste nach Mohammad ist. Die Hindus und andere Götzendiener betrachten sie ganz anders. Rings um mein Zelt haben

sich eine große Menge Tataren aus ihrem nahen Lager von
niedrigen schwarzen Zelten versammelt; sie sind schmutzig und
neugierig, und ich kann kaum schreiben; ich will daher für diesmal Abschied nehmen."

Brief von „Camp Siul, den 12. Juli 1868".

„Dies ist das erste Dorf, das ich seit zwölf Tagen gesehen
habe, und selbst dieses enthält nur ein einziges Haus. Ich befinde mich daher, wie Sie sich denken können, so ziemlich außer
der Welt und fühle, daß ich schnell zu einem Tataren werde.
Die letzten zehn Tage lang war ich auf dem Hochplateau von
Rupschu, das mit Ausschluß der Piks, die sich bis zu 18,000 und
20,000 Fuß erheben, im Durchschnitt 15,000 Fuß über dem
Meere liegt. Jetzt habe ich angefangen, in der Schlucht eines
Gewässers, das den Oberen Indus speist und nach Osten läuft,
von diesem hohen Plateau hinab zu steigen, und lagere in einer
Höhe von nur ungefähr 14,000 Fuß, die ganz anständig erscheint.
Die auf jeder Seite stehenden runden, kahlen Hügel, die nichts
so sehr ähneln, als einer riesigen Kiesgrube, es müßten denn
eine Reihe Kohlenhaufen sein, haben kein Blättchen Grün an sich.
In der Nähe des Dorfes haben sie auseinanderlaufende Kerben,
gleich den Zähnen eines Kammes. Dies sind die Pfade der
Schafe, die weit und breit umherreisen, um in den hie und da
vorkommenden Vertiefungen, wo einige weit aus einander stehende
Grashalme durch den groben Sand dringen, mühsam ihre Nahrung zu suchen. Eine alte Moräne, etwa hundert Fuß hoch,
scheint das Thal unten zu schließen; einst muß dies wirklich so
gewesen sein; die Moräne muß den Strom zu einem kleinen See
eingedämmt haben, wie man noch an den vierzig Fuß hohen
Ueberresten in Schichten gelagerten Thones sieht, die stellenweise
an den Wänden des Thales hängen blieben, als eine allgemeine
Wasserfluth das Bett des Sees fortschwemmte und für das jetzige
Thal Platz machte. Dies ist die Geschichte vieler tibetischen Thäler. An einer Höhle, die sich in einer der aus Resten der Thon-
schichten bestehenden Klippen befindet, hat man vorn eine über-
tünchte Mauer aufgeführt, und so bildet sie hier die einzige
Wohnung. Die tibetischen „Gompas" oder Klöster sind gewöhnlich und die Häuser der Dorfbewohner, wie im vorliegenden

Falle, zuweilen so gebaut. Nahe dabei stehen eine lange Reihe „Chortens", Monumente, die aussehen wie eine Menge über= tünchte und in eine Linie gestellte Pfefferbüchsen, während ein oder zwei größere bis zur Würde einer umgestürzten Theekanne gelangen.

„Wir befinden uns hier nur ein Paar Märsche von der chinesischen Grenze, und die Bewohner sehen sehr chinesisch aus; sie tragen Mandarin=Mützen und Zöpfe. Einer meiner Yak= Treiber (alle unsere Sachen werden von Yaks, einer Art lang= haariger Rinder, getragen) erinnert mich genau an die Bilder von Chang, dem chinesischen Riesen, der kürzlich in England zur Schau ausgestellt wurde. Es sind grinsende, gutmüthige Wesen. Auch die Namen sind sehr chinesisch. Unser nächster Paß ist der „Chang=La"; er führt zu dem „Pangong"=See und zu dem „Chang=Chenmo"=Thale. Schnee gibt es kaum selbst auf den höchsten Gebirgen ringsum, denn fünf äußere Gebirgszüge fangen hier fast jedes Bischen Feuchtigkeit auf, das als Schnee fallen könnte. Daher hat man hier bei 15,000 Fuß Höhe im Winter nicht mehr Schnee als auf dem Kangra=Gebirge bei 5000 Fuß. Aber die trockene Kälte und der scharfe Wind stehen im umge= kehrten Verhältnisse.

„Sie werden sich hoffentlich für meinen Versuch, nach Yârkand zu gelangen, interessiren. Der Reiz liegt darin, daß diese Gegend (die man ohne Unterschied als chinesische Tatarei oder Ost=Turkistán kennt) in Europa fast gänzlich unbekannt ist. Sie hat soeben das chinesische Joch abgeworfen und ist von Neuem als muselmännisches Königreich ins Leben getreten. Von Bokhâra oder West=Turkistán (das heißt von dem Theile Central= Asiens, welchen Vámbéry und Andere erforscht haben) ist sie durch das Pamir=Gebirge und die Pamir=Steppen (den sogenann= ten „Bâm=i=Dunya" oder das „Obere Stockwerk der Welt") ge= trennt. Das erstere ist ein Gebirgszug, der von Norden nach Süden läuft und, so viel man erfahren kann, in den meisten Beziehungen der Gegend von Tibet gleicht, wie sie gerade hier ist. Die meisten Flüsse auf beiden Seiten des Pamir=Gebirges werden von der Cultur West= und Ost=Turkistáns aufgesogen, so daß darüber hinaus nur Wüsten bleiben. Das Letztere muß ein herrliches Land sein. Selbst ein amtlicher Bericht der Russen

sagt, man dürfe ihre neuesten Erwerbungen nicht nach dem be=
schränkten Marktverkehr von 7,000,000 Bewohnern West=Turki=
stäns schätzen, sondern nach dem Marktverkehr von Ost=Turkistân
und West=China mit 35,000,000 Bewohnern, zu welchen sie da=
durch mittelbaren Zutritt erlangt haben. Yârkand ist in der That
eine Art Eldorado, das bisher den Europäern verschlossen war.
Schlagintweit ging während eines Aufstandes hin und wurde er=
mordet . . . Jetzt, wo die exclusiven Chinesen vertrieben sind, ist,
wie ich glaube, ein Verkehr möglich und würde willkommen sein.
So sagte mir der Gesandte von Yârkand in Kaschmir im ver=
gangenen Winter, und Andere bestätigen es. Sei es wie es will,
ich werde sehen, ob das Hinderniß auf Seiten der Yârkandis
liegt. Ich sende Geschenke und einen Brief an Yakub Beg, den
König des Landes, und bitte ihn um die Erlaubniß, kommen zu
dürfen. Ich glaube, man braucht es nur zu versuchen, und es
wird gelingen. Nach Indien kommen jährlich Hunderte von
Yârkandis, warum soll man den Besuch nicht erwidern?"

„Den 20. Juli, Camp Pangong=See. — Ich habe
Ihren Brief noch immer bei mir (weil ich keine Gelegenheit
fand, ihn abzusenden); ich schließe daher gleich die Erzählung
meiner Weiterreise an. Denken Sie sich, Sie gingen am Gen=
fer=See von Lausanne nach Vevay und hätten zu der jetzigen
Gestaltung der Gegend jenseits des oberen Theiles des Sees noch
die Ansicht eines hohen Schneegebirges, so können Sie sich theil=
weise die Ansicht vorstellen, die wir während des heutigen Tages
vor uns hatten. Denken Sie sich am Bord eines Luzerner
Dampfers, der gerade in die Bai von Uri einlenkt, und Sie wer=
den unsere Aussicht nach Osten oder rechts von uns haben. Aber
die Aussicht nach Osten geht nach China hinein, denn der Pan=
gong=See kommt von Nordwesten herab und wendet sich unserem
Lager in der vergangenen Nacht gegenüber nach Osten, wo er
sich viele Tagemärsche weit in das chinesische Gebiet hinein fort=
setzt. Er ist im Ganzen gegen achtzig Meilen lang, aber nur vier
bis fünf Meilen breit. Die Farbe seines Wassers, die Gestalt
seiner Gebirge, das Klima (in diesem Augenblick), fast Alles er=
innert mich an den Genfer=See. Aber eine große Ausnahme muß
man machen: es gibt kein Blättchen Grün! In Bezug auf die
Gebirgsansicht in der Ferne macht dies keinen großen Unterschied.

Die Purpur= und blauen Farben bleiben dieselben. Aber bei der Ansicht in der Nähe ist die Veränderung ganz auffallend. Anstatt der grünen Weinberge und Bäume von Lausanne und Vevay haben Sie eine große geneigte Ebene von kiesigem, weißem Sand mit nicht so viel Gras, wie auf einem gut betretenen Kieswege wächst. Sie senkt sich auf der linken Seite von einem kleinen Schneegebirge herab (nur klein, weil es auf einer so ungeheuren Höhe steht), dessen Gletscher so weit herunter kommen, daß sie nur noch einige Hundert Fuß über der Ebene liegen. Manche von ihnen sind glänzend und zuckerähnlich, wie der Gletscher Des=Bossons (ein seltener Anblick im Himálaya). Einer derselben läuft zwischen seinen dunkeln Moränen=Wänden herab, wie der weiße Busenstreif eines alten Herrn. Heute haben wir drei Mal Gras gesehen, und unser Lager steht wirklich an einem Dorfe, wo mit großer Mühe ein Gletscher=Bach hergestellt ist, um einige Acker Land zu befruchten. Das Wasser des Sees ist salzig, wenn auch schön hell und tief blau; an seinen Ufern wächst daher kein Gras.

„Vor vier bis fünf Tagen setzten wir (in nordöstlicher Rich= tung) über den Oberen Indus. Mit großer Schwierigkeit be= wahrte ich alle meine Sachen vor Durchnässung; denn die Leute standen bis an den Hals im Wasser, und die Strömung war stark. Ich band meine Ladungen oben auf zwei parallele Zeltstan= gen, welche vier Mann auf den Schultern trugen; andere vier Mann unterstützten dieselben bei jedem Fluß=Uebergang, und so brachten wir in vier bis fünf Stunden die Arbeit fertig. Ich mußte hinüber waten und schwimmen; meine Kleider legte ich oben auf die Ladungen. Der Strom war nur fünf Meter breit, ein ziemlicher Contrast zu demselben Flusse, wie er durch das Panjab und Sindh geht, wo er während des Hochwassers zehn Meilen breit ist! Haben Sie bemerkt, was für einen merkwür= digen Lauf er nimmt? Er entspringt in dem geheimnißvollen und heiligen See Mansorâwar, in der Nähe der Quelle des großen Brahmaputra. Ehe sein Lauf bekannt wird, fließt er viele Hun= dert Meilen weit nordwestlich. Durch Ladâk und Baltistân geht er in derselben Richtung weiter. Dann betritt er wieder ein ge= heimnißvolles und unerforschtes Land, wo er eine ganz andere Richtung nimmt; bei Attock kommt er mit südwestlichem Laufe heraus und ergießt sich so durch das Panjab und Sindh. Es ist ganz merkwürdig, daß man von einem Flusse kleine Stückchen kennt, während alles Uebrige unbekannt ist.

„Den 30. Juli. — Vorgestern schloß ich mich Dr. Cayley (dem britischen Residenten in Ladâk) an. Er hat die vorgeschlagene neue Route nach Yârkand untersucht. Er kam bis zum Flusse Kârakash. Wir kehren zusammen nach Ladâk zurück; ich muß dahin, um meinen Emissär nach Yârkand abzusenden."

Brief von „Leh, den 6. August 1868".

„Gestern hatte ich das Vergnügen, ein großes Packet Briefe zu bekommen. Sie können sich keinen Begriff machen, welche Freude man hat, wenn eine Post ankommt und man findet eine Anzahl Briefe aus der Heimath, die Einen in eine ganz andere Gegend versetzen und für den Augenblick Zöpfe und Tataren, Turbane und Muselmänner verschwinden lassen.

„Es scheint, als wäre ich nach meinem Ziele hin einen großen Schritt vorwärts gekommen. Vor etwa zehn Tagen schloß ich mich Dr. Cayley an, als er von einer Forschungsreise nach dem hohen, wüsten Plateau zwischen hier und Turkistân zurückkehrte. Ich kam mit ihm nach Leh, wo ich mehrere Unterredungen mit dem yârkandischen Gesandten hatte, der sich auf der Rückreise von Kashmir befindet. Ich erwähnte, daß ich bis zum Flusse Kârakash zu gehen gedächte, wo Dr. Cayley eben gewesen sei. Er sagte: „Wenn Sie bis dahin kommen, so müssen Sie auch nach Yârkand kommen; denn wie könnte ich meinem Könige melden, daß ich einen Engländer so nahe an seinem Lande hätte stehen lassen?" Ich sagte, ich hätte viel von der Gerechtigkeit und Größe seines Königs gehört und hegte den sehnlichsten Wunsch hinzugehen und mich selbst von seinen Vorzügen zu überzeugen, und ich würde sehr glücklich sein, wenn ich mich ihm (dem Gesandten), falls er dies gern sähe, anschließen könnte. Er erwiderte, er werde mich ganz gewiß mitnehmen. Später hatte ich noch ein Privatgespräch mit ihm. Ich sagte, das Beste für mich würde vielleicht sein, wenn ich seinen König erst um Erlaubniß bäte und zu diesem Zwecke meinen Agenten mit ihm schickte. Er antwortete: „Khub ast" („es ist gut") und versprach, ich sollte in vierzig Tagen in Leh Antwort erhalten. Nachdem ich ihm und seinem

Gefolge etwas Thee zu trinken gegeben, ſagte ich weiter: „Dann will ich es als abgemacht betrachten, daß mein Diener, wenn das Ihnen recht iſt, mit Ihnen geht.“ Er drehte ſich um, klopfte meinen Mann in herzlicher Weiſe auf den Rücken und ſagte: „Natürlich iſt es mir recht — er iſt mein Bruder.“ Von da an verlangte er, daß mein Mann, Diwân Bakſh, bereit ſei, ihn zu begleiten; ich halte daher die Sache für abgemacht. Mit ihm be= abſichtige ich einige Geſchenke für den König und andere dort hochgeſtellte Männer zu ſenden, um für mich die Erlaubniß zu erlangen, nachfolgen zu dürfen. Der Geſandte hat, wie ich höre, eben einen Brief an ſeinen Herrn abgeſchickt, worin er ſagt, daß ein Engländer (ich ſelbſt nämlich), den er in Lahor getroffen habe, als er hinabgegangen, um den Lord=Sahib (den Gouver= neur vom Panjab) zu beſuchen, eben nach Labâk gekommen ſei und gebeten habe, er möge ihm geſtatten, mit ihm nach Yârkand zu gehen, daß er aber die Erlaubniß verweigert habe, bis er wiſſe, daß es Seiner Hoheit gefalle! Die Sache war gerade um= gekehrt, denn ich war es, der den Vorſchlag machte, daß ich die Erlaubniß des Königs abwarten wolle! Aber man fürchtet ſich ſchrecklich, eine Verantwortlichkeit auf ſich zu nehmen.

„Ich mache für den Geſandten (ſein Name iſt Mohammad Nazzar) einige Geſchenke bereit — einige engliſche Stoffe u. ſ. w. und eine Kaſhmir=„Choga“ oder ein Gewand von rothem Shawl= Stoff mit Stickerei u. ſ. w.“

Brief von „Labâk, den 30. Auguſt 1868.“

„Ich bin noch immer hier in Leh, obgleich, ſeitdem ich Ihnen ſchrieb, wieder mehrere Schritte vorwärts gethan ſind. Mr. For= ſyth iſt angekommen und großartig empfangen worden — das Fort ſchoß eine Ehrenſalve ab und der Gouverneur ging ihm mehrere Märſche weit entgegen. Mr. Forſyth iſt, wie Sie wiſſen, der Urheber der jetzigen Bewegung zu Gunſten eines Verkehrs mit Central=Aſien. In ſeiner Eigenſchaft als Commiſſioner der Trans=Satlej=Staaten (eines kleinen Fürſtenthums, etwa ſo groß wie Wales, mit ungefähr dritthalb Millionen Einwohnern) hat er verſucht, die Yârkandiſchen Kaufleute anzuziehen, indem er zu Pâlampur im Kangra=Thale eine jährliche Meſſe einführte, wo dann die Handelsleute aus den Ebenen Indiens hinaufgehen und

jene aus Central-Asien treffen können. Seine Begeisterung für
die Sache ist grenzenlos, und die meinige wurde, wie ich glaube,
zuerst an deren Flamme entzündet. Jetzt sucht er mir jedoch
wegen der möglichen Gefahren von meiner Reise abzurathen.
Die Menschen fürchten aber oft Gefahren für Andere, die sie,
wenn sie selbst in dieser Lage wären, nicht fürchten würden, und
ich glaube, Mr. Forsyth würde nur zu bereit sein, selbst nach
Yarkand zu gehen, wenn die Regierung es ihm erlaubte.

„Gestern trat der Yarkandische Gesandte seine Rückreise an.
Mein Agent, Diwân Bakſh, ist heute aufgebrochen. Er will sich
diesen Abend der Gesellschaft des Gesandten anschließen. Er hat
von mir einen Brief und Geschenke an den König bei sich. Wenn
die Sache gelingt, werde ich die Ehre haben, Central-Asien dem
Verkehr zu öffnen.

„Meine beiden Gurka-Sipahis (Beurlaubte von einem unserer
einheimischen Regimenter, die ich für die Reise angeworben hatte)
haben hier mit einem Afghanen (in Leh kommen Leute aus allen
Ländern zusammen) Brüderschaft gemacht. Wie es scheint, kämpfte
dieser Afghane im letzten Grenz-Kriege bei Umbeyla gegen die
Engländer, während meine beiden Gurkas auf unserer Seite
standen. Sie haben ungeheure Zuneigung zu einander gewonnen.
berathen sich mit einander und finden, daß sie auf entgegengesetzten Seiten genau dieselben Schlachten mitgemacht haben. Die
Gurkas sind muntere Bürschchen, so muthig als möglich — richtige Soldaten. Sie werden gehört haben, daß jetzt an der Ha-
zârah-Grenze wieder ein kleiner Krieg ausgebrochen ist. Die Nachricht davon kam nach Leh mit der Bemerkung, daß das Regiment
dieser Leute in die Angriffslinie gestellt worden sei. Da nahmen
sie sofort Abschied von mir und reisten, ohne erst den Befehl ab-
zuwarten, in Doppelmärschen quer durch Kaſhmir nach dem
Kriegsschauplatze. Sie sagten mir, ihre Waffen und ihr Zeug
lägen in Kangra; aber das hätte nichts auf sich, da bis dahin,
ehe sie das Regiment erreichten, eine Menge Leute gefallen sein
und deren Waffen zur Verfügung stehen würden. Damit zogen
sie ab, so glücklich als möglich bei der Aussicht auf ein gutes
Geschäft, möglicherweise mit Plünderung und Beförderung verbunden; jedenfalls aber werden dabei, was ihnen fast eben so
lieb ist, auf beiden Seiten tüchtige Hiebe ausgetheilt.

„Ich lerne eben Blattern impfen, damit ich es in Yârkand einführen kann. Ich habe schon mit Dr. Cayley an der jugend= lichen Bevölkerung mehrerer hier in der Nähe liegender Dörfer Versuche gemacht."

Ich will den Leser hier nicht mit einer Geschichte der Mühe und Noth belästigen, die mir die Anstalten zur Abreise machten. Labâk ist mit einer Menge schlechter Menschen geplagt, die man Arguns *) nennt: es sind Mischlinge von Turkistânischen Vätern und Labâkischen Müttern. Wie die meisten Halbkasten, besitzen sie alle schlechten Eigenschaften beider Racen, aber nicht ihre Tu= genden. Sie haben auch in Labâk ein Monopol auf den Fracht= verkehr. Sie besitzen einige elende Ponies, und sobald sie mit einem Kaufmann ein Geschäft zum Transport seiner Güter ab= geschlossen und einen bedeutenden Vorschuß erhalten haben, kau= fen sie sich von einem anderen Argun, der eben mit halbtodtem Vieh von einer Reise angekommen ist, noch einige dazu. Diese Gespenster von Pferden werden dann einige Tage lang wieder ein wenig herausgefüttert, bis ihre Wunden anfangen zu heilen. Dann müssen sie wieder fort mit Lasten, unter welchen ein Lon= doner Karrengaul in einer solchen Gegend zusammenbrechen würde. In diesem Falle benimmt sich der Argun noch gut. Man kann sich glücklich schätzen, wenn er nicht darauf besteht, daß er das ganze Geld im Voraus erhält und dann von einem Gläubi= ger festgenommen wird, der ihn nur los läßt, wenn er eine wei= tere Summe Geldes empfängt, die man dem schlechten Kerl hin= tennach werfen muß. Mir ging es noch schlimmer. Zu ihrer angeborenen Habgier nämlich kam noch die Furcht, wegen Ein= führung eines möglicherweise unwillkommenen Besuchers nach Yârkand bestraft zu werden. Da sie an jedem Endpunkt ihrer Reise — sowohl in Yârkand als in Leh — eine Heimath und ein oder zwei Weiber haben, so fürchten sie sich gleichmäßig vor

---

*) Marco Polo sagt: „Es giebt auch eine Klasse Menschen, die man Argon nennt, weil sie durch eine Mischung von zwei Racen entstehen, nämlich von denjenigen Eingebornen von Tenduk, welche Götzendiener sind, und von den Mohamedanern." (Siehe Yule's Marco Polo, I, 250 und Anmerkung zu Seite 255.)

den Herrschern beider Orte. Schon bei dem Gedanken an die
Plage, die ich mit diesen Menschen hatte, schauert es mich noch
jetzt. Es schien zuletzt fast unmöglich, daß ich je die Reise an-
treten könnte. Leute, die gute Pferde hatten, machten erst über-
triebene Forderungen, und wenn ich sie angenommen hatte, reisten sie schließlich, ohne mir ein Wort zu sagen, mit einem Andern fort und ließen mich sitzen, während diejenigen, die nur
Gerippe zu Pferden hatten, immer zu kommen versprachen, aber
durch die verwickeltsten Lügengewebe es vermieden, ihr ganzes
Vieh auf einmal vorzuführen; und doch war dies für mich der
einzige Beweis, daß es wirklich vorhanden war. Ich beneidete
die Yârkandischen Kaufleute, die mit eigenen Pferden reisten, und
zwar mit starken und zur Arbeit passenden! Ich versuchte mir
selbst einige zu kaufen, gab es aber wieder auf, als das erste
unter den Händen eines Argun starb, der ihm vorwitzig ein
Arzneimittel gab.

Diese ganze Noth will ich der Phantasie des Lesers überlassen und nur sagen, daß ich erst am 20. September von Ladâk
aufbrach. Den größeren Theil der Güter mußte ich der zarten
Rücksicht eines Argun, Namens „Momin" (das heißt „der Treue"),
anvertrauen, der in acht bis zehn Tagen nach mir, wo seine
Pferde bereit sein würden, aufzubrechen versprach. Der eingeborne Gouverneur von Ladâk wollte dem Manne Führer mitgeben, um ihn auf die neue Route zu bringen, die ich einzuschlagen versuchen wollte. Auch gab mir der Gouverneur einen Befehl
an mehrere Dörfer in der Nähe des Pangong-Sees, mir Ponies
zu stellen, welche die Dorfbewohner an Reisende zu festen Preisen zu vermiethen verpflichtet sind. Auf diesen Gedanken war ich
gekommen, als ich sah, daß ich von den Arguns nicht genug
Pferde erhalten konnte, um die Güter und auch mein eigenes
Lager und Gepäck zu tragen. Ich glaubte, ich könnte mir selbst
helfen und von den Dorfbewohnern mir eher Ponies verschaffen,
als der Diener, der die Waaren unter seiner Aufsicht hatte.

Gerade vor dem Aufbruch bot sich ein Reisegefährte an.
Mr. Thorp, der früher im 98. Regiment gestanden hatte und
neuerlich in Tibet umhergereist war, hatte gehört, daß ich eben
nach Yârkand aufbrechen wolle, und erbot sich freiwillig, mit mir
zu gehen. Für den Augenblick nahm ich das Anerbieten an,

später aber, als ich mit Freunden darüber sprach, welche die Sache am besten beurtheilen konnten, wurde ich zu der Einsicht gebracht, daß es zu unvorsichtig wäre, einen Gefährten mitzunehmen. Ich hatte dem Gesandten gegenüber nur von mir selbst gesprochen; ich hatte an den König nur in meinem Namen geschrieben; wenn nun ein zweiter Engländer mit mir an der Grenze erschien, so hätten diese Asiaten starken Verdacht gehegt. Mr. Thorp erkannte dies mit großer Gutmüthigkeit an und gab bereitwillig seine Absicht, mich zu begleiten, auf — er that dies lieber, als daß er das Gelingen meiner Expedition aufs Spiel setzte.

Beiläufig will ich hier erwähnen, daß ich bei meiner Rückkehr nach Indien sehr überrascht wurde, als ich hörte, daß Mr. Thorp während meiner Abwesenheit plötzlich an einem Herzleiden gestorben sei.

In der Zeit, wo ich in Ladâk war, hörte ich auch, daß ein anderer Engländer, der Hayward heiße, sich unterwegs befinde und den Versuch machen wolle, Yârkand zu erreichen. Ich schrieb einen Brief an ihn auf die Möglichkeit hin, daß er ihn in Kaschmir treffen könne, und setzte ihm mit denselben Gründen, die schon bei Mr. Thorp gewirkt hatten, auseinander, daß er nicht kommen solle.

Am 20. September nahm ich endlich von Dr. Cayley Abschied und verließ Ladâk.

Fünftes Kapitel

Reise von Ladāk bis zum Flusse Kárakash.

Durgu. — Preis der Shawl-Wolle. — Tankse. — Schwierigkeiten wegen der Ponies. — Ich miethe Yaks. — Betrete die Chang-Chenmo-Ebenen. — Jagd auf wilde Yaks. — Ovis Ammon. — Mr. Hayward schickt einen Boten und schlägt Vereinigung vor. — Mittheilungen über das nach Osten gelegene Land. — Zusammenkunft mit Hayward; seine Pläne. — Gründe gegen die Vereinigung; Trennung der beiden Reisenden. — In welcher Stellung man in der Kälte am besten schläft. — Die Ebene Lingzi-Thang. — Die „Lavendel-Pflanze" und das spärliche Brennmaterial, das sie liefert. — Die Guddi-Diener (aus Kangra). — Antilope mit lyraförmigen Hörnern. — Lak-Zung. — Ich schieße einen wilden Yak. — Der Koch ist völlig matt. — Tibetische Kost. — Ein Eis-See. — Wir sehen den Küen-Lün. — Der Kárakash-Fluß. — Marsch an seinen Ufern hinab. — Warme Quellen. — Jade-Brüche. — Kyangs oder wilde Esel.

Aus dem Tagebuche:

„Den 23. September. — Ich überschritt den „Chang-La", einen sehr bequemen Paß, der aus dem Indus-Thale hinaus-führt. Vom höchsten Punkte aus ist der Weg nach abwärts etwa eine Meile weit steinig, alles Uebrige ist gute Straße und die Steigung bequem. Nachdem man eine Reihe Terrassen, gleich riesenhaften Stufen, hinabgestiegen ist, führt die Straße an der Seite einer Ravine hin (wo es alte Goldwäschereien gibt). Die Ravine senkt sich rascher als die Straße; letztere wendet sich zu-letzt und führt über eine platte, kleine Ebene, von der sie steil nach dem Dorfe Durgu hinabgeht. Die kleine Ebene bildet ein

Dreieck und beſteht aus Seenieberſchlag, der zwiſchen den conver=
girenden Strömen liegen blieb; gegenüber gibt es ähnliche platte
Terraſſen, woraus hervorgeht, daß der Durgu=Strom einſt ein=
gebämmt geweſen ſein und einen See gebildet haben muß.

„Ich fragte meinen neuen tibetiſchen Diener und Führer,
Taſhi, was der Preis des „Paſhm" oder der Shawl=Wolle ſei
(die in dieſen Gegenden erzeugt wird). Er ſagte, ſie ſei neulich
wohlfeil geworden. Ich fragte warum? Weil die Kaufleute auf=
gehört hätten zu kaufen. Ich fragte, warum ſie aufgehört hätten?
Er antwortete: „Weil der „Paſhm" theurer geworden war!"
Mit anderen Worten: der Paſhm iſt wohlfeil, weil er theuer
iſt. Quod erat demonstrandum.

„Den 24. September, Durgu bis Tankſé. — Ich
ging nach Tankſé hinüber und frühſtückte. Legte dem Ortsvor=
ſteher meinen Befehl zur Lieferung von Ponies vor. Der Orts=
vorſteher war ſehr höflich, aber langſam. Er iſt ein Panjábi=
Hindu und von dem Maharaja von Kaſhmir angeſtellt, um von
den eingebornen Tibetern die Steuern einzutreiben. Hier traf
ich alle noch übrigen Vorbereitungen zur Reiſe. Ich kaufte Mehl,
geröſtete Gerſte u. ſ. w. für die Leute und Gerſte für die Pferde
ein; Proviant auf zwei Monate; auch eine kleine Heerde Schafe.
Den Nachmittag verbrachte ich damit, daß ich Ponies zu bekom=
men ſuchte. Der Ortsvorſteher iſt höflich, aber nicht zu brauchen.
Alle lahmen und ſchäbigen Ponies des Landes werden zur Aus=
wahl hergebracht. Ich wies alle zurück, bis auf vier, und ließ
aus den nahen Dörfern noch mehr holen. Es wurden ſchreckliche
Schwierigkeiten gemacht. Ich verließ ſie mit der Drohung, daß
ich am Morgen mit einem Stock in der Hand kommen würde!

„Den 25. September. — Am Morgen wurden noch acht
bis zehn Ponies gebracht, alle ſehr klein und jung. Ich war zu=
letzt einverſtanden, zu den neun Ladungen im Ganzen zwölf zu
nehmen. Gegen ein Uhr Nachmittags brach ich endlich auf. Ich
holte die Cavalcade ein und fand, daß die Ponies ſich bei jedem
Schritte niederlegten, da ſie ſelbſt für die jetzigen verminderten
Ladungen zu ſchwach und zu klein waren. Sie ſind kaum größer
als Ratten. In Muglib, nur ſieben Meilen weit, mußte ich an=
halten und übernachten; das ſind ſchöne Ausſichten zu einer Reiſe
nach Central=Aſien.

Den 26. September. — Ich nahm zu zehn Ponies noch fünf „Yaks“, erreichte Chagra am oberen Ende des Pangong= Sees und fand den Ortsvorsteher an dem dortigen tatarischen Lager mit mehr Ponies, die aber alle klein waren, mich erwar= ten. Der Sohn des tibetischen Ortsvorstehers (oder „Goba“) war eben vom Flusse Kârakaſh angekommen, wo er mit der Ge= sellschaft Mohammad Nazzar's, des Yârkandischen Gesandten, ge= wesen war. Er erzählt, daß zwei Pferde todt seien, und zwar von denjenigen, die Juma, dem Argun, gehören, der mit meinem Manne Diwân Bakhſh gegangen war. Auch Juma's Schwager war unterwegs gestorben.

„Ich willigte ein, morgen und übermorgen hier zu bleiben, um mit Anstalten fertig zu werden, mit welchen sie schon vor drei Tagen hätten fertig sein sollen.

„Von meinem Munſhi, Diwân Bakhſh, erreichte mich ein Bote mit der Nachricht, daß ich von dem Tage an, wo er ihn sprach, in einem Monat in Shahidulla (an der Yârkandischen Grenze) sein solle. Zehn Tage sind vorüber, bleiben noch zwanzig. Da ist es zweifelhaft!

„Sonntag, den 27. September. — Ich machte Halt, schrieb Briefe und ließ die Pferde beschlagen. Die Eingebornen erstaunten, als ich ihnen Rarey's Methode zeigte, ein Pferd nie= der zu werfen. Auch versah ich alle Ponies, die ich ausgewählt hatte, an der Stirn mit einem Siegel, damit sie nicht gegen schlechtere Thiere vertauscht würden, was mir als sehr wahr= scheinlich vorkam. Auch das Getreide und Mehl wurde in den Säcken versiegelt und Anstalt getroffen, daß immer jeden Sonn= tag der Proviant für die folgende Woche verabreicht wurde. Die Säcke wurden dann mit meinem eigenen Siegelringe sorg= fältig wieder versiegelt. Dies war nothwendig, damit die Lebens= mittel nicht entwendet und vergeudet wurden, was in einer sol= chen Wüste, wie wir sie eben betreten wollten, gefährlich werden konnte.“

Ich unterbreche mein Tagebuch, um mitzutheilen, daß ich hier wieder auf den geraden Weg von Indien nach Turkistân gekommen war. Dies ist der Ort, wo ich Dr. Cayley traf, als er die neue Route untersucht hatte und wieder zurückkehrte; er hatte den Theil derselben bereist, der direct nach Britisch=Indien geht, ohne durch Labâk zu kommen. Meine Reise nach Labâk und wieder zurück war eigentlich überflüssig und wurde nur dadurch veranlaßt, daß ich die oben ausführlich mitgetheilten Anstalten treffen mußte. Von diesem Punkte an sind wir also wieder auf der neuen geraden Route von Indien nach Yârkand; sie wird hoffentlich immer mehr in Gebrauch kommen und die alte schwie= rigere Route durch Labâk und über den Karakoram=Paß, welche die Kaufleute bisher einzuschlagen von den kaschmirischen Zollbe= amten gezwungen wurden, endlich ganz ausschließen.

Am 29. September verließen wir Chagra, das letzte tibetische Lager, gingen am 30. über den hohen, aber sehr allmälig an= steigenden und bequemen Paß Majimik und betraten Chang= Chenmo*). Dieser District besteht aus offenen Thälchen und Ebenen in einer Höhe von etwa 14,000 bis 15,000 Fuß. Der kleine Fluß, der ihn entwässert, läuft muthmaßlich nach Westen in den großen Shayok=Strom, der eine der Quellen des Indus bildet. Am oberen Ende des Shayok=Stromes und von uns durch gewaltig hohe Gebirge getrennt, liegt der Karakoram=Paß (die alte Route nach Yârkand hinein). Vom Karakoram=Paß läuft der Shayok fast gerade südlich nach Labâk hin, stößt aber auf einen großen Gebirgszug (eine der Wände des Labâkischen Tha= les), wendet sich plötzlich nach Westen und läuft ein Dutzend Märsche weit parallel mit dem Indus und von ihm nur durch den großen Gebirgszug getrennt; endlich durchbricht er letzteren und vereinigt sich in Baltistân mit dem Haupt=Indus.

Nachdem wir so den Chang=Chenmo=Fluß bis in den Shayok und den Shayok bis in den Indus verfolgt haben, wollen wir unsern Marsch fortsetzen, der uns den Chang=Chenmo nicht hinab, sondern hinauf führt. Ich hielt mich in diesem Thale bis zum 16. October auf; ich mußte auf den treulosen Argun warten, der meine übrigen Sachen aus Labâk brachte, und auch meinem Munshi, Diwân Bakhsh, Zeit lassen, seine Geschäfte in Yârkand abzu= machen. Um meine Zeit anzuwenden, schoß ich wilde Yaks (eine prächtige Art wilder Rinder, zweimal so groß wie die zahmen,

---

*) Chang=Chenmo bedeutet „Großer nördlicher (Fluß)".

die man in Tibet hat), und untersuchte die oberen Enden der verschiedenen Thäler, um den bequemsten Weg nach Norden zu entdecken.

Der Charakter des Chang-Chenmo-Thales ist ein breites glattes Bett voller Kies, durch dessen Mitte sich der Strom von einer Seite zur andern schlängelt. An den Seiten ziehen sich kleine Klippen von Thon oder Conglomerat hin, zuweilen mehrere schichtenweise über einander und dann, besonders an den Mündungen von Seitenflüssen, durch breite Terrassen getrennt. Ueber diesen Terrassen erheben sich die unfruchtbaren Gebirgswände. Der Boden ist völlig kahl.

„Den 9. October, Chang-Chenmo. — Auf der Rückkehr in einem Thal hinab sahen wir in der Ferne einige Gegenstände. Wir entdeckten, daß es Oves Ammon waren, und zwar sechs schöne Männchen mit gewaltig großen Hörnern; sie kamen längs der südwestlichen Hügelwand auf uns zu. Wir versteckten uns unter einen Vorsprung und beobachteten sie; wir sahen sie in eine Seiten-Ravine laufen, aber nicht wieder herauskommen. Als ich mich umblickte, sah ich zu meinem Schrecken, gerade vor mir gegen den weißen Schnee abstechend, mitten im Hauptthale einen Mann stehen! Ich schlich mich vorwärts, fand aber die sechs Oves Ammon in vollem Rückzuge. Ich ging in schrecklicher Stimmung zu dem Manne hinab. Fand, daß er ein Bote war und ein Billet von Mr. Hayward brachte, der gern nach Yarkand gehen möchte. Er machte den Vorschlag, mich zu treffen, wenn ich auf ihn warten will. Der Mann sagt, auf dem Masimik-Passe sei jetzt der Schnee einen Meter tief. (Während ich dies schreibe, ist in meiner Feder alle Minuten die Tinte fest gefroren, und zwischen mir und dem Feuer ist eine weiße Bachstelze hereingehüpft, um sich zu wärmen! Ich sitze keinen Meter von dem Feuer vor meinem Zelte.)

„Ich fragte den Boten über sein Vaterland aus, das zwanzig Märsche östlich von Rudok (einer kleinen Stadt am Pangong-See) liegt. Wir unterhielten uns durch zwei Dolmetscher, da sein Dialect so verschieden war. Er sagt, die Winterquartiere seines Stammes befänden sich in den nach Osten abfallenden Thälern. Nördlich von diesen Thälern gehen sie jährlich über die Schneepäffe in ein Land, das fich nach Nordoften fenkt und deffen Flüffe fich im Sande verlieren. (Vielleicht daffelbe Strom=Syftem, wie das der Flüffe von Oft=Turkiftán.) Diefe Sommer=quartiere find von ihren Winterquartieren dreißig Tage entfernt. Von feinem Vaterlande nach Often liegen die Goldbergwerke (abwärts gehende Gruben in der Erde, mit Galerien u. f. w.), wo eine Schaflaft Reis für acht Tolas Gold (?) — über zwölf Pfund Sterling oder achtzig Thaler — verkauft wird! Darüber hinaus wohnen Räuberftämme, die von dem Groß=Lama von Lhaffa Zaubermittel haben, welche fie unbefiegbar machen. Zehn bis zwölf Familien diefer Räuber, die von ihren früheren Ka=meraden vertrieben wurden, haben fich jetzt in Rudok (am Pan=gong=See) niedergelaffen. Die Behörden von Rudok werden von ihnen beftochen. Er befchreibt ein Heiligthum, das zwei Tage=märfche diesfeits des Manforáwar=Sees (einer der Quellen des Indus) fteht. Oben auf einem Paffe befindet fich eine Bergfpitze, deren untere Hälfte jäh abftürzender Felfen und deren obere Hälfte Eis ift. Um diefelbe gehen Pilger herum und verrichten ihren Gottesdienft; um herum zu kommen, brauchen fie anderthalb Tage. Das ift ein hübfches Beifpiel von Lagerfeuer=Klatfch!—

„Den 13. October. — Unterwegs traf mich ein Brief von Hayward, worin er fagt, er fei von der Geographifchen Gefell=fchaft gefandt und müffe feine Reife fortfetzen, wolle mich aber nicht in Gefahr bringen.

„Den 14. October. — Ich ritt in Hayward's Lager hin=über. Wir fpeiften zufammen und fprachen über Pläne. Er fagte, die Geographifche Gefellfchaft habe ihn beauftragt, die Route durch Chitrâl (weit nach Weften an der Grenze von Kâbul) zu unterfuchen und die Pamir=Steppen zu erreichen. Der Grenz=Krieg, der eben ausgebrochen ift, veranlaßte ihn, die öftlichere Route durch Ladâk zu verfuchen, in der Hoffnung, daß er in Yârkand die Erlaubniß erlange, die Pamir=Steppen zu bereifen. Er gedachte als Afghane zu gehen, hatte zu diefem Zweck einen vollftändigen afghanifchen Anzug mitgebracht und das meifte von dem, woran man die europäifche Nationalität erkennt, wie Zelte u. f. w., bei Seite gelegt. Wir beriethen uns darüber, und da er fah, daß ich als Engländer reifte, fo entfchloß er fich, daffelbe zu thun. Um in einem bigotten mufelmännifchen Lande, das von

afghanischen Kaufleuten und Soldaten wimmelt, als Afghane
durchzukommen, müßte man in der That sowohl mit der afgha=
nischen Sprache (Pußhtu), als auch mit den mohammedanischen
Religionsgebräuchen auf das Vollkommenste bekannt sein (eine
Bekanntschaft, die man nur durch jahrelangen Aufenthalt außer=
halb des Vaterlandes erlangen kann).

„Es blieb dann noch die Frage übrig, ob wir sollten zusam=
men reisen, oder nicht. Nach genauer Ueberlegung schien es besser,
wenn ich zuerst und allein an der Grenze erschien, wie ich vorher
angemeldet hatte. Denn wenn, nachdem nur für einen Englän=
der um Erlaubniß zum Eintritt gebeten war, plötzlich zwei er=
schienen, so mußte Verdacht entstehen, und man schickte uns
wahrscheinlich Beide zurück. Es wurde daher beschlossen, daß ich
im Vertrauen auf die Wirkung meiner Geschenke und meines
Bittschreibens vorausgehen und Hayward kurz darauf folgen
solle, in der Hoffnung, daß, nachdem man mir den Zutritt ge=
stattet hatte, man ihn nicht zurückweisen werde. Wenn ich Gele=
genheit fand, sollte ich thun, was ich konnte, um für ihn die
Erlaubniß zu erlangen. Auf diese Art schien die Schwierigkeit,
die durch das unglückliche Zusammentreffen unserer beiden Ver=
suche herbeigeführt wurde, am besten gelöst.

„Hayward entschloß sich mittlerweile das obere Ende des
Chang=Chenmo=Thales zu untersuchen, um vielleicht in dieser
Richtung eine bessere Route zu finden.

„Den 16. October. — Hayward trat seinen Weg das
Thal und ich den meinigen die Heiß=Quell=Ravine hinauf an.
Einige Meilen aufwärts kam ich an einen terrassenförmigen, jähen
Abhang, der vom Bett des Flusses aus einige dreißig Fuß hoch
stieg. Der arme Schlagintweit hatte auf seiner Reise nach Yâr=
kand im Jahre 1857 eine Art abschüssigen Fußsteig gebaut, der
sehr steil war. Es machte große Schwierigkeiten, die Ponies hin=
auf zu bringen. Sie stürzten immer wieder hinunter.

„Als wir über den Strom setzten (was wir viele Male tha=
ten), fiel ein Pony durch die Eisdecke, die an den beiden Rän=
dern des Flusses sich hinzog. Große Schwierigkeit, ihn wieder
heraus zu bringen.

„Den 17. October. — Einige Zeit nach Sonnenaufgang,
als wir die Zelte u. s. w. zusammenpackten, um aufzubrechen,

hörten wir plötzlich ein Getöse wie Donner den Fluß herabkom=
men. Wir sahen, daß das Wasser stieg und die dicke Eisdecke
durchbrach, die sich in der Nacht gebildet hatte. Der Strom kam
voller Eisstücke herab, die er auf beiden Seiten herauswarf, und
als er allmälig in sein eigentliches Bett zurücktrat, auf dem
Trocknen liegen ließ. Wir hatten diese sechs bis sieben Fuß hohen
Eishaufen, die beide Ufer bedeckten, gesehen, aber die Ursache
nicht gekannt.

„Wir gingen den Fußstapfen des Yarkandischen Gesandten
und seiner Reisegesellschaft nach. Gegen das Ende des Tages be=
gegneten wir den Leuten und Ponies, die er gemiethet hatte,
als sie wieder zurückkehrten. Sie gaben mir einen in der Hindo=
stani-Sprache geschriebenen Brief von meinem Munshi ohne
Datum, worin er sagte, er werde Jemanden senden, der mich,
von dem Datum des Briefes an gerechnet, in einem Monate
zu Shahidulla treffen solle. Ich fragte die Leute nach einem Halte=
platz für die Nacht. Sie sagten, weiter oben gäbe es Brennma=
terial und Gras in Menge. Ich ritt allein weiter, um einen
Platz auszusuchen, fand aber, daß die Leute, wie es bei den Ti=
betern gewöhnlich der Fall ist, gelogen hatten. Ich ritt zurück
und kam gerade zur rechten Zeit, um meine Karawane an der
höchsten Stelle, an der es noch Gras gab, anhalten zu lassen.
Es war einige Meilen weiter unten als der Punkt, wo ich mit
den Leuten gesprochen hatte; die Sache war von hoher Wichtig=
keit, da das Vieh dann mehrere Tage lang kein Gras mehr be=
kommen konnte!

„Den 18. October. — Wir gingen den Spuren der Ge=
sellschaft des Gesandten nach an einem Seitenstrom hinauf, der
von Norden herkam. Es war ein kiesiges trockenes Strombett,
das allmälig immer steiler wurde, bis wir auf dem Bergrücken
standen. Die Einsenkung des „Col" ist in der That sehr unbe=
deutend. Nach Süden hatten wir eine weite Aussicht auf Glet=
scher-Gebirge, aber es war stürmisch. Nach Norden lag sehr
plattes, mit Flaum bedecktes Land, fast von gleicher Höhe wie
unser Paß. Große Schneeflecken gab es einen oder zwei, obgleich
wir gegen 19,000 Fuß hoch standen. Tashi und ich gingen wei=
ter, um uns warm zu erhalten, mußten aber, als wir bei Son=
nenuntergang Halt machten, mehrere Stunden dasitzen und frieren

ehe die Sachen herauf kamen. Um in einem solchen Falle warm
zu bleiben, ist das beste Mittel, sich niederzukauern, und zwar so,
daß man an einer Felsbank kniet und den Kopf fast zwischen den
Knieen auf der Bank ruhen läßt. Dann schlägt man den Ueberzieher rings um sich, so daß er den Kopf und Alles bedeckt, und
wenn man Glück hat und nicht zu starker Wind ist, so wird man
sich innerhalb der Umhüllung von selbst eine kleine Atmosphäre
erzeugen, die im Vergleich zur äußeren Luft behaglich warm ist.
Es leiden hauptsächlich die Füße, aber man lernt sich zu einer
Art Knoten zusammen knüpfen, indem man so viele Oberflächen
des Körpers als möglich an einander bringt. Ich habe in dieser
knieenden Stellung ganze Nächte verbracht und gut geschlafen,
während ich, wenn ich mit einer so ärmlichen Decke, wie ein
Ueberzieher ist, mich der ganzen Länge nach hingestreckt hätte,
kein Auge würde zugethan haben. Endlich kam das Lager an.
Wir hatten ein wenig Brennmaterial mitgebracht und schmolzen
etwas Eis, um Wasser zu bekommen. Gras für das Vieh gab
es gar nicht.

„Den 19. October. — Während das Lager abgebrochen
wurde, frühstückten wir, wie gewöhnlich. Wir reisten durch das
hochgelegene Hügelland, bis wir eine kleine Ebene erreichten, die
auf der andern Seite von einem Sandrücken begrenzt war. Die
Ebene durchzogen wir nordwärts. Mein muselmännischer Tischdiener, Kabir, war hier völlig erschöpft wegen der dünnen Luft
in dieser großen Höhe; ich gab ihm daher meinen Pony und
ließ ihn reiten. Wir erstiegen den am Ende stehenden sandigen
Abhang (der fast hundert Fuß hoch war) und sahen dann zu unseren Füßen eine andere unermeßliche Ebene, die gegen vierhundert Fuß tiefer lag, als wir standen. Die Tibeter, die sie durchzogen, haben sie „Lingzi-Tang" getauft. Oestlich und westlich
von ihr zeigten in der Ferne sich Schneegebirge, die über den
Rand der Ebene hervorguckten, wie Schiffe zur See, von welchen
man nur die Masten und Segel sieht. Vor uns nach Norden
war sie in weiter Ferne von einem langen Sandrücken begrenzt,
über dem sich die Gipfel kleinerer Hügel zeigten. Wir stiegen
auf die Ebene hinab, reisten noch gegen fünf Meilen weit und
lagerten uns dann auf ihr unter einer kleinen thonigen Anhöhe,
die uns gegen den Wind schützte. Der Boden besteht aus lauter

Thon, ist aber mit feuersteinähnlichen Steinen und rohen Acha=
ten bedeckt. Von Gras ist keine Spur; aber ein wenig Brenn=
material liefert die Lavendelpflanze, wie man sie nennen
kann. Sie besteht aus kleinen Büscheln drei bis vier Zoll hoher
Schößlinge, die wie Lavendel aussehen. Diese kleinen Büschel
stehen einzeln gegen sieben bis acht Meter oder noch weiter von
einander. Sie haben eine holzige Wurzel, die viel fester ist, als
man nach ihrer unbedeutenden Erscheinung über der Erde denken
sollte, und diese Wurzeln sind für den Reisenden ein wahrer
Segen. Seine Leute gehen mit kleinen Spitzhacken hin und gra=
ben sie aus. Aber es dauert, selbst wo sie in großer Menge vor=
kommen, mehrere Stunden, ehe man so viel zusammenbringt,
daß man ein Feuer anmachen kann. Die Pferde fressen zuwei=
len die Schößlinge, wenn sie recht ausgehungert sind, und stillen
damit, wo es, wie hier, kein Gras gibt, einigermaßen ihren
Hunger. Wasser war so spät im Jahre auf dieser Ebene nirgends
vorhanden, aber wir fanden einige Stellen mit Schnee und
schmolzen so viel, als wir zum Kochen und Trinken brauchten.
Auch zum Tränken der Pferde Schnee zu schmelzen, dazu hatten
wir nicht genug Brennmaterial; um ihren Durst zu löschen,
mußten sie sich viele Tage lang begnügen, Schnee zu fressen.

„Den 20. October, Lingzi=Tang. — Ein reizender
Morgen zur Wanderung über die Ebene. Wir marschirten gera=
den Wegs auf den Durchgang zwischen zwei Hügeln zu, die ich
wegen ihrer Gestalt die „Kuppel" und den „Chorten" (ein ge=
wöhnliches tibetisches Monument) nannte. Kabir blieb, wie ge=
stern, immer zurück und legte sich nieder. Ich ließ die Karawane
halten und auf ihn warten, damit er mit fortkommen konnte.
Zu seiner Entschuldigung sagte er, in einem solchen Lande sei
weder sein Vater noch sein Großvater gewesen. Es war wirklich
kein Grund vorhanden, zurückzubleiben, da wir noch keine Meile
weit gereist waren, und da es sich gut ging und die Kälte nicht
der Rede werth war. Die große Höhe übt natürlich ihren Ein=
fluß aus. Aber meine Guddi=Diener (die Guddis sind eine ab=
gehärtete und primitive Raçe von Hügelbewohnern, die auf dem
Kangra=Gebirge leben und vorzügliche und treue Diener abgeben)
fluchten über die platte Ebene und sehnten sich wieder nach Ber=
gen. Mirage gab es in Menge, aber kein Zeichen von wirklichem

Waſſer. Nachdem wir mehrere Stunden lang über die Ebene marſchirt waren, kamen wir an die gegen hundert Fuß hohe An= höhe. Oben war wieder eine Fläche, dann ging es in die Schlünde oder oberen Enden einer Menge Thäler mit Felſenwänden hinab. Wir ſchlugen dasjenige ein, das rechts von der „Kuppel" hin= führte, begaben uns etwa eine Meile hinab und lagerten uns in der Nähe eines Felſens. Ein furchtbar kalter Wind; faſt unmög= lich, die Zelte aufzuſchlagen; ein wahrer Orkan, der die concen= trirte Oſtwind=Eſſenz blies. Wir ermöglichten es, etwas zu eſſen zu bekommen, und gingen zu Bett. Die dritte Nacht, in der das Vieh kein Gras hat. Den Ponies gaben wir Gerſte, aber die Yaks mögen ſie nicht freſſen.

„Den 21. October, Lak=Zung. — Dies iſt der Name jener merkwürdigen Menge Thäler, die von der Hochebene Lingzi= Tang (die wir ſoeben durchwandert haben) auf eine nach Norden liegende niedrigere Ebene hinabführen. (Sie liegen beide mehr als 16,000 Fuß über dem Meere, ſind alſo 1000 Fuß höher, als der Gipfel des Mont=Blanc.) Wir ſahen eine männliche tibetiſche Antilope, die in der Ferne ganz weiß ausſah und ſehr elegante lyra=förmige Hörner hatte. Wir gingen ein breites Thal hinab, über welches eine Reihe merkwürdiger Granitfelſen quer hinüber= lief. Sie mußten der Gipfel eines Gebirgszuges geweſen, aber aus Verſehen quer über ein kieſiges offenes Thal hinübergewan= dert ſein. Der größte davon enthält ein altes Adlerneſt, unter welchem der Boden mit Hörnern und Knochen von Antilopen be= deckt iſt, die von vergangenen Geſchlechtern dieſer Vögel getödtet wurden, um ihren Jungen Nahrung zu ſchaffen. An einem Ab= hang hinauf ſah ich noch mehrere Antilopen, aber von dem ſchar= fen Winde waren mir die Finger ſo ſteif gefroren, daß es nichts genutzt hätte, wenn ich ihnen nachgegangen wäre — ich hätte nicht können den Hahn ſpannen. Bei der Herſtellung dieſes Stück= chen Landes ſcheinen zwei Gewalten thätig geweſen zu ſein. Zu= erſt kommt eine Reihe paralleler Rücken mit entſprechenden Thä= lern, die von Nordweſten nach Südoſten laufen. (Den einen davon bilden die Granitfelſen.) Dann wurden mit allen den eben ge= nannten genau unter rechten Winkeln eine Reihe gigantiſcher Thäler geſchaffen, welche die Felſen mit dem Adlerneſt, wie ich ſagte, mitten in einem Thale ſtehen ließen und alle anderen

Rücken durchbrachen. Nachdem wir in einem der letzteren Thäler hinabgekommen waren, wandten wir uns in eines der erstgenannten Reihe auf der rechten Seite von uns und fanden die Yaks mitten in einer Masse Gras (der Art, wie es in Tibet ist) und den kältesten Sturmwind. Wir lagerten uns, und gleich darauf kamen auch die Ponies an.

. „Den 22. October. — Wir machten an dieser Stelle (die Lak=Zung oder „Adler=Nest" genannt wird) Halt, da unser Vieh der Erholung und Stärkung bedurfte. Ein kalter Tag mit schar=fem Winde. Kabir ist gar nicht mehr fähig, „sich anzustrengen". Er sagt, er wisse nicht, was für Steine in sein Leben gefallen wären!

„Ich versuchte zu schreiben, aber die Tinte gefror mir, wie gewöhnlich, in der Feder.

„Ich bin überzeugt, daß die Gesellschaft des Gesandten und auch wir bei unserer Route einen Fehler gemacht haben. Wir gingen an den heißen Quellen nach Westen ab und mußten, nach=dem wir den Paß überschritten hatten, einen Tagemarsch wieder nach Osten.*) Wir hätten sollen geradeaus gehen.

„Den 23. October. — Wir halten noch immer in Lak=Zung; der heutige Tag war schöner, das heißt, weniger Wind, mehr Sonne, und der Thermometer zu Mittag im Zelte fast bis zum Gefrierpunkt hinauf.**) Ich ging aus .... und schoß noch einen schönen alten wilden Yak. Er maß von der Nase bis zur Einfügungsstelle des Schwanzes zehn Fuß und war an der Schulter sechsthalb Fuß hoch.

„Den 24. October. — Ich halte und jage noch immer. Der heutige Tag war kälter. Ich kehrte nach Eintritt der Dun=kelheit in dem kältesten und schärfsten Winde ins Lager zurück. Kabir hat keine Hoffnung mehr. Er klagt nicht, daß er wirklich krank sei; aber er kann nichts thun als dasitzen, sich die Hände wärmen und seufzen. Die anderen Diener sind über ihn auf=gebracht.

---

*) Später bin ich zu dem Schlusse gekommen, daß die Führer uns Beide absichtlich irre geführt hatten.

**) Da die Engländer immer nach der Fahrenheit'schen Scale rechnen, so ist dies nach Reaumur noch gegen 15°, nach Celsius gegen 18° Kälte.

Anm. d. Uebers.

„Den 25. October. — Tashi, der Tibeter, wurde an
Kabir's Stelle zum Koch befördert; Kabir hat sich ins Privat=
leben zurückgezogen. Ich ließ die Ponies von der Weide herein=
bringen und beschlug diejenigen, bei welchen es nöthig war.
Auch strich ich ihnen geschmolzenes Fett in die aufgesprungenen
Hufen.

„Die Tibeter (oder, wie sie selbst sich nennen, die Bôts)
sagen mir, sie legten Fleisch auf die Art ein, daß sie es erst in
der Sonne trockneten und dann zerstießen und mahlten. Dies
wird mit gemahlenem „Sutto" oder gerösteter Gerste vermischt
und daraus eine dicke Suppe bereitet. In diesem trocknen kalten
Lande, wo sich Alles so gut hält, ist ein solches Verfahren
möglich.

„Den 26. October, von Lak=Zung bis Tarldätt. —
Ich ließ die Sachen abgehen und folgte dann selbst, erreichte
aber das Lager erst um zehn Uhr Nachts; ich wurde dadurch aufge=
halten, daß ich lange einer tibetischen Antilope nachschlich, die ich
schließlich erlegte. Auf der freien Ebene, auf die uns jetzt unsere
Route führte, das Lager zu finden, machte große Schwierigkeit.
Kabir fehlte, und man meldete, daß er unterwegs zurückgeblieben
sei; ich schickte daher Leute aus, um nach ihm zu suchen, und
versprach dem, der ihn finden würde, eine Belohnung.

„Den 27. October. — Kabir wurde während der Nacht
hereingebracht: er hatte neben der Straße gelegen. Er hatte mich
und Tashi nur zwei bis drei Schritte von sich in der Finsterniß
vorbeigehen hören, aber nicht den Muth gehabt zu sprechen, weil
er fürchtete, wir könnten ihn zwingen, aufzustehen und mit ins
Lager zu kommen! So sind die Eingebornen Indiens. Hätte ich
nicht die Leute ausgeschickt und ihn suchen lassen, so wäre er,
jener bitter=kalten Nacht ausgesetzt, ohne Zweifel gestorben.

„In der Nähe unseres Lagers ist ein merkwürdiger Eis=See.
Eine unregelmäßige, zwei bis drei Fuß dicke, massive Eisfläche
ruht auf der Oberfläche des Bodens; im Mittelpunkte schmelzen
einige warme Quellen das Eis und machen sich einen Weg hin=
durch. Weiter unten schwimmt, wie ich höre, die Fortsetzung
dieser Eisfläche auf Wasser, das noch weiter draußen von Eis
frei ist und einen kleinen See bildet.

„Den 28. October. — Noch immer nordwärts gehend,

überschritten wir einen kleinen „Col". Ich reiste hinter der Ka=
rawane und fand einen unserer Yaks, den unsere Leute hatten
zurücklassen müssen. Das Thier war müde und grimmig. Gras
hat es hier jedoch in Fülle. Jenseits des „Col" geht es allmälig
ein langes Thal abwärts auf die Ebene eines alten Seebettes,
wo die alten Wasserstandszeichen zweihundert Fuß an den Hügel=
wänden hinaufreichen. Eine oder zwei Lachen mit salzigem Wasser
sind halb zugefroren, alles Uebrige ist ein Bett von „Phulli"
oder grober Soda. Oben liegt eine ganz dünne Schicht Erde,
unter welcher der Fuß in die feinste lockere pulverisirte Soda
sinkt; sie ist rein weiß und vier bis fünf Zoll tief. Unter der=
selben befindet sich eine Lage unreinen gewöhnlichen Salzes oder
Salpeters, die man beim Gehen knacken hört, wie dünnes Eis
unter frischem Schnee. An vielen Stellen fehlt die Erbdecke, und
die Soda ist dann hart und unregelmäßig. Fünf Stunden lang
auf ihr zu gehen, war eine entsetzliche Anstrengung; wir sahen
von Anfang an unsern Halteplatz und schienen ihm doch nie näher
zu kommen. Die Yaks waren schrecklich weit zurück, aber es war
schöner Mondschein. Kalt, aber glücklicherweise kein starker
Wind. Endlich fanden wir eine kleine trockene Ravine, die gerade
groß und tief genug war, um unser Lager zu schützen. In der
Nähe gab es Gras und Eis; wir schlugen daher das Lager auf
und dankten Gott. Chumâru (einer der Guddis) hatte die Zehe
erfroren. Von Kabir und den Yaks hören wir nichts. Aber Tashi
ist immer mit voran und höchst brauchbar.

„Den 29. October. — Halt. Am Morgen kam Kabir an
und meldete, daß die Yaks alle gänzlich erschöpft seien. Ich schickte
Leute ab, um die Ladungen hereinschaffen zu helfen. Gegen Mit=
tag langten zwei Yaks an. Zwei andere Yaks melden die Leute
als völlig kampfunfähig; der eine wurde es am Anfang der
Soda=Ebene, der andere in der Nähe der Salz-Lache.

„Den 30. October. — Diesen Morgen trafen die übri=
gen Leute mit den Ladungen der Yaks ein. Da auch die Ponies
schrecklich matt waren, so machten wir nur einen kurzen Marsch.
Das nördliche Ende der Soda-Ebene (das ein wenig ansteigt)
verschmälert sich zu einem Thale. Dieses Thal krümmt sich und
läuft dann nach Nordwesten; auf der Nordost=Seite desselben
zieht sich ein niedriger durchbrochener Granitrücken hin. Jenseits

des Rückens befindet sich der Kârakasch-Fluß (den wir natürlich
noch nicht sehen können), und jenseits des Kârakasch steht ein
hoher, steiler, kiesiger Gebirgszug mit Schneegipfeln, ein Theil
desjenigen, welchen die europäischen Geographen unter dem Namen Küen-Lün kennen. Ein schneidender kalter Wind. Wir lagerten uns in diesem Thale an den letzten Grasplätzen. Zur Beschaffung von Wasser gab es, wie gewöhnlich, Schnee und als
Brennmaterial eine kleine Lavendelpflanze. Die Yaks kamen
nicht nach.

„Den 31. October. — Wir setzten unsern Marsch nach
Nordwesten fort, das Thal entlang, das jetzt sich nach dem Kârakasch hinabzieht und durch eine, gegen dreißig bis vierzig Meter breite Felsenschlucht an denselben führt. Durch diese Schlucht
muß einst das Wasser von der Soda-Ebene abgeflossen sein. Der
Kârakasch war schwach gefroren; er strömte durch ein kleines
rundes Thal, das nach Norden von einer großen alten Moräne
eingeschlossen war. Nach Nordosten stehen hohe Schneegebirge und
Gletscher; von ihnen kommt der Strom sehr steil herab. Ich
glaube, seine Quelle befindet sich in der Nähe. Unten sahen wir
zwei schwarze Thiere im Bett des Flusses grasen. Waren es
wilde oder zahme Yaks? Diese Frage wurde dadurch beantwor-
tet, daß ein Mann sie unter Hurrah-Geschrei von Seiten unserer
ganzen Reisegesellschaft in unsere Marschlinie trieb. Es waren
Rinder, welche die Gesellschaft des Gesandten, die uns vorausgegangen war, im Stich gelassen (wie wir es auch mit einigen gemacht hatten).

„Ein ganz unverhofftes Glück. Wir konnten nun den elen-
den gelben Pony abladen und die Lasten des kastanien-braunen
und grauen Pony leichter machen. Mittlerweile durchbrachen die
Rinder mit ihren Füßen das schackrige Eis und tranken alle begierig. Dies war seit dem 16. ihr erster wirklicher Trank; sie
hatten seitdem nichts als Schnee gehabt.

„Ueber die Stelle hinaus, die wir jetzt erreicht hatten, war
von meinen Leuten Keiner gekommen. Wir wußten daher von
jetzt an nicht, wo wir Gras oder Holz finden würden, oder wie
lang wir unsere Märsche einrichten sollten. Ob man, nachdem
man eine gewisse Anzahl Stunden marschirt ist, sich lagern oder
weiterreisen soll, hängt oft von der Entfernung des nächsten

Weidelandes ab. Dies ist ganz besonders der Fall, wenn das
Vieh erschöpft ist; denn befindet sich der nächste Weideplatz in
der Nähe, so schadet es nicht, wenn die Thiere noch bis dahin
gehen, ist er aber noch weit entfernt, so wird man sich um ihret=
willen mit der Strecke, die man an dem betreffenden Tage ge=
macht hat, begnügen. Wir mußten jetzt reisen, ohne diese Vor=
theile benutzen zu können. Ich mußte der Karawane vorausreiten,
um den Weg ausfindig zu machen, und gegen Abend die Route,
die wir vor uns hatten, von einem hohen Punkte überblicken.
Der Kârakash hat hier ein weites Thal; es ist ganz platt und
eine halbe Meile breit. Die Mitte nimmt das trockene und kie=
sige Bett ein, in welchem zuweilen ein Strom fließt; auf beiden
Seiten des Thales stehen niedrige Terrassen, und nach Norden
und Süden steigen die kahlen Berge empor, während das Thal
selbst nach Westen läuft. Bei jeder neuen Aussicht, die sich öff=
nete, blickte ich ängstlich vorwärts; jedes Seitenthal untersuchte
ich mit Sorgfalt. Man denke sich meinen Schrecken, wenn der
Nachmittag vorrückte und ich sah, daß der unfruchtbare Boden
nicht einmal die Lavendelpflanze zu Brennmaterial darbot,
an dem es uns bisher noch nicht gefehlt hatte. Gras zu finden,
daran verzweifelte ich gänzlich, und das Bett des Flusses war
trocken! Die drei großen Bedürfnisse, die der Reisende bei einem
Lagerplatz braucht — Brennholz, Gras und Wasser — fehlten
sämmtlich! Die Nacht fing an hereinzubrechen — da erreichte ich
ein hohes Kies= und Trümmer=Bett, das von einer nach Norden
liegenden Ravine stammte und die Aussicht das Hauptthal hin=
unter versperrte. Um mich umsehen zu können, erstieg ich das
Bett und erkannte am unteren Ende einer kleinen Ebene einen
dunkeln Streifen Land. Die Hoffnung fing wieder an zu steigen,
aber daß ich Büsche sah, konnte ich kaum glauben! Mein Fern=
glas zeigte sie mir jedoch deutlich, und was noch mehr war, es
schimmerte weißes Eis aus ihnen hervor. Ich eilte vorwärts und
erreichte nach einer scheinbar grenzenlosen ebenen Strecke im
Thale die ersten Büsche, die ich seit einem Monat gesehen hatte.
Das Thal herauf blies ein entsetzlicher Wind, aber ich entdeckte
unter einer Felsbank ein geschütztes Plätzchen, sammelte ein
Häufchen dürrer Aeste, machte ein Feuer an (wie oft hatte ich
oben auf den kalten Ebenen vor Frost gezittert und mich nach

diesem Augenblick gesehnt!) und setzte mich nieder, um zu warten.
Nachdem ich eine Stunde gewartet hatte, begann ich zu fürchten,
die Karawane könne in der Finsterniß an mir vorbeiziehen; ich
fing daher an zu schreien. Keine Antwort! Endlich gab mein
Pony Zeichen, daß er auf der entgegengesetzten Seite etwas höre.
Ich ritt hinüber, und sofort wurde geantwortet. Sie waren
wirklich an mir vorbei gezogen. Nunmehr war aber Alles in
Ordnung. Ich brachte sie in meinen geschützten Winkel, und bald
hatten wir ein so herrlich loderndes Feuer, daß es unser Herz
erfreute. Wir fanden, daß das Eis, das ich gesehen hatte, an
den Ufern eines Wasserstromes lag, der durch eine enge Schlucht
auf der linken oder südlichen Seite des Thales hereinkam und
das bisher trockene Bett des Hauptthales füllte.*) Da dieser
Strom wichtiger zu sein schien, als jener, den ich herabgekom=
men, so dachte ich daran, die Schlucht am nächsten Tage zu
durchforschen. Wir mußten aber des Viehes wegen schnell weiter
ziehen, um etwas Gras zu finden.

„Den 1. November. — Da die Yaks mit dem Getreide
noch immer zurück waren, so konnten wir den Pferden kein Fut=
ter geben. Glücklicherweise fanden wir an den Ufern einer war=
men Quelle auf der rechten Seite ein wenig Gras. Ich ritt nach
einem kiesigen Bergrücken vor, der etwa eine Meile weiter stand,
um das Thal auszuspähen, konnte aber dort auch nichts Besseres
sehen, blos Buschholz. Ich kam daher wieder zurück, und wir
lagerten uns an einer warmen Quelle. Das Wasser des Stro=
mes war schwach salzig; wir bereiteten daher Thee u. s. w. wie=
der aus geschmolzenem Eis. Der Strom läuft hier frei zwischen
Ufern von Eis. Er ist einige Zoll tief und fünf bis sechs Meter
breit. Da der Buschholz=Jangel sich bis hier herab erstreckt, so
gibt es Holz in Fülle. Ich versuchte die Casserolen zu verzinnen,
die höchst gefährlich werden, aber es gelang mir nur die Finger
zu verbrennen! An den nördlichen Wänden der Gebirge gibt es
an einzelnen Stellen Schnee in Fülle, fast bis ins Thal herab.

---

*) Mr. Hayward traf später gegen achtzig Meilen weiter oben auf den Anfang
dieses Stromes und folgte demselben bis an die Stelle, an der wir uns befan=
den. Er ist, wie sich zeigte, die wirkliche Quelle des Karakash=Flusses und bie=
tet eine bessere Route dar, als diejenige über die Hochebenen ist, die ich einge=
schlagen hatte.

„Am Nachmittag kamen die Yaks an. Einer der neuerworbenen war matt geworden.

„Eine herrliche Veränderung der Temperatur! Um zehn Uhr am Tage war der Thermometer bis auf 40° Fahrenheit (3°,₅₅ R.) hinauf. Bei Tagesanbruch war die Temperatur 9° Fahrenheit (— 10°,₂₂ R.).

„Den 2. November. — Wir marschirten den Kârakâsh-Strom hinab, der jetzt frei zwischen Eisrändern fließt. Er wird durch zahlreiche warme Quellen gespeist, und darin liegt die Ursache, weshalb er frei von Eis ist. Diese Quellen geben aber dem ganzen Wasser einen schwach-salzigen Geschmack. Ein Paar Meilen von dem Lager der letzten Nacht zogen wir über eine kleine Ebene, die ganz voll kleiner Krater war; sie hatten jeder etwa zwölf bis fünfzehn Fuß Durchmesser und in der Mitte zwei bis drei Fuß Tiefe. Der Boden dieser Krater besteht aus einem Niederschlag von gemeinem Salz oder Salpeter. Die Diener nahmen davon einen Vorrath zum gewöhnlichen Gebrauch mit, da das ihrige nicht weit mehr reichte. Das Thal ist breit und platt, und die Aussicht wird nur von Zeit zu Zeit durch schräg ansteigende große Trümmer-Zungen unterbrochen, die von den Mündungen der Ravinen (in der Regel von der Nordseite) ausgehen und fast quer über das Thal hinüberlaufen. Den ganzen heutigen Marsch entlang gab es mehr oder weniger Gras und kleines Buschholz in Fülle. Auf der Nordseite steigen Granitfelsen unmittelbar aus dem Thale empor. Der Granit zerbröckelt und zerfällt, wie der Ladâkische. Wir fanden noch zwei im Stich gelassene Yaks und nahmen sie mit, mußten aber unsern gelben Pony zurücklassen. Wir sahen Heerden „Kyang" (des tibetischen wilden Esels). Das Thal hinab zeigen sich schöne Schneegipfel, vor welchen Buschholz und Gras aufhören.

„Den 3. November. — Gerade als wir diesen Morgen das Lager verließen, stürzte der weiße Pony. Tashi machte sich anheischig, ihn dadurch zu kuriren, daß er ihm aus jedem Nüster ein Stück Knorpel herauszog, einen Schnitt machte und dann an das eingeschnittene Stück ein Haar aus dem Schwanze band, so daß das Thier, als es aufzustehen versuchte, es selbst herausriß. Ich selbst sah jedoch die Operation nicht. Die Ladung des Pferdes vertheilten sie auf zwei Männer und kamen dann mit. Auf der Südseite ist an einer Ecke ein Pfad, zu dessen Stütze man eine kleine Mauer aufgeführt hat, und gestern zogen wir an einer Gruppe steinerner Hütten vorbei: lauter Zeichen, daß diese Straße einst in Gebrauch war.*)

„Den 4. November. — Vergangene Nacht langten die Leute spät an und meldeten, der weiße Pony sei unterwegs gestorben. Wenn dies wahr ist, so glaube ich, daß es in Folge de Operation geschah, die ihn kuriren sollte. Diesen Morgen stand der Thermometer bei Tagesanbruch auf 1° Fahrenheit (13°,₇₈ R.).

„Wir schlugen am Abend das Lager auf einer schönen grasreichen Wiese auf, die so breit ist wie das ganze Thal, und mehrere Meilen weit hinabgeht. Wir fingen noch zwei im Stiche gelassene Yaks ein, die in dem hier stehenden Grase schwelgten.

„Den 5. November. — Es folgte eine Reihe schöner Wiesenebenen voller Salzkrater, die größer als die früheren (manche achtzehn bis zwanzig Fuß im Durchmesser) waren. Einige standen voll concentrirten Salzwassers, das (in den meisten nicht gefroren) bei der Verdunstung vermuthlich den gewöhnlichen Salzniederschlag geben wird. Wo es in diesem Thale Gras gibt, ist auch immer auf dem Boden ein Anflug von Salz. Beides hängt, wie ich glaube, davon ab, daß Feuchtigkeit vorhanden ist, und tritt daher zusammen auf. Während wir über eine sumpfige, gefrorene Wiese zogen, jagte ich eine einsame Schnepfe auf und noch Etwas, das ich für einen Staar hielt. Ich spazierte durch einiges kleines Buschholz und schoß zwei Hasen (von der blauen tibetischen Spielart, mit rein weißen Schwanzbüscheln). Als wir das Lager aufschlugen, fanden wir den Platz von einer aus fast hundert Stück bestehenden Heerde „Kyangs" (oder wilder Esel) besetzt, die etwa 300 Schritt vor uns stehen blieb und uns beobachtete, bis es dunkel war.

---

*) Wir fanden später, daß jenes Thal früher viel von den Chinesen besucht wurde, die von hier Jade (eine Art Nephrit) erhielten. Dieser Erwerbszweig hat jetzt aufgehört, da die Muselmänner von Turkistán an dem aus jenem Steine verfertigten Schmuck keinen Geschmack finden. In einer Stelle des chinesischen Werkes „Tausenderlei Classisches", in welchem mannigfache Erzeugnisse aufgezählt werden, heißt es: „Jade kommt vom Küen-Lün-Gebirge" (welches eben das fragliche Gebirge ist) Ich verdanke das Citat Herrn Aston beim Indischen Museum.

„Das Thal hinab sind einige Schneegebirge sichtbar. Dies=
seits derselben befindet sich im nördlichen Gebirgszuge eine Oeff=
nung. Nach Johnson's Karte muß diese Oeffnung der Kârakasch
sein, da, wo er sich nach Turkistân wendet.

„Wir lasen noch zwei Yaks auf – macht zusammen neun.

„Den 6. November. — Der heutige Marsch ging großen=
theils durch kahles Land, aber unser Lager ist in der Nähe eines
Stückes Grasland; es stehen da nicht, wie in Tibet, hier und da
einige Halme zerstreut, sondern der Boden ist von wirklichem
Gras bedeckt, so daß man ein Stück Rasen ausstechen kann. In
der Nähe des Lagers sind einige „Jade"=Brüche, aber sie sind
jetzt aufgegeben. Die Arbeitsplätze waren eine kleine Strecke oben
an der Hügelwand; zahlreiche rohe Bruchstücke sind von da her=
abgerollt."

Sechstes Kapitel.
Aufenthalt in Shahidulla.

Auszüge aus einem Briefe, der am 10. November 1868 angefangen und von Tag zu Tag fortgesetzt wurde.

"Shahidulla, Khoja, den 10. November 1868.

"Ich hoffe bald Gelegenheit zu haben, durch die Ladâkis, deren Vieh mein Lager soweit gebracht hat, Briefe zurückzusenden. Ich fange daher an zu schreiben, damit ich nicht im letzten Augenblicke mich übereilen muß. Mein Brief wird hoffentlich unterwegs nicht verloren gehen, da Dr. Cayley bis dahin Ladâk verlassen haben wird, und ich auf die zarte Rücksicht des Kashmiri-Gouverneurs jenes Ortes vertrauen muß, der versprochen hat, alle meine Briefe befördern zu wollen.

"Ich schreibe jetzt in meinem Zelte, das auf dem platten Dache eines kleinen Fort am Flusse Kârakâsh aufgeschlagen ist.

Das Fort besteht aus einer Reihe kleiner Zimmer, die um einen Hof herum liegen und aus demselben ihren Eingang haben. Um die äußere Kante des platten Daches herum läuft eine kleine Brüstung von in der Sonne getrockneten Ziegeln (mit Schießscharten für Musketen), während an den Ecken kleine runde Thürme, ebenfalls mit Schießscharten, die vier Seiten beherrschen. Dieses primitive Fort steht in der Mitte einer kleinen kiesigen Ebene. Einige Hundert Meter davon läuft der Kârakafh, ein kleiner Forellenbach, vorbei; seine Ufer sind mit niedrigen Büschen bestanden, während ringsum die kahlen Felsengebirge emporsteigen. Inwendig bietet sich ein heitereres Bild dar. An dem einen Ende des Hofes, der nicht über fünfundvierzig Fuß lang ist, sitzt eine Gruppe Moghul *)-Soldaten um ein Feuer herum. Ihre langen Luntenflinten, zwölf an der Zahl, hängen hinter ihnen an der Wand: über ihnen befindet sich eine Reihe von drei bis vier Sätteln mit hohen Spitzen. Die Kleidung der Moghuls besteht aus einem langen Rocke, der um die Taille befestigt ist, und sehr weiten Hosen. Die Röcke der Officiere sind aus einem halbseidenen, halbbaumwollenen Stoffe mit großen Mustern in sehr hellen Farben gemacht. Von den Mannschaften tragen manche mattrothes Yârkandi-Gewebe, manche englischen gedruckten Calico und manche weißen Filz; eine Uniform gibt es nicht. Manche stecken den langen Rock in die weiten Hosen, manche tragen über dem ganzen Anzuge noch einen zweiten Rock, der vorn offen und an der Taille locker ist. Die Häuptlinge haben auf dem Kopfe eine kegelförmige Mütze und um dieselbe einen Turban gebunden. Die Mannschaften haben meistentheils Lammfell-Mützen. Der eine der beiden Officiere macht eben eine frische Lunte in sein Gewehr passend; die Uebrigen sehen zu oder kochen in einem der Zimmer ihre Speise. Dazwischen schwatzen sie in einer rauhflingenden und durch die Kehle gesprochenen Sprache, bei der die Consonanten beständig rasseln. Meine „Bhôts" aus Ladâk sitzen ehrerbietig in der Ferne und reiben die Felle der Schafe ein, die wir unterwegs geschlachtet haben. Die Moghuls be-

---

*) Moghul ist der Name, den man in Indien den Eingebornen Central-Asiens gegeben hat. Später hörte ich sie „Turk" nennen, wie sie sich selbst bezeichnen.

handeln sie freundlich, aber so, als ob sie eine Art Thiere, zum
Beispiel Affen, wären. Sie nennen sie Tibeti, ein Name, den
ich bis jetzt nur von den Europäern gehört habe. Meine indi=
schen Diener halten sich fern: sie wissen nicht, was sie aus un=
seren Wirthen machen sollen, und fürchten sich so ziemlich vor
ihnen. Was mich betrifft, so sind wir die größten Freunde.
Binnen Kurzem werde ich hinunter gehen und bei meinem Vier=
Uhr=Thee die Officiere unterhalten. Wir sitzen an meinem Feuer
und trinken zusammen immer eine Tasse Thee nach der andern,
bis ins Unendliche, essen dazu meine Zwiebäcke und versuchen
mit einander zu sprechen. Da nun bis vor drei Tagen meine
Kenntniß der Turki=Sprache sich auf das Wort „yok" (nein)
beschränkte, das ich in Atkinson's Buche aufgelesen hatte, und da
sie kein Persisch und natürlich auch kein Hindostani verstehen, so
müssen wir uns die fehlenden gewöhnlichen Wörter durch Lächeln
und Zeichen ersetzen. Mit den Büchsen, der Taschenuhr, dem
Compaß, dem Revolver sind wir jetzt leider fertig, wir kommen
daher zu wirklicher Conversation. Ich habe eine Menge Turki
aufgeschnappt (es gibt keinen besseren Sprachlehrer als den Man=
gel eines Dolmetschers), und wir plaudern über Krieg und Frie=
den, Geographie und Geschichte. Was könnten die größten Sprach=
forscher weiter thun? Ich will Ihnen gleich erzählen, was ich
Neues von denselben erfahren habe. Anfangs machte es ihnen
großes Vergnügen, mich meinen Hinterlader abschießen zu lassen.
Sie brachten auf etwa dreißig Schritte Entfernung eine Marke
an und waren ganz erstaunt, daß ich sie immer traf. Sie sind
gerade wie Schulknaben, ausgelassen, aber vollkommen wohlge=
zogen. Wenn ich ihnen zum Thee noch mehr Zucker holen lasse,
so klatschen sie mich auf den Backen und nennen mich einen guten
Kerl; gehe ich aber an ihrem Feuer vorbei, so stehen sie Alle
auf und verbeugen sich, die Hand auf dem Herzen; auf diese Art
machen sie ihr Salâm. Der Mann, der mich auf den Backen
klatschte, überraschte mich in der nächsten Minute damit, daß er
sich mit beiden Händen den Bart strich und ausrief: „Amin,
Allaho=Akber" (Amen, Gott ist groß). In das Allaho=Akber
stimmte die ganze Versammlung ein, und Alle strichen sich feier=
lich die Bärte. Das war das „Tischgebet nach dem Essen".

„Sowie der Tag graut, höre ich Einen von ihnen intoni=

ren: „Steht auf und betet, steht auf und betet, Beten ist besser als Schlafen." Gestern wurden zweien der Soldaten die Hände vorn gebunden, die Kleider von den Schultern gezogen, und dann wurden sie von einem der Officiere grausam mit der Peitsche gehauen, bis sie mit Blut bedeckt waren. Meine Diener, die es sahen, fragten nach dem Grunde; man sagte ihnen, die Leute wären nicht früh aufgestanden, um ihre Gebete zu sprechen. An demselben Abend sang einer von diesen Beiden Turkilieder, und zur Begleitung tanzten zwei Andere vor dem Feuer. Ich schloß mich der Gesellschaft an und wurde von einem der Officiere mit Yarkandischen Wallnüssen gespeist. Die beiden Tänzer drehten sich ein- und auswärts, wobei sie mit den Füßen den Takt schlugen und chassirten und langsam die Arme schwangen. Wenn sie müde waren, verbeugten sie sich vor der Versammlung und setzten sich nieder.

„Mittlerweile wissen Sie nicht, ob ich von Yakub Beg's Soldaten auf einem Raubzug gefangen genommen wurde, oder wie ich sonst dazu kam, daß ich mich mit einem Dutzend derselben in ein Fort eingesperrt sehe. Ich muß deshalb wieder da anfangen, wo ich aufhörte.

„Nach einem ermüdenden Marsche von zusammengenommen fünf Tagen, der noch dasselbe Thal hinabging, und auf dem sich nichts Bemerkenswerthes ereignete, schlugen wir unser Lager auf einer schönen Wiese mit wirklich üppigem Grase auf; das durch die zahlreichen Arme hervorgebracht wurde, in welche sich der Fluß verzweigte. Am Morgen des sechsten Tages kamen wir, kurz nachdem wir das Lager verlassen hatten, an eine Stelle, wo offenbar eine große Schafheerde eingepfercht gewesen war. Dieses Zeichen, daß früher hier Menschen gelebt hatten, veranlaßte uns Alle zu der Frage, wer das wohl gewesen sein könnte; denn wir wußten nicht, welcher Empfang uns bevorstand, wenn wir einem der wandernden Hirtenstämme in die Quere kamen, die dieses Gebirge besuchen. Nur das wußten wir, daß gewisse Nomaden, die sich Kirghisen nannten, früher durch ihre Plünderungen die westlichere Straße nach Yarkand unsicher gemacht hatten (die Stelle, die sie heimsuchten, hat noch immer den Namen Kirghisen-Jangel), und daß Stämme desselben Namens ihre Schafe dann und wann das Thal des Kārakasch heraufbrachten. Die

Schafhürde war jedoch vom vergangenen Jahre und enthielt
keine Spur, daß sie neuerlich wieder besucht worden sei. Als ich
aber später am Tage vor der Karawane dahin ritt, bemerkte ich
den frischen Abdruck eines menschlichen Fußes. Es war auf einem
Stück weicher Erde, nach welchem der Pfad hart und steinig
war. Ich befand mich daher sofort wieder außer Stande, meine
flüchtige Bemerkung zu bestätigen, und glaubte, ich müsse mich
getäuscht haben. Ein Stückchen weiter jedoch kam die Fußtapfe
wieder zum Vorschein, und zwar neben der Fährte eines Pferdes. Ich konnte nicht umhin zu lachen, da ich sogleich an Ro-
binson Crusoe und seine Fußtapfe dachte. Die meinige war
zwar kein so verhängnißvolles Zeichen, aber doch hinreichend, um
zur Vorsicht zu mahnen; denn es war immerhin möglich, daß
die Kirghisen, wenn sie stark waren, uns zu plündern versuchten,
und bei einem Scharmützel konnte ich mich auf keinen meiner
Diener verlassen, auch wenn er nur für mich laden sollte; wenigstens wurde die Reise unterbrochen. Als wir daher an das
Ende der freien Ebene kamen, auf der wir reisten, und das Thal
an einer vorspringenden Spitze sich verschmälerte, ließ ich die
Karawane halten und ging selbst zu Fuße weiter, um zu spioni-
ren. Ich kletterte über den Hügel und kam bald an einen Rücken,
der das Thal hinab eine Aussicht bot. So behutsam, wie wenn
man Wild beschleicht, erhob ich den Kopf, und nachdem ich mich
eine Minute mit dem Fernglase umgesehen hatte, erblickte ich eine
grasreiche, mit einzelnen Büschen bestandene Ebene und in der
Mitte einen kirghisischen „Yourt". Nach dem, was ich davon in Atkinson's Büchern gelesen hatte, irrte ich mich nicht. Ein kreis-
rundes Gebäude, mit einem niedrigen, kuppelförmigen Dach, das
mit einem schmutzig-weißen Material, offenbar Filz, gedeckt ist.
Um dasselbe herum waren vier bis fünf Pferde und Yaks angebunden, und durch das Fernglas sah man einen Mann in langer
Tunica und hohen Stiefeln, der mit der Pflege des Viehes beschäftigt war. Von der Mitte des Daches stieg eine leichte Rauch-
wolke auf. Meine Empfindungen bei diesem ungewöhnlichen An-
blicke kann ich Ihnen nicht beschreiben. Ich fühlte, daß ich jetzt
meine Reisen wirklich begonnen hatte. Jetzt endlich wurden meine
Träume von Turks und Kirghisen verwirklicht, und ich kam mit
Stämmen und Völkern in Berührung, die bisher von dem Ver-

kehr mit den Europäern völlig abgeschnitten waren. Ich zog mich
behutsam zurück und schloß mich meiner Karawane wieder an.
Nach kurzer Berathung entschlossen wir uns, hinzugehen und uns
dicht neben dem Yourt zu lagern; wir mußten an den Kirghisen
vorbeiziehen, und hätten wir, obgleich wir so nahe waren, ab=
seits von ihnen Halt gemacht, so hätten sie, wenn sie unser La=
ger entdeckten, geglaubt, wir fürchteten uns. Wir luden alle
Büchsen, vier an der Zahl, und rückten wieder aus. Es machte
mir Spaß, als ich sah, wie mein hindostanischer Tischdiener Ka=
bir, der bisher durch sein immerwährendes Zurückbleiben endlose
Störungen verursacht hatte, jetzt mit erschrecktem Gesicht dicht
am Schwanze meines Pferdes blieb, während ich der Karawane
vorausritt. Der Kirghise war bei seiner Beschäftigung so emsig,
daß er mich erst sah, als ich mich nicht mehr dreißig Schritt von
seinem Yourt befand. Als meine Stimme ertönte, wandte er sich
um und kam, dem Anschein nach ohne Erstaunen, mir lächelnd
entgegen. Jetzt kam noch ein zweiter Mann aus dem Yourt.
Fürs Erste konnten wir nur „Salâm‟ sagen und über einander
lächeln; aber er sagte mir, daß er ein Kirghise sei, und wir
glaubten von ihm zu vernehmen, daß in Shahidulla einige Sol=
daten des Königs auf mich warteten. Dies erklärte es, warum
er durch unsere fremdartige Erscheinung nicht überrascht war.
Die beiden Kirghisen waren ganz junge Leute, wie es schien,
Brüder, mit schöner, rosiger Gesichtsfarbe, ungefähr so dunkel,
wie ein bronzirter Engländer. Bald erschien auch eine Frau,
blieb aber im Hintergrunde. Sie war ziemlich hübsch und trug
einen Streifen weißen Baumwollenzeuges ganz glatt, aber bis zu
einer beträchtlichen Dicke, wie eine Rolle breites Band, um den
Kopf gewunden. Ein langes Band von demselben Zeuge, mit
einem farbigen Muster verziert, hing ihr auf dem Rücken herab.
Ihr Anzug bestand aus einer langen Tunica, die um die Taille
wie bei den Männern gegürtet war, fast bis an die Knöchel
reichte und ein Paar hohe Stiefel von rothem Leder sehen ließ.
Die Tunicas oder Röcke der Männer waren kürzer und ihre
Kopfbedeckung eine Pelzmütze mit Ohrenklappen.

„Hier lagerte ich mich; der Kirghise war so gefällig, das
Zelt aufstellen zu helfen, ein Feuer für mich anzumachen u. s. w.
Bald darauf kam eine große Heerde Schafe an mit noch einem

Kirghisen, in einem langen Rock von Schaf= und Steinbockfell. Meine Guddi-Diener, selbst Hirten von Geburt, schätzten die Heerde auf mehr als tausend Stück. Die Schafe ähneln jenen in manchen Gegenden Afghanistans, indem sie große, platte Schwänze haben. Als die Lämmer herausgebracht und ihren Müttern übergeben worden waren, zogen die drei Kirghisen sich in den Yourt zurück. Von da traten sie wieder hervor, kamen auf mich zu und brachten mir ein Schaf und ein gewaltig großes Fell voll Butter als Geschenk. Diese Gaben wurden mit größtem Danke angenommen und das Schaf sofort geschlachtet; die Butter war vortrefflich. Ich gab ihnen dafür etwas englisches Schießpulver nebst einem Spiegel für die junge Dame, über den sie sich sehr freuten.

„Am nächsten Morgen ganz früh schickte ich zwei meiner Ladâkis das Thal hinunter nach Shahidulla ab, wohin es, wie die Kirghisen sagten, nicht mehr weit war. Shahidulla ist der Ort, wo nach meiner Bestimmung ein Bote mit einem Briefe von Diwân Bakhsh (dem Muselmanne, den ich mir vorausgesandt hatte, um den König für mich um Erlaubniß zum Eintritt in sein Land zu bitten) mich treffen sollte. Ein Dorf gibt es dort nicht: es ist nur ein Lagerplatz an der eigentlichen alten Straße zwischen Ladâk und Yârkand und der erste Ort, wo ich auf jene Straße stoßen sollte. Vier Jahre zuvor schickte der Maharaja von Kashmir, während in Turkistân die Unruhen noch immer fort= dauerten, einige Soldaten und Arbeiter über das Karakoram= Gebirge (seine eigentliche Grenze) und ließ in Shahidulla ein kleines Fort bauen. Dieses Fort beschäftigte seine Truppen zwei Sommer lang; im vergangenen Jahre aber, wo die Ruhe wieder hergestellt und das ganze Land unter dem Könige von Yârkand vereinigt ward, wurden die Truppen zurückgezogen. Eigentlich hat der Maharaja auf Shahidulla nicht mehr Recht, als ich. Er hat nie ein Recht auf einem Flusse gehabt, der nordwärts durch Tur= kistân fließt, und ebensowenig auf den Weiden der Kirghisen, die nach Yârkand Steuern zahlen. Um so auffallender ist es, daß unsere neuesten Karten seinem jetzt aufgegebenen Anspruche Gül= tigkeit beigelegt und in seine Grenze eine Gegend hereingezogen haben, wo er keinen Quadratfuß Land besitzt, und deren einzige Bewohner die Unterthanen eines andern Staates sind.

„Solche Streitfragen übergehe ich jedoch und fahre in mei=
ner Erzählung fort. Während ich beim Frühstück war, kamen
zwei Moghul=Soldaten von Shahidulla an. Wir konnten nicht
mit einander sprechen, aber ich sah mir ihre Gewehre an und
gab ihnen etwas Thee; hierauf reisten sie wieder ab. Am Nach=
mittag kamen drei andere Moghul=Reiter an, die schönere Klei=
der trugen; letztere bestanden in langen Röcken von hellen Far=
ben, einer über dem andern, weiten Hosen und über spitzige, sei=
dene Mützen gebundenen Turbanen. Ich ließ sie sich niedersetzen
und gab ihnen Thee (ein nie fehlender Theil der Ceremonie).
Die Kirghisen (mit welchen unsere Bekanntschaft nur einige
Stunden älter war) machten durch Zeichen und vermittelst eini=
ger Worte Turki, die ich von ihnen aufgeschnappt hatte, die
Dolmetscher. Sie ließen mich alle meine Merkwürdigkeiten vor=
zeigen, die Hinterladungs=Büchsen, den Revolver, das Fernrohr,
die Uhr u. s. w. u. s. w. Als man diese Wunderdinge gehörig an=
gestaunt hatte, setzten sie mir aus einander, daß Einer der Drei
sofort nach Yârkand reiten werde, um dem König meine Ankunft
zu melden, und daß ich ihm ein Zeichen oder einen Brief mit=
geben müsse. Ich schrieb daher an Seine Majestät ein kurzes
Billet in englischer Sprache (da ich meiner persischen Schreib=
weise nicht traute), steckte es in ein ganz feines Convert, siegelte
es mit meinem Ringe (der meinen vollen Namen in persischer
Schrift enthielt) und übergab es dem Boten. Sofort saßen alle
Drei auf und ritten im Galopp ab, mit meinen besten Wünschen
zu einer schnellen Reise begleitet.

„Dies war Sonntag, den 8. November. Am nächsten Tage
machte ich wieder Halt, damit die Yaks uns einholen konnten.
Diese Thiere, die unsern Vorrath an Mehl u. s. w. trugen, wa=
ren, wie gewöhnlich, einen bis zwei Tage zurück, und die ganze
Gesellschaft mußte jetzt die Nahrung bekommen, die für die Woche
festgesetzt war. Am Nachmittag kamen die Yaks an, das Mehl
wurde vertheilt, und am Dienstag Morgen marschirten wir nach
Shahidulla hinab. Hier wurden wir von zweien unsrer Freunde
vom Sonntag empfangen, die ein Detachement von etwa einem
Dutzend Soldaten befehligten. Wir wurden höchst höflich behan=
delt, man überließ uns die besten Zimmer im Fort (Sie müssen
bedenken, daß das Fort einem englischen Schweinestall sehr ähn=

lich ist, und sich nicht Zimmer mit orientalischem Luxus vorstel=
len). Man sagte mir, sie wären vor fast einem Monate vom
Könige hier stationirt worden, um auf meine Ankunft zu warten,
und hätten Befehl, mich wie einen Ehrengast zu behandeln und
darauf zu sehen, daß es mir an Nichts fehle. Ehe ich jedoch
weiter reiste, müßte ich den Befehl des Königs erwarten, den er
auf die Nachricht von meiner wirklichen Ankunft ertheilen werde.
Der Courier, sagten sie, werde auf immer bereit stehenden frischen
Pferden Yarkand in drei Tagen erreichen und in derselben Zeit
zurückkehren, so daß ich ungefähr eine Woche aufgehalten würde.
Ich ergab mich in mein Schicksal und suchte in den nächsten
zwei Tagen die Gelegenheit zu benutzen und eine Anzahl Turki=
Worte zu lernen. Es war wirklich sehr unterhaltend, die Bedeu=
tung der Wörter herauszubringen und aus einem sehr kleinen
Anfang ein ganzes Vocabularium aufzubauen. Gemeine und Of=
ficiere, Alle nahmen daran Theil, ihre Meinung aus einander zu
setzen und die meinige zu errathen; sie zeigten hierin bedeutende
Gewandtheit, und ich machte rasche Fortschritte.

„Am Donnerstag jedoch fing ich an meinen Aufenthalt ge=
hörig satt zu bekommen, und schlug eine Jagd auf wilde Yaks vor.
Ich erfuhr, daß diese Thiere innerhalb eines Tagemarsches von
Shahidulla zu finden wären. Wenn wir der Jagd einen Tag
widmeten, so waren wir gerade zu der Zeit zurück, wo der Cou=
rier kam. Am nächsten Morgen brachen die beiden Officiere, drei
bis vier Mann und ich auf, um in einem der Seitenthäler hin=
aufzureiten. Wir genossen zusammen unser Mittagsmahl (das
in Yarkandischem Zwieback bestand) und hatten das Glück, kurz
nach Mittag eine Heerde von sechszehn wilden Yaks zu entdecken.
Wir ließen unsere Pferde an dem Platze, wo wir uns zu lagern
gedachten, und machten uns auf, unser Wild zu beschleichen.
Da sah man einen Reiter auf uns zu galoppiren; das Fernrohr
zeigte, daß er ein Moghul war, und während er sich näherte,
schrie er uns zu, wir sollten zurückkommen. Als er uns erreichte,
meldete er, daß ein großer Mann von Yarkand angekommen sei,
um mich abzuholen, daß er das Vieh, welches mein Zelt u. s. w.
getragen, zurückgeschickt habe, und daß wir sofort zurückkehren
müßten. Ueber die Nachricht hoch erfreut, bestieg ich mein Pferd,
und fort galoppirten wir das Thal hinab und erreichten Shahi=

bulla in nicht ganz halb so viel Zeit, als wir gebraucht hatten, um hinaus zu reiten. Am Thore zog ein Soldat in schönen Kleidern auf Wache (was sie vorher nicht gethan hatten und auch später nicht mehr thaten). Als ich den Hof betrat, saß ein mit Würden bekleideter Moghul, in einem langen, seidenen Ge- wande und einen mit Silber beschlagenen Säbel tragend, in ein- samer Größe auf einem Teppich vor dem Feuer. Als ich mich näherte, stand er nicht auf, sondern gab mir mit der Hand ein Zeichen, daß ich mich neben ihn setzen solle. Ich that es und versuchte ihn in persischer Sprache anzureden. Er schüttelte den Kopf und schien hierauf mir keine weitere Aufmerksamkeit zu schenken, denn er sprach laut mit den Uebrigen, die sich nun auf der andern Seite des Feuers niedersetzen durften. Diese Behand- lung ärgerte mich; ich stand sofort auf und begab mich nach dem andern Ende des Hofes, wo ich noch ein Feuer hatte anmachen lassen. Als ich mich erhob, stand der große Mann auf und gab mir durch Zeichen zu verstehen, daß er eben seine Gebete spre- chen wolle (er legte die Hände hinter die Ohren: eine Gesticula- tion, die sie häufig wiederholen, während sie ihre Andacht ver- richten). Er sprach sie in der nächsten Stunde gewiß drei Mal. Während der Reise hatte er vermuthlich die volle Anzahl nicht hersagen können.

„Meine ersten Freunde sahen, daß ich mißvergnügt war, und nachdem sie flüsternd sich mit einander berathen hatten, kam einer von ihnen und setzte sich zu meinem Feuer, um die Sache aus einander zu setzen. Dieser Officier, sagte er, sei ein großer Mann, der immer vor dem Könige sitze. Er sei uns als Mih- mandâr (oder Bewillkommner der Gäste) entgegen gesandt wor- den, um mir Ehre zu erweisen und für alle meine Bedürfnisse zu sorgen. Gleich darauf entdeckten wir, daß ein alter Mann, der mit dem Mihmandâr von Sanju (einer Grenzstadt) gekom- men war, etwas Tibetisch verstand. Dadurch wurde die Unter- haltung leicht, denn ich hatte einen tibetischen Dolmetscher, Na- mens Tashi, einen höchst nützlichen Menschen, bei mir. Der große Mann ließ sagen, er wünsche mir einen Privatbesuch zu machen, wenn ich einen Teppich in mein Zimmer breiten wolle. Der Teppich ward demnach ausgebreitet und eine Kerze angezündet, und der Mihmandâr trat ein. Bei diesem Besuch und bei einem

noch förmlicheren, den er mir am nächsten Morgen nach dem
Frühstück machte, überlud er mich mit Höflichkeiten morgenlän=
discher Art; er beschenkte mich mit etwa einem Dutzend Präsen=
tirteller voll verschiedener Früchte (Granatäpfel, getrocknete Rosi=
nen, Pistazien u. s. w.), nebst einem Hut russischen Zuckers,
während man an der Thür nach vielem Stoßen und Schieben
ein Paar Schafe ihre Gesichter zeigen ließ. Dann folgten im
Namen seines Königs viele artige Worte. Ich sollte mir keine
Sorgen oder Kummer machen; wenn ich etwas wünschte, sollte
ich es nur sagen; er werde für Alles sorgen, was ich begehrte.
Alle seine Leute und Pferde ständen mir zur Verfügung. Ich
erwiderte, mein Hauptgefühl sei Dankbarkeit für die Herablassung,
die der König gezeigt, indem er mir einen so wahrhaft großen
Mann entgegen gesandt habe, und meine Hauptsorge sei die Be=
schwerde, die er ertrage, indem er an eine so öde Stelle gekom=
men sei. Complimente können, wie ich glaube, Morgenländern
nie widerlich werden; sie verlangen sie kräftig und stark gewürzt.
Dann folgte eine Reihe Fragen in Bezug auf meinen Beruf, ob
ich ein Soldat oder Kaufmann sei, über die Anzahl Pferdelasten
an Waaren, die mir nachkämen, wann sie ankommen würden,
wie viel Ladungen ich bei mir hätte, aus was sie beständen, da
sie keine Handelsartikel wären u. s. w. u. s. w. Dann und wann
wurde die Reihe der Fragen immer durch die Versicherung un=
terbrochen, daß ich auf keinen Fall etwas zu befürchten hätte,
denn der König hätte befohlen, mich zu bewillkommnen, ich möchte
sein, wer ich wolle. Ich dachte bei mir, Sie selbst müssen sehr
arglos sein, wenn Sie sich einbilden, Sie könnten mich in einer
solchen Schlinge fangen. Wenn ich mich für etwas Anderes aus=
gäbe, als ich wirklich bin, so würden solche Versicherungen, mit
solch ängstlichem Fragen verbunden, mich wahrscheinlich nicht be=
wegen, mich ohne Weiteres zu enthüllen. Da ich jedoch Nichts
zu verheimlichen hatte, so war meine einzige Furcht, meine Die=
ner möchten, bei dem Abscheu, den die Inder vor der Wahrheit
haben, in meiner Abwesenheit unnöthigerweise lügen; denn ich
war überzeugt, daß man sie sorgfältig ausforschen werde. Als
daher der große Mann Abschied genommen hatte (diesmal gab
er mir höflich mit der Hand zu verstehen, daß ich mich nicht von
meinem Sitze erheben sollte), rief ich sie Alle zusammen und

machte sie darauf aufmerksam, daß wir uns Alle in einem und demselben Boote befänden und entweder sinken oder schwimmen müßten, und daß unser Glück und unsere Sicherheit in hohem Grade von unserem gegenwärtigen Verhalten abhinge. Ich warnte sie deshalb, über unsere Angelegenheiten mehr zu sagen, als nöthig sei. Nur so konnten wir sicher sein, daß, wenn wir einzeln gefragt wurden, Alle dasselbe sagten, und daß wir nicht gefangen wurden, wenn verschiedene Aussagen erfolgten. Vor meinen Gudbis ist mir nicht bange, die Anderen aber sind als Lügner geboren und erzogen. Wenn sie zweifelhaft sind, was der Fragende beabsichtigt, oder sich nur überhaupt vor üblen Folgen fürchten, so suchen sie naturgemäß sich durch Unwahrheit zu sichern, wie ein wildes Thier durch die Dunkelheit. Es ist eine einfache Vorsicht, die keine Kunst erfordert, aber unter den Umständen, in denen wir uns jetzt befinden, ganz besonders ungeeignet. Die Moghuls kommen vor Verdacht fast um. Das unerhörte Ereigniß, daß ein Engländer ihre Grenze betritt, scheint alle ihre Berechnungen umgestoßen zu haben. Es vergeht kein Tag, wo nicht ein oder mehrere Reiter mit Befehlen oder Botschaften ankommen und abgehen. Diese Straße ist noch nie so viel betreten worden, Shahidulla hat noch nie so viel Leben gesehen.

„Und dies erinnert mich wieder an die Hauptquelle meiner Besorgniß, den Alp, der mich beständig drückt. Wenn ihr Verdacht und ihre Furcht schon durch die Ankunft e i n e s e i n z i g e n Engländers, der lange zuvor seinen Besuch angemeldet und seine Absichten dargelegt hatte, in so hohem Grade erregt wird, was werden sie sich nicht einbilden, wenn sich ihm noch ein Landsmann anschließt, ohne einen Zweck, der den Schein der Wahrheit für sich hätte, mag er auch wirklich den Vorsatz haben, sich ihr Land zu betrachten? Und doch habe ich dies täglich zu erwarten.

„Ich bin schon unterwegs durch die schlechte Beschaffenheit meines Viehes sehr aufgehalten worden, und jetzt hält man mich einen Tag nach dem andern in Shahidulla zurück. Hayward muß ebenfalls Verzögerungen gehabt haben, sonst wäre er schon eingetroffen. Sein plötzliches Erscheinen würde auf die Gemüther der Moghuls die schlimmste Wirkung haben, und ich für meinen Theil würde noch in den besonderen Verdacht kommen, die Zusammenkunft angeordnet zu haben. Wie einer meiner Gudbis

sagt, wird ihr erster Gedanke sein: „Wie viel Feringhis (Fran=
ken) stecken denn noch in diesen Thälern?" Der gleichzeitige Ein=
zug zweier Engländer in Yârkand (das noch nie von einem Eng=
länder besucht wurde) wird sich sofort zu dem Anrücken der
Pioniere eines eindringenden Heeres vergrößern.

„Indem ich mir dies überlegte und mit meinen Guddi=Die=
nern mich berieth, kam ich zu dem Entschluß, den Moghuls zu
sagen, daß noch ein Engländer in der Nähe sei. Dann könnten
sie mir nicht vorwerfen, daß ich etwas verheimlicht hätte; denn
aus Hayward's Dolmetscher brächten sie sicher heraus, daß wir
uns schon getroffen hätten. Ich ließ daher Tashi kommen, setzte
ihm die Sache aus einander und sagte ihm, er solle sehen, daß
er eine Gelegenheit finde, während der Unterhaltung mit dem
alten Manne von Sanju zu erwähnen, daß wir zwanzig Tage
von Shahidulla rückwärts einen Engländer getroffen hätten, der
wilde Yaks schoß. Dies gefiel meinem Dolmetscher durchaus nicht;
er konnte sich nicht überzeugen, daß der sicherste Weg, aus einer
Verlegenheit zu kommen, der sei, daß man die Wahrheit sagt.
Mein Ansehen, wenn auch nicht meine Gründe, trug jedoch den
Sieg davon, und er söhnte sich bald mit seiner Aufgabe durch die
damit verwandte Arbeit aus, darüber nachzusinnen, wie er seine
Erzählung am besten einleiten könne. Ich ließ ihn das machen
wie er wollte, und es gelang ihm vortrefflich. Er sprach von der
Jagd, zählte das Wild auf, das ich geschossen hatte, und sagte
dann, die Engländer wären auf die Jagd ganz toll; einer der=
selben sei so und so viel Tage über Ladâk herausgekommen, um
zu jagen. Wie ich erwartete, hielten sie die Nachricht schnell fest.
Tashi wurde gefragt, ob der Sahib noch weiter komme, erklärte
aber, daß er durchaus nicht wisse, was er beabsichtige.

„Als ich am Nachmittag dem Mihmandâr einen Besuch
machte, wurde die Sache nicht erwähnt; aber es wurden zwei
Reiter abgesandt, um über den Engländer, wenn er zu finden
wäre, Nachricht zu bringen und meine Karawane, wenn sie ihr
begegneten, zur Eile anzutreiben. Ich denke mir, sie wollen gern
meine Glaubwürdigkeit in Betreff jener Karawane prüfen, ob=
gleich sie erklären, sie seien nur besorgt, daß ihr König sie
tadeln könnte, wenn ich nicht mein ganzes Eigenthum mit mir
brächte.

„Es ist mir gelungen, auf dem Stolze meines Mihmandâr das Eis zu brechen. Wir saßen auf dem Dache und betrachteten durch mein Fernrohr das Gebirge (der alte Mann von Sanju fragte mich ernsthaft, ob er durch dasselbe seine zwei Söhne sehen könne, die wahrscheinlich gegen zehn Tagemärsche weit sich auf der Rückkehr von Ladâk befinden). Ich schraubte eine der Linsen ab, und da die Sonne hell schien, setzte ich schnell ein Stück Schwamm in Brand. Das war ein vollkommenes Wunder. Mitten unter dem vielfachen Seufzer „Tobah! tobah!" (Reue! Reue!) wurde dem Mihmandâr gelehrt, dasselbe zu thun. Er schrie sofort laut nach der ganzen Besatzung, sie sollten· kommen und sehen. Sie drängten sich die Treppe herauf. Sein nächster Versuch mißglückte leider; aber es gelang ihm bald, sich ein großes Loch in den Rock zu brennen. Das war reizend. Gleich darauf wurde ich zu einer Schießpartie aufgefordert. Wir schossen etliche Mal nach einem dreihundert Schritt entfernten Ziele, das ich und meine Guddi-Diener allein glücklich trafen. Er feuerte mehrere Schüsse aus meiner Büchse ab; seine eigene Muskete versagte zweimal, bis er sie von seiner Schulter abgesetzt hatte.

„Heut Morgen machte er sich das Vergnügen, der halben Mannschaft im Platze mit meiner Scheere die Schnurrbärte zu beschneiden. Alle orthodoxen Muselmänner lassen den Bart nur an den beiden Mundwinkeln wachsen; das dazwischen stehende Haar entfernen sie: auch scheeren sie sich den ganzen Kopf. Meinem Hindostani-Diener, der, wie alle indischen Muselmänner, höchst ketzerischer Weise sich das Haar lang wachsen ließ, beschnitt der Mihmandâr die Oberlippe selbst, dann schickte er ihn mit einem Sipahi hinaus, um seine allzu üppigen Locken zu beseitigen. Ich fand ihn mit traurigem Gesicht unter der Mauer des Fort sitzend, während ein Moghul bei ihm stand und triumphirend die Scheere handhabte. Es gab ein großes Gelächter und Beifallklatschen, in das ich von Herzen mit einstimmte, denn mein Diener sah ganz entschieden viel netter aus.

„Heut Morgen kam mein kirghisischer Freund in das Fort; er ritt auf einem Yak. Ich ließ ihn meinen Pony beschlagen; zu diesem Zwecke mußten wir· ihn niederwerfen, wobei der Mihmandâr eifrig half. In Allem, was Pferde betrifft, scheinen sie vollkommen zu Hause zu sein.

„Die Zeit vergeht, und von Yârkand kommt keine Antwort.
Heute, Montag den 16., ist der Courier gerade acht Tage fort;
ich glaube, morgen können wir ihn sicher erwarten.

„Dienstag, den 17. November. — Mit meiner gestrigen
Vorhersagung hatte ich Recht; der Courier ist zurück, aber er hat
leider nicht den Befehl gebracht, den ich erwartete. Er kam die=
sen Nachmittag mit zwei Gefährten. Ich las ruhig weiter, ohne
Ungeduld zu zeigen, bis ein langes vertrauliches Gespräch mit
dem Mihmandâr vorüber war. Dann kamen zwei von ihnen auf
das Dach herauf, und ich erkannte in dem zweiten mit einiger
Schwierigkeit einen Diener von mir, einen Mann von der Ka=
rawane, die mit meinem Munshi, Diwân Bakhsh, den ersten
Transport von meinen Sachen nach Yârkand gebracht hatte. Er
hatte mehrere schöne Röcke an, ein Geschenk des Königs. Da er
Hindostani spricht, so ging die Unterhaltung fließend von Statten.
Ich erfuhr, daß Abb=ur=Rahmân (der zurückgekehrte Courier) nach
Yârkand gegangen, und daß von dort mein Brief mit Post an
den König befördert worden war, der sich an der Grenze seines
Landes in dem Gebirge vier Märsche jenseits Kâshghar befindet.
Auf die Antwort habe der Courier nicht gewartet, sondern sei
sofort zurückgekehrt und bringe Lebensmittel jeder Art mit, die
um einen Tag zurück seien: Fünfzehn Körbe Mehl, fünfzehn
Körbe Gerste u. s. w. u. s. w. (ein Korb hält 32 Pfund). Die
Antwort des Königs werde, sobald sie nach Yârkand komme,
durch einen Courier befördert werden, der Tag und Nacht reise,
und wir könnten sie morgen oder übermorgen erwarten. Vor
mich wurden noch russischer Zucker und zwei bunte, seidene Ge=
wänder hingelegt, die, wie ich später fand, mein Munshi für mich
sandte, um sie als Geschenke zu vertheilen. Bei denselben lagen
zwei Briefe, der eine vier große Seiten lang auf Propatriapa=
pier von meinem Munshi und ein kurzes Billet von dem Ge=
sandten, Mohammad Nazzar. Da sie sowohl in verworrener
persischer Schrift, als auch in persischer Sprache geschrieben wa=
ren, so konnte ich sie nicht lesen; aber ich tröstete mich deshalb,
da ich hörte, daß sie, ehe man sie abgehen ließ, dem Gouverneur
von Yârkand vorgelegt worden seien und daher wahrscheinlich
nichts Wichtiges enthielten. Ich hatte vorher mit Diwân Bakhsh
abgemacht, daß er recht deutlich schreiben und besonders die

Wörter trennen ſolle, welche die Morgenländer immer in einan=
der laufen laſſen. Und doch ſind hier gewaltig große Propatria=
ſeiten voll Gekritzel, das auch nicht durch einen einzigen Zwi=
ſchenraum unterbrochen iſt: ſie haben mit den beiden früheren
kurzen Billets, die ich unterwegs von ihm erhielt, gar keine
Aehnlichkeit; dieſe glichen den Briefen, wie man ſie in engliſcher
Sprache zum Leſen für ein Kind ſchreiben würde, und ich las
ſie daher ſofort mit Leichtigkeit. Das Herz iſt mir jedoch leicht,
denn unſer geheimes Zeichen im Fall einer Gefahr befindet ſich
nicht daran. Dies hätte dadurch angedeutet werden müſſen, daß
eine der Ecken abgeſchnitten wäre.

„Mein Mann Juma ſagt mir, er und die ganze Geſellſchaft
des Munſhi ſeien ſtreng auf das Haus beſchränkt worden; doch
habe man ſie mit der größten Achtung behandelt und ihnen Nah=
rung in Ueberfluß, außerdem täglich ein Schaf und vier Rupis
und dem Munſhi Diwân Bakhſh jeden Tag einen friſchen Anzug
gegeben! Den Brief und die Geſchenke von mir hat er dem Kö=
nige, der abweſend iſt, noch nicht überreichen können. Kurz nach
ihrer Ankunft traf ein Hajji (Pilger) von Ladâk ein. Er berich=
tete, daß fünfzig Engländer ſich auf dem Wege nach Yârkand
befänden! Das erregte großen Verdacht, und mein Munſhi wurde
beſchuldigt, daß er die Wahrheit verſchweige. Als aber Abd=ur=
Rahmân kam, beſtätigte er vollkommen die Ausſage, daß es nur
ein einziger „Sahib“ mit vier bis fünf Dienern ſei. Juma war
zugegen, als der Gouverneur von Yârkand meinen Brief an den
König nebſt einem Bericht von ihm ſelbſt, in welchem er daſſelbe
ſagte, abſandte. Bei dieſer Gelegenheit hörte er auch ein Ge=
ſpräch mit an, in welchem Alle, die zugegen waren, darin über=
einſtimmten, daß man mich nimmermehr zurückſchicken werde,
ohne den König geſehen zu haben, daß man aber wahrſcheinlich mich
erſt einige Zeit hinhalten werde. Seiner Erzählung nach fürchten
ſie, es könne mir Etwas geſchehen, wie dem armen Schlagintweit,
ob aber in Folge äußerer oder innerer Unruhen kann ich nicht
herausbringen. Im Innern iſt Alles vollkommen ruhig, und
zwölf Tagemärſche hinter der Armee des Königs ſollte man
denken, daß auch eine äußere Gefahr mir nicht nahen könne,
wenn nicht das Reich ſo in Gefahr kommt, daß man mich dabei
aus den Augen verliert. Das ſollen wahrſcheinlich Entſchuldigun=

7*

gen wegen der Verzögerung sein, wenn auch nicht die Moghuls
selbst es gegen mich aussprechen. In Shahidulla festgehalten zu
werden, ist unerträglich, und mein Mann vermuthet, es könne
einen bis zwei Monate dauern.

„Beschluß: Wenn der Befehl zur Fortsetzung der Reise innerhalb der erwähnten Zeit (zwei Tage) nicht ankommt, so will
ich versuchen, Abd-ur-Rahmân wieder nach Yârkand abzusenden
und dem Gouverneur andeuten zu lassen, daß ich dem Könige
etwas Wichtiges mitzutheilen hätte und sehnlich eine schnelle Zusammenkunft wünschte. Vielleicht kann ich an Diwân Bakhsh
schreiben, daß er ihm dasselbe sagen soll. Ich glaube, was ich
Seiner Majestät sagen werde, wird diese Angabe rechtfertigen,
könnte ich ihn nur zu sprechen bekommen.

„Mittwoch, den 18. November. — Heut Nachmittag
traf eine Karawane von etwa dreißig Pferden aus Labâk ein.
Der bedeutendste Kaufmann kam in das Fort und wurde von
meinem Mihmandâr mit Thee u. s. w. tractirt. Nach einer Weile
ging ich hinab und sagte Juma, er solle ihn nach meiner Karawane fragen. Ich fand, daß der Kaufmann dem Mihmandâr
bereits gesagt, meine Karawane sei zwanzig Tage vor ihm aufgebrochen, und gefragt hatte, ob sie noch nicht vorbeigezogen sei.
Er sagt auch, Hayward sei durch Labâk zurückgekehrt, und der
Argunische Dolmetscher, der bei ihm war, sei jetzt mit den beiden
Söhnen des alten Mannes aus Sanju auf dem Wege
nach Yârkand herauf. Ich freute mich sehr, dies von ihm zu hören, denn den Moghuls wurde jetzt durch einen unabhängigen
Zeugen bewiesen, daß ich sowohl in Bezug auf meine Güter-Ka-
rawane als auch in Betreff des einzigen Engländers die Wahrheit gesprochen hatte.

„Ich habe vergessen zu sagen, daß ich am Morgen dem
Rathe meines Munshi folgte und den bedeutendsten Männern,
die bei mir sind, Geschenke machte. Die Gewänder jedoch, die er
geschickt hatte, wollte ich ihnen nicht gern geben, da sie selbst erst
Gaben vom Könige waren. Ich schenkte daher dem Mihmandâr
und Abd-ur-Rahmân je einen hübschen Turban. Später erinnerte
ich mich an den älteren Officier, der gleich von Anfang hier gewesen war und sich sehr freundlich gezeigt hatte. Ihm gab ich

daher ein langes Stück Muslin mit Goldkante, das zu zwei großen Turbanen hinreichte.

„Gegen Abend kam der Mihmandâr und setzte sich an mein Feuer. Nachdem wir uns über andere Dinge unterhalten hatten, brachte ich mein Geschäft mit dem König zur Sprache; denn bei reiflicher Ueberlegung fand ich, daß, wenn ich wartete, bis der Befehl für mich kam, in Shahibulla zu bleiben, und es dann erst mittheilte, man glauben könnte, ich hätte dabei die Absicht, mich nicht länger an der Grenze aufhalten zu lassen. Sobald der Mih=mandâr mich verstanden hatte, versprach er sofort, am Morgen einen Mann abzusenden, der direct zum Könige gehen und es ihm mittheilen solle. Ich glaube, es war klug von mir, daß ich diesen Schritt that.

„Ich habe noch weiter mit Juma gesprochen. Auf seinen Rath habe ich heute die vollständige Moghul=Kleidung angelegt — hohe schwarze Reitstiefeln, eine innere Tunica von Halbseide (die mir die afghanischen Theehändler in Labâk gegeben haben) und um die Taille eine lange Schärpe; darüber trage ich einen hellbraunen Tuchrock, der offen und lose ist, während einer der rothen Kashmir=Shawls prächtig als Turban paßt. Ich schmeichle mir, daß ich wie ein vornehmer Turk aussehe; meine Erschei=nung hat offenbar Einfluß auf den Mihmandâr; er hat heute in seinem Wesen gelindere Saiten aufgezogen.

„Wie Juma sagt, pflegt der König ganz allein umher zu gehen, gleich Harun=ar=Raschid. Er ist mehrmals von seiner eige=nen Polizei als Vagabund verhaftet worden. In solchen Fällen prüft er die Redlichkeit dessen, der ihn fängt, indem er ihn für die Freilassung durch ein Geschenk zu bestechen sucht. Wer das Geschenk annimmt, wird ergriffen und am nächsten Morgen vor ihn gebracht; die geringste Strafe, die er bekommt, ist eine tüch=tige Geiselung. Wer dagegen der Versuchung widersteht, wird geehrt und befördert. Dies erinnert mich an das, was Herodot vom König Amasis erzählt: Derselbe war in seiner Jugend ein Dieb und Landstreicher und gelangte später auf den ägyptischen Thron; als König verlieh er den Orakeln, die ihn bei seinen Diebereien entdeckt hatten (wie es scheint, waren sie unter der ägyptischen Regierung die erste Entdeckungs=Polizei) hohe Ehre und reiche Geschenke, während er die Heiligthümer derjenigen

Götter, die ihn nicht ausfindig gemacht hatten, als werthlos ver-
nachlässigte. Sie müssen wissen, daß Rawlinson's Herodot einen
Theil meiner sehr beschränkten Reisebibliothek bildet. Es ist ein
Buch, das man sammt seinen mannigfachen Abhandlungen und
Anhängen immer wieder lesen kann; als das Werk des ältesten
Reisenden, dessen Reiseeindrücke uns erhalten worden sind, ist es
zu meinen jetzigen Wanderungen ganz besonders geeignet.

„Donnerstag, den 19. November. — Der Knoten
zieht sich immer enger zusammen. Heut Morgen früh kam Tashi
und meldete, daß Nachricht von meiner Karawane eingetroffen
sei: sie werde morgen hier sein. Ich freute mich sehr, daß immer
eine gute Nachricht nach der andern kam. Aber fünf Minuten
später erfuhr ich, daß nicht meine Karawane, sondern Hayward
es sei, dessen bevorstehende Ankunft man gemeldet hatte. Auf
weitere Nachfragen erhielt ich die Mittheilung, daß er ausgesagt
habe, er stehe in meinem Dienst.

„Das ist ein Unglück!

„Der Mihmandár traf Anstalt, einen Courier abzuschicken,
und durch ihn den Officier zurückrufen zu lassen, den er seinem
gestrigen Versprechen gemäß entsendet hatte. Aber Juma erklärte,
er werde dafür, daß ich mit dem andern Engländer nichts zu
thun hätte, außer daß ich ihn auf einer Jagdpartie getroffen,
persönlich verantwortlich sein. Eine solche Bürgschaft scheint in
einem Lande, wo der Mensch durch dieselbe seinen eigenen Kopf
aufs Spiel setzt, zur Ueberzeugung zu führen. Man ließ daher
den Officier seine Reise fortsetzen, ohne daß er von der bevorstehenden Ankunft des zweiten Sahib etwas wußte. Es hat den
Anschein, als hätte meine Wache (wie ich sie jetzt nennen muß)
Shahidulla sehr überdrüssig, und als wünschte sie ebenso sehnlich
wie ich, daß unsere baldige Abreise nach Yárkand nicht durch
Verwicklungen verhindert werden möge. Mein Mihmandár kam
auf das Dach in mein Zelt und setzte sich zu mir. Ich fing an
ihn über Hayward auszuforschen und sagte ihm die volle Wahrheit, wozu ich bis jetzt noch keine Gelegenheit gehabt hatte. Er
erwiderte, ich würde hoffentlich nicht böse auf ihn sein, weil er
sich genöthigt sähe, den andern Engländer von mir getrennt zu
halten; er lasse für ihn ein Zimmer in dem (etwa neunhundert
Schritt entfernten) zerstörten Fort bereit machen; dies werde für

uns wie für ihn, den Mihmandâr, das Sicherste sein. Ich be=
ruhigte mich dabei, da mir, wie ich glaube, in der That nichts
Anderes übrig blieb. Abd=ur=Rahmân wurde abgeschickt, um seine
Diener auszufragen; sprechen sie blos die Wahrheit, so haben
wir verhältnißmäßig Alle Recht; aber in einem Lande, wo Alles
lügt, kann man sich darauf nicht verlassen. Der Hajji, welcher
meldete, daß fünfzig Engländer kämen, befindet sich, wie ich höre,
weil er gelogen hat, in Haft, und der Kaufmann, der uns gestern
sagte, Hayward sei wieder zurückgegangen, wird bei seiner An=
kunft ebenfalls verhaftet werden. Es wird Beiden in Yârkand
schlecht gehen.

„Die Sipahis, die Hayward getroffen hatten, berichten, daß
meine Karawane und Diener sich neun Tage vor ihm befänden.
Es läßt sich nur annehmen, daß sie den Weg verfehlt haben und
auf Johnson's Route nach Khoten gegangen sein müssen. Um
sie aufzusuchen, wurde einer meiner Bôts und ein Kirghise zu
Pferde abgesandt. Sie bekamen so viel Mehl mit, als wir noch
übrig hatten, und es wurde ihnen eine Belohnung versprochen,
wenn sie die Nachricht brächten, daß die Karawane wohlbe=
halten sei.

„Juma hält es für nothwendig, mir etwas fern zu bleiben,
damit die Moghuls nicht denken, ich lege ihm die Worte in den
Mund. Ich stimme ihm bei und hoffe, er wird ehrlich sein. Ich
glaube, er wird es sein, da es sich um seinen eigenen Hals han=
delt und sein Schicksal mit dem meinigen ziemlich eng verbun=
den ist. Ich habe dieselbe Isolirungs=Politik angewandt und mich
geweigert, einen Händler aus dem Kangra=Thale zu sehen, dessen
Karawane vorbei zog, und der heraufgeritten kam, um mir sein
Salâm zu bringen. Meine Gubbis und ich waren einstimmig der
Meinung, es sei ein Glück, daß er sich nicht auf dem Rückwege
nach Indien befand, sonst würde er sicher erzählt haben, wir
säßen in einer einsamen Burg im Gebirge gefangen und zwar
unter so strenger Wache, daß er mich nicht einmal sehen durfte!
Ich sah ihn vom Dache aus, aber in meiner Moghul=Tracht er=
kannte er mich nicht.

„Später am Tage kamen die acht Pferdelasten Lebensmittel von
Yârkand für uns an, nebst fünfzehn Schafen. Auch die beiden Söhne

des alten Mannes von Sanju trafen von Ladâk ein; sie wagten nicht, mir einen Besuch abzustatten, machten es aber möglich, ein Packet für mich in Juma's Hand zu schmuggeln. Es enthielt zwei alte Postsendungen (von Mitte August) und ein freundliches Billet von Cayley vom 2. November. Er bereitet mir Tantalusqualen, indem er sagt, er habe durch meine Karawane ein großes Packet Briefe geschickt. In derselben Reisegesellschaft kamen zwei Guddi-Händler an, meine beiden Diener wagten aber nicht, zu ihnen zu gehen und sie anzusprechen.

„Der Mihmandâr scheint freundschaftlicher und bescheidner zu werden. Er kommt, so oft er Zeit hat, setzt sich in meine Nähe und plaudert, oder ich plaudere vielmehr mit ihm. Er versichert, daß er gern in Allem meinen Wünschen, nachkommen möchte. Ich denke vielmehr, er hat Furcht, und diese hat seinen Hochmuth gebrochen.

„Freitag, den 20. November. — Der Mihmandâr übergab meinen Dienern Mehl, Hafer und andere Lebensmittel. Während derselbe den seidenen Rock anzog, den silberbeschlagenen Degen umschnallte, die Muskete nahm und in vollem Staate fortging, um Hayward zu besuchen, der eben in dem alten Fort angelangt war, blieb ich vorsichtig in meinem Zelte. Er hatte mich vorher um Erlaubniß gebeten, Juma als Dolmetscher mitzunehmen, da Hayward's Argun verschwunden war. Ehe er sich entfernte, kam er in großer Aufregung und offenbarer Furcht zu mir und sagte, der Sahib bestände darauf, mich zu besuchen. Ich erwiderte: „Nehmen Sie Juma, gehen Sie schnell hin und setzen Sie ihm die Sache aus einander.“ Er schien meinen Rath zu billigen und als Befehl zu nehmen. Er blieb einige Zeit aus, sagte mir aber bei seiner Rückkehr, er habe den Sahib mit großer Mühe überredet wegzubleiben und gedroht, wenn er in das Fort käme, würden wir abziehen. Er wiederholte mehrmals, ich solle nicht mehr an die Sache denken, ich hätte ganz Recht, und es werde Alles abgemacht werden. Juma sagt mir, Hayward habe damit angefangen, daß er vorgab, er sei mein Genosse, und als er gefragt worden, was sein Geschäft sei, habe er gesagt, er sei ein Händler, unsere Waaren seien zum Theil schon weiter gegangen, zum Theil noch zurück. Da Juma der Dolmetscher war,

ſo ließ er dies Alles weg und warnte Hayward, dieſes Verfah=
ren einzuſchlagen; er ließ es daher fallen.

„Der allgegenwärtige Abd=ur=Rahmán wurde hierauf mit dem
letzten Berichte nach Yârkand abgeſandt. In demſelben ſagte der
Mihmandâr, ich hätte ihnen vorher ·mitgetheilt, daß ich einen
Sahib getroffen, der mich hätte begleiten wollen, daß ich mich
aber geweigert hätte, dies ohne des Königs Befehl zu geſtatten;
jener Sahib ſei mir jedoch nachgezogen und jetzt in Shahidulla
angelangt. Juma ſagt, dies ſei es, was geſchrieben wurde. Er
war gerade zugegen. Es iſt das Beſte, was man thun konnte,
Dank meinem einſt ſtolzen Mihmandâr; aber hoffentlich wird
unſer Marſchbefehl ſchon lange zuvor ankommen, ehe der Bericht
an den König gelangt. Selbſt dann iſt für mich noch Gefahr
genug vorhanden, denn ich werde mich ganz in ihrer Gewalt
befinden.

„Am Abend ſchrieb ich Hayward einen Brief, ſetzte darin
Alles aus einander und bat ihn dringend, ſeinen Plan aufzugeben.
Ich zweifle ſehr, daß es ihm überhaupt geſtattet wird, ſeine Reiſe
fortzuſetzen, da er keinen anerkannten Grund dazu hat. Juma
ſoll ihm meinen Brief heimlich geben.

„Sonnabend, den 21. November. — Heute iſt gute
Nachricht eingetroffen. Der am Donnerſtag Morgen abgeſandte
Officier iſt zurückgekehrt und hat einen Brief vom König mitge=
bracht, den er am Fuße des Sanju=Paſſes bekam. Mein Mih=
mandâr wird darin angewieſen, wenn ihm ſein Kopf lieb iſt, mir
alle Aufmerkſamkeit zu erweiſen, bis der Bruder des Gouverneur
von Yârkand kommt, der mich nach Turkiſtán geleiten ſoll.
Unſere Freude bei der Ausſicht von hier fortzukommen iſt gren=
zenlos. Die Pferde wurden alle herbeigebracht und beſchlagen
und vier wurden in das kirghiſiſche Lager geſchickt, um für den
großen Mann und ſeine Leute Lebensmittel zu holen. Spät am
Nachmittag ging der Mihmandâr und Juma zu Hayward hinüber.
Als ſie zurückkamen, verließ der größere Theil meiner Wache das
Fort und ſtellte ſich in der Nähe ſeines Zeltes auf. Was das
bedeutet, weiß ich nicht, und von Juma kann ich es im Augen=
blick nicht erfahren, da er ebenfalls hinüber iſt.

„Von Hayward erhielt ich insgeheim Antwort; er erklärt,

er müsse um jeden Preis versuchen, seine Absicht zu erreichen.
Er wünscht dringend, mich zu sehen. Ich schrieb zurück und
rieth ihm, er solle keinen Versuch machen, mich zu besuchen,
im Fall es aber wirklich nothwendig sei, dann solle er mit mei=
nem Mihmandár sprechen und sagen, er wolle mir eine Botschaft
für den König mitgeben.

„Sonntag, den 22. November. — Ehe mein Brief an
Hayward gelangte, that er schon, was ich ihm in demselben em=
pfahl, ohne daß er meine fernere Warnung, es nicht zu thun,
wenn es nicht unbedingt nothwendig sei, erhalten hatte. Am
Morgen kam der Mihmandár zu mir und sagte: „Der andere
Sahib wünscht Sie zu sprechen; was befehlen Sie?" Ich ant=
wortete, unsere Zusammenkunft hätte keinen Nutzen, und ich
möchte sie lieber nicht haben: was sein Rath sei? Er erwiderte:
„Ich bin hier, um Ihren Befehlen zu gehorchen, nicht, um Sie
auf irgend eine Weise zu binden." Ich sagte hierauf: „So geben
Sie mir Ihren Rath als Freund." Er entgegnete: „Nun gut,
ich glaube, Sie haben ganz Recht." Schließlich sagte ich: „Fra=
gen Sie den Sahib, über was er mit mir zu sprechen wünscht;
ist es wirklich von Wichtigkeit, so will ich in Ihrer Gegenwart
fünf Minuten mit ihm zusammen sein." Dies Alles that ich, um
Hayward Gelegenheit zu bieten, meinem Rathe zu folgen und
nicht auf eine Zusammenkunft mit mir zu dringen; hält er es
indeß für ganz nothwendig, so kann er den Grund angeben, den
ich ihm in meinem Briefe gerathen habe. Dann wird die ganze
Sache zu meinen Gunsten ausfallen, da ich vorher mich nicht mit
Hayward verständigt habe, und ihm wird es nicht schaden, da es
nur natürlich wäre, daß er Botschaften an den König gern durch
mich senden möchte. Ich hege starken Verdacht, daß ihre Bereit=
willigkeit, uns zusammenkommen zu lassen, nur eine Schlinge ist,
um zu sehen, ob wir wirklich mit einander in Verbindung stehen
oder nicht, oder mit anderen Worten, um uns bei einer Un=
wahrheit zu ertappen.

„Montag, den 23. November. — Ich ging mit dem
Mihmandár auf die Jagd. Vor uns flog ein Volk Rebhühner
auf, und ich traf zum großen Vergnügen und Erstaunen des
Mihmandár drei auf einen Schuß.

„Dienstag, den 24. November. — Ich habe dieses Leben furchtbar satt. Ich ließ den Mihmandâr kommen und sagte ihm, ich könnte es nicht länger aushalten, sondern würde auf die Jagd gehen, oder in das nächste Kirghisen=Lager hinabziehen. Er suchte mich zu beruhigen und willigte schließlich ein, daß wir, wenn in den nächsten zwei Tagen von dem Bruder des Gouverneur keine Nachricht käme, am dritten Tage den Marsch nach Norden an= treten wollten. Kurz darauf kam er wieder, und zwar mit einem aus Früchten bestehenden Sühnopfer. Während wir es gemüth= lich verzehrten, wurde Jemand angemeldet. Er eilte hinaus, kam aber gleich wieder zurück und schrie: „Mubârak! Mubârak!" „Es ist gute Nachricht eingetroffen! Sie sollen morgen aufbrechen und dem großen Mihmandâr entgegenziehen, der mit seinem La= ger bis an den Sanju=Paß gekommen ist!"*) Sofort war Alles rege und mit Vorbereitungen beschäftigt. Die Diener freuen sich

---

*) Der Brief, welchen Juma vom Munshi brachte, ist vom 9. November (23. Rujub). Die erste Nachricht von meiner bevorstehenden Ankunft war zwei Tage zuvor in Yârkand eingetroffen, und Rozi Khoja, mein erster Mih= mandâr, wurde sofort abgesandt. Juma brach am 9. auf. Abd=ur=Rahmân muß in der Nacht über ihn vor gelaufen sein, Juma holte ihn aber in Sanju wieder ein. So gelangte die Nachricht von meiner Ankunft am 7. nach Yâr= kand (und zwar durch einen einohrigen Hajji, der von fünfzig Feringhis sprach). War es nicht ein ganz grundloses Gerücht, so müssen sie bis an die Quelle des Kârakasch oder noch weiter Spione gehabt haben; denn ich selbst erreichte das kirghisische Lager erst am 7., also gerade an dem Tage, an welchem die Nach= richt von mir nach Yârkand kam.

Bei späteren Nachforschungen erfuhr ich Folgendes: Als die erste Andeu= tung, daß ich kommen wollte, nach Yârkand gelangte, wurde ein Streifcorps Soldaten nach Shahidulla gesandt, um mich aufzuhalten. Als ich näher rückte, wurde der vorerwähnte Rozi Khoja zu demselben Zweck gesandt, obgleich er mich immer mit dem Versprechen hinhielt, daß ich weiter reisen dürfe. Drit= tens wurde Juma mit einer Partie Lebensmittel und dem Briefe des Munshi gesandt (in welchem, wie sich später zeigte, stand, ich solle nach Ladâk zurück= gehen). Juma sollte mich zurückbringen, und die Lebensmittel wurden mitge= schickt, damit ich nicht Mangel an denselben als Ausrede gebrauchen sollte, daß ich nicht zurückkehren könne. Man hoffte, ich würde das Warten satt bekommen und von selbst zurückgehen. Daher Juma's Andeutung, ich könnte vielleicht zwei bis drei Monate in Shahidulla aufgehalten werden.

Als endlich der Munshi meinen Brief und die Geschenke vorgelegt hatte, wurde mir der Yuzbashi entgegengesandt; aber er zögerte so lange, daß es

alle ebenso wie ich, daß wir endlich den langweiligen Ort
verlassen und wieder aufbrechen, um das Ziel unserer Reise
zu erreichen."

---

augenscheinlich war, sie hätten es sehr gern gesehen, wenn ich von ihrem ersten
Wink Gebrauch gemacht hätte und zurückgegangen wäre.

Hieraus schließe ich, daß, wenn ein Engländer sich an ihrer Grenze ge=
zeigt hätte, ohne den Grund seines Kommens auseinandergesetzt und die nö=
thigen Vorkehrungen getroffen zu haben, man ihn einfach zurückgeschickt hätte,
wie man es anfangs wirklich mit mir machte.

Siebentes Kapitel.
Von Shahidulla nach Yârkand.

Marsch den Kârakasch hinab und Wendung nach dem Sanju=Passe. — Die Com=
forts eines kirghisischen Zeltes. — Pferdefleisch. — Wir sehen in weiter Ferne
die Ebenen Turkistâns. — Zusammenkunft mit dem Yuzbaschi. — Wie die
Turkis sitzen. — Der Dastar=khân (das Tischtuch) oder das Speise=Opfer.
— Ein Besuch bei dem Yuzbaschi. — Spuren scythischer Tracht. — Eine Reb=
hühner=Jagd und andere turkische Belustigungen. — Ein Turkistâni=Haus.
— Brief=Etikette. — Der Beg von Sanju. — Turkische Sättel. — Guddi=
Kaufleute.

„Yârkand, den 9. December. — Ich wünsche mir Glück,
daß ich einen Brief von Yârkand an Sie richten kann, wo wir
gestern vollkommen wohlbehalten angekommen sind. Sie wissen,
wie sehr ich mich nach jenem Augenblick gesehnt hatte, und kön=
nen sich daher die Freude vorstellen, mit der ich durch das Stadt=
thor zog, der erste Engländer, der je dies Glück gehabt hat. Die
Art, wie ich empfangen wurde, erhöhte noch die Freude; denn
ich zog nicht verkleidet oder blos geduldet ein, sondern vom Re=
genten eingeladen und von zwei Officieren hohen Ranges und
einem Zug von funfzig Reitern escortirt.

„Ich muß jedoch wieder von Shahidulla Khoja anfangen
und meine höchst interessante Reise in allen ihren Einzelheiten
erzählen.

„Am Mittwoch, den 25. November, machten wir einen lan=
gen Marsch den Kârakasch hinab, ein unfruchtbares Thal wie

oberhalb Shahidulla, aber schmäler und mit noch felsigeren Wän=
den. Wir sahen den Eingang zweier Thäler, die zu Pässen nach
Turkistän hinüberführten; das zweite war das Kilian=Thal, durch
welches im Sommer die Kaufleute ziehen. An der Mündung
dieses Seitenthales stand ein zerstörtes Fort auf einem abgeson=
derten Felsen, der aus dem Thale emporstieg. Rings um den=
selben waren Spuren alter Cultur. Ich erfuhr, daß hier vor
etwa vierzig Jahren ein Räuberhauptmann, Namens Ali Razzar,
sich niedergelassen hatte. Sein Weib ließ er mit einigem Gefolge
in einer Hütte wohnen, die in einiger Entfernung thalaufwärts
an den Felsen gebaut war und von einem grimmigen Bullenbei=
ßer tatarischer Race bewacht wurde. Die chinesischen Sendlinge
aus Yärkand vergifteten den Bullenbeißer und nahmen dann Ali
Razzar fest, als er mit seinem Weibe allein und ohne Schutz
war. So wurde man ihn los, während alle Versuche, sein Fort
zu nehmen, mißlungen waren. Die Ruinen desselben heißen noch
immer „Kurgän=Ali=Razzar" oder „das Fort Ali Razzar's".

„Spät am Nachmittag wurde mir ein drittes Thal oder
vielmehr eine Schlucht auf der Nordseite gezeigt, die nach dem
Sanju=Passe führen sollte. Als wir sie erreichten, entdeckten wir
sofort eine Gruppe kirghisischer „Akuis" oder Filzzelte, die in
einem geschützten Winkel versteckt standen. Im Hauptthale lagen
einige Hundert Meter weiter hinab mehrere Stoppelfelder; die
Gerste war kürzlich eingeerntet worden. Das war für Augen,
die so lange Zeit nur an Wüsten gewöhnt waren, ein reizender
Anblick. Ich wurde in einen der „Akuis" geführt und mußte mich
vor das mittelste Feuer setzen. Gleich darauf kamen zwei Kirghi=
sinnen herein und fingen an für uns Thee zu bereiten; ich und
mein Mihmandär tranken denselben aus hölzernen Näpfen und
aßen einige Yärkandi=Zwiebäcke aus seinen Satteltaschen dazu.
Mittlerweile wurde für mich ein größerer „Akui" bereit gemacht,
in welchen ich nun eingeführt wurde. Jetzt hatte ich zum ersten
Male Zeit die Bauart dieser sonderbaren Zelte zu untersuchen. Sie
werden sich an die Spielzeuge erinnern, die man durch eine Art
Gitterwerk macht und die, wenn sie offen sind, sich verlängern,
und wenn geschlossen, sich verkürzen. Eine Reihe derselben (mit
fast einen Fuß weiten Maschen) wird halb geöffnet und auf der
Kante in einem Kreise aufgestellt. Sie bilden die etwa vier Fuß

hohen Seitenwände des Zeltes. An die obere Kante werden, einen Fuß von einander, krumme Stäbe gebunden. Diese haben etwa zwei Fuß vom untern Ende eine Biegung, so daß sie alle nach innen, das heißt nach dem Mittelpunkte hin, zusammen laufen und das Gerippe einer niedrigen Kuppel bilden. Sie treffen aber nicht zusammen, denn ihre inneren Enden werden in Löcher gesteckt, die sich in einem großen (gegen drei Fuß im Durchmesser haltenden) Reife befinden, und lassen daher in der Mitte des Daches eine große Oeffnung. Der Reif wird von den Stäben getragen und befindet sich zehn bis zwölf Fuß über der Erde. Ueber das Ganze werden eine Anzahl große Filztafeln, die so geschnitten, daß sie auf die verschiedenen Theile des Holzwerkes passen, und rings an den Kanten mit Schnur umnäht sind, straff ausgespannt und mit Stricken befestigt; nur das Loch in der Mitte des Daches bleibt offen, damit der Rauch hinausziehen kann. Das Holzwerk zu einer Thür wird in einer Oeffnung der Seitenwände angebracht und davor befindet sich ein Filzvorhang. Eine behaglichere Wohnung können Sie sich nicht denken. Das Vergnügen, den Rauch gerade empor steigen und hinausziehen zu sehen, ist unbeschreiblich, nachdem man die Schrecken eines Feuers vor dem Zelte durchgemacht hat, wo das Zelt, Sie mögen es stellen, wie Sie wollen, immer voll Rauch ist. In diesen beweglichen Wohnungen haben die Kirghisen alle Bequemlichkeiten eines Hauses. Das Hausgeräth bildet eine Yaklast, während der „Akui" selbst von zwei Yaks getragen wird. Der Boden ist mit Filzteppichen belegt, während ringsum Bettzeug für die Insassen, hölzerne Gefäße aller Art, große kupferne Kessel, Mehlsäcke, Sättel und Satteldecken aufgestapelt sind. Am Holzwerk hängen große Taschen von gesticktem Leder, in welchen die kleineren Geräthe der Hauswirthschaft stecken, sowie auch Musketen und Schwerter. In der Nacht, wo das Feuer ausgeht, wird eine Filztafel über die im Dache befindliche Oeffnung gezogen und die Behaglichkeit geht dann über alle Begriffe. Die Reinlichkeit und Nettigkeit der Wohnung ist unübertrefflich.*)

— —

*) Marco Polo sagt: „Die Hütten oder Zelte der Tataren bestehen aus Stäben, die mit Filz überdeckt sind, und da sie genau rund und niedlich zu-

„So war die Wohnung beschaffen, in der man mich jetzt unterbrachte. Unter einem Tuche entdeckte ich mehrere Keulen Fleisch, das etwas fremdartig aussah. Bei näherer Untersuchung fand ich, daß es Pferdefleisch war, und lernte so, gleich bei meinem Eintritt, Etwas von den Sitten des Landes kennen. Ich setzte mich auf den Filzteppich, genoß ein comfortables Mahl und ging zum ersten Male in einem kirghisischen „Akui" zu Bett.

„Am nächsten Morgen führte unsere Straße eine enge, sich windende Schlucht hinauf, die auf beiden Seiten entsetzliche vertikale Klippen hatte. Immer nach wenigen hundert Schritten zogen wir an todten Pferden vorüber, woran man erkannte, wie schwierig der Weg war. Um die Verzögerung zu ersparen, die am Morgen das Abbrechen der Zelte machte, quartierten wir uns in einer Art Höhle ein. Am folgenden Tage wollten wir den Paß erreichen, der nach Turkistán führt. Die Schlucht wurde allmälig immer steiler und die todten Pferde häufiger. Der Fluß war fest gefroren und zu einem Wildbach von weißem Eis geworden. Hinter uns begannen die fernen Gebirge sich zu zeigen, die über die Kämme der näher stehenden hervorguckten. Endlich verschwand unsere Schlucht und wir kletterten die freie steinige Wand des Gebirges hinauf nach dem Kamme zu. Bis hierher hatte ich zu Pferde gesessen, ohne Rücksicht zu nehmen, was mein Mihmandâr sagte, der selbst auf einem Yak ritt. Aber hier konnte ich es nicht mehr aushalten, stieg ab und ging zu Fuße. Wie ich fürchtete, stieg auch mein Mihmandâr ab und versuchte zu gehen, nachdem er sich vergebens bemüht hatte, mich zu bereden, seinen Yak zu besteigen. Anderthalb hundert Schritte reichten für ihn hin; dann nöthigte ich ihn, wieder zu reiten, und er that es recht gern. Die Höflichkeit trat vor der Müdigkeit zurück. Es dauerte nicht lange, so waren ich und meine beiden Guddi-Diener, obgleich wir langsam gingen, der übrigen Gesellschaft weit voraus. Am Morgen hatte mein Ladâkischer Dolmetscher, Tashi, den anderen Dienern gesagt, sie würden nimmermehr auf den Gipfel des Passes kommen und würden jetzt sehen, was Berge

zusammengesetzt sind, so können sie dieselben in ein einziges Bündel zusammenpacken und als Packete auf ihren Wanderungen mit sich führen." (Yule's Marco Polo, I, 220.)

hießen. Wie alle unwissenden Menschen, scheinen die Tibeter zu
glauben, es sei in keinem andern Lande so Etwas zu finden, wie
in dem ihrigen. Aber ergötzlich war schon der Gedanke, daß sie
ein Paar geborne Gebirgsbewohner über die Beschaffenheit der
Pässe belehrten. Das Ende war, daß Tashi bald zurück blieb und
sich mühsam den Abhang hinaufarbeitete, während wir drei am
Gipfel meines elften Passes anlangten, seitdem ich Indien verlassen hatte. Der Paß ist nur wenig niedriger als der übrige
schmale Rücken, der den Gebirgszug krönt. Als wir auf dem
Kamme des „Col" standen, war das Erste, was wir sahen, ein
Chaos von niedrigeren Gebirgen, während weit nach Norden das
Auge endlich auf dem, was es suchte, auf einem ebenen Horizont
ruhte, der undeutlich Etwas begrenzte, das wie ein fernes Meer
aussah. Dies war die Ebene von Ost-Turkistán, und jener blaue
Nebel verbarg Städte und Provinzen, die ich, von allen meinen
Landsleuten der Erste, zu besuchen im Begriff stand. Ein Schritt
weiter zeigte einen steilen Weg an einem Schneehang hinab; er
führte in ein großes Becken, das auf drei Seiten von Gletschern
umgeben war. Dies Becken bestand aus wellenförmigen Niede-
rungen, die (ein höchst willkommener Anblick) mit Gras bedeckt
waren, und auf welchen sich Heerden Yaks befanden.

„Hier ruhten wir, machten ein Feuer an und sotten Wasser,
um die Höhe des Passes zu ermitteln. Ueber den Bergrücken
zogen eine Anzahl Yaks unter der Aufsicht mehrerer Kirghisen;
man hatte sie holen lassen, um mein Gepäck hinüberschaffen zu
helfen. Wir warteten drei Viertel-Stunden, da aber der Mihmandár nicht erschien, so trat ich den Marsch bergabwärts an.
Der Pfad ging im Zickzack durch den Schnee, der aber festge-
treten und zu höchst schlüpfrigem Eise geworden war. Mein
Pony, der jetzt angekommen war, wurde von zwei Männern hin-
untergebracht; der Eine hielt ihn am Schwanze, während der
Andere ihn führte. Mehr als ein Pferd war neuerlich hier gestürzt und den Abhang hinabgerollt, und wir sahen unten im
Grunde auf dem Schnee die Krähen an den Aesern schmausen.
Nach einigen Hundert Fuß hörte der Schnee auf, aber der Weg
ging noch ein Paar Meilen weit steil im Zickzack hinab. Dann
landeten wir auf dem obersten mit Gras bewachsenen Platze, wo
wir sogleich eine Gesellschaft Moghuls fanden, die warteten, um

mich zu bewillkommnen. Jeder von ihnen trat hervor und nahm
meine Hand zwischen seine beiden, mit welchen er darauf sich
langsam den Bart strich. Sie halfen mir beim Absteigen und
führten mich an einen Platz, wo mehrere Tafeln Filz auf die
Erde gebreitet waren. Während Thee bereitet wurde, kamen sie
in feierlichem Zuge angerückt; der Erste breitete vor mir ein
Tuch auf die Erde, und jeder der Uebrigen setzte seinen Präsen=
tirteller voll Früchte darauf. Unsere Augen erfreuten sich des
Anblickes rosiger Aepfel und Birnen und noch anderer Früchte,
die wir schon gesehen hatten. Dann theilten unsere Wirthe uns
mit, daß sie die Diener des Yuzbaschi*) (des Bruders des Vezier)
seien und mich am Fuße des Passes bewillkommnen sollten, daß
das Lager ihres Herrn sich nicht weit unten im Thale befinde,
und daß sie die Weisung hätten, uns sofort dorthin zu bringen.
So weit waren die Verhandlungen vorgeschritten, als der Mih=
mandâr vom Passe ankam; es wurden zwei Sipahis auf Yaks
abgesandt, um unsere baldige Ankunft zu melden, und ich bekam
mein Frühstück, ein ziemlich spätes. Bald darauf brachen auch
wir auf, von dem „Akskal"**) oder Aeltesten der Kirghisen es=
cortirt. Ein ziemlich schneller Marsch bergab durch die Gras=
plätze brachte uns in das obere Ende einer Schlucht, in der wir
nun weiter hinabzogen. Es wurde spät, und von dem Lager des
Yuzbaschi war noch keine Spur zu sehen; es wurde daher Halt
gemacht, weil unsere Sachen weit zurück waren. Wir zündeten
ein Feuer an und warteten zwei bis drei Stunden, ehe die Zelte
kamen und aufgestellt wurden. Die Schlucht war kahl und sandig
und hatte einen kleinen zugefrornen Fluß, an dessen Ufern Büsche
standen.

„Sonnabend, den 28. November, nach dem Frühstück setzten
wir unsern Marsch fort, wobei wir mehrere Male den Fluß
durchwateten. Die Diener waren alle zum Reiten mit Pferden
oder Yaks versehen, und als mein Mihmandâr an mehreren mei=
ner Ladâkis vorbeiritt, die zu Fuße gingen, ließ er von dem

---

*) Dies Wort ist abgeleitet von „yuz" = einhundert und „baschi" =
ein Officier (Turki) und bedeutet daher einen „Centurio" oder Hauptmann
über hundert Mann.

**) Abgeleitet von „at" = weiß und „skal" = ein Bart (Turki).

kirghiſiſchen Gefolge Einige abſteigen und ihre Yaks meinen
Leuten geben. Als wir etwa fünf Meilen weit von unſerem
Halteplatze das ſteile Ufer des Fluſſes erſtiegen, den wir ſoeben
überſchritten hatten, kamen uns oben eine Gruppe Reiter entgegen. Der Vorderſte ritt vor, nahm meine Hand in ſeine beiden
und hielt dieſelbe, während er mehrere Fragen an mich richtete,
und zwar in einem herzlichen Tone, aus dem ich ohne Dolmetſcher entnehmen konnte, daß er ſich nach meinem Befinden erkundigte. Dann lenkte er ſein Pferd um, winkte mir höflich mit
der Hand, neben ihm zu reiten, und wir reiſten weiter. Einer
von ſeinem Gefolge ritt in wildem Galopp vor uns hin, ſchoß
ſeine Muskete ab und ſchwang ſie dann mit lautem Geſchrei
um den Kopf. Dies ſollte, wie ich fand, ein Ehrenſchuß für
mich ſein.

„Ich hatte jetzt Zeit, mir den Yuzbaſhi von außen zu betrachten. Er war ein junger Mann, wie es ſchien, nicht viel über
dreißig Jahre alt, mit geiſtreichem Geſicht und energiſchem Auftreten. Seine Kopfbedeckung war ein grüner Turban. Ein Ueberzieher von einfacher Farbe bedeckte die darunter befindlichen
prächtigeren Kleider und war um die Taille durch zwei beſondere
blaue Gürtel befeſtigt, die mit zahlreichen ſilbernen Schnallen
und Barren verziert waren. An den Gürteln hingen ein ſehr
gekrümmter Degen mit ſilbernem Gefäß und eine Reihe ſonder-
barer Dinge, darunter geſtickte Ledertaſchen, ein Pulverhorn von
eigenthümlicher Geſtalt u. ſ. w. Unterhalb ſeines Rockes waren
gerade noch die mit Stickerei beſetzten Enden von einem Paar
ſehr weiter Hoſen aus weichem, gelbem Leder ſichtbar, und ſeine
Füße ſtaken in Stiefeln, oder vielmehr hohen Moccaſins von
demſelben Leder und um die Sohlen herum mit einer Reihe ſil-
berner Nägelköpfe. Er ritt einen kleinen, aber hübſchen Grauſchimmel, der um den Kopf herum faſt wie ein Araber ausſah,
aber einen ſtärkeren Hals hatte, und er ſaß zu Pferde meiſterhaft.

„Wir ritten etwa eine Meile weit und kamen dann auf eine
unbedeutende Fläche, die mit kleinen Bäumen bedeckt war. Hier
war ein Kirghiſen-Lager, nebſt dem Gefolge des Yuzbaſhi und
den dazu gehörigen Pferden. Ich wurde in einen kirghiſiſchen
Aoul gebracht, den man für mich bereit gemacht hatte, und an
den Ehrenplatz, nämlich zu einem gerade der Thür gegenüber

8*

auf die Filztafeln gebreiteten Teppich geführt; diesen Teppich
ließ man mich ehrenhalber allein einnehmen, während der Yuz=
bashi sich mir zur Rechten neben den Teppich setzte und mein
früherer Mihmandär unter ihm Platz nahm. Zwei seiner höch=
sten Diener mußten sich in die Nähe der Thür setzen, und
außerhalb derselben wurden die Uebrigen, mit Musketen bewaff=
net, als Ehrenwache aufgestellt. Nun muß ich Ihnen auseinander=
setzen, wie die Turks bei feierlichen Gelegenheiten im Hofstaat
sitzen; es ist eine Art Marter, welche die abendländischen Völker
nicht kennen. Die Eingeborenen von Indien kauern sich in der
Regel so nieder, daß die Füße noch auf dem Boden ruhen und
die Knie gerade unter dem Kinne sind. Andere kreuzen die
Beine vor sich und sitzen wie ein Schneider. In Turkistän aber
ist die ceremoniöse Art so, daß man die Röcke gut zusammen
schlägt, niederkniet und sich dann hinter auf die Fersen setzt.
Verrenkt man sich dadurch die Zehen, so hat man die Wahl, sie
einwärts zu wenden und sich auf die innere Fläche der Füße zu
setzen. Dadurch geht die Verrenkung von den Zehen auf die
Knöchel und Knie über. Eine weitere Schwierigkeit verursacht
der Degen. Vergißt man beim Niederknieen die Spitze vor sich
zu halten, um ihn dann über die Knie zu legen, so kann man
ihn später nicht herumbringen; er bleibt hinten fest stecken, schiebt
auf der linken Seite den Gürtel auf die unbehaglichste Weise in
die Höhe, und alle Diener, die Thee u. s. w. bringen, stolpern
über denselben. Ich muß Ihnen noch sagen, daß die Degen hier
in einer Säbeltasche getragen werden, wie bei den französischen
Polizeidienern, und nicht lose am Riemen hängen, wie bei den
englischen Officieren. Nachdem man sich so gesetzt hat, streckt man
beide Arme aus, bringt die Hände ans Gesicht, streicht sich feier=
lich den Bart (wenn man einen hat) und spricht: „Allaho=akber"
— „Gott ist groß".

„In dieser sitzenden Stellung unterhielten wir uns, wobei
Juma den Dolmetscher machte. Der Yuzbashi fragte, ob ich un=
terwegs Unannehmlichkeiten gehabt hätte, und entschuldigte sich,
daß ich in Shahidulla sei aufgehalten worden; er sagte, die Ver=
zögerung sei durch die Ankunft des andern Engländers veran=
laßt worden, in Betreff dessen sie den Befehl des Königs hätten
einholen müssen. Er fragte mich, wer er sei und was er wolle.

Ich antwortete damit, daß ich die alte Geschichte wiederholte, wie wir uns auf einer Jagdpartie getroffen, er den Wunsch geäußert, mich nach Yârkand zu begleiten, und ich mich geweigert hätte, ihn ohne des Königs Befehl mitzunehmen. Dann nahm der Yuz= bashi Abschied, nachdem er mir noch ein kurzes Billet von Seiner Majestät gegeben hatte; er verließ mich mit einem militärischen Gruß, den er, wie ich glaube, den Russen entnommen haben muß, da er der auf dem Continente übliche ist. Unmittelbar darauf erschien der Zug, an dessen Spitze sich mein früherer Mihman= dâr befand; Letzteren lernte ich jetzt Panjâbashi nennen (dies ist sein wirklicher Titel und bedeutet „Hauptmann von Fünfzig"). Sie legten ein Tuch vor mich hin und bedeckten es mit Präsen= tirtellern voll Früchte aller Art, Eier, Zucker, Brod u. s. w. Dies war, wie ich fand, eine regelmäßige Einrichtung; sie heißt ein „Dastar=khân", und die Ceremonie fand während des übrigen Theils meiner Reise von Seiten des Yuzbashi jeden Morgen und Abend statt. Außer dem Yuzbashi wurden auch von anderen Be= amten Dastar=khâns überreicht. Ich aß in der Regel eine oder zwei Früchte und bot einige Demjenigen an, der die Sendung leitete; denn der Geber begleitete sie in der Regel nicht selbst, sondern sandte seinen höchsten Untergebenen. Gleich darauf wurde ein Schaf an die Thür und ein kaltes Huhn auf einer Schüssel gebracht. Von jenem Tage an bis heute ist stets ein frisches Schaf an meiner Thür erschienen, und obgleich alle meine Diener sich an Schöpsenfleisch weiden und ich fortwährend ganze Schafe weggebe, so wird doch meine Heerde immer größer.

„Bis jetzt hatten wir meine Ladâkischen Yaktreiber mit fort= gebracht. Ihre Yaks und Ponies waren jenseits des Passes ge= lassen worden, und sie selbst hatten gebeten, dort entlassen zu werden. Ich war bereit, dies zu thun, aber der Panjâbashi hatte es für nothwendig gehalten, sie mitzubringen, angeblich, damit sie nicht ohne Geschenke entlassen werden möchten, in Wirklichkeit aber, glaube ich, fürchtete man, sie könnten Briefe von mir mit= nehmen. Der Himmel weiß, daß ich nur wenig Nachricht zu ge= ben hatte! Ueber die Blöße des Landes hatte ich Nichts zu be= richten. Ein Heer zu einem Feldzuge wartete nicht in Ladâk auf meine Instructionen in Betreff der Route. Aber diese Menschen, die Jahrhunderte lang an Absonderung gewöhnt sind, beschwören

in ihrer Unwissenheit aus dem kleinsten Papierschnitzel mit Fe=
ringhi-Schrift Gefahren herauf.

„Im Lager des Yuzbashi angekommen, machten die Ladâkis
einen zweiten verzweifelten Versuch, die Entlassung zu erlangen.
Sie wurden mit ihrer Bitte so lästig, daß endlich entschieden
wurde, sie könnten gehen. Ich war so vorsichtig, mich in die
ganze Sache nicht zu mischen, denn hätte ich mir die geringste
Mühe gegeben, ihnen die Entlassung zu verschaffen, so würde man
gleich gedacht haben, ich hätte noch einen anderweitigen Zweck.
Doch ließ man mir durch den Panjâbashi sagen, die Ladâkis
sollten zurückgeschickt werden. Bis zum Kârakash sollten sie Yaks
zum Reiten bekommen und mit Lebensmitteln aller Art versehen
werden, die zu ihrer Rückreise hinreichten. Dies sollte natürlich
ein Compliment für mich sein, denn die Ladâkis selbst erklärten,
daß, wenn sie allein gewesen wären, sie als verworfene Heiden
statt Geschenke nur Stöße und Püffe mit Füßen und Fäusten er=
halten hätten.

„Später am Nachmittag stattete ich dem Yuzbashi in seinem
eigenen Akui einen ceremoniellen Besuch ab; ich war von meinen
zwei Guddi-Dienern begleitet, und der Panjâbashi ging voraus.
(Die Guddi-Diener waren in die prächtigen baumwollen-seidenen Khi=
lats gekleidet, die der Munshi von Yârkand gesendet hatte.) Ich ging
bis an die Thür des Yuzbashi. Er wies mir meinen Platz auf
dem Ehrenteppich an und ließ einen Dastar=khân und Thee brin=
gen. Seinen Ueberzieher hatte er jetzt abgelegt und war in einen
losen und glänzenden Yârkandischen seidenen „Khilat" gekleidet.
Unter demselben trug er eine „Kamsole" oder einen innern Rock
von englischem gedrucktem Muslin, der um die Taille mit einer
Schärpe befestigt war. Auf dem Kopfe hatte er anstatt des Tur=
bans eine hohe Mütze von dunkelgrünem Sammet, mit Pelz ge=
füttert und aufgestülpt. Ich sehe mich in Turkistân immer nach
etwas Scythischem um; denn es steht, wie ich glaube, ziemlich fest,
daß die asiatischen Scythen jedenfalls die Vorfahren der heutigen
Tataren waren, und unter diesem sehr unbestimmten Namen
sind die Turkis sicherlich mit inbegriffen. Sir H. Rawlinson glaubt
in der That, daß die alten Saken oder „Amyrgischen Scythen"
des Herodot Yârkand und Kâshghar bewohnten. Nun war die
charakteristische Kleidung derselben eine hohe spitzige Mütze und

weite Hosen. Hier sah ich sie vor mir an dem ersten Turk von hohem Stande, den ich getroffen hatte! Die Kopfbedeckung ist wahrscheinlich Central-Asien eigenthümlich. Dem Yuzbashi gegen= über saß sein Mullah oder Sekretär, der ein bis zwei Worte Persisch versteht und für seinen Herrn alle Briefe liest und schreibt. Ebenso der „Alam" von Sanju, welcher der höchste Geist= liche ist und als solcher eine eigenthümliche runde Mütze mit Pelzrand trägt, über die ein großer weißer Turban von eigen= thümlicher Gestalt nieblich gebunden ist. Der Yuzbashi versicherte mich des Wohlwollens seines Königs gegen mich, und daß seine Sendung den Zweck habe, darauf zu sehen, daß mir unterwegs alle Aufmerksamkeit und Ehre erwiesen werde. Als ich das Zelt verließ, wurde mir ein seidenes Gewand auf die Schultern ge= legt; der Yuzbashi bat mich, die Dürftigkeit der Gabe zu ent= schuldigen, weil wir uns draußen im Jangel befänden, und sagte, er hätte mich mit einem Pferd und Staatsgeschirr u. s. w. be= schenken müssen. Ich erwiderte, das Vergnügen, ihn kennen ge= lernt zu haben, sei auch ohne Geschenke vollkommen hinreichend, und wurde dann vom Panjabashi in mein Zelt gebracht.

„Kurz darauf machte er mir einen Gegenbesuch. Bei dieser Gelegenheit (die zu dem Zwecke herbeigeführt war) beschenkte ich ihn mit einem gelbseidenen Kashmir=Turban, der an Stelle der scythischen Mütze ihm auf den Kopf gebunden wurde. Dann er= hob er sich und verrichtete sein gewöhnliches „Allaho=akber" (wobei er sich den Bart strich): eine Ceremonie, die, wie ich finde, überall Mode wird. Wenn man ein Geschenk empfängt, oder ein Haus betritt, oder mit einer Mahlzeit fertig ist, so heißt es immer „Allâ=â=â=ho=akber". Die Moghuls sprechen in diesen, wie in allen andern Wörtern, das â sehr lang aus, so daß es wie âh klingt.

„Juma suchte es möglich zu machen, daß die Ladâkis, ohne daß es entdeckt wurde, einen Brief für mich mitnehmen konnten; ich blieb daher in der Nacht auf und schrieb. An den Gouver= neur von Ladâk richtete ich ein Billet in persischer Schrift und bat ihn, die eingeschlossenen Briefe an Dr. Cayley zu befördern. Sie werden hoffentlich einen erhalten, den ich mit derselben Ge= legenheit sende, und der jetzt in dem Futter der Zeugstiefeln eines Ladâki, wo meine Notizen verborgen waren, über die Berge wandern muß.

„Am Morgen ließ ich sie Alle zu mir kommen, bezahlte sie in Gegenwart des Panjabaschi und versprach ihnen insgeheim noch eine besondere Belohnung, wenn mein Packet wohlbehalten ankäme.

„Nach dem Frühstück begannen wir unsern Ritt die Gebirgs=schlucht hinab; ein Reiter (der Mullah) galoppirte wie toll vor uns hin, um den gewöhnlichen Ehrenschuß abzufeuern. Zwei Tagemärsche lang setzten wir fortwährend auf Eisflächen über den Strom und trieben, wenn wir längs den kahlen Wänden ritten, Staubwolken auf. In meiner Erwartung, wenn wir tiefer hinabkämen, die Hügelwände mit Wäldern oder Grün bekleidet zu finden, sah ich mich getäuscht. Einige kleine Bäume, von wel=chen das Laub abgefallen war, und ein wenig Gras an den Ufern des Flusses, war Alles, was den kahlen Boden des sandigen Thales unterbrach. Die Gebirgswände waren mit einer Schicht leichter Erde bedeckt, durch welche die Felsen zu Tage strichen. An so steilen Wänden hätten einige starke Regengüsse die ganze Erde hinweggespült; es schien daher, als wäre starker Regen oder auch viel Schnee hier unbekannt.

„Da der Yuzbaschi sehr freundlich und gesprächig war, so war der Dolmetscher beständig in Anspruch genommen. Unter Anderm fragte er, wie es käme, daß Shaw Sahib, da er in Hindostan lebe, nicht schwarz sei? Ich setzte ihm auseinander, daß die eigentliche Heimath der Engländer in einem kalten Klima liege, und daß ich mich freute, jetzt in ein Land zu kommen, wo nach den dunklen Gesichtern Indiens die Menschen an Farbe meinen Landsleuten glichen; denn er und seine Begleitung hatten ungefähr die Gesichtsfarbe eines gut bronzirten Engländers und waren in jenem Augenblick nicht dunkler als ich selbst. Er zeigte mir die Pistole, die er in seinem Gürtel trug; es war eine rohe alte Cavallerie=Pistole englischer Fabrik, die offenbar viel kostete, und zu der er einige Zündhütchen in einer Schachtel hatte. Hierauf zeigte ich ihm meinen Hinterladungs=Revolver. Er war außer sich vor Freude und Erstaunen und bestand darauf, daß ich alle sechs Kammern, mit Kugeln beladen, in die Luft abfeuerte!

„In unserm Nachtlager zeigte ich ihm meine Hinterladungs=Büchse (von Dougal). Auch diese mußte abgeschossen werden,

und er bestimmte dazu einen großen Stein, eine Strecke weit in einer gegenüber liegenden Ravine hinauf. Zwei Schüsse von ihm gingen fehl, dann schoß ich. Das erste Mal fehlte ich ebenfalls, lernte aber dadurch die Distance kennen und hatte das Glück, mit dem zweiten Laufe zu treffen. Er fragte: „Wie viel Meter ist es?" Ich antwortete: „Ungefähr 250"; aber er rief: „Nein, es ist beinahe 1000 Meter!" Er schien über die Tragkraft der Büchse sehr bestürzt zu sein und ging stillschweigend fort. Am Morgen, ehe ich mich angekleidet hatte, schoß er mit seiner Mus= kete nach demselben Stein, erreichte ihn aber nicht, wie meine Diener sagten.

„Am zweiten Tage gegen Nachmittag fing das Thal an breiter und die hügeligen Seiten niedriger zu werden. Ringsum ließen sich zahllose rothbeinige Rebhühner hören. Ich mußte mein Gewehr laden, sollte aber zu Pferde mitkommen. Anstatt daß man mich an die Vögel hinangehen ließ, sah man kaum eine Kitte, als unser ganzer Reiterzug sich in wilder Jagd zer= streute. Einige von der Gesellschaft setzten ihnen vor Aufregung laut schreiend sogar über den Fluß nach). Ich und meine Guddi= Diener lachten aus vollem Halse, als wir sahen, wie diese Men= schen den Rebhühnern nachgaloppirten, als ob sie ihnen, anstatt sie zu schießen oder mich schießen zu lassen, Salz auf die Schwänze streuen wollten. Ich erwartete die Zeit, und als sie mir nicht mehr im Wege waren, stieg ich ab und ging einer Kitte nach), die ich in einer andern Richtung hörte. Als ich mit einem Vo= gel, den ich geschossen hatte, zurückkehrte, ritt mir der Yuzbashi mit fünf lebendigen in der Hand entgegen und schrie, Shaw Sahib solle kommen und sehen. Ich erstaunte, überzeugte mich aber bald, daß das scheinbar kindische Vergnügen, den Rebhüh= nern nachzugaloppiren, wirklich ein sehr wirksames Mittel war, sie zu fangen. Später fing man mehrere vor meinen Augen. Die Vögel fliegen von einer Seite des Thales zur andern. Jagt man sie gleich wieder auf, so werden sie bald müde, und nach= dem sie zwei= bis dreimal geflogen sind, fangen sie an auf der Erde zu laufen. Dann galoppiren die Leute hinan und hauen mit den Peitschen nach ihnen. Auf holprigem Lande ist es ein sehr aufregendes Vergnügen. Ich hatte gehört, daß man auf diese Weise Wachteln fange, wenn sie bei ihren jährlichen Wan=

derungen durch langes Fliegen ermüdet seien. Daß man aber
Rebhühner so haschen könne, hätte ich nicht geglaubt.

„Als die Rebhühner aufhörten, fingen meine Gefährten an
einander zu necken und zeigten dabei die größte Vollkommenheit
in der Reitkunst. Hauptsächlich zeichneten sich die beiden geist=
lichen Herren aus, nämlich Mullah Sherif und der Alam von
Sanju, der seinen Ueberrock auszog, um sich freier bewegen zu
können. Sie faßten einander um die Taille, suchten einander aus
dem Sattel zu heben und rangen zu Pferde. Dabei sprangen
ihre Pferde über Gräben und Felsenbänke und liefen auf dem
holprigsten Boden über Hals und Kopf. Zuletzt blieb Jeder im
Besitz von seines Gegners Turban. Der Yuzbashi ermuthigte sie
bei allen ihren Possen und ritt dann und wann schreiend und
lachend in vollem Galopp weiter, wobei meine Guddi=Diener in
ihren Sätteln und mein Turban auf dem Kopfe (den ich noch
nicht festbinden gelernt hatte) nicht wenig aus der Ordnung ka=
men. Während wir uns so die Zeit vertrieben, erreichten wir
das erste angebaute Land. Das Thal war nicht anders als vor=
her, aber wir zogen über mehrere brach liegende Felder und setz=
ten über mehrere trockene Bewässerungsgräben, während auf der
andern Seite des Flusses eine Gruppe laubloser Bäume und
zwei bis drei aus Schlamm gebaute Häuser mit platten Dächern
standen. Gleich darauf zeigte sich eine Schafheerde und dann eine
Anzahl weidender Esel. Alle diese Zeichen bewohnten Landes be=
grüßte ich mit Freuden, was dem Yuzbashi viel Spaß machte;
er schien jedoch völlig zu begreifen, was für ein Vergnügen es
sein müsse, die Wüsten, in denen wir so lange gewandert waren,
hinter uns zu lassen. Er machte mich auf alles Neue, was sich
darbot, aufmerksam und sagte dabei lächelnd: „Hier, Shaw
Sahib, hier steht ein Baum, und dort liegt ein Haufen Stroh
vergraben, um es für das Vieh aufzubewahren, und sehen Sie,
dort sind Hähne und Hennen und ein Bauernhaus!"

„Die Hügel waren jetzt zu langen, niedrigen Rücken von
einigen Hundert Fuß Höhe geworden: die Abhänge bestanden
noch immer hauptsächlich aus Sand mit einigen zu Tage strei=
chenden Felsen. Der Name des ersten Ortes mit angebautem
Lande war Kéwas, aber er hatte nur wenige und sehr zerstreut
liegende Häuser. Von einander getrennte Dörfer konnte ich in

der That nicht unterscheiden, obgleich mir im Vorbeireiten ver=
schiedene Namen genannt wurden. Vom ersten Weiler an folgten
eine Reihe Wohnungen, die anfangs sehr weit von einander stan=
den und dann, je weiter wir zogen, immer zahlreicher wurden.
Endlich hielten wir an einem Landhäuschen. Der Jnzbaschi stieg
ab und führte mich in einen kleinen, von Schlammwänden um=
gebenen Hof und von da in ein Zimmer, dessen Thür in den Hof
ging. Es war leer; die Leute waren irgendwo in der Nähe be=
schäftigt; aber wir nahmen Besitz davon. Nachdem er sich mit
mir niedergesetzt und „Allaho=akber" gesagt hatte, eilte er lächelnd
und mit der Hand winkend fort, um ein Logis für sich zu suchen.
Zu diesem Zwecke wurde das zweite Hauptzimmer des Hauses
auf der andern Seite gewählt, während unser übriges Gefolge
draußen Zelte aufschlug. Mein Kochfeuer wurde im Hofe ange=
macht. Ich war sehr neugierig, das erste Turkistâni=Haus genau
zu untersuchen. Die Wände waren alle von Schlamm und ein
Paar Fuß dick. Die Decke des Zimmers trug ein gerader, dicker
Pappelklotz, der von einer Wand zur andern ging, während auf
jeder Seite querüber kleine Stäbe lagen, die in der Mitte auf
diesem Balken ruhten. Eine gute Schicht trockenen Schlammes
oben auf den Stäben bildete das Dach und eine kleine Oeffnung
in demselben, die in der Nähe der Thür gelassen war, gab Licht.
Nachdem man eingetreten, führte eine Stufe zum Fußboden des
Zimmers hinauf, der mit Filzteppichen belegt war. Rings um
das Zimmer waren Bretter zu Tassen und Schüsseln angebracht,
und auf der einen Seite stand eine geräumige hölzerne Bettstelle,
mit einer großen Menge guter Betten. Der Kamin ragte an der
Wand hervor und bildete eine Art Bogen von etwa vier Fuß
Höhe; hinter ihm ging der Schornstein durch die Wand hinauf.
Ungefähr einen Fuß über dem Heerde befanden sich auf beiden
Seiten Vertiefungen, um die Kochtöpfe über dem Feuer zu hal=
ten. In der Ecke standen mehrere Gefäße zu Wasser: es waren
große, doppelte Kürbisflaschen, bei denen sich die größere Hälfte
unten, die kleinere oben befand, während beide durch einen Hals
verbunden waren, um den ein Strick gebunden wird. Es gab
noch ein zweites ähnliches Zimmer im Hause, auch mehrere Vor=
rathskammern und einen großen Viehstall. Außerhalb des Hofes
stand ein kleiner Schuppen für das Geflügel.

„Eine Katze erschien und schloß große Freundschaft mit mir;
sie nahm mich ganz unter ihren Schutz, schnurrte und setzte sich
neben mich, dem Feuer gegenüber. Ich nahm dies bei dem ersten
Eintritt in ein fremdes Land als eine glückliche Vorbedeutung.
Ich fühlte mich wirklich in der Gesellschaft der freundlichen Katze
ganz behaglich; es kam mir gleich vor, als wäre ich zu Hause.
Wir fanden später, daß die Katzen in Turkistán begünstigt wur=
den; es waren nicht die gescheuchten, halbverhungerten Thiere,
die in indischen Häusern sich in die Winkel verkriechen, sondern
schlaue, gutgenährte Geschöpfe, die zu schnurren verstehen und zu
stehlen verschmähen. Während ich schreibe, liegen ihrer vier in
allen Stellungen auf dem rauhen Teppich vor meinem Feuer!

„Ich muß noch erwähnen, daß kurz zuvor, ehe wir Halt
machten, ein Reiter in einem feinen neuen Rocke uns entgegen
kam und dem Yuzbashi einen Brief übergab. Der Brief, der nach
der Sitte des Landes in ein dünnes,*) zugeklebtes Bündchen zu=
sammengelegt und mit dem Siegel des Absenders in schwarzer
Tinte versehen war, wurde von dem Yuzbashi geöffnet. Er rieb
sich mit demselben die Stirn, stieg dann ab und machte
eine tiefe Verbeugung in der Richtung nach Yârkand, was auch
die Hauptpersonen seines Gefolges thaten. Dies war ein Zeichen
der Ehrfurcht gegen den Schreiber dieses Briefes, den „Shaghâ=
wal" (den Vezier des Reiches), der sein Schwager ist. Dann saß
er wieder auf und ließ sich den Brief von seinem Mullah vor=
lesen. Hierauf wandte er sich zu mir und sagte zu dem Dolmet=
scher, der Shaghâwal habe angefragt, ob der „Mihmân" oder
Gast (ich selbst) sich wohl befinde und glücklich fühle und mit
Allem, was er brauche, versehen worden sei.

„Ich antwortete, wie sich's gebührte, und während der Yuz=
bashi von dem Ankömmlinge sich Alles erzählen ließ, erfuhr ich
von Juma, daß er einer der Leute, die von Shahidulla mit Brie=

---

*) Die Größe des Briefpapieres ist je nach dem Range des Absenders und
Empfängers verschieden. Je größer der Unterschied, desto kleiner ist das Stück=
chen Papier, auf das der Höhergestellte schreibt, und desto größer dasjenige,
das der Niedrigerstehende absendet. Auch die Stellung und Gestalt des Sie=
gels (denn eine Unterschrift gibt es nicht) ändern sich je nach dem Range der
Correspondenten.

sen nach Yârkand gesandt wurden (ich erkannte in der That sein Gesicht wieder) und zurückgeschickt worden sei, um sich meiner Reisegesellschaft wieder anzuschließen. Auf diese Art gingen und kamen, so lange die Reise noch dauerte, täglich Couriere, die bei der Rückkehr immer mit seinen neuen Khilats ausstaffirt waren. Letztere wurden ihnen zu Ehren der Mission gegeben, mit der sie beauftragt waren, nämlich Bericht zu erstatten, daß der Gast des Königs immer näher komme, und eine derartige Ehrenbezeigung erschien mir als sehr schmeichelhaft. Es soll dadurch gezeigt werden, daß der Regent auf die Ankunft seines Gastes sich außerordentlich freue und daher den Ueberbringer der guten Nachricht belohne! An dem Tage, wo wir Yârkand erreichten, kamen uns gegen vier solche Couriere, einer nach dem andern, in hellfarbigen Röcken entgegen (durch die man sie schon eine Meile weit von den übrigen Vorübergehenden unterscheiden konnte) und ritten in unserm Zuge mit in die Stadt.

„Kehren wir wieder zu unserm nächtlichen Aufenthalt zurück. Der Besitzer des Hauses und seine Familie hatten ein herrliches Mahl, denn ich gab ihnen den größern Theil meines Dastarkhân, der aus wenigstens einem Dutzend großer flacher Brode und aus Früchten aller Art bestand. (Manche der Brode maßen zwei Fuß im Durchmesser! sie sind köstlich — aus Yârkandischem Mehl bereitet — so leicht wie die langen, runden französischen Brode, nur ohne Sauerteig hergestellt.) Am Morgen ritten wir ungefähr drei Meilen weit; die Cultur dauerte ununterbrochen fort und die Häuser wurden immer zahlreicher, während in den Zäunen Pappeln, Aepfel- und Birnbäume standen, die gegenwärtig alle ohne Laub waren. Jetzt sahen wir weiter vorn neben dem Wege eine kleine Abtheilung Reiter aufgestellt; ihr Anführer war schwarz gekleidet und saß auf einem prächtigen schwarzen Pferde. Der Yuzbashi sagte mir, dies sei der „Beg" oder Gouverneur von Sanju, der mir entgegen komme, um mich hinein zu geleiten, und fragte mich, ob ich absteigen, oder ihn zu Pferde grüßen wolle. Ich sagte: „Ich will hierin ganz Ihrem Rathe folgen, denn Sie kennen den Rang der verschiedenen Officiere, die ich treffen werde, und wissen, welchen die mannigfachen Zeichen der Ehrerbietung gebühren." Er erwiderte: „Dann machen Sie es wie ich." Als wir bis auf dreißig Schritt herangekom-

men waren, hielt er an und stieg ab; der Beg ritt vor und that
dasselbe. Sie sprangen einander entgegen und umarmten sich,
wobei Jeder das Kinn auf die rechte Schulter des Andern und
die Arme um den Leib legte. Dann wandte sich der Beg zu mir;
der Yuzbaschi stellte mich vor und nannte meinen Namen; wir
drückten uns die Hände (beide Hände) und strichen uns schließlich
den Bart und sagten „Allaho=akber“.

„Nachdem wir uns wieder aufgesetzt hatten, erzählte mir der
Yuzbaschi, daß sein Freund, der Beg, eben ein Weib verloren
habe: dies sei der Grund, weshalb er ganz schwarz gekleidet sei
und ein schwarzes Pferd reite. Ich sagte ihm, dies sei auch die
Farbe, die wir zur Trauer benutzten. Dann theilte er mir mit,
daß der Beg sein Bruder sei; da aber seitdem viele Leute sich
denselben Verwandtschaftsgrad beigelegt haben, während mein
Mann Juma auch nicht in einem einzigen Falle von irgend einer
Verwandtschaft gehört hatte, so bin ich überzeugt, daß es nur
eine Form der Höflichkeit ist und großes Wohlwollen gegen die
Person verräth, wenn man einem Fremden bei dessen Vorstellung
sagt: „Der und der ist mein Bruder“. Die Morgenländer nen=
nen zwar in der Regel jeden nahen Verwandten Bruder, als ich
aber den Yuzbaschi fragte, in welchem Verwandtschaftsgrade der
Beg zu ihm stehe, lachte er, als ob die Frage übel angebracht
sei, und sagte: „Sohn desselben Vaters und derselben Mutter.“
Wahrscheinlich machte ich einen ähnlichen Fehler, wie ihn ein
Asiate machen würde, wenn er sähe, daß ein Engländer sich als
den „gehorsamsten und ergebensten Diener“ eines Andern unter=
zeichnet, und fragen wollte, welche Stelle er bei ihm habe!

„Jetzt erreichten wir eine schöne Gruppe hoher Pappeln mit
einem kleinen freien Platze und einer Moschee. (Letztere bestand
nur aus einem Zimmer, das vorn offen war; hier nahmen eine
Reihe hölzerne Säulen die Stelle der Wand ein.) Auf den klei=
nen freien Platz führte eine Gasse, aber sie bestand nur
aus zwei einander gegenüber stehenden Schlammwänden, in wel=
chen sich alle dreißig Meter eine Thür befand. Wir traten durch
eine der Thüren rechts ein und gingen durch einen reinlich aus=
sehenden Hof in einen zweiten; dann schritten wir vier bis fünf
Stufen hinauf über eine breite Veranda in ein Zimmer, das gut
mit Teppichen belegt war, und in welchem ein helles Feuer

brannte. Hier gab es noch Ansprachen und Fragen voller Com=
plimente, worauf der Beg und der Yuzbashi mich verließen. .

„Das andere Ende der Veranda war von dem meinigen
durch aufgehängte Matten getrennt und diente zur Aufnahme
meines Küchengeräthes. Der Fußboden der Veranda lag zwei
bis drei Fuß über der Erde; aber durch denselben führte ein
Durchgang zur ebenen Erde in das Innere des Hauses, wo die
Frauen lebten. Mein Zimmer war das Gastzimmer. Aus dem
Hofe führte eine Thür in einen hinter dem Hause liegenden Obst=
garten, wo Aepfel=, Birn= und Wallnußbäume standen und im
vorigen Jahre eine Ernte Mais gebaut worden war. Jenseits
desselben lagen noch andere durch Schlammwände und Hecken ge=
trennte Felder und Baumgärten, und überall standen einzelne
Häusergruppen. Sanju ist in der That mehr ein dichtbevölkerter
District, als eine Stadt oder ein Dorf. In der Mitte hat es
einen Bazâr, wo alle Montage Markt gehalten wird (den Tag
vor unserer Ankunft war einer gewesen), und hier und da sind
die Häuser so zahlreich und dicht an einander, daß sie kurze Gas=
sen bilden, aber eine zusammenhängende Stadt gibt es nicht.
Dies Alles bemerkte ich auf einer Wanderung, die ich auf den
Rath meiner gastfreundlichen Wirthe sogleich unternahm. Das
Volk scheint hier, wie anderwärts in Ost=Turkistân, sich in sehr
guten Verhältnissen zu befinden. Man sieht nirgends zerlumpte
Kleider oder sonstige Zeichen von Armuth. In dem Volkshaufen,
der sich bei unserer Ankunft und Abreise um uns versammelte, war
Jeder in mehrere gute dichte Röcke gekleidet, die bis unter die Knie
reichten, nebst hohen Lederstiefeln und einer Mütze, die, ringsum
aufgestülpt, ein hübsches Pelzfutter zeigte. Die Frauen kamen
nicht viel zum Vorschein, aber ich sah doch eine oder zwei in
langen Kleidern, die an der Taille nicht anlagen, auch nicht ge=
gürtet waren, und bis an die Knöchel reichten; Stiefeln trugen
sie wie die Männer und auch eine ähnliche Pelzmütze auf einem
weißen Tuche, das die Ohren, den Hinterkopf und den Nacken
bedeckte. Ich bemerkte, daß sie oben über ihre Thore schauten
und mich ganz frei betrachteten; in dem Augenblicke aber, wo
der Yuzbashi erschien, verbargen sie sich sofort. In der Regel
gehen hier zu Lande die Frauen, wie ich finde, öffentlich ohne
Schleier umher; sobald man aber einen Kâzi (eine religiöse Be=

hörde) kommen sieht, laufen sie entweder davon oder ziehen einen
durchbrochenen Schleier über das Gesicht. Ich war noch nicht
weit gewandert, als der Alam von Sanju (der oberste Mullah,
der vorher zu unserer Reisegesellschaft gehört hatte) mich einholte.
Er begleitete mich, wobei er einige Worte Persisch sprach, und als
wir uns wieder meiner Wohnung gegenüber befanden, bat er mich
mich hineinzugehen. Ich that es und fand, daß er, als ich eben
hinaus war, sich eingestellt und ein Frucht=Opfer gebracht hatte.
Dies wurde in gebührender Form überreicht, und dann zeigte ich
ihm meine persische Grammatik mit den am Ende befindlichen
Erzählungen. Er fing an sie zu lesen und freute sich sehr dar=
über; die Scherze machten ihm ungeheures Vergnügen; er er=
läuterte sie mir und den Umstehenden in der Turki=Sprache.
Dann besuchte ich den Yuzbashi. Er zeigte mir seine übrigen
Pferde, die er in Sanju gelassen hatte. Die Turki=Pferde wer=
den außerordentlich gut gepflegt und abgewartet, aber ihre Be=
handlung ist in manchen Dingen von der unsrigen verschieden.
Die Sättel nimmt man Tag und Nacht nie ab, sondern legt die
Pferdedecke darüber, die bis zum Hals und Kopf reicht. Einen
großen Theil der Zeit, die sie nicht auf der Straße sind, werden
sie umhergeführt, zuweilen vier bis fünf Stunden lang. Selbst
die gemeinsten Pferde werden angebunden und dürfen nicht Alles
fressen. Sie bekommen viel Getreide (Gerste oder Mais) und nur
wenig Gras. Dies macht sie zu langen Reisen tauglich. Die Sät=
tel sind von gemaltem und polirtem Holz, haben vorn eine sehr
hohe Spitze und stehen vom Rückgrat weit genug ab. Das Reit=
zeug ist sehr kostbar; die Decken sind gestickt und die Beschläge
von Silber. Der Yuzbashi sagte: „Sie müssen sich eines von
meinen drei Pferden hier auswählen, mit Allem, was dazu ge=
hört." Ich stellte mich, als wäre ich darüber ganz betroffen und
sagte „Nein". Er lachte, und wir trennten uns. Ehe wir Yär=
kand erreichten, wiederholte er dies Anerbieten noch einmal, aber
ich lehnte es wieder höflich ab, und später erfuhr ich, daß ich
ganz recht gethan hatte, da es sich nicht für mich geschickt hätte,
von irgend Jemandem, außer vom Vezier oder vom König, ein
Geschenk anzunehmen.

       „Als ich wieder nach Hause kam, erhielt ich einen Besuch
von dem melancholisch aussehenden Beg von Sanju, der mir

vorher einen Dastar-khân gesandt hatte. Er hatte eine Doppel=
pistole (mit oberem und unterem Lauf) englischer Fabrik; ich bat
ihn, sie ansehen zu dürfen, und machte ihm eine Freude, indem
ich ihm 200 Zündhütchen zu ihr schenkte.

„Wir fanden, daß die Guddi=Kaufleute, die in Shahidulla
an uns vorbeigezogen waren, aus irgend einem Grunde hier auf=
gehalten wurden. Sie besuchten meine Diener, und es zeigte sich,
daß sie entfernte Verwandte von ihnen waren. Da war auf bei=
den Seiten große Freude. Sie bestanden darauf, zu mir zu kom=
men und mich zu salâmen; mehr zu thun, wurde nicht für rath=
sam gehalten. Ich freute mich sehr, hier in dem fremden Lande
ihre alte vertraute Tracht und ihre ehrlichen Gesichter zu sehen.
Die Guddis und ich kamen immer gut mit einander aus — ich
habe so lange unter ihnen gelebt und bin so viel in ihrem Lande,
das nicht groß ist, gereist, daß es dort nur Wenige gibt, die
mich nicht wenigstens von Hörensagen kennen. Jene Kaufleute
waren nahe Nachbarn und mir oft begegnet, obgleich ich mich an
ihre Gesichter nicht erinnerte.

Tatarischer Sattel.

Achtes Kapitel.

Fortsetzung der Reise nach Yârkand.

Die Wüste. — Die Stadt Kargalik. — Charakter des angebauten Landes. — Bewässerung und Mühlen. — Wohlstand des Volkes. — Der Galgen. — Der Birkut oder Jagd-Adler. — Das baktrische Kameel. — Die Arabah oder der Turki-Karren. — Straßen-Ausbesserung zu Ehren des Reisenden. — Wie wir reisen. — Der Yuzbaschi; seine Herzlichkeit, Lebhaftigkeit und seine Lebensart. — Unterhaltung über Khokand u. s. w. — Ein Spiel zu Pferde, Ughlak genannt. — Ein Hajji aus Bokhâra. — Theehandel. — Das Dorf Pora. — Die Antilope mit Lyra-Hörnern. — Wilde Kameele. — Abendunterhaltungen. — Dem Reisenden wird große Ehre erwiesen. — Man bringt ihm viele Lebensmittel. — Wir überschreiten den Yârkand-Strom. — Nähern uns der Stadt. — Das öffentliche Blutgerüst. — Die Stadt Yârkand. — Der Yang-Shahr, die Neustadt, oder das chinesische Cantonnement. — Anweisung eines Quartiers und Bewillkommnung in Yârkand.

„Es würde Sie nur ermüden, wenn ich den noch übrigen Theil meiner Reise, wie ich es bisher gethan, Schritt für Schritt verfolgen wollte. Ich brauche nur den allgemeinen Charakter des Landes und die Art, wie wir reisten, zu schildern. Was das erstere betrifft, so verließen wir jetzt den fruchtbaren Theil von Sanju, stiegen mehrere Hundert Fuß den jähen, sandigen Abhang nördlich von uns hinauf und kamen dann auf eine unermeßliche, wellenförmige Sandebene, die spärlich mit kleinen dürren Büschen bestanden war. Diese Ebene neigte sich vom Fuße des links (südlich) von uns stehenden Gebirges abwärts, und wir konnten rechts von uns in der Ferne sehen, daß sie bei ihrem Uebergang in

die geraden Ebenen von Ravinen durchschnitten war. Dieser
Wüste entlang ritten wir vier Tage westwärts. Sie wurde an
vier Stellen, die aber nicht gleich weit von einander entfernt
lagen, von Flüssen unterbrochen, die vom Gebirge herabkamen
und das Land auf beiden Seiten von ihnen fruchtbar machten.
Diese fruchtbaren Streifen, die tiefer als die Oberfläche der benachbarten Wüste liegen, bilden mit Dörfern bedeckte und hoch
cultivirte Oasen. So hatten wir, obgleich unsere Tagereise nur
über kahlen Sand führte, doch immer ein Dorf, in dem wir des
Nachts ruhen konnten. Die Linie des Gebirges, das man von
Sanju aus nach Süden hin ganz deutlich sah, zog sich immer
weiter von unserer Route zurück, bis es am vierten Tage kaum
noch sichtbar war. Am fünften Tage wandten wir uns von der
Richtung des Gebirges ganz ab und gingen gerade nach Norden;
da, wo unsere Wüste auf die gerade Ebene abfiel, zogen wir
durch einiges zerrissene Land. Auch die Ebene war nur kahler
Sand; sie steht, wie man sagte, mit der großen „Tâkla=Makân“,
der centralen Wüste Asiens, in Verbindung, die unter dem Namen Gobi sich ostwärts nach China hinein erstreckt. Aber gleich
darauf erreichten wir in der Nähe der Stadt Kargalik Felder
und Häuser, und von dem genannten Orte bis Yârkand durchzogen wir ein gut angebautes Land voller Dörfer und ohne eine
Spur von sandigem oder wüstem Boden. In Zwischenräumen
bezeichneten hohe Pfähle mit Tafeln die Entfernungen längs der
Straße; sie waren nach dem „Tâsh“ gemessen, der nach meiner
Berechnung beinahe fünf englische Meilen beträgt. Als wir Kargalik verließen, war Marktag, und drei bis vier Meilen weit
kam ein unaufhörlicher Strom von Menschen, jung und alt,
Männer und Frauen, die (größtentheils zu Pferde) von den
Dörfern hereinzogen, um ihre wöchentlichen Bedürfnisse einzukaufen, oder ihre Erzeugnisse zu verkaufen. Manche trugen Geflügel oder Körbe voll Eier, Manche hatten Schafe und Rinder,
Andere trieben Esel, die mit Baumwolle oder anderen Erzeug-
nissen ihrer Felder beladen waren. Auch mehrere hübsche Pferde
sah ich hereinführen, um für sie Käufer zu finden. Schon nach
der Kleidung der Leute hätte man denken können, es sei Marktag
in irgend einer Landstadt Englands; die Landwirthsweiber mit
rosigen Gesichtern brachten ihre Kinder mit, um ihnen eine be-

9*

sondere Freude zu machen, während die Männer alle ländlichen
Geschäfte verrichteten. Selbst die Dörfer mit den sie umgebenden
Obstgärten und ihrem vielen lärmenden Geflügel mahnten mich
an die Heimath; nur die hohen Giebel und zahlreichen Thüren
und Fenster des englischen Landhauses fehlten. Anstatt derselben
erinnerten Einen blanke Wände, welche Höfe umgaben, und nied=
rige Gebäude, an welchen man kein Dach sah, an einen kahlen
und blinden Mann. Zaunhecken gibt es nicht, da aber viele Bäume
um die Häuser herum und längs der Wassergräben stehen, so
sieht das Land nicht so kahl wie manche französischen Provinzen
aus. Zahllose kleine Weiler von zwei bis drei Häusern in einer
Gruppe stehen über das ganze Land zerstreut und legen Zeugniß
ab, daß schon lange eine geordnete Regierung besteht und die
Bewohner in Sicherheit leben, ganz anders als im Panjab, wo
eine frühere schlechte Regierung und Gesetzlosigkeit die Menschen
daran gewöhnt haben, der Sicherheit halber ihre Häuser zusam=
menzudrängen, bis ein Dorf einem großen Ameisenhaufen mit
vielen Ausgängen gleicht. Die künstliche Bewässerung scheint in
großem Umfange eingeführt zu sein; da es wenig Regen gibt,
so hängt in der That alle Kultur von ihr ab.*) Die Wasser=
gräben laufen nach allen Richtungen; sie werden an der Straße
über und unter einander, und durch kleine Wasserleitungen über
Marschen und Vertiefungen geführt. Die Wasserfälle und Schleu=
sen werden benutzt, um kleine Stampfmühlen zum Enthülsen des
Reises, und bei der Bereitung des Schießpulvers zum Stoßen
des Salpeters u. s. w. zu treiben. Diese Mühlen bestehen aus
einem Rade mit einem einzigen Kamme und zwei Stampfen, die
wie lange, schwache Hammer abwechselnd steigen und fallen.
Außer Kargalik zogen wir noch durch zwei andere Städte, von
welchen die eine kleiner, die andere größer als Kargalik war.
Sie sind den indischen Städten sehr ähnlich, außer daß die Gas=
sen des Bazär des Schattens wegen überdeckt sind — eine Vor=
sicht, die in der jetzigen Jahreszeit, wo alle Lachen und Teiche

---

*) In den Reisen Hwui=Seng's, des chinesischen Pilgers, aus dem Jahre
519 n. Chr., heißt es: „Die Bewohner dieser Gegend benutzen das Wasser der
Flüsse zur Bewässerung ihrer Felder, und als man ihnen sagte, daß in dem
mittleren Lande (China) die Felder durch den Regen getränkt würden, lachten
sie und sagten: „Wie könnte denn der Himmel für alle genug schaffen?""

fest gefroren sind, nicht besonders nöthig ist. Nur dadurch un=
terscheiden sie sich sehr von den indischen Städten, daß man den
Bewohnern einen größeren Wohlstand ansieht. Ihre Kleider sind
alle so gut und dauerhaft, und sie verdanken ihren ganzen An=
zug dem Schneider; die unsaubere indische Sitte, lose Tücher
über den Leib zu werfen, kennen sie nicht! Auch die Kulie=Klasse
mit ihrem starren Blick, der äußerste Dummheit verräth, ist nicht
vorhanden. Hier sieht Jedermann achtbar, munter und intelligent
aus. Die Stadtbewohner versammeln sich alle auf beiden Seiten
in Reihen und verbeugen sich tief vor dem Gaste des Königs,
beide Hände auf der Brust gekreuzt. Dies ist ihre Art zu grü=
ßen. Die Frauen verbeugen sich und lassen dabei die Arme herab=
hängen. Das „As=salâm aleikum" ist für meinen Begleiter, den
Yuzbashi, einen Rechtgläubigen, der mit einem fortwährend
wiederholten „o aleikum as=salâm" antwortet.

„Ein Anblick, den Kargalik bot, war ziemlich abschreckend;
neben der Hauptgasse stand nämlich am Eingange der Stadt
ein Galgen. Er war zur Zeit leer, schien aber viel benutzt
worden zu sein.

„In einem der erwähnten Orte zeigte man mir einen, erst
kürzlich gefangenen, schwarzen Adler von der Art, die man „Bir=
kut" nennt, und die man zum Rothwild= und Antilopen=Fang
abrichtet, wie die Falken zum Vogelfang. Man hatte dem unglücklichen
Geschöpf eine Haube über den Kopf gezogen, es mit Flügeln, Klauen
und Allem in ein Schaffell eingewickelt, und dieses Bündel hing
(der Kopf nach unten) während des Marsches am Sattel des
Mannes. Diese Behandlung soll nach ihrer Ansicht die Wirkung
haben, den Vogel zahm zu machen!*)

„Ich sah jetzt zum ersten Male das zweihöckrige oder bak=
trische Kameel als Lastthier benutzt. Wir zogen an mehreren
Koppeln derselben vorüber. Sie haben eine dunklere Farbe, einen
stärkeren Bau und ein dickeres Fell als das gemeine Kameel In=
diens, das nur einen Höcker hat. Noch ein anderes Transport=

---

*) Marco Polo sagt: „Seine Majestät hat auch Adler, die abgerichtet
werden, auf Wölfe niederzuschießen, und sie sind so groß und stark, daß auch
der größte Wolf ihren Klauen nicht entgeht." (Yule's Marco Polo, I, 313 und
Anmerkung zu Seite 355.)

mittel deutete ebenfalls auf einen beträchtlichen Fortschritt in der
Civilisation hin; dies war die „Arabah" oder der Karren.*) Es
ist ein überdeckter Packwagen oder Schüttkarren auf zwei sehr
hohen Rädern (gerade wie die englischen Räder mit vielen Spei=
chen) und wird von drei Pferden gezogen, von denen das eine
in der Gabeldeichsel geht, und zwei neben einander an Strängen
vorgespannt sind. Sie werden von dem Karren aus mit Zügeln
geleitet und mit einer langen Peitsche getrieben. Es ist im Gan=
zen genommen eine weit bessere Equipage als der gewöhnliche
Karren Indiens, wo zwei Ochsen rechts und links an der Spitze
eines langen, dreieckigen Troges laufen, der anstatt der Räder
auf massiven hölzernen r u n d e n Scheiben ruht, während ein
halbnackter Kuli, die Kniee im Gesicht, zwischen ihnen kauert
und ihre zusammengedrehten Schwänze hält.

„In Betreff der Straße kann ich nicht viel sagen, aber es
würde undankbar von mir sein, wenn ich sie schlecht nennen
wollte, denn man hatte den ganzen Weg ausdrücklich für mich
gebahnt und ausgebessert und die kleinen Flüsse und Wassergrä=
ben, so weit die Zeit reichte, alle sorgfältig überbrückt. Das war
eine Ehre, die ich kaum erwartete. Ich erfuhr später, daß sie
meinen Munshi, Diwân Bakhsh, gefragt hatten, wie man es in
Indien halte, und was man dort thue, wenn ein „berühmter
Fremder" komme. Er sagte ihnen, welche Vorbereitungen ge=
wöhnlich getroffen würden, wie z. B. Ausbesserung der Straßen
u. s. w., und sie verstanden den Wink so vollständig, daß sie so=
gar bei allen Brücken Reserve=Balken bereit legten, im Fall durch
den Druck der mich begleitenden Pferde die Brücken durchbrechen
sollten. Ich muß gestehen, es war mir ziemlich unangenehm, diese
unerwarteten Vorbereitungen zu den übrigen Ehrenbezeigungen,
mit denen sie mich überhäuften, noch hinzukommen zu sehen. Es
kam mir vor, als wäre mein Munshi in seinen Worten nicht
vorsichtig genug gewesen, und als dächte der Vezier, ich käme im
Auftrag unserer Regierung. Ich fragte Juma darüber die Kreuz

---

*) Marco Polo (Bohn's Ausgabe, Buch I, Kap. XLVII.) sagt: „Sie (die
Tataren) haben eine bessere Art Fuhrwerk auf zwei Rädern, das ebenfalls mit
schwarzem Filz überdeckt ist, und zwar so, daß die darin Befindlichen vor Nässe
geschützt sind, auch wenn es den ganzen Tag regnet."

und Quere, da er hinlängliche Gelegenheit gehabt hatte, aus der
Unterhaltung meiner Begleiter zu beurtheilen, ob ſie glaubten,
daß meine Reiſe irgend einen amtlichen Charakter habe. Er ver-
ſicherte mich, dies ſei nicht der Fall. Aber erſt als ich in Yarkand des Veziers eigene Lippen die Verſicherung beſtätigen hörte,
konnte ich die Ueberzeugung gewinnen, daß ſie alle jene Aufmerk-
ſamkeiten mir als engliſchem Privatmann erwieſen. Ich war ent-
ſchloſſen, bei einer irrigen Vorſtellung von meiner Bedeutung
mir keine Ehre erweiſen zu laſſen, die ſie mir ſonſt nicht erwieſen haben würden, wie es vordem von Reiſenden in entlegenen
Gegenden Aſiens geſchehen iſt. Aus dieſem Grunde brachte ich
bei meiner Ankunft die Sache zur Sprache und erhielt (wie ich
Ihnen noch zu erzählen hoffe, wenn ich ſo weit gekommen bin)
die vollkommenſte Verſicherung, daß die Regenten von Turkiſtan
die engliſche Nation in einem ihrer Mitglieder und nicht einen
vermeintlichen Geſandten unſerer Regierung ehrten.

„Aber ich habe Ihnen noch nicht mitgetheilt, auf welche Art
wir reiſten, und welche Behandlung mir zu Theil wurde. Sie
gaben mir ein ganz vorzügliches Pferd zu reiten, und daſſelbe thaten
ſie bei allen meinen Dienern. Mein Gepäck, das uns gut folgte,
wurde unter die Aufſicht einiger Reiter geſtellt. Der Yuzbaſhi
hatte ungefähr ein Dutzend Begleiter bei ſich; außer dieſen waren immer zwei bis drei ſeiner Leute nach oder von Yarkand
unterwegs, um über unſer Vorrücken Bericht zu erſtatten; ſie
ſchloſſen ſich, ſtets in neue Röcke gekleidet und vom Shaghawal
an den Mihman (mich) Complimente überbringend, unſerer Geſellſchaft in unglaublich kurzer Zeit wieder an. Was ſie immer
zu berichten fanden, kann ich mir nicht denken; aber ſie hatten
offenbar wegen der Ankunft eines Engländers noch immer große
Beſorgniß, obgleich ſie dieſelbe äußerlich unter dem Scheine der
größten Höflichkeit verhüllten. Was den Yuzbaſhi betrifft, ſo
war er der herzlichſte und angenehmſte Gefährte. Voller Poſſen
wie ein Schulknabe, wenn er in die Ferien geht, erhielt er die
ganze Geſellſchaft munter und luſtig. In dem einen Augenblick ſprach
er zu mir in einer Art Lingua franca, die hauptſächlich Turki
mit einigen perſiſchen Wörtern war, und ich antwortete darauf
ebenſo, nahm aber die Sprachen im umgekehrten Verhältniß.
Die Fehler, die wir gegenſeitig machten, gaben natürlich Anlaß

zu großer Belustigung, bei welcher die ganze Gesellschaft sich be=
theiligte. Wenn wir, wie es bisweilen geschah, es dahin brach=
ten, daß wir einander verstanden, so stieß er mich in die Rippen,
oder suchte mich vom Pferde zu ziehen, wobei er herzlich lachte.
Erwähnte ich Etwas gegen ihn, das seine Phantasie erregte, wie
zum Beispiel eine der Künste und Erfindungen der Civilisation,
so drohte er mir scherzweise mit dem Finger, schüttelte lächelnd
den Kopf und sagte: „Ah, Shaw Sahib", in einem Tone, der
in sich schloß: „Ihr „Frangs" steht sicherlich mit „Shaitân" im
Bunde". In der nächsten Minute fing er an ein Andijâni=Lied
zu singen, schwang dabei die Peitsche und ließ sie plötzlich auf
die Schultern eines Begleiters nieder, ohne daß derselbe es ahnte.
Als er eines Tages bei mir in unserm Nachtquartier saß, sah
er meine warmen Handschuhe und zog sie an. An der Thür ging
ein vertrauter Diener vorüber; er rief ihn herein, gab vor, er
habe ihm Etwas heimlich zu sagen, und ließ ihn dicht heran=
kommen. Dann gab er ihm mit meinen Handschuhen fünf bis
sechs tüchtige Püffe ins Gesicht und blieb dabei so ernst als mög=
lich. Der Mann sah ganz erschrocken aus, und ich glaubte, er
müsse Etwas begangen haben, als plötzlich der Yuzbaßhi zu lachen
begann und ihm seine beiden Hände mit den Handschuhen zeigte.
Der Mann verstand den Scherz, folgte der Lehre der heiligen
Schrift und bot dem Schläger auch den andern Backen dar, und
dieser machte von dem Anerbieten sofort Gebrauch. Einmal hat=
ten wir bei einer an der Straße stehenden Moschee angehalten,
um die Nachmittagsgebete zu sprechen. Als er und seine Gesell=
schaft damit fertig waren, kamen sie herausgerannt, wie eine
Schaar Knaben, wenn die Schule aus ist. Drei Frauen, die
eben die Straße herkamen, gingen, als sie das Gedränge sahen,
auf die Seite und liefen in ein Feld. Da blieb mein Freund
stehen und rief: „Khanem, Khanem", das heißt: „Dame". Sie
mußten endlich antworten, und der Yuzbaßhi begann dann mit
der größten erheuchelten Höflichkeit eine lange Rede an sie zu
halten, wie glücklich er sei, sie zu treffen, er sei ausdrücklich zu
dem Zwecke gekommen und habe den Mihmân mitgebracht, es
thue ihm nur leid, daß er zu einer weitern Unterhaltung keine
Zeit habe. Die Frauen standen mittlerweile halb vergnügt und
so vielen Leuten gegenüber halb schüchtern mit abgewandtem

Gesicht da. Mein Freund machte schließlich eine tiefe und cere=
moniöse Verbeugung, sprach ein feierliches „As=salâm aleikum"
und wandte sich dann um, zu sehen, ob der Scherz gefiel und
ich in sein Gelächter einstimmte.

„Bei alledem ist er in seinem Benehmen ein durch und durch
feiner Mann, und ich betrachte ihn wirklich als Freund: ein Ge=
fühl, das man gegen einen Eingebornen Indiens niemals haben
kann. Er scheint allgemein beliebt zu sein, besonders bei seinen
Dienern, gegen die er dem Anschein nach ein guter Herr ist.
Einmal hatte er lange mit ihnen gesprochen; dann wandte er
sich zu mir und sagte durch den Dolmetscher: „Wir haben über
Andijân, unser Vaterland, gesprochen", und erging sich hierauf
weiter in Lobeserhebungen über dessen Schönheit, Fruchtbarkeit
und über das glückliche Leben, das sie früher dort geführt hat=
ten. „Damals", sagte er, „war ich noch nicht gezwungen worden,
Soldat zu werden, sondern lebte ohne Sorge, und meine wich=
tigste Arbeit war die Jagd. Dann kamen die Russen, und wir
wurden alle gezwungen, zur Vertheidigung des Vaterlandes die
Waffen zu ergreifen. Es gibt in Andijân kein Haus, das in den
Kriegen mit dem Ausländer nicht ein Glied verloren hat, und
kaum ein Mann ist bei einer friedlichen Beschäftigung geblieben,
während Tausende von uns als Verbannte in dies Land gekom=
men sind."

„Ich glaube jedoch, daß die frühere Geschichte seines Vater=
landes nicht ganz so friedlich gewesen ist, wie mein Freund, der
Yuzbashi, sie darzustellen sucht.

„Der Name Andijân wird, wie ich sehe, im gemeinen Leben
von der alten Hauptstadt des Landes auf das ganze Königreich
Khokand übertragen. Es soll nach ihrer Schilderung viel kälter
als Yârkand, aber reich an Früchten aller Art sein. Es muß zum
großen Theil Gebirgsland sein, da es die oberen Thäler der
Flüsse Syr und Narin umfaßt, die auf der Nordseite der Ge=
birge entspringen, welche Ost=Turkistân umgeben. Der ganze
untere und ebene Theil des Königreiches Khokand ist jetzt in den
Händen der Russen, die Chemkend, Tashkend und Khojend, früher
die ersten Städte des Reiches, inne haben. Yakub Beg, der jetzige
Regent von Kâshghar und Yârkand, der selbst aus Khokand ge=
bürtig ist, gründet soeben in Ost=Turkistân ein Andijâni=Reich.

Alle wichtigen Stellen bei der Regierung nehmen seine Landss=
leute ein, die auch den Kern seines Heeres bilden. Sie sind mit
den eingebornen Yârkandis und Kâshgharis so nahe verwandt,
daß man ihre Regierung nicht als eine Fremdherrschaft zu em=
pfinden scheint. Ihre Sprache ist nur ein anderer Dialect der
Turki=Sprache, den man in Yârkand vollkommen versteht. Zum
Regierungsgeschäft scheinen sie besser zu passen als die Bewohner
dieser Provinzen, die so lange unter der Fremdherrschaft der
Chinesen gestanden haben.

„So legten wir unsere täglichen Märsche zurück, indem wir
uns mit Gesprächen über derartige Gegenstände unterwegs die
Zeit vertrieben, während ich meinerseits dem Yuzbashi vorsichtig
den Unterschied zwischen England und Indien beibrachte, von
dem er anfangs nur eine dunkle Vorstellung hatte, und Anekdo=
ten erzählte, die sich auf unsere Kriege mit den Russen und Chi=
nesen (die Feinde meiner Wirthe) bezogen und unsere Freund=
schaft gegen den Sultan von Rum (der Türkei) bewiesen, vor
welchem sie die größte Ehrfurcht haben.

„Auch meine Jagdflinte war eine starke Quelle der Unter=
haltung: unglückliche Krähen und kleine Vögel wurden vorsichtig
beschlichen und geschossen. Selbst diejenigen, welche verwundet
davon flogen, entgingen uns nicht. Der ganze Reiterzug zerstreute
sich unter Freudengeschrei und galoppirte die armen Vögel nie=
der, wie die Rebhühner. Bei dieser Gelegenheit kamen meine
Guddi=Diener, nicht an das Reiten gewöhnte Gebirgsbewohner,
in der Regel schlecht weg, und dann entstand eine neue Auf=
regung, indem man dem durchgegangenen Pferde nachjagte. Der
Yuzbashi, der besser beritten war als die Uebrigen, holte den
Flüchtling sofort ein; aber weit entfernt ihn festzuhalten, jagte
er ihn von Neuem mit der Peitsche fort. Spiele, die geschickte
Reiter erfordern, lieben sie ungemein. In einem Dorfe zeigte
mir der Yuzbashi ein ländliches Vergnügen, das sie „Ughlat“
nennen. Eine Ziege ohne Kopf wird auf die Erde geworfen, und
Jeder sucht sie aufzuraffen, ohne daß er den Sattel verläßt.
Der Druck ist fürchterlich, wenn sie mit dem einen Fuße und der
einen Hand im Sattel, die andere Hand zur Erde niederstrecken.
Jetzt glückt es Einem, und fort ist er; unterwegs schwingt er
sich wieder in den Sattel. Er wird von den Uebrigen verfolgt,

und um ihnen auszuweichen, macht er Kreuzsprünge und Wen=
dungen. Endlich erfaßt ein Zweiter und Dritter die Ziege. Der
Erste schlägt sein Bein über dieselbe, um sie fester zu halten,
und fort geht es mit ihnen querfeldein, bis ihre Pferde nach
verschiedenen Richtungen laufen und Alle bis auf Einen die Ziege
fahren lassen. Er wird wieder eingeholt, wirft aber die Ziege auf
die andere Seite. Die Andern ringen mit ihm, während Drei
bis Vier neben einander galoppiren; dabei verlassen die äußer=
sten Reiter, während sie sich mit ihrem ganzen Körper über ihre
Nachbarn strecken, fast die Pferde. Es ist schön, die Vollkommen=
heit und Grazie zu sehen, mit der sie reiten. Sie sitzen dem An=
schein nach nicht so fest wie wir und erinnern mich, ohne daß
ich sagen kann warum, an einen geübten Schwimmer, der ohne
sichtliche Anstrengung auf dem Wasser treibt — wobei nur sein
Leib sich biegt und sich den Wellen überläßt. Wenn sie „Ughlak‟
spielen, scheinen sie an ihre Pferde gar nicht zu denken. Die
Hände sind selten an den Zügeln, und sie setzen über Felsen und
Gräben, während sie halb aus dem Sattel sind und mit einan=
der ringen. Das Spiel ist nicht ohne Gefahr. Wer die Ziege
hat, wirft sie, wenn er hart bedrängt wird, vor seine Verfolger
hin, und die Pferde derselben stolpern dann, wenn sie galoppi=
ren. Ein Kirghise von unserer Gesellschaft zerriß, während er
sich überbeugte, den Steigbügelriemen und fiel zur Erde. Sein
Pferd lief über ihn hinweg und riß ihm mit dem scharfen Huf=
eisen den Kopf auf. Mein Freund Mullah Sherif und sein feu=
riger schwarzbrauner Pony schossen einen vollständigen Burzel=
baum. Der Pony stürzte auf den Kopf und überschlug sich, wobei
sein Hals unter ihm umgebogen blieb. Ich glaubte, er hätte ihn
gebrochen. Sein Herr war mehrere Fuß weit vorgeflogen und
der ganze Reiterzug galoppirte, wie es schien, über sie hinweg,
ohne dem Spiele im Geringsten Einhalt zu thun. Der Pony
und der Mullah wurden aufgehoben, und nachdem sie sich ge=
schüttelt hatten, saß der Letztere wieder auf und ritt mit frischem
Eifer von Neuem drauf los. Die Stalljungen des Yuzbashi waren
fast die allerbesten Reiter.

„An einem andern Tage kamen uns zwei Officiere entgegen,
die der Shaghâwal sandte, um uns zu bewillkommnen. Während
sie sich uns näherten, spielten sie und ihr Gefolge Ughlak. Nach=

dem die Begrüßungen und Complimente vorüber waren, wurde
die Ziege wieder herbeigebracht, und jetzt versuchte ich meine Hand
zum ersten Mal am Spiele. Ich brachte es ziemlich gut zu
Stande, aber ich glaube, sie entwickelten mir gegenüber nicht
ihre ganze Geschicklichkeit. Wenn ich die Ziege einmal hatte, so
behielt ich sie sicher unter meinem Beine, aber ich konnte es
nicht dahin bringen, sie von der Erde aufzuraffen. Die englischen
Sättel sind zu solchen Kunststücken durchaus nicht eingerichtet;
aber selbst wenn ich eines der Reserve-Pferde des Juzbaschi bestieg (sie wurden in ihrem Stallzeuge immer beiher geführt) und
den Vortheil einer hohen Sattelspitze hatte, an der ich mich mit
der linken Hand anhalten konnte, war ich doch nicht im Stande,
die Erde zu erreichen und mich so im Gleichgewicht zu halten,
daß ich wieder auf dem Sattel zu sitzen kam. Selbst die Turks
gleiten manchmal ab, wenn sie ein hohes Pferd reiten. Uebri-
gens muß man, falls man über holprigen Boden galoppirt, sich
großentheils auf das Pferd verlassen, da man mit beiden Händen an der Ziege zieht; aber die Turki-Pferde machen selten
einen Fehler.

„Mitten in diesem Spiele hielt der Juzbaschi plötzlich an
und stieg ab. Er nahm einen Taschen-Compaß heraus und bezeichnete die Richtung der Kibla; gleich darauf kniete eine feierliche Reihe Rechtgläubiger hinter ihm und warf sich mit ihm in
den verschiedenen Stellungen, die das muselmännische Gebet verlangt, zur Erde nieder. Da in den wüsten Gegenden kein Wasser
bei der Hand war, so machten sie alle Bewegungen des Waschens
in einer Pantomime durch; anstatt die hohle Hand mit Wasser
zu füllen, drückten sie jedes Mal die flache Hand auf den Sand.

„Wie in Sanju, so wurden wir in jedem Dorfe von Officieren des Districtes, zu welchem dasselbe gehörte, bewillkommnet
und in die für uns bereit gemachten Zimmer geführt. Ungefähr
drei Meilen von Kargalik kam uns der Beg jener Stadt entgegen; nachdem ich abgesessen war und ihn begrüßt hatte, wurde
ich zu einem unter einige Bäume gebreiteten Teppich geführt
und mußte mich auf den Ehrenplatz setzen, während unser ganzes
Gefolge sich in einiger Entfernung auf andere Teppiche setzte.
Dann wurden Dastar-khâns gebracht, die in Becken voll Suppe,
Pilao in gewaltigen Näpfen, großen flachen Broden und zahl-

losen Schüsseln voll Früchte bestanden. Nachdem wir Alle an un=
seren verschiedenen Plätzen gegessen hatten, bat mich der Yuzbashi
sitzen zu bleiben, während die ganze Gesellschaft ihre Ueberzieher
vor mir ausbreitete und ihre Nachmittagsgebete hersagte. Später
setzten wir unsere Reise durch entsetzliche Staubwolken fort, die
durch unsern, immer größer gewordenen, Reiterzug verursacht
wurden. An meiner Seite ritt ein Bokhára=Hajji, der mit einem
Gefährten ungefähr einen halben Tagemarsch weit uns entgegen
geritten war. Er hatte Indien, Arabien und sogar Rum (die
Türkei) durchreist. Wir unterhielten uns lange in persischer
Sprache, die ich ziemlich gut zu verstehen anfange, obgleich dies
die erste Gelegenheit war, die ich gehabt hatte, meine Kenntniß
derselben praktisch auf die Probe zu stellen. Die Unterhaltung
wurde nach unserer Ankunft in Kargalik fortgesetzt. Er blieb ein
Paar Stunden bei mir und erzählte von seinen Reisen, auf denen
er viele Länder und viele Städte gesehen. Bokhára war natür=
lich der Hauptgegenstand seiner Lobeserhebungen; er verglich es
mit Stambul (Constantinopel), das, wie er sagt, demselben fast
gleich kommt.

„Von diesem Manne, der Kaufmann ist, erfuhr ich, daß
zwischen Indien und Turkistán bedeutender Handel getrieben
werden könnte. Er behauptet, daß jährlich 10,000 Kameellasten
(oder fast fünf Millionen Pfund) Thee in Bokhára eingeführt
werden, sieht aber diese Ziffer für sehr niedrig an, da der Bruch
mit China die Hauptbezugsquelle verstopft hat. Yárkand werde
ungeheure Massen Thee sowohl als englische Stückgüter brauchen
und uns mit Gold und Seide und Pferden bezahlen, woran es
Ueberfluß hat. Er selbst hat mit Rußland Handel getrieben und
sogar Orenburg besucht, das er Orenbuda nennt. Der Handel
sei gewöhnlich höchst einträglich; ein Kaufmann, der vierzig Ka=
meellasten mitnehme, kehre mit sechzig zurück, deren Verkauf ihn
in den Stand setze, im nächsten Jahre hundert Lasten zurück=
zusenden.

„Im Dorfe Bora machte ich noch eine Bekanntschaft. Ich
saß außerhalb meines Zimmers auf einer Kiste und sah zu, wie
meine Gewehre geputzt wurden; da trat ein vornehmer Mann
in grünem Tuchrock mit mehreren Begleitern in den Hof. Er
grüßte mich in der Hindostani=Sprache; ich antwortete ihm, und

wir unterhielten uns dann lange. Auf meine Fragen erzählte er
mir, er sei ein „Syab" (oder Nachkomme Mohammad's), ur=
sprünglich aus Rawal Pindi im Panjab, habe Mekka besucht
und bei seiner Rückreise durch diese Länder sich im Dienste eines
„Ziárat" (der Kapelle eines muselmännischen Heiligen) hier in
der Nähe niedergelassen. „Und Sie", sagte er dann, „sind Sie
ein Muselmann oder ein Hindu?" Da er aber sah, daß ich und
meine Diener lachten, so fügte er hinzu: „Nein; Sie müssen der
Frang sein." Er war wirklich gekommen, um den Engländer zu
sehen, da er mich aber in Turki=Tracht draußen sitzend fand, so
hielt er mich für einen der ersten Diener des Sahib. Als er
wußte, wer ich war, zeigte er sich sehr freundlich und sah mich
fast wie einen Landsmann in einem fernen Lande an. Er ver=
sprach mich in Yârkand zu besuchen, wo wir mehr Zeit zur Un=
terhaltung haben würden. Als er meine Diener sah, fragte er,
ob sie Hindus wären, und als ihm dies bejaht wurde, wiederholte
er den alten Spruch: „Wir sind ja
Alle Söhne Adam's". Wir trennten
uns als gute Freunde, und ich er=
fuhr, daß er als ein frommer Mann
vom Volke sehr verehrt wurde. So
tolerante Ansichten waren um so
auffallender, da sie sich bei einem
solchen Manne fanden.

„Während unserer Reise über
einen Arm der großen Wüste Tákla=
Makân sahen wir zwei Kik: kleine
Antilopen, die dort häufig vorkom=
men. Sie haben eigenthümliche lyra=
förmige Hörner, von denen ich ein
Exemplar mit nach Hause brachte.
Wie der Yuzbashi sagt, gehen sie in
großen Heerden, was auch wilde
Kameele(?) in der großen Wüste
nach Osten hin thun. Mit dieser
Wüste verbindet der Aberglaube wun=
derbare Sagen. Dort soll einst ein
heidnisches Volk gewohnt haben, zu

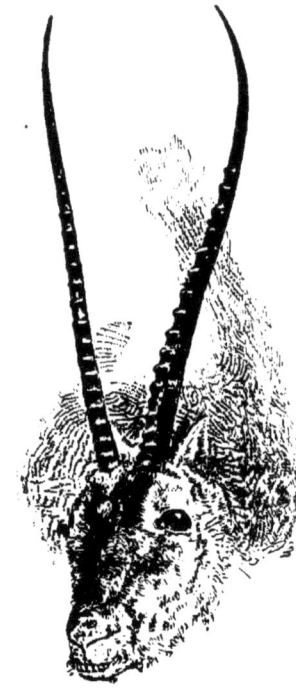

Kopf einer neuen Antilopenart mit
lyraförmigen Hörnern.

welchem sich Jalla-uddin begab und den Islam verkündigte. Sie
wollten Muselmänner werden, wenn der Heilige alle ihre Wohnungen in Gold verwandeln könnte. Er verrichtete einige Gebete,
und die Sache war abgemacht. Jetzt traten aber die ungläubigen
Menschen auf die Hinterfüße und sagten: „Alter, wir haben
Alles, was wir brauchen; warum sollten wir Muselmänner werden?" Der heilige Mann wandte sich ab, aber sowie er sie verließ, erhob sich der Sand und verschüttete sie und ihre Besitzungen. Man hat viel nach diesen Schätzen gesucht, aber wer in der
Wüste herumstreift, kommt stets durch eine magische Täuschung
um. Ich theilte dem Yuzbashi die Geschichte mit, die Herodot
von den goldgrabenden Ameisen erzählt, und die an der nämlichen Stelle gespielt haben soll.*)

„Der Yuzbashi sorgte dafür, daß mir die Abende nicht lang
wurden. Er holte mich gewöhnlich in seine eigenen Zimmer zur
Tamásha ab, wie er es nannte, wo einer seiner Leute auf einer
Guitarre mit zwei Saiten spielte, während Andere Turki-Tänze
aufführten. Die Bewegungen sind langsam; sie drehen sich ein-
und auswärts und chassiren abwechselnd mit jedem Fuße; der
Tanz hatte im Ganzen genommen eine beruhigende und schlaf-
bringende Wirkung. Meine Diener saßen unter den Uebrigen in
der Nähe der Thür und sahen zu. Der Yuzbashi lachte immer
über sie, weil sie Nichts, was ihr Herr aß, genossen, und nöthigte
sie scherzweise, Thee zu trinken und Brod zu essen. Als er erfuhr, daß es ihnen nicht verboten sei, Früchte aus seiner Hand
zu genießen, überlud er sie mit Granatäpfeln, Aepfeln, Birnen
u. s. w. Einen von ihnen, Chumáru, sah er zur Musik den Takt
mit den Händen schlagen; da gab er ihm ein Zeichen, daß er
tanzen solle. Auf sprang Chumáru, als wäre er von Bacchus
begeistert, und wirbelte und hüpfte und schwenkte im Zimmer

*) Auch Marco Polo sagt: „Man behauptet, es sei allgemein bekannt, daß
diese Wüste der Aufenthaltsort vieler bösen Geister sei, welche die Reisenden
zu ihrem Verderben mit ganz außerordentlichem Blendwerk unterhielten ....
Dadurch verlören sie den richtigen Weg, vergäßen die Richtung, die sie einschla-
gen müßten, um ihn wieder zu finden, und kämen elend vor Hunger um."
(Siehe Yule's Marco Polo, I, 180 und Anmerkung.) Ein wildes Kameel
wurde in dieser Wüste von den Gesandten Shah Rukh's im Jahre 1420 gesehen.
Siehe „Cathay und der Weg dorthin", S. CC.

umher, mit all den Stellungen und Touren eines Gubbi-Tanzes.
Die Turkis waren ganz bezaubert, der Yuzbaßhi entzückt, und
schließlich machte Chumâru seine Verbeugung unter einem Bei-
fallssturm. An einem andern Abende führte der Yuzbaßhi selbst
vor einem engeren Kreise einen Andijâni-Tanz für mich auf.
Er war wirklich recht hübsch und für den Körper eine gute Bewegung; er glich mehr einem Ballet, als irgend einem Tanze,
den ich im Morgenlande gesehen habe. Barfuß, mit weiten Hosen und in jeder Hand eine rothe Schärpe, flog der Yuzbaßhi
um das Zimmer herum, bei jedem Schritt die Füße wechselnd,
und die Schärpen abwechselnd mit jeder Hand vorn und hinten
schwingend.

„Einmal mußte ich zum Abendessen bei ihm bleiben; da ließ
er mein Messer und meine Gabel holen, weil er sich nicht in
der Lage befand, Messer und Gabel zu liefern. Nachdem die
Hände gewaschen waren, indem ein Diener Wasser über dieselben
in ein Becken goß, wurde auf den Teppich ein langes Tafeltuch
gebreitet; dann wurden zwei gewaltig große hölzerne Näpfe bis
zum Uebermaß voll Reis und Fleisch (die zusammen einen Pilao
bilden) hereingebracht. Der Yuzbaßhi und ich fielen nebst zwei
bis drei Anderen mit einem „Bis millah!" („Im Namen Gottes")
über die eine Schüssel her, während die Diener und Untergebenen sich die andere zueigneten. Die Art und Weise, wie sie
essen, erfordert (wie ich bei einer andern Gelegenheit fand, wo
mein Messer und meine Gabel nicht zur Hand waren) einige Geschicklichkeit, um den Reis sicher in den Mund zu bringen. Man
legt die Finger zusammen, nimmt den Reis darauf, bringt ihn
so bis an die Lippen und befördert ihn dann durch einen Schnipp
mit dem Daumen in den Mund. Das Fleisch wird aus dem
Reis herausgenommen, von einem Diener mit dem Gürtelmesser
zerschnitten, und die Stücke, die so klein sind, daß man sie gerade
essen kann, werden auf einem der großen runden flachen Brode
dem Herrn vorgelegt. Sie haben ungeheuren Appetit, essen aber
doch sehr reinlich; der Reis verschwand auf wunderbare Weise.
Als Alles vorüber war, wurden die Näpfe und das Tafeltuch
wieder entfernt; der Yuzbaßhi blickte ringsum und sprach: „Amin,
Allaho-akber", wobei er wie gewöhnlich die Arme ausstreckte und
sich schließlich den Bart strich, was wir Alle mitmachten.

„Mit einem so lustigen Reisegefährten und bei der neuen und ungewöhnlichen landschaftlichen Umgebung, kam mir, wie Sie sich denken können, die Reise nicht lang vor. Wäre ich ein Gesandter gewesen, mehr Ehre hätten sie mir nicht erweisen können, und wäre ich ein Freund und ein Landsmann gewesen, freundlicher und herzlicher hätten sie nicht sein können. Einmal sagte der Ayzbaschi zu mir, nachdem wir einen fröhlichen Abend bei ihm verlebt hatten: „Ach, Shaw Sahib, wenn Sie nur kein Frang wären, so würden wir Brüder geworden sein und mit einander gelebt haben. Wenn Sie fortgehen, müssen Sie mir viele Briefe schreiben und mir mittheilen, wie es Ihnen in Ihrem Vaterlande geht.” Was die Ehre betrifft, die man mir erwies, so habe ich Ihnen schon mitgetheilt, daß man bei meiner An= näherung die Straßen gebessert hatte. In Indien ist dies immer ein Zeichen der Ehrerbietung, die man großen Männern erweist; die Mühe, die man dabei aufwendet, ist verschieden, je nach dem Range, den der nahende Würdenträger einnimmt. Für einen bloßen Commissär werden die Löcher ausgefüllt und an den Brücken die Bohlen festgenagelt. Wird der Lieutenant=Gouver= neur erwartet, so werden die Straßen gebahnt und die offenen Wassergräben überdeckt. Zu Ehren des Vicekönigs aber wird der ganze Handelsverkehr gehemmt, die Straße ganz mit Rasen be= legt und an der Seite eines jähen Abhangs ein Geländer ange= bracht. Ich spreche hier von den Hügeldistricten. Der erwähnte Unterschied ist so bekannt, daß, wenn eine Ausbesserung der Straßen angeordnet wird, man gewöhnlich gleich genau angibt, ob es eine „Commissärs=Ausbesserung” oder eine „Lord=Sahibs= Ausbesserung” sein soll. Diesem Maßstabe nach würden die Vor= bereitungen, die hier für meine Ankunft getroffen wurden, sicher= lich wenigstens in die Klasse der „Lieutenant=Gouverneurs=Aus= besserungen” gehören, denn über mehrere Dutzend Wassergräben, von denen manche zehn bis zwölf Fuß breit waren, hatte man Brücken geschlagen und an vielen Stellen, um sumpfigem Boden auszuweichen, die Straße verlegt — und dies Alles war inner= halb vierzehn Tagen vor meiner Ankunft geschehen.

„Bei jeder Stadt kam der Gouverneur oder Beg mit seinem Gefolge mir drei bis vier Meilen entgegen geritten und brachte einen „Dastar=khân” oder ein Diner, das für die ganze Reisege=

ſellſchaft (die aus faſt zwanzig Mann beſtand) beſtimmt war.
Man ſtellte Näpfe voll Suppe, gewaltig große hölzerne Schüſſeln
voll Pilao, gebratene Hühner zu Dutzenden, Früchte, Brod u. ſ. w.
vor uns hin und geleitete mich ſpäter in die Stadt, wobei ich
zwiſchen dem Beg und dem Ȳuzbaſhi ritt. Außerhalb der Thore
hatten ſich die größten Kaufleute verſammelt, während die übri=
gen Bewohner der Stadt in Reihen längs der Gaſſen ſtanden.
Nachdem der Beg mich in mein Nachtquartier im Hauſe des Gou=
verneurs geführt und noch kurze Zeit bei mir geſeſſen hatte, nahm
er Abſchied, kam aber am Morgen wieder und gab mir das Ge=
leit zur Stadt hinaus. An den Thoren trennten wir uns von
ihm, ritten ein Paar Stunden und fanden dann immer einen
zweiten „Daſtar=khân“ unter einem Hain von Bäumen uns er=
warten: er war vom Beg, den wir ſoeben verlaſſen hatten, her=
ausgeſchickt worden. Selbſt die Häupter kleiner Städte ohne
Feſtungsmauern, in welchen wir nicht anhielten, brachten „Da=
ſtar=khâns“ heraus und baten uns, ihnen die Ehre zu erweiſen,
wenigſtens eine Taſſe Thee zu trinken. Ich fing an ſchon vor
dem Namen „Daſtar=khân“ völlig zu erſchrecken. Die Maſſen
überflüſſiger Speiſe und unnöthigen Thees, die ich während der
Reiſe zu mir nahm, waren ungeheuer. Außer meinen eigenen
gewöhnlichen Mahlzeiten und den beiden „Daſtar=khâns“, die der
Ȳuzbaſhi (am Morgen und Abend) gab, fielen dieſe anderweiti=
gen Imbiſſe, die außer den gewöhnlichen Eſſenszeiten erſchienen
und ſich mehr nach der Entfernung der Ortſchaften richteten als
nach dem Appetit, den man hatte, noch ganz bedeutend ins Ge=
wicht. Aber die Turki=Gaſtfreundſchaft zeigt ſich, wie die der
Engländer, hauptſächlich im Eſſen und Trinken, und ich tröſtete
mich mit dem Gedanken, daß ich für die ganze britiſche Nation
ſchmauſte, für welche dieſe Ehrenbezeigungen beſtimmt waren.

„Sowie wir uns Ȳârkand näherten, wurden häufiger als je
Ehren=Couriere abgeſandt, die immer in neuen Röcken zurück=
kehrten. Wir überſchritten einen beträchtlichen Fluß, der, wie
man mir ſagte, in den Sommermonaten, wo ſein Bett voll iſt,
mit Booten befahren wird. Jetzt iſt er in fünf Arme getheilt,
die ſich alle durchwaten laſſen. Der Ȳuzbaſhi hatte mir geſagt,
außerhalb der Stadt Ȳârkand werde mich eine einflußreiche Per=
ſönlichkeit, der Bruder oder Sohn des Shaghâwal, empfangen,

Einzug nach Yârkand.
Nach einer Skizze von R. B. Shaw.

Der Galgen.

und es werde für mich schicklich sein, demselben eine „Jâma“,
d. h. ein Gewand, zu schenken. Er fragte mich, ob ich mit einem
solchen Geschenk versehen sei, und sagte mir, ich könnte von ihm
Alles verlangen, was ich brauchte, und wenn es 1000 Tillahs
(gegen 4000 Thaler) wären. Zu derselben Zeit schrieb er an
den Shaghâwal und deutete ihm an, daß meine Karawane noch
zurück sei und ich kein Gewand bei mir hätte, das zu einem Ge=
schenk für einen Mann von hohem Range passe, daß ich daher
in Verlegenheit gerathen würde, wenn ein solcher mir entgegen
käme, und es besser wäre, wenn ein Mann geringeren Standes
gesendet würde. Es kam mir daher drei Meilen von Jârkand
noch ein Yuzbashi in prachtvoller Kleidung mit etwa dreißig
Reitern entgegen, die sich der Reihe nach aufstellten, um mich zu
empfangen. Wir saßen ab und umarmten uns nach morgenlän=
discher Sitte (ich hatte dies am Weg von Posskyam versucht und
den großen Fehler gemacht, daß ich den falschen Arm erhob).
Er drückte mich mit erstaunlicher Kraft an sich, so daß mir, als
ich mich bereit machte, die Umarmung mit einer Reihe höflicher
Fragen nach seinem Befinden zu begleiten, der Athem vollständig
versagte. Ich schenkte ihm dann ein neues Gewand (das mein
Yuzbashi mir zu dem Zwecke lieh), und einer meiner Diener legte
es ihm über die Schultern. Dann saßen wir Alle wieder auf
und setzten unsere Reise fort. Kurz darauf kam vor uns eine
lange niedrige Linie zum Vorschein, in welcher ich das Ziel mei=
ner langen Reise erkannte: es war die Mauer von Jârkand.
Während wir über ein vollkommen plattes Land dahin zogen,
fiel ein Gegenstand besonders in die Augen, der sich gerade vor
uns über die Mauer erhob. Es war ein hohes viereckiges Gerüst,
wie bei einem im Bau begriffenen Thurme, oben mit einer höhe=
ren und einer tieferen Plattform. Als Mullah Sherif meinen
forschenden Blick bemerkte, flüsterte er mir in persischer Sprache
zu, es sei das Hinrichtungs=Gerüst! Dies ist das Erste, was ein
Fremder von der Stadt Jârkand sieht.

„Nachdem wir außerhalb der Stadt durch einen kleinen Ba=
zar gezogen waren, traten wir durch ein in der Schlamm=Mauer
befindliches Thor ein, das nach meiner Beurtheilung zwanzig bis
dreißig Fuß hoch war und nach oben, wo es zehn bis zwölf Fuß
breit war, sich verschmälerte. Eine kurze Strecke in der ersten

Straße hinab zogen wir unter dem Gerüst hin, das ich gesehen hatte. Es steht auf dem Dache eines festen Gebäudes, das ich für die Zelle der zum Tode Verurtheilten halte. Unser Weg führte uns nicht durch die besten Theile der Stadt, aber die Gassen, die wir sahen, waren voller Verkehr, und längs derselben standen Kaufläden aller Art. Die Läden wurden meistens von Frauen besorgt, und an mehreren Stellen sah ich eine richtige Wiege stehen, mit einem kleinen Kinde darin, das die Mutter mit dem Fuße einwiegte. Dies ist ein entschiedener Fortschritt der Sitte der Bewohner von Simla gegenüber, die ihre kleinen Kinder, um sie in Schlaf zu bringen, unter eine Rinne hängen und einen Wasserstrahl auf sie strömen lassen. Gleich darauf passirten wir eine zweite hohe Mauer, die ich für noch eine Stadtmauer hielt, die aber, wie ich fand, nur die Umgrenzung eines der Collegien war. Die Gassen sind zehn bis zwölf Fuß breit und von den Häusern haben manche ein oberes Stockwerk.

„Nach einem Ritt von zwanzig Minuten durch krumme Gassen zogen wir durch ein anderes Thor hinaus und setzten über ein Stück freies Terrain, das gegen 600 Schritt breit war und die Altstadt von der Neustadt trennte. Einige baufällige Häuser bezeichneten die Stelle, wo ein Bazâr gewesen war, der unter der chinesischen Herrschaft die beiden Städte vereinigt hatte. Den „Yang-Shahr" (die Neustadt)*), dem wir uns eben näherten, hatten die fremden Beherrscher des Landes als Wohnplatz und Zufluchtsort für sich erbaut. Sobald ein Aufruhr oder eine Empörung stattfand, scheinen die chinesischen Truppen sich in die Neustadt zurückgezogen und mit Geduld gewartet zu haben, bis die Sache vorüber war; dann rückten sie aus und nahmen ihre

---

*) Einen „Yang-Shahr" oder ein Cantonnement gibt es in allen Städten Ost-Turkistâns. Man darf das Wort nicht mit „Yang-Hissâr" verwechseln; letzteres ist der Name einer Stadt, die selbst mit einem „Yang-Shahr" versehen ist.

Marco Polo sagt: „Da von den Armeen des Groß-Khans die Rede ist, so wird hier eine geeignete Stelle sein, zu bemerken, ... daß es nothwendig wurde, Armeen in solchen Provinzen zu unterhalten, die große Städte und eine starke Bevölkerung hatten. Die Truppen sind vier bis fünf Meilen von jenen Städten stationirt und können einrücken, sobald es ihnen gefällt." (Siehe Yule's Marco Polo, I. 300.)

frühere Stellung auf dem Lande wieder ein. Die Mauern sind von demselben Material, wie jene der Altstadt, aber von einem tiefen Graben umgeben und in Zwischenräumen von sonderbaren pagodenähnlichen Gebäuden überragt, den Ueberresten der chinesischen Occupation. Der Thorweg war in ähnlichem Style gebaut, während rings um denselben eine große Anzahl Turki-Soldaten in rothen Tunicas und Hosen versammelt waren. Drinnen lungerten noch viele in malerischen Stellungen umher; sie sangen und tanzten und zeigten dabei eine so einstudirte Ungezwungenheit, eine so sorgfältige Nonchalance, daß ich sofort entdeckte, zu welchem Zwecke die Versammlung stattfand. Auch waren sie in ihren Uniformen nicht hinlänglich zu Hause, um mich glauben zu machen, daß sie dieselben für gewöhnlich trügen. Zwei bis drei machten den Gänsemarsch, und ich bin noch im Zweifel, ob sie Rekruten darstellen sollten, die man einexercirte, oder Schildwachen, die auf ihrem Posten auf- und abgingen. Eine kurze Strecke die Gasse hinab kamen wir an eine Artillerie-Kaserne, vor der eine Reihe kleine Geschütze und Haubitzen standen. Die Artilleristen waren blau gekleidet und mein Auge ruhte sofort auf einer Gruppe, die bessere Kleider als die Andern trugen; es waren dem Anscheine nach Officiere. Man konnte sie für nichts Anderes ansehen als für Eingeborene aus Indien; sie waren vielleicht alte Meuterer.

„Einige Hundert Schritte weiter führte die Gasse auf einen freien Raum, jenseits dessen wieder eine Mauer und ein Thor war. Ehe wir dies erreichten, hielten wir an und saßen ab, und ich wurde von den beiden Yuzbashis links in ein Haus geführt. Wir gingen durch drei Höfe und kamen am Ende des dritten an eine Art Pavillon. Das platte, vorn vorspringende Dach bildete eine breite Veranda, die auf hohen Säulen ruhte; in der Mitte war eine Nische, die bis zur andern Wand ging; dort stand eine Art Divan, mit Matten und Teppichen bedeckt, auf welchen die Besucher sich setzen konnten; auf jeder Seite der Nische gingen Thüren in behagliche Zimmer, die mit Bokhâra-Teppichen belegt waren, und in welchen helle Feuer brannten. Der Yuzbashi theilte mir mit, daß dieses Haus für mich bestimmt sei, und daß, nachdem ich ein wenig geruht hätte, man mich abholen werde, um den Shaghâwal zu besuchen. In einigen

Minuten kam ein „Dastar=khân", der dieses Mal aus leichteren
Erfrischungen, Crêmes, eingemachten Früchten u. s. w., bestand.
An der Spitze der Ueberbringer befand sich der Bruder des
Shaghâwal, der mich in Pårkand willkommen hieß. Da ich fand,
daß er Persisch sprach, sagte ich ihm, daß ich dem Shaghâwal
für alle die Aufmerksamkeiten, die man mir unterwegs erwiesen
habe, zu großem Dank verpflichtet sei. Er erwiderte, für einen
Gast des Königs könne keine Aufmerksamkeit zu groß sein."

Neuntes Kapitel.

Aufenthalt in Yârkand.

„Als er sich zurückgezogen hatte, blieb ich eine kurze Zeit
allein; aber bald darauf kehrte mein Yuzbashi zurück und sagte,
wenn ich bereit sei, wolle er mich zum Shaghâwal geleiten. Ich
muß Ihnen mittheilen, was ich vorläufig über die Stellung die=
ses hohen Officiers erfahren habe. Er ist nicht der bloße Gou=
verneur von Yârkand, wie ich mir gedacht hatte, sondern der
zweite Mann im Reiche, und entspricht dem Großvezier in der
Türkei. Während der König in Kâshghar war, bewohnte er den
Palast, in den ich jetzt geführt wurde. Wir begaben uns durch
das große Thor, das ich vorher gesehen hatte, und welches voll
Soldaten war (hier war von angeblichem Négligé Nichts zu
sehen), und erreichten ein zweites, auf ähnliche Weise bewachtes
Portal, durch das man in das Innere des Palastes gelangte.
Wir überschritten den einen großen Hof. An den vier Seiten
desselben saßen in feierlicher Weise eine Reihe Beamte, die Augen
seit auf die Erde gerichtet und Jeder mit einem weißen Stab in

der Hand. Das Schweigen, das bei einer so großen Anzahl von Männern herrschte, brachte einen Eindruck hervor, der mit dem Schauplatze, dem Palaste eines morgenländischen Despoten, ganz übereinstimmte. Vor der Thür eines zweiten Hofes war Alles hinter einer hohen Brüstung verborgen, bis wir eintraten. Hier brachte die Einsamkeit der inneren Räume dieselbe Wirkung hervor, wie draußen die schweigende Menschenmenge. Vor uns her ging ein Ceremonienmeister mit einem weißen Stabe und hielt mich auf halbem Wege den Hof hinauf an, um durch eine entfernte Thüre zu zeigen, wo man, wie er mir zuflüsterte, den Shaghâwal sehen konnte. Ich grüßte ihn, wie es verlangt wurde, durch eine Verbeugung und wurde dann einige Stufen hinauf bis zur Thür des Zimmers geleitet. Hier verließ mich Jedermann, und der Ceremonienmeister gab mir ein Zeichen mit der Hand, allein einzutreten. Am Feuer saß auf einem Kissen ein kleiner, ältlicher Mann in Kleidern von einfachen Farben. Er erhob sich und kam mir bis nahe an die Thür entgegen geeilt; hier umarmte er mich nach morgenländischer Sitte und führte mich dann an der Hand auf ein zweites Kissen in der Nähe des Feuers, dem seinigen gegenüber, wobei er mich immer auf das Herzlichste bewillkommnete und fragte, ob mir unterwegs jede Erleichterung und Aufmerksamkeit zu Theil geworden sei. Nachdem wir uns gesetzt hatten, stand ich, wie man mich angewiesen, wieder auf, sprach das Allaho-akber! und schwang dabei die Arme; dann setzte ich mich wieder, worauf der Shaghâwal nach Turki-Sitte mich mit Complimenten überhäufte und ich sie erwiderte. Er sprach seine Freude über die Ankunft eines Engländers aus und sagte dabei, sie wüßten, welche Freundschaft unser Volk gegen den Sultan von Rum hege, der das Haupt der muselmännischen Religion sei, und betrachteten uns deshalb schon als ihre Freunde. Aber die Ankunft eines englischen Sahib, der sich all der Mühe und Beschwerde einer so langen Reise unterzogen habe, um seinen König zu besuchen, sei ein weiteres Freundschaftsband. Freundschaft, sagte er, läßt Alles gedeihen; aber durch Feindseligkeiten werden die Länder wüst. Ich erwiderte, wie ich hoffe in passender Weise, daß ich das Vertrauen hätte, meine Reise werde das Mittel sein, zwischen den beiden Ländern einen freundschaftlichen Verkehr herzustellen, da wir

unsererseits gegen die Turks die freundschaftlichsten Gefühle heg=
ten. Ich fügte noch hinzu, daß meine Landesherrin, wenn sie
erführe, mit welcher Zuvorkommenheit einer ihrer Unterthanen
in Turkistân behandelt worden sei, sich außerordentlich freuen
werde. Hierauf sagte der Shaghâwal, er müsse sich entschuldigen,
daß ich in Shahidulla aufgehalten worden, und daß der Empfang,
der mir zu Theil geworden, so mangelhaft sei. Dies komme
daher, daß ich meine Ankunft vorher nicht angemeldet hätte. Ich
war ganz erstaunt und erwiderte: „Hat denn mein Diener, der
Munshi, den Brief und die Sendung an den König, die er über=
bringen sollte, nicht abgegeben?" Der Shaghâwal antwortete:
„Nein." Ich entgegnete: „Dann muß ich mich in Ihren Augen
eines großen Mangels an Ehrfurcht vor dem Könige schuldig
gemacht haben, indem ich nicht erst um Erlaubniß nachsuchte,
kommen zu dürfen. Das war ja aber gerade der Zweck, weshalb
ich meinen Munshi vor mir hersandte. Ich bitte Sie, ihn kom=
men zu lassen und ihn nach dem Kästchen zu fragen, in welchem
er meinen Brief für den König brachte. Es thut mir sehr leid,
daß ich scheinbar Mangel an Ehrfurcht bewiesen habe." Er ant=
wortete: „Nein, nein; Mangel an Ehrfurcht ist nicht vorhanden;
es that mir nur leid, daß Sie in Shahidulla aufgehalten wur=
den, und daß wir nicht eher Nachricht erhielten, um Ihnen einen
ehrenvolleren Empfang bereiten zu können. Was den Munshi
betrifft, so ist er Ihr Diener und wird geholt werden, sobald Sie
nach ihm senden."

„Während dieses Gesprächs war ein „Dastar=khân" aufge=
tragen und von einem Bedienten mir Thee gereicht worden.
Nachdem wir noch ein wenig mit einander gesprochen hatten,
meinerseits in ziemlich mangelhaftem Persisch, stand ich auf, um
zu gehen.

„Der Shaghâwal legte die Hand auf mich, um mich zurück=
zuhalten, und in einigen Minuten brachte ein Diener ein pracht=
volles seidenes Gewand herein, das mir, während ich Abschied
nahm, über die Schultern gelegt wurde. Auch der Shaghâwal
erhob sich und geleitete mich zu einer andern Thür hinaus durch
ein langes Zimmer, das, wie ich später erfuhr, als Moschee für
den königlichen Hof benutzt wurde. Am andern Ende desselben
nahm er mit einer Verbeugung von mir Abschied. Hier schlossen

sich wieder meine Leute mir an. Ich wurde in feierlichem Zuge
in mein Haus zurückgeführt, wo unterdessen mein ganzes Gepäck
angelangt war. Am äußern Thore des Palastes trafen wir einen
Mann von etwas hohem Range zu Pferde. Er stieg sofort ab
und trat vor, um mich zu umarmen. Der Yuzbaschi murmelte
einige Worte, um uns einander vorzustellen, und ich warf mich
ihm in die Arme, mit der ganzen Inbrunst einer langen Freundschaft. Bis jetzt habe ich nicht die geringste Vorstellung, wer
er war.

„Hinter mir folgte ein aus den Dienern des Shaghâwal
bestehender Zug; sie trugen den „Dastar-khân", den man mir
vorgesetzt hatte. Das scheint hier Sitte zu sein.

„Als ich nach Hause kam, ließ ich sofort meinen Munshi
holen. Er erschien sogleich, in kostbare Gewänder, ein Geschenk
des Shaghâwal, gekleidet, und ich sagte ihm, er solle augenblicklich das Kästchen mit dem Briefe holen lassen. Ich hatte meinen
an den König gerichteten Brief, den er gebracht hatte, in ein
hübsches Kästchen von jenem emaillirten Gold, das als Gujerâ-
ter Arbeit bekannt ist, eingeschlossen. Es kam eilig an, und ich
händigte dasselbe, ohne es zu öffnen, dem Yuzbaschi mit der Bitte
ein, es dem Shaghâwal zu geben. Dies that ich, damit sie den
Brief selbst lesen und daraus ersehen konnten, daß ich die Wahrheit gesprochen, als ich sagte, ich hätte den König um Erlaubniß
bitten lassen, kommen zu dürfen. Etwa eine Stunde später kehrte
der Yuzbaschi zurück und brachte Brief und Kästchen wieder und
vom Shaghâwal einen Gruß, ich möchte sie behalten und sie dem
Könige, wenn ich ihn sähe, selbst geben. Sie hatten jedoch den
Brief offenbar gelesen, und das war Alles, was ich wünschte.

„Mein Munshi erzählte mir nun Alles, was ihm auf der
Reise und in Yârkand begegnet war. Ich ärgerte mich entsetzlich,
daß er meinen Brief nicht abgegeben und auch, wie es schien,
von dessen Inhalt Nichts erwähnt hatte. Er setzte mir die Sache
aus einander, und ich wurde dadurch für den Augenblick beschwich-
tigt, lasse jedoch mein Urtheil darüber noch unentschieden. Mohammad Nazzar, der zurückkehrende Gesandte, dessen Sorge ich
meinen Munshi anvertraute, hatte, wie es scheint, sich wie ein
echter Schurke gezeigt. Auf der Reise behandelte er Diwân Bakhsh
sehr schlecht, und nach ihrer Ankunft verbreitete er das Gerücht,

daß er ein Spion sei, während er nicht einmal erwähnte, daß
ich mich auf dem Wege hierher befände. Und doch hatte er, ehe
er Ladâk verließ, mir allen möglichen Beistand versprochen; um
mir seine Gunst zu sichern, hatte ich ihm damals mehrere hübsche
Geschenke gegeben. Von dem Shaghâwal wurde jedoch mein
Munshi sehr gut behandelt; er ließ ihn unterwegs einholen,
„Dastar-khâns" für ihn besorgen und ihm alle übliche Ehre erweisen, und Mohammad Nazzar war wegen seines Benehmens
in dieser und anderer Beziehung in Ungnade gefallen. In Yârkand angekommen, wurde Diwân Bakhsh mit seinen Dienern auf
ein einziges Haus beschränkt, sonst aber mit Allem, was sie
brauchten, versehen und jeden Tag mit Ehrengaben beschenkt.
Er fürchtete deshalb, wenn er erwähnte, daß ich im Anzuge sei,
möchten Leute abgeschickt werden, um mich zurückzuweisen, und
schwieg daher, bis ich nach seiner Berechnung Shahidulla erreicht haben mußte. Dann machte er den Zweck seines Besuches
bekannt.

„Selbst wenn die Sache sich so verhielt, kann ich ein solches
Benehmen nicht für klug halten. Es wurde dadurch ein Uebel
vermieden, aber ein anderes herbeigeführt. Die lange Verheim-
lichung muß ihnen höchst verdächtig vorgekommen sein. Es wurde
jedoch sofort ein Officier abgesandt, um mich aufzuhalten (derselbe, der mich am 13. November in Shahidulla erreichte), und
etwa zwei Tage darauf sagte der Shaghâwal meinem Munshi,
er solle an mich schreiben, mir seinen ehrenvollen Empfang mittheilen und sagen, der König sei höchst erfreut zu hören, daß ich
sein Land besuchen wolle, aber warum ich mir diese Mühe im
Winter machte; es sei durchaus nicht nothwendig, daß ich noch
weiter käme. Mein Munshi werde mit einem gehörig qualificir-
ten Gesandten an unsere Regierung zurückgeschickt werden, und
hierauf werde es ihnen Freude machen, uns in Yârkand zu sehen.

„Diwân Bakhsh wurde dann noch angewiesen, an die Spitze
seines Briefes einen kurzen Satz in leicht verständlichem Hindostani zu schreiben, worin er mich auffordern sollte, sofort nach
Ladâk zurückzukehren (als ob es eine heimliche Warnung von
ihm sei). Er that es, aber durch einen glücklichen Zufall bemerkte
ich diese Zeile nicht, sondern warf den ganzen Brief, als nicht
zu entziffern, bei Seite. Hätte ich die Bemerkung gesehen, so

würde ich in ernste Verlegenheit gekommen sein, was ich thun
sollte. Dies war der Brief, den mir Juma überbrachte. Nach=
dem mein Billet (das ich vom kirghisischen Lager aus am ersten
Tage schrieb) in Yârkand angekommen war, wurde dasselbe einige
Zeit darauf an meinen Munshi gesandt, um es zu lesen. Ganz unbe=
kümmert um die Wahrheit (wenn dies nicht auch eine Lüge ist)
und ohne alle Rücksicht darauf, daß er selbst nicht Englisch ver=
steht, sagte er, ich hätte darin dem König geschrieben, daß ich
entschlossen sei, Shahidulla nicht eher zu verlassen, als bis ich
von ihm selbst auf dem einen oder andern Wege eine Antwort
erhielte. Auch erwähnte er meinem Befehl gemäß die Bitte, daß
ein Officier von angemessenem Range mir an die Grenze entge=
gen gesandt werde.

„Hierauf wurde der Yuzbashi abgesandt, um mich mit aller
Ehre einzuholen; da aber jetzt Hayward auf dem Schauplatze er=
schien, so entstand eine weitere Verzögerung.

„So erzählt der Munshi; aber weder seine noch des Sha=
ghâwals Aussage gegen mich stimmt ganz mit den Thatsachen
überein. Ehe ich in Shahidulla ankam, das heißt, um die Zeit,
wo Mohammad Nazzar und Diwân Bakhsh Yârkand erreichten,
hatten die Soldaten schon beinahe einen Monat in jenem Grenz=
Fort gestanden, und außerdem kommen auch noch andere Wider=
sprüche vor. Da aber der Shaghâwal mir sagte, die Hauptsache
sei gewesen, daß ich wohlbehalten nach Yârkand kam, und da
dies wirklich geschehen ist, so ist Alles gut. Welche Intriguen
meiner sichern Ankunft vorhergingen, oder dieselbe herbeiführten,
werde ich vermuthlich nie erfahren.

„Der Munshi erzählte mir überdies, daß gerade an dem
Tage, wo er Yârkand erreichte, dicht an der Stadt eine in die
Erde vergrabene Kanone gefunden worden sei. Man betrachtete
dies als eine höchst günstige Vorbedeutung, da die Ankunft eines
englischen Couriers gleichzeitig mit jener willkommenen Vermeh=
rung der Vertheidigungsmittel des Landes stattfand.

„Ich fing nun an in meinem Hause mich einzurichten. Der
erste Hof enthält Ställe, in welchen zehn bis zwölf Pferde Platz
haben (die Krippen sind selbst für ein großes Thier sehr hoch).
Hier lebt mein Pony und meine Schafheerde. Gegenüber waren
zwei bis drei Zimmer; diese wurden einem Panjâbashi (Haupt=

mann von Fünfzig) und seinem Lieutenant überwiesen, die zu
meiner Bedienung dort bleiben sollen. Hier werden auch alle
Besucher untergebracht, bis ihre Ankunft mir gemeldet ist. Um
im Sommer Besuch zu empfangen, ist dort noch eine erhöhte und
überdachte Flur. Der nächste Hof enthält ein Zimmer, das ich
in eine Badestube für mich verwandelt habe, und unmittelbar
daran liegt die Küche, nebst Räumen für die Diener und ihr
Federvieh. Von der Dienerschaft des Shaghâwal sind zwei Sklaven gekommen, um in der Küche zu helfen. Am Ende des dritten
Hofes steht eine Art Pavillon, in welchem ich selbst lebe. Hinter
demselben liegt ein kleiner Garten mit einem Sommerhause, aus
dem man den Garten überblickt, oder vielmehr mit einem Zimmer, dessen Vorderseite offen ist. Ueber die Gartenmauer hinweg
wird ungefähr dreihundert Schritt vom Hause die Aussicht durch
die mit Zinnen versehene Mauer des Yang-Shahr versperrt, auf
der in Zwischenräumen von etwa neunzig Schritt kleine Häuser
stehen. Ein wenig links wird sie von einem echt chinesischen Gebäude überragt, das zwei Stockwerke hat, auf hölzernen Säulen
ruht und mit dem charakteristischen, an den Ecken aufgestülpten
Pagodendach versehen ist. Mein Empfangszimmer ist ganz behaglich; der Fußboden ist gut mit Teppichen belegt, der Kamin ge-
räumig, gerade so wie ein europäischer, und ich habe noch nie
bemerkt, daß er raucht. Die Wände sind weiß und die Decke ist
sorgfältig tapezirt. Licht erhält es durch eine Oeffnung in der
Decke, auf der etwas Aehnliches wie ein Mistbeetfenster liegt,
nur daß es anstatt des Glases dünnes Papier enthält. Auch nach
der Erde hinab gehen zwei Fenster mit doppelten Flügeln. Die
äußeren bestehen aus Gitterwerk, das mit durchsichtigem Papier
überzogen ist; die inneren bilden Fensterladen, die man des Nachts
zumachen kann. Das ganze Holzwerk ist grün angestrichen, und
das ganze Haus ist meinetwegen in- und auswendig reparirt,
frisch getüncht, tapezirt u. s. w. Es hatte vorher dem früheren
Gouverneur von Yârkand gehört, der eben erst aus dem Gefängnisse entlassen worden war. Nebenan steht das eigene Haus des
Shaghâwal (den Palast hat er nur während der Abwesenheit
des Königs als dessen Stellvertreter inne). Alles ist reinlich, nett
und comfortabel.

„Ehe ich mich zu Tische setzte, kam der Yuzbashi wieder mit

einer Menge Diener und brachte Möbel. Zuerst einen (nur zwei
Fuß hohen) Tisch, der in grellen Farben mit Mustern bemalt
war. Sodann zwei hohe Armsessel mit geraden Lehnen, deren
Sitze gleiche Höhe mit dem Tische hatten! Ferner zwei Bettstel-
len mit großen, dünnen Matratzen, die mit Seide überzogen
waren. Auf ihnen konnte man am Tage sitzen und in der Nacht
schlafen. Alle diese Möbel waren für mich besonders gemacht
worden, da man in Yârkand keines derselben kennt. Die Turks
sitzen immer auf Teppichen und schlafen auf hölzernen Bänken,
oder auf Matratzen, die sie auf den Fußboden legen. Der Shaghâwal hatte die in seinem Dienste stehenden Hindostanis gefragt,
was die Engländer für Anforderungen machten, und jene Möbel
waren nach ihrer Beschreibung gefertigt worden. Die Höhe des
Tisches und der Stühle ist unverhältnißmäßig, aber glücklicherweise hat mein amerikanischer Feldstuhl, der sich zusammenschla-
gen läßt, gerade die rechte Höhe für den Tisch. Die hohen Stühle
bewahre ich für ceremonielle Gelegenheiten auf, wo dann mein
Besuch sich in den einen und ich mich in den andern setze. Nachdem diese Sachen hingestellt waren, brachte der Yuzbashi eine
Hausmütze hervor, von der Art, wie sie Alle sie unter dem Turban tragen, eine hohe Sammetmütze mit Pelzaufschlag (wie seine
eigene war, die ich Ihnen schon beschrieben habe), ferner eine
gestickte seidene Börse oder Tasche von eigenthümlicher Gestalt,
die man am Gürtel trägt, ein Paar hohe Stiefeln und endlich
ein langes Gewand von carmoisinrother Seide und dick wattirt,
das, wie er sagte, der Shaghâwal für mich geschickt hatte, weil
die Witterung anfing kalt zu werden. In allen diesen Dingen
gab sich eine solche Bedachtsamkeit und Rücksicht kund, daß ich
gegen den alten Shaghâwal für die Mühe, die er sich nahm,
um Alles ausfindig zu machen, was mir angenehm sein konnte,
wobei er ebenso sehr auf meine Behaglichkeit achtete, als auf den
äußeren Schein, auf den es bei den Geschenken überhaupt ankam,
ganz freundschaftlich gesinnt wurde.

„Der Diener des Munshi, Rahmet-Ullah, wurde darüber
ertappt, daß er den Turks Vorurtheile gegen meine Hindu-Diener
beibrachte; er sagte zu den Hindus, sie sollten das Brod nicht
anrühren, das die Muselmänner äßen. Ich nahm ihn vor und
hielt ihn, während ich ihn vor einem solchen Betragen warnte,

am Ohre (so pflegen die hiesigen Eingebornen eine Warnung einzuprägen). „Diese Leute", sagte ich, „sind nicht halbe Hindus, wie Sie, und kennen im Essen und Trinken keinen Kastenunterschied. Wenn Sie ihnen wieder einmal solche Dinge in den Kopf setzen, werde ich Ihnen die Haut abziehen." Der Mann war ganz zerknirscht und versprach zu gehorchen; es war das letzte Mal, daß ich von solcher Thorheit hörte.

„Yârkand, den 9. December. — Zur Frühstückszeit machte mir der Yuzbashi einen kurzen Besuch mit einem Manne, der einen Präsentirteller voll Crêmes und eingemachter Früchte brachte. Ich sagte ihm, ich möchte gern den Shaghâwal wieder sprechen, um ihm einige Geschenke anzubieten. Er erwiderte, er wolle ihn fragen. Ich sagte, ich brauchte ein Glas zu meiner Uhr, und erinnerte ihn an sein Versprechen, bei unserer Ankunft in Yârkand mir eines zu verschaffen. Auch bat ich, man möge einige Kaufleute zu mir schicken, bei welchen ich mich nach den Preisen der verschiedenen Handelsartikel erkundigen könnte, die auf dem Yârkander Markte verkauft werden. Er sagte: „Schon gut", und nahm meine Uhr mit, um sie dem Shaghâwal zu zeigen. Gleich darauf kam er wieder und sagte, der Uhrmacher sei krank, aber der Shaghâwal sende mir seine eigene Uhr, die ich tragen solle, bis die meinige reparirt sei. Er gab sie mir; es war eine Genfer Uhr (von Silber, aber vergoldet), die ohne Schlüssel aufgezogen wurde. Das ist eine sehr zuvorkommende Aufmerksamkeit.

„Gestern sagte der Shaghâwal zu meinem Munshi, er freue sich sehr darauf, mich zu sehen, und hoffe, wir würden große Freunde werden, aber nur unter der Bedingung, daß ich ihn um Alles bäte, was ich während meines Aufenthalts brauchte.

„Man hat zwei Sipahis abgesandt, um meine Karawane aufzusuchen; in Shahidulla sollen sich ihnen noch zwei anschließen. Ich gab jedem einen Turban und versprach ihnen eine Belohnung.

„Yârkand, den 10. December. — Der Yuzbashi kam und brachte mir eine hohe, mit Pelz gefütterte Mütze von blauem Sammet, wie sie dieselbe tragen, und vier schöne Gewänder für die Diener als Geschenk. Ich fragte ihn, wann ich zu dem Shaghâwal gehen und ihm meine Gaben überreichen könnte; er ging

fort, um zu fragen. Gleich darauf kam er wieder und sagte:
„Kommen Sie jetzt mit, aber Ihre Geschenke können erst in Em=
pfang genommen werden, wenn der König Sie gesehen hat. Ich
begab mich nach dem Palaste und hatte mit Hilfe des Munshi,
der zugegen sein durfte, mit dem Shaghâwal ein langes Gespräch.
Das Beste davon ist mir noch frisch im Gedächtniß und lautete
folgendermaßen:

„Er sagte: „Der Grund, weshalb wir keinen „Elchi"*) an
die Engländer geschickt haben, liegt darin, daß wir uns schämen,
ihnen zu begegnen, weil vor einigen Jahren ein Engländer
(Schlagintweit) hier ermordet worden ist. Die jetzigen Regenten
hatten zwar nichts mit dem Morde zu thun; er wurde von einem
Wahnsinnigen begangen, der damals die Gewalt in Händen hatte;
da er aber ein Turkistâni war, so fürchteten wir, die Schuld
möchte den jetzigen Regenten beigemessen werden."

„Ich antwortete, wir wüßten, welche Bewandtniß es mit dem
Morde habe; das Land habe damals eine andere Regierung ge=
habt, und wir mäßen daher denjenigen, die keinen Theil daran
genommen haben könnten, auch keine Schuld bei. Ich setzte dann
noch weiter aus einander, daß Schlagintweit zwar kein Englän=
der gewesen sei, daß es uns aber dessen ungeachtet sehr leid ge=
than habe zu hören, daß man ihn ermordet habe, weil er nach
dem Orte, wo er den Tod gefunden, von Indien aus gereist und
daher unser Gast gewesen sei. Ich fügte hinzu, daß man es als
eine große Gunst und Gefälligkeit betrachten werde, wenn etwa
Gegenstände, die ihm gehört hätten, sich finden ließen und mir
für seine Freunde übergeben würden.

„Der Shaghâwal sagte: „Es ist seitdem eine so lange Zeit
verflossen, daß dazu keine Aussicht ist, und da man sich dieser
Angelegenheit schämen muß, so hoffen wir, daß die ganze Sache
vergessen sei."

„Ich erwiderte: „Dies ist das Beste; lassen Sie uns beider=
seits jede Erinnerung daran beseitigen, indem wir unsrerseits
für Thaten, die ein Anderer begangen hat, keinen Groll gegen
Sie hegen, und Sie Ihrerseits uns ohne Scham entgegen
kommen."

---

*) Gesandten.

„Er lachte und sagte: „Gut; die Sache ist zwischen uns beseitigt.“

„Ich sprach zu ihm: „Gott hat unsere beiden Länder so
geschaffen, daß wir zu gegenseitiger Freundschaft bestimmt zu sein
scheinen. Er hat durch Gebirge eine solche Schranke zwischen uns
gestellt, daß Keiner von uns Argwohn oder Furcht zu hegen
braucht, er könne von dem Andern angegriffen werden, während
jedes der beiden Länder den Bedürfnissen des andern abhelfen
kann und so die stärkste Anregung zum Handel geboten ist.“

„Er war vollkommen damit einverstanden und sagte, wenn
die Herzen mit einander verbunden seien, könne kein Gebirge
trennen; wären aber die Herzen nicht in Einklang, so stiegen
selbst auf den Ebenen Gebirge empor.

„Ich erwiderte: „Ich bin zwar nicht von unseren Regenten
hierher gesandt, aber ich kenne deren Gesinnung und die Gesinnung meiner Landsleute überhaupt, und ich hoffte den König
ihre freundschaftlichen Absichten und Wünsche wissen zu lassen.
Der Empfang, der mir als englischem Privatmanne zu Theil geworden ist, wird meiner Landesherrin große Freude machen, da
er zeigt, in wie hohen Ehren unser Land gehalten wird.“

„Er sagte: „Wären Sie im Namen des Lord Sahib*) gekommen oder hätten einen Brief von ihm gebracht, so würde man
annehmen, daß jede Aufmerksamkeit, die man Ihnen erwiese, ihm
erzeigt werde, und dabei irgend einen Zweck im Auge haben.
Jetzt aber ist es Jedermann klar, daß wir Ihnen um Ihrer selbst
willen und aus reiner Freundschaft zu Ihrer Nation Ehre erweisen. Da Sie Freunde und Verbündete des Sultan-i-Rum sind
(der das Oberhaupt unserer Religion ist), so hegten wir bereits
große Freundschaft gegen die Engländer, und sagten daher, wenn
ein Freund kam und an unsere Thür klopfte, sofort: „Treten Sie ein.“ Was die Aufmerksamkeiten betrifft, die Ihnen erwiesen werden, so sind sie Nichts, und wir schämen uns nur,
daß wir nicht mehr für Sie thun konnten.“

„Ich erwiderte, ich hoffte bald den König zu sprechen und
gedächte dadurch zwischen den beiden Ländern große Freundschaft
zu begründen.

*) Des Vicekönigs von Indien.

„Er sagte: „Wenn Sie rasch nach Kâschghar weiter reisen wollen, so will ich schreiben und den Befehl des Königs einholen; aber als Wirth kann ich nicht zu meinem Gaste sagen: "Gehen Sie hin." Ist es jedoch Ihr eigener Wunsch, so soll es geschehen. Als Wirth sage ich zu Ihnen: „Bleiben Sie und ruhen Sie erst von den Strapazen Ihrer Reise aus.""

„Ich erwiderte: „Ich fühle mich, Dank der großen Erleichterung, die mir auf meiner Reise gewährt worden ist, durchaus nicht müde und bin jeden Augenblick, bei Tage oder Nacht, bereit aufzubrechen und dem Könige einen Besuch zu machen. Bei Allem, was dazu beiträgt, mich vor ihn zu bringen, werde ich keine Müdigkeit fühlen."

„Er sagte: „Gut; ich werde seinen Befehl zu Ihrer Reise einholen."

„Ich antwortete: „Wenn ich ihn gesehen habe, werde ich jedenfalls bessere Gelegenheit haben, mit Ihnen zu verkehren und Sie mit einigen Gaben zu beschenken, die ich für Sie mitgebracht habe, die Sie aber, wie ich erfahren, nicht eher annehmen können, als bis ich beim König gewesen bin."

„Wie schon früher, erhielt ich beim Abschied ein seidenes Gewand und wurde vom Shaghâwal durch das nächste Zimmer begleitet.

„Am Abend kam der Yuzbaschi, während ich zu Tische saß, und brachte eine kegelförmige eiserne Kugel (die vielleicht zu einem Dreipfünder-Geschütz paßte). Er sagte, er ginge eben in dienstlichen Angelegenheiten drei Tage fort nach dem Orte, wo dieses Eisen gewonnen werde, und sei gekommen, von mir Abschied zu nehmen. Dann bat er um eine Blechbüchse voll englisches Schießpulver, das ich ihm gab. Geht er etwa nach Kâschghar zum König?

„Als er sich hinaus begab, richtete mein Diener Chumâru eine Bitte an ihn und sagte: „Wir sind an das Gebirge gewöhnt und werden krank, wenn man uns einsperrt. Dürfen wir wohl in der Stadt umhergehen?" Der Yuzbaschi erwiderte: „Wer hindert Sie? Aber ich will um Befehl bitten und Ihnen morgen früh Antwort sagen."

„Yârkand, Freitag, den 11. December. — Mullah Sherif besuchte mich und plauderte in aller Unschuld aus, daß der Yuzbaschi nach Kâschghar gegangen sei. Vom Shaghâwal Dâd-Khwâh*) kamen frische Geschenke an, unter Anderem ein Paar Ueberschuhe, die mit rothem Boy gefüttert und mit dem Stempel der Russisch-Amerikanischen Federharz-Compagnie ge= zeichnet waren.

„Die Diener gingen nach dem Bazâr, ohne daß es ihnen Jemand verbot. Sie kamen vergnügt zurück; sie sagen, die Kauf= läden wären gerade so wie jene in Amritsir (einer der ersten Städte des nördlichen Indien), würden aber fast alle von Frauen be= dient. Es gebe einen großen runden Bazâr für allerlei kostbare Stoffe: eine Karawanserei für Hindus. Hier fanden sie Târa Sing (den Sikh-Kaufmann, der im vergangenen Jahre mit mir von Ladâk hinabging), auch ihre Gubbi-Freunde und noch An= dere. Sie dürfen Alle keinen Turban tragen und müssen um die Taille einen schwarzen Strick haben, um sie hier zu Lande als „Ungläubige" zu kennzeichnen. Meine Diener jedoch, obgleich sie Hindus sind, und ich selbst dürfen die ganzen ehrenvollen Ab= zeichen eines Muselmanns tragen, als ob wir Rechtgläubige wä= ren. Dies ist jedenfalls eine große Begünstigung. Der arme Târa Sing ist wegen der Ränke seiner Rivalen, der hiesigen Kashmiri-Kaufleute, um sein Leben besorgt.

„Da ich die engen Höfe satt hatte, begab ich mich auf das Dach meines Hauses und saß dort, als Mohammad Razzar (der eben aus Kaschmir zurückgekehrte Gesandte) angemeldet wurde. Er ist in großem Schrecken, weil er eben von einem Engländer einen Brief erhalten hat, worin derselbe schreibt, er sei auf seine (Mohammad Razzar's) Einladung in Shahidulla angekommen. Er meint, es müsse Hayward sein, und sagt, er sei in dem Glau= ben gewesen, daß die Engländer nie lögen. Ich sagte ihm, er könne ganz ruhig bleiben, es müsse irgend ein anderer Sahib, nicht Hayward, sein, da dieser ihn nie gesehen habe.

„Mohammad Razzar machte meinen Munshi herunter und

---

*) Die Titel Dâd-Khwâh und Shaghâwal kommen beide demselben Manne, dem Gouverneur von Yârkand, zu. Der erstere ist sein gegenwärtiger richtiger Titel; der letztere ist seine ehemalige Bezeichnung als erster Secretär des Khan von Khokand: aber er wird ihm noch fortwährend mit oder ohne den andern beigelegt.

sagte, er hätte während der Reise versucht, ihm (dem Munshi) Rathschläge zu geben, die zu meinem Vortheil gewesen wären, aber er hätte nicht hören wollen, und ich dürfe nicht denken, daß die Mißhelligkeit zwischen ihnen seinerseits aus böser Gesinnung gegen mich entstanden sei.

„Heut ließ ich den Panjabashi kommen, der zu meiner Umgebung gehört, und sagte ihm, ich wünschte morgen in seiner Begleitung auszureiten.

„Yârkand, den 12. December. — Mohammad Nazzar kam wieder. Er sagte, er habe gehört, daß ich gebeten hätte, mir das Fort besehen zu dürfen; er sei daher gekommen, um als Freund mir mitzutheilen, daß sich dies nicht schicke. Ich erwiderte, ich hätte nicht gebeten, mir das Fort besehen, sondern nur ausreiten zu dürfen, um auf dem Lande frische Luft zu schöpfen. Er sagte: „Es ist hier zu Lande Sitte, daß kein Gast aus dem Hause geht, wohin es auch sei, ehe er den König gesehen hat." Ich dankte ihm für seinen Rath, den er sehr ausführlich wiederholte. Bald darauf brachte mir der Munshi einen Brief, den er soeben von dem Shaghâwal erhalten hatte, des Inhalts: er habe gehört, daß meine Diener einige Sachen verkauft hätten, um Geld zur Bestreitung unserer Privatausgaben zu bekommen; er fühle sich sehr verletzt, daß ich, wenn ich Geld brauchte, mich nicht an ihn wendete, und Leute, die gegen die Regierung übel gesinnt wären, würden sagen, die Regenten erwiesen ihrem englischen Gaste nicht die gehörige Aufmerksamkeit. Auch der Munshi sagte mir, er habe gehört, daß unser Freund Mohammad Nazzar dem Shaghâwal mitgetheilt habe, er hätte mich gestern auf dem Dache gefunden, während ich mit meinem Fernrohr das Fort und die benachbarten Zenanas*) besichtigt hätte.

„Nach genauer Ueberlegung hielt ich es für klug, den Munshi sofort zum Shaghâwal zu senden, um die Sache zu berichtigen und aufzuklären. Er ging daher fort und fing, als er Audienz erhielt, an auseinanderzusetzen, daß das Gesuch, das ich gestern durch den Panjabashi gestellt hätte, nicht bezwecke, das Fort zu besehen, sondern nur auf das Land reiten zu dürfen, um frische Luft zu schöpfen. Hierauf erwiderte der Shaghâwal, mein Gesuch

---

*) Frauengemächer.

sei gar nicht an ihn gelangt, weder in der einen, noch in der andern Form; wenn ich die Einsamkeit satt hätte, so sollte ich ihn besuchen. Was die Verkäufe betraf, so stellte sie mein Munshi in Abrede und erinnerte den Shaghâwal, daß dies sein eigenes Land sei, und daß er, wenn wir Etwas verkauft hätten, leicht die Käufer ausfindig machen und uns als Lügner darstellen könne. Was die Einkäufe anlangte, so hätte ich für meine Diener einige grobe Kleidungsstücke gekauft, aber für die Zukunft würde ich ihn um Alles, was ich brauchte, bitten. Der Shaghâwal sagte, die Mittheilung sei ihm sehr unangenehm gewesen, weil er, wenn der König erführe, daß er seinen Gast vernachlässige, sich in großer Gefahr befände. Der Munshi sagte: „Wie so, wenn der Sahib selbst hier ist und vor dem König bezeugt, daß Sie ihm alle Aufmerksamkeit erwiesen haben?" Der Shaghâwal antwortete: „Ganz richtig, wenn man so viel Zeit ließe, daß Zeugen verhört werden könnten. Aber ich würde wahrscheinlich auf das Wort des Anklägers hin sofort verurtheilt werden."

„Daß ich auf das Dach gegangen war, darüber lachte der Shaghâwal und sagte: „Gott hat die Männer und Frauen hier zu Lande durchaus nicht anders geschaffen, als in Rußland, China, Rum oder Indien." Schließlich sagte er: „Schnupft Shaw Sahib? Geben Sie ihm diese Schnupftabaks=Büchse mit meinem Salâm." So brachte mir der Munshi ein reizendes Jadebüchschen mit ausgeschnittener Arbeit und mit Gold und Email belegt; es hatte früher dem chinesischen Khan=Amban oder General=Gouverneur gehört. Das Gesicht einer darauf befindlichen ausgeschnittenen Figur hatte der muselmännische Besitzer losgebrochen, damit nicht die Gegenwart eines Bildes seine Gebete entheilige. Am Morgen kam eine hübsche Chah=Josh, oder Theekanne, nebst den gewöhnlichen fünfzig Tangas in angereihten Kupfermünzen (etwa siebenzehn Schillinge oder fünf Thaler zwanzig Groschen werth), ferner ein Schaf und eine Menge Lebensmittel aller Art. Die Proviantlieferungen und das Geld, nebst einigen Kleidungsstücken oder andern nützlichen Gegenständen, kommen jeden Morgen als Geschenke vom Shaghâwal.

„Yârkand, den 13. December. — Gestern fing der Shaghâwal an, das Fest Ramazân zu feiern, obgleich bis zum Neumond (oder vielmehr bis zum Eintritt des zunehmenden

Mondes) noch drei Tage fehlten. Leute niedrigeren Ranges sind
nicht so fromm und fangen erst morgen an. Ich bat für morgen
um eine Unterredung. Er versicherte, daß er sich außerordentlich
freue, und ließ sich bei meinem Munshi erkundigen, ob ich es
übel nehmen würde, wenn mir wegen der Fastenzeit die gewöhn=
liche Aufmerksamkeit nicht zu Theil würde, und ich den Dastar=
khân nicht erhielte.

„Yârkand, den 14. December. — Der Bestimmung
gemäß besuchte ich den Shaghâwal Dâd=Khwâh. Draußen in der
Veranda saß sein Bruder, der eben von Kâshghar zurückgekehrt
war. Ich erkannte ihn wieder; wir drückten uns die Hände, und
er wies mich hinein. Ich hatte mit dem Dâd=Khwâh ein langes
Gespräch und will es hier, so weit ich mich desselben noch erin=
nern kann, mittheilen.

„Ich dankte ihm für die Schnupftabaks=Büchse von Jade,
die er mir gesandt hatte, und sagte, daß wir an Kunstgegenstän=
den Vergnügen fänden. Er erwiderte: „Das ist ja Nichts. Un=
ter Freunden werden selbst unbedeutende Geschenke geschätzt; wenn
aber im Herzen Feindschaft herrscht, so helfen die größten Ga=
ben Nichts.“

„Ich sprach mit ihm über die Theeplantagen Indiens. Er
sagte, sie wären früher der Meinung gewesen, daß nirgends als
in China Thee erzeugt werden könne, aber jetzt erfahre er von
mir, daß dem nicht so sei.

„Ich erwiderte: „Auch wir hatten diese Ansicht; aber es
wurden Versuche gemacht, und sie gelangen; hierauf fing man
an den Thee in größerem Maßstabe anzupflanzen; den Samen
u. s. w. ließ man aus China kommen.“

„Er sagte: „Die Khatai*) sind Geizhälse (Hunde im Futter=
troge) und möchten gern die Vortheile, die sie haben, allen an=
dern Völkern vorenthalten und Ausländern selbst ihr Land ver=
schließen. Sie sind eine schlechte Race.“

„Ich erwiderte: „Auch wir haben das gefunden, denn wir
haben drei Kriege mit ihnen gehabt, die hauptsächlich durch ihre
Wortbrüchigkeit veranlaßt wurden.“ Dann erzählte ich die Ge=
schichte von Lord Elgin's Gesandtschaft und den Peiho=Forts,

---

*) Chinesen.

sowie die darauf folgende Einnahme von Pekin unsererseits und die Plünderung des Sommerpalastes. „Halb China," sagte ich, „ist jetzt in Aufruhr, und die Rebellen verheeren das Land bis dicht an Pekin hinauf. Diese Nachricht ist zur See zu uns gelangt."

„„Wahrhaftig"", sagte er, „auch wir haben dasselbe gehört. Der Tungâni-König, Daud-Khan, und sein Rivale, Ala Khoja von Ila, haben ihnen viel Land abgenommen, und das übrige entzweien die inneren Zwistigkeiten zwischen der Kara-Khatai- und der Manju-Race*). Sie sind ein erbärmliches Volk, gar nicht kriegerisch, so daß zehn Mann von Andiján oder zehn Engländer tausend von ihnen in die Flucht schlagen könnten. Das ist der Grund, weshalb sie weder selbst andere Länder eroberten, noch, aus Furcht vor einem Einfall, Fremde in ihr Land ließen. Sie sind auch höchst schmutzige Menschen, so daß man ihnen und ihren Häusern nicht gern nahe kommt."

„Ich erwiderte: „Ja; im Kampfe sind sie schlechte Soldaten. Als wir zum ersten Male mit ihnen kämpften, pflegten sie sich das Gesicht zu bemalen und sich ein schreckliches Ansehen zu geben; sie trugen Jeder zwei Schwerter und schrieen wie toll, um uns auf die Probe zu stellen und in Schrecken zu setzen; sobald aber unsere Geschütze anfingen, hielten sie nicht Stand, sondern liefen davon."

„Er lachte sehr über meine Schilderung und sagte: „Ja; Handeln ist etwas Anderes als Schwatzen. Ihr Engländer habt Indien genommen; hätten aber alle Fürsten und das ganze Volk sich gegen Euch vereinigt, und wären sie hinsichtlich der Kriegs-rüstungen Euch gewachsen gewesen, so hätten sie Euch zurückgeschlagen. So ist es auch mit den Chinesen; obgleich sie Euch an Zahl überlegen sind, so schlagt Ihr sie doch, weil Ihr Alle zusammenhaltet."

„Ich stimmte ihm bei und erzählte die Fabel von dem Könige, der fünf Söhne hatte, und als er im Sterben lag, sie je einen Stock bringen und diese fünf Stöcke zusammenbinden ließ; das Bündel konnten sie nicht zerbrechen; als er aber die Stöcke aus einander band, ließ jeder einzelne sich leicht zerbrechen.

---

*) Chinesische Parteien, von welchen später mehr.

„Er lachte sehr und war mit der Lehre einver=
standen.

„„So ist es", sagte ich, „bei uns Engländern, und in
Turkistân wird es hoffentlich ebenso sein. Ihr muselmännischer
Glaube ist die Schnur, die das Bündel zusammenhält, und ich
denke, Ihr jetziges Königreich wird für immer beisammen bleiben.
Wir Engländer freuten uns Alle, als wir die Gründung dessel=
ben erfuhren. Nach unserer Ansicht wurden dadurch die Chinesen,
die so oft unsere Feinde waren, von unserer Grenze entfernt und
ein befreundetes Reich gegründet; denn unsere Freundschaft mit
dem Sultan ließ uns von allem Anfang an Sie als Freunde
betrachten."

„Er erwiderte: „Gott gebe, daß es so ist, wie Sie sagen."

„Beim Beginn der Unterhaltung hatte ich davon gesprochen,
welches Vergnügen es mir gemacht habe, die Turks so schön rei=
ten zu sehen; der Yuzbashi habe mir ihr „Ughlak"=Spiel gezeigt
und ich hätte mich herzlich darüber gefreut, weil auch die Eng=
länder große Reiter seien und von der Kunst viel hielten.

„„Jenes Spiel", sagte er, „ist Nichts; es ist kein kriegeri=
sches Spiel, und der König hat es vor etwa zwei Jahren ver=
boten, weil er fürchtete, es könnten gute Soldaten ihr Leben
dabei verlieren. So Gott will, werde ich Ihnen nach dem Ra=
mazân ein schönes Spiel zu Pferde zeigen."

„Ich erwiderte: „Wir Engländer amüsiren uns auch zu
Pferde, auf der Jagd u. s. w., und wir denken, daß alle derar=
tigen Vergnügungen, wenn sie auch nicht selbst kriegerisch sind,
doch den Mann zum Kriege vorbereiten, indem er dadurch ein
guter Reiter wird."

„Er stimmte bei und sagte: „Ja, sie sind die Schule für
den Krieg."

„Als ich Abschied nahm, bat ich ihn, er möge nicht etwa
denken, daß er mir, wenn ich ihn während des Ramazân be=
suchte, Dastar=khân geben müsse, da ich wüßte, daß es gegen ihre
Sitten sei. Er lachte und sagte: „Es thut nichts."

„Später erzählte man mir, er habe, ehe ich gekommen sei,
den Thee mit eigener Hand für mich bereitet, da, wie er sagte,
seine Leute ihn nicht gut machten. . Beim Gehen erhielt ich das
übliche seidene Ehrengewand.

„Chumáru ging in die Stadt, um seine Freunde, die Guddi-Kaufleute, zu besuchen. Während sie im Serail saßen, sahen sie einen Mann vorbeischleppen, der hingerichtet werden sollte; er schrie gewaltig. Târa Sing sagte ihnen, dies sei seit seiner Ankunft der Dritte, der diesen Weg gegangen sei. Und doch lebt er nicht in der Nähe des Blutgerüstes!

„Der Munshi ging bei Sonnenuntergang nach Hause, um an der Moschee Lebensmittel zu vertheilen, damit die Armen beim Einbruch der Nacht ihr Fasten brechen können. Dies ist bei den besten Klassen Sitte. Heut haben sie Alle das Fasten begonnen.

„**Yârkand, Dienstag, den 15. December.** — Nach dem Frühstück besuchten mich die drei Kirghisen, die uns von Sanju her begleiteten. Ich gab ihnen Turbane (dem Afsfal oder Häuptling einen schönen) und fragte sie aus. Ihre Schafe bleiben, wie sie sagen, jenseits des Passes, bis diesseits desselben das frische Gras aufschießt. Der Paß ist, selbst im Winter, selten gesperrt. Ich fing an zu fragen, ob sie auch nach Sarikol wanderten; da standen sie plötzlich auf und gingen fort. Mein Munshi sah, wie er sagt, draußen eine Hand, die sie fortscheuchte; es war die Hand des Panjâbashi. Sie verloren jedoch ihre Geistesgegenwart und traten schlecht ab —

„„Ich seh' eine Hand, Du siehst sie nicht; sie winkt
mir, daß ich geh'.''

„Der Panjâbashi kam und brachte einen englischen Brief von Hayward an den König mit der Bitte vom Shaghâwal, daß ich ihn übersetzen möchte. Ich übertrug ihn demnach ins Persische und ließ den Munshi ihn abschreiben. Im Briefe steht, er sei achttausend Meilen weit hergekommen, „um Handel zu treiben", und bitte um Erlaubniß, zu dem genannten Zwecke Turkistân betreten zu dürfen.

„Mohammad Azim, einer der „Couriere des Königs", machte mir einen Besuch. Er ist soeben von Kâshghar zurückgekehrt und hat, wie er sagt, meinen Yuzbashi getroffen, der Sonnabend Nachts ankam, als er eben aufbrach. Sie suchen es nicht zu verheimlichen, daß er nach Kâshghar gegangen ist, obgleich er selbst vorgab, er hätte etwas in den Eisenbergwerken zu thun.

„Am Morgen wurde mein Munshi gefragt: „Wohin ist der andere Engländer gegangen? er ist von Shahidulla verschwun-

den." Er erwiderte: „Ich weiß es nicht." Später sagte man
ihm, Hayward sei soeben in Bora angekommen. Man macht
nicht einmal Anspruch darauf, daß das, was man sagt, Bestand
hat und unter sich übereinstimmt.

„Jeden Tag bei Einbruch der Nacht schlägt man für die
Soldaten eine Art „Zapfenstreich" mit Querpfeifen und Trom=
meln und bläst eine Art Appell mit der Trompete. Die Hähne
haben auch hier zu Lande die Eigenthümlichkeit, daß sie des
Nachts eben so viel wie am Tage krähen.

„Der Morgenvogel singt die ganze Nacht hindurch."

Ein Zimmermanns-Maaß.

Zehntes Kapitel.
Aufenthalt in Yârkand.

(Fortsetzung.)

Der Yuzbaſhi. — Die Provinz Sarikol. — Geſpräch mit dem Munſhi über den Kindermord in Indien. — Ueberreichung der Geſchenke an den Shaghâwal und Geſpräch mit ihm. — Turki-Anſichten über Ethnologie. — Alte Bücher. — Leute mit Kröpfen. — Weihnachts-Feiertage und Geſchenke. — Der Reiſende gibt ein Diner. — Die mohammedaniſchen Diener müſſen ſich orthodox zeigen. — Ein Geſchenk vom Shaghâwal. — Ein Unfall mit einem Revolver. — Die Gazelle „Saikik" — Muſiker. — Neujahrstag. — Gefrorene Weintrauben. — Kaſhmiriſche Unheilsſtifter. — Eine Anekdote vom König. — Man gibt dem Reiſenden Geld. — Der Shaghâwal; ſeine Geſchichtskenntniß. — Anſtalten zur Weiterreiſe nach Kâſhghar.

„Yârkand, den 16. December. — Heute habe ich einen Thermometer aufgeſtellt und ihn auf die Weiſe geſchützt, welche die geographiſche Geſellſchaft in ihren „Winken für Reiſende" empfiehlt. Ich machte ein Ding wie einen Speiſeſchrank und hängte mitten in denſelben ein Gefäß voll trockenen Sandes, in den der Thermometer eingeſenkt wird. Den ganzen Apparat hängte ich vier Fuß von der Erde unter einer Art Strohdach auf, das ringsum offen iſt und der Luft freien Zutritt geſtattet, und das mitten in meinem hintern Garten ſteht, wo keine Möglichkeit vorhanden iſt, daß Wärme reflectirt werde. In dieſer Maſchine, die nach der angeführten Quelle die mittlere Temperatur ſehr richtig angibt, gedenke ich jeden Tag zwei Beobachtungen zu machen.

„Der Berichterſtatter des Munſhi ſagt demſelben heute, er habe ſich geſtern geirrt, der andere Engländer ſei verloren und es ſei Nichts von ihm zu hören. Er ſoll fortgegangen ſein, um ein Waſſer aufzuſuchen. Damit muß die Quelle des Yârkand-Fluſſes gemeint ſein.

„Man brachte mir ein Käſtchen mit chineſiſchen geſchnittenen Steinen und Juwelen zur Anſicht. Es waren einige gute Steine darunter, blaue, rothe und grüne (Saphiren, Rubinen und Smaragden ähnlich); dieſe waren aber alle ungeſchnitten.

„Als die Tiſchzeit nahte, hörte ich den Yuzbaſhi im Hofe mit lauter Stimme nach Shaw Sahib rufen. Ich ſtand auf und traf ihn an der Thür; er umarmte mich ſo ſtark, daß ich keinen Athem hatte, um zu ſprechen. Er war ſehr herzlich und freund-ſchaftlich, ſetzte ſich nieder und erkundigte ſich nach meinem Befinden.

„Hierauf entdeckte er einen neuen Revolver, der an der Wand hing, und fiel ſogleich über ihn her. Dann unterſuchte er meine kleine Büchſe und fragte, wie viele ich im Ganzen hätte. Ich erwiderte: „Sieben hier und eine bei der Karawane.“ Er fragte: „Haben Sie von der Karawane Nachricht?“

„Ich erzählte ihm, daß während ſeiner Abweſenheit Moham-mad Nazzar mich zweimal beſucht habe. Er fragte: „Was ſagte er?“ Ich erwiderte: „Er iſt in großer Aufregung wegen eines Briefes von einem Sahib.“

„Der Yuzbaſhi ſagte: „Er iſt in großer Ungnade, weil er Ihre bevorſtehende Ankunft nicht gemeldet und Ihnen dadurch Aufenthalt verurſacht hat. Das iſt der Grund, weshalb er den König nicht beſuchen darf.“ Dann eilte er davon und ſchwang dabei die Hand, als ob er ſagen wollte: „Ta, ta“, während er noch hinzufügte: „Ich muß fort, um mit dem Shaghâwal mein Gebet zu ſprechen.“ Er ließ jedoch erſt alle meine Diener kom-men, fragte ſie, wie es ihnen ginge, und patſchte Sarda auf den Rücken. Dies erinnert mich, beiläufig geſagt, daß Sarda eines Tages auf dem Marſche ſehr unglücklich war, weil mein Dol-metſcher, Juma, ihm ſagte, wenn der Yuzbaſhi käme, dürfe er nicht im Zimmer bleiben, weil derſelbe ein zu großer Mann ſei, als daß ein „Kâfir“ (ein Ungläubiger oder Hindu) ſich ihm nahen dürfe. Sarda iſt ein ganz junger Menſch, der noch nie

lange von seiner Heimath weggekommen ist. Auch die Angehö=
rigen seines Stammes sind unter sich sehr liebevoll und freund=
schaftlich. Er war über die unfreundlichen Worte Juma's, wie
er es nannte, ganz untröstlich und weinte lange Zeit; er fühlte
sich auf das Empfindlichste gekränkt. „Der große Mann (der
Yuzbaschi) selbst", sagte er, „ist nie unfreundlich gegen uns, und
ich bin überzeugt, er hält unsere Anwesenheit nicht für eine Be=
fleckung." Es dauerte lange, ehe er seinen Gleichmuth wieder
erlangte.

„Yârkand, den 17. December. — Früh am Morgen
kam der Yuzbaschi, um sich nach mir zu erkundigen und in Be=
treff des andern Frang (wie er Hayward nennt) zu fragen. Er
sagt, es sei eben wieder ein Courier von Shahidulla angekom=
men, der vor fünf Tagen dort abgereist sei. Hayward sei da
schon fünfzehn bis sechzehn Tage fortgewesen und habe nur ein
wenig Mehl auf einem Yak und einen einzigen Mann bei sich,
der eine Büchse trage. Die Soldaten seien ihm nachgegangen
und seiner Spur zwei Tage lang in der Richtung nach Kanjut
(der Heimath eines Räuberstammes in dem nach Westen liegen=
den Gebirge) gefolgt, hätten dann aber, weil Schnee eintrat,
seine Spur verloren und seien zurückgekehrt. Der Yuzbaschi glaubt,
die Kanjutis, die, wie man weiß, jetzt draußen sind, hätten ihn
gefangen. Zwei Ladungen und seine Diener seien noch in
Shahidulla.

„Der Shaghâwal wünscht von mir zu erfahren, in welcher
Angelegenheit er gekommen ist, und warum er um Erlaubniß
zum Eintritt gebeten hat und dann davongelaufen ist, ohne auf
dieselbe zu warten. Ich sagte, ich wüßte es nicht, aber in dem
Briefe, den man mir zum Uebersetzen gebracht hätte, habe er ge=
sagt, er käme, um Handel zu treiben. Der Yuzbaschi schüttelte
den Kopf, antwortete aber Nichts. Man glaubt dies offen=
bar nicht.

„Der Yuzbaschi trägt ein Gewehr, das in jeder Beziehung
den eigentlichen Turki-Gewehren gleicht, nur daß es ein, und
zwar sehr straffes Percussionsschloß hat. Er sagte, es sei hier
gefertigt worden.

„Chmârn kam aus der Stadt zurück. Es war Markttag
(Donnerstag), und er sagt, er hätte bei dem beständigen Schieben

und Stoßen der Menschenmassen an den Schultern Brausjen
bekommen. Er hat ein Packet russischer Streichhölzer gekauft.
Es ist eine große Masse Fleisch zum Verkauf ausgelegt: Schöp=
sen=, Hakrind=, Pferde= und Kameel=Fleisch. Auf Befehl des Kö=
nigs ist soeben ein neuer Wasserbehälter und eine neue Moschee
gebaut worden. Das Wasser, das in der Stadt gebraucht wird,
kommt alles aus großen Wasserbehältern, die vom Flusse aus
durch Canäle gefüllt werden.

„Der Panjâbashi, der nach Tische immer zu mir kommt,
um sich mit mir zu unterhalten, sagt, in Andijân (Khokand)
hätten die Kirghisen zu den Gebirgsreisen und wenn sie nach
Norden gingen, um mit Rußland Handel zu treiben, die zwei=
höckrigen Kameele, in den Ebenen aber benutzten sie die einhöck=
rige Art.

„Die Diener waren alle meinem Hunde nachgelaufen, der
sich losgemacht hat und um die Festungsmauer herumgesprungen
ist. Sie sagen, die oben befindliche Heerstraße sei zwölf Fuß
breit. Nach Westen sahen sie ein fernes Schneegebirge.

„Yârkand, den 18. December. — Während ich in dem
hinter dem Hause stehenden Sommerhause saß, kam der Yuzbashi.
Wir hatten meine kleine Westley=Richards=Büchse mit draußen
und schossen auf dreihundert Schritt nach dem Giebel einer auf
der Mauer stehenden Pagode, ohne alle Rücksicht auf die dort
befindlichen chinesischen Soldaten (sie haben sich alle zur musel=
männischen Religion bekehrt). Er sagte mir, ich dürfe Nichts
kaufen. Ich erwiderte, ich schämte mich, um alle die Kleinigkei=
ten, die ich etwa brauchte, zu bitten. Er sagte: „Mag das, was
Sie brauchen, tausend „Tillahs" oder einen „Phul" werth sein,
Sie dürfen kein Bedenken tragen, darum zu bitten." Ich ver=
sprach es zu thun.

„Ich unterhielt mich lange mit Kurbân, einem Argun, der
von den Kanjutis als Sklave verkauft worden war. Er sagt, der
Fluß, der auf dem Karakôram entspringt, gehe nach Siriful
(eigentlich Sarikol). Wenn dem so ist, so kann Siriful nicht der
von Wood besuchte See sein und auf der andern Seite des Pa=
mirgebirges, an der Quelle des Oxus, liegen. Ich habe noch
keinen Menschen getroffen, der etwas von einem See Siriful
wußte. Der Name wird auf eine kleine Provinz angewandt, die

in dem Winkel zwischen dem Pamir= und dem Karakôram=Ge=
birge liegt und von einem Volksstamm arischer Abkunft, dem
einzigen Ueberreste jener Race östlich vom Pamir, bewohnt wird.
Ich darf hinzufügen, daß die Endung des Wortes nicht kûl ist,
was (wie in Issîk=kûl, Kara=kûl u. s. w.) einen See bedeutet, son=
dern kol, eine Hand oder ein Sklave. Daß sie in dem Worte
Sarikol in letzterem Sinne gebraucht wird, hat man mir mitge=
theilt, was aber der übrige Bestandtheil des Wortes bedeutet,
habe ich nicht ermitteln können.

„Sarda hörte in der Stadt erzählen, daß die Russen sich
nur noch einige Märsche von Kâshghar befänden und die Ankunft
der „Khatai" (der Chinesen) erwarteten, denen sie das Land zu
übergeben gedächten!

„Die beiden Sklaven, die der Shaghâwal mir lieh, wurden
gestern wieder weggenommen.

„Der Yuzbashi brachte mir vom Shaghâwal ein feines
Diner; Letzterer hatte gesagt, er habe daran gedacht, mich hin=
über bitten zu lassen, um mit ihm das Fasten zu brechen, aber
er habe geglaubt, es würde mir lieber sein, wenn man mir das
Diner schickte. Es waren mehrere Becken voll Fleisch und
Suppe und eine Schüssel (die dadurch heiß erhalten wurde, daß
nach dem Princip einer Theemaschine mitten durch dieselbe eine
Röhre hinauflief, die einige glühende Holzkohlen enthielt). Der
Inhalt dieser Schüssel wurde von einem Tungâni=Koch bereitet.
Der Shaghâwal gibt heute Abend, bei Beendigung der Fasten,
den ganzen Soldaten der Stadt einen Schmauß.

„Diesen Nachmittag hatte ich ein Gespräch mit meinem
Munshi, der ein indischer Muselmann ist. Er sagt, in Yârkand
hätten die Leute weniger Ausgaben als in Indien; sie hätten
keine Noth mit der Verheirathung ihrer Töchter. Ich erwähnte
die indische Sitte des Kindermordes, und er erwiderte lachend: „Ja,
vor sieben Jahren wurde mir eine Tochter geboren, und da man
in unserer Familie bisher keine Kinder weiblichen Geschlechts
hatte dürfen am Leben lassen, weil wir zu arm sind, als daß
wir sie mit den einzigen Familien, die wir als würdig anerken=
nen, eine Tochter unseres Hauses zu bekommen, verheirathen
könnten, so gab ich sie einem Manne, um sie umzubringen. Aber
mein Bruder, der bei der englischen Regierung angestellt war,

beredete mich, und so ließ ich sie leben. Jetzt ist sie mit einem
jungen Manne aus unserer Familie verlobt, der den weiten Weg
von Gujeranwalla herkam, um ein Weib aus seiner Verwandt=
schaft zu finden; so selten sind sie geworden." Chumâru war
über diese Erzählung ganz entsetzt und erinnerte sich mit Rüh=
rung an das Gefühl, das er gehabt hatte, als sein kleines Mäd=
chen starb; er mußte jedoch gestehen, daß auch sein eigener
Stamm, die Gubbis, dann und wann ihre Töchter umzubringen
pflegten. Jetzt, unter unserer Regierung, sagte er, fürchteten sie
sich nicht nur, dies zu thun, sondern sie würden auch gefühl=
voller!"

„Ich sagte zu dem Muselmann: „Ihr seid richtige Hindus
geworden, indem Ihr Euch weigert, außerhalb Eurer Kaste zu
heirathen. Hättet Ihr nicht den Shariyat (oder Gesetzen) Eurer
Religion diese Sitte hinzugefügt, so wäret Ihr nicht zum Kinder=
mord getrieben worden."

„Yârkand, den 20. December. —. Heut Morgen kam
der Yuzbashi und sagte, der Shaghâwal sei bereit mich zu em=
pfangen; Juma flüsterte er zu: „Die Geschenke können nun ge=
bracht werden." Da man mir nichts mitgetheilt hatte, so war
nichts bereit. Doch brachte ich in größter Eile eine Büchse, einen
Revolver, einen nelkenfarbigen seidenen Turban, etwas Tuch und
hundertundzwanzig Pfund Thee zusammen, und fort ging's mit
uns nach dem Palaste. Während ich dem Shaghâwal meine Ga=
ben überreichte, sagte ich, er werde sie hoffentlich annehmen, ob=
gleich sie nicht so wären, wie ich sie ihm hätte geben wollen,
wenn meine Kâfila angelangt wäre. Er schien sich sehr zu freuen
und sagte, ich hätte sie ihm nicht geben sollen, da ich es aber
einmal gethan hätte, so nehme er sie mit großem Vergnügen an.

„Dann sagte er, er habe an den König geschrieben und ihm
gemeldet, daß ich zu ihm zu gehen wünschte, und er erwarte in
höchstens zwei Tagen Antwort; dann solle ich nach Kâshghar
reisen und dem Könige Alles, was ich zu sagen wünschte, mit=
theilen.

„Ich erwiderte: „Ich kenne die Gefühle und Wünsche, die
unsere Nation in Rücksicht auf Sie hegt, obgleich ich nur ein
Kaufmann und nicht vom Lord Sahib gesendet bin, der nicht
eher einen Gesandten schicken kann, bis von Ihnen einer kommt."

„Er antwortete: „Wir haben keinen gesandt, weil wir uns schämten, daß Schlagintweit ermordet wurde; der Lord Sahib dagegen brauchte sich nicht zu schämen; warum schickte er nicht zuerst einen Gesandten?"

„Ich lachte und sagte: „Gut; da ich nun die Sache aus einander gesetzt habe, so hoffe ich, daß von jetzt an zwischen uns und Ihnen ein beständiger Verkehr durch Gesandte stattfinden und wir uns gegenseitig alle Freundschaftsdienste erweisen werden."

„Er erwiderte: „Was Ihren Besuch beim Könige betrifft, so wird jedenfalls der Befehl in einigen Tagen kommen. Früher pflegte der König Alles in Yârkand abzumachen; jetzt aber, wo er den Sitz seiner Regierung nach Kâshghar verlegt hat, wird er, wie ich glaube, auch mich dorthin kommen lassen. Ich habe Shaw Sahib in Yârkand aufgehalten, damit ich seine Bekannt- schaft machen und Freundschaft mit ihm schließen konnte; denn wäre er direct nach Kâshghar gegangen, so würde er mich schnell vergessen haben."

„Ich antwortete: „Das haben Sie nach der Zuvorkommen- heit, mit der Sie mich behandelt haben, nicht zu fürchten, und ich freue mich zu hören, daß Sie nach Kâshghar kommen werden, da ich dann einen Freund dort habe, der mir mit seinem Rathe beistehen kann."

„Er sagte: „Ich fürchte, meine Abreise wird sich noch etwas verzögern, wogegen die Ihrige wahrscheinlich in einigen Tagen stattfinden wird. Aber ich habe viele Brüder in Kâshghar, die bei dem Könige sind."

„Dann fügte er noch hinzu, seine Freundschaft gegen mich sei groß, und er habe um meinetwillen meinen Munshi mit Aus- zeichnung behandelt.

„Ich unterbrach den Letzteren, der eben übersetzte, und sagte selbst zu dem Shaghâwal in persischer Sprache: „Ich habe das schon von ihm gehört."

„Der Shaghâwal lächelte darüber, daß ich den Dolmetscher dispensirte; ich ergriff daher die Gelegenheit und sagte:

„„Ich muß mich schämen, daß ich mit den Bewohnern des hiesigen Landes nicht in ihrer eigenen Sprache reden kann. Sie würden mir eine große Gefälligkeit erzeigen, wenn Sie mir einen Mullah geben wollten, um mir Turki zu lehren."

„Er lachte und sprach: „Warum wollen Sie mir nicht lieber Hindostani lehren?"

„Ich antwortete: „Ich habe schon mehrere Sprachen gelernt und ich muß meine Kenntniß noch vervollständigen, indem ich Turki lerne; dies wird mir nicht nur hier, sondern auch in Rum sehr nützlich sein, wo man dieselbe Sprache redet. Haben Sie keine Ueberlieferungen, daß Sie mit den dortigen Bewohnern verbrüdert sind?"

„„Ja", sagte er; „sie kamen ursprünglich aus Turkistân — aus Khakan(?). Sie sprechen dieselbe Sprache, wie wir, und sind ebenfalls Söhne Japit's. Wir theilen die Menschheit in drei Theile: diejenigen, welche oben leben, wie zum Beispiel die Engländer, die Rumis u. s. w.; diejenigen, welche in der Mitte leben, wie die Heratis, Khorassanis, die Araber u. s. w.; und diejenigen, welche am äußersten Ende leben, nämlich die Habshis u. s. w., die schwarz sind. Die Ersten sind Kinder von Japit, die Zweiten von Sem und die Dritten von Hâm."

„Ich fragte: „Wessen Söhne sind denn die Khatais (Chinesen)?"

„Er erwiderte: „Sie sind Kinder Sem's; sie leben in den Mittelländern."

„Ich freute mich sehr, daß er die Sache zur Sprache brachte, und sagte: „Wir Engländer interessiren uns im höchsten Grade für derartige Dinge; auch wir haben dieselbe Eintheilung, die von den Söhnen Noah's hergeleitet ist. Wir rechnen ebenfalls die Araber zu den Semiten, und die Abyssinier zu den Hâmiten, während wir selbst Nachkommen Japhet's sind; aber ich lerne jetzt von Ihnen zum ersten Male die Abstammung der Turkis kennen, die, wie Sie mir sagen, Japhetiten sind[*]). Wir bringen .

---

[*]) Es ist merkwürdig, daß sie Japhet ihren und unsern Vater nennen. Wenn sie ihren religiösen Gefühlen folgten, müßten sie eine Abstammung von Shem, dem Stammvater ihres Propheten, beanspruchen. Kann dies eine der wenigen uralten Ueberlieferungen, die durch ihren Mohammedanismus hindurchgedrungen sind, ein Ueberrest der vorislamischen Zeit sein? Es ist wahrscheinlicher, daß sie die Namen der Söhne Noah's erst mit ihrer Religion kennen lernten.

tief in derartige Untersuchungen ein und den gelehrten Män=
nern, die bei ihren Forschungen ein glückliches Resultat erzielen,
wird in England hohe Ehre erwiesen."

„„Ganz recht", sagte er, „denn derartige Gelehrsamkeit ist
für die Menschen sehr gut, und wo es, wie in England, viele
Doctoren (Hakims) gibt, da werden auch viele Untersuchungen
ausgeführt."

„Ich erwiderte: „Sie müssen alte Bücher haben, die von
diesen Dingen handeln, und auch aus späteren Zeiten, über die
Eroberungen Chinghiz Khan's, Timur's u. s. w.?"

„„Ja", erwiderte er, „darüber haben wir Bücher. Wahr=
scheinlich gibt es in Yârkand einige."

„Ich sagte: „Ich würde Ihnen außerordentlich dankbar sein,
wenn Sie mich einem gelehrten Manne vorstellen wollten, mit
dem ich über alle diese Dinge sprechen könnte. Denn wenn ich
Sie nach Allem, was ich wissen möchte, fragen wollte, so würde
ich Ihnen zu viel Zeit rauben."

„Er antwortete: „Ich werde es sicherlich versuchen, obgleich
es Männer von großer Gelehrsamkeit in Yârkand nicht gibt."

„„Ich pflegte früher", sagte ich, „solche Dinge zu studiren
und habe noch immer das größte Interesse für sie."

„Wir trennten uns, er seinerseits mit dem Versprechen,
meinen Wunsch zu erfüllen.

„Am Nachmittag erhielt ich durch meinen Munshi und meine
Diener Grüße von Mohammad Bakhsh, einem der größten Kash=
miri=Kaufleute, und von Târa Sing von Amritsir. Sie bieten
mir allen möglichen Beistand an, fürchten sich aber, mich zu
besuchen.

„Yârkand, den 21. December. — Heut Morgen ka=
men viele Leute, die am Kropf litten,*) darunter mehrere
Frauen, und wollten Medicin. Ich wandte Jod an: ein Mittel,
mit dem ich im äußeren Himâlaya das Uebel in mehr als hun=
dert Fällen geheilt habe.

---

*) Marco Polo sagt (als er von Yârkand spricht): „Die Einwohner . . . .
sind im Allgemeinen mit geschwollenen Beinen und mit Geschwülsten am
Halse geplagt, was seine Ursache in der Beschaffenheit des Wassers hat, das
sie trinken." (Siehe Yule's Marco Polo, I, 173.)

„Der Yuzbaschi brachte mir eine „Camisole" (oder einen engen Rock) von Seide und Baumwolle unter einander. Ich gab ihm meine kleine Büchse, aber er fürchtete sich, sie mitzunehmen, weil man sagen könnte, er hätte darum gebeten. Ich schickte sie ihm daher am Abend durch Juma zu.

„Mein Munshi speiste heute Abend im Palaste, wobei der Sohn des Shaghâwal (Mohammad Ali Jân) ihm den Ehrenplatz über sich selbst anwies.

„Yârkand, den 22. December. — Am Nachmittag kam der Yuzbaschi und sagte, man habe Hayward gefunden. Wenn es noch einige Tage gedauert hätte, würde er, wie sie sagen, in große Noth gekommen sein, da er kein Zelt und auch keine Mittel zur Rückkehr hatte; einen Yak, sein einziges Bagagethier, hatte er geschlachtet, um Nahrung zu bekommen, und blos von dessen Fleisch gelebt, das er am Feuer briet.

„Yârkand, den 23. December. — Ich hatte meine Diener zum ersten Weihnachtstage eine Rindskeule für mich kaufen lassen; da kommt heute ein langer und ceremoniöser Bescheid vom Shaghâwal, des Inhalts, daß ich um Alles, was ich brauche, ihn bitten müsse und Nichts aus der Stadt dürfe holen lassen; er habe gehört, daß mein Fest bevorstehe, und werde Alles dazu liefern. (Hätte ich ihn um Rindfleisch gebeten, so wäre nicht weniger als ein ganzer Ochse gekommen!)

„Am Abend setzte ich dem Panjâbaschi und Khojend-Lik aus einander, wie bei uns am Weihnachtsfeste die Familien sich versammelten; sie sagten, in Andijân werde der Ramazân-„Id" in ähnlicher Weise gefeiert.

„Den Namen Moghul kennen sie nicht.

„Der Yuzbaschi speist heute die Armen.

„Yârkand, den 25. December. — Heute schickte mir der Shaghâwal zu Ehren des Tages einen ungeheuer großen „Dastar-khân" nebst zwei seidenen Gewändern und einer Mütze. Die Sachen wurden von zwölf Mann unter Aufsicht des Yuzbaschi gebracht, der mich bat, ihm zu sagen, was erforderlich sei, um nach englischer Sitte Weihnachten gehörig zu feiern. Ich gab ihm und dem Panjâbaschi Geschenke und tauschte Geschenke mit allen meinen Dienern aus. Der Munshi brachte mir zwanzig verschiedene Arten Brod, die man in Yârkand bereitet.

„Am Abend schickte ich meinen Munshi zu Ehren des ersten Weihnachtstages mit Geschenken von mir zum Shaghâwal — es war ein goldenes Bleistiftrohr für ihn selbst und ein gold=email= lirter Revolver für den König. Der Shaghâwal nahm ihn sehr gut auf, hatte, wie es schien, große Freude und schickte mir einen Ring mit einem schönen Steine (ich halte ihn für Granat) als Andenken zurück. Ein alter indischer Artillerist, einer von unseren Meuterern, machte mir seine Aufwartung. Er hatte bei uns im afghanischen Kriege und in den beiden Sikh=Kriegen gedient und hatte viele Medaillen. Er war dem Anschein nach sehr böse auf den Gesandten Mohammad Nazzar, der ihn nach Yârkand ge= bracht hatte.

„Diesen Abend wurden gegen zweihundert Mann Cavallerie zu irgend einem kriegerischen Zwecke abgesandt; als sie kamen, um Abschied zu nehmen, vertheilte der Shaghâwal einige fünfzig Pferdelasten Kupfergeld unter sie. Es verbreitet sich das Gerücht, daß die Russen nach Kâshghar vorrücken, und daß ein einrücken= des Heer (angeblich Pathans) das Sarifolische Gebirge überschrit= ten habe. Juma hat Furcht und will Vorbereitungen zur Abreise treffen; er sagt, wir thäten besser, wir setzten uns im Winter den Gefahren der Pässe aus, als daß wir in der Kriegszeit hier blieben.

„Yârkand, den 27. December. — Heute Morgen sagte man mir, die Cavallerie, die gestern abgeschickt wurde, solle nach= sehen, wie es mit einem Streifcorps von hundertundfünfzig Be= waffneten stehe (ob dies Kanjutis sind, oder wer sonst, weiß man nicht), das in Sarifol, auf der Yârkandischen Seite der Pässe, erschienen sei. Hayward ist angekommen und zum Shaghâwal gegangen. Juma, den man als Dolmetscher holen ließ, war ent= setzt, als er Hayward dasitzen sah, aller morgenländischen Etikette zum Trotz die Beine nach dem Shaghâwal ausgestreckt!

„Yârkand, den 28. December. — Gestern schickte ich einen Brief fort, in welchem ich um die Erlaubniß bat, eine Jagdpartie machen oder wenigstens der Körperbewegung halber jeden Tag ausgehen zu dürfen. Das Einzige, was ich als Ant= wort erhielt, ist eine Mittheilung des Shaghâwal an den Munshi, des Inhalts, daß er eben einen Pelzrock für mich machen lasse, da ich in einigen Tagen nach Kâshghar reisen solle, und an=

frage, ob er mit einer oder zwei Reihen Knöpfe gemacht wer=
den solle!

„Mein Munshi will offenbar ein Zeugniß zu seinen Gunsten
haben, im Fall er ohne mich nach Indien zurückkehren muß. Er
hat mich heute genöthigt, ihm ein gutes Attestat zu unterzeichnen,
das er ins Reine geschrieben hatte. Ich schrieb in der Hindostani=
Sprache darunter: „Wenn ich aus dem Walde hinaus bin, werde
ich anfangen zu singen.“

„Die Eindringlinge sind, wie ich höre, von Sarikol, einem
Orte, der sieben Tagemärsche von hier liegt, plötzlich wieder
abgezogen.

„Dienstag, den 29. December. — Ich sitze da, um
Ihnen Etwas von meiner Tischgesellschaft zu erzählen. Meine
Freunde haben mich soeben verlassen, um ihre Gebete zu spre=
chen, obgleich es noch nicht spät und eben erst die Abendtrommel
erschallt ist. Während des heiligen Monates Ramazân wird die
Ceremonie, jeden Abend nach Sonnenuntergang das Fasten zu
brechen (oder zu frühstücken), als Gelegenheit benutzt, seine
Freunde zu bewirthen oder ihnen Diners ins Haus zu senden.
Ich bat heute Abend meinen Yuzbashi und noch drei bis vier
Andere zum Fastenbrechen. Sie kamen gegen fünf Uhr, kurz nach
Sonnenuntergang. Mein Munshi half dabei die Honneurs machen.
Ehe man aber das Fasten bricht, muß man eine Gebetformel
durchmachen. Es wurde daher ein großes Tuch auf die Teppiche
gebreitet (meinen Tisch hatte man aus dem Zimmer geschafft),
und der Yuzbashi fing an, zum Gebet aufzufordern, wobei er
meinem Munshi ein Zeichen mit der Hand gab, daß er als
„Imâm“, oder Leiter der Andacht, den vordersten Platz einneh=
men solle. Dies ist eine Höflichkeit, womit man der vorangestell=
ten Person den Vorrang einräumt. Nach ihm richten sich die
Uebrigen, die hinter ihm stehen. Diwân Bakhsh wandte demnach
das Gesicht nach der Kiblah hin und ging die gewöhnlichen mu=
selmännischen Gebete durch. Von Zeit zu Zeit spricht der Leiter
das Wort Allah laut aus; dann fallen Alle nieder und berüh=
ren mit der Stirn die Erde. Zuweilen wiederholt er einige Verse
des Koran mit leiser Stimme; aber den größeren Theil der Zeit
herrscht Schweigen; denn Jeder verrichtet sein Gebet bei sich
selbst, kniet nieder und steht wieder auf, je nachdem der Leiter

es thut. Ich saß unterdessen in meinem Sessel am Feuer, und sowie ein Gast mit seinem Gebet zu Ende war, kam er und setzte sich zu mir. Als Alle fertig waren, wurden einige weiße Tisch= tücher vor uns auf die Erde gebreitet, und ich verließ meinen Sessel und setzte mich auf Turki=Art in die Nähe des Feuers. Mir zunächst saß der Yuzbashi, dann mein Munshi, Diwân Bakhsh, dann mein früherer Mihmandâr von Shahibulla, der soeben mit Hayward hier angekommen ist. Dann folgten noch vier Panjâbashis, die zu meiner Umgebung gehören, und bilde= ten so zwei Seiten eines Vierecks. Vor allen Dingen wurde das Fasten feierlich gebrochen, indem man ein Stück in Salz getauch= tes Brod aß. Ich gab ihnen eine Art gemischtes Diner; es wa= ren hauptsächlich englische Gerichte, aber auch eine Menge der ihrigen, damit man im Fall der Noth auf sie zurückkommen konnte. Ich hatte glücklicherweise noch einige Blechbüchsen voll englischen Fleischextract zu Suppe; hierauf kamen Tauben=Paste= ten, gebratene Hühner, Schöpsenkeulen u. s. w., und dann Aepfel= torte mit Crême, und Plumpudding. Am liebsten aßen sie jedoch offenbar einen gewaltig großen Pilao von Reis, gekochtem Schöp= senfleisch und in Scheiben geschnittenen Möhren, was ihr gewöhn= liches Mittagessen zu sein scheint. Endlich gab es noch zum Nachtisch Weintrauben, Melonen, Aepfel, Birnen, Granatäpfel u. s. w. Als diese erschienen, schrie der Yuzbashi den Dienern zu: „Halloh, die hättet Ihr sollen zuerst bringen!" Messer und Gabel zu benutzen, dazu konnte ich ihn nicht bewegen, aber zur Aepfeltorte einen Löffel zu nehmen, dazu verstand er sich. Den Schluß bildeten Thee und Kaffee. Den letzteren kannten sie nicht und wollten ihn nicht trinken.

„Hierauf wurden die Tischtücher wieder entfernt und dann ein metallenes Becken und ein Krug herumgereicht, damit die Gäste sich die Hände wuschen. Ein Diener gießt ihnen das Was= ser über die Finger. Dann bat der Yuzbashi um Erlaubniß, gehen zu dürfen; er sagte, es sei Zeit zum Abendgebet, das im Ramazân sehr lang ist. So endete meine Tischgesellschaft, wahr= scheinlich die einzige, die ich diese Weihnachten habe.

„Früher am Tage kam der Yuzbashi mit einem warmen Diner, das mir der Dâd=Khwâh sandte, und saß einige Zeit bei mir. Er fing an von Gewehren zu sprechen und sagte dann, der

Dâd-Khwâh sei mir sehr verbunden für die Pistole, die ich ihm
geschickt hätte. Er habe sie nicht verdient u. s. w. Ich erstaunte,
sagte aber im Augenblick Nichts. Er sprach noch weiter: „Sie
müssen mich in Allem, was die Gewehre betrifft, und in der Art
und Weise, wie man sie eigentlich gebraucht, belehren. Ich bin
nun schon so viele Tage bei Ihnen gewesen, und Sie haben mich
noch in Nichts unterrichtet." Ich erwiderte: „Wie sollte ich Sie
belehren? Ich bin Kaufmann, während Sie Soldat sind." Er
lachte und sagte: „Oh, wir wissen es schon. Was Waffen und
Krieg betrifft, so verstehen Sie mehr, als wir Alle, obgleich wir
Soldaten sind." Ich erwiderte: „Ja, zu Jagdzwecken verstehe ich
mich auf die Gewehre, da ich sehr gern schieße, aber von militärischen Dingen verstehe ich Nichts." Jetzt entstand eine Pause
in der Unterhaltung; ich benutzte daher die Gelegenheit und
sagte: „Ich sandte dem Dâd-Khwâh eine gold-emaillirte Pistole
als Weihnachtsgeschenk für den König. Ist sie nach Kâshghar gesandt worden?" Er erwiderte: „Ich weiß Nichts davon; ich habe
Nichts davon gehört."

„Kurz nachdem er fort war, wurde mein Munshi aus dem
Zimmer gerufen, weil man ihn zu sprechen wünschte. Der Yuzbashi war nach dem Palaste gegangen und wieder zurückgekom-
men. Er sagte: „Der Dâd-Khwâh wußte nicht, daß jene Pistole
für den König bestimmt war, und hat sie für sich behalten.
Wenn Sie ihm nun sagen, daß sie nicht für ihn bestimmt gewesen sei, so wird es ihm nicht recht sein. Es ist daher besser, man
richtet es so ein, daß die Sache verschwiegen bleibt." Der Munshi
kam und sagte mir dies. Nach einiger Berathung kamen wir zu
dem Schlusse, daß die Sache sich folgendermaßen verhalten müsse:
Der Dâd-Khwâh hatte den König von der Pistole benachrichtigt,
und die Antwort mußte soeben eingetroffen sein. Hätte der König die Pistole angenommen, so hätte er mir ein Gegengeschenk
senden müssen. Aus irgend einem Grunde aber halten sie dies
nicht für geeignet, bis ich den König gesehen habe. Daher diese
Ausflucht. Denn es ist nicht denkbar, daß die Geschichte, wie sie
der Yuzbashi erzählt, wahr sei. Der Munshi behauptet, er habe
dem Dâd-Khwâh dreimal gesagt, die Pistole solle dem König nach
Kâshghar gesandt werden, und die goldene Bleistiftröhre sei ein
Geschenk für ihn (den Dâd-Khwâh). Ueberdies stak hinter der

unnatürlichen Art, wie der Yuzbaſhi (der ein ſehr ungeſchickter Lügner iſt) die Sache heute Morgen zur Sprache brachte, offenbar Etwas verborgen; es war ein Verſuch, mich zu täuſchen. Man würde mir für die Piſtole ſchon am nächſten Tage einen Dank oder eine Bewunderung haben zukommen laſſen, während jetzt vier Tage verfloſſen ſind — gerade die Zeit, in der von Kâſhghar eine Antwort eintreffen konnte. Endlich würde in einem Lande, das ſo voller Spione iſt, es ſich unmöglich verheimlichen laſſen, daß der Dâd=Khwâh ein Geſchenk behalten hatte, das für ſeinen Herrn beſtimmt war, und er würde eines ſo unbedeuten= den Vortheiles wegen ſich wahrſcheinlich nicht der Gefahr ausge= ſetzt haben, entdeckt zu werden. Die ganze Sache iſt daher auf Befehl des Königs geſchehen: was zu beweiſen war.

„Das Alles war jedoch für mich von keiner Bedeutung, nur daß die Piſtole ſehr hübſch war und ich daher geglaubt hatte, ſie werde dem Könige gefallen. Aber er wird ſie am Ende doch be= kommen; ich ließ daher dem Yuzbaſhi zurückſagen, das Mißver= ſtändniß habe Nichts zu bedeuten, denn ich ſähe Alles, was ich den Dienern des Königs gäbe, ſo an, als hätte ich es dem Kö= nige ſelbſt gegeben. Wenn ſie ſchlau ſind, werden ſie aus der Antwort erſehen, daß ich ihre=Liſt durchſchaue und weiß, daß der Dâd=Khwâh in Wirklichkeit dem Könige Nichts vorenthält.

„Mittwoch, den 30. December. — Heut Morgen kam mein Munſhi und erzählte mir eine lange Geſchichte, von der ich ſchon geſtern Abend Etwas gehört hatte. Vor einigen Tagen hatte er entdeckt, daß ein Yârkandi, der ſein Pferd beſorgt, von dem Getreide, das einen Theil der für ihn und mich beſtimmten täglichen Proviantlieferungen bildet, in der Stadt einiges ver= kauft hatte. Da der Mann ſich offenbar Geld verſchaffte, indem er die Gaben des Königs verkaufte, ſo war der Munſhi mit Recht böſe auf ihn und auch auf ſeinen indiſchen Diener, weil er nicht beſſer aufpaßte. Er nahm den letzteren am Barte und gab ihm mehrere Ohrfeigen. Aus Aerger darüber ſchor der Mann ſich geſtern den Bart ab, an dem er gezupft worden war, zum großen Entſetzen aller orthodoxen Muſelmänner, die das Abſchnei= den des Bartes als das Kennzeichen eines Heiden betrachten. Die turkiſchen Beamten ſagten ihm, wenn ſie nicht Rückſicht auf mich nähmen, würden ſie ihm ſofort den Kopf abſchlagen, ohne erst auf den Befehl des Königs oder des Shaghâwal Dâd-Khwâh zu warten!

„Der Munshi und ich beriethen uns, auf welche Art wir beweisen könnten, daß wir orthodox seien; schließlich warf er auf meinen Befehl den Mann aus seinem Hause hinaus und gab ihm einen Wink, daß man ihm verzeihen werde, wenn er in einigen Tagen zu mir käme und mich um Verzeihung bäte. Sie werden darüber lachen, daß ich als Verfechter muselmännischer Orthodoxie auftrete. Sie müssen aber bedenken, daß in einem so bigotten Lande die geringste Nachsicht in solchen Dingen uns Alle in Verruf bringt. Meine muselmännischen Diener müssen nothwendiger Weise doppelt streng sein, um die Heterodoxie ihres Herrn auszugleichen. Die Hälfte meines bisherigen Erfolges habe ich meinem Munshi zu verdanken, den man hier allgemein als einen musterhaften Muselmann betrachtet. Hätte ich nur Hindus zu meiner Bedienung mitgebracht, so hätte man mir nicht halb so viel Aufmerksamkeit erwiesen.

„Das wissen auch alle meine Diener. Es ist ergötzlich zu sehen, wie der ladâkische Dolmetscher, Tashi, um unsern guten Ruf zu bewahren, seinen muselmännischen Dienstgenossen zur Erfüllung seiner Pflicht anhält. Der Letztere, dessen Name Kabir ist, wurde auf der Reise in Folge der Kälte krank. Ich machte daher Tashi zu seinem Aufseher und Gehülfen mit dem Befehl ihn aufzurütteln und ihn die nöthige Arbeit verrichten zu lassen. Jetzt hat er schon lange seine ganzen Kräfte wieder erlangt, den Verstand ausgenommen, der noch immer festgefroren zu sein scheint. Tashi ist ein kleiner, rühriger Mann, dessen größte Freude es ist, wenn er außer seiner eigenen Arbeit noch die eines Andern verrichten kann. Auf der Reise war er unschätzbar; er lachte und sang immer und leistete überall Beistand, wenn die Andern vor Kälte hilflos waren. Jetzt, wo wir Yârkand erreicht haben, macht er Kabir's Mentor. Wenn es Zeit ist, jagt er ihn fort zum Gebet, schilt ihn, weil er nicht weiß, in welcher Richtung Mekka liegt, gibt auf ihn Acht, daß, wenn er Schafe oder Hühner schlachtet, die Köpfe derselben keine falsche Richtung haben, macht überhaupt seinen religiösen Führer, obgleich er selbst Buddhist ist. Ich kann mich des Lachens nicht enthalten, wenn er laut schreiend zu mir herauf kommt und sich schwer beklagt, daß Kabir sein Gebet nicht sprechen wolle, oder während der Fastenzeit eine Hukah geraucht habe, und der Letztere unterdessen schüchtern im Hintergrunde steht, die Hände vor sich gefaltet, wie ein Kind, das beim Naschen ertappt worden ist.

„Tashi hat auf der ganzen Reise viel Stoff zur Unterhaltung gegeben. Die Schnitzer, die er fortwährend machte, sein Erstaunen über englische Gewohnheiten (worauf die andern Diener ihre Ueberlegenheit gründen), die Einfalt, die er in manchen Dingen, und die Schlauheit, die er in andern zeigt, seine gute Laune und sein wunderbares Kauderwälsch, das ein Gemisch von Hindostani und Ladâki ist, haben uns fröhlich gestimmt, wo es sonst wenig Grund zur Fröhlichkeit gab. Der Yuzbashi hat ihm den Spitznamen „Shaitân" oder „der Teufel" gegeben.

„Der Yuzbashi, da ich gerade von ihm spreche, brachte mir heute vom Shaghâwal ein hübsches Gewand von dicker chinesischer Seide zum Geschenk; es ist ringsum mit Zobelpelz besetzt und mit Luchsfellen gefüttert, die schön weiches und langes Haar haben. Es ist ein höchst comfortables Kleidungsstück, das bis an die Knöchel reicht, und als er es mir anlegte, wünschte er, ich möchte darin „mubârak" oder „glücklich" sein. Später am Nachmittag brachte er mir vom Shaghâwal den vielbesprochenen Revolver, fertig geladen, und wünschte, ich möchte nachsehen, ob er in Ordnung sei, und ihn abschießen. Wir gingen hinaus, und als ich nach einem Ziele schoß, gingen zwei Kammern auf einmal los, wobei einiges Pulver rückwärts und mir ins Gesicht flog. Da fiel mir ein, daß, als die Pistole zum letzten Male abgeschossen wurde (es war vor zwei oder drei Jahren, als ich sie emailliren und vergolden ließ), dasselbe geschehen und außerdem noch gleichzeitig der Ladestock fortgeflogen und dicht an dem Kopfe eines Mannes vorübergegangen war, der dabei stand. Das hatte ich Alles vergessen. Ich versuchte die übrigen Kammern in der vollen Erwartung, daß ein Unfall geschehen werde. Aber sie gingen ganz ordentlich los. Es scheint, als hätte das Metall einen Sprung, durch welchen das Feuer aus der einen Kammer der nächsten mitgetheilt wird. Der Yuzbashi sagte mir jedoch, er werde morgen die Pistole mir bringen, damit ich ihm zeigte, wie man sie putze; dabei hoffe ich sie genau zu untersuchen.

„Donnerstag, den 31. December. — Während ich über

dem Frühstück war, kam er mit der Pistole. Ich ließ sie putzen und untersuchte sie genau. Einen Sprung hat sie durchaus nicht, und das erleichtert meine Besorgniß. Ich zeigte ihm die richtige Ladung Pulver u. s. w. und lud alle Kammern in seiner Ge= genwart.

„Gegen Mittag kam er wieder und meldete ein Musikcorps an. Er sagte, der Shaghâwal Dâb=Khwâh habe sie geschickt, um für mich zu spielen, und habe sie angewiesen, immer in meiner Umgebung zu bleiben, so daß sie jederzeit, wenn ich sie rufen ließe, bei Tage oder Nacht, zum Spielen bereit wären. Sie saßen draußen im Hofe und spielten mehrere Stücke; dann ließ ich sie gehen und sagte ihnen, sie möchten am Abend kommen, hier ihr Fasten brechen und dann wieder spielen.

„Bei Sonnenuntergang erschien mein Freund, der Yuzbashi, nochmals, gefolgt von drei bis vier Männern, die ein warmes Diner trugen, das der Shaghâwal mir sandte, und hinter ihnen eine todte Gazelle von der Art, die man „Saikit" nennt. Letz= tere hatte mein Argun, Juma, draußen auf der Gasse an meiner äußeren Thür vorbeitragen sehen; er sagte sofort zu dem Pan= jâbashi, der sich in meiner Umgebung befindet: „Die brauche ich für den Sahib." Es zeigte sich, daß die Gazelle als Geschenk für den Shaghâwal hereingebracht wurde; aber der Panjâbashi ging sogleich fort und sagte, man brauche sie für mich, und sie wurde demnach gebracht. Ich freute mich, daß ich sie erhielt, denn ich möchte gern aus der hiesigen Gegend, die für die Naturfor= scher ein fast ganz neues Gebiet ist, so viele Thiere als möglich sammeln. Die Hörner sind anders als bei der indischen Gazelle; sie sind nicht so schlank und an der Spitze mehr einwärts ge= krümmt. Ich habe Auftrag gegeben, den Kopf morgen mit Arse= nikseife zu präserviren und das Fell gerben zu lassen, aber so, daß die Haare daran bleiben.

„Mein Diner war anders als alle, die man mir bisher ge= schickt hatte. Zuerst kam ein gewaltig großes Gefäß voll irisch Gedämpftes, das höchst schmackhaft und gut war. Das Haupt= gemüse, das es enthielt, war eine große Art „Gram"*), gelben Erbsen ähnlich. Das andere Gericht war ein sehr großer süßer

---

*) Ostindische Bohne.

Eierkuchen, mit Syrup als Sauce. Beide reichten hin, um zwanzig Mann zu speisen. Später kam noch ein kleinerer Napf voll gepeitschter Crême und Eier.

„Ich hatte kaum aufgehört zu essen, da stellte sich auch schon das Musikcorps ein. Der oberste Musikus hatte eine Art Clavier [ein Hackbret (?)], einem ganz kleinen Piano ähnlich, aber ohne Tasten; es wurde mit einem spitzigen Instrument gespielt, das sich in der rechten Hand befand, während die linke Hand deren Bewegungen folgte und die Schwingung der Saiten hemmte. Neben ihm saß ein Mann mit einer langhalsigen Guitarre, ein „Citar“ genannt; sie wurde mit einem Bogen wie ein Violoncello gespielt. Sie hat neun Saiten, aber es wird nur auf einer gespielt; die übrigen werden niedergedrückt und helfen den Ton des Instrumentes verstärken. Der dritte Musiker blies auf einer Art langer und schwacher Querpfeife, während die drei Uebrigen Tambourins hatten und die Musik auch noch mit ihrer Stimme begleiteten. Es war mir auffallend, daß sie weit besser spielten, als man es in Indien und selbst in Kaschmir findet. In ihrer Musik war eine Präcision, eine Genauigkeit im Tact und in der Stimmung, die einen großen Fortschritt verrieth. Sie werden sagen, ich sei in Sachen der Musik kein competenter Richter, und ich gestehe, daß meine Ansicht über eine neue Oper nicht viel werth sein möchte, aber ich glaube, morgenländische Musik werde auch ich zu beurtheilen im Stande sein.

„Der erste Sänger war ein ganz merkwürdiges Geschöpf. Er hatte einen dichten rothen Schnurrbart, der von den Mundwinkeln herabhing, und zottige Augenbrauen mit farblosen Augen. Sein Mund hatte so ziemlich die Gestalt wie der des „wilden Ebers der Ardennen“, den Sir Walter Scott in „Quentin Durward“ schildert. Er hatte im Ganzen genommen ein höchst grotesk-wildes Aeußere, und wenn er sang, verdrehte er das Gesicht auf gräßliche Art. Er ist ein Währwolf genau der Art, wie man sich ihn etwa träumt, wenn Einen der Alp drückt. Sein nächster Nachbar, der zweite Sänger, war das völlige Gegentheil — dick, hübsch, mit friedlichem Gesicht, und hätte können für einen der schlichten Bürger von Lüttich gelten, die Quentin Durward aus der Gewalt des wilden Ebers befreite. Für eine Persönlichkeit, wie er, war es offenbar zu viel verlangt, daß er

Musik machen sollte. Das Tambourin zu schlagen und nach dem Tacte zu singen, strengte ihn so an, daß seine dicken Backen wackelten. Der Contrast zwischen den beiden Sängern machte uns Allen Spaß. Ich hatte nämlich eine auserlesene Gesellschaft bei mir, um die Musik zu hören.

„Man ließ sogleich Chumâru kommen, um zu tanzen. Er trat vor und führte den Guddi-Tanz auf (den man sehen muß, wenn man sich einen Begriff davon machen will). Wie gewöhnlich, waren die Turks entzückt; es ist viel mehr Leben darin, als in ihren Tänzen. Dann traten noch andere Tänzer auf, und als das vorüber war, sangen mein Yuzbaßhi und ein Zweiter ein Andijâni-„Ghazal" oder Liebeslied. Endlich brach unsere Gesellschaft auf, von ihrer musikalischen Abendunterhaltung sehr befriedigt.

„Es war jedoch noch zeitig, und nachdem einer meiner Leute das Musikcorps zurückgebracht und den Officieren des Shaghâwal überliefert hatte, wurde es, wie ich höre, zu einem andern Gaste geschickt, um dort ebenfalls zu spielen. Dies war der Sohn des Beg von Sanju, der, wie Sie sich noch erinnern werden, um den Tod seines Weibes trauerte. Sie sind mit dem Shaghâwal verwandt, und der Beg hatte jetzt, der bei solchen Gelegenheiten üblichen Etikette gemäß, seinen Sohn mit Geschenken an den hochgestellten Verwandten gesandt, um den Schluß der ersten Trauerperiode zu feiern, nach welcher die Trauernden sich das Haupt scheeren. Der Shaghâwal hat ihm viele Gegengeschenke gegeben und das Musikcorps geschickt, ihm ein Ständchen zu bringen.

„Ich schreibe dies, während ich eben auf den Eintritt des Neuen Jahres 1869 warte. Der nächste Neujahrs-Heilige-Abend wird mich hoffentlich wieder wohlbehalten in England sehen; da gedenke ich, während wir aufbleiben, um den Eintritt des Jahres 1870 zu begrüßen, mich eines guten englischen Kohlenfeuers zu erfreuen und Ihnen meine Erlebnisse in Turkistân zu erzählen.

„Freitag, den 1. Januar 1869. — Ein glückliches Neujahr! wenn ich es Ihnen auch nur zu Papier wünschen kann. Das Wetter ist hier schön klar und heiter und dabei kalt genug, um den Begriffen zu entsprechen, die man von der jetzigen Jah-

reszeit hat. Die mittlere Temperatur der Luft war heute 15° Fah=
renheit (— 11°,₁₁ R.). Das Wasser gefriert den Augenblick, so
wie es die Erde berührt, und die Nahrungsmittel werden alle
so hart wie Stein. Als eine merkwürdige Erläuterung zu dem
Klima von Turkistân erscheinen jetzt täglich Weintrauben, die in
den Dörfern rings um Yârkand wachsen, hart gefroren auf
meinem Tische. Gestern ließ ich einige in heißes Wasser tauchen,
um sie aufzuthauen; als sie aber auf meinem in der Nähe
eines hellen Feuers stehenden Tische lagen, gefroren sie, weil sie
an der Außenseite naß waren, zu einer Masse zusammen. Kalte
Pastete muß, ehe man sie schneiden kann, erst noch einmal ge=
backen werden. Bei alledem hat es mich noch nicht einen Augen=
blick auch nur gefröstelt; so groß ist die Trockenheit und Stille
der Luft und so warm halten die langen Turki-Röcke oder „Jâ=
mas“, die ich jetzt trage. Außerdem haben wir uns auch durch
die starke Kälte, die wir auf der Reise erlebt haben, an das
Klima gewöhnt; da gefror der Wein zu Blöcken und zersprengte
die Flaschen, so daß ich Stücke davon abbrechen und in mein
Glas thun mußte, und wenn die Leute Wasser holen wollten,
nahmen sie gewöhnlich ein Beil und einen Strick mit. Dort
war es der grimmige Wind, der Einem Mark und Bein durch=
kältete. Dem gegenüber ist die jetzige stille Kälte wie ein Para=
dies. Sie kennen das Gefühl, das man hat, wenn man während
eines Ostwindes eine Zeit lang dem wüthenden Winde entgegen
gegangen ist, und sich dann plötzlich um eine Ecke wendet, wo er
Einen nicht erreichen kann. Dieselbe Wirkung hat Turkistân auf
uns. Im Vergleich zu dem Winde von Lingzi-Tung sind alle
Ostwinde, die je in England bliesen, nur linde Lüftchen.

„Diesen Nachmittag machte mir der Juzbashi einen Besuch.
Er fing mit der gewöhnlichen Reihe Fragen von Seiten des
Dâd=Khwâh an. „Fühlt Shaw Sahib sich glücklich? Gefällt es
ihm? Braucht er irgend Etwas? Vergeht die Zeit ihm angenehm?“
u. s. w. u. s. w. Dann sagte er: „Da Sie direct nach Kâshghar
gehen wollen, so hat der Dâd=Khwâh mich gesandt, um zu fra=
gen, ob Sie vielleicht irgend Etwas zu Geschenken für den König
brauchen, da Ihre Karawane noch nicht angekommen ist. Sie
können von uns verlangen, so viel Sie wollen.“ Ich erwiderte,
ich sähe dieses Anerbieten als ein Zeichen großer Freundschaft

von Seiten des Shaghâwal an, glaubte aber, es werde das
Beste sein, wenn ich dem Könige solche Dinge gäbe, die wirklich
mein Eigenthum und das Erzeugniß meines Vaterlandes wären.
Der Yuzbashi hat mich nochmals bringend, Einiges anzunehmen,
da ich nicht nur für den König, sondern auch für mehrere Für=
sten und Männer von hohem Stande, die man mir unterwegs
entgegen senden werde, Geschenke brauchen würde. Hierauf er=
widerte ich: „Da meine Karawane noch nicht angekommen ist,
die für solche Fälle passende Geschenke bei sich hat, und der Dâb=
Khwâh sich verletzt fühlen würde, wenn ich in der That frische
Sachen einkaufen ließe, so will ich sie mit vielem Dank von
Ihnen annehmen. Was den König betrifft, so will ich ihm Alles
vorlegen, was ich mitgebracht habe, und will ihn um Verzeihung
bitten, daß die Gabe nicht ganz angemessen ist." Diese ganze
Unterredung mußte heute vermittelst zweier Dolmetscher geführt
werden; mein Munshi übersetzte aus dem Hindostani ins Per=
sische, und mein zweiter Bedienter verdolmetschte aus dem Persi=
schen ins Turki, und umgekehrt. Während diese Beiden unsere
langen Reden einander wiederholten, führten der Yuzbashi und
ich mit leiser Stimme eine Art Nebengespräch über Gewehre,
Thermometer u. s. w. in unserer Lingua franca, und ärgerten
durch ein solches Verfahren, das gegen alle Würde war, unsere
betreffenden Diener in hohem Grade. Der Yuzbashi ist zum Er=
götzen frei und ungezwungen. Er sah mich über seine langen,
wohlgeordneten Redensarten, in welchen die morgenländische Höf=
lichkeit sich äußert, und über sein feierliches Wesen lächeln, und
fing selbst an zu lachen, während er mir scherzhaft mit dem
Finger drohte und rief: „Jetzt, Shaw Sahib, machen Sie mich
nicht lachen."

„Ich kann nicht umhin, sein Benehmen zu erwähnen; es ist
ganz anders, als das erkünstelte Wesen und gefühllose Betragen
der Eingebornen Indiens. Wenn er nicht löge, wäre er würdig,
ein Engländer zu sein.

„Ich habe vergessen, Ihnen zu sagen, daß er dieser Tage,
als er bei mir speiste, in großem Zweifel war, was er essen
sollte. Einige der nichtswürdigen Kaschmiris und Inder, die hier
im Dienste des Königs stehen, hatten die Turks gegen mich auf=
gehetzt; sie sagten ihnen, wir äßen nichts als Schweinefleisch und

ein Muselmann könne nicht mit uns essen. Der Yuzbashi sagte daher meinen übrigen Gästen, sie sollten die Augen fest auf meinen Munshi richten und nichts anrühren, was er nicht genösse. Dies Alles erfuhr ich, wie auch der Munshi, erst später. Als der Munshi die Sache entdeckte, setzte er den Turks aus einander, es sei eine reine Erfindung; wenn auch manche niedrige Engländer dann und wann Schweinefleisch äßen (!), so sei ihm doch nie bekannt geworden, daß ich es thäte, und jetzt hätte ich sicherlich keines bei mir, und wenn ich es hätte, würde ich es muselmännischen Gästen wahrscheinlich nicht vorsetzen. Das freut sie.

„Heute hörte ich vom König eine Anecdote, welche zeigt, wie energisch der Mann ist, und wie wenig Rücksicht er auf die morgenländischen Begriffe von Würde nimmt. Der Courier, der die erste Nachricht von der bevorstehenden Ankunft meines Munshi überbrachte, fand ihn auf dem Artash-Passe jenseit Kâshghar, während er bei der Errichtung eines Fort zur Vertheidigung der Straße persönlich die Oberaufsicht führte. Er war mit Staub bedeckt, und durch einen fallenden Stein war ihm eben das Bein verletzt worden. Der Courier konnte nicht ermitteln, welcher der König sei; der Letztere aber bemerkte ihn und rief ihm zu, er solle seine Depeschen bringen; er las sie und beantwortete sie auf der Stelle.

„Ein morgenländischer König, der sich um solche Einzelheiten bekümmert und überall selbst nachsieht, ist eine Seltenheit und verdient, daß seine Unternehmungen glücklichen Erfolg haben. Ich bin überzeugt, mein Munshi würde es jetzt als unter seiner Würde betrachten, so Etwas zu thun!

„Sonntag, den 3. Januar. — Heut Morgen kam, ehe ich gefrühstückt hatte, der Yuzbashi mit einem großen Packet Seiden- und Brocatwaaren, die ich nach einer Uebereinkunft, welche wir gestern getroffen haben, dem Könige u. s. w. als Geschenke geben soll. Dem Namen nach werden diese Sachen mir blos geliehen und sollen, wenn meine eigenen Sachen ankommen, wieder ersetzt werden. Nachdem er mir die Stoffe alle gezeigt hatte, theilte er mir die willkommene Nachricht mit, daß ich morgen nach Kâshghar aufbrechen solle. Alle diese Mittheilungen wurden durch meine beiden Diener vermittelt, die Persisch sprechen. Hierauf schickte er sie Beide aus dem Zimmer und brachte

dann ein Packet unter der Brust seines Rockes hervor, das elf
Stücke geprägten Silbers („Kurus" genannt), und zwar einen
ganzen Kurus und zehn kleine Stücke enthielt, die an Werth
einem zweiten Kurus gleichkamen. Die elf Stücke zusammen sind
ungefähr 35 Pfund Sterling (etwa 240 Thaler) werth. Er
flüsterte mir zu, ich solle sie wegstecken, damit man sie nicht sehe;
der Dâd-Khwâh habe sie mir geschickt, weil er geglaubt, es könnte
mir vielleicht an baarem Gelde fehlen. Nachdem er dies gesagt
hatte, machte er, wie gewöhnlich, einen englischen militärischen
Gruß nach, den ich ihm gelehrt habe, und lief davon. Ich soll
offenbar annehmen, daß dies eine besondere Freundlichkeit des
Dâd-Khwâh sei. Es ist ihrerseits eine wohl überlegte Aufmerksamkeit, da es mir wirklich an baarem Gelde fehlte. Sie wollen
mich meine Zuflucht nicht zu der einzigen Quelle nehmen lassen,
die ich habe, um mir Geld zu verschaffen, nämlich zum Verkauf
der Waaren, die ich zu diesem Zwecke mitgebracht habe. Ich
würde den Uebelstand ernstlich empfunden haben, wenn sie mich
nicht mit allen möglichen Nahrungsmitteln in solcher Menge versehen hätten, daß man eine Schwadron Cavallerie damit ernäh-
ren konnte; denn alle Derwische von Yârkand in ihren hohen
Mützen sprechen täglich an meinem Thore vor, und die Familien, Freunde und Pferde der in meiner Umgebung befindlichen
Officiere werden ganz von mir erhalten. Außer den Lebensmitteln bekomme ich täglich gegen siebenzehn Schillinge (etwa sechs
Thaler) in kleiner Münze (nämlich fünfzig „Tanga"). Ich
glaube, ich habe Ihnen noch nicht gesagt, daß das Hauptgeld
Turkistâns in kleinen Kupfermünzen besteht, die in der Mitte ein
viereckiges Loch haben. Davon gehen fünfundzwanzig auf einen
Tanga (der etwa vier Pence oder 3 Sgr. 4 Pfg. beträgt). Sie
werden auf Schnuren gereiht, deren jede einen Werth von zwanzig Tangas enthält. Diese Schnuren sind das gemeine Courant-
geld. Kleinere Summen werden nach Belieben von ihnen losgemacht*). Ich erhalte jeden Tag dritthalb Schnuren oder fünfzig
Tangas.

*) Die übrigen Münzen sind Gold-„Tillahs", die in Khokand geprägt
werden und je 32 bis 35 Tangas werth sind, und ein großer Silberbarren,
„Yambu" oder „Kurs" genannt. Der Werth des letzteren ist veränderlich; jetzt

„Gehen wir nun wieder auf unsere Erzählung zurück! Ich schickte dem Yuzbaschi meinen Munschi nach und ließ ihm sagen, ich wünschte dem Shaghâwal meinen Abschiedsbesuch zu machen. Kurz darauf holte er mich ab, und der Shaghâwal war, als ich von ihm Abschied nahm, sehr freundlich.

„Nachdem ich mich entschuldigt, daß ich ihn, wie er mir Schuld gab, in der letzten Zeit nicht besucht hätte, fragte ich ihn, um seine Kenntniß zu prüfen, nach Chinghiz Khan. War er ein Usbeg, oder wer sonst?

„Er erwiderte mir, Chinghiz Khan sei ein Mâghul gewesen, der ursprünglich aus dem Lande der Mâghuls in der Nähe von Karakôram (in der Mongolei) gekommen sei; sie seien unwissende Barbaren gewesen, hätten aber erst Khoten und dann das übrige Turkistân erobert. Die Mâghuls seien Brüder der Tataren gewesen, die ursprünglich in ihrer Nähe gewohnt, die aber zur Zeit der Eroberungen Chinghiz Khan's sich in Turkistân angesiedelt hätten. Die heutigen Usbegs seien Tataren; wenn man aber die Bewohner Ost-Turkistâns fragte, ob sie Mâghuls oder Tataren seien, so antworteten sie: „Wer sind die Mâghuls, und wer sind die Tataren?"

„Ich fragte, zu welcher Race Baber gehört, der von Andijân gekommen sei und das sogenannte Moghul-Reich in Indien gegründet habe.

„Er erwiderte: „Er war ein Mâghul. Dies war der königliche Stamm in Turkistân, obgleich Baber's Familie nicht die rechtmäßigen Landesherren waren (dies war von Rechtswegen Shaiban). Aber die Masse der Bewohner Andijâns waren Tataren."

„Ich fragte, von wem das Land vor der Einwanderung der Tataren bewohnt gewesen sei.

„Er sagte: „Von den Tâjiks und verwandten Racen."

„Kurz darauf nahm ich Abschied.

„Als ich wieder nach Hause kam, ließ ich die Diener anfangen einzupacken. Am Nachmittag erhielt ich einen dritten Be-

---

beträgt er ungefähr 1100 Tangas. Er ist wie ein Boot oder ein Schuh gestaltet, und auf demselben befindet sich ein chinesischer Stempel eingeprägt. Die „Tangas" sind ebenfalls chinesisches Geld.

juch vom Yuzbaſhi; er brachte mir eine halbſeidene „Camſole", einen knapp anliegenden wattirten Rock, zum Geſchenk; dieſer Rock wird unter dem äußeren Khilat getragen, wie der Leibrock eines engliſchen Geiſtlichen unter dem offenen Prieſterrock. Zu gleicher Zeit erſchien ein warmes Diner à la Tungâni von ſechs Becken und einer Schüſſel, die durch Holzkohle warm gehalten wurde.

Am Abend kam er endlich zum vierten Male mit zehn Khilats, die ich unterwegs verſchiedenen Beamten und großen Männern geben ſollte. Als er ging, ſchickte ich meinen Munſhi mit ihm, um dem Dâd-Khwâh ſeine Uhr, die er mir geliehen hatte, zurückzugeben, da ich jetzt Yârkand verließ. Mein Munſhi ging, brachte ſeine Complimente an und kam dann auf die Sache zu ſprechen, wurde aber ſofort vom Dâd-Khwâh zum Schweigen gebracht. Er ſagte: „Wenn Sie mich die Uhr auch nur wieder ſehen laſſen, ſo werde ich böſe. Was einmal fort iſt, kann nie zu mir zurückkommen. Wenn Shaw Sahib ſie nicht für werth hält, ſie ſelbſt anzunehmen, ſo kann er ſie weggeben, aber ich kann ſie nie wieder ſehen." So brachte ſie denn mein Munſhi zurück. Ich fühlte mich verpflichtet, ſie ihm zu geben, und dies machte ihm Freude. Um jedoch zu zeigen, daß ich die Gabe des Dâd-Khwâh ſchätzte, machte ich mit ihm ab, daß er ſie mich ſolle tragen laſſen, bis ich nach Kâſhghar kam.

„Sie können ſich meine Freude denken, als ich endlich ſo weit war, daß ich nach Kâſhghar aufbrechen konnte, um mich dem Könige vorzuſtellen. Hätte ich dies nicht erreicht, ſo wäre meine Reiſe ganz unvollſtändig geblieben, und ihre wiederholten Entſchuldigungen und Verzögerungen hatten mir ſchon halb bange gemacht, daß ſie mich nicht wollten hingehen laſſen. Wie ich höre, treiben ſie mit Hayward daſſelbe Spiel; ob es bei ihm auch denſelben Ausgang nehmen wird, weiß ich nicht."

Pulverhorn.

Elftes Kapitel.

Von Yârkand nach Kâſhghar.

„Montag, den 4. Januar. — Mein Marſchiren hat wieder begonnen, und ich freue mich, daß ich wieder einmal Bewegung habe. Heute Morgen brachten ſie mir ſchon früh aus des Dâd-Khwâh eigenem Marſtall einen hübſchen Grauſchimmel, den ich unterwegs reiten ſoll. Mein eigener Pony hat einen wunden Rücken, den er ſeit meiner Ankunft in Yârkand erhalten hat, weil die Sklaven ihn auf bloßem Rücken in die Schwemme ritten. Der Yuzbaſhi erbot ſich freundlichſt, für ihn zu ſorgen und ihn bis zu meiner Rückkehr in ſeinem Hauſe pflegen zu laſſen. Mein Munſhi reitet den Pony, den ich ihm gab. Auch die Diener wurden alle mit Pferden verſehen, und das Gepäck folgte ebenfalls auf Pferden nach. Im Ganzen nimmt meine Reiſegeſellſchaft ſiebenundzwanzig Pferde in Anſpruch, außer denjenigen

des Yuzbaſhi und ſeines Gefolges. Der Aufbruch iſt ſtets müh=
ſam, und es wurde faſt zwölf Uhr, ehe wir fortkamen. Der
Yuzbaſhi ging dann noch zum Dâd=Khwâh, um die letzten Be=
fehle entgegenzunehmen, und verſprach mich einzuholen, aber
Mohammad Iſâk Jân (der Bruder des Dâd=Khwâh) geleitete
mich zur Stadt hinaus. Am Thore trennte er ſich von mir un=
ter vielen Gebeten für eine günſtige Zuſammenkunft mit dem
Könige und eine glückliche Rückkehr, worauf ich erwiderte: „Inſh=
'alla" („So Gott will").

„Wir ritten an einem Theile der einen Seite und an einer
zweiten ganzen Seite der Neuſtadt hin. Dadurch hatte ich Gele=
genheit, mir die Vertheidigungswerke anzuſehen. Von der Straße
aus ſteigt ein kleines Glacis bis zum Rande des Grabens hin=
auf, der gegen zwanzig Fuß tief und ebenſo breit und auf beiden
Seiten mit in der Sonne getrockneten Backſteinen bekleidet iſt.
Die Escarpe oder innere Seite geht oben in eine mit Zinnen
verſehene Erdwand über, die vor dem anrückenden Feinde durch
das Glacis verborgen iſt und nur die oben befindlichen Machi=
coulis (oder viereckigen Oeffnungen) ſehen läßt, aus welchen auf
die Böſchung des Glacis Musketenfeuer gerichtet werden kann.
Innerhalb dieſes Walles iſt ein zweiter Graben, aus welchem die
Hauptmauer der Stadt ſich erhebt. Von der Krone des Glacis
an gerechnet, iſt die Hauptmauer etwa dreißig bis fünfunddreißig
Fuß hoch und in jenem Niveau ebenſo dick. In Zwiſchenräumen
von etwa neunzig Schritt befinden ſich viereckige Vorſprünge,
aus welchen ſich ein Flankenfeuer eröffnen läßt, während an der
Ecke eine regelrechte Baſtion ſteht, die von einem zwei bis drei
Stockwerke hohen Fort überragt wird. In der Nähe des Thores
iſt die Mauer außerordentlich ſtark; ſie iſt dort (nach muthmaß=
licher Schätzung) fünfzig Fuß dick. Das Thor iſt durch ein Au=
ßenwerk geſchützt, und ſteht dadurch mit dem Walle in Verbin=
dung, der die beiden Gräben trennt. Durch dieſen Wall führt
ein zweites Thor (das aber dem inneren nicht gegenüber ſteht)
auf den freien Platz hinaus, der zwiſchen den beiden Städten
liegt. In Zwiſchenräumen erheben ſich pagodenähnliche Gebäude
über die Mauer, beſonders über die Thore*).

*) Marco Polo ſagt, als er von Khanbolig ſpricht: „Die neue Stadt iſt
mit Mauern von Erde umgeben, die am Grunde ungefähr zehn Schritt dick

„Wir setzten unsern Marsch nach Westen fort. (Die kleinen Moscheen, die man längs der Straße fortwährend antrifft, kommen dem Reisenden sehr zu Statten, um die Richtung zu finden; sie zeigen nach der Kiblah der Muselmänner hin, die man in Turkistán südlich von Westen legt, ohne daß man die Richtung näher bestimmen kann; man benutzt zu diesem Zwecke einen kleinen Compaß, der einen nach Westen zeigenden Arm hat und den man „Kiblah-Ramáh" nennt.) Nachdem wir etwa drei Meilen über Yârkand hinaus waren, machten wir Halt, um auf den Yuzbashi zu warten, und zogen dann mit ihm weiter durch ein dicht bevölkertes Land (noch volkreicher, wie mein Munshi zugibt, als die fruchtbaren Districte des Panjab).

„Der Dâd-Khwâh gab dem Yuzbashi ein Buch für mich, welches er, als er uns einholte, mir überreichte. Zu meiner Freude war es eine Geschichte Amir Timur's (Tamerlan's). Er verspricht mir auch noch die Geschichte Chinghiz Khan's. Diese Schriften, die man von den Nachkommen der Eindringlinge erhalten hat, werden wahrscheinlich höchst interessant sein.

„Gerade ehe der Yuzbashi uns einholte, setzten wir auf einer Brücke über einen Fluß, der etwa fünfundvierzig Fuß breit war. Ich erfuhr, daß dieser Fluß sich oberhalb Yârkand von dem größeren Strome trennt, der an Sariful vorüberfließt. Yârkand ist daher zwischen die beiden Arme eingeschlossen; sie vereinigen sich aber nicht wieder, da der kleinere Fluß sich in der Nähe von Aksu im Sande der Takla-Makán verliert.

„Ungefähr sechs Meilen von Yârkand jedoch betraten wir plötzlich einen Landstrich, der aus Sandhügeln bestand, welche mit grobem Gras bedeckt waren. Wir durchzogen diesen Strich in schräger Richtung und brauchten dazu acht Meilen, aber gerade hinüber muß seine Breite viel weniger betragen. Das Terrain sieht aus, als wäre es durch eine große Wasserfluth herabgeführt und auf der fruchtbaren Ebene angehäuft worden. In der Mitte überschritten wir eine breite Einsenkung, die sich rechts und links so weit erstreckte, als wir sehen konnten, und voller

sind, aber allmälig nach oben abnehmen, wo die Dicke nicht mehr als drei Schritt beträgt..... Die Mauer der Stadt hat zwölf Thore und über jedem Thore und jedem Abschnitte der Mauer steht ein hübsches Gebäude." (Siehe Yule's Marco Polo, 1, 331.)

Sümpfe und Wasserlachen war, die ein kleiner Bach mit einander verband. Das Bächlein war vielleicht der letzte Rest des Gebirgsstromes, der den Sand herabführte; wie wir oft sehen, nimmt ein Wasserstrom, wenn er durch leichten Boden fließt, eine Masse desselben mit sich fort, häuft ihn vor und neben sich auf und hinterläßt, wenn er vertrocknet, einen Hügelrücken, der in der Mitte eine Vertiefung hat.

„Als wir aus diesem höher gelegenen sandigen Striche wieder heraus traten, kamen wir auf eine Ebene, die bis zum Fuße eines Gebirgszuges anstieg, den man jetzt (wie man sagt, ungefähr zwölf Meilen weit nach Westen) sah, und der dem Anschein nach von Norden nach Süden läuft. Während ich diese Entfernung niederschreibe, fällt mir der Contrast zwischen dem Klima des hiesigen Landes und Indiens gewaltig auf. Denn von Kangra bis zur Kette des äußeren Himálaya ist es zwölf Meilen, und in Kangra sieht es aus, als hingen die Berge über der Stadt. Man glaubt, man könne jede Schlucht und jeden Felsen zählen, so deutlich sind die Formen zu sehen. Hier aber zeigt sich in einer Entfernung von zwölf Meilen das Pamir-Gebirge als ein weit entfernter Gebirgszug, von dem man nur den Umriß erkennen kann*).

„Am Fuße der ansteigenden Ebene stehen einzelne Dörfer, aber nicht so dicht beisammen, wie in der Umgegend von Yârkand. Welche Geheimnisse mögen wohl in jenem Gebirge verborgen liegen, auf das noch so wenige europäische Augen einen Blick geworfen haben! Hier auf diesem Punkte scheint es seinen Namen „Bâm-i-Dunya" oder „Oberes Stockwerk der Welt" kaum zu verdienen. Man sieht hauptsächlich einen niedrigern Gebirgszug, eine lange, fast gerade Linie, während die Riesen des Gebirges hinter demselben stehen und dem Anschein nach eine höhere und weiter entfernte Kette bilden. Der Juzbashi zeigte nach dem Gebirge, das gerade nach Westen sieht, und sagte: „Jenseits dieser Berge liegt Badakhshân; dann ein wenig mehr nach rechts Bokhâra; noch weiter, da, wo der Gebirgszug in der Ferne verschwindet, befindet sich die Straße nach meinem Vaterlande, An

---

*) Auf der Rückkehr fand ich, daß der wirkliche Kamm des Gebirges bedeutend weiter entfernt ist, als zwölf Meilen.

dijân, während nach Norden, wo von hier aus keine Gebirge zu
sehen sind, Rußland (Sibirien) liegt. Ich erfuhr von ihm, daß
das Gebiet des Königs sich weit die Thäler dieser Gebirgskette
hinauf bis an die Grenzen Badakhshâns erstreckt; die Thäler
sind voll nomadischer Einwohner und enthalten viele Dörfer.
Der einzige Name, den er mir für den Gebirgszug angeben
konnte, war „Kizil-Tâgh" — „Rothes Gebirge", offenbar eine
rein örtliche Benennung. Die Morgenländer lieben, wie schon
oft bemerkt worden ist, allgemeine Bezeichnungen nicht. Sie
wollen für jeden Theil einen Namen haben, aber keinen für das
Ganze.

„Nachdem wir Halt gemacht hatten, um zu beten, wandten
wir uns nord-nord-westlich, ritten durch Felder noch etwa vier
Meilen weiter und trafen dann den Weg von Koth-Robât; er saß
ab, nahm mich an der Hand und geleitete uns in das große
Dorf jenes Namens. Es enthält zwei Serais, deren größeres
voll zweihöckriger Kameele und Waarenballen war. In den Höfen der Häuser bemerkte ich hier zum ersten Male offene Karren,
welche die Landbewohner bei Feldarbeiten benutzen. Ich habe
vergessen zu erwähnen, daß wir unterwegs mehreren „Arabahs"
mit je drei bis vier Pferden begegnet waren. (An einem Wagen
war nie mehr als ein Stangenpferd, alle übrigen waren neben
einander vorgespannt und wurden vom Wagen aus mit Zügeln
gelenkt.) Wir zogen durch den Bazâr und betraten einige Hundert Schritte weiter davon einen großen freien Platz, der von
hohen, mit Zinnen versehenen, neugebauten Mauern umgeben
war; von da ging es in einen zweiten großen Hof, der einen
Garten enthielt und auf der einen Seite eine Reihe Gebäude
hatte. Ich wurde in ein großes Zimmer mit Teppichen und
einem Feuer gewiesen. Mein Munshi und die Diener wurden
ebenso gut untergebracht. Der Yuzbashi sagte mir, dies sei eine
Art königliches Rasthaus, das der jetzige König zu seinem Pri-
vatgebrauch gebaut habe, um es auf seinen Reisen zu benutzen.
Aehnliche gibt es auf dem ganzen Wege bis Kâshghar. Man
nennt sie „Urba"*). An allen geschützten Stellen liegt der Schnee

---

*) Von „Urba" oder „Hof" stammt, wie ich glaube, das Wort „Horde"
ab, das man auf Tataren-Stämme anwendet, wie z. B. „Goldene Horde" u. s. w.

zwei bis drei Zoll hoch, während die ansteigende Ebene und das jenseitige Gebirge dünn damit bedeckt sind. Die Kälte ist stark; der scharfe Wind hat meinen Munshi ganz krank gemacht, und selbst der Yuzbashi klagt, daß er in seinen Füßen kein Gefühl mehr habe. Dank dem Pelzrock des Dâd=Khwâh fühlte ich nicht den geringsten Frost.

„Nach Tische kam der Yuzbashi mit einem Freunde; er stellte ihn mir als einen Verwandten des Dâd=Khwâh vor, der jetzt zu einem besondern Dienst verwendet werde. Da ich fand, daß er Persisch sprach, so knüpfte ich eine Unterhaltung mit ihm an. Er fragte zuerst, welches mein Vaterland sei. Ich erwiderte: „Inglistân.“ Er hatte mich nicht richtig verstanden und wieder=holte — „Hindostân“. Der Yuzbashi legte sich jedoch ins Mittel und erklärte ihm, wie ich mir denke, den Unterschied. Jetzt trat mein Munshi ein, und nun wurde das Gespräch belebter; denn meine Kenntniß des Persischen ist nur beschränkt. Nach anderen Dingen kamen wir auf das Klima zu sprechen. Ich sagte ihm, mein Munshi litte sehr in Folge der Kälte, da er aus einem heißen Lande, „Hindostân“, gebürtig, während meine Heimath so kalt wie Turkistân sei. Hierauf erkundigte er sich nach England, von dem er offenbar noch Nichts wußte. Er fragte, ob die Engländer „Frang“ wären? Da nun „Frang“ oder „Feringi“ eine Bezeich=nung ist, die im Morgenlande in üblem Geruch steht, und da sie, wie ich glaube, zur Zeit der Kreuzzüge ursprünglich aus dem Namen „Franke“ entstand, so weise ich diese Benennung stets zurück und sagte, die „Frangs“ seien eine große Nation, deren Land, Frangistân, in der Nähe des unsrigen liege. Bei dieser Gelegenheit sagte ich dem Manne noch, daß „Inglistân“, „Fran=gistân“, „Rum“ und „Ruß“ vier große Länder des Westens, aber alle von einander getrennt wären. Als ich den letzten Na=men aussprach, lächelte er und sagte: „Der Sahib spricht sehr richtig; er nennt es Ruß und nicht Orus, wie wir gewöhnlich aus Irrthum thun.“ Ich erwiderte: „Ja, ich habe bemerkt, daß man es hier so ausspricht. Auf dieselbe Weise nennen in Indien die Ungebildeten uns Angrez, anstatt Engländer, wie wir eigentlich heißen.“ Ich ergreife jede Gelegenheit, um den Turks eine richtige Vorstellung zu geben, wer wir sind (sie wissen nur, daß in Hindostân ein frangisches Reich besteht; ob aber die

Frangs Eingeborne oder Ausländer sind, davon haben sie keinen Begriff, immer den König und den Dâd-Khwâh ausgenommen). Ich versuche stets sie unsern Namen richtig aussprechen zu lassen, da er wahrscheinlich in der Form, in der sie ihn jetzt aufnehmen, fest einwurzeln wird. Wir sprachen noch weiter, und als mein Gast aufstand, um zu gehen, ließ ich ein Gewand bringen und ihm auf die Schulter legen, da ich dem Dâd-Khwâh und seinen Verwandten jede Aufmerksamkeit schuldig bin. Da entstand zwischen ihm und meinem Munshi ein langer Wortkampf; er behauptete, es sei seine Pflicht, mir Geschenke bringen zu lassen, anstatt sie zu empfangen, und der Munshi erwiderte, da er aus Freundschaft mich besucht habe, so könne er nicht so unfreundlich sein, meine Gabe zurückzuweisen. Der Yuzbashi sah lachend zu, und ich blieb sitzen. Endlich sagte ich zum Yuzbashi: „Sprechen Sie mit ihm", worauf eine Unterhaltung in der Turki-Sprache folgte, deren Resultat war, daß das Gewand angenommen wurde. Er hatte sich vor den Folgen gefürchtet, wenn die Annahme desselben dem Dâd-Khwâh oder dem Könige zu Ohren kam. Die Macht ist noch immer so unsicher, daß die Regenten mit der Gunst, die betteln geht, geizen.

„Bei unserer Unterhaltung während des Tages kamen wir auf den Dâd-Khwâh zu sprechen. Er gilt für außerordentlich gelehrt. Meine eigene Bekanntschaft mit ihm hat mir gezeigt, daß er sich für Dinge interessirt, von welchen die Mehrzahl seiner Landsleute gar Nichts weiß. Wie es scheint, war er früher Mirza-Bashi oder erster Secretär beim Khan von Khokand. Von dem Tage an, wo er im Namen seines Herrn an den Amir von Bokhâra einen Brief schrieb, den kein Mullah in jenem ganzen Lande verstand, hat er immer einen großen Ruf gehabt. Man scheint dies in Central-Asien als die höchste Gelehrsamkeit zu betrachten; das stärkste Licht hört mit Finsterniß auf! Als mein Munshi nach Yârkand kam, prüfte der Dâd-Khwâh ihn auf dieselbe Weise, wenn auch, wie ich vermuthe, nicht so streng, und ließ ihn beobachten, ob er seine Briefe mit Leichtigkeit las. Der Munshi behauptet, er habe dies gethan und den Dâd-Khwâh mit derselben Münze wieder bezahlt, indem er sich der schwülstigsten Ausdrücke bediente und sein Persisch mit Arabisch untermischte. Ich möchte wissen, was darüber der Dâd-Khwâh sagt! Doch bin ich der vollen Ueberzeugung, daß mein Munshi die Turki-Mullahs im Durchschnitt an Gelehrsamkeit weit übertrifft.

„Dienstag, den 5. Januar, Kizil. — Heute ging unser Marsch nordwestlich, durch eine steinige Wüste am Fuße des Ge-birges. Einen Theil des Weges entlang hatten wir rechts von uns einen Jangel von niedrigem Gesträpp, der sich bis Aksu er-strecken und voll wilder Thiere, Tiger u. s. w., sein soll. Unge-fähr in der Mitte des Weges hielten wir an einem einsamen „Serai" mit einer Moschee und zwei (fast hundert Fuß tiefen) Brunnen an. Dies Alles hatte der jetzige König bauen lassen, der viel zum Besten des Landes zu thun scheint. Mehrere Ara-bahs hatten hier angehalten, um die Pferde zu füttern, und die Frauen guckten neugierig nach dem Fremden und seiner Gesell-schaft heraus. Sie gehörten zu den besseren Klassen und hatten eine überaus schöne Gesichtsfarbe, aber schwarzes Haar. Der Ge-stalt nach erinnerten sie mich an Ruben's Frauen, so verschieden waren sie von den dunklen, mandeläugigen Schönheiten Indiens. Diesem Orte gegenüber fing die äußere und näher stehende Hü-gelkette an sich nach Westen hinzuziehen, während der höhere Gebirgszug dahinter im Nebel nicht zu sehen war. Gerade ehe wir unsern Bestimmungsort erreichten, sahen wir ihn jedoch in mehreren sehr hohen Spitzen am Himmel emporsteigen. Er hatte sich, wie es schien, in einer einzigen geraden Linie fortgesetzt, obgleich die vor ihm stehende, niedrigere Kette nach Westen hin zurückgetreten war.

„Ehe wir unsern Ruheplatz für die Nacht erreichten, kamen wir in der Wüste auf eine einsame verfallene Moschee und eine trockene Cisterne. Der Yuzbashi führte mich vom Wege ab, um sie mir zu zeigen, und sagte mir, die Moschee sei erst von Ching-ghiz Khan während seines Eroberungszuges in Turkistân dort errichtet worden. Die Cisterne war der Art, wie er sie an allen seinen Halteplätzen in der Wüste herstellen ließ. Hinreichendes Wasser für seine gewaltig großen Horden trugen Kameele, und wenn sie sich lagerten, wurde eine Cisterne gegraben und mit diesem Wasser gefüllt, damit Menschen und Vieh es benutzen konnten*). So lautet ihre Ueberlieferung. Auch hat er, wie sie

---

*) Eine Cisterne in Kizil selbst soll von den Soldaten Hazrat Begam's, eines Häuptlings aus neuerer Zeit, gegraben worden sein, von denen Jeder so

sagen, ein Zelt gehabt, das groß genug war, um 10,000 Mann darin unterzubringen, und dort ganze Heere von Gästen bewirthet und ihnen Thee in Tassen vorgesetzt, die aus Edelsteinen gemacht waren!

"Als wir weiter zogen, fing der Yuzbashi an, meinen Munshi zu fragen, wie viele hohe Adlige es in Indien gäbe. Der Munshi erwiderte, 108 seien bedeutend genug, um mit Kanonenschüssen begrüßt werden zu dürfen, während die kleineren unzählbar seien. Dann fragte der Yuzbashi nach den englischen Rangunterschieden und Würden, wandte sich zu mir und sagte: "Sind Sie in ihrem Vaterlande ein großer Pascha?" Ich antwortete: "Ich bin, wie Sie wissen, ein Kaufmann." Er lachte darüber und schüttelte den Kopf, sagte aber gleich darauf: "Gleichviel, Sie werden, wenn Sie aus diesem Lande zurückkehren, zu einem großen Pascha gemacht werden." Ich antwortete: "Ohne Zweifel werden meine Landsleute, wenn sie von der Freundschaft und den guten Beziehungen hören, die durch meine Vermittelung bei Ihrem Kö= nig hervorgerufen wurden, große Freude haben." Dann wandte er sich zu dem Munshi und sagte: "Und jener Hindu=König von Kashmir, ist er irgendwie von den Engländern abhängig?" Mein Munshi antwortete: "Er ist einer der 108 Fürsten, die mit Ka= nonenschüssen begrüßt werden dürfen." Der Yuzbashi schien dar= über sehr betroffen, da man in Turkistán von den Beziehungen des Fürsten von Kashmir zu unserer Regierung einen sehr unkla= ren Begriff hat.

"Während wir uns so unterhielten, kamen wir auf ange= bautes Land und zogen gleich darauf in das große Dorf Kizil ein. Dies Wort bedeutet "roth", ein wegen der Farbe des Bo= dens wohlverdienter Name. Meine Vermuthung, daß derselbe Eisen enthalten müsse, bestätigte sich bald, indem ich mehrere Oefen zum Schmelzen des Erzes erblickte.

"Den ganzen heutigen Tag ging ein scharfer Wind von Norden her, uns fast gerade ins Gesicht. Der Yuzbashi fragte mich, ob ich lieber in der königlichen "Urda", wo die Zimmer

---

viel Erde herausschaffte, als er auf der Spitze eines Pfeiles tragen konnte. Dies reichte hin, um eine umfangreiche Cisterne herzustellen: so groß war ihre Zahl.

groß und kalt seien, oder in einem Hause in dem Städtchen ab=
steigen wolle, das wärmer sein werde. Ich wählte das Letztere,
weil ich mir die Gelegenheit nicht wollte entgehen lassen, von
den Bewohnern so viel zu sehen, als ich kann. Wir wurden von
einem Officier empfangen, dessen Gesichtszüge mir sofort auffie=
len, da sie von dem eigentlichen Turki=Typus etwas verschieden
waren. Er hatte eine lange Adlernase und große runde Augen,
schönere Züge und ein weniger fleischiges Gesicht als die Turks.
Da ich ihn außerhalb meiner Thür, wenn er seine Anweisungen
ertheilte, Alles, was er brauchte, zu besorgen, nichts als Persisch
sprechen hörte, so erkundigte ich mich, wer er sei. Man sagte mir,
er sei ein Tâjik aus Andijân und gehöre zu der mit den Per=
sern verwandten Race, die vor der tatarischen Invasion das Land
inne hatte. Da er der erste Mensch war, den ich von dieser Race
sah, so hätte ich gern mit ihm gesprochen, konnte aber, wenn ich
Zeit hatte, seiner nicht habhaft werden. Meine Zeit war sehr
beschränkt, denn ich mußte meinen Munshi einen Brief an den
Dâd=Khwâh schreiben lassen, um ein Billet zu beantworten, das
er uns nachgeschickt hatte; er fragte darin den Yuzbashi, wie
unsere Reise ginge, und drohte ihm mit gräßlichen Folgen, wenn
er mich irgendwie vernachlässige und mir nicht alle möglichen
Erleichterungen verschaffe.

„Heute Abend erfuhr ich, daß der Fremde, dem ich vergan=
gene Nacht in Kokh=Robât ein Gewand gab, ein Verwandter des
Königs und eben erst von Kâshghar angekommen sei. Er ritt
dieselbe Nacht nach Yârkand ab und soll morgen mich wieder
einholen und mich dann weiter begleiten. Es war ein Glück, daß
ich an das Gewand dachte. Man hatte mich vorher aufmerksam
gemacht, daß allerhand große Männer mich in geringer Kleidung
besuchen würden, um Alles, was mich beträfe, an den König zu
berichten. Es ist mir ganz willkommen, daß sie dies thun; doch
fürchte ich, ich werde nicht immer die richtigen Personen treffen,
denen ich Gewänder zu geben habe, wenn man mir nicht sagt,
wer sie sind.

„Auf dem gefrorenen Teiche glandern Knaben, wie in
England.

„Mittwoch, den 6. Januar, Dorf Toblok. — Heute
Morgen fragten die Dorfbewohner meinen Munshi, wie es käme,

daß ich das Fasten nicht hielte. Er erwiderte ihnen, wir gehorch=
ten einem andern Propheten, als die Muselmänner, und der habe
dieses Fasten nicht vorgeschrieben. Als wir aufbrachen, hatten
sich, wie gewöhnlich, die Einwohner in großer Menge versam=
melt, um uns abziehen zu sehen. Wir reisten noch immer nord=
westlich durch ein Land, wo bald Cultur, bald Wüste oder Weide
war. Rechts von der Straße zeigte mir der Juzbashi einen gro=
ßen Grabhügel; dort lagen, wie er sagte, die Chinesen begraben,
die in einer Schlacht fielen, welche vor zwölf Jahren hier statt=
fand. Die muselmännischen Soldaten Wallé Khan's, die bei der=
selben Gelegenheit starben, liegen in zahlreichen Gräbern links
von der Straße. Ein Mann von unserer Gesellschaft, Sâdu
Khoja, ein alter Soldat, der mit mir in Shahidulla war, hatte
der Schlacht beigewohnt. Wallé Khan wurde geschlagen und floh
nach Kâshghar, wo er, wie auch in Yang=Hissâr, ein Haus von
menschlichen Schädeln hatte bauen lassen. Die Armeen sollen auf
jeder Seite 50,000 Mann stark gewesen sein; ein Theil der Chi=
nesen war jedoch in Orten stationirt, die näher an Yârkand
lagen, und ich kann daher nicht genau ermitteln, wie Viele wirk=
lich an der Schlacht Theil nahmen. Die Chinesen hatten lauter
Infanterie, die Andijânis lauter Cavallerie.

„Das Gebirge zog sich parallel mit unserer Route fort, die
ungefähr nordwestlich ging. Nachdem wir nicht ganz drei Tâsh
(das heißt vierzehn Meilen) geritten waren, machten wir in
einem Dorfe Halt, das voller Eisenhämmer war. Ich wurde in
ein Haus gebracht, wo man mir das große Zimmer überließ,
während die Familie sich in einige innere Gemächer zurück=
zog. Ein rühriges und aufgeräumtes Landwirthsweib machte die
Honneurs und war sehr dankbar gegen mich, weil ich mich bei
dem Juzbashi, der ihren ganzen Haushalt zur Thür hinauswer=
fen wollte, für sie verwendete. Einige Geschenke an Thee, Fleisch
und Brod (von meinem Dastar=khân) wurden mit vielen Allaho=
akbers angenommen und mit einer Melone als Gegengeschenk
erwidert. Später am Tage, zur Zeit des Fastenbrechens, trat ihr
Gatte ein und brachte mir ein Becken voll warmer Makaroni=
Suppe, während sie mir einen neubackenen Brodkuchen brachte;
Beides war wirklich sehr gut. Auch meinen Hindu=Dienern wur=
den Becken voll Suppe gegeben; sie waren zwar nicht im Stande

davon zu essen, nahmen aber auf einen Wink von mir die Becken
mit einer Verbeugung an, gingen hinaus und übergaben sie den
anderen Dienern. Der Haushalt ist eben so gut eingerichtet, wie
der eines kleinen englischen Landwirthes und seiner Familie.
Auf den Schüsselbretern standen nette und reinliche Schüsseln
von Steingut; ferner hatten sie große, gut gemachte und verzierte Kleiderkoffer — Alles war comfortabel und deutete auf
Wohlstand hin. Der Eingang führt durch einen ordentlichen Hof;
auf der einen Seite desselben stehen Schuppen für das Vieh, in
denen Stroh eingestreut ist, und geschlossene Ställe für die Pferde;
Hähne und Hennen stolzieren umher und in den Ecken sind die
Ackerbaugeräthe aufgestellt. Das Heu und Stroh ist auf den
Dächern aufgestapelt und eine Thür führt in einen ummauerten
Obstgarten hinaus. Um Einen noch mehr an die Heimath zu erinnern, liegt auf der ganzen Landschaft einen bis zwei Zoll hoher
Schnee, der Teich an der Straße ist festgefroren, und Dorfkna-
ben machen sich in ihren mit Zwecken beschlagenen Stiefeln Glan-
dern auf demselben.

„Am Nachmittag ging ich ein Stückchen die Gasse hinab,
um einen Eisenschmelzofen in Thätigkeit zu sehen. Er ist gerade
wie ein vier bis fünf Fuß hoher Würfelbecher, mit einem Dach
darüber, das in der Mitte eine Oeffnung hat, damit der Rauch
hinausziehen kann. Rings um den Würfelbecher sitzen unter dem
Dache sechs Knaben und Mädchen, die mit jeder Hand einen
Blasebalg von Fell — im Ganzen also zwölf Blasebälge —
drücken. Durch eine Oeffnung sieht man die glühende Masse,
nebst einem Strom geschmolzenen Erzes, der langsam abwärts
läuft. Eine zwei Fuß tiefe Grube zeigt die mit Ziegeln zuge-
mauerte Thür des Ofens, durch welche das Metall täglich herausgenommen wird. Das Erz wird von einem Manne mit dem
Hammer zerschlagen und zum Schornstein hineingeworfen, während ein zweiter durch dieselbe Oeffnung Holzkohle zuführt.
Eine dritte Substanz gibt es nicht. In vierundzwanzig Stunden
werden zwanzig „Cháraks" (jeder zu sechszehn englische Pfund)
Erz und dieselbe Quantität Holzkohle verbraucht und dadurch
etwa vier „Cháraks" Eisen gewonnen. Das Metall ist sehr gut
und feinkörnig; wenn es zu Werkzeugen verwendet ist, sieht es
fast aus wie Stahl. In den Hügeldistricten Indiens, wo man

magnetisches Eisenoxyd findet, ist das Verfahren fast dasselbe; doch ist das Gebläse viel schwächer, indem nur zwei Leute in jeder Hand einen Blasebalg von Fell drücken, also anstatt zwölf nur vier Blasebälge in Thätigkeit sind. Auch wird das geschmolzene Metall heiß herausgenommen und geschmiedet, während man hier in Turkistân es eine ganze Nacht abkühlen läßt, ehe der Ofen geöffnet wird. Das Erz ist ein schwarz aussehender Stein (der aus dem fünfzehn bis zwanzig Meilen entfernten Gebirge gegraben wird): er bricht rechtwinkelig, oder mit geraden scharfen Kanten *). Als wir von dem Schmelzofen zurückkehrten, machte es uns Spaß, einen vier bis fünf Jahre alten Buben zu beobachten, der einen Esel zur Tränke an den Teich brachte. Obgleich seine Wohnung nur etwa sechzig Schritte entfernt war, so wollte er diesen Weg doch nicht zu Fuße zurücklegen; aber es machte ihm Schwierigkeit, auf den Esel zu kommen. Zuerst versuchte er an seinen Vorderbeinen hinauf zu klettern; da dies jedoch nicht gehen wollte, so führte er ihn an die Wand und bestieg dann triumphirend seinen Rücken. Er setzte sich fast auf den Schwanz (wie man es in England sieht), brachte ihn mit der Peitsche in einen Eselsgalopp und verschwand in einem benachbarten Hofe. In Turkistân fängt man bei Zeiten an zu reiten.

„Am Nachmittag brachte der Yuzbashi zwei Officiere des Beg von Yang-Hissâr zu mir. Sie umarmten mich und sagten, man habe sie gesandt, um mich zu bewillkommnen. Gleich darauf kamen sie wieder, brachten einen Dastar-khân und ein schönes Schaf und entschuldigten sich, daß sie mir nicht mehr anbieten könnten, da in diesem Dorfe nichts zu bekommen sei. Mein armer Yuzbashi hat hier gar keine Macht mehr, da er sich außerhalb des unmittelbaren Regierungsbezirkes seines Verwandten, des Dâd-Khwâh, befindet. Er konnte kaum für sich selbst Etwas bekommen; ich schickte ihm daher ein Schaf u. s. w. — eine sonderbare Wendung der Dinge. Wie es scheint, hat der Dâd-Khwâh außerdem, daß er Vezier des Reiches ist, die directe Verwaltung der Provinz Yârkand. Die Provinz Kâshghar wird mehr als unmittelbar unter der Regierung des Königs stehend betrachtet,

---

*) Exemplare desselben kann man in meiner Sammlung im „Museum des ostindischen Amtes" sehen.

und die Officiere des Dâd=Khwâh wagen sich dort keine Gewalt
anzumaßen. Der District Guma (von dem wir auf dem Wege
nach Yârkand eine Ecke durchzogen) hat einen besondern Gouver=
neur; er liegt zwischen Sanju und dem übrigen Theile der Pro=
vinz Yârkand, zu welcher Sanju gehört. Khoten hat wieder einen
anderen Gouverneur. Ich weiß noch nicht genau, in welchem
Verhältniß der Dâd=Khwâh als Vezier zu den Provinzial=Gou=
verneuren steht. Als solcher muß er doch einige Gewalt über
sie haben.

„Donnerstag, den 7. Januar, Yang=Hissâr. — Heute
Morgen ging ich aus, um den in der Nähe stehenden Eisenschmelz=
ofen zu untersuchen, den man eben geöffnet hatte, um die Mulde
Eisen, die gestern geschmolzen war, herauszunehmen. Man hatte
den Ofen die ganze Nacht abkühlen lassen, und gegen acht Uhr
wurde der Herd geöffnet und die noch immer warme Metallmasse
vom Boden entfernt. Der Herd senkt sich nach vorn und endet
in einem engen Halse. Ehe er wieder gefüllt wird, füttert man
ihn mit einer Art feuerfestem Thon aus. Der Ofen selbst ist
am Boden am weitesten und nimmt, je höher er wird, an Durch=
messer ab.

„Hier waren die Dorfbewohner wieder voller Neugier wegen
meiner Gewohnheiten. Sie fragten den Munshi, ob ich es nicht
satt bekäme, immer auf einem Stuhle zu sitzen! Auch wundern
sie sich, daß ich bei meinen Mahlzeiten so viel Schüsseln und
Teller brauche. Sie selbst benutzen, wenn ihrer vier bis fünf
essen, nur eine einzige große Schüssel.

„Ich brach mit meiner Gesellschaft aus dem Landhause auf,
und außerhalb des Dorfes schloß sich mir der Yuzbashi mit
seinem Gefolge an. Während wir noch immer in einer mehr
westlichen als nördlichen Richtung und parallel mit dem links
von uns stehenden hohen Gebirgszuge ritten, näherten wir uns
allmälig dem langen Saume niedriger Sandhügel, die man ge=
stern rechts von uns undeutlich sehen konnte. Nachdem wir zwei
Tâsh weit abwechselnd durch grasreiche Ebenen (die jetzt dürr
und verwelkt aussahen) und Dorfcultur gezogen waren, machten
wir an einem einsamen „Langar" oder Rasthause am Saume
des sandigen Striches Halt. Während wir hier vor einem Feuer
saßen, schloß sich uns ein Mirza=Bashi oder Oberster der Schrei=

ber an, den man mir entgegen sandte. Mit ihm ritten wir vol=
lends nach Yang-Hissâr. Zuerst setzten wir schräg über die Reihe·
Sandhügel. Ihre Rücken waren den Wellen des Meeres sehr
ähnlich, wenn sie nach einem Sturme wieder nachlassen und in
langen Reihen, die durch breite Zwischenräume von fast stillem
Wasser von einander getrennt sind, sich an das Ufer heranwäl=
zen. Durch dieselbe Verwirrung hindurch zeigte sich doch immer
dieselbe Ordnung; auch die Größe der Hügel ist ungefähr die=
selbe. Sie bestehen aus in Schichten gelagertem Sande, der in
manchen jener Rücken so fest wie Stein geworden ist und nach
Norden streicht. Die Zwischenräume waren jetzt mit verwelkter
Vegetation bedeckt. Nachdem wir etwa fünf Meilen weit schräg
über diesen Strich geritten waren, kamen wir an die fruchtbaren
Ufer eines kleinen Flusses, der sich durch die Hügel eine Schlucht
gemacht hatte. Die eigentliche Brücke war eingebrochen, aber wir
setzten auf dem Eise über, wo eine Anzahl Arbeiter beschäftigt
waren, Sand auf dasselbe zu streuen und dadurch für uns eine
Straße herzustellen. Auch hatten sie über eine Stelle, wo die
Strömung das Wasser nicht hatte gefrieren lassen, von dem Eise
bis zum Ufer eine zeitweilige Brücke geschlagen. Die Beamten,
welche die Arbeit leiteten, schlossen sich unserer Gesellschaft an.

„Wir erstiegen das hohe Ufer des Flusses und befanden
uns nun in einem gut bevölkerten, aber noch immer von den
niedrigen Sandrücken durchzogenen Districte. Als wir den letzten
derselben überschritten, sahen wir zu unseren Füßen eine reizende
Landschaft, die mich an das Thal von Kaschmir erinnerte, eine
Täuschung, die durch den ·Anblick der Schneegebirge hinter und
links von uns, noch unterstützt wurde. So weit das Auge sehen
konnte, erstreckte sich eine hochcultivirte Ebene, welcher Obstgärten
und Haine von Bäumen, die rings um die zahlreichen zerstreuten
Häuser standen, fast das Ansehen eines Waldes gaben. Eine
kurze Strecke weiter auf der Ebene bezeichneten die dichter zu=
sammengedrängten Obstgärten und Häuser die Stadt Yang-Hissâr.
Nachdem wir etwa fünfundsiebenzig Schritte den Hügel schnell
hinabgezogen waren, erreichten wir die Ebene und ritten dann
durch eine Gegend, die den Vorstädten einer großen Stadt glich.
In einem Hause waren die Wände mit Zeichnungen von Dam=
pfern und Eisenbahnzügen geschmückt! Ehe wir die Gassen be=

14*

traten, wandten wir uns nach links und ritten unter den hohen Schlammmauern der Altstadt hin. Wir verließen die Mauern wieder, und ich wurde, voran der Mirza-Baschi und die Beamten, die mir gestern in Toblok entgegen kamen (und die jetzt wieder auf dem Schauplatz erschienen) nach einem der königlichen Rasthäuser geführt, das, wie gewöhnlich, aus einer großen ummauerten Einfriedigung, mit Höfen und Reihen hinlänglich großer Zimmer, bestand. Die „Neustadt" oder das Fort zeigte sich etwa eine halbe Meile rechts von uns und eben so weit von der Altstadt. Der Ausdehnung nach gleicht sie eher einem großen Fort als einer Stadt. Mir wurde ein hübsch mit Teppichen ausgelegtes Zimmer angewiesen; längs der Wände und in der Nähe des Feuers waren zum Sitzen für mich und meine Besucher große, mit Seide überzogene Polsterkissen angebracht. Meine Diener und der Munschi erhielten ihre Wohnung in anderen Gemächern desselben Gebäudes, der Yuzbaschi aber mußte sich, obgleich noch Raum genug für ihn war, in einem benachbarten Landhause einquartieren. Wie es scheint, darf nur des Königs Gast in einem königlichen Rasthause logiren. Der Beamte, dessen Bekanntschaft wir gestern machten, überbrachte einen großen Dastar-khân, Schafe, Geflügel u. s. w. Wie ich höre, ist er einer der vorzüglichsten „Yasâwals" oder „Ceremonienmeister" des Königs und gesandt, um darauf zu sehen, daß die gehörige Etikette beobachtet wird. Auf den Rath des Yuzbaschi gab ich ihm einen „Khilat" oder Rock und einen zweiten dem Mirza-Baschi.

„Am Nachmittag kam der Officier, dem ich am ersten Abend, nachdem wir Yârkand verlassen hatten, den Khilat gab. Wie Sie sich erinnern werden, erfuhr ich später, daß er ein Verwandter des Königs sei. Der Yuzbaschi brachte ihn jetzt, um mir einen Besuch abzustatten. Er sagte, er sei nach Yârkand gegangen, um bei dem Dâd-Khwâh etwas zu besorgen, das mit der Verabfolgung warmer Kleidung an die Truppen in Verbindung stehe. Der Dâd-Khwâh hatte ihn angewiesen, sich meiner Reisegesellschaft anzuschließen und mich weiter zu begleiten, wenn nicht Befehl vom Könige käme, daß ich in Yang-Hissâr warten solle. Was das Letztere betrifft, so sagte der Ceremonienmeister heute Nachmittag meinem Munschi, er habe Befehl erhalten, daß ich zwei Nächte hier schlafen und den nächsten Tag weiter gehen solle. Ich werde also vermuthlich meinen Freund, den Verwandten des Königs, so lange die Reise noch dauert, zum Begleiter haben. Er scheint ein sehr munterer Gesellschafter, eben so herzlich und gutgelaunt wie der Yuzbashi zu sein, und ich hoffe, wie ich ihm selbst sagte, dadurch, daß ich mit ihm zu sprechen habe, mich im Persischen noch zu vervollkommnen.

„Als ich heute Nachmittag in der Nachbarschaft umherschlenderte, kam ich zufällig quer durch den zeitweiligen Aufenthaltsort des Yuzbashi und sah ihn außen stehen. Er rief mich zu sich, nahm mich mit hinein, ließ mich an das Feuer setzen und, während er sich vorschriftsmäßig Gesicht und Arme wusch und seine Abendgebete sprach, Thee trinken. So oft in seiner Andacht, nachdem er den Kopf rechts und links gewandt hatte, um die beiden Engel zu grüßen, die auf den Schultern eines Muselmannes sitzen sollen, eine Pause eintrat, unterbrach er sich, rief nach noch mehr Thee und noch mehr Zucker für Shaw Sahib und fuhr dann wieder fort, sein „Bismillah-ar-rahman-ar-rahim" abzusingen. Er nöthigte mich zu warten und mit ihm zu speisen, brach aber erst das Fasten, indem er einen Finger in eine Tasse mit Salz und Wasser tauchte und an den Mund legte. Ehe dies geschehen ist, darf man dem Gesetz nach nichts Anderes essen. Er gab mir einen Napf voll Suppe, die kleine Stückchen Teig enthielt, welche wie Macaroni schmeckten. Er hätte es sehr gern gesehen, wenn ich auch noch gewartet hätte, um an dem großen Pilao von Reis und Hammelfleisch Theil zu nehmen, aber ich entschuldigte mich, wenn auch mit großer Mühe, damit, daß es finster werde und ich nach Hause den Weg nicht finden würde. Heute sagte mir mein Munshi unterwegs, sein Vater sei in der Schlacht bei Aliwal, während er im Dienste der Sikhs gegen die Engländer kämpfte, durch eine Bombe getödtet worden. Ich ließ ihn dies dem Yuzbashi erzählen; der freute sich sehr darüber und sagte, sein Vater sei ein „Shahib" oder Märtyrer. Der Munshi wies jedoch die Ehre zurück, und man gab zu, daß er, da er einem Kâsir oder Hindu als Herrn diente, den Ruhm des Märtyrerthums nicht beanspruchen könne. Er war für die Welt (Dunya), nicht für die Religion (Din) gestorben.

„Freitag, den 8. Januar, Yang-Hissâr. — Heut Morgen wurde mein Munshi von einem Mullah besucht, der

sagte, er sei zugegen gewesen, als Schlagintweit ermordet wurde.
Er kam vor Wallé Khan, der damals die chinesische Neustadt
oder das Fort in Kâshghar belagerte. Schlagintweit fragte, wie
lange er schon davor gelegen habe. Wallé Khan antwortete:
„Drei Monate." — „Oh!" entgegnete Schlagintweit, „meine
Landsleute hätten den Platz in drei Tagen genommen. Es liegt
ja gar keine Schwierigkeit vor." — „Allerdings", erwiderte der
Fürst, wandte sich um und gab Befehl, den Feringi hinauszu=
bringen und ihm den Hals abzuschneiden. Der Mullah sagt,
Wallé Khan sei ein richtiger Dämon, ganz anders als der jetzige
König, gewesen. Schlagintweit wurde an das Ufer des Kâshghar=
Flusses gebracht und dort ermordet. In seiner Tasche fand man
einen Compaß und eine Uhr. Der Scharfrichter bot sie dem
Mullah an, der aber, wie er sagt, sie zurückwies.

„Durch einen Besuch von dem Verwandten des Königs, der
mein Reisegefährte werden soll, bin ich unterbrochen worden.
Ich hatte mir fest vorgenommen, am Abend zu schreiben; da
wurde er angemeldet. Ich wollte eben nach meinem Munshi
schicken, damit er den Dolmetscher mache, aber mein Besuch sagte
mir, er habe sich nach ihm erkundigt und erfahren, daß er schlafe.
Ich merkte daher, daß ich eine Unterhaltung in persischer Sprache
unter vier Augen zu erwarten hatte. Ich bot jedoch meine ganze
Kühnheit auf, und fing an zu schwatzen. Unser Gespräch ging
herrlich von Statten. Er versicherte, er verstände mich ganz gut
und er selbst wäre im Persischen nicht gerade stark beschlagen.
Vielleicht war dies der Grund, warum ich Alles, was er sagte,
verstehen konnte, denn er sprach nicht so fließend wie Leute,
welche die Sprache gut verstehen. Er sagt mir, das Türkische,
das in Rum (der Türkei) gesprochen werde, sei von demjenigen,
das man in Turkistân spreche, etwas verschieden, und selbst zwi=
schen Andiján und Ost=Turkistân sei noch ein Unterschied, und
er führte davon Beispiele an. Ein Andijáni, der nach Kâshghar
kommt, braucht zwei bis drei Monate, ehe er die Sprache des
Landes völlig versteht. Hierauf kamen wir auf Jagd= und Hin=
terladungs=Büchsen zu sprechen. Die Russen haben sie, wie er
sagt, in diesem Jahre eingeführt. Ich ließ meinen Hinterlader
bringen, und er schien mit dem Princip vollkommen bekannt zu
sein. Er bezeichnete die Stelle, wo der Zündspiegel in der Pa=

trone steht u. s. w. Morgen muß er, wie er sagt, ohne mich
weiter gehen, da in Bezug auf meine Weiterreise noch kein Befehl gekommen ist. Nach dem Dastar-khân und Thee sprach er
„Allaho-akber" und entfernte sich.

„Ich fahre jetzt in meinem Tagesberichte fort. Am Nach-
mittag machte ich einen Spaziergang um die benachbarte Gegend
herum. Die Felder sind alle mit einen bis zwei Zoll dickem
Schnee bedeckt, und die zahlreichen Teiche sind alle fest gefroren.
Es gibt sehr viele (künstliche) Wassergräben, die unter und über
einander hinweglaufen, damit sie zu verschiedenen Niveaux passen.
Sie sind in der jetzigen Jahreszeit fast alle trocken, da man nur
Wasser in sie läßt, wenn man es zur Bewässerung braucht. Die
Maisstoppeln von der letzten Ernte auf den hier ringsum liegenden Feldern treten durch den Schnee hervor. Bei der Rückkehr
rief mich der Yuzbashi an, während ich meinen Munshi zu seinem Entsetzen über eine gefrorene Wasserfläche spazieren ließ,
wozu er in seinem Leben noch nie Gelegenheit gehabt hatte. Der
Yuzbashi ließ außerhalb seines Landhauses einen Teppich für
mich auf eine von Erde hergestellte Plattform breiten, wie man
sie im Morgenlande gewöhnlich zu dem Zwecke hat, sich vor die
Thür zu setzen. Er betrachtete durch mein Doppelfernrohr, das
er hatte holen lassen, die Gegend. Wir fingen gleich an über
Indien zu sprechen. Er sagte, er habe gehört, daß ein Lord nach
Labâk gekommen und mit dem Gesandten Mohammad Nazzar
vier bis fünf Märsche weit gegangen sei. Ich setzte ihm auseinander, daß es nicht ein Lord Sahib (welchen Namen man
Lieutenant-Gouverneuren u. s. w. gibt), sondern ein Commissär
oder Beg gewesen sei, und dies führte zu einer Erklärung der
verschiedenen Klassen von Gouverneuren, die wir haben. Da
unser Dolmetscher kein sehr intelligenter Mann ist, so mußte ich
meine Zuflucht zu Symbolen nehmen. Ich nahm einen großen
Erdkloß und sagte ihm, dies sei die Landesherrin von England.
Eine Reihe kleinerer Erdklöße stellten dann die Gouverneure oder
Vicekönige unserer Colonien und auswärtigen Besitzungen dar;
ich sagte ihm, wir hätten deren sechzig, von denen manche kleiner,
manche größer wären. Einer davon stellte den Vicekönig von
Indien vor. Fünf kleinere Klöße unter ihm bedeuteten Lord
Sahibs oder untergeordnete Gouverneure von Provinzen oder

Präsidentschaften. Einer der letzteren vertrat den Lieutenant-Gouverneur vom Panjab und herrschte über sechzehn kleine Steine, die eben so viele Divisions-Commissäre vorstellten. Dann setzte ich ihm auseinander, daß der Mann, der nach Ladâk gekommen, einer dieser letzteren Begs sei. Noch kleinere Steine unter ihnen galten für die District-Officiere u. s. w. Nun nahm ich einen der Begs heraus, stellte ihn auf drei bis vier District-Officiere und erklärte ihm, daß er über ihnen stände oder ihr Vorgesetzter sei. Dasselbe that ich der Reihenfolge nach mit jedem Grade der Würdenträger, bis wir zu dem größten Erdkloß kamen, den ich auf den Vicekönig und die sechzig unabhängigen Colonien-Gouverneure setzte. Der Yuzbaschi freute sich sehr und versicherte, daß er die ganze Einrichtung vollkommen verstehe. Als wir die Gehalte dieser Beamten durchgingen, war er ganz verwundert. Monatlich dreihundert Tillahs (150 Pfund Sterling oder 1000 Thaler) für den niedrigsten Grad (nämlich die District-Officiere) und zweitausend Tillahs für die Lord Sahibs — eine solche Besoldung setzte ihn in Erstaunen. Er fragte, ob sie aus den ihnen anvertrauten Gebieten Geld ziehen dürften. Ich erklärte ihm unser Steuersystem und sagte, die so zusammengebrachten festen Einkünfte gehörten der Königin, welche davon die Gehalte bezahlte. Dies ist ganz anders als das Turki-System, bei welchem jeder Gouverneur selbst bezahlt. Wie ihre Verwaltung im Einzelnen eingerichtet ist, habe ich noch nicht ermitteln können, hoffe es aber nach und nach zu erfahren.

„Meine Diener besuchten heute die Stadt. Von einem Thore zum andern ist sie über elfhundert Schritte lang, aber die außer der Mauer liegenden Vorstädte verdoppeln die Größe der Stadt. Es war der wöchentliche Markttag, und in den Gassen war großes Menschengedränge. Am Serai fanden meine Diener zwei Landsleute (Hindu-Händler), und sie beschrieben mit großem Gelächter, wie gerade ihren Thüren gegenüber zwei lange Reihen todter junger Ochsen gehangen hätten. Das Reisen ist außerordentlich gut, um Vorurtheile zu beseitigen; wer hätte je daran gedacht, daß Hindus über so Etwas einen Scherz machten! Vor vier Jahren hatten die Tungânis, als sie die in der Stadt befindlichen Chinesen belagerten, ein großes Dorf weggerissen und als Brennmaterial benutzt.

„Mein Munschi brachte heute ein geschriebenes Buch zum Vorschein, das er in unserem Halteplatze Kizil auf irgend eine Weise an sich gebracht hatte. Es ist sehr alt und in der Turki=Sprache geschrieben, aber wir bringen doch heraus, daß es eine Geschichte Turkistáns von der Zeit an enthält, wo der erste Muselmann hingesandt wurde, um das Volk zu bekehren. Es wird wahrscheinlich sehr interessant sein.

„Den 10. Januar, Yepchang. — Gestern blieben wir in Yang=Hissár, und ich machte einen langen Spaziergang nach dem ersten Rücken der niedrigen Hügel. Diese Hügel laufen hier, wie ich finde, genau von Ost nach West und, wie es scheint, pa= rallel mit der Schneegebirgskette. Ich maß das auf der Cisterne befindliche Eis; es war acht Zoll dick! Am Nachmittag wurde gemeldet, daß wir am nächsten Morgen marschiren sollten. Dem= gemäß sind wir heute bis zu diesem Dorfe, etwa fünfundzwanzig Meilen weit, gekommen. Die Gegend bestand abwechselnd aus angebauten Dorfländereien und aus grasreichen Ebenen, die mit Rindern und Pferden bedeckt waren. Wir überschritten den Fluß Kusun auf einer hölzernen Brücke, die an einer schmalen Stelle angebracht war; ober= und unterhalb dieser Stelle war er etwa fünfzig bis sechzig Meter breit und der Uebergang soll wegen des Triebsandes sehr gefährlich sein. Jetzt war er beinahe ganz zugefroren. Unterwegs begegneten wir Mohammad Isák Ján, dem Bruder des Dád=Khwáh. Wir saßen ab und umarmten uns sehr herzlich. Da er sich auf dem Rückwege nach Yárkand befand (seitdem ich unterwegs bin, ist er in Káshghar gewesen), so ließ ich durch ihn seinem Bruder viele Höflichkeiten und Grüße sagen. Gegen zwei Uhr hielten wir des Betens halber an einem Häus= chen an, wo sie zu ihren Waschungen warmes Wasser bekommen konnten. In dem Häuschen war ein Kind von vier bis fünf Jah= ren, das der Yuzbáshi zum Spaß fürchten machte, indem er ihm Fratzen schnitt und mit den Handschuhen nach ihm griff, wobei die Mutter sehr ängstlich wurde. Während wir weiter ritten, unterhielten wir uns sehr viel. Die Löhnung eines Yuzbáshi (Hauptmann von 100) beträgt, wie er sagt, jährlich 300 Tillahs (150 Pfund Sterling oder 1000 Thaler), der Sold eines gemei= nen Soldaten (bei der Cavallerie) 30 Tillahs oder 100 Thaler. Außerdem bekommen sie Kleidung, Zeug und Pferde. In der

Kriegszeit beträgt die Löhnung mehr als das Doppelte. Er hatte
von dem abyſſiniſchen Kriege gehört, den wir fünf Monate zu=
vor geführt hatten, fragte aber den Munſhi, ob die Abyſſinier
Muſelmänner oder Käſirs (Heiden) wären. Er erzählte mir auch,
daß er im vergangenen Jahre die Nachricht von der Einnahme
Kuché's nach Yârkand gebracht, und daß er die Strecke, achtund=
zwanzig tüchtige Märſche (gegen 560 Meilen), in drei Tagen
zurückgelegt habe, wobei er ſein Pferd achtundzwanzig Mal wech=
ſelte. Den Weg von dem Dorfe Yepchang bis Yârkand (121 Mei=
len) machte er in einem Tage. Für dieſen Dienſt bekam er in
Yârkand vierzig Tillahs (etwa 133 Thaler), und als er in das
Lager des Königs zurückkam, gab ihm der Letztere noch zwei
Silber=Yambus (im Werthe von 34 Pfund Sterling oder
226 Thaler 20 Sgr.). Als wir vom Reiten ſprachen, bemerkte
er, daß mein Munſhi auf eine eigenthümliche Art, ich dagegen
wie er und ſeine Landsleute ritte. Der Munſhi ſitzt natürlich
ſo zu Pferde, wie die indiſchen Reiter überhaupt, die Steigbügel
kurz geſchnallt und die Zügel hoch gehalten. Ich hatte ſchon
ſelbſt wahrgenommen, daß die Turks ähnlich wie die Engländer
zu Pferde ſitzen.

„Als wir Yepchang erreichten, traf uns in unſerem Nacht=
quartier der „Mahrambaſhi" oder Ceremonienmeiſter, der vor=
ausgeritten war, um, wie gewöhnlich, für uns Alles vorzuberei=
ten. Er führte mich in mein Zimmer und kehrte gleich darauf
mit dem üblichen Daſtar=khân zurück. An ſeinem Benehmen er=
kennt man ſo ziemlich ſeinen Beruf. Ruhig, aber entſchieden, und
hübſch gekleidet, ſcheint er durch einen Blick mit dem Auge Je=
den an ſeinen gehörigen Platz zu bringen. Sie werden ſich an
Steerforth's ſeinen Bedienten erinnern, welchem gegenüber David
Copperfield ſich ſo jung fühlte. Mein Mahrambaſhi iſt eine zweite
Ausgabe deſſelben.

Zwölftes Kapitel.

Ankunft in Káshghar.

„Káshghar Yang-Shahr, den 11. Januar. — Es ist wieder ein Erfolg errungen, und ich schreibe jetzt von Ost-Turkistâns zweiter Hauptstadt aus.

„Wir verließen Yepchang am Morgen; der Mahrambashi ist während der Nacht hereingeritten, um meine Ankunft anzumelden. Etwa in der Mitte des Weges kam er uns wieder entgegen. Wir zogen durch eine volkreiche und gut cultivirte Gegend und überschritten während des Tages vier Flüsse. Der erste lag ungefähr fünf Meilen von Yepchang und nahm mit seinen zahlreichen Kanälen ein Bett ein, das eine Viertelmeile breit war. Die Ueberschreitung des ersten Kanals machte einige Schwierigkeit, da das Eis mürbe war und die Pferde waten mußten. Von den Ladungen wurden einige naß. Die übrigen Kanäle wurden auf dem Eise oder auf zeitweiligen Brücken überschritten. Ein breiter Damm erhielt das Wasser auf der einen Seite desselben in beträchtlich höherem Niveau als das übrige, so daß es gleichsam zwei besondere Flüsse bildete. Auch ein breiter künstlicher Durchstich führte Wasser dem höheren Niveau entlang. Nachdem wir das Bett dieser Ströme verlassen hatten, sahen wir rechts und links von der Straße zwei kleine Städte liegen. Bei dem nächsten Strome, den wir auf einer Brücke überschritten, wurde eine Araba mit großer Schwierigkeit durch das gebrochene Eis und Wasser gezogen. An dem Ufer des letzten Stromes hielten wir zum Zweck des Nachmittagsgebetes an. Die Festung oder Neustadt von Kâschghar war hier, mitten in einer freien, baumlosen, aber zum Feldbau benutzten Gegend, vollständig zu sehen. Als wir näher kamen, sahen wir, daß die Vertheidigungswerke genau denjenigen der Neustadt von Yârkand ähnlich waren, aber der Platz ist kleiner. Wir zogen an mehreren sumpfen Winkeln der Mauer vorüber und erreichten dann auf der Ost-Nord-Ost-Seite ein Thor, vor welchem uns jedoch ein Yuzbaschi entgegenkam, der eine Doppelbüchse europäischer Fabrik trug. Er und der Mahrambaschi ritten uns voran und führten uns durch das Thor, an einer Wache vorüber, wo Reihen Soldaten (bekehrte Chinesen) saßen, durch ein zweites Thor rechts wieder an Reihen Soldaten vorüber und in ein drittes Thor hinein, durch welches man die Neustadt betrat. Vor den Soldaten waren ihre Waffen aufgestellt; sie bestanden aus gewaltig großen Musketen, welche „Taifur" genannt und von je vier Mann gehandhabt werden. Diese „Taifur" waren vorn auf eine Gabel gestützt, während ihre Kolben auf der Erde ruhten. Am dritten Thore saß unsere ganze Reisegesellschaft ab, und wir gingen dreihundert Schritte weit zu Fuße durch eine breite Straße, die gedrängt voll Menschen in hellfarbigen Röcken — dem Anschein nach lauter Anhänger des Hofes — war. Durch diese hindurch hielten zahlreiche Diener mit weißen Stäben für uns einen Weg frei; einer derselben ging uns voran und führte uns rechts eine Gasse hinab, nach dem für mich bestimmten Hause. Es ist dem Anschein nach ein neues Gebäude, mit zahlreichen großen Höfen, in deren letztem mein eigenes Quartier sich befindet. Die Zimmer sind kleiner als in Yârkand, dafür ist aber ein großer überdeckter Empfangsplatz mit einer vor dem Ganzen sich hinziehenden Veranda vorhanden. Hier ist ein gewaltig gro=ßer khoten'scher Teppich ausgebreitet und längs dem Rücken be=finden sich wollene Decken.

„Der Mahrambaschi brachte sofort einen „Dastar=khân", und ich wurde gefragt, wann ich den König zu besuchen wünschte. Ich antwortete, ich möchte es sofort thun, wenn es aber schicklich wäre, daß ich gleich beim ersten Besuche meine Geschenke über=reichte, so wäre das nicht möglich, da ich nicht Zeit genug hätte, sie auszupacken und zurecht zu machen. Sie erwiderten, dann sei es besser, den Besuch erst morgen abzustatten. Später stellten sie mir einen Mahram oder Fremdeneinführer und einen Dahbaschi oder Hauptmann von Zehn (einen Sergeanten) vor, die ange=wiesen sind, Tag und Nacht in Dienst zu sein. Der mit diesem Amte betraute Mahram ist der Sohn des früheren muselmänni=schen Gouverneur von Kâschghar, als dasselbe unter der Herrschaft der Chinesen stand.

„Wir fingen nun an, die Geschenke zusammenzuschaffen, die ich für den König mitgebracht habe, die Sachen zu reinigen und zu ordnen. Nach Eintritt der Dunkelheit kam der Yuzbaschi und fragte mich, was ich dem König zu geben gedächte; ich ließ daher meinen Munschi holen und ihn das Verzeichniß bringen. Mittler=weile trat der Mahram ein und setzte sich nieder. Als das Ver=zeichniß gebracht und vorgelesen wurde, bemerkte ich, daß der Yuzbaschi dasselbe kaum anhörte, sondern dem Gespräch eine an=dere Wendung gab, indem er sagte: „Sie können dem Könige geben, was Sie eben wollen; meine Aufgabe besteht nur darin, daß ich Sie ihm wohlbehalten vorführe." Als der Mahram wie=der hinausgegangen war, sagte uns der Yuzbaschi mit leiser Stimme, er könne in dessen Gegenwart sich nicht darüber aus=sprechen, weil man sonst die Anzeige machen würde, daß der Yuzbaschi dem Mihmân (Gast) gesagt habe, was er geben und was er nicht geben solle. Ich benutzte die Gelegenheit, ihn um Rath zu fragen, ob ich dem Sohne des Königs ein besonderes Geschenk geben solle. Nachdem er sich überzeugt hatte, daß drau=ßen Niemand horchte, erwiderte er: „Geben Sie außer dem Kö=nige Niemandem auch nur so viel, als eine Nadel werth ist. Er würde sonst böse werden."

„Káschgar, den 12. Januar. — Heute Morgen wurden
bei guter Zeit alle meine Geschenke für den König auf Präsen=
tirtellern zurecht gelegt und gegen neun Uhr kamen verschiedene
Fremdeneinführer, um mich abzuholen. Escortirt von dem Yuz=
baschi, der mir gestern entgegenkam, meinem eigenen Yuzbaschi
(der, nebenbei gesagt, wie der König, Mohammad Yakub heißt),
dem Mahrambaschi u. s. w., und gefolgt von zwischen dreißig und
vierzig Mann, welche die verschiedenen Gegenstände trugen, die
meinen „Nazar" oder meine Gabe bildeten, machte ich mich auf.
Von meiner Thür bis zum Eingange des Palastes, eine Viertel=
meile weit, hatte man in dem Gedränge der Menschen, deren
glänzende Gewänder von mannigfaltigen Farben den Effect eines
lebendigen Kaleidoskops machten, eine breite Gasse gebildet. Nach=
dem wir in das Thor eingetreten waren, zogen wir durch meh=
rere große Vierecke, an deren Seiten hin brillant gekleidete Wa=
chen, immer eine Reihe über der andern, aber alle in feierlicher
Stille, saßen, so daß es schien, als gehörten sie zu der Architek=
tur der Gebäude, deren unbedeutende Höhe ihnen sonst ein ge=
meines Ansehen gegeben haben würde. Ganze Reihen dieser Leute
hatten seidene Röcke an, und Viele schienen ihrer prachtvollen
Ausstattung nach einen hohen Rang zu bekleiden. Unter die
Masse waren Leute verschiedener Stämme und mit fremdartigen
Waffen gemischt. Hier sah ich zum ersten Male Soldaten mit
Bogen und Köchern voll Pfeile. Es waren Kalmäks. Das Ganze
machte einen merkwürdigen und ungewöhnlichen Eindruck. Die
große Zahl, die feierliche Stille und die prachtvolle Färbung
gaben dieser aus Tausenden bestehenden Versammlung den An=
schein, als gehöre sie nicht der Wirklichkeit an. Im hintersten
Hofe, der kleiner als die übrigen war, saßen nur einige auser=
wählte Diener. Hier trat außer meinem Führer, dem gestrigen
Yuzbaschi, Niemand mit mir ein. Ich näherte mich einer Art Pavil=
lon mit vorspringendem Verandabach, das mit vieler Sorgfalt in
Arabesken gemalt war, und begab mich zu einer Seitenthür hin=
ein. Hier ging ich durch ein kleines Vorzimmer und wurde dann
in ein großes Audienzzimmer oder einen Saal geführt, in dessen
Mitte, dicht am Fenster, ein einsamer Mann saß, der, wie ich
sofort erkannte, der König sein mußte. Ich trat allein vor, und
als ich näher kam, erhob er sich bis auf die Kniee und streckte

mir beide Hände entgegen. Ich ergriff sie auf die gewöhnliche Turki=Weise und setzte mich auf seine Einladung ihm gegenüber. Dann erhob ich mich wieder, wie es die Sitte erfordert, um nach seinem Befinden zu fragen; er wollte mich dies nicht thun lassen, sondern gab mir ein Zeichen mit der Hand, daß ich mich setzen solle und zog mich näher an sich. Er erkundigte sich zunächst nach meinem Befinden und sagte, meine Reise werde hoffentlich mit Bequemlichkeit vor sich gegangen sein. Ich bejahte es und entschuldigte mich wegen meines schlechten Persisch, von dem er jedoch lächelnd versicherte, daß es ganz verständlich sei. Dann folgte etwa eine Minute lang Schweigen, indem Jeder wartete, daß der Andere sprechen solle (dies gehört zur feinen Etikette). Endlich fing er wieder an und zwar mit einer Bemerkung über das Wetter (wie die Engländer). Ich antwortete und fuhr dann fort, meine Landsleute hätten mit größter Freude gehört, daß die Brüder unserer Freunde, des Sultans von Rum und seines Volkes, an Stelle der Chinesen, mit welchen wir schon drei Kriege gehabt, in Turkistan ein Königreich gegründet hätten. In' Betreff meiner selbst sagte ich ihm, daß der Lord Sahib mich nicht gesandt, auch mir keinen Brief anvertraut habe, sondern daß ich, durch den Ruhm seines Namens angelockt, aus eigenem Antriebe gekommen sei. Er nickte und murmelte zu Allem, was ich sagte, seine Zustimmung und erwiderte dann, er habe sich sehr gefreut, als er gehört, daß Shaw Sahib mit freundschaftlicher Absicht sich seinem Gebiete nähere. Was den Lord Sahib (den Vicekönig von Indien) betreffe, so sei derselbe sehr groß und er selbst sei im Vergleich zu ihm klein. Ich antwortete: „Der Vice=könig ist sehr groß, aber unsere Königin, seine Herrin, ist noch größer." Darüber staunte er. Ich fuhr fort, ich hoffte Freund=schaft zwischen unseren Völkern herzustellen, und zwischen Freun=den werde nicht gefragt, ob einer größer oder kleiner sei. Er sagte: „Und Sie selbst, sandten Sie mir keinen Brief?" Ich erwi=derte: „Ja, ich sandte durch meinen Munshi einen nach Yárkand, aber er hatte keine Gelegenheit, ihn an Sie abzugeben; ich lasse ihn daher jetzt mit meinen Gaben überreichen." Dann sagte ich, ich hätte einige Proben von englischen Büchsen u. s. w. für ihn mitgebracht und hoffte, er werde sie annehmen und jede etwaige Mangelhaftigkeit verzeihen. Er lachte und sprach: „Was bedarf es zwischen Ihnen und mir Geschenke? Wir sind schon Freunde, und Ihre wohlbehaltene Ankunft ist für mich eine hinlängliche Genugthuung." Dabei krümmte er die beiden Zeigefinger zusammen, um unsere Freundschaft bildlich darzustellen. Ich sagte, ich würde hoffentlich noch weiter mit ihm sprechen, aber für jetzt habe er wahrscheinlich keine Zeit, und es sei auch kein Dolmetscher zugegen, um mein mangelhaftes Persisch zu ersetzen. Er erwiderte: „Zwischen Ihnen und mir bedarf es keiner dritten Person; Freundschaft braucht keinen Dolmetscher." Dabei streckte er seine Hand herüber und faßte mich herzlich an der meinigen. Dann fügte er hinzu: „Nun erquicken Sie sich einige Tage und sehen Sie sich Alles an; betrachten Sie diesen Ort und Alles, was er enthält, als Ihr Eigenthum, und am dritten Tage werden wir uns wieder sprechen; Sie werden dann Ihren Munshi mitbringen und eine Stunde mit mir plaudern; darauf werden wir uns öfter treffen, und so wird unsere Freundschaft zunehmen."

„Dann rief er einen Bedienten, der ein nelkenfarbenes Atlasgewand hereinbrachte, und nachdem er mir dasselbe angelegt hatte, entließ mich der König sehr gnädig. Am Thore des innern Hofes schloß ich mich meinem Führer wieder an und kehrte durch dieselbe glänzende Versammlung hindurch nach Hause zurück. An jedem folgenden Thore vermehrte sich meine Begleitung durch den Anschluß derjenigen, welche dort hatten zurückbleiben müssen, weil sie nicht würdig waren, noch weiter mit mir zu gehen. Als ich meine eigene Thür erreichte, verließen mich meine Führer; beim Abschied wünschte mir Jeder, ich möge „mubbârak" oder „glücklich" sein, worauf ich die passende Antwort „Kulligh" oder „Ihr Diener" gab.

„Als ich fortging, diesen Besuch zu machen, war ich sehr verstimmt, weil mich mein Munshi nicht begleiten durfte. Auch theilten mir die Beamten mit, daß ich Alles, was ich dem König zu sagen hätte, jetzt sagen müsse, da der König sehr groß sei und ich keine weitere Gelegenheit haben würde, ihn zu sprechen. Ich entschloß mich jedoch, dies nicht zu versuchen, da es, selbst wenn man für einen Dolmetscher gesorgt hatte, unmöglich war, bei dem ersten Besuch Alles, was ich zu sagen wünschte, auf gehörige Weise zu sagen. Ich nahm mir daher vor, nur um eine weitere Unterredung zu bitten, und wie Sie sehen, war dies der

richtige Weg, und der König erwartete es offenbar. Hätte ich
eine lange Rede angefangen, so hätte er mich für's Erste nicht
verstanden, und ich hätte überdies die Etikette eines ersten Be=
suches verletzt. Was der Grund war, daß die Beamten mich an=
ders berichteten, kann ich mir nicht denken.

„Während des Tages fingen wir an wahrzunehmen, daß
die Leute, die unsere Bewirthung zu besorgen hatten, sehr nach=
lässig waren. Alles Mögliche, was geliefert werden sollte, war
entweder nicht zu bekommen, oder wurde den Dienern nach vie=
lem Bitten und Fragen nur spärlich gegeben. Es kam kein Be=
amter, um nachzufragen, ob wir Etwas brauchten. Wir konnten
nicht umhin, diese Behandlung mit der zu vergleichen, die wir von
Seiten des Dâd=Khwâh erfuhren, und uns nach unseren Yârkandi=
schen Quartieren zurückzusehnen. Hier wurden wir Alle, Herren und
Leute, in einen einzigen Hof zusammengedrängt. Dort bestand
mein Haus allein aus drei Höfen, und der Munshi und seine
Diener hatten noch besondere Quartiere. Auch wurde ich belä=
stigt durch das beständige Hin= und Herrennen von Burschen und
Dienern nach einem Raume voller Vorräthe, der am Ende des
Hofes lag. Einen Ort, wo man für sich sein konnte, gab es gar
nicht. Als ich endlich gar einen meiner Diener sich mit einem
Präsentirteller voll Brod nähern sah, das man ihm gegeben
hatte, anstatt daß der geeignete Beamte den üblichen „Dastar=
khân" überreichte und mir mit der gehörigen Ceremonie vorsetzte
— da erreichte mein Aerger seinen Höhepunkt. Die Sache an
sich war natürlich eine reine Lappalie; aber im Morgenlande ist
Mangel an Ehrerbietung ein Vorläufer der Gefahr. Ich beschloß,
der Sache womöglich Einhalt zu thun, und befahl dem Manne,
den Präsentirteller draußen vor meine Thür zu stellen und Je=
dem, der darnach fragte, zu sagen, ich brauchte ihn nicht. Mein
Yârkandischer Dolmetscher, Juma (denn der war es), war über
den Befehl ganz bestürzt und sagte zu mir, das wage er nicht,
da der König es als eine furchtbare Beleidigung ansehen werde.
Ich beruhigte ihn wieder und brachte ihn dazu, daß er that, wie
ich sagte. Dann kam mein Munshi mit erschrockenem Gesicht
und bat mich, den Präsentirteller hereinzunehmen. Juma lief
fort und verbarg sich in der Küche, bis der Sturm vorüber war.
Mein Schachzug fing bald an zu wirken. Es gingen und kamen

Beamte, sahen den verschmähten Präsentirteller an und eilten dann hinaus. Endlich traten sie näher und trugen ihn fort. Dann kam der „Sirkar" (oder Haushofmeister), ein Beamter, der alle königlichen Vorräthe zu verwalten hat. Er setzte sich zu meinem Munshi und brachte eine lange Entschuldigung vor; er sagte, weil morgen der Id sei, so habe er wegen des großen Festes mir nicht die gehörige Aufmerksamkeit widmen können, und die Leute, deren Pflicht es sei, hätten ihr Amt vernachlässigt. Dann trat er in mein Zimmer, breitete das Tischtuch selbst vor mich hin und stellte eine Anzahl Präsentirteller mit allerlei Früchten und Eingemachtem auf dasselbe, welche die Bedienten gebracht hatten, die draußen blieben. Hierauf stand er mit gefalteten Händen da, bis ich zum Zeichen der Annahme ein Stück Brod brach und aß. Er war kaum fort, als man das Blöken eines Schafes hörte. Es war ein zweites für meinen Munshi, während man mir, wie gewöhnlich, am Morgen eines gegeben hatte. Gleich darauf kamen, obgleich es schon finster war, allerlei Vorräthe in Ueberfluß herbeigeströmt: Ladungen Holz, Bündel Heu, Reis, Korn, ja Alles, was man mir bisher vorenthalten hatte. Nach Tische trat der Juzbashi ein und bat mich, nicht böse zu sein, wenn vielleicht eine Nachlässigkeit vorkäme; er sagte, die Zahl der Menschen, die zu dem Feste sich sammelten, brächte die größte Verwirrung hervor, und wenn der König erführe, daß ein Mißverständniß vorgekommen sei, so würde es mehreren Beamten das Leben kosten. Ich erwiderte: „Ich bin nicht im Geringsten böse; im Gegentheil, ich bin dem Könige für all seine Güte sehr dankbar." Er sagte: „Ich spreche nur von der Zukunft und hoffe, Sie werden, wenn es irgend einmal an der gebührenden Aufmerksamkeit fehlen sollte, Nachsicht haben." Nachdem wir uns noch weiter unterhalten hatten, entfernte er sich, aber ich erfuhr, daß er vorher den schuldigen Beamten in starken Worten die Meinung gesagt habe; er sprach zu ihnen, er habe den königlichen Gast nicht mit solcher Fürsorge so weit hergebracht, nur damit er durch ihre grobe Vernachlässigung beleidigt werde, und sie hätten die Ehre, die mir der König erweise, nicht zu beeinträchtigen. Später am Abend kam der reuige Sirkar und setzte sich an mein Feuer, um mit mir zu sprechen, während er zugleich um Verzeihung bat, daß er mich belästige. Ich sagte ihm, ich freute mich sehr, ihn bei mir zu sehen, und da ich jetzt meinen Zweck erreicht hatte, so machte ich ein freundliches Gesicht, gab ihm Thee und Zuckerwerk und entließ ihn mit freundlichen Wor= ten. So endete mein erster und hoffentlich mein letzter Kampf mit den Dienern des Atalik=Ghâzi*). Ich bin zu dem Schlusse gekommen, daß der König befohlen habe, uns alle Aufmerksam= keit zu widmen; da er aber von Staatsgeschäften in Anspruch genommen wird, so kann er jene Aufmerksamkeit nicht auf Ein= zelheiten ausdehnen, wie es der Dâd=Khwâh that. Gierige Beamte können daher die für den Gast bestimmten Geschenke zu ihrem Vortheil unterschlagen. Doch läßt sich die Sache auch noch an= ders erklären. Der Shaghâwal hat vielleicht bei der Ehre und Aufmerksamkeit, die auf Befehl des Königs mir erwiesen werden sollte, das Maß überschritten. Ehrgeizige Absichten oder der Wunsch, sich im Fall der Noth eine freundliche Zufluchtsstätte zu sichern, können ihn bewogen haben, seinerseits eine besondere Rücksicht für die Engländer an den Tag zu legen. Dabei bleibt aber immer die Thatsache unerklärt, daß bei meinem öffentlichen Empfange hier mehr Aufsehen gemacht wird, als dies in Yâr= kand der Fall war, während in Privatsachen, die dem Auge des Königs zu fern liegen, mein Comfort weniger in Betracht kommt.

„Kâschghar, den 13. Januar. — Heute Morgen nahm man den Munschi mit nach einem Platze, wo gegen drei= bis viertausend Menschen versammelt waren, um gemeinsam die am Feste des Id üblichen Gebete zu verrichten. Auch der König war zugegen; er befand sich in einem kleinen Gebäude. Mein Munschi mußte einen gewöhnlichen Turki=Rock anziehen, damit man ihn nicht als einen Fremden erkannte. Aus welchem Grunde, kann ich mir nicht denken.

„Einer der Leute, die mich zu bedienen haben, brachte eine Büchse russischer Fabrik mit der Jahreszahl 1864 zum Vorschein. Sie wog nur sechs Pfund, obgleich das Kaliber weit größer war als bei unseren Enfield=Gewehren. Sie hatte vier Züge und zwei Klapp=Visire. Letztere waren dauerhaft und ließen sich nicht · verschieben. Das erste hatte in der obern Kante eine Kerbe und

---

*) Atalik=Ghâzi ist der Titel, den der König Jakub Beg angenommen hat. Er bedeutet Vormund oder Führer der Kämpen des Glaubens.

darunter ein dreieckiges Loch, beziehungsweise mit 600 und 400 bezeichnet. Die beiden andern Distanzen waren auf dem zweiten Visir in ähnlicher Weise bezeichnet. Das Visir für 600 war genau einen Zoll über dem Laufe und das Visir für 1000 wieder fast einen Zoll über diesem. Die Büchse hatte einen merkwürdigen geringelten Hahn und einen Drücker, der aus einem Knopf bestand und keinen Bügel hatte. Wie der Mann sagt, besitzt der König 1000 Stück solcher Waffen, die er zum Theil in der Schlacht genommen, zum Theil von dem russischen Gesandten, der vor vier Monaten hier war, als Geschenke erhalten hat. Die Büchsen werden eben in den hiesigen Fabriken, wo man, wie er sagt, sehr gute Gewehre fertigt, nachgemacht.

„Heute ernten wir die Früchte des gestrigen Sieges. Man liefert Alles in Ueberfluß, und während des Tages wurde mir zweimal ein warmes Gericht (erstens von Macaroni-Suppe und zweitens von Schöpsenfleisch und Reis-Pilao) aus der königlichen Küche gebracht. Am Morgen kamen vom Könige ein halbes Dutzend Fasane und wilde Enten als Geschenk. Von den Fasanen sind ein Paar genau dieselben wie der Schnee-Fasan des Kangra-Gebirges. Die übrigen sind dem englischen Fasan sehr ähnlich. Sie stammen von dem nördlich von hier liegenden Gebirge. Die letzteren habe ich als Exemplare präpariren lassen*). Die Turks nennen sie „Kirgol".

„Ich habe vergessen zu sagen, daß ich am Morgen für die Diener zehn neue Röcke hatte kaufen lassen, um dem großen Festtage meiner Wirthe Ehre zu erweisen. Es erhob sich aber ein gewaltiges Geschrei. Die Beamten kamen und sagten meinem Munshi, ich dürfe Nichts kaufen; wenn der König erführe, daß ich Etwas vom Bazar hätte holen lassen müssen, würde er sehr böse werden. Schließlich sagten sie, wenn ich darauf bestände, könnten sie es nicht hindern, aber sie bäten mich, zu bedenken, daß es ihnen wahrscheinlich den Kopf kosten werde. Das war ein unwiderlegbarer Grund. Ich schickte daher schließlich die Röcke in den Kaufladen zurück.

— — —

*) Beide Arten sind in England als neue Spielarten anerkannt worden. Marco Polo sagt: „Es gibt auch noch andere Fasane, die so groß wie die unsrigen sind und ebenso aussehen." (Bohn's Ausgabe, Kap. LII.)

„Als ich am Nachmittag in der Veranda auf= und abspa=
zierte, trat ein Mann, der ein vornehmes Ansehen hatte, aber
geringe Kleider trug, in den Hof, blieb stehen und sah sich um.
Mein Munshi und ich luden ihn ein, sich niederzusetzen und frag=
ten, ob er Persisch sprechen könne. Er lehnte die Einladung höf=
lich ab und sagte, Persisch könne er ein wenig sprechen; er habe
gehört, daß ein Fremder angekommen sei, und möchte ihn gern
sehen. Wir konnten machen, was wir wollten, er kam nicht näher;
er fragte nur meinen Munshi, ob er an den öffentlichen Gebe=
ten des Id Theil genommen habe. Dies wird wohl einer der
Spione sein, von denen man uns vorher schon gesagt hatte; es
sind eigentlich Sendlinge des Königs, die verkleidet kommen, um
nachzusehen, was wir treiben. Es machte uns viel Spaß, als er
sich plötzlich wieder entfernte, während wir Alle zusammen die
Einladung an ihn richteten, näher zu treten und sich zu setzen.

„Kashghar, Donnerstag, den 14. Januar. — Ich
gehe allmälig in das frühere Gefängnißleben über, das ich in
Yârkand führte. Obgleich der König mir sagte, ich solle umher=
gehen und mir Unterhaltung suchen, so fürchte ich doch beinahe,
daß es nur eine Redensart war, und es ist jedenfalls klüger,
keinen Verdacht zu erregen, was sicherlich geschehen würde, wenn
ich mich gar zu begierig zeigte, die Erlaubniß zu benutzen. Aber
Sie können sich denken, daß es ziemlich schwer ist, den Tag hin=
zubringen, wenn man keine Bücher hat (denn die meinigen habe
ich alle schon hundertmal durchgelesen). Das Geplauder meiner
Guddis ist ergötzlich; Chumârn besonders hat hundert Anecdoten
zu erzählen und macht dabei über Alles seine Bemerkungen. Je=
der, der ausgeht, bringt irgend eine Nachricht von dem, was
draußen vorgeht, mit und trägt dadurch zur gemeinsamen Un=
terhaltung bei. Die Entdeckung einer neuen Budenreihe oder
eines neuen Thorweges liefert eine Stunde lang Stoff zum Ge=
spräch, während das Zusammentreffen mit einem der indischen
Sipahis, die hier Dienst genommen haben, wie die periodische
Ankunft des Postdampfers in einer langweiligen Colonie begrüßt
wird. Wir ziehen jedes Thema möglichst in die Länge; wir pres=
sen demselben jeden Tropfen Unterhaltungsstoff aus, den es nur
irgend bietet. Wir kehren immer wieder zu demselben zurück,
wie der Hund zu einem Knochen, den er schon rein abgenagt hat.

Dabei schreite ich in der Veranda auf und ab: die einzige Be=
wegung, die ich mir machen kann. Bei jedem Zeichen einer leb=
haften Unterhaltung, wenn mit lauter Stimme gesprochen, oder
gelacht wird, gucken rings um den Hof herum ein halbes Dutzend
Gesichter zu eben so vielen Thüren heraus, wie Murmelthiere
aus ihren Löchern. Den Muselmännern sind ihre Andachtsübun=
gen eine große Hülfe. Das Waschen des Gesichts, der Arme,
Hände und Füße, das dazu nöthige Auskleiden und dann das
Wiederankleiden, das Ausbreiten eines Tuches, um sich auf das=
selbe hinzustrecken, und endlich die verschiedenen Stellungen, die
während der Gebete erforderlich sind — das Alles hilft die Zeit
vertreiben. Ich höre sie fortwährend einander gähnend fragen,
ob die „Waqt=i=pescha", die Zeit des ersten Nachmittagsgebetes,
oder die Zeit für das und das andere Gebet noch nicht da ist,
und wenn die Antwort bejahend lautet, mit Munterkeit aufsprin=
gen. Diese periodischen Gebete bezeichnen einerseits, daß so und
so viel langweilige Tageszeit verflossen ist, und bieten andrer=
seits ein Mittel, die Einförmigkeit derselben zu unterbrechen. Ich
glaube, die scheinbare Frömmigkeit der Muselmänner beruht zum
großen Theil darauf, daß wegen Mangels an Bildung ihr Leben
immer ein und dasselbe ist. Dies geht besonders aus einem
Umstande hervor. Die Geschäftsleute sieht man selten beten.
Häufige Andachtsübungen sind ein Zeichen, daß der Mensch viel
freie Zeit hat!

„Meine Diener haben hier mehrere Landsleute getroffen.
Daß die Schilderungen, die sie machen, erfreulich wären, kann
ich nicht sagen. Der Eine sendet meinem Munshi, der ein Be=
kannter seines Bruders ist, einen Gruß und läßt ihm sagen, er
werde Gott danken, wenn wir auf der Rückreise nach Indien
Shahidulla wieder verließen! Ein solcher Wink könnte Einen in
Schrecken setzen. Aber ich fühle mich dadurch nicht gerade sehr
beunruhigt. Bei einem Menschen, den man entweder umbringen
oder lange festhalten wollte, würden öffentliche Ehrenbezeigungen
und ein pomphafter Empfang, Geschenke und freundliche Worte
weggeworfen sein. Ich bin ein zu unbedeutender Fisch, als daß
man mit solchem Köder nach mir angelte. Durch diese Lockspei=
sen will man meine Landsleute gewinnen. Dazu ist es aber noth=
wendig, daß ich zurückkehre und es bekannt mache. Mich festhal=

ten oder mir ein Leid zufügen, wäre gerade so, als wenn man
ein Schiff baute und es nie vom Stapel laufen ließe oder es
auf dem Stapel verbrennte.

„Ein anderer Eingeborner aus Indien sagte einem meiner
Diener, er kenne mich; er habe mich vor drei Jahren in Lahore
gesehen. Er fragte, ob ich auf dem Wege hierher Grenzpfeiler
aufgestellt hätte? Die Russen, sagte er, hätten es sechs Tage=
märsche von hier im Gebirge so gemacht, und zum Könige sei
das Gerücht gedrungen, ich hätte an der Südgrenze seiner Be=
sitzungen dasselbe gethan. Man habe Kundschafter ausgesandt,
um zu sehen, ob sich dies bestätige, aber sie wären mit dem Be=
richt zurückgekehrt, daß sie keine von mir errichteten Pfeiler fin=
den könnten.

„Den 15. Januar. — Heute, wo der muselmännische
Sabbath ist, ließ der König meinem Munshi sagen, es stehe ihm
frei, nach dem Heiligthume Hazrat Apâk's (eines muselmännischen
Heiligen, dessen Grabmal eine kleine Strecke von Kâshghar liegt)
zu gehen. Diese Mittheilung wurde dadurch veranlaßt, daß mein
Munshi den Wunsch geäußert hatte, die heilige Stätte zu besu=
chen. Er erwiderte jedoch, er sei aus Indien hergekommen, um
dem Könige seine Ehrfurcht zu bezeigen, während er von Hazrat
Apâk erst in Yârkand gehört habe; es sei daher nicht schicklich,
daß er den Letzteren besuche, ehe er den Ersteren gesehen habe.
Die Antwort gefiel dem Könige, und er ließ zurücksagen, er
werde in einem oder zwei Tagen die Erlaubniß, Hazrat Apâk
oder jeden andern Ort zu besuchen, mit eigenem Munde
wiederholen.

„Gestern kam der Sirkar und sagte mir, der König habe
sich sehr wohlwollend nach mir erkundigt und gesagt: „Gehen
Sie hin und sagen Sie Shaw Sahib, daß ich gegenwärtig mit
Geschäften überladen sei, aber in zwei Tagen hoffentlich Zeit ha=
ben werde, lange mit ihm zu sprechen. Sagen Sie ihm, er solle
über die Verzögerung nicht ungeduldig werden, denn ich betrachte
ihn als Freund.“ Ich ließ zurücksagen, ich sei dem Könige sehr
verbunden, daß er unsere Zusammenkunft verschiebe, bis er mehr
Zeit habe, da das, was ich zu sagen wünschte, sich nicht in der
Eile sagen ließe. Ich fügte noch hinzu, ich sei bereit, eine Reihe

von Tagen zu warten, so daß es vielleicht am Ende volle Zeit geben werde, alle meine Angelegenheiten abzumachen.

„Sarda hat wieder mit dem kaschmirischen Soldaten gespro= chen, der jetzt hier ist. Er sagt, er und seine Gefährten seien nach Badakhshân verkauft worden; von da hätten ihre Käufer sie nach Ost-Turkistân herübergebracht und sie dem Atalik-Ghâzi zum Verkauf angeboten. Der Preis, den man für sie verlangte, war für Jeden ein Kurs und fünf Tillahs (ungefähr 20 Pfund Sterling oder 133 Thaler). Der König nahm den Kauf nicht an, hielt aber sie und ihre Herren in Kâshghar zurück. Der Maharaja von Kaschmir hat sich wiederholt Mühe gegeben, sie wieder zu bekommen, aber ohne Erfolg. Sarda fragte den Mann, ob er Hoffnung habe, entfliehen zu können. Er erwiderte: „Die einzige Aussicht, die wir haben, beruht darauf, daß ein Aufstand ausbricht; dann könnten wir davonkommen.''

„Welch' kurzsichtige Politik von Seiten des Königs, Leute, die als Soldaten für ihn nutzlos sind, und deren einzige Hoff= nung, frei zu werden, auf dem Sturze seiner Regierung beruht, gegen ihren Willen zurückzuhalten! Sie sagen, in Yârkand und Kâshghar würden viele Ausländer auf diese Art festgehalten, so daß ihre Anzahl wirklich gefährlich geworden ist.

„Habe ich Ihnen schon Etwas von den hiesigen Kerzen ge= sagt? Es sind gezogene Talglichte mit einem Docht, der dadurch hergestellt wird, daß man lockere Baumwolle um ein leichtes Stäbchen wickelt. Manche sind mit rothem Wachs überzogen. Oben sind sie sehr dick (anderthalb Zoll), während sie nach unten ein wenig schwächer werden. Hier hat man mir eine Lichtputze gegeben, die in jeder Beziehung genau so wie die gewöhnlichen englischen ist und die wenigstens nach einem europäischen Modell gemacht sein muß.

„Auch benutzen die Turks gemeiniglich Schwefelhölzchen, die von Hausirern in den Gassen umher verkauft werden. Man macht sie aus acht bis zehn Zoll langen Holzblöcken, die so genau zu dünnen Schleißen gesägt werden, daß man, wenn man die Schleißen alle zusammenlegt, den Holzblock wieder herstellen kann und derselbe dann wie ein einziges festes Stück aussieht. Die Enden der Schleißen werden in Schwefel getaucht und beim Gebrauch an fast verloschener heißer Asche oder an einem Stück

dampfenden Zunders angebrannt. Sie werden in jedem Haus=
halte benutzt.

„Kâschghar, Sonntag, den 17. Januar. — Heut
Morgen kam der Yuzbaschi mit einem weißen Packet in der Hand.
Er band es auf und zeigte mir die verschiedenen Theile eines
Revolvers, der auseinander genommen und mit Rost bedeckt war.
Vier Läufe waren geladen und mit Zündhütchen versehen; die
beiden anderen waren abgeschossen. Er bat mich, ihn meinen
Mann reinigen zu lassen und ihn zusammenzustellen. Der Mann
wurde gerufen; ich ließ ihn die nöthigen Instrumente holen, und
während er dieselben zusammensuchte, sagte der zu meiner Um=
gebung gehörende Mahram zum Yuzbaschi einige Worte in der
Turki=Sprache. Es war Alles bereit, und mein Mann streckte
eben die Hand nach den Läufen des Revolvers aus, als der Yuz=
baschi plötzlich die Stücke zusammennahm, wieder in das Tuch
wickelte und forttrug, wobei er in der Turki=Sprache irgend
eine Entschuldigung murmelte. Chumâru und ich sahen einander
erstaunt an. Wir konnten uns die Sache nicht erklären.

„Sarda sah heute den kaschmirischen Sipahi wieder. Der
Mann trug ihm ganz besonders auf, mir nicht nur von ihm
selbst, sondern auch von allen seinen Kameraden Grüße zu über=
bringen und mir in ihrem Namen zu sagen, sie würden hier ge=
gen ihren Willen festgehalten, und ihre einzige Hoffnung, zu ent=
kommen, beruhe auf einem Aufstande. Er sagte, es würden viele
Tausende von Eingebornen der umliegenden Länder auf diese
Art in Kâschghar festgehalten; sie Alle würden bei einem Aufruhr
gegen den Atalik=Ghâzi Partei ergreifen, um ihre Flucht zu be=
werkstelligen. Er fügte noch hinzu, es fehle ihnen nur ein
Führer!

„Dieser feine Wink machte mir viel Spaß. Ich warnte
Sarda, auf irgend eine Weise seine eigene Ansicht über den
Stand der hiesigen Angelegenheiten auszusprechen, obgleich ich
wünschte, daß er von dem Manne so viel als möglich erfahren
möchte. Ich halte ihn zwar für aufrichtig, aber es ist doch gut,
wenn wir vor Schlingen und Fallen auf der Hut sind.

„Am Nachmittag kam der Yuzbaschi und setzte sich, um mit
mir zu sprechen. Er meldete die bevorstehende Ankunft des Sha=
ghâwal an, der am vergangenen Freitag Yârkand verlassen hatte.

Da er sah, daß Niemand horchte, wurde er vertraulich. Er sagte, ich dürfe nicht böse auf ihn sein, daß er mich nicht öfter besuche; er fürchte, man könne dem König erzählen, daß irgend Etwas, das ich etwa thäte oder sagte, auf seinen Rath geschehen sei. Auch die Pistole habe er heut Morgen aus Furcht vor den Berichten, die man dem Könige darüber hinterbringen werde, wieder mit fortgenommen. Aber zum Beweis seiner aufrichtigen Gesinnung gegen mich berufe er sich auf sein Benehmen in Pārkand, wo er unter dem Befehl des Shaghâwal gestanden habe.

„Ich lachte und erwiderte, ich hätte nun gesehen, wie die Dinge hier ständen, und begriffe jetzt Alles. Wir wurden durch die Ankunft des Mahram unterbrochen; er brachte für mich und den Munshi, der bei mir saß, warme Pilaos. Ich lud den Nuzbashi und den Mahram ein, mit uns zu speisen, und wir hielten ein improvisirtes Mahl nach Turki-Art. Die Drei fingen an auf der gewaltig großen Schüssel mit ihren Fingern zu arbeiten, während ich auf meinem Sessel saß und zu ihrer großen Verwunderung einen besondern Teller nebst Messer und Gabel benutzte. Es macht ihnen Vergnügen, wenn sie einen meiner Löffel benutzen können, um damit den Thee umzurühren. Als sie fertig waren, ließ ich ihnen einige Trauben vorsetzen, aber sie schrieen vor Entsetzen: „Wie können wir die jetzt essen, nachdem wir Fleisch genossen haben?" Sie schienen ebenso erstaunt zu sein, wie Engländer es sein würden, wenn man die Suppe nach dem Dessert aufträge. Ich setzte ihnen auseinander, was in dieser Hinsicht bei uns Sitte sei, aber sie hielten dies für ganz barbarisch. Sie erklärten sich näher darüber, wie sie die Sache auffaßten. In die europäische Ausdrucksweise übersetzt, war ihre Anschauung folgende: Wenn man Fleisch vor Früchten äße, so sei das gerade so, als wenn man einen Güterzug vor einem Schnellzug herfahren ließe; die Früchte seien schneller zu verdauen, als das Fleisch, deshalb müsse man sie zuerst essen.

„Bis jetzt durften die Diener nach Belieben ausgehen. Heut wurden die meisten von ihnen zurückbefördert und ihnen gesagt, sie sollten innerhalb der vier Wände bleiben. Mein Munshi bat mich, die Geschichte der Gefangenen von Abyssinien zu erzählen; wie es scheint, betrachtet er unsere Lage als eine Parallele dazu.

Ich kann indeß nicht sagen, daß wir große Angst hätten; doch ist eine derartige Einkerkerung ebenso langweilig als lächerlich.

„Wie ich höre, ist hier der Preis der Baumwolle eine Tanga für den Jing, oder drei Tangas für vier Pfund, was 3 Pence (2 Sgr. 6 Pfg.) für das englische Pfund beträgt!

„Kâshghar, Mittwoch, den 20. Januar. — Seit mehreren Tagen ist der Yuzbashi nicht zu mir gekommen. Heut ließ ich mich nach ihm erkundigen; er sandte mir viele Salâms zurück und ließ mir sagen, er möchte mich äußerst gern besuchen, aber diese Schurken (womit er die in der Umgebung des Königs sich befindenden Officiere meint) bewachten ihn so streng, daß er sich fürchte, zu kommen.

„Kâshghar, Freitag, den 22. Januar. — Heut Morgen traf der Shaghâwal Dâd-Khwâh von Yârkand ein. Er wurde, wie ich, an den Thoren von Soldaten empfangen und begab sich sofort zum König, um ihm seine Ehrfurcht zu bezeigen. Zu gleicher Zeit überreichte er einen „Nazar“ oder eine Gabe, die aus hundert „Kurs“ Silber (= 1700 Pfund Sterling, oder über 11,300 Thaler) und dreißig Pferden bestand, auf welchen ebenso viele Sklaven saßen, die vollständig bewaffnet und vom Kopf bis zum Fuß ausgestattet waren, außerdem je vier Anzüge hatten. Dazu kamen noch zahlreiche kleinere Gaben. Er selbst ritt ein prächtiges Pferd; das Reitzeug war mit Türkisen besetzt und die Satteldecke von Goldbrocat. Der Yuzbashi ritt ihm bis Yepchang entgegen und besuchte mich gegen ein Uhr, nachdem der König ihn entlassen hatte. Er sagte, er hätte großen Hunger, denn er sei schon vor Tagesanbruch fortgeritten und habe noch Nichts genossen. Ich veranlaßte ihn, da zu bleiben und mit mir an einem gewaltigen Pilao theilzunehmen, von dem er ziemlich viel verzehrte.

„Der Dâd-Khwâh ließ sich sehr freundlich nach mir erkundigen und sagen, er habe gehört, wie satt ich das Einsperren hätte (ich hatte nämlich gestern, dieses Lebens überdrüssig, meine Klagen in die mitleidigen Ohren des Yuzbashi ergossen, der mich damit zu beruhigen suchte, daß er sagte, ich sei ein zu großer Mann, als daß ich wie ein gewöhnlicher Mensch im Orte umherlaufen könnte; doch hielt er dabei offenbar meine Sehnsucht nach ein wenig freier Luft für nicht mehr als billig). Der Dâd-Khwâh sagte, ich solle noch ein wenig Geduld haben, es werde Alles zu meiner Zufriedenheit ausfallen, und ich solle, wenn er zurückkehre, mit ihm wieder nach Yârkand gehen. Wenn das übrige Gefolge zugegen ist, thut der Yuzbaschi ganz geheim und erwähnt den Namen des Dâd=Khwâh nicht. Ob der Dâd=Khwâh bei der Freundlichkeit, die er gegen mich zeigt, den Befehl des Königs überschreitet und Letzterer nichts davon wissen darf, ist mir nicht bekannt; aber er will offenbar, daß ich dies glaube.

„Ich habe einige indische Hanteln machen lassen, um mir damit die Zeit zu vertreiben. Heut sah sie der Yuzbaschi und fragte, wozu sie gebraucht würden. Die Bewegung, die man sich mit ihnen machen kann, gefiel ihm sehr, und er sagte, es sei eine gute Uebung der Arme. Er versuchte sie selbst, indem er mir es nachmachte; da er sie aber noch nie gehandhabt hatte, so hielt er es natürlich nicht lange aus. Ich zeigte ihm dann noch einige andere Kunststücke und Leibesübungen, wie zum Beispiel auf einem Beine vom Boden aufzustehen, ohne daß das andere dabei hilft u. s. w. Er versuchte sie alle und zeigte dabei, obgleich sie ihm etwas ganz Neues waren, große Behendigkeit und Gewandtheit.

„In Yârkand und Kâschghar kommen, wie er sagt, jährlich zwei= bis dreimal Erdbeben vor; im vergangenen Jahre aber gab es in Yepchang acht Monate hinter einander täglich zwei bis drei Stöße. Die Häuser wurden alle entzwei gerüttelt und mußten wieder gebaut werden. Die Stöße erstreckten sich nicht über die unmittelbare Umgebung des Dorfes hinaus.

„Kâschghar, Sonnabend, den 23. Januar. — Viele Pathâns und andere Officiere und Soldaten des Königs senden mir täglich ihre Salâms. Manche wagen es sogar, in eigner Person bis an mein äußeres Thor zu kommen und ihren Gruß durch meine Diener ausrichten zu lassen. Gestern that dies ein Pathân=Yuzbaschi, Namens Azim Khan. Aber eintreten darf Keiner.

„Kâschghar, Montag, den 25. Januar. — Heut Abend erhielt ich vom Yuzbaschi, der den ganzen Nachmittag mit mir athletische Künste getrieben hatte, einen späten Besuch. Wie gewöhnlich, hatte er noch nicht zwei Minuten dagesessen, als ihm der Mahram, der jovialste Spion, folgte. Sie erzählten mir einige wunderbare Geschichten von Hazrat Sikandar (Alexander dem Großen)*). Der Sitz seines Reiches war in Samarkand, und er marschirte gegen China, um es zum Islâm zu bekehren! An einem gewissen Orte ließ er jeden seiner Soldaten einen einzelnen Stein niederlegen, und dadurch wurde ein gewaltig großer Steinhaufen gebildet. Als er China betrat, unterwarf sich ihm der Kaiser ohne Widerstand und wurde ihm tributpflichtig. Seine Soldaten hieß man willkommen, und viele von ihnen heiratheten Frauen des Landes. Nachdem er den Zweck seines Feldzuges erreicht hatte, sagte Hazrat Sikandar: „Allahoakber" und trat den Rückmarsch an. Als er an den Steinhaufen kam, den seine Soldaten, während sie hinwärts zogen, errichtet hatten, ließ er Jeden einen Stein davon wegnehmen. Nachdem dies geschehen war, blieben noch immer viele Tausende von Steinen liegen; sie vertraten die Soldaten, die bei ihren chinesischen Weibern zurückgeblieben waren. Von diesen Ansieblern stammen zwei Völker ab: die Tungânis**) (die Muselmänner sind) und die Kalmäks, die noch immer die Gegenden bewohnen, welche an der Straße nach China liegen.

„Diese Sage gehört nun, wie ich glaube, eigentlich zu der Geschichte der tatarischen Eroberer, wird aber vom Volke irrthümlich auf den großen Sikandar übertragen. In der nördlichen Tatarei gibt es eine Ebene, Namens Santash, wo man noch immer einen gewaltig großen Steinhaufen sieht, von welchem die nämliche Sage, oder doch eine ganz ähnliche, erzählt wird. Eine besondere Bestätigung derselben findet sich in den Volksjagen der Tungânis, die ihre Abstammung von einer Colonie militärischer Ansiedler herleiten, welche Timur (Tamerlan, der, nebenbei bemerkt, nie selbst in jener Gegend war) in ihrem Lande zurückließ.

„Wir kamen dann auf das hiesige Land, Ost-Turkistân, zu sprechen. Sie erzählten, daß noch vor 4080 Jahren die Einwohner Kâfirs oder Heiden gewesen seien. Dann sei ein König, Na-

---

*) Hazrat ist ein Ehrentitel, den man muselmännischen Heiligen, aber auch lebenden Königen und großen Männern gibt.

**) Der Name Tungâni ist, wie man mir sagte, von einem allgemein gebräuchlichen Turki-Worte abgeleitet, das „zurückbleiben" bedeutet.

mens Hazrat Sultân, aufgestanden und habe sie Alle zum Islâm
bekehrt. Hier fiel der Munshi ein und fragte, wer ihn bekehrt
habe. Sie erwiderten: „Er wurde von selbst ein Muselmann.“
Daß Alexander eifrig für den Islâm gewirkt, und daß es vor
4080 Jahren schon Muselmänner gegeben habe, hatte der Munshi
mit festem Glauben angehört, aber das war ihm doch zu viel.
Er rief mit lauter Stimme: „Nein, nein! er muß einen Lehrer
gehabt haben.“ Ich wandte mich nach ihm um und sagte: „Erwarten Sie denn von diesen Leuten historische Genauigkeit, wenn
Sie eben gehört haben, daß sie von muselmännischen Königen
sprachen, die fast 3000 Jahre vor der Zeit Ihres Propheten regiert haben sollen? Lassen Sie die Leute ihre Märchen nach
ihrer Art erzählen.“ Jetzt hatten jedoch mein Yuzbashi und der
Mahram sich berathen und entdeckt, daß mein Munshi Recht hatte
(es stellte sich später heraus, daß er die ganze Geschichte kannte).
Sie fingen daher wieder an. Hazrat Sultân war der Sohn
eines Kâfir-Königs. Er wurde von Abd-ul-Nassar Sâmâni, einem
Missionar aus Baghdad, zum wahren Glauben bekehrt. Als er
noch ein Kind war, träumte sein Vater, er werde Muselmann
werden. Der Vater hatte deshalb die Absicht, das Kind umzubringen, und berieth sich mit seinem Weibe darüber; die sagte:
„Bringe ihn nicht um, sondern prüfe ihn erst. Nimm ihn mit
zum Götzentempel, und wenn er sich dort in unseren Gottesdienst
fügt, so laß ihn leben; wenn nicht, so tödte ihn.“ Der Knabe
wurde daher vor den Götzen gebracht, und nachdem er an dem
Gottesdienste theilgenommen hatte, ließ man ihn als rechtgläubigen Götzendiener leben. Er erhielt jedoch von dem muselmännischen Lehrer heimlich Unterricht und wurde dadurch im Innern
sehr beunruhigt; dies wurde noch schlimmer, als sein Vater ihm
befahl, einem seiner Götzen einen Tempel zu bauen. Er zog den
Heiligen zu Rathe, und der sagte ihm, er solle seinem Vater gehorchen, aber dabei in seinem Innern denken, was er baue, sei
eine Moschee. Da auf diese Art der Zweck, den er im Auge
habe, ein löblicher sei, so werde die wirkliche Bestimmung des
Tempels auf ihn keinen Einfluß haben! Als dies geschehen war,
trat eine noch schlimmere Schwierigkeit ein; sein Vater ließ im
Tempel ein Bild aufstellen und befahl ihm, es anzubeten. Sein
heiliger Lehrer beruhigte jedoch abermals sein Gewissen und zwar

durch ein Mittel, das werth war, mit Pascal's-Feder verzeichnet zu werden. Der junge Bekehrte mußte den Namen Allah auf zwei Zettel schreiben, die er zwischen den Fingern halten sollte. Wenn er sich dann vor dem Götzenbilde niederwarf und seine Stirn auf den Händen ruhte, so wurde die Verehrung dem ge= schriebenen Namen Gottes und nicht dem Götzenbilde dargebracht, das vor ihm stand. Durch diese Mittel hielt er an dem neuen Glauben fest, ohne in dem Herzen der Eltern Verdacht zu erre= gen. Dann brachte er vierzig Söhne von Abligen und Fürsten zusammen und fesselte sie an sich. Er übte sich mit ihnen im Bo= genschießen und anderen kriegerischen Künsten. Als dieses Corps ausgebildet war und ihm zur Verfügung stand, trat er plötzlich vor seinen Vater und befahl ihm ein Muselmann zu werden. Der König weigerte sich, wurde aber von den Anhängern seines Sohnes ergriffen und emporgehoben, das Gesicht gen Himmel gerichtet. Da er sich noch immer weigerte, wurde er auf die Erde gestellt und diese fing an ihn zu verschlingen. Während er all= mälig sank, bat ihn sein Sohn fortwährend, den Islâm anzu= nehmen; er blieb jedoch bei seiner Weigerung, verschwand end= lich ganz in der Erde, und sein Sohn wurde König. Der Platz ist, wie sie sagen, noch zu sehen; er befindet sich in Artasch, einer etliche zwanzig Meilen von Kâschghar nordwärts gelegenen Stadt, und sieht wie eine Salzgrube aus. Artasch war die frühere Hauptstadt dieser Gegend.

„Mein Mahram kennt auch eine Tradition, nach welcher die Russen mit Chinesen verwandt sind. Alexander der Große (es gibt keine morgenländische Sage, in der er nicht vorkäme) vertrieb die Russen aus ihrem Lande, und sie nahmen ihre Zu= flucht nach China. Dort verheiratheten sie sich mit chinesischen Frauen, und aus diesen Verbindungen ist das jetzige russische Volk entstanden. Dies muß wahr sein, setzte man hinzu, denn die Manjus sagen es! Ich begreife nicht, wie durch Verdrehung von Thatsachen diese Sage hat entstehen können; sie muß nach meiner Ansicht die Erfindung eines unterjochten Turk sein, der so die beiden verhaßten Feinde seines Volkes als zu einer und derselben Race gehörig darstellte. Der Mahram erzählte mir von den Kriegen zwischen den Manjus und den Kara=Khatai (schwar= zen Chinesen). Er sagt, die Kara=Khatai hätten früher Ost=Tur=

kistân inne gehabt, es aber vor etlichen sechszig Jahren den
Manjus abgetreten, und diese hätten versprochen, es in vierund=
achtzig Jahren wieder zurückzugeben.

„Als Alle fort waren, trat Sarda ein, der im nächsten Zim=
mer gehorcht hatte, und stellte moralische Betrachtungen an.
„Hm", sagte er, „sie mögen uns Hindus Kâfirs nennen, so
viel sie wollen; sie sind selbst nur eine schlechte Bande. Gerade
sie ziehen einem Huhn das Messer über die Kehle und lassen es
dann liegen und eine halbe Stunde zappeln. Es ist besser, man ist
ein Kâfir, als daß man so etwas thut." Ich setzte ihm ausein=
ander, daß die Muskelthätigkeit nach dem Tode fortdaure; aber
er hatte es sich zu sehr zu Herzen genommen, daß man ihn einen
Kâfir genannt, und ließ sich nicht trösten.

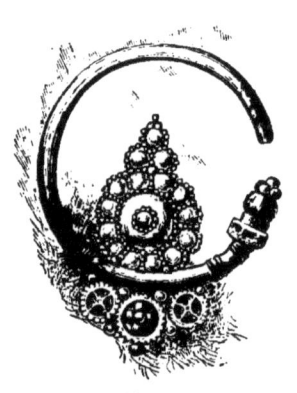

Ohrring.

Dreizehntes Kapitel

Aufenthalt in Kâſhghar.

Chineſiſche Frauen und ihre Füße. — Unwiſſenheit über die britiſche Herrſchaft
in Indien. — Gefangene aus Sarifol. — Balti-Lieder. — Pulverbereitung.
— Frühere Beſuche von Engländern in Turfiſtân. — Die Bewohner von
Sarifol. — Das Gefühl der Eingebornen Indiens gegen die Engländer im
Auslande. — Thee-Verbrauch. — Hinrichtungen. — Der Verfaſſer wird von
einem Rajput aus Kangra wiedererfannt. — Die Anſicht der Mahrambâſhi
von den Sünden. — Der Forſchungsreiſende Mirza. — Die indiſche Meuterei.
— Ceremonien beim Neumond. — Der König ſoll angeblich dem Reiſenden
günſtig ſein. — Der Weg von Khoten. — Die Lügen des Munſhi. — Morgen=
ländiſche Märchen.

„Kâſhghar, den 28. Januar. — In der Nacht iſt ſo
viel Schnee gefallen, daß die Erde weiß ausſieht.

„Der König ging mit mehr als tauſend Reitern nach dem
Heiligthume Hazrat Apâk's und will morgen wiederkommen. Der
Yuzbaſhi iſt ebenfalls fort.

„Der Shaghâwal hat dem Könige ſechszig gewöhnliche und
vierzig ſchöne Pferde gegeben, auf welchen ebenſo viele Sflaven
ſaßen; außerdem 150 „Kurus" und 100 Stücke „Kimfab" (Gold=
brocat), nebſt zahlreichen anderen Geſchenken. Juma hat ſie
alle geſehen.

„Unter den Gegengeſchenken, die der König gab, befindet
ſich ein Weib.

„Meine Diener waren ganz erſtaunt, als ſie eine chineſiſche

Shaw, Reiſe nach der Hohen Tatarei.   18

Frau mit kleinen Füßen sahen. Viele solche Frauen leben mit ihren Familien hier in der Nähe. Diese chinesischen Ansiedler treiben den Feldbau nach derselben Methode wie in China. Ich habe ein Paar chinesische Damenstiefeln, drei bis vier Zoll lang, von gestickter Seide machen lassen.

„Kâschghar, Freitag, den 29. Januar. — Heut bestätigte Juma eine Ansicht, die, seitdem ich mich in Turkistân befinde, in meinem Innern immer fester geworden ist. Er behauptet, bis zu diesem Jahre hätten hier zu Lande das Volk und seine Regenten von der britischen Herrschaft in Indien keine Vorstellung gehabt. Der Name Frang wurde nicht einmal erwähnt; man wußte nur, daß er einem Volke angehöre, das mit den Chinesen im Kampfe gelegen, und das weit unten im Süden einige Besitzungen habe. Der Maharaja von Kaschmir war der große Potentat, von dem sie an ihrer Grenze hörten. Jeder Händler, der von Ladâk kam, wurde für einen kaschmirischen Unterthan gehalten, und der kaschmirische Akskal oder Consul, Ahmed Shah, galt als seine Behörde. Die indischen Kaufleute wagten nicht, über ihre Verhältnisse eine andere Erklärung abzugeben, zum Theil aus Furcht vor den Yârkandischen Behörden, die sie vielleicht festgehalten hätten, hauptsächlich aber wegen der kaschmirischen Behörden, durch deren Gunst allein sie Zutritt zum ladâkischen Markte hatten. Die Herabsetzung der Zölle, die im vergangenen Jahre zu Ladâk erfolgte, war für einen eingebornen Landesherrn etwas so Ungewöhnliches, daß man aufmerksam wurde, und es ging das Gerücht, die Engländer hätten Tibet genommen. Der Umstand, daß in diesem Jahre ich, und später Hayward eintraf, und die Mittheilungen, welche ich und meine Diener, die keinem Zwange unterliegen, über den Maharaja machten, haben die hiesigen Behörden überzeugt, daß die englische Macht in Indien die höchste ist. Bis zum vergangenen Jahre scheinen sie nicht gewußt zu haben, daß dieselbe überhaupt dort existirte: denn sie schickten einen Gesandten an den Maharaja von Kaschmir und Delhi. Der Begriff ist ihnen so neu, daß sie jetzt alle britischen Unterthanen Frangs nennen. Nicht nur ich, sondern auch mein Munshi, meine übrigen Diener und selbst der alte rebellische Artillerist, der mit Mohammad Nazzar kam, sind unter jenem Namen bekannt. Und doch sind schon vordem Hunderte von muselmännischen und hinduischen Kaufleuten und Soldaten aus Indien nach Yarkand gekommen und Hunderte befinden sich jetzt hier, und Keiner von ihnen wird Frangi genannt. Der Grund ist einfach: Sie gaben sich für Unterthanen des hinduischen Maharaja von Kaschmir aus und wurden nach ihrem Glauben entweder Hindus oder Kaschmiris genannt. Seitdem es bekannt geworden ist, daß die Frangs in Indien herrschen, hat man angefangen, auch alle ihre Unterthanen, sie mögen gehören zu welcher Race sie wollen, Frangs zu nennen.

„Die dadurch veranlaßten Irrthümer sind spaßhaft. Zuerst kam die originelle Meldung, daß in Shahidulla fünf Frangis angelangt seien, als ich und vier indische Diener dort eintrafen. Was den Munshi betrifft, so pflegten anfangs alle Turks die Umgebung desselben zu fragen: „Wie lebt der Frangi (womit sie ihn meinten) hinsichtlich des Essens und wie beträgt er sich? Glaubt er an unsern Propheten?" u. s. w. Vor einigen Tagen kam der Sirkar von Amtswegen, um mir zu sagen, daß noch ein Frang (was er höflicherweise mit „Sahib" übersetzte) mit Mohammad Nazzar sich Kaschghar genähert habe, und daß der König zu wissen wünsche, ob ich davon unterrichtet sei, welches Geschäft er treibe, oder zu welchem Zwecke er komme. Ich sagte, ich wüßte nur von Hayward und hätte gar keine Kenntniß davon, daß noch ein dritter Sahib ins Land gekommen sei. Am nächsten Tage erschien der Sirkar wieder, um den Irrthum zu erklären. Der Frang, sagte er, sei kein „Inglish" (Engländer), wie ich, sondern ein Muselmann; es war in der That mein Freund, der alte Menterer. Etwa zwei Tage darauf traf der Shaghawal ein. Man brachte die Nachricht, daß Hayward Sahib an jenem Tage ebenfalls angelangt sei. Er war vom Könige empfangen worden, und seine Wohnung wurde ihm in einem Hause außerhalb der Mauern angewiesen. Am nächsten Tage kamen weitere Berichte über das, was er sprach und trieb. Er hatte zum Könige gesagt: „Warum bringen Sie das Wasser für die Festung unter der Mauer herein? Ich kann es über der Mauer hereinbringen." Auch sagten sie, er sei ein ganz alter Mann. Das machte uns irre; doch kamen wir auf den Gedanken, daß man die Farbe von Hayward's Bart, der blond war, fälschlich für die graue Farbe des Alters gehalten habe, was, wie ich

16*

mehrmals gefunden, in Indien vorkommt. Ein Paar Tage spä=
ter erkundigte sich Juma nach dem Officier, der sich in Hayward's
Umgebung befindet, und da stellte es sich heraus, daß weder er
noch Hayward Yârkand verlassen hatte, und daß es wieder der
alte Menterer war, der den Irrthum veranlaßte. Kurz, während
sie früher alle Inder als Unterthanen von Kaschmir betrachteten,
sind sie seit ihrer theilweisen Aufklärung in das andere Extrem
verfallen und geben allen britischen Unterthanen den Namen
Frangs. Sie haben noch keine klare Vorstellung davon, daß die
Engländer die ausländischen Beherrscher fremder Raçen sind.

„Kâschghar, den 1. Februar. — Der Yuzbaschi und der
Mahrambaschi nahmen an meinem Mittags=Pilao Theil.

„Der Mahrambaschi zeigte mir, wie der chinesische Ambân
(Gouverneur) auf dem Stuhle zu sitzen und mit Stäbchen zu
essen pflegte. Er saß mit seinem Weibe, Söhnen und Töchtern
an einem großen Tische. Aus den Schüsseln langten sie sich,
sagte er, wie die Engländer mit Löffeln zu, tranken hierauf ihren
„Arak" und rauchten lange Pfeifen. Er machte den alten Ambân
nach, der die Zähne verloren hatte und, wenn er sprach, nur
murmelte.

„Heut wurden einige Gefangene von Sarikol eingebracht:
das Ergebniß der Expedition, die im December von Yârkand ab=
ging. Der jüngere Bruder des Häuptlings ist gefangen genom=
men und hingerichtet worden. Der Häuptling selbst ist nach Ba=
dakhschân geflohen. Die Bewohner von Sarikol sind, wie man
mir sagt, Verbündete und Helfershelfer des Kanjuti=Räuberstam=
mes. Ein halbes Dutzend von den männlichen Gefangenen und
drei kleine Mädchen, fünf bis vierzehn Jahre alt, wurden in
meinen äußeren Hof gebracht, um von den chinesischen Schneidern,
die dort für den Sirkar (oder Haushofmeister) arbeiten, mit
Kleidern versehen zu werden.

„Der Yuzbaschi sagt, der Atalik=Ghâzi habe die Diebe mit
Gewalt unterdrückt. Viele sind gehängt und Andere auf Pfähle
gespießt worden; wenn auch nur so viel gestohlen wird, als ein
Messer werth ist, so wird der Dieb gehängt.

„Kâschghar, Dienstag, den 2. Februar. — Den Nach=
mittag verbrachten wir damit, daß wir mit dem Yuzbaschi und
dem Mahrambaschi auf einem Beine hüpften, sprangen und Frosch=

hüpfen spielten. Als Zwischenspiel führte der Mahrambaschi ein
junges (zweihöckeriges) Kameel vor und spielte mit demselben.
Es war vier Jahre alt und ganz zahm.

„Am Abend unterhielt uns der alte Wasserträger aus Balti
mit Gesang. Er sang von Keser, dem Könige von Klein=Tibet,
dessen Weib der König von Yârkand entführte, während er sich
auf einem weiten Feldzuge befand. Nach seiner Rückkehr kam
Keser verkleidet nach Yârkand hinüber und trat bei einem Huf=
schmied in die Lehre. Er war so geschickt, daß wegen seiner vor=
trefflichen Arbeit der König Kenntniß von ihm erhielt. Keser
wurde sehr begünstigt und fand dadurch Gelegenheit, den König
umzubringen, sein Weib wieder zu bekommen und sich zum Herrn
von Yârkand zu machen! Das ist ein Beleg zu der Fabel von
dem gemalten Löwen; denn die Turks würden ohne Zweifel nicht
zugestehen, daß sie jemals von Tibet unterjocht worden seien.

„Keser ist der morgenländische Name der Cäsaren von Rom
und Constantinopel. Ich weiß nicht, was „il allait faire dans
cette galère“.

„Kâschghar, Mittwoch, den 3. Februar. — Heut Nach=
mittag kam der Sirkar oder Haushofmeister mit noch zwei An=
deren und brachte die Kugelformen und andere Instrumente, die
ich dem König mit den Gewehren gegeben hatte. Sie waren alle
unter einander gemengt, und ich wurde gebeten, sie wieder zu
sortiren. Außer den Gewehren, die von mir waren, brachten sie
auch noch zwei andere mit, die von mir sein sollten. Das eine
war ein nicht gezogenes Westley=Richards=Gewehr und das andere
eine Büchse mit großem Kaliber und vielen Zügen. Ich sah so=
fort, daß sie nicht zu denjenigen gehörten, die ich dem Könige
oder dem Dâd=Khwâh gegeben hatte. Einer der Leute war dem
Anschein nach ein ganz gemeiner Mann. Er ging und holte,
wenn er geschickt wurde, die Sachen. Während er aber dasaß
und zusah, zog er eine silberne Jagduhr aus der Brusttasche, um
zu sehen, welche Zeit es war. Sind die Uhren hier so gewöhn=
lich, oder versucht man mich dies glauben zu machen? Der
ältere Mann, den sogar der Sirkar mit dem ehrerbietigen Titel
„Takfir“ anredete, bat mich, ihm zu sagen, wie unser Pulver
bereitet werde. Ich sagte, das Verfahren zu beschreiben dauere
sehr lange, wenn er es aber wünschte, würde ich es ihm mitthei=

len. Er antwortete, wenn ich über die Bitte nicht böse sein
wollte, so werde er den Wunsch aussprechen, daß ich es ihm mit=
theilen möchte. Ich holte demnach Galton's „Kunst zu reisen"
herbei und ließ meinen Munshi die Anweisungen zur Pulverbe=
reitung in persischer Sprache abschreiben. Meine Besucher waren
sehr dankbar und nahmen mit den üblichen turkischen Verbeu=
gungen Abschied.

„Heut Abend besuchte mich der Yuzbashi. Nachdem ich ihm
gezeigt hatte, wie man ein Licht auslöscht, indem man ein Zünd=
hütchen auf dasselbe abfeuert, fragte ich ihn, welche Gewehre die
besten seien, die russischen oder die englischen. Er rief sofort:
„Die englischen; die anderen taugen nichts." Dann fing er an
von mehreren Engländern zu erzählen, die ehedem hierher ge=
kommen, aber alle umgebracht worden seien; der Eine sei vor
zweiundzwanzig Jahren unter der Regierung Mohammed Ali's
nach Khokand gekommen, von da nach Bokhâra gebracht und dort
ermordet worden. Ich sei der Erste, den die Regenten des Lan=
des als Freund behandelt und in Schutz genommen hätten. Ich
erwiderte: „Die Nachricht von der freundlichen Behandlung, die
mir zu Theil geworden ist, wird ohne Zweifel in England einen
sehr guten Eindruck machen." Er sagte: „Der andere Frang, der
sich in Yârkand befindet, ist mehrmals gegen den Willen seiner
Umgebung ausgeritten und hat müssen zurückgeholt werden. Jetzt
steht Tag und Nacht eine Wache vor seiner Thür, damit er nicht
mehr ausgeht. Aus diesem Grunde hat man ihn nicht nach Käsh=
ghar gebracht, um den König zu sehen."*) Ich antwortete: „In
der Fremde muß man sich nach den Sitten des Landes richten
und den Regenten gehorchen." Dann gab ich dem Gespräch eine
andere Wendung, indem ich fragte: „Wann hörten die Andijânis
zum ersten Male von den Engländern?" Er erwiderte: „Vor
dreißig Jahren hörten wir von ihnen von der chinesischen Seite
her." Ich fragte: „Und von Indien her?" Er sagte: „Die letz=
ten zwei bis drei Jahre haben wir Gerüchte gehört, aber eine
bestimmte Kenntniß haben wir erst erhalten, seitdem Sie gekom=
men sind."

---

*) Mr. Hayward sagte mir später, diese Darstellung sei eine starke Ueber=
treibung der wirklichen Thatsachen. Er sei nur ein einziges Mal ausgeritten.

„Nach Allem, was ich höre, glaube ich, daß sich dies nur auf die Masse des Volks bezieht. Die Regenten waren stets besser unterrichtet; sie zogen von allen Seiten, durch Kaufleute und Hajjis, Nachrichten ein, aber was sie erfahren, behalten sie für sich, und die Reisenden, die in ihr Vaterland zurückkehrten, hatten keine Lust, das, was sie wußten, allgemein bekannt zu machen, während diejenigen, welche zu Hause bleiben, weder Wissensdurst noch Neugier treibt, sie auszufragen. Finsterniß ist hier zu Lande Regel; man hat den großen Wunsch, seine Schwäche nicht sehen zu lassen, den kleinen, zu ihr seine Zuflucht zu nehmen und darin, daß man Nichts weiß und ungekannt ist, seine Sicherheit zu finden. Man wird an jene Märchen erinnert, in denen ein großer Zauberer sein Schloß hütet, damit Niemand unberufen eindringt. Wer dessen Geheimnisse nicht zu ergründen sucht, geht unbelästigt vorüber, während diejenigen, die, wenn auch ohne böse Absicht, die Geheimnisse, von welchen die Macht seines Besitzers abhängt, kennen gelernt haben, der Sicherheit desselben geopfert werden. Ich habe jetzt das Gefühl, als befände ich mich in der Gewalt eines solchen Magiers. Ich habe ungerufen sein Schloß betreten; glaubt er etwa, daß ich Etwas kennen gelernt habe, was ihm gefährlich werden könnte, so werde ich wahrscheinlich die Schwelle desselben nicht wieder überschreiten. Meine Sicherheit liegt hauptsächlich gerade in den Vorsichtsmaßregeln, die er trifft, um mich in Unwissenheit zu erhalten. Hält er sie für unwirksam, so hat er kein Bedenken, das ihn abhalten könnte, sich mein Schweigen auf eigene Weise zu sichern. Ich muß suchen, ihn glauben zu machen, daß sie vollkommen wirksam sind. Daß er mich nicht mit seinen Unterthanen verkehren läßt, ist ein Zeichen, daß er mich unversehrt zu entlassen wünscht. Hätte er die Absicht, mich umbringen zu lassen, so würde es ihm nicht darauf ankommen, wie viel Auskunft ich mir etwa erst verschaffte.

„Kâshghar, Donnerstag, den 4. Februar. — Man brachte einige der in Sarikol gefangen genommenen kleinen Kinder herein, um sie mir zu zeigen; es waren zwei kleine Mädchen von vier und sechs Jahren. Sie wollten in keiner bekannten Sprache mit uns reden; aber sie kannten offenbar den Gebrauch des Zuckers, denn sie fingen sofort an, zwei Stückchen, die ich

ihnen gab, zu nutschen. Sie haben schönere Gesichtszüge als die
Turks und nußbraune Augen. Sie werden von einem sari=
kolischen Gefangenen gepflegt, der bei einem früheren Raubzuge
eingebracht wurde. Er sagt, diesmal seien Hunderte von ihnen
hergeschafft worden. Sie erreichten Kâschghar zwei bis drei Tage
später als ich. Der höchste Gefangene wurde auf Befehl des
Atalik=Ghâzi sofort umgebracht (es wurde ihm die Kehle abge=
schnitten) und sein Leichnam nicht beerdigt, sondern in eine Gosse
geworfen. Dies theilte der Sarikoli dem Diener des Munshi in
persischer Sprache mit.

„Kâschghar, Freitag, den 5. Februar. — Heut Mor=
gen brachte Juma die Nachricht, daß ein Diener von mir, Na=
mens Suba, hier eingetroffen sei, aber nicht zu mir kommen
dürfe. Dies ist einer von den beiden, die ich in Ladâk zurückließ,
um meine Güterkarawane mir nachzubringen. Am Abend kam
der Yârkandi=Diener des Munshi herauf und sagte, er habe so=
eben den alten Artilleristen getroffen; dieser habe ihm dieselbe
Nachricht mitgetheilt und hinzugefügt, ich . müßte etwas Lärm
darüber machen, daß meine Güter verloren gegangen seien, sonst
werde der Mann gemißhandelt und vielleicht als Spion oder
Betrüger umgebracht werden. Ich habe mich daher entschlossen,
mit dem Sirkar darüber zu sprechen, daß frische Boten abgesandt
werden, um nach meiner Karawane zu suchen, und will dabei
gegen ihn äußern, daß ich wegen der Sicherheit der. Leute, die
sich bei ihr befinden, besorgt sei. Dadurch werden die Behörden
erfahren, wenn sie es nicht schon wissen, daß ich einige meiner
Diener, die ich zurückließ, erwarte. Der Dâd=Khwâh weiß dies
zwar ganz gut und hatte sogar zwei Männer von Yârkand ab=
gesandt, um nach den fehlenden Gütern zu suchen; aber wer
kann in diesem geheimnißvollen Lande wissen, ob er es für pas=
send gehalten hat, dem Könige etwas davon zu sagen? Was
mich bei der ganzen Sache am meisten quält, ist, daß der Mann,
wie ich höre, viele Briefe bei sich hat. Ich war so begierig auf
dieselben, daß wir einen Plan entworfen hatten, nach welchem
Juma mein Pferd in die Schwemme reiten, und wenn er so
weit fort war, daß man ihn nicht mehr sehen konnte, sich an
einen bestimmten Ort begeben und das Briefpacket holen sollte.
Wenn er wieder kam, wollte ich ungeheuer böse auf ihn sein,

daß er die Schranken überschritten habe, und meine Peitsche ho=
len lassen, wo dann erwartet wurde, daß der Mahrambaschi sich
ins Mittel legen und die angedrohten Schläge verhindern werde.
Diesen ganzen Vorschlag hatte er selbst gemacht! Die Klugheit
behielt jedoch die Oberhand, und ich habe mich gezwungen, noch
ein wenig auf die Briefe zu warten, in der Hoffnung, daß man
Suba nicht viele Tage hindern wird, mich zu besuchen. Gegen=
wärtig haben sie ihn bei einem Panjâbi=Beamten, Namens Nabi
Bakhsch, der beim Könige in hoher Gunst steht, einquartiert. Sie
haben wahrscheinlich die Absicht, daß derselbe, da er sein Lands=
mann ist, Geheimnisse, um die er etwa weiß, aus ihm heraus=
locken, oder jedenfalls ermitteln soll, ob seine Aussage mit der
meinigen übereinstimmt. Die Abwesenheit des Königs, der sich
noch bei dem Heiligthume Hazrat Sultân's befindet, dient als
Entschuldigung, daß man ihn festhält, und bietet Gelegenheit, ihn
auszuforschen. Er ist ein aufrichtiger, schlichter Mensch und wird,
weil es ihm an Phantasie fehlt, wenn man ihn ruhig fragt, nur
die Wahrheit sagen. Ich fürchte nur; daß er nebenbei vielleicht
Kaschmiris in die Hände gerathen ist. Sie sind so schadenfroh
wie Affen und noch viel heimtückischer, würden ihm tausenderlei
Furcht einflößen und allerlei Lügen ersinnen, durch die er sich
retten solle.

„Morgen früh soll Juma versuchen, ob er von seinem Be=
richterstatter erfahren kann, was aus der Karawane und dem
andern alten Manne, Elahi Bakhsch, geworden ist. Es ist schwer,
Gelegenheit zu einem Gespräch mit ihm zu finden; der Mann
fürchtet, wenn er darüber ertappt wird, daß er die Geheimnisse
des Königs verräth, sein Leben zu verlieren. Er ist ein indischer
Muselmann aus Kischtwar, und er verrichtet sicherlich einen ge=
fährlichen Dienst, wenn er mir eine Auskunft ertheilt. Ich muß
sagen, daß ich, seitdem ich mich in Turkistân befinde, von Einge=
bornen Indiens und selbst von Afghanen viele Zeichen von Auf=
merksamkeit erhalten habe. Es scheint, als hätten sie eine gewisse
Anhänglichkeit oder Sympathie für uns. Dieses Gefühl, das, so
lange sie sich in der Mitte ihres eigenen Volkes befinden, schläft,
macht sich, wenn sie in die Fremde hinausgestoßen werden, be=
merkbar. Im Auslande, wo sie sich nicht zu scheuen brauchen
und von dem Einflusse der britischen Macht befreit sind, zeigen

sie gegen den Engländer als Mitglied eines gehaßten Volkes
keine Abneigung, obgleich man es erwarten könnte; sie fühlen
vielmehr, daß er, wenn er auch nicht zu ihren Verwandten ge=
hört, doch durch engere Bande mit ihnen verknüpft ist, als die
sie umgebenden Fremden, und halten sich deshalb zu ihm. Ich
sehe dies zu meiner Ueberraschung und Freude. Es ist nicht das
Gefühl, welches das besiegte Volk gewöhnlich gegen das herr=
schende hat. Ich schmeichle mir nicht, daß es auf Liebe hinaus=
läuft. Es ist wahrscheinlich ein zusammengesetztes Gefühl und
beruht erstens auf dem Instinct der Abhängigkeit von dem Volke,
von welchem sie gewohnt sind alle gesetzmäßige Gewalt ausgehen
zu sehen, zweitens auf einem Gefühl, welches sich an die Oert=
lichkeit knüpft, daß nämlich diese Engländer ebenfalls aus dem
Vaterlande der Inder stammen und mit den Flüssen und Ebenen
ihrer Heimath vertraut sind, und drittens auf einem inneren
Vergleich zwischen dem (im Ganzen) wohlthätigen Gebrauch der
Macht in Indien und ihrem leichtfertigen und eigennützigen
Mißbrauch in den Staaten der Eingebornen. Die Thatsache,
daß diese Gefühle von dem Gefühl der Abneigung nicht über=
wältigt werden, was leicht geschehen könnte, wenn das letztere
stark wäre, zeigt, daß kein tief eingewurzelter, allgemeiner Wi=
derwille gegen uns vorhanden sein kann.

„Der Mahrambaschi ließ heut durch einen meiner Leute die
Schlösser seiner russischen Büchse reinigen. Ich bemerkte, daß sie
in England gefertigt war, den Namen „E. Tanner und Co.,
Nr. 16,782" und die Jahreszahl 1864 trug.

„Kåschghar, Sonnabend, den 6. Februar. — Ich
sprach heut lange mit dem Juzbaschi über Thee. Er sagte, wäh=
rend der Herrschaft der Chinesen sei der Jing gewöhnlich für
acht, zehn oder fünfzehn Tangas verkauft worden. Jetzt kostet
er fünfundzwanzig, dreißig und vierzig, mancher sogar sechszig
Tangas.*) Die Masse, die getrunken wird, ist ungeheuer. Er selbst
nimmt täglich an wenigstens acht bis zehn Theekannen Theil. Ein
Turk, der nicht zur Zeit des Morgengebetes eine Theekanne voll
und vor zwölf Uhr eine zweite trinkt, wird nicht als ein Mann

---

*) Ein Jing ist 1¼ Pfund englisches Gewicht. Dreißig Tangas (der
Durchschnittspreis) betragen 10 Schillinge (3 Thlr. 10 Sgr.).

betrachtet. Der Yuzbaſhi theilt mir im Vertrauen mit, daß im
Hauswesen des Shaghâwal jährlich für 3000 Tillahs Thee ver=
braucht wird. Ein Mann in seiner Stellung mag ohne Zweifel
ungeheuer viel Thee nöthig haben, aber er braucht deshalb nicht
jährlich 1800 Pfund Sterling (oder zwölftausend Thaler) zu
koſten!

„Mein Freund iſt, was den Thee betrifft, durchaus ein
Kenner. Die Proben, die ich ihm zeigte, koſtete und prüfte er
und ſtellte dann Preiſe für dieſelben mit ſolcher Sicherheit wie
ein Theehändler. Hinſichtlich des Thees, den ich ihm, wenn er
mich beſucht, zu trinken gebe, iſt er ſehr eigen. Bald iſt er zu
ſchwach, bald zu bitter; bekommt er ihn aber nach ſeinem Ge=
ſchmack, ſo trinkt er mit großer Befriedigung eine Taſſe nach
der andern. Heut gab er meinen Dienern Unterricht in der Kunſt
ihn zu bereiten, und ſie werden dadurch hoffentlich Etwas ge=
lernt haben.

„Am Abend kamen wir auf die Kaſtenvorurtheile der Hin=
dus zu ſprechen. Auf Chumâru deutend, ſagte er: „Der Hindu
iſt ſehr ſchlecht; er will nicht dieſelbe Speiſe eſſen wie ſein Herr.
Von meinen Dienern darf keiner Etwas zurückweiſen, was ich
ihm gebe.“ Wir hatten über die indiſche Meuterei geſprochen,
und ich ſagte: „Gerade dieſe Vorurtheile verleiteten unſere Hin=
du=Soldaten zum Aufſtand. Sie ſetzten ſich in den Kopf, daß
wir ſie bekehren wollten, indem wir Kuhfett in den Patronen
hätten.“ Der Yuzbaſhi lachte darüber. Er neckt Chumâru immer
und ſucht ihn zu veranlaſſen, mit ihm Thee zu trinken oder
Brod zu eſſen. Er wandte ſich nach ihm um und ſagte: „Wenn
ich Sie dazu brächte, dieſes Stück Brod zu eſſen, würde das Sie
zum Muſelmann machen?“ Gleich darauf fand ich Gelegenheit,
das Geſpräch auf meine Karawane zu lenken und meine Beſorg=
niß um dieſelbe zu äußern. Er antwortete: „Aergern Sie ſich
nicht, die Güter werden nicht von der Erde verſchwinden; Sie
werden ſie ſchon noch finden.“ Ich erwiderte: „Um die Güter
iſt mir nicht ſo bange wie um die Leute.“ Er ſagte: „Gott iſt
dort ſo gut wie hier; was ihnen widerfahren ſoll, können Sie
nicht hindern.“ Ich entgegnete: „Im vergangenen Jahre verlor
ich zwei Leute auf einem Paſſe, und wenn ich in dieſem Jahre
noch zwei verliere, ſo wird das eine ſchlechte Geſchichte.“ Anſtatt

der Antwort fragte er blos, ob sie Muselmänner wären oder nicht. Der Mahrambaschi aber fragte mich, ob sie nicht acht Pferde bei sich hätten. Dies überzeugte mich, daß die hiesigen Behörden von den Dienern und Gütern, die ich erwarte, ebenfalls Kenntniß haben. Das wollte ich nur wissen.

„Am Morgen brachte der Yârkandische Diener des Munshi die Nachricht, daß vier Diener von mir eingetroffen seien. Juma hörte später dasselbe, und wir schlossen daraus, daß die beiden Maulthiertreiber meine eigenen beiden Leute begleitet hatten. Später am Tage traf Rozi, der Hajji-Waise (der umherspielen darf, wie er will), in der Stadt den alten Meuterer. Der letztere ließ mir sagen, die erwähnten vier Leute seien über Badakshân aus Indien angelangt; unsere Behörden hätten sie gesandt. So wurde die Hoffnung, daß meine eigenen Diener eingetroffen seien, vernichtet; ob aber die gestrige Nachricht über Suba das Schicksal der übrigen Nachrichten theilt oder nicht, kann ich nicht sagen. Ferner hatte Rozi gerade außerhalb des Thores der Festung neben der Straße einen Mann liegen sehen, dem die Kehle abgeschnitten war. Ueber die Beine hatte man ihm eine Matte geworfen, während seine Kleider und die Erde unter ihm mit Blut getränkt waren. In der Dämmerung kam der Munshi und sagte mir dies mit erschrockenem Gesicht; die Diener lachten ihn deshalb aus. Ich vermuthe, das ist die türkische Art, dem Volke Schrecken einzujagen, indem man einen so gräßlichen Gegenstand an einem öffentlichen Platze zur Schau

Scharfrichter-Messer.

ausstellt. Hoffentlich war dieses Opfer wenigstens ein Dieb. Einer der Gründe, warum keiner meiner Diener hier ausgehen

darf, ist wahrscheinlich der, damit sie nicht die häufigen Men=
schenopfer sehen und mir davon erzählen. In Yârkand war es
anders; dort gingen die Hinrichtungen in anständigerer Weise vor
sich; aber, wie heut Jemand bemerkte: „Wo der Tiger sein La=
ger hat, da muß man gefaßt sein, Knochen umherliegen zu sehen."

„Kâshghar, Sonntag, den 7. Februar. — Heut er=
zählt Rozi, daß bei der Leiche außerhalb des Thores eine Frau
sitze und schreie. Ich habe soeben erfahren, wie es sich mit dem
Manne verhält. Man sprach von ihm, und meine Diener hörten
es zufälligerweise. Er war ein Dieb, den man auf der That er=
tappt und innerhalb der Festung eingesperrt hatte. Er machte
sich frei und versuchte zu entrinnen, wurde aber unter der Mauer
eingefangen. Man brachte ihn vor den König, und dieser sagte,
als er die Sache hörte, weiter nichts als „Allaho=akber" und
streckte dabei die Hände aus. Dies war für den Mann das To=
desurtheil, und er wurde sofort hinausgeführt und hingerichtet.
Wie es scheint, werden die Diebe hier mit der größten Strenge
behandelt. Mit Mördern dagegen verfährt man ziemlich schonend,
denn man betrachtet sie als gewandte und muthige Menschen, die
als Soldaten gute Dienste leisten.

„Wie unser junger Spion Rozi erzählt, hat der Shaghâwal
heut vom Könige Abschied genommen. Letzterer schenkte ihm ein
Pferd mit brocatenem Sattelzeug, silberbeschlagenem Zaum
u. s. w. Morgen reist der Shaghâwal nach Yârkand ab. Vor
seiner Ankunft hofften wir, diese werde das Zeichen zu unserer
Befreiung sein. Jetzt ist es seine Abreise, auf die wir unsere
Hoffnung setzen, indem wir glauben, daß vielleicht der König
dann Zeit haben werde, mich zu sehen. Man hat uns nun bei=
nahe einen Monat hier festgehalten.

„Am Nachmittag wurden athletische Spiele aufgeführt, an
welchen der Yuzbashi und der Mahrambashi wie gewöhnlich
Theil nahmen.

„Kâshghar, Dienstag, den 9. Februar. — Sarda
ging wie gewöhnlich nach einer außerhalb der Stadt liegenden
Cisterne, um Wasser zu holen, und machte dabei die Bekanntschaft
eines Landsmannes, der früher ein Rajput des Goleiria=Stam=
mes war, und dessen Heimath einige Meilen von Kangra liegt.
Er fragte Sarda, wer sein Herr sei, und als Sarda die Lage

meines Hauses in Dharmśâla beschrieb, unterbrach er ihn und
sagte: „Was, Shak Sahib?" Es ist ergötzlich zu finden, daß
man mich in Kâshghar kennt. Auf Sarda's weitere Fragen gab
der Mann das folgende Stück einer Selbstbiographie zum Besten.

„„Vor etwa fünfthalb Jahren hörte ich während der Re-
genzeit, daß in Dharmśâla die Rekrutirung vor sich gehe. Ich
ging hin und wollte mich anwerben lassen. Ich mußte mich an
einen Stab stellen, und da ich ein wenig zu kurz war, so wies
man mich zurück, und ich mußte mich nach einer andern Beschäftigung umsehen. Ich gab einem dortigen Munshi ein kleines
Geschenk, um mir eine Stelle zu verschaffen.. Es gelang ihm,
mich in Kangra zeitweilig in die Stelle eines Chuprassy*) zu
bringen, der auf Urlaub gegangen war. Dort bekam ich ein
Dienstschild, einen Gürtel und Degen und diente einen bis zwei
Monate im kangraischen Tehsil. Aber meine Eltern wollten nicht,
daß ich dort blieb, und nachdem ich drei verschiedene Gesuche
eingereicht hatte, ließ man mich endlich gehen. Hierauf lebte ich
einige Zeit in meiner Heimath zu Lanja. Als ich eines Tages
das Vieh hütete, kam der Raja von Goleir (das Oberhaupt
seines Stammes) in die Nähe auf die Jagd. Ich zeigte ihm
einiges Wild, worüber er sich so sehr freute, daß er mich nach
meinem Namen fragte und mich nöthigte, bei ihm Dienste zu
nehmen. Ich bat um Bedenkzeit, ging am nächsten Tage, ohne
meine Eltern um Erlaubniß zu bitten, hin und stellte mich ihm
vor. In dieser Stellung erhielten wir außer der Beköstigung
Jeder monatlich vier Rupis und jährlich dreißig Maunds Getreide (halb Weizen und halb Reis). Als aber meine Eltern erfuhren, wo ich war, ließen sie mich hier wieder nicht. Sie verschafften mir meine Entlassung aus dem Dienste des Raja, wo
ich so glücklich war, und brachten mich dadurch in meine jetzige
elende Lage. Denn da ich zu Hause nicht bleiben konnte, so ging
ich fort nach Jamu. Dort fand ich einen Jemadar,**) den ich
kannte, und wandte mich an ihn, mir ein Unterkommen zu verschaffen. Als daher der Maharaja einige seiner Soldaten mu-
sterte, stellte der Jemadar mich vor und sagte ihm, daß ich Dienst

---

*) Ein kleiner Beamter bei unseren Gerichtshöfen.
**) Ein eingeborner Officier.

nehmen wolle. Der Maharaja pochte mir auf die Brust und sagte: „Er ist ein starker, kräftiger Bursche; schreiben Sie ihn ins Buch ein." So war ich nun ein Sipahi mit monatlich sechs Chilkis (3 Rupis und 12 Annas). Bald darauf marschirten wir nach Gilgit *). Dort wurde ich mit einem Detachement nach Hunza vorausgesandt. Wir nahmen zwei Forts und machten von da einen Angriff auf das Hunza=Land. Wir wurden jedoch zu=rückgeworfen, und während wir uns in die Forts zurückzogen, machte der Feind einen Angriff auf ein kleines Geschütz, das wir bei uns hatten, und es gelang ihm, es in seine Hände zu be=kommen. Als mein Jemadar dies sah, forderte er uns auf, zu folgen, eilte wieder zum Fort hinaus, zerhieb mit seinem Degen die Stränge des Geschützes, trieb mit unserer Hülfe die Hunza=Krieger zurück und ließ das Geschütz wieder in das Fort schaffen. Hierauf hatten wir eine Zeit lang Ruhe. Endlich wurde ich eines Tages mit einem Briefe an unsern commandirenden Officier ge=sandt, der etwa eine halbe Tagereise das Thal hinab in einem Fort lag. Ich brach in der Mitte des Nachmittags auf und er=reichte in der Finsterniß die Drehbrücke, auf der man dort den Fluß überschreitet. Ich fürchtete mich, in der Nacht hinüber zu gehen, und schlief daher am Ufer unter einem Busche."

„Hier hält die Selbstbiographie eine Zeit lang inne, wie ein Roman in einer Zeitschrift, die uns gespannt auf den Schluß warten läßt. Sarda war klug genug, seinen Freund abbrechen zu lassen, damit man sie nicht zu lange mit einander sprechen sah, und sie trennten sich mit der gegenseitigen Zustimmung, daß er an einem andern Tage die Geschichte vollends erzählen solle. Der Hindu=Name des Mannes war Karku, jetzt ist er aber ein Muselmann.

„Heut zankten sie meinen Tischdiener, Kabir, aus, weil er seine Gebete nicht verrichtet. Der Mahram sagte ihm, Stehlen, Lügen, Morden habe gar nichts zu bedeuten, so lange der Mensch regelmäßig seine Gebete spreche. Kabir suchte sich damit zu ent=schuldigen, daß seine Arbeit ihm keine Zeit ließe, sich, ehe er zum Gebet ginge, zu reinigen, bestritt aber die Ansicht des Mahram=

---

*) Gilgit und Hunza sind Thäler, die sich in das Innere des Himálaya jenseits Kaschmir hinaufziehen und von wilden Stämmen bewohnt sind.

bashi, daß das Gebet andere Sünden rechtfertigen könne. Sie legten daher die streitige Frage meinem Munshi vor. Sein Urtheil fiel gegen die Ansicht des Mahrambashi aus; er bezog sich auf den muselmännischen Grundsatz, nach welchem alle Sünden gegen Gott, wie zum Beispiel Weintrinken, mit der Wurfscheibe spielen u. s. w. vergeben werden, wenn der Mensch das tägliche Gebet hersagt und eine Wallfahrt nach Mekka macht, Sünden gegen unsere Mitmenschen aber, wie Diebstahl, Erpressung, Grausamkeit u. s. w. selbst durch eine Wallfahrt nicht beseitigt werden, wenn nicht erst, so weit der Sünder es vermag, Entschädigung gewährt und von denjenigen, welchen das Unrecht zugefügt wurde, Verzeihung erlangt worden ist. Das Gebet allein könne solche Verbrechen nicht entschuldigen. Es ist merkwürdig, daß die Leute, die es der Mühe werth halten, täglich fünfmal eine lästige Ceremonie durchzumachen, sich nicht die Mühe nehmen, zu ermitteln, welche Kraft ihre Religion derselben beilegt.

„Kâshghar, Donnerstag, den 11. Februar. — Heut Morgen erhielt ich durch den Diener meines Munshi mit großer Heimlichkeit ein Billet in englischer Sprache von einem Manne, der neuerlich aus Indien angekommen ist. Er hat sich Mirza — unterzeichnet und sagt, er sei gesandt worden, um Forschungen zu machen. Seine Uhren sind zerbrochen und er will eine leihen, um astronomische Beobachtungen anzustellen; auch wünscht er zu wissen, welcher Tag des Monates ist. Man hindert ihn, weiter zu reisen. Ich wollte ihm in persischer Schrift antworten, begnügte mich aber auf die Vorstellungen des Munshi damit, ihm eine mündliche Mittheilung machen zu lassen, die sicherer ist. Auch hielt ich es für klug, ihm keine Uhr zu leihen, da ich sehr an seiner Wahrhaftigkeit zweifle und es mich in starken Verdacht bringen könnte, wenn man Etwas bei ihm sähe, wovon man weiß, daß es mir gehört.

„Juma traf heut einen Beg, der unter der chinesischen Regierung in Poskyam ein großer Grundbesitzer gewesen war. Der Beg sagte ihm, der Nyâz Begi von Khoten (der, wie man vermuthet, Geschenke für mich bringt) werde heut in Yang-Hissâr eintreffen, und ich würde nun bald meine Zusammenkunft mit dem Atalik-Ghâzi haben. Der Letztere hat, wie er sagt, seinen beabsichtigten Besuch in Yang-Hissâr meinetwegen verschoben, und es ist wahrscheinlich, daß er mich bei meiner Rückkehr nach Yârkand bis dahin mit sich nimmt. Die Hoffnung, daß diese Nachricht wahr sei, habe ich aufgegeben; es ist ja niemals eine wahr.

„Ich sagte dem Yuzbashi, ich hätte aus Mangel an Bewegung um die Taille herum schrecklich zugenommen und ich fürchtete, ich würde, wenn ich wieder ins Gebirge käme, nicht gehörig gehen können. Er erwiderte: „Wenn Sie nach Yârkand zurückkehren, werden wir Sie überall umhertraben lassen und Sie, ehe Sie aufbrechen, wieder mager machen.“ Dann fing er an sein Leben zu beschreiben, das er in den letzten vier bis fünf Monaten (seitdem man die erste Nachricht von der bevorstehenden Ankunft meines Munshi erhielt) geführt, und alle die Reisen zu erzählen, die er vor- und rückwärts gemacht hatte (ich glaube, er sagte, er sei fünfmal zwischen Yârkand und Kâshghar hin- und hergereist). Ich rief: „Das ist „arâm“ (eine Leichtigkeit); das möchte ich jetzt machen.“ Er antwortete: „Nein, nein, „arâm“ besteht darin, daß man Nichts zu thun hat und den ganzen Tag der Länge lang auf Kissen liegt (und er ließ den Worten die That folgen), während das Weib Einen pflegt.“ Ich sagte: „Ich ginge gern darauf ein, Ihnen das Stillsitzen zu überlassen und das Hin- und Herreiten selbst zu übernehmen.“

„Gesprächsweise erzählte ich dem Mahrambashi von der Meuterei, die in Indien stattgefunden, und von der Ermordung unserer Frauen und Kinder. Er freute sich, als er hörte, welche Vergeltung die Mörder getroffen habe, und patschte Chumâru auf den Rücken, als ich ihm sagte, daß die Panjâb-lig-Hindus geholfen hätten, die Meuterer einzufangen und vor Gericht zu bringen.

„Heut machte uns der Sirkar einen Besuch. Er und der Yuzbashi saßen erst bei dem Munshi, bis ich mit dem Frühstück fertig war, und kamen dann zu mir. Sie zeigten an beiden Orten eine unnatürliche Begierde, unsere Uhren zu sehen! Daraus vermuthen wir, daß Etwas davon bekannt geworden ist, daß Mirza — von mir eine Uhr borgen wollte, und daß sie gern sehen wollen, ob ich mit ihm in Verkehr gestanden habe oder nicht. Hoffentlich haben sie mich nun von allem Verdachte frei gesprochen.

„Kâshghar, den 13. Februar. — Heut war der neue

Mond zum ersten Male sichtbar, und der Yuzbaschi machte eine
wunderliche Ceremonie durch, die, wie es scheint, in Turkistân
Sitte ist. Sie besteht darin, daß man, das Gesicht nach dem
Monde gerichtet, siebenmal hinter einander auf- und niederhüpft;
dadurch sollen die Sünden des vorhergehenden Monates abge-
schüttelt werden. Mein Munshi fragte höchst unpassend, ob es
eine Khatai= (chinesische) Sitte sei. Die Umstehenden schrieen mit
Entsetzen im Gesicht: „Yok, yok" (nein, nein), und erklärten, es
sei ein orthodox=muselmännischer Gebrauch. Der Yuzbaschi fügte
hinzu: „Was haben die Khatais mit dem Abschütteln der Sünden zu thun? Ihre Sünden bleiben alle auf ihren Häuptern."
Der Munshi stimmte dieser bequemen Lehre mit der feierlichen
Neigung des Kopfes bei, die der Mensch macht, wenn er gescherzt
hat, aber durch die Verkündigung irgend einer religiösen Wahrheit wieder an den Ernst erinnert wird. Ich konnte nicht umhin,
das orthodoxe Conclave, das so selbstgefällig das Schicksal bestimmte, welches uns Uneingeweihte treffen sollte, auszuschelten.
Von Seiten des Yuzbaschi gab es ein Zwinkern mit den Augen
und ein Verziehen der Mundwinkel, welches zeigte, daß er den
Scherz verstand, während der Munshi (der, wie der Yuzbaschi
behauptet, nie lachen kann) betheuerte, daß sie nur von den Khatais sprächen!

„Während ich dasaß und las, kam der Yuzbaschi mit einer
Scheere in meinen Hof gestürzt und verfolgte Chumâru, dem er
den Schnurrbart nach muselmännischer Art schneiden wollte. Er
und die Uebrigen machten sich immer über die Hindus wegen
ihrer Kaste in verletzender Weise lustig. Doch sind sie zugleich
die besten Freunde; der Mahrambaschi sitzt den ganzen Abend bei
ihnen am Feuer und führt in unserer Lingua franca lange Ge-
spräche mit ihnen.

„Im nächsten Hofe hat man eine Menge Schafe eingepfercht.
Es sind prächtige Thiere, mit gewaltig großen, breiten Schwänzen. Sie werden täglich mit geschrotenem Mais gefüttert. Die
Schäfer sind aus Kuché und sprechen einen platten Turki=Dialect,
in welchem der Mahrambaschi, der ein großer Mimiker ist, zur
Freude aller Umstehenden sie anzureden begann. Der Unterschied
war selbst für unsere Ohren leicht zu bemerken.

„Der Munshi gedachte mit Erstaunen der Freisinnigkeit der

Turks in ihrem Verkehr mit Menschen anderer Religion. Ich
sagte: „Ja, sie sind wie die übrigen Menschen." Er lachte und
fragte, was ich meinte. Ich antwortete: „Ihr Inder seid durch
Eure Berge u. s. w. so von anderen Völkern abgeschlossen, daß
Ihr Euch Vorstellungen angeeignet habt, die ganz anders sind,
als die der übrigen Menschheit. Ihr allein, mögt Ihr Hindus
oder Muselmänner sein, seid noch durch Vorurtheile dagegen ein=
genommen, mit anderen Menschen zu essen. Anderwärts kennt
man so Etwas nicht. Ihr glaubt dies nicht, wenn die Englän=
der es Euch in Indien sagen. Aber sehen Sie, hier, bei Ihrem
ersten Schritt aus Indien heraus, und zwar in einem streng
muselmännischen Lande, sind Sie selbst darüber erstaunt, daß alle
jene Vorurtheile nicht vorhanden sind. Ebenso ist es in der gan=
zen übrigen Welt." Er erkannte die Wahrheit an und sagte, bei
seiner Rückkehr nach Indien werde er selbst viele seiner Vorstel=
lungen ändern und hoffe auch Andere zu bewegen, dasselbe zu
thun. Die Turks können es noch immer kaum begreifen, daß
meine Hindus wirklich Nichts essen wollen, was von irgend einem
Andern zubereitet ist, und betrachten dies als ein ganz außer=
ordentliches Zeichen von Heidenthum. Sie versuchen es bei ihnen
mit einer Speise nach der andern, wie man es bei einem unbe=
kannten Thiere macht, das man gefangen hat. Wie würden sie
erst erstaunen, wenn sie fänden, daß Menschen ihres eigenen
Glaubens ähnliche Gewohnheiten haben und, ehe sie sich mit
ihnen zu Tische setzen, fragen, zu welcher Kaste sie gehören! Ich
fürchte mich, dies hier zu erwähnen, damit man meine indischen
Muselmänner nicht als halbheidnische Ketzer betrachtet.

„Kâshghar, Montag, den 15. Februar. — Sarda's
ursprünglicher Freund sagt, er höre, daß der König sich sehr über
meinen Besuch freue. Daß er mich so lange in seiner Nähe be=
hält, ist, wie er sagt, ein Zeichen ganz ungewöhnlicher Gunst;
die meisten Fremden werden nach zwei bis drei Tagen wieder
fortgeschickt. Sarda bemerkte, ich sei verdrießlich darüber, daß ich
immer innerhalb unseres Hauses bleiben müßte. Er erwiderte:
„Daraus muß der Sahib sich Nichts machen; es ist hier zu Lande
Sitte und wird bei Fremden, die zum Besuch kommen,
allgemein so gehalten; sie dürfen nie nach Belieben umher=
gehen, und es wird ihnen sogar selten erlaubt, im Hauptquar=

17*

tiere des Königs sich länger als einen oder zwei Tage aufzu=
halten."

„Für kleine Gnadenbeweise muß ich jedenfalls dankbar sein;
aber lieber wäre es mir, wenn ich mich in Yarkand befände, wo
ich verhältnißmäßige Freiheit genoß.   Der Mann sagt noch, der
König werde in Kurzem sich nach der genannten Stadt begeben,
da er gern dem Geschenkemachen ausweichen will, das am
Bakra=Id üblich ist.   Der Mahrambashi theilte heut dem Munshi
mit, er glaube, ich würde hier nicht mehr länger als sieben bis
acht Tage bleiben.

„Ich zeigte dem Munshi und den Dienern vermittelst eines
lebendigen Planetariums mit Kugeln von Thon, wie die Erde
sich bewegt, und wie die Mondfinsternisse entstehen.   Der Munshi
stellte die Behauptung auf, daß die Finsternisse durch den Schat=
ten der Himmels=Thürme (Zeichen des Thierkreises) veranlaßt
würden, wurde aber ausgelacht und ihm das Dilemma entgegen
gehalten, daß die Himmelsthürme, wenn sie durchsichtig wären,
keinen Schatten werfen könnten, und wenn sie nicht durchsichtig
wären, sichtbar sein müßten.

„Kâshghar, Dienstag, den 16. Februar. — Ein Pa=
than, sagte Sarda, habe gehört, daß der andere Sahib in Yar=
kand ins Gefängniß gesetzt worden sei.   Sarda entgegnete: „Nun,
was das betrifft, so sitzen wir hier auch im Gefängnisse." „Oh,
nein," antwortete der Mann, „Sie werden den hiesigen Sitten
nach sehr ehrenvoll behandelt, aber den anderen Engländer hat
man in Ketten gelegt.   Er versuchte fortwährend ins Freie zu
kommen und wollte keinem Befehle gehorchen, daher haben sie
ihm Ketten angelegt."

„Die Güter des Beg von Khoten sind heut eingetroffen.   Der
Beg selbst wird morgen erwartet.

„Kâshghar, Mittwoch, den 17. Februar. — Auf
meinen Befehl ließ heut der Munshi den Sirkar holen und stellte
ihm vor, daß ich dem Könige Etwas zu sagen hätte und fürch=
tete, ich möchte dazu keine Gelegenheit finden.   Der Sirkar ant=
wortete, sie schafften eben Geschenke für mich zusammen, und in
fünf bis sechs Tagen würde ich die Erlaubniß erhalten, zu gehen.
Er fügte noch hinzu, die Einzigen, welche Zutritt zum Könige

hätten, wären zwei alte Männer. Er werde mit ihnen sprechen, wenn auch mit Furcht und Zittern.

„Heut Nachmittag ließ man meinen Yuzbashi in den Palast holen; der König fragte nach meinem Befinden und sagte ihm, er solle jeden Tag kommen und melden, wie es mir ginge.

„Kâshghar, Freitag, den 19. Februar. — Ich hatte Besuch vom Yuzbashi, nachdem er sich zwei Tage nicht hatte sehen lassen. Als Niemand zugegen war, gab er mir geheimniß= volle Winke in Bezug auf „Jawab" (oder die Erlaubniß zur Abreise); da trat Juma plötzlich ein; der Yuzbashi brach ab und sagte: „Shaw Sahib fragt, wann er den König sehen kann; sagen Sie ihm, ich wüßte es nicht." Ich hatte kein Wort davon gesagt; so vorsichtig gehen diese Leute zu Werke.

„Der König saß heut wie gewöhnlich am Thore der Stadt; er hielt Gericht und hörte Klagen an. Echt morgenländisch!

„Der erbärmliche Weg von Khoten hat, da er sah, daß einige seiner Pferde in schlechtem Zustande waren, die Ueberrei= chung seiner Geschenke an den König verschoben; dadurch wird meine Unterredung mit ihm wahrscheinlich auch verschoben werden.

„Kâshghar, Montag, den 22. Februar. — Der Weg von Khoten überreichte heut Morgen siebenzig Kameel=Lasten Ge= schenke (oder Tribut), nebst zwei Pferdelasten Silber; ebenso siebenunddreißig Pferde und vierzehn Kameele. Man sagt, er werde seiner Regierung enthoben werden, und wenn dem so ist, will er wahrscheinlich durch alle diese Gaben beim Könige sich einschmeicheln, um eine neue Stelle zu bekommen. Der Munshi theilte heut gesprächsweise Etwas mit, das er gethan hat und wodurch er das Mißlingen der Expedition hätte herbeiführen können. Wie es scheint, schickte der Gesandte, Mohammad Nazzar, von Shahidulla aus einen Boten an den König mit einem Briefe, den er sich vom Munshi schreiben ließ. Er verlangte, der Munshi solle sagen, er (Mohammad Nazzar) habe sich geweigert, ihn von Leh als Reisegefährten mitzunehmen, aber er habe sich unterwegs der Gesellschaft gegen seinen Willen angeschlossen. Der Munshi weigerte sich, wie es sich gehörte, eine solche Lüge zu schreiben. In seiner Erzählung fortfahrend, sagte der Munshi: „Ich mußte schreiben, daß auch ein Engländer mich nach Yârkand habe be=

gleiten wollen, daß ich mich aber geweigert hätte, ihn mitzubrin=
gen." „Oh!" ſagte ich, „das ſchrieben Sie? Ja? Um Ihret=
willen nahmen Sie ſich ſehr in Acht, daß nicht etwa ein falſcher
und nachtheiliger Bericht Ihnen vorausging und Ihnen einen
ungünſtigen Empfang bereitete, für Ihren Herrn aber hatten
Sie keine ſolchen Vorſichtsmaßregeln." Der arme Munſhi war
über dieſe plötzliche Unterbrechung ganz beſtürzt und ſagte: „Was
konnte ich einem ſolchen Manne gegenüber draußen in der Wild=
niß machen?" Ich erwiderte: „Sie hätten für mich daſſelbe thun
können, was Sie für ſich ſelbſt mit glücklichem Erfolg thaten."

„Man kommt immer wieder auf die alte Geſchichte zurück:
auf einen Eingebornen Indiens kann man ſich, ſobald man ihn
aus den Augen läßt, nicht verlaſſen. Thut man es dennoch, ſo
geſchieht es nur aus Noth, und man wird bald wieder an die
Wahrheit des obigen Satzes erinnert. Es iſt, als öhſte man ein
Boot mit einem Eimer aus, der ein Loch hat; man thut dies
nur, wenn nichts Anderes übrig bleibt. Man weiß, daß man
ſeine Mühe zum Theil verſchwendet; hat man aber Glück, ſo
kann es Einem doch vielleicht gelingen, flott zu bleiben, bis man
das Ufer erreicht. In Indien haben alle Eimer Löcher, und man
hat nur die Wahl, denjenigen zu nehmen, der das kleinſte
Loch hat.

„Dieſer Streich von Seiten meines Munſhi hätte höchſt
wahrſcheinlich zur Folge gehabt, daß ich auf der Schwelle ſtehen
bleiben mußte, wäre nicht zwiſchen Mohammad Nazzar und einem
ſeiner Gefährten ein Zank ausgebrochen, der ſich nicht vorher=
ſehen ließ. Der Letztere wurde in Ketten nach Kâſhghar geſandt,
brachte es aber dahin, daß er bei dem Könige Gehör fand, und
erzählte alle Schlechtigkeiten und Veruntreuungen, welche der
Geſandte während ſeiner Miſſion begangen hatte. Mohammad
Nazzar fiel daher in Ungnade und mußte in Yârkand bleiben,
und was er über mich ausſagte, wurde als Lüge betrachtet.
Hätte er Kâſhghar erreicht, während er noch die volle Gunſt des
Königs beſaß, ſo hätte man ſeine Behauptung, daß er mir ver=
boten habe zu kommen, glauben müſſen, da ſie durch einen Brief
unterſtützt wurde, der von der Hand meines eigenen Agenten,
des Munſhi, geſchrieben war. Dies zeigt, an wie ſchwachen Fä=
den das Glück hängt. Der Zank zweier Turks beſeitigte ein

Hinderniß für meine Reise, das zwar keinen Verdacht in sich schloß, aber doch höchst gefährlich war. Der Munschi zog daraus die Lehre, daß, wenn Gott einen gewissen Zweck erreichen will, er sich nicht durch die Handlungen der Menschen hindern läßt. Ich suchte ihm zu Gemüthe zu führen, daß darum jene Handlungen nichtsdestoweniger strafbar seien.

„In Bezug auf die Perlen hat der Munschi die Ansicht, daß gewisse Muscheln (die kein lebendiges Geschöpf enthalten), wenn es regnen will, durch directe Vermittelung der Gottheit an die Oberfläche des Meeres kommen. Sie fangen einen Tropfen auf, schließen sich sofort und begeben sich wieder in die Tiefe hinab, wo das aufgefangene Wassertheilchen eine Perle wird. Er hörte mit Erstaunen, daß ich viele Hunderte der Thiere, die in ähnlichen Muscheln enthalten seien, gegessen hätte, und daß die Perlen nicht aus Regentropfen entständen; doch zieht er offenbar seine eigene Ansicht vor. Jene morgenländischen Mythen, daß die Regentropfen die Wohnungen unsichtbarer Sylphen und die Keime künftiger Perlen seien, klingen in den arabischen Märchen recht hübsch, wenn aber ein erwachsener Mann, der über die meisten Dinge sehr materielle Ansichten hat und den Werth jedes Pfennigs, um den er Sie betrügen kann, vollkommen zu schätzen weiß, sie Ihnen in vollem Ernste als Thatsachen erzählt, so verlieren Sie vor dem Manne alle Achtung. Wer ist nicht entzückt, wenn er zum ersten Male die „Undine" liest? Wenn aber ein schlauer Londoner Handelsmann, den Sie im Verdacht haben, daß er Ihnen Sand unter den Zucker gemischt, in einer ihres natürlichen h beraubten*) Sprache Ihnen im Ernste erzählen wollte, daß in der Themse Wassernixen und Elfen spielen, so würde, wie ich fürchte, La Motte Fouqué's übernatürliche Maschinerie in Zukunft viel von ihrem Reize verlieren. Der poetische Schein, mit welchem in europäischen Augen das Morgenland umgeben ist, weicht, wie der Regenbogen, wenn man sich ihm naht, zurück und liegt hauptsächlich in dem Medium, durch das man ihn betrachtet. In der Nähe gesehen, ist der Morgenländer nicht jenes malerische und phantastische Wesen in spitzigen Pan-

---

*) Die Londoner Kaufleute sprechen den Buchstaben h nicht aus.
Anm. d. Uebers.

toffeln, das daliegt und von Peris und Afrits träumt. In allen
Angelegenheiten des täglichen Lebens hat er in der Regel einen
durchdringenden Verstand und ein scharfes Auge, das auf persönlichen Vortheil gerichtet ist; aber darüber hinaus ist er so
unwissend wie ein Kind, nur ohne dessen Wißbegierde. Von
Peris hört man ihn blos sprechen, wenn er dieselben brauchen
kann, um ihn von der Erfüllung einer Pflicht zu entbinden oder
die Schuld eines Unglücks zu tragen. Im Leben des Engländers
liegt eben so viel Poesie wie im Leben des Asiaten. Was äußer-
liche Dinge betrifft, so klingen die Eisenbahn und der Telegraph
den Morgenländern ebenso wunderbar wie uns Aladdin's Lampe
oder der fliegende Teppich.

„Da ich Etwas brauche, um nach Eintritt der Finsterniß
die Zeit todt zu schlagen, so habe ich heut Abend angefangen,
meine Guddi-Diener im Rechnen zu unterrichten. Ich mußte jedoch selbst erst die Hindu-Ziffern lernen.

„Sie hatten sich in Yârkand von einem Manne ein Hindu-
Alphabet abschreiben lassen und haben durch Selbstunterricht
wirklich schon recht hübsch lesen und schreiben gelernt. Aber die
Rechenkunst wird nicht von selbst kommen.“

Vierzehntes. Kapitel.

Aufenthalt in Kâſhghar.

(Fortſetzung.)

Die Gebirge in der Nähe von Kâſhghar. — Anlegung eines Fort zum Schutz
der Päſſe. — Die Ruſſen. — Des Königs Tapferkeit und des Mahrambaſhi
Abneigung gegen den Krieg. — Chineſiſche Strafen. — Rozi, der Waiſen-
knabe. — Puritaniſche Beſchränkung der früheren Vergnügungen. — Hayward's Ankunft. — Einſperrung der Geſandten. — Der Mirza. — Brief von
Hayward. — Anſicht über den ruſſiſchen Krieg vom Jahre 1855. — Heroiſches
Ende des chineſiſchen Gouverneur von Yârkand.

„Kâſhghar, Donnerſtag, den 25. Februar. — Heut
gibt es ein wenig Neues zu ſchreiben. Zuerſt kam der Sirkar
mit einem Geſchenk vom Könige, das in einer Kiſte voll Birnen
aus Kuché, beſtand. Wir ſprachen über meine Abreiſe. Ich machte
ihn darauf aufmerkſam, daß in einigen Wochen, wenn durch das
Schmelzen des Schnees die Flüſſe anſchwellen, die Straße faſt
ungangbar wird. Er erwiderte, der König ſei mit Vorbereitungen zu meiner Abreiſe beſchäftigt.

„Am Abend war der Mahrambaſhi ſehr geſprächig. Auf
meine Fragen (die ich naturgemäß anbrachte, nachdem ich das
Geſpräch von den Grillen auf dem Herde auf die Grillen in den
Wäldern und von da auf die Wälder im Allgemeinen und die
Wälder auf den Kâſhghariſchen Gebirgen im Beſonderen herum-
gelenkt hatte) ſagte er mir, der nördlich von hier liegende Gebirgszug werde Kakſhâl und der nach Süden liegende Kizilyé

genannt. Die Fortsetzung des Kakshâl=Gebirges nach Osten heißt
Mustagh und noch weiter östlich Tian=Shan. Das wußten wir
natürlich schon. Am Fuße des Kakshâl=Gebirges, gegen zwanzig
Meilen von Kâshghar, liegt die alte Stadt Artash. Geht man
eine sich windende Schlucht hinauf, wo die Straße kaum für ein
Pferd breit genug ist, so erreicht man eine steile Bergspitze,
Mustagh*) genannt (nicht der Gebirgszug dieses Namens).
Hier zieht sich die schmale Straße zwischen dem Wildstrom und
dem Gebirge hin, und an dieser Stelle hat der Atalik=Ghâzi
kürzlich ein Fort bauen lassen. Es lehnt mit der einen Seite an
dem jäh abstürzenden Berge und beherrscht mit seinen zehn Ge=
schützen die einzige Straße. Eine kurze Strecke jenseits desselben
vereinigen sich die Straßen, die von Kul und von Almati kommen,
und setzen sich dann als eine einzige fort. Alle anderen Pfade
über das Gebirge hat man ungangbar gemacht. Vor einigen
Monaten begab sich der König selbst hin, um zu sehen, wie weit
die Arbeit vorgeschritten war. Die eine Mauer war bereits ge=
baut, aber er ließ sie wieder einreißen, weil man von ihr aus
nicht zum Wasser kommen konnte. Er legte selbst mit Hand ans
Werk und alle seine Officiere und Edelleute machten es ihm
nothgedrungen nach. Der Mahrambashi klagt in rührender Weise,
wie sehr er sich damals geplagt habe, indem er gewaltig große
Steine auf dem Rücken steile Hügel hinauf und hinab trug.
Dies ist die Zeit, von welcher Mohammad Umar in Yârkand
sprach, als er dem Könige die Nachricht von meiner bevorstehen=
den Ankunft überbrachte. Das Fort ist fest von Stein gebaut
und gut mit Wasser versorgt. Die gegenwärtige Besatzung be=
steht aus 500 bekehrten Chinesen, 200 Tungânis und 300 Turks.
Das Fort, das den Namen Mustagh Tashkurgan (Eisberg=Fort
von Stein) erhalten hat, liegt drei Tageritte von Kâshghar.
Sieben bis acht Tagereisen jenseits desselben liegen die Ebenen
von Issik=kül und von Almati. Die Russen stehen jedoch schon dies=
seits der genannten Orte. Dies bestätigt in jeder Hinsicht, so
weit es geht, die Mittheilung, die Sarda's Freund machte. Der
Mahrambashi behauptet, Geschütze ließen sich auf der Straße gar
nicht transportiren. Die Russen, sagt er, waren dreiunddreißig

---

*) Mustagh kommt von Mus, Eis, und Tâgh, Hügel (Turki).

Jahre in Almati und sind vor fünfzehn Jahren nach Issik-kül vorgerückt.

„Er schildert die Russen als große „Jinnis" und „Shaitâns" (Teufel), macht eine scheußliche Grimasse und sagt, so sehe ihr Gesicht aus! Es ist die alte Geschichte, daß man seinen Feind in jeder Beziehung als ein vollkommenes Ungeheuer darstellt.

„Der Mahrambashi hat heut Chumâru auf ein feierliches Versprechen, die Sache als Geheimniß zu betrachten, im Vertrauen die Nachricht mitgetheilt, daß wahrscheinlich in sechs bis sieben Tagen der König mich werde holen lassen. Ich habe jedoch zu dieser Mittheilung nicht viel mehr Vertrauen als zu den früheren.

„Dieser Tage rissen sich unsere Pferde los und liefen den Wall hinauf bis auf die Festungsmauer. Nachdem sie um die halbe Stadt herum waren, wurden sie wieder eingefangen. Ich that, als ob ich darüber erstaunte, daß sie nicht hinabgefallen waren, und veranlaßte dadurch den Yuzbashi, mir die Mauer zu beschreiben. Er schritt eine Distanz ab, die, als wir sie maßen, zwölf Fuß betrug, und sagte: „Die Mauer hat oben eine Heerstraße von dieser Breite; auf beiden Seiten befinden sich Zinnen von beinahe Manneshöhe." Darnach würde die Stärke der ganzen Mauer oben gegen sechszehn Fuß betragen. Da die Mauer (soweit ich in einer Entfernung von zwanzig Meter, in der ich sie sehe, urtheilen kann) beinahe vierzig Fuß hoch ist und von dem Fundamente aus sich auf beiden Seiten nach Innen neigt, so muß sie am Grunde über zwanzig Fuß dick sein. In der Nähe des Thores ist sie viel dicker.

„Kâshghar, den 28. Februar. — Der Mahrambashi wird mit jedem Tage gesprächiger. Heut Abend unterhielt er uns damit, daß er chinesische Sitten nachmachte. Die Turks scheinen sämmtlich Anlage zur Mimik zu haben. Er führte die bei Leichenbegängnissen üblichen Klagelieder auf, die der Sohn und die Tochter eines chinesischen Großen mit einem Frauen-Chor über den Tod ihres Vaters singen; die Frauen singen Trost-Stanzen und trocknen der Tochter die Augen, nachdem sie dieselbe verhindert haben, sich ins Grab zu stürzen. Dann beschrieb er ihre theatralischen Unterhaltungen und erzählte zuletzt noch von einer Seiltänzer-Familie, Vater, Mutter und Töchterchen, die gerade vor dem Ausbruche der Rebellion in den hiesigen Provinzen umherzogen und viel Geld einnahmen. Als die Empörung ausbrach, befanden sie sich in Kuché; Vater und Mutter wurden getödtet; aber die Tochter ist jetzt hier in der Familie eines Pansad-Baschi*) als Mädchen zu aller Arbeit. Der Mahrambaschi sagt, er habe sie eines Tages wiedererkannt, als sie an der Cisterne einen Eimer Wasser holte; sie hätten angefangen, mit einander Chinesisch zu sprechen, und einander gefragt, wie es ihnen gehe; da sei eine andere junge Sklavin hinzugekommen, worauf sie augenblicklich Turki zu sprechen begonnen habe. Die meisten Chinesen, die jetzt hier sind, waren, wie er sagt, wohlhabende Leute. Der alte Mann, der uns täglich das Wasser bringt, war ein Kaufmann, dessen Eigenthum einen Werth von 1000 Yambus (über 100,000 Thaler) hatte; jetzt hat er natürlich Alles verloren.

„Der König ist, wie es scheint, ein höchst muthiger Soldat. Er hat elf Wunden am Körper; fünf davon erhielt er durch russische Kugeln. Während er Yarkand belagerte, wurde er in die Seite und in den Schenkel getroffen, und mehrere Pferde wurden unter ihm getödtet. Er verband sich die Wunden mit Schärpen und erwähnte sie gegen Niemand; kam Jemand zu ihm, so machte er ein lächelndes Gesicht; war er aber unbeobachtet, so krümmte er sich vor Schmerz. Der Mahrambaschi war damals, wie gewöhnlich, nebst noch neun anderen Mahrams, die ihn ins Feld begleiteten, immer selbst in seiner Umgebung. „Während so der König seine Wunden verheimlichte", sagt der Mahram-

---

*) Pansad-Baschi bedeutet Chef von fünfhundert, Yuzbaschi Chef von einhundert und Mingbégi Chef von tausend Mann. Diese Titel haben aber, wie es scheint, in der Praxis ihre specielle Bedeutung verloren, und ich habe gesehen, daß Yuzbaschis vor Mingbégis den Vorrang hatten. Ich glaube jedoch, daß ein Unterschied ist zwischen einem militärischen und einem bürgerlichen Mingbégi; der letztere ist nur so zu sagen der Vorsteher von tausend Dorfbewohnern und steht als solcher weit unter dem Manne, der hundert Soldaten befehligt.

Marco Polo sagt: „Wenn einer der großen Tataren-Fürsten einen Kriegszug unternimmt, ... so setzt er einen Officier ein über je zehn Mann, und andere über je hundert, tausend und zehntausend Mann." (Siehe Yule's Marco Polo, I, 228.)

baschi, „lag ich, der ich durch einen Tungâni-Speer nur eine leichte Verwundung im Gesicht erhalten hatte" (deren Narbe er uns zeigte), „Tag und Nacht in meinem Zelte und seufzte. Wenn Niemand in der Nähe war, richtete ich mich auf und trank Thee, sobald aber Jemand eintrat, wälzte ich mich vor Schmerz auf dem Fußboden. So oft die Wunde heilte, riß ich sie wieder auf, und hätte die Belagerung zwei Jahre gedauert, ich glaube, ich hätte sie die ganze Zeit offen erhalten. Ich hatte keine Lust, mich den Kugeln wieder auszusetzen. Eine hatte den hohen Knopf meines Sattels getroffen und eine zweite die Schnalle meines Gürtels zerbrochen. Ich dachte, wenn anstatt des Speeres eine solche Kugel mich ins Gesicht getroffen hätte, so wäre es mit mir aus gewesen. Man hätte meinen Tod dem Könige gemeldet, und er hätte gesagt: „Allaho-akber"" (Gott ist groß), „und damit war es gut! Ach, Eure Kugeln sind böse Dinge. Wenn sie nicht wären, würde ich ein tapferer Mann sein. Der König macht sich nichts aus dem Leben, aber mir ist an dem meinigen gelegen. Während ich verwundet dalag, hatte ich zwei Herzen" (was er dadurch erläuterte, daß er zwei Finger ausstreckte). „Das eine sagte: „Geh hinaus und kämpfe"; das andere sagte: „Bleib hier ruhig liegen". In der Nacht trug das erstere Herz" (dabei zog er an dem Zeigefinger) „den Sieg davon, sobald aber der Morgen kam, hörte ich auf das andere, welches sagte: „Bleib hier ruhig liegen". Für meine Wunde gab der König mir einen „Kurs" und ein brocatenes Gewand, seine eigene aber beachtete er gar nicht."

„Der Munschi sagte: „Er ist ein großer Bahadur" (Held).

„Der Mahrambaschi rief aus: „Gehen Sie mit Ihrem Heldenmuth! Ich hätte wohl können hingehen und mich todtschießen lassen; was hätte mir dann aber mein Heldenmuth genützt? Vor den Augen des Königs kämpften wir Alle gut. Da wird man belohnt, wenn man sich tapfer zeigt, und stirbt man im Kampfe, so wird man wenigstens bedauert. Wenn er es aber nicht sieht, nahe ich mich keinem Feinde! Der König wurde mehrmals von dreien oder vieren seiner hohen Officiere zurückgehalten, wenn er fast allein auf die Tungânis losritt. Aber er zog den Degen gegen sie und machte sich frei, und dann mußten ihm Alle zum Angriff folgen. Die Tungânis tragen außer der Lanze und dem

Schwert noch acht bis zehn Keulen, die an ihrer Sattelspitze hängen. Diese werfen sie mit großer Kraft, und was sie treffen, Mann oder Pferd, wird kampfunfähig. Ich und die neun andern Mahrams, die wir uns in der Umgebung des Königs befanden, wurden alle mehr oder weniger schwer verwundet. Ich glaube, wenn ich ununterbrochen dabei gewesen wäre, so hätte ich mich, wie die Andern, an die Kugeln gewöhnt."

„Der Mahrambaschi ging nun zu einem andern Gegenstande über und sagte, die Chinesen wären sehr für die Bastinade (oder Prügelstrafe) eingenommen. Sein eigner Vater, der unter ihnen Gouverneur von Kâschghar (der Stadt) gewesen sei, habe sie jeden Tag über zehn bis fünfzehn Leute verhängt. Eine andere Strafe bestehe darin, daß man die Fußsohle der Länge nach aufschneide, die Wunde mit Salz ausfülle und dann wieder zunähe. Die Leute pflegten jedoch in Zeit von acht bis zehn Monaten zu genesen und fingen gewöhnlich wieder an zu stehlen. Dann würden ihnen unter die sämmtlichen Fingernägel hölzerne Pflöcke geschlagen und später die Hand am Gelenk abgeschnitten. Nach einem oder zwei Jahren fingen sie jedoch wieder an mit der noch übrigen Hand zu stehlen. Der Atalik-Ghâzi hat einen viel besseren Plan; er läßt ihnen sofort die Kehle abschneiden. Jetzt kann man einen Silber-„Kurs" in Sicherheit mitten auf der Straße liegen lassen. Hier ahmte der Mahrambaschi die furchtsame Miene nach, mit der ein Mensch, wenn er ein Geldstück liegen sähe, auf der andern Seite der Straße vorübergehen würde, als ob es eine Schlange wäre. „Erst vor drei Tagen", sagte er, „wurde da drüben in dem Thore einem Diebe die Kehle abgeschnitten." (Ueber mein Dach hinweg kann man den obern Theil des Thores sehen.) „Seitdem Sie sich in Kâschghar befinden, sind Fünf hingerichtet worden. Der Eine war ein Soldat, der im Bazâr seinen Ladestock verkauft hatte. Ein Zweiter hatte ein Pferd gestohlen. Ein Dritter hatte einem Krämer, während er sich stellte, als ob er um sie handle, ein Paar Schuhe entwendet. Noch Einer war in der Nacht in das Hühnerhaus eines Nachbarn eingebrochen und hatte zehn Tauben mitgenommen."

„Soviel über die Sitten und Gebräuche des Landes! Während wir von dem Araktrinken der Chinesen sprachen, fragte der Mahrambaschi meinen Munshi, ob er einmal Wein gekostet habe. Der Munschi erklärte, daß ihn schon bei dem Gedanken schauere; der Mahrambaschi aber gestand, daß er früher, als er in chinesischem Dienste war, ihn dann und wann getrunken habe. Während er seinen Rockkragen anfaßte, wie die Turks in ähnlichen Fällen zu thun pflegen, fügte er hinzu: „Möge der Prophet für mich bei Gott Vergebung erlangen!" sah aber dabei nach mir (dem weintrinkenden Ungläubigen) hin und zwinkerte mit dem Auge, womit er andeuten wollte, daß er die Sünde nicht noch einmal begehen möchte, selbst wenn ich ihm die Mittel dazu böte.

„Kâschghar, Sonntag, den 28. Februar. — Ich sah mit dem Mahrambaschi und Yuzbaschi ein Buch durch, das Firdusi's Gedicht von den Heldenthaten Rustem's enthielt. Das Buch hat mir der Mirzabaschi geliehen. Es ist in Bombay gedruckt und voll drolliger Illustrationen. Es läßt Rustem in einem Dampf= boote über das Meer fahren. Das Dampfboot ist in seinem ganzen Umfange, unter Dampf und Segel, mit dem britischen Jack*) an der Spitze, dargestellt! Auf einer andern Seite führt Rustem einen Kriegstanz auf; er hat in der einen Hand eine Caraffe mit Wein und in der andern ein Weinglas, während sein Gefolge, die Finger im Munde, zusieht.

„Indem wir ein sehr phantastisches Bild von einem Dra= chen betrachteten, sagte der Yuzbaschi: „Hier haben wir ein schwaches Bild von den Bewohnern des Dozak (der Hölle), die alle diesem ähnlich sind." Ich erwiderte: „Hoffentlich werden Sie dieselben nie sehen." Er antwortete, während er wie gewöhnlich seinen Rockkragen faßte: „Möge Gott und der Prophet es geben!"

„Der Mahrambaschi und der Yuzbaschi borgten mein Fern= rohr und gingen damit fort. Lachend und außer Athem kamen sie wieder, wie zwei Knaben, die einen Schabernack ausgeführt haben. Wie sie sagen, gingen sie auf einen Thurm des Fort und betrachteten sich die ganze Gegend bis zur Altstadt; während der Eine sich umschaute, hielt der Andere Wache, damit sie Nie= mand sah.

„Dieser Tage desertirten zwei Soldaten. Sie wurden ein=

---

*) Eine britische Flagge.   Anm. d. Uebers.

gefangen und auf Befehl des Königs dem einen die Nase und
dem andern die Ohren abgeschnitten.

„Kâshghar, Montag, den 1. März. — Heut hat man
Rozi Hajji, den Waisenknaben, holen lassen, um ihn der Für=
sorge Nyaz Beg's, des Gouverneur von Khoten, zu übergeben.
Der König ließ vielen Dank u. s. w. sagen und der Sirkar schaffte
den Knaben und seine Sachen fort. Der Knabe wird, wie sie
sagen, unter der Aufsicht des Gouverneur bleiben, bis er heran=
gewachsen ist, wo ihm dann seine Sachen übergeben werden sol=
len. Inzwischen soll seinem Bruder gestattet sein, ihn dann und
wann zu sehen, aber sein Eigenthum darf er nicht anrühren.
Er wird mit den beiden Söhnen des Beg aufgezogen, die unge=
fähr in seinem Alter sind.

„Der Mahrambashi zeigte mir einige Kâshghari=Tänze und
sagte dann: „Früher gab es viel Vergnügen, aber jetzt ist lauter
Islâm." Dann stellte er das ernste Benehmen eines Frömmlers
dar; er nahm zu diesem Zwecke seinen Rosenkranz heraus und
murmelte, während er, die Glasperlen zählend, feierlich dahin=
schritt, fortwährend den Namen „Allah". „Das ist es", sagte er,
„was wir jetzt Alle thun müssen, und zwar Jeder für sich allein;
lustige Zusammenkünfte oder „Tamacha" gibt es jetzt nicht."

„Er ist darüber entrüstet, daß meine Hindus Kühe anbe=
ten, wie er es nennt. Er fragt sie, wie sie einen Gott anbeten
können, der Gras frißt. Die Russen, sagt er, beten Götzenbilder
an; Jeder hat ein solches an einer Schnur um den Hals hän=
gen. Unsere Religion billigt er.

„Als ich ihm mittheilte, daß meine Hindus angefangen hät=
ten, nicht mehr an ihre Bilder zu glauben, sagte er: „Vor
Ihnen stellen sie sich blos so; in ihren Herzen beten sie dieselben
noch immer an."

„Kâshghar, Dienstag, den 2. März. — Rozi kam wie=
der, um für immer Abschied zu nehmen, da der Beg von Khoten
morgen abreist. Er ließ mir durch Juma eine kleine Dankrede
halten und ging mitten unter Thränen fort, die er und mehrere der
Diener vergossen. Ich höre zu meinem Schrecken, daß der König
übermorgen nach Yang=Hissâr abreist, wo er den ganzen Bakra=Id,
von heut an zwanzig Tage, zu bleiben gedenkt. Ich holte einen
Brief hervor, den ich im Voraus geschrieben hatte, und in wel=

dem ich bat, Abschied nehmen zu dürfen. Der Mahrambashi weigerte sich, ihn selbst mitzunehmen, versprach aber, es dem Sirkar zu sagen.

„Rozi theilt uns mit, daß der Hâkim von Khoten, als er all sein Geld in Silber und Gold sah, sofort gesagt habe: „Du bist mein Sohn!" Ein scharfsinniger Knabe; aber, wie der Yuz-bashi sagt, auf die „Hajj" (Pilgerschaft) gehen, schärft den Verstand.

„Wie ich höre, wird Hayward morgen hier eintreffen. Juma sagt, er habe sich in Yârkand aus seinem Hause freigemacht und Rozi Khoja, der ihm mit dem Revolver drohte, fortgejagt. Nach-dem er die innere Stadt durchwandert hatte, kehrte er in sein Haus zurück. Damit er die Stadt nicht verlassen konnte, wurden Trup-pen detachirt. So geht hier das Gerücht.*)

„Kâshghar, Freitag, den 5. März. — Heut hat der Hâkim von Guma seine Geschenke überreicht, die werthvoller sein sollen als alle, die bis jetzt von irgend einem Hâkim (Gouver-neur) überreicht wurden. Es waren neun Präsentirteller voll Tillahs (auf jedem Teller 400 bis 500 Stück), neun Präsentir-teller voll Yambus u. s. w. u. s. w.

„Kâshghar, Sonnabend, den 6. März. — Der Mah-rambashi und der Yuzbashi theilten mir während eines Morgen-besuchs mit, daß Nachricht von meinen Gütern eingetroffen sei. Die Karawane habe die Straße verfehlt, das Vieh sei alles ge-storben, und die Leute seien, nachdem sie die Güter sorgfältig unter Felsen gelegt, nach Ladâk zurückgegangen. Die Männer hätten alle vier wohlbehalten Ladâk erreicht. Ich äußerte, es freue mich sehr, die Nachricht zu hören. Sie fügten noch hinzu, ihr Gewährsmann sei Abdulla Hajji. Jetzt kam eine höchst un-angenehme Geschichte vor. In der Unterhaltung war eine Pause eingetreten, und um sie wieder in Gang zu bringen, sagte ich: „Abdulla Hajji ist ein Diener des Mohammad Nazzar, nicht wahr? So habe ich wenigstens gehört." Nun müssen Sie wissen, daß eine Unterhaltung in der Turki-Sprache bei mir nicht sehr fließend geht. Meine Worte sind höchst unzusammenhängend und werden durch Zeichen ergänzt. Als ich daher in Bezug auf Ab-

---

*) Dies ist natürlich eine starke Uebertreibung.

dulla Hajji sagte: „Ich habe es gehört", und dabei auf meine
Ohren zeigte, verstanden meine Besucher mich falsch und glaub=
ten, dies bezöge sich auf die ganze Mittheilung über die Sicher=
heit meiner Karawane. Im Augenblick dachte ich nicht daran,
sondern ich schloß es erst daraus, daß Juma später mir mittheilte,
er habe sie behorcht, während sie unter sich darüber sprachen, wer
wohl der geheime Zuträger sein könne, der ihnen mit der Nachricht
zuvorgekommen sei, und dabei erwähnten, daß höchst wahrschein=
lich er (Juma) der Missethäter sei. Das war bedenklich, denn es
mußte dazu führen, das gute Vernehmen zu stören, das jetzt
zwischen meinen Wächtern und mir besteht. Es war um so schlim=
mer, weil in diesem Falle die Nachricht mir ganz neu war und
Juma sie nicht einmal gehört hatte, wenn ich auch gestehen muß,
daß er mir vielfach Mittheilungen gemacht hat, die vielleicht
nicht für meine Ohren bestimmt waren. Ich entschloß mich, einen
Versuch zu machen, um den Irrthum zu beseitigen. Am Nach=
mittag kam der Muzbashi und blieb wieder bei mir sitzen. Ich
sagte ihm, ich betrachtete ihn als den Ueberbringer guter Nach=
richt, deshalb sei er mir höchst willkommen, erklärte aber auch,
daß ich die Wahrheit seiner Mittheilung bezweifelte. Er versicherte,
diesmal könne ich mich auf sie verlassen. Dann machte ich einen
Scherz darüber, daß es üblich sei, den ersten Ueberbringer guter
Nachricht zu belohnen; als solcher sei er berechtigt, einen broca=
tenen Rock zu beanspruchen, müsse aber statt dessen eine Schach=
tel Streichhölzer annehmen (mit der er soeben gespielt hatte).
Dies wird ihn wohl überzeugt haben, daß ich am Morgen nicht
die Absicht hatte, zu sagen, seine Nachricht sei nichts Neues mehr.

„Er erzählte mir dann noch, daß Hayward eben von Yär=
kand angelangt sei. Obgleich diese Nachricht für mich wirklich
etwas Altes war, so mußte ich doch eine freudige Miene machen,
als wenn ich sie eben erst gehört hätte, und aus Furcht, Juma
wieder in Verlegenheit zu bringen, nach seinem Befinden fragen.

„In Betreff meiner Karawane sagte Hayward's Mann,
Islâm (der, wie es scheint, die Nachricht ursprünglich dem Ab=
dulla Hajji mitgetheilt hat), meinem Diener Tashi, den er am
Thore traf, der Vezier von Ladâk habe, weil die Karawane sich
verirrte, meine Diener und die zur Karawane gehörenden Leute
schlagen und die tibetischen Führer ins Gefängniß setzen lassen.

Auch habe er sofort Pferde abgesandt, um die Güter von der
Stelle, wo sie lagen, abzuholen, und treffe Anstalten, sobald die
Mitte des Winters vorüber ist, sie auf der regelmäßigen Route
abgehen zu lassen. Er ist wirklich ein Juwel von einem Vezier.

„Wir mußten mit dem Yuzbashi und dem Mahram viel
über ihre täglich wiederkehrenden freundlichen Erkundigungen
lachen; sie lauten immer: „Tola khush ma? Tola obbân ma?"
(„Sind Sie recht glücklich? Befinden Sie sich recht wohl?")
Der Mahrambashi sagt, den Besuch immer einzusperren, sei eine
khokandische Sitte. Der bokharische Gesandte, der vor anderthalb
Monaten abreiste, sei drei Monate lang eingeschlossen gewesen.
So oft er (der Mahram) ihn besucht, habe er immer gerufen:
„Ya Khuda! Toba, toba!" („Ach Gott! Reue, Reue!")

„Ich sagte ihm, bei uns dürften selbst die Verbrecher sich
Bewegung machen. Er verstand den Scherz, wälzte sich vor La=
chen auf der Erde und sagte: „Oh! Sie sind ein „chung guna=
gâr"" (ein großer Verbrecher). Er wurde jedoch gleich wieder
ernst und fügte hinzu, er ärgere sich selbst über das Einsperren.
Der Yuzbashi wirft mir heimlich mitleidsvolle Blicke zu und
sagt, seine eigenen Leute „faßten ihre Krägen an" und sprächen:
„Ya Allah!"

„Der Diener des Munshi, Rahmat=Ullah, hat die Bekannt=
schaft eines Yuzbashi gemacht, der unter der Stadtmauer, gerade
vor unserer Hinterthür, einen Melonen=Garten bestellt. Er ist
ein Bokhariote, Namens Sayad Beg, und nach der Beschreibung
des Dieners ist er dem Aeußeren nach von den Turks ganz ver=
schieden; er hat ihre hohen Backenknochen und ihre rothe Ge=
sichtsfarbe nicht; „den Gesichtszügen nach ist er uns Indern sehr
ähnlich", sagt Rahmat=Ullah. Es ist merkwürdig, daß er hinsicht=
lich der Raçen=Verwandtschaft instinctmäßig das Richtige traf,
denn dieser Bokhariote*) ist (wie ich mir dachte) wirklich ein
Tâjik, und seine Nation gehört zu dem persischen Zweige der
großen arischen Familie. Sayad Beg erzählt, er sei mit einem
Auftrage an den Atalik=Ghâzi gesandt worden, und dieser habe

---

*) In Bokhâra gibt es sowohl Turks (Usbeks) als Tâjiks. Die Ersteren
sind die herrschende und militärische Klasse, die Letzteren (welche die älteren Ein=
wohner sind) bilden die unteren und mittleren Klassen.

ihn hier behalten und zum Yuzbaſhi gemacht. Er ſagt, es kämen fortwährend Geſandte von allen benachbarten Königreichen, und der Atalik-Ghâzi ſei überzeugt, daß ſie nichts Gutes gegen ihn im Schilde führten, ſondern daß die anderen Fürſten auf ſein Emporſteigen eiferſüchtig ſeien und ihn gern der Macht berauben möchten, zu der er es gebracht hat.

„Kâſhghar, Montag, den 8. März. — Der Yuzbaſhi bat mich, ihm Etwas zu erzählen. Ich erzählte ihm die Geſchichte von Simſon und Delila, die ihm ſehr gefiel; er nannte Simſon „Ruſtum“. Dann ſprach ich mit ihm über die „Erſtürmung Balaklavas“; er bat um Mittheilungen aus unſerem Kriege mit den Ruſſen, wie auch um eine allgemeine Darſtellung des Krieges, der mit der Einſtellung der ruſſiſchen Operationen am Jaxartes zuſammenfällt, welche zehn bis zwölf Jahre dauerten und erſt vor etwa vier bis fünf Jahren wieder fortgeſetzt wurden.

„Meine Hindus werden der Kühe wegen ſehr ausgelacht. Ich erzählte dem Yuzbaſhi, wie Sarda, als ich in Lak-Zang einen wilden Yak beſchlich und er meine Reſerve-Büchſe hinter mir hertrug, vorgab, er habe plötzlich einen fürchterlichen Huſten bekommen, damit ich nicht etwa von ihm verlangte, mir nachzukommen und die Erlegung des Bullen mit anzuſehen. Sarda behauptet, er habe wirklich den Huſten gehabt. Der Mahram ſagt mit ausdrucksvoller Pantomime: „Wenn Sie von der Erlegung einer Kuh ſprechen, ſo grinſen ſie zwar, in ihrem Herzen aber ſagen ſie: „Ya Khuda!“ („Ach Gott!“) Sie ſind jedoch ·nicht zu curiren.“ Dann tritt er mit einem Meſſer in der Hand vertraulich an Sarda heran und flüſtert: „Dies Meſſer hat mehrere Kühe getödtet!“

„Kâſhghar, Mittwoch, den 10. März. — In Folge einer geſtern erhaltenen Andeutung wartete der Munſhi mit Sehnſucht, zum Könige abgeholt zu werden; es kam aber Niemand. Der Mahrambaſhi und der Yuzbaſhi machen Schafs-Geſichter dazu, daß ihre Mittheilung ſich nicht beſtätigt hat. Heut ſagte der Diener des Jemadar Dâd-Khwâh zu Juma: „Kommen Sie jetzt nicht in mein Haus, ·da es mich in Verdacht bringen würde.“ Er ſagt, der Mann aus Indien (Mirza —) habe verſucht, Schießpulver und Streichzündhölzchen machen zu laſſen. Er hat

Bankerott gemacht und ist hingesetzt worden; an das eine Bein
hat man ihm einen hölzernen Block gelegt und alle seine Papiere
in Beschlag genommen. Auch höre ich, daß alle die schönen Ge=
schenke des Hâkim von Guma nichts geholfen haben, und daß er
ins Gefängniß geworfen worden ist, weil Klagen einliefen über·
seine schlechte Verwaltung und Raubgier.

„Kâschghar, Donnerstag, den 11. März. — Ich ver=
brachte wie gewöhnlich viel Zeit damit, daß ich Gerüchte und
unvollständige Mittheilungen anhörte, die meine Diener und die
Beamten mir brachten, und aus welchen ich einige Hoffnung auf
eine baldige Befreiung und Erlaubniß zur Abreise aufzubauen
suche. Wie die Einen sagen, werden wir noch einen Monat hier
bleiben müssen; nach Anderen werden wir in drei Tagen auf=
brechen. Ich sagte heut dem Yuzbaschi, in meinem Vaterlande
ließen selbst Gefangene ihre Beschwerden an die geeigneten Be=
hörden gelangen; hier aber wolle nicht einmal Jemand für mich
einen Brief an den König überbringen. Zur Antwort erfand er,
um das Benehmen des Königs zu erklären, wie gewöhnlich, eine
Menge Geschichten — lauter Lügen.

„Heut kam ein langer und interessanter Brief von Hayward.
Was ich von der kriegerischen Demonstration hörte, die er in
Yârkand gemacht haben sollte, scheint eine starke Uebertreibung
gewesen zu sein. Im ersten Theile seines Briefes, der in Yâr=
kand geschrieben ist, rühmt er die Gastfreundschaft der Turks und
sagt, er werde aus dem Lande angenehme Erinnerungen mit hin=
wegnehmen; im zweiten Theile, den er in Kâschghar geschrieben
hat, ist er geneigt, den König für den größten Schuft in Asien
zu halten. Wie es scheint, machte er einen sehr beschwerlichen
Ausflug die Yârkandischen Flüsse auf und ab, der zu werthvollen
Resultaten führte.

„Ich erzählte dem Yuzbaschi, wie der Gesandte des Königs
(Mohammad Nazzar), als man ihm in Indien einige Armstrong=
Kanonen zeigte, gesagt habe, Geschütze, wie diese, besitze der Kö=
nig vierhundert. Er lachte und sagte: „Er ist ein Narr; zur
Zeit der chinesischen Herrschaft gab es im Lande kein Geschütz,
das größer war, als ein Taifur (eine Handkanone); jetzt hat der
König einige Kanonen zusammengebracht, aber es sind im Gan=

zen nicht einhundert, und was die Hinterlader betrifft, so haben
wir bis jetzt nur zwei Büchsen dieser Art.

„Kâshghar, Montag, den 15. März. — Sarda kam
von seinem Pathânischen Jemadar zurück, mit dem er ein Ge=
spräch gehabt, und brachte ein geheimnißvolles Stückchen Papier
mit, auf welchem er mit großer Mühe den Namen „Askamabol"
entzifferte, den er endlich mit triumphirender Miene aussprach.
Ich fragte ihn, was derselbe bedeute. Er erwiderte: „Das ist
der Name irgend eines Königs oder Landes, mit dem die Rus=
sen einen Krieg hatten." Nach einiger Ueberlegung fiel mir ein,
daß er „Istambul" (den orientalischen Namen für Constantino=
pel) meinen müsse. Als ich ihn weiter fragte, erzählte er folgende
Geschichte, die er von dem Jemadar gehört hatte:

„„Vor zwei oder drei Monaten zogen einige Männer von
Istambul aus dem russischen Lande dort oben (wobei er nach
Norden, nämlich nach Sibirien, zeigte) nach Kâshghar. Sie sag=
ten, vor einigen Jahren hätten die Russen ihr Vaterland erobert
und einen und ein Viertel Lakh (125,000) Gefangene gemacht,
die sie in den bezeichneten Theil ihres Gebietes schickten. Darauf
habe der Sultan von Istambul die Engländer zu Hülfe gerufen.
Die Engländer seien gekommen, hätten die Russen geschlagen und
den König derselben getödtet. Dann hätten die russischen Veziere
Gesandte geschickt, und diese hätten gesagt: „Unser neuer König
ist noch ganz jung — zerstören Sie sein Reich nicht." Da hät=
ten die Engländer eingewilligt, Frieden zu schließen unter der
Bedingung, daß die Russen die Kriegskosten bezahlten und alle
türkischen Gefangenen auslieferten. Einige der Gefangenen blie=
ben jedoch in Gefangenschaft, und von diesen ermöglichten es
die erwähnten drei oder vier, nach Turkistân zu entkommen. Der
Atalik=Ghâzi behandelte sie gut und schickte sie in ihr Vaterland
zurück."

„So schwatzt man in Central=Asien über den Krim=Krieg.

„Ich fragte den Mahrambashi, in welchem Zustande sich das
Land befunden habe, das die Russen erobert hätten. Er erwiderte,
wie er gehört habe, herrsche dort Tyrannei, und zog dann gegen
die Russen los. Er sagte: „Sie sind jetzt sehr stark, aber ihre
Herrschaft muß ein Ende nehmen. Sie ist einem Strome gleich,
der aus einem Teiche kommt. Eine Weile fließt das Wasser stark.

Aber es stammt aus keiner natürlichen Quelle, und wenn der Vorrath aufhört, wird der Strom plötzlich trocken. In unseren Büchern steht eine Prophezeiung, daß Rußland ganz Turkistân erobern und dann untergehen wird; Andere aber sagen, es sei nur West-Turkistân gemeint, und in der hiesigen Gegend (Kâsch-ghar) werde Rußland seinen Todesstreich bekommen. Aber Gott weiß, was werden soll."

„Wie ich gemerkt habe, ist auch der Mahrambaschi der Meinung, daß ich ein Gesandter ·sei. Ich sagte daher: „Ich bin nur ein Kaufmann. Wenn die Malika Pascha (die Königin) einen Gesandten schickte, so würde es ein großer Mann, wenigstens ein Mingbaschi (Oberst) sein."

„Ich bin jetzt mehr als je überzeugt, daß der Atalik-Ghâzi mich seinen Unterthanen und Nachbarn gegenüber für einen englischen Gesandten ausgibt. Er weiß selbst recht gut, daß ich es nicht bin, da ich sowohl ihm als dem Shaghâwal wiederholt gesagt habe, daß ich nicht von der Regierung gesandt bin, und sie haben es auch zugegeben und darauf erwidert, sie wüßten es schon. Aber trotz alledem wünschen sie, daß die Welt hierin getäuscht werde. Deshalb führte man mich in so großartigem Aufzuge im Lande umher und hatte, als ich den König besuchte, mehrere Tausend Mann Truppen zusammengezogen, um den Zugang zum Palaste zu besetzen. Das ist, wie ich glaube, auch der Grund, weshalb die Abgabe meines Briefes, den ich durch den Munschi sandte, und in welchem ich um Erlaubniß bat, kommen zu dürfen, verhindert wurde, bis ich selbst ihn überreichen konnte, was sonst eine schreckliche Verkehrtheit gewesen wäre, da man die Gunst, um die ich in dem Briefe bat, mir bereits gewährt hatte. Aber es lag ihnen nur an dem Aufsehen, das es machte, wenn das goldene Kästchen und der verzierte Brief im Gepränge überreicht wurde.

„Wie der Mahrambaschi sagt, baten die Russen vor einigen Jahren die Chinesen, ihnen in einer Wüste am Fuße eines Gebirges einige Acker Land zu verkaufen. Die Chinesen waren sehr froh, daß sie für einen solchen Fleck 500 Yambus bekamen; aber binnen einem Jahre sahen sie dort eine Festung entstehen. Von diesem Mittelpunkte aus haben die Russen sich nach allen Richtungen ausgedehnt, während die Chinesen den Finger in den Mund steckten und sie beobachteten! Die Festung heißt Almati oder Vernoje.

„Kâshghar, den 16. März. — Juma traf den Jemadar Dâd=Khwâh. Er sandte viele Salâms und sagte, vor einigen Tagen, wo er so viel von unserer baldigen Abreise gehört habe, sei es wirklich die Absicht des Königs gewesen, mir „Rukhsat" (die Erlaubniß zur Abreise) zu geben; er habe sich aber seitdem entschlossen, bei meiner Rückkehr einen Gesandten mit mir nach England zu schicken, daher die Verzögerung. Hierin finde ich auch den Grund, weshalb man sich damals so oft erkundigte, ob ich, wenn ich Turkistân verließe, nach England, oder zur Königin, ginge. Ebenso sagte der Jemadar Dâd=Khwâh, Juma solle, ehe wir Kâshghar verließen, ja zu ihm kommen, da er mir etwas Wichtiges mitzutheilen habe.

„Chumâru sagt, wir seien hier „hazur ke ba daolat se" (bei dem Glücke Ihrer Ehre) wie in ein Gefängniß eingesperrt, und hätten dadurch ein wenig rechnen gelernt!

„Jsâk Jân (der Bruder des Shaghâwal) ist gestern ange=kommen und geht morgen nach Yârkand zurück. Mohammad Ali Jân (der Sohn des Shaghâwal) wird, wie der Nuzbashi sagt, zum Jd kommen, den er hier mit feiern will, und dann werden auch wir —. Er beendete den Satz nicht.

„Kâshghar, den 17. März. — Welch ein Gemälde würde die letzte Scene von dem Sturze der chinesischen Macht in Tur=kistân geben! Wie seltsam ist darin das Groteske mit dem Heroi=schen gemischt! Ohne etwas zu wissen, sitzen die Mandarine rings um das Zimmer und verhandeln mit einander über das dem Eroberer zu zahlende Lösegeld, wobei wahrscheinlich Jeder sich bemüht, den ihm zufallenden Beitrag zu vermindern. Die beiden Söhne des Gouverneur reichen, in schwere Seide gekleidet, den Gästen Thee herum. Die Töchter stehen zitternd hinter dem Stuhle ihres Vaters. Der Greis, der keinen Zahn mehr hat, sitzt ruhig rauchend zurückgelehnt in seinem Staatssessel und horcht, ob die muselmännischen Siegesklänge erschallen. Endlich hört er das ferne Geschrei, das den Sieg verkündet. Seine Zeit ist abgelaufen. Die lange Pfeife ist ausgeraucht. Er biegt sich vor und schüttet die Asche auf die Stelle, wo, durch Planken und Teppiche verborgen, eine Zündlinie Schießpulver liegt. Bei der Explosion gehen nicht nur die chinesischen Fürsten, sondern auch ihre ganze selbstsüchtige und nutzlose Macht unter. Sie waren nur eine Besatzung gewesen, die im Lande lag, um den jährlichen Tribut zu erheben. Eine Verantwortlichkeit übernahmen sie nicht. Kam ein Feind, so schlossen sie sich in ihre starken Forts ein und ließen ihn das Land plündern, wie er wollte, wenn er sie nur nicht hinderte, zur rechten Zeit wieder hervorzukommen, um von dem verarmten Volke die üblichen Steuern einzutreiben. Als ihre Zeit gekommen war, verschwanden sie gänzlich von der Erde. Mein Mahrambaschi vergleicht ihr Ende mit dem Vertrocknen eines Stromes, wenn seine Quellen versiegen. Ihre vollständige Vernichtung, verglichen mit ihrer früheren scheinbaren Macht, erregt die Phantasie der Eingebornen.

Ein Feuerstein mit Verzierungen.

Fünfzehntes Kapitel.
Aufenthalt in Káſhghar.

(Fortſetzung.)

Die Schönheit der chineſiſchen Frauen. — Der Kurbân-Jd. — Weiße Ameiſen in Káſhghar. — Tanzende Derwiſche. — Preis des Thees. — Fortſetzung der Selbſtbiographie des Rajput aus Kangra. — Abſchaffung des Sklavenhandels durch den Atalif-Ghâzi. — Bogen und Pfeile der Kalmáks. — Buchhandlungen in Káſhghar. — Engländer und Franken. — Der Reiſende wird wegen ſeiner Ungeduld zurecht gewieſen. — Mumiai. — Unterredung mit dem Könige. — Der König weiß jetzt mehr von England und der Königin. — Abſchieds-Geſchenke. — Dritter Beſuch bei dem Könige. — Seine Abreiſe nach Yang-Hiſſâr.

„Káſhghar, Mittwoch, den 17. März. — Der Mahrambaſhi ſagt, die chineſiſchen Frauen ſeien ſehr hübſch. Allah gab einem Engel eine Vaſe voll Licht, das er ausgießen ſollte, auf wen er wollte. Der Engel flog die ganze Nacht von einem Lande zum andern, kam wieder zurück und ſagte, die Leute ſchliefen in allen Ländern, die Chineſen ausgenommen; auf Allah's Befehl goß er deshalb die koſtbare Gabe auf die Chineſen aus. Daher die Schönheit ihrer Frauen, wenigſtens in den Augen der Morgenländer.

„Von meinem äußern Thore aus ſah man heut den Atalif-Ghâzi ganz allein ausreiten; es war kein einziger Menſch bei ihm.

„Káſhghar, Donnerſtag, den 18. März. — Der Kö=

nig hat ſich nach einem Uebungslager begeben, das er ungefähr
zwei Meilen von hier errichtet hat; dort wird drei Tage lang
Scheibenſchießen und eine Art Jahrmarkt gehalten. Außer den
Leuten, die zum Vergnügen gekommen ſind, unter welchen ſich
jedoch keine Frauen befinden, ſind daſelbſt 500 chineſiſche Tai=
ſurchis (vier Mann zu jedem Taiſur*)) und über 1000 Reiter.
Juma ſah ſie; er war hingegangen, um den Burſchen des Munſhi
zu ſuchen.

„Er erzählt, daß man von Nordoſten um Norden und We=
ſten herum bis nach Südweſten ununterbrochen fortlaufende
Berge ſehen könne, die dem Anſchein nach nicht weit entfernt
ſeien. Die nach Nordoſten liegenden ſind klein und ſtehen näher
als die übrigen; ich denke mir, ſie müſſen ein Ausläufer von
der Hauptkette ſein.　　⋅

„Man hat mir etwas Holz von der Bleiſtiftceder oder Cy=
preſſe von Nepal (cupressus torulosa) gebracht zur Herſtellung
von Zahnſtochern. Wie der Yuzbaſhi ſagt, findet ſich der Baum
auf dem nördlichen Gebirge in großer Menge und kommt auf
dem ſüdlichen Gebirge (das man in Yang=Hiſſâr ſieht) in gerin=
gerer Anzahl vor. Er liefert gutes Bauholz.

„Kâſhghar, Sonnabend, den 20. März. — Heut
Morgen wurde der Munſhi zum Könige abgeholt, der ihn auf
herzliche, aber herablaſſende Weiſe empfing und ſagte: „Setzen
Sie ſich und beten Sie für mich.“ Daraufhin ſagte der Munſhi
einige formelle Gebete in arabiſcher Sprache her, deren Inhalt
war, daß die Regierung des Königs ihm und dem Islâm zum
Nutzen gereichen möge, und der König erwiderte: „Mit Gottes
Segen, mit Gottes Segen!“ Nachdem der Munſhi noch einige
höfliche Worte geſprochen hatte, wurde er in ein anderes Zim=
mer gebracht, mit einem Gewand und Daſtarkhana beſchenkt und
hierauf an das innere Thor geführt, um dem Könige von ferne
einen Abſchiedsgruß zu bieten. Es iſt hier Sitte, wenn man ein
Gewand erhalten hat, daſſelbe drei Tage lang über ſeinen übri=
gen Kleidern zu tragen, und hat man einen Turban empfangen,

⋅ *) Ein Taiſur iſt eine gewaltig große Muskete, die von vier Mann be=
dient wird.

ihn dieselbe Zeit hindurch zu tragen, ohne die Enden hinauf=
zubinden.

„Als Wallé Khan Kâſhghar nahm, wurde der Vater des
Mahrambaſhi ins Gefängniß geſetzt, bis er zum Zweck ſeiner
Freilaſſung vierzig Jambus bezahlte und ſeinen Oheim tödtete.
Nach der Vertreibung Wallé Khan's wurde der Vater zum Gou=
verneur von Kâſhghar gemacht, aber bald darauf, bei Gelegen=
heit des Aufſtandes, von den Kirghiſen wieder gerupft und ge=
zwungen, ſein letztes Eigenthum, einen Sommergarten, zu ver=
kaufen, damit er Geld zu einer Reiſe nach Mekka bekam, wohin
er ſich zurückgezogen hat.

„Kâſhghar, Sonntag, den 21. März. — Heut Nach=
mittag wurde mit Kanonen geſchoſſen und mit Trompeten ge=
blaſen, um zu verkünden, daß morgen der Jd iſt, und in dies
Haus hier hat man mehrere Schafe und zwei Kameele gebracht,
die am Jd geopfert werden ſollen. Der Munſhi erhielt, weil er
den einen großen Widder mit dem Fuße berührte, einen Verweis
mit der Bemerkung, daß man die Jd=Schafe bis zum Augenblick
der Hinrichtung mit Achtung und Liebe behandeln müſſe. Der
heutige Tag, der Jd=Heilige=Abend, wird zum Andenken an die
Begegnung zwiſchen Adam und Eva gefeiert, die, als ſie aus dem
Paradieſe getrieben wurden, einander verloren und, nachdem ſie
viele Jahre lang umhergewandert waren und ſich geſucht hatten,
auf dem „Begegnungshügel" in Mekka einander wiederfanden.

„Kâſhghar, Montag, den 22. März. — Heut iſt der
Kurbân=Jd oder, wie die Turks ihn nennen, der „Hyid". Er
wird zum Andenken an die Opferung „Jsmaels" durch Abraham
gefeiert. Das Meſſer wollte Jsmael's Kehle nicht durchſchneiden;
da ſchlug er mit demſelben gegen einen Stein, der in Stücke
zerhauen wurde. Als Abraham nach dem Grunde fragte, erwi=
derte das Meſſer: „Allah hat mir befohlen, dem Jsmael die
Kehle nicht abzuſchneiden." Darauf erſchien der Engel Jabril
(Gabriel) mit einem Schafe, das anſtatt ſeiner geopfert werden
ſollte. Dies iſt der große Wallfahrtstag, zu deſſen Feier alle
Hajjis ſich in Mekka einfinden. Bei Tagesanbruch wurden vier
Kanonen abgeſchoſſen und ſpäter noch vier. Bei dem Gebete wa=
ren, wie der Munſhi ſagt, 5000 bis 6000 Menſchen verſammelt (?);
der König war ebenfalls zugegen. Der Munſhi traf einen Ka=

nonier aus Pathan, der ſagt, Mirza — ſei nicht ins Gefängniß ge=
ſetzt, auch ſeine Papiere ihm nicht abgenommen worden.

„Der Mahrambaſhi war ſehr traurig und vergoß viele
Thränen darüber, daß er an dieſem Feſte von ſeinen Eltern ge=
trennt iſt. Sie alle (der Munſhi, Yuzbaſhi u. ſ. w.) ſchlachteten
heut, der Sitte gemäß, mit eignen Händen Schafe. Alle haben
ihre beſten neuen Kleider an.

„Am Morgen ſagte der Yuzbaſhi dem Munſhi, Mittwoch
oder Donnerſtag würden wir unſere Unterredung mit dem Kö=
nige haben. Er hat noch nie Etwas der Art geſagt, daher mag
er jetzt vielleicht die Wahrheit ſprechen.

„Kâſhghar, Dienſtag, den 23. März. — Es ſprüht
ein wenig, als ob es regnen wollte. Wie der Mahrambaſhi ſagt,
hat es hier das ganze vergangene Jahr gar nicht geregnet. Ge=
wöhnlich regnet es im Jahre ungefähr drei= oder viermal, zu=
weilen ſo wenig wie heut, zuweilen mehr. Es donnert viel,
aber Regen oder Hagel gibt es dabei nicht. In Andiján hat
man, wie der Yuzbaſhi ſagt, Hagel ſowohl als Regen in Menge.

„Das Holz, das man heut zum Verbrennen brachte, war
altes Bauholz von einem Hauſe; es war von den weißen
Ameiſen, die, wie es ſcheint, hier ebenfalls, ſo gut wie in
Indien, vorkommen, ganz ausgehöhlt.

„Obgleich die Diener jetzt die Freiheit haben, umher zu
gehen, wie es ihnen gefällt, ſo erzählte doch heute Kahar als
eine große Heldenthat, daß er, als er ausgegangen ſei, die Ge=
legenheit abgepaßt habe, ſich zu entfernen, ohne daß die Wächter
es wußten. Der Hindoſtani iſt nicht zufrieden, wenn er nicht be=
trügen kann. Hier iſt ein ſolches Verfahren ſehr übel an=
gebracht.

„Kâſhghar, Mittwoch, den 24. März. — Es iſt
ſchmutzig draußen, weil graupelnähnliche kleine Schneebällchen
gefallen ſind — dies Graupelwetter dauerte jedoch nicht ganz
eine Viertelſtunde. Vergangene Nacht fiel etwa eine halbe Stunde
lang ein ganz feiner Sprühregen. Man ſagt, dies ſei für Kâſh=
ghar ein ganz ungewöhnlich ſtarker Niederſchlag. Es wird wahr=
ſcheinlich ein Jahr lang keinen ſolchen wieder geben, wie auch
während des letzten Jahres (außer dem Schnee, der im Januar
fiel) keiner vorgekommen iſt.

„Juma hört von Kadah-Bukſch (einem Artillerie-Officier), daß ein Turk, Namens Mahſum Khan, ſich eben bereit mache, als Geſandter mit mir zu gehen. Er iſt noch nicht ganz fertig, ſonſt hätte man mich geſtern holen laſſen.

„Ich erhielt ein Billet von Hayward, der wie auf Kohlen ſitzt. Er hat dem Bruder ſeines Wirthes über die Verzögerungen und Zweideutigkeiten ſeine Meinung geſagt. Der Yaſâwal-Baſhi machte ſpäter ſeinem Argun, Islâm, Vorwürfe darüber.

Aus Hayward's Billet.

. . . . „Und nun will ich Ihnen Ihre Zukunft ſchildern. Sie werden zurückkehren, und man wird Ihnen zu Ehren Schmäuſe und Feſtlichkeiten veranſtalten und Sie wie einen lebendigen Löwen betrachten, der friſch aus Central-Aſien kommt. Man wird Sie zu einer politiſchen Miſſion in Oſt-Turkiſtán verwenden; Sie werden meine neue Handelsſtraße mit unzählbaren Karawanen eröffnen; Sie werden der große „Soudagar“ des Jahrhunderts werden und in Ihrem Bangalow auf jenen reizenden Lingzi-Thang-Ebenen unzählige Flaſchen Champagner trinken; Sie werden endloſe Artikel für die „Saturday“ und ein Werk über die Geologie und Hydrographie des Pamir-Plateau ſchreiben; Sie werden drei Victoria-Kreuze und mehrere Comthur-Kreuze des Bath-Ordens bekommen und ſpäter immer ein glückliches Leben führen. Im Gegenſatze zu dieſem Allen werde ich, noch immer von dem wahnſinnigen Wunſche erfüllt, die Wirkungen kalten Stahls an meiner Kehle zu prüfen, in den Wildniſſen Central-Aſiens umherirren, auf dem Pamir viele Oves poli ſchießen, um den Karakal-See herumſchwimmen und endlich von dem Mulk-i-Amân oder Khan von Chitral als Sklave verkauft werden.“*)

*   *   *

(In einem andern Briefe ſprach Hayward Beſorgniſſe in Betreff der Sicherheit Beider aus.)

*) Wenn man bedenkt, was ſeitdem geſchehen iſt, ſo ſind dieſe Prophezeiungen ſehr merkwürdig. Das Schickſal des armen Hayward war nicht viel anders, als wie er es hier vorherſagt. Mulk-i-Amân war des Mordes verdächtig, und der Khan von Chitral ſchützt jetzt den Mann, auf welchem der ſtärkſte Verdacht ruht, daß er der unmittelbare Anſtifter des Verbrechens geweſen iſt.

„Kâshghar, Donnerstag, den 25. März. — Ich er=
zählte dem Mahrambashi und Yuzbashi von tanzenden Derwischen.
Wie sie sagen, ist dies dieselbe Einrichtung, die man hier „Jarr"
nennt. Jeden Freitag wirbeln gewisse Mullahs, während ihr
geistlicher Führer laut liest, in einer Moschee herum.

„Juma ging mit Erlaubniß nach der Altstadt. Sie ist, wie
er sagt, größer als Yârkand und überall gedrängt voll Menschen.
Die Ställe sind unter der Erde, und die Häuser. haben alle obere
Stockwerke. Die Stadt hat fünf Thore, von welchen Juma drei
besuchte. Hazrat Apâk liegt fast zwei Meilen davon, jenseits der
Stadt. Englischer gedruckter Kleiderstoff war nicht zu sehen;
russischer wird das Stück von vierzig kâshgharischen
Guz (= einunddreißig Meter) für fünf bis acht Til=
lahs verkauft. Indischer Thee, von welchem Juma eine Probe
mitnahm, wurde der Jing auf vierzig Tungas (das eng=
lische Pfund demnach auf dreißig Tungas) geschätzt,
was ungefähr zehn Schillinge für das Pfund beträgt! Er be=
suchte Läden, wo man „Samovars" kochend erhielt, um warmen
Thee in Tassen zu verkaufen. Die Baumwollen=Waaren sollen
theurer als gewöhnlich sein, weil die Karawanen aus Rußland
nicht hereingelassen werden.

„Ich beantwortete Hayward's Billet und gab ihm Gründe
an, daß man nicht die Absicht hat, uns umzubringen.

„Indem der Boden trocken wird, bildet sich auf der Ober=
fläche, sowie auch an den Schlammmauern, ein Ansatz von Sal=
peter, den man heut die Schafe lecken und begierig fressen sah.

„Kâshghar, Freitag, den 26. März. — Sarda hat
endlich den Mann aus Kangra getroffen, der, ich weiß nicht vor
wieviel Tagen, seine Lebensgeschichte zu erzählen begann. Er
theilte erst noch einige Einzelheiten von seinen Erlebnissen in
Gilgit mit und schloß dann seine Erzählung. Er sagt, die ein=
gebornen Fürsten des Ortes, welche der Maharaja dort eingesetzt
hat, versuchten nur auf alle mögliche Weise seine Truppen zu
schwächen. Erst veranlassen sie dieselben zu Angriffen auf Nach=
barstämme und dann verleiten sie sie gegen ihren Willen, sich
vor dem Feinde (in dessen Sold die Fürsten stehen) zurückzuziehen,
und bringen sie dadurch in die größte Verwirrung. Bei einer
solchen Gelegenheit war Sarda's Freund zugegen; er befand sich

während des Rückzuges im Nachtrab. „Mein Commandant", sagt er, „schickte mich vor, um dem Obersten zu melden, daß der Feind sich hinten sammle und schnell herannahe. Der Oberst sagte zu mir, ohne anzuhalten: „Gehen Sie zurück und sagen Sie Ihrem Commandanten, er solle feststehen und sich nicht fürchten." Der Commandant fluchte über die Feigheit seines Vorgesetzten und setzte seinen Rückzug fort, so gut er konnte. Ein wenig weiter vor hatte die Straße eine enge Stelle. Diese zu erreichen, strengten wir uns Alle an, da die Bergbewohner oben auf den Hügeln sie vor uns zu besetzen suchten. Eine Abtheilung gilgitischer Reiter, die im Dienste des Maharaja standen und hinter uns waren, sahen es, gaben ihren Pferden die Sporen und galoppirten durch unsere Reihen und über uns hinweg und fügten uns ebenso viel Schaden zu wie der Feind. Ehe wir halb durch den Engpaß waren, fingen die Bergbewohner an von oben auf uns zu feuern und Steine herabzuwälzen, wodurch wir viele Leute verloren. Jenseits dieser Stelle führte die Straße zwischen dem Flusse und einigen hohen Klippen immer am Ufer hin. Aber der Feind war uns zuvorgekommen und hatte das gegenüberliegende Ufer mit Musketieren besetzt, die Luntenflinten hatten und, hinter Steinen und Felsen verborgen, uns nach Belieben wegschossen. Alle Augenblicke wurde ein Mann getroffen; wer unversehrt davonkam, eilte vorwärts, während die Verwundeten liegen blieben und durch andere Abtheilungen der Bergbewohner, die uns auf demselben Ufer folgten, abgeschnitten wurden. Ein Kamerad von mir, aus Goleir, wurde durch den Schenkel geschossen. Er konnte nicht mit fortkommen; als aber fünf bis sechs Feinde sich näherten, um sich seiner zu bemächtigen, hieb er mit dem Schwerte nach ihnen und wehrte sie dadurch ab. Einer unserer Leute, der dies sah, meldete es und sagte: „Er kann gerettet werden, wenn Jemand einige Schritte zurückgehen und ihm helfen will." Es fand sich aber Niemand, der den Befehl ertheilte, und wir ritten Alle weiter, Jeder auf eigene Faust. Endlich fiel, gerade als wir unserm Fort uns näherten, den Bergbewohnern unser einziges Geschütz in die Hände. Dies wurde dem „Adjutanten" gemeldet, der mit den übrigen Officieren sich weit vorn befand. Da er fürchtete, in Ungnade zu fallen, wenn er das Geschütz verlor, so eilte er mit einer Abtheilung

Reiterei zurück. Unser Commandant sagte: „Nun, Adjutant
ji, wo wollen Sie denn hin?" Er erwiderte: „Dem Geschütze
nach." Da fluchte der Commandirende auf ihn und sagte: „Ist
das Leben aller der Leute, die Sie geopfert haben, Nichts, daß
Sie jetzt sich solche Mühe um ein Geschütz geben? Hätten Sie
und die andern Officiere Ihre Pflicht gethan und, anstatt sich
selbst zu retten, die Leute in Schlachtordnung gestellt, so wären
wir jetzt nicht auf dem Rückzuge." Der Adjutant eilte jedoch
zurück; seine Leute ergriffen das Geschütz, um es fortzuschleppen,
während die Bergbewohner es mit Stricken wieder zurückzogen.
Der Adjutant zerhieb die Stricke mit dem Degen, und es gelang
uns das Geschütz zu retten und Alle wohlbehalten in unser Fort
zu kommen."

„Soweit geht die alte Geschichte; jetzt kommt die neue, oder
vielmehr die Fortsetzung der alten.

„„Sie erinnern sich, daß ich mit noch zwei Anderen in das
große Fort geschickt wurde, das unten im Thale liegt, um von
dem Obersten Befehle einzuholen. Während wir uns unterwegs
befanden, wurde es Nacht. Da nun die Gegend gefährlich war,
so hielten wir auf der Reise alle unsere Waffen bereit und ließen
die Lunten brennen. Vor uns sahen wir die Lichter einiger
anderen Leute mit Luntenflinten sich nähern. Sie sahen die
unsrigen ebenfalls und machten Halt. Nachdem wir lange gerufen und allerlei Verdacht gehegt hatten, brachten wir endlich
heraus, daß es Leute waren, die der Oberst mit Instructionen
für unsern Commandirenden vom Fort her gesandt hatte. Wir
näherten uns daher und erfuhren die Befehle, die sie hatten.
Sie überbrachten unserm Commandanten Briefe und auch mündlichen Befehl, sein Fort zu verlassen und sich auf ein gewisses
näher gelegenes Hauptquartier zurückzuziehen. Wenn er schlief,
sollte er geweckt werden, und wenn er wach war, sofort aufbrechen. Wir tauschten mit den Leuten Briefe und Aufträge
aus. Sie begaben sich wieder das Thal hinab, und wir gingen
in unser Fort zurück, das wir gegen Mitternacht erreichten. Nachdem der Commandant den Bericht gehört hatte, weckte er seine
Leute, ließ sie ihre Bündel schnüren und sich bereit machen und
befahl ihnen, sobald es Tag sei, aufzubrechen, ohne auf neue
Befehle zu warten. Als daher der Tag anbrach, zog der grö-

ßere Theil zu Zweien und Dreien ab; sie hatten eben einen
Garten erreicht, der etwa eine Meile vom Fort lag, als der
Commandant sie wieder zurückrief. Er war böse darüber, daß
sie nicht auf ihn gewartet hatten. Wieder im Fort angelangt,
setzten sie sich auf ihre Bündel, bis es ihm gefallen würde, die
Losung zu ertheilen. Während wir so warteten, bemerkten wir
am Ausgange eines benachbarten Thales eine Anzahl Reiter.
Sie vermehrten sich bald auf mehrere Hunderte. Da sagte der
Commandant: „Vor den Augen des Feindes ziehe ich mich nicht
zurück. Wir werden hier bleiben und uns mit ihnen schlagen.‟
Gegen Abend hatten sich auf der zwischen dem Flusse und den
Hügeln liegenden Ebene drei= bis viertausend Bergbewohner ge=
sammelt. Sie schickten einen Boten und ließen uns sagen:
„Zieht mit Euren Waffen und Euren Bündeln ab, und übergebt
uns das Fort. Sonst werden wir Euch umbringen.‟ Der Com=
mandant hörte nicht auf sie und ließ ihnen sagen, sie möchten
nur herankommen. Sie rückten vor, aber wir feuerten ununter=
brochen auf sie, so daß sie sich nicht nähern konnten. Hierauf
zogen sie sich eine Strecke zurück, leiteten den Kanal ab, der das
Fort mit Wasser versah, und hielten auf allen Seiten Wache,
damit wir nicht entgingen. So blieben wir fünfzehn Tage. Wir
hatten einige Schafe im Fort; diese schlachteten wir, um Nah=
rung zu bekommen, und aus ihren Fellen machten wir Wasser=
schläuche. In letzteren holten wir mit großer Schwierigkeit Wasser
aus dem Strome und wehrten, während die Schläuche gefüllt
und hereingeschafft wurden, den Feind mit unsern Musketen ab.
Aber die Felle waren nicht zubereitet und gaben dem Wasser
einen entsetzlichen Geruch; außerdem bekam Jeder nur sehr wenig
Wasser, denn wir waren fünfzig Mann. Endlich waren unsere
Lebensmittel aufgezehrt und wir fingen an auf die Bergbe=
wohner zu hören, die uns sagten: „Uebergebt das Fort, und
Ihr sollt unversehrt abziehen, aber Ihr müßt Eure Waffen und
Alles, was Ihr habt, zurücklassen.‟ Wir ließen sie schwören,
daß sie, wenn wir nachgäben, uns freien Abzug gewähren woll=
ten. Sie schworen, und wir marschirten wehrlos aus. Da
stürzten sie von allen Seiten auf uns und nahmen uns Alle
gefangen. Nun hatten wir zuvor einen ihrer höchsten Männer
gefangen, und der Commandant hatte ihn umbringen lassen.

Sie zogen Erkundigungen über ihn ein, und als sie sein Schick=
sal erfuhren, nahmen sie den Commandanten, zwei Jemadars
und einen der Soldaten, die sich alle bei dem Morde betheiligt
hatten, und steinigten sie auf seinem Grabe. Hierauf fingen sie
an das Eigenthum der Gefangenen unter sich zu theilen; sie
nahmen uns sogar die Kleider vom Leibe und ließen uns nur
soviel, daß wir uns bedecken konnten. Ich trug über meinen
andern Beinkleidern ein Paar alte Lederhosen. Da sie sahen,
daß sie alt und zerrissen waren, so ließen sie mir dieselben, ohne
zu ahnen, daß ich darunter noch andere hatte; ich kam daher
besser weg, als meine Kameraden. Dann führten sie uns in
ihr Vaterland*) ab, wobei wir unterwegs einen Fluß über=
schritten. In der Stadt**) angekommen, wurden wir Alle zu=
sammen in ein großes Haus eingesperrt, wo wir, obgleich man
uns schon geplündert hatte, von Neuem der Beraubung ausge=
setzt waren. Wir standen unter der Aufsicht des Sohnes des
Vezier. Er fand Geschmack an einem Paar weiten Hosen, die
einem Pathán von unserer Compagnie gehörten. Um ihn zu
bekleiden, zogen sie mir meine Lederhosen aus und entdeckten
dadurch, daß ich unter denselben noch zwei Paar gute hatte. Diese
wurden sofort erbeutet. Auch alle unsere Schuhe wurden uns ab=
genommen. Eines Tages trugen unsere Wachen auf dem platten
Dache unseres Hauses eine Menge Brombeersträucher und Reisig
zusammen und setzten sie in Brand. Das Feuer fing schon an
auf uns herabzufallen, als der Vezier es erfuhr und uns, wäh=
rend das Feuer gelöscht wurde, aus dem Hause herausließ. An
diesem Orte blieben wir sechs bis sieben Monate. Einige von
uns wurden als Sklaven nach Badakhschán gesandt, während elf,
zu denen ich gehörte, an einige Badakhscháni=Kaufleute verhandelt
wurden, die uns fortschafften und über das Gebirge brachten."

Kaschghar, den 27. März. — Ehe ich die Geschichte des
Mannes aus Goleir beendige, muß ich etwas Anderes einschal=
ten. Heut Morgen kam, ehe ich auf war, der Yuzbaschi zu meinem
Munschi, wies die Umgebung hinaus, und sagte dann: „Ich habe
mit dem Sirkar gesprochen und ihm gesagt, daß es eine große

---

*) Kanjut.
**) Hunza.

Schande sei, den Sahib so lange hier anzuhalten, ohne daß man ihn anhört, oder ihn wieder fortläßt. Der Sirkar antwortete, es liege nicht in seiner Macht, dies zu ändern, aber der Sahib werde bald die Erlaubniß erhalten, abzureisen, von einem Gesandten an den Lord Sahib begleitet. Dies wird durch ein Billet in englischer Sprache bestätigt, das Juma heut mir von dem Jemadar Dâd-Khwâh brachte. (Das Billet ist von Mirza — geschrieben, den man wirklich frei gelassen hat.)

„Am Abend sprach Juma mit mir über Verrätherei; er erzählte mir nämlich von seinem Besuche bei dem Jemadar Dâd-Khwâh; da hörte ich den Mahram kommen. Ich lenkte das Gespräch schnell auf den Preis des Thees. Als der Mahrambaschi in das Zimmer trat, hörte er, wie Juma sagte, der Thee sei früher gewöhnlich der „Jing" für zwei Tangas verkauft worden. Er rief laut aus, dies sei nicht wahr, und Juma und er geriethen sofort über die Sache in einen heftigen Streit. Endlich eilte er lachend fort und sagte: „Ich werde Zeugen bringen." In etwa zwei Minuten kam er wieder, zog zwei Sipahis herein, und diese gaben auf meine Frage zur Antwort, zur Zeit der chinesischen Herrschaft habe ein „Jing" Thee nie weniger als vier bis sechs Tangas gekostet. Der Mahrambaschi sagte: „Morgen werde ich die ältesten Graubärte holen, die ich im Bazâr finden kann; sie werden das, was ich sage, bestätigen." Es machte mir Spaß, den scharfsinnigen Mahrambaschi so hinter das Licht geführt und für mich zwei Fliegen mit einem Schlage treffen zu sehen. Erstens wurde seine Aufmerksamkeit von dem Verdacht abgelenkt, daß Juma mir in einem vertraulichem Gespräch vielleicht Etwas gesagt habe, was Niemand wissen solle, und zweitens that er gerade das, was ich wünschte, indem er für mich den früheren und den jetzigen Preis des Thees ermittelte. Vier Tangas für den Jing ist ungefähr ein Schilling und ein Penny (10 Sgr. 10 Pf.) für das englische Pfund.

„Später sah der Mahram in einem meiner Bücher — einem Bericht über den russischen Handel von unserm Gesandtschafts-Secretär — eine Menge Zahlen. Ich erklärte ihm, daß diese Zahlen eine Berechnung der von den Russen verkauften Waaren enthielten. Er fragte: „Werden Sie für Ihre Bashah (Landesherrin) über das hiesige Land ebenfalls alle Einzelheiten nieder-

schreiben?" Das war eine gefährliche Frage; ich antwortete da=
her: „Natürlich werde ich das thun. Heute zum Beispiel werde
ich sagen: wir haben eine neue Katze gesehen (Sie müssen wissen,
daß unser größter Zeitvertreib ist, auf den Dächern Katzen zu
füttern!); ferner werde ich schreiben, daß Ala Akhund" (sein eigener
Name) „den Schnupfen hatte, jetzt aber sich wieder ganz wohl
befindet!" Er lachte darüber und fragte nicht weiter.

„Nun wollen wir wieder auf die Geschichte des Mannes
von Goleir kommen. Er fuhr in seiner Erzählung fort:

„„Unsere Reisegesellschaft, die aus drei Badakhschani=Kaufleu=
ten und ihren Dienern zu Pferde bestand, und wir, elf Sklaven zu
Fuße, ohne Schuhe und kaum Kleider auf dem Leibe, zogen
immer fort, bis wir an einen hohen Paß kamen. Das Eis war
mit frischem Schnee bedeckt, in welchen wir bis an die Schenkel
einsanken. Wir liefen durch denselben von Mittag bis zum Ein=
bruch der Nacht. Nachdem wir den Schnee verlassen hatten,
kamen wir an einen Strom, der angeschwollen war. Unsere
Herren nahmen uns hinter sich auf ihre Pferde. Einer von uns,
ein Jat aus dem Niederlande, war so erschöpft, daß er nicht auf
das Pferd kommen konnte. Der Mann suchte ihn an dem Arme
hinaufzuziehen, aber er fiel auf die andere Seite hinüber. Der
Mann setzte ihm mit der Peitsche zu, bis er wieder auf=
stand, nahm ihn dann an dem einen Arme, ritt über den Fluß
und schleppte ihn hinter sich durch das eiskalte Wasser. Viele
Stunden nach Eintritt der Dunkelheit erreichten wir eine Höhle,
wo unsere Herren mit Reisholz Feuer anmachen ließen. An
diesem saßen wir und wärmten uns, während sie ihr Abendessen
kochten und verzehrten. Der Schmerz, der durch die wieder=
kehrende Wärme verursacht wurde, war fast noch schlimmer, als
die Kälte des Passes gewesen war. Gegen Mitternacht gaben
sie Jedem von uns einen halben Chupatti (eine Art Brod) und
gingen dann schlafen. Wir konnten nicht schlafen, sondern dräng=
ten uns um das Feuer herum. Jetzt fing es an zu schneien.
Was auf uns fiel, schmolz, aber ringsum lag der Schnee in
kurzer Zeit sechs Zoll hoch. Bei Tagesanbruch nahm ein Diener
einen Futterbeutel der Pferde, that ein wenig Mehl hinein, ver=
mischte es mit Wasser und gab es uns dann mit den Worten:
„Kocht und eßt." Ehe wir unsre Kuchen halbgebacken hatten,

rief man uns zum Aufbruch. Wir steckten daher die ungebackenen
Klumpen Teig in die Brust und aßen sie während des Gehens.
Bei Tagesanbruch machten wir uns wieder auf, ohne einen
Augenblick geschlafen zu haben, und reisten den ganzen Tag.
Gerade vor Sonnenuntergang erreichten wir ein Lager der
Kirghisen. Unsre Herren gingen in die warmen Zelte, und wir
versuchten draußen ein Feuer anzumachen. Spät am Abend
gaben sie Jedem von uns eine Tasse Fleischbrühe und ein kleines
Stückchen Fleisch. In dieser Nacht schliefen wir ein wenig. Am
nächsten Abend erreichten wir wieder ein kirghisisches Lager. Die
Kirghisen brachten Jedem von uns ein Paar Chupattis, die wir
mit Freuden verzehrten. Am Morgen wurden hier drei von uns
an die Kirghisen verkauft, und im nächsten Nachtlager noch drei.
Es wurden für Jeden ein Kurs und noch zwei bis drei Tillahs
(17 bis 20 Pfund Sterling oder 113 bis 133 Thaler) bezahlt.
Auch hier gaben uns die Kirghisen etwas Brod zu essen. Weiterhin wurden wieder zwei verkauft, und zuletzt wurde auch um
uns noch übrigen Drei gehandelt. Das Geschäft war abgeschlossen und das Geld bezahlt; da kam ein Reiter an. Er sprach
mit den Kirghisen, die uns brachten, und der Handel wurde aufgehoben. Unsere Herren zahlten das Geld zurück, und wir brachen wieder mit ihnen auf. Nachdem wir drei bis vier Märsche
weit durch Thäler gezogen waren, die keine Bewohner hatten,
kamen wir auf die Ebenen von Yârkand heraus. Hier trafen
wir ein Dorf und kehrten in einem Hause ein. Am Abend kam
erst ein Knabe heraus und gab Jedem von uns einen Brodkuchen. Dann erschien ein alter Mann, der holte aus der Brust
seines Rockes noch vier bis fünf Stückchen Brod hervor und
brachte uns später eine große Schüssel voll Reis heraus. Durch
die Güte dieser Leute erhielten wir demnach eine vollständige
Mahlzeit, seit vielen Tagen die erste, und gingen gesättigt
schlafen. An unserem nächsten Halteplatze hatten die Leute ebenfalls Mitleid mit uns, speisten uns gut und gaben uns auch ein
großes Filz-Drogett, um darin zu schlafen, denn wir hatten bisher weiter nichts als die Kleider auf dem Leibe, und auch diese
waren nur ärmlich. Aber unsere Herren kamen heraus, und
als sie das Drogett sahen, nahmen sie es uns wieder weg. In

diesem Orte wurde Einer von uns zurückgelassen und wir Beide, die wir noch übrig waren, wurden mit nach Yârkand genommen.

„„Es dauerte nicht lange, so kamen Leute in das Haus, wo wir waren, um uns anzusehen; sie hatten gehört, es gäbe Sklaven zu verkaufen. Sie befühlten uns überall und öffneten uns sogar den Mund, um unsere Zähne zu betrachten. Was sie dabei fanden, weiß ich nicht. Eine häßliche alte Frau kam und riß mir den Mund auf, als ob ich ein Pferd wäre. Es kaufte uns aber Niemand. Eines Tages stand ich an der äußern Thür und sah mir die Leute an, die draußen in der engen Gasse vorübergingen; da trat ein Mann auf mich zu und redete mich an. Ich sagte ihm, ich verstände nicht, was er sagte; aber er lächelte und rief einen Obsthändler, der eben vorbeiging. Er kaufte ihm ungefähr zwanzig Pflaumen ab, gab sie mir und ging dann weiter. Ich aß einige und nahm die übrigen meinem Gefährten mit hinein. Am nächsten Tage stand ich an derselben Thür; da sprach mich wieder ein Mann in einem Gemisch von Persisch und Hindostani an. Er fragte mich, wer ich sei, und sagte, er sei ein Hajji. Ich antwortete: „Ich bin ein Panjabi und verstehe nicht Persisch.“ Er sagte: „Warum wenden Sie sich denn nicht an den Jemadar Dâd-Khwâh? Er ist hier ein großer Mann, selbst ein Panjabi, und wird Sie sicher befreien.“ Ich erwiderte: „Wie kann ich mich an ihn wenden? Ich darf nicht ausgehen und weiß auch nicht, wo er wohnt.“ Er entgegnete: „Ich werde es ihn wissen lassen.“ Am Abend kam er wieder und fragte: „Hat der Jemadar zu Ihnen geschickt?“ Ich erwiderte: „Nein.“ Er·sagte: „Ich bin heut Morgen bei ihm gewesen und habe mit ihm gesprochen. Er versprach nach Ihnen zu schicken und ließ unterdessen im Bazâr bekannt machen, daß Jeder, der Sie kaufe, Strafe zu erwarten habe. Ich will ihn aber noch einmal besuchen.“ Am nächsten Tage ließ uns der Jemadar wirklich holen, sowie auch unsere Herren. Der Jemadar ließ uns sich gegenüber setzen und uns Brod und Thee reichen; als wir fertig waren, sagte er: „Bringen Sie noch mehr“, und so fuhr er fort, bis wir satt waren. Dann sprach er mit den Sklavenhändlern. Sie entfernten sich und wir blieben bei dem Jemadar. Einige Tage später gab er uns ein Papier, das mit seinem eigenen Siegel und demjenigen des Vezier versehen

war, und sagte: „Sie sind frei. Gehen Sie, wohin Sie wollen;
dies Papier wird Sie schützen." Wir entfernten uns und gingen
in die Stadt; am nächsten Tage aber stellten die Sklavenhänd=
ler ihre Sache noch einmal vor. Ich weiß nicht, was sie thaten,
aber wir wurden wieder geholt, und der Jemadar sagte zu ihnen:
„Der König wird bald kommen; er wird entscheiden. Unterdessen
werden diese Leute bei mir bleiben." Die Sklavenhändler stellten
ihm jedoch vor, daß sie keine Diener hätten, um für sie Wasser
u. s. w. zu holen; es wurde ihnen daher gestattet, uns wieder
mitzunehmen und als Diener zu benutzen, bis der König käme.
In Zeit von einem Monat traf er ein. Wir wurden vor ihn
gebracht und machten unser Salâm. Dann ließ er den Händlern
zwanzig Tillahs geben und wir wurden unter die Aufsicht seines
Schatzmeisters gestellt. Wir bekamen Jeder ein Pferd und gute
Kleider und wurden als Soldaten des Königs nach Kâshghar
geschickt, wo wir seitdem immer gewesen sind; wir werden hier
gut behandelt und gut verpflegt, dürfen aber nicht in unsere
Heimath gehen." Hier endet die Erzählung des Mannes von
Goleir. Er unterließ jedoch zu sagen (was Sarda von Anderen
erfahren hat), daß er in Kanjut, als er mit den übrigen Ge=
fangenen, die Muselmänner waren, zusammen essen mußte, sein
Kastenrecht verlor.

„Ich habe, glaube ich, noch nicht erwähnt, daß der Atalik=
Ghâzi in seinem Gebiete den Sklavenhandel abgeschafft hat.
Früher gab es regelmäßige Märkte, wo man einen Knaben, ein
Mädchen, oder auch einen erwachsenen Sklaven kaufen konnte.
Manche wurden Schulden halber verkauft, Manche waren auf
den Raubzügen erbeutet, die man gegen die benachbarten Shiah*)=
Stämme unternahm. Jetzt gibt es noch immer Haushaltungs=
Sklaven, aber der Handel ist beseitigt und die Märkte haben
aufgehört.

„Der Yuzbashi tröstet mich jetzt wegen meiner Gefangenschaft
damit, daß er sagt, sie sei „nasîb" d. h. von Gott verhängt;
eine Menschenhand ist dabei nicht im Spiele: sobald der für
mich bestimmte Lebensunterhalt an dem hiesigen Orte aufgezehrt
ist, werde ich, der Mensch mag wollen oder nicht, mich nach einem

---

*) Mohammedanische Ketzer.

andern begeben. Er führt zu diesem Zwecke ein Turki=Sprüch=
wort in Form einer zweizeiligen Strophe an:

„„Was vom Geschick verhängt ist, und wäre es in Syrien
(Sham), dennoch ist es nah',
Und was vom Schicksal nicht verhängt, und läge es vor Ihrer
Stirn, dennoch ist es fern."

„Kâschghar, Sonnabend, den 27. März. — Juma be=
suchte den Jemadar Dâd=Khwâh (Chef der königlichen Artillerie
und aus dem Panjab gebürtig) auf dessen Verlangen. Ich trug
ihm auf, demselben zu sagen, ich befände mich beinahe drei
Monate hier und hätte noch keine Gelegenheit gehabt den König
zu sprechen. Der Jemadar Dâd=Khwâh sandte mir hierauf ein
höfliches Billet in englischer Sprache (von Mirza — geschrieben),
des Inhalts, er werde sofort meine Wünsche dem Könige mit=
theilen. Demgemäß hat er den ganzen heutigen Nachmittag mit
dem Könige verhandelt. Juma ging mehrmals hin, fand aber
jedesmal sein Pferd vor dem Thore des Palastes warten.

„Kâschghar, Sonntag, den 28. März. — Der Jemadar
und der König besahen sich einen Canal, der auf Befehl Seiner
Majestät hergestellt wird. Juma hat daher keine Gelegenheit
gehabt, mit dem Ersteren allein zu sprechen.

„Der Mahrambaschi behauptet, nur die Karakatai= (chinesischen)
Frauen hätten kleine Füße; die Manju=Frauen hätten sie nicht.*)
Als Grund führt er an, daß während einer Rebellion die Kara=
katai=Frauen die Männer im Kriege unterstützt hätten; der Manju=
Kaiser habe daher befohlen, daß sie hinfort ihre Füße verkrüppeln
lassen sollten, damit sie künftig zu solchen Heldenthaten nicht
mehr fähig wären!

„Kâschghar, Dienstag, den 30. März. — Der Yuzbaschi
brachte einen kalmäkischen Bogen und Pfeile, um sie mir zu
zeigen. Der Bogen ist von Horn und hat eine Darm=Sehne.
Die beiden Enden sind zurückgebogen, so daß die Sehne die bei=
den Krümmungen berührt und dann auf zwei Stützen, gleich

---

*) „Die Sitte, die Füße zusammenzupressen . . . findet sich bei allen
Klassen der Gesellschaft, mit Ausnahme der Tataren" (Manjus). — Williams'
„Middle-Kingdom", Vol. II. pag. 38. Dies bestätigt die Behauptung des
Mahrambaschi.

Violinstegen, ruht. Der Zwischenraum von einem Steg zum andern beträgt vierundvierzig englische Zoll; der Bogen selbst ist von einer Spitze zur andern fünf englische Fuß sechs Zoll. Die Pfeile sind neununddreißig Zoll lang, haben drei Federn und eiserne Spitzen von verschiedener Gestalt.

„Wie der Mahrambaschi sagt, gibt es in der Altstadt Kâschghar mehrere Buchläden; in Bezug auf den Preis lassen die Buch-händler sehr mit sich handeln.

„Der Yuzbaschi spielte mit dem Bogen und den Pfeilen und schoß einen der letzteren durch das Fenster meines Daches hinaus in die Luft. Später erinnerte er sich, daß er wahrscheinlich in den nächsten Hof gefallen sei, wo ein Dutzend Pferde stehen! Wir gingen hinaus und sahen nach, konnten ihn aber nicht fin-den; er schoß daher einen zweiten durch dasselbe Fenster ab, um den ersten wieder zu finden; sie waren jedoch beide verloren. Das war echt tatarisch.

„Juma schildert das Exercieren der Artillerie, das er eben gesehen hat. Es besteht nach seiner Beschreibung in Schießen mit blinden Patronen, Umherbewegen der Geschütze und einem Manöver, bei welchem die Reiter (Trainsoldaten kann man nicht sagen) sich sämmtlich zu einer Schwadron Cavallerie formiren und die Geschütze unter der Aufsicht von je zwei Artilleristen zu Fuß hinter sich lassen. Jedes Geschütz wird von vier Pferden gezogen, auf welchen je ein Cavallerist reitet.

„Kâschghar, Mittwoch, den 31. März. — Einer der Diener sah gerade außerhalb des Thores der Festung eine Menge Menschen versammelt. Er fand, daß dem ersten Yasâwal-Baschi auf Befehl des Atalik, der zugegen war, die Waffen abgenom-men und die schönen Kleider ausgezogen wurden. Auch des Pferdes wurde er beraubt und dann unter einer Wache von fünf Soldaten in die Stadt zurückgeschickt. Warum er plötzlich in Ungnade gefallen ist, weiß ich nicht. Wir glauben, daß der Yasâwal-Baschi der Mann ist, unter dessen Aufsicht und in dessen Hause Hayward sich befindet. Wie ich höre, war er schon ein-mal in Ungnade gefallen und nach Yârkand geschickt worden. Auch der Atalik selbst ging um jene Zeit nach Yârkand, während er in Kâschghar das Commando seinem Sohne übergab und einen neuen Yasâwal-Baschi, und zwar einen Kirghisen ernannte. Dieser Mann verschwor sich, den Prinzen umzubringen und zu gleicher Zeit den König ermorden zu lassen. Der Prinz entdeckte es und erschoß eines Tages bei der Parade den Yasâwal-Baschi mit eigener Hand. Hierauf wurde der alte Yasâwal-Baschi wieder eingesetzt.

„Dem Yuzbaschi fielen einige Briefmarken auf. Er sagt, die Russen hätten, wie er höre, dieselben. Ich glaube, er muß die Banknoten meinen.

„Kâschghar, Donnerstag, den 1. April. — Juma und Chumâru besuchten den Jemadar Dâd-Khwâh. Er sagt, der König werde sich binnen sechs Tagen nach Yang-Hissâr begeben. Er hat Befehl erhalten, drei bis vier Tage später zu folgen und uns und Mirza — mitzubringen. Der Jemadar fügte noch hinzu: „Es hätten auch viele andere Offiziere Sie hinbringen können, aber er glaubt wahrscheinlich, daß Sie bei mir sich weniger eingeschränkt fühlen, denn er sagte, ich solle sehen, ob Sie und Mirza — mit einander verkehrten.“

„Ich höre auch von anderen Seiten, daß der Atalik in sechs Tagen abreist.

„Der Yuzbaschi stellte die Behauptung auf, daß in der jetzigen Jahreszeit die Kraft der Menschen zum großen Theil in die Bäume übergehe, damit sie ausschlagen und Blätter und Früchte tragen können. Nach der ersten Jahreszeit verläßt die Kraft die Bäume wieder und kehrt in die Menschen zurück. Daher sind die Menschen in der jetzigen Jahreszeit schlaff und schwach.

„Dem Mahrambaschi fiel eine Mücke in den Thee; er fragte, ob dadurch der Thee nicht „harâm“ (oder unrein) werde. Der Munshi und der Yuzbaschi versicherten ihn, daß dies nicht der Fall sei, und sagten, er solle die Mücke untertauchen und sie dann herausnehmen; es geht nämlich hier wie in Hindostan die Sage, daß die Mücken unter dem einen Flügel Gift und unter dem andern ein Gegengift haben. Es ist daher gut, wenn man dafür sorgt, daß beide Flügel in die Flüssigkeit getaucht werden, denn der zuerst eingetauchte Flügel könnte gerade der giftige sein.

„Kâschghar, Freitag, den 2. April. — Ein Diener des Vekil sagte einem meiner Diener, am dreizehnten Tage von heut an würden wir in Yârkand sein.*) Der Yuzbaschi stattete mir seinen täglichen Besuch ab. Ich sagte lachend: „Nun, wann schlagen wir unsere Wohnung in den Gärten auf?" Er antwortete: „Ach, das muß bleiben, bis wir nach Yârkand kommen; die Zeit ist jetzt nahe; nächsten Mittwoch geht der König nach Yang-Hissâr und wird Ihnen entweder noch ehe er geht, oder aber in Yang-Hissâr die Erlaubniß zur Abreise geben.

„Der Mahrambaschi fragte, welcher Unterschied zwischen den „Engländern" und den „Frangs" sei. Ich setzte ihm denselben auseinander. Er sagte: „Ich verstehe. Der Name des einen Volkes ist auf alle seine Nachbarn übertragen worden. Auf dieselbe Weise nennen wir alle westlichen Turks „Andijânis", mögen sie von Khokand, Taschkend, Bokhâra, oder wirklich von Andijân stammen, und sie nennen uns Alle „Kâshgharis", auch die Bewohner von Yârkand, Khoten und Aksu."

„Er sagt, in Kâshghar lehre man die Katzen apportiren. Gut abgerichtete Katzen werden theuer bezahlt.

„Der Sohn des Shaghâwal, M. Ali Jan, traf mit einem Geschütz für den König ein. Taschi sagt, die Lafette desselben sei wie die englischen, auch mit Protzkasten versehen (wenn dies das rechte Wort für die Munitionskasten ist).

„Kâshghar, Sonnabend, den 3. April. — Der Yuzbaschi sprach darüber, daß Alles Gottes Werk sei, und fragte, warum ich ungeduldig sei. Ich erwiderte: „Meine Ungeduld ist auch Gottes Werk." Dagegen schien er nichts einwenden zu können. Dann sagte ich noch: „Ich bedaure nur, daß ich von der festgesetzten Anzahl Jahre, die Gott mir zum Leben bestimmt hat, gerade volle drei Monate verloren habe; sie sind aus meinem Dasein weggewischt und lassen sich nicht wieder ersetzen." Er erwiderte: „Nein, nein, sie sind nicht verloren; Sie werden sehen, daß Ihr hiesiger Aufenthalt zu sehr bedeutenden Resultaten führen wird, und dann werden Sie diese drei Monate wie einen einzigen Tag ansehen."

„Wie Sarda hört, hat der Shaghâwal kürzlich zwei bekehrte Hindus „halâlt" oder ihnen die Kehlen abschneiden lassen. Sie versuchten von dem muselmännischen Glauben wieder abzufallen

---

*) Das stimmte auf den Tag.

und bei den hinduischen Kaufleuten zum Hinduismus zurückzu=
kehren. Letztere wollten sie jedoch nicht haben, und da die Sache
dem Shaghâwal zu Ohren kam, so machte er dem Streite mit
dem Scharfrichtermesser ein kurzes Ende.

„Kâshghar, Sonntag, den 4. April. — Sarda's Freund
erzählt, daß man zur Zeit der chinesischen Herrschaft aus den
Köpfen der Sklaven „Mumiai" extrahirt habe! „Mumiai" ist
ein geheimnißvoller Stoff, der nach dem Aberglauben der Mor=
genländer ein untrügliches Heilmittel für jede Wunde oder Krank=
heit bildet. Alle Eroberer (selbst die Engländer) werden beschul=
digt, daß sie, um das Mittel zu bekommen, Gefangene opfern.
Sarda's Freund sagt, er habe, als gerade einmal von „Mumiai"
gesprochen wurde, von einem entronnenen Sklaven, der vor eini=
gen Jahren von Yârkand nach seiner Heimath in Gilgit zurück=
ging, folgende Geschichte gehört. Man hatte diesen Sklaven und
noch zwanzig andere in einen Garten gesteckt, damit sie sich
zwanzig Tage lang recht satt Weintrauben essen sollten. Er
hatte die Bratpfannen gesehen, über welche die Opfer, den Kopf
nach unten, gehängt werden, während man ihnen mit Rasir=
messern die Schädel zerschneidet, um das „Mumiai" heraus und
in die glühenden Pfannen tropfen zu lassen. Er und noch Andere
machten es möglich, zu entrinnen. Die Uebrigen wurden jeden=
falls zu Mumiai verwendet!

„Der Held dieser Erzählung war ein Mann aus Gilgit.
Er war von Ghor Ali, einem früheren Herrscher von Gilgit,
der seine überflüssigen Unterthanen zu verkaufen pflegte und für
jedes Haus nur ein männliches und ein weibliches Wesen zurück=
ließ, in die Sklaverei verkauft worden. Ghor Ali pflegte Gast=
mähler anzustellen, bei welchen anstatt der Schafe Menschen ge=
opfert wurden (ob man sie aß oder nicht, darüber schweigt der
Zeuge, doch habe ich die Dardu=Stämme am Indus der Men=
schenfresserei beschuldigen hören).

„Als Ghor Ali im Sterben lag, berief er elf seiner höchsten
Beamten in den festen Thurm, in welchem er wohnte, und ließ
sie in seiner Gegenwart umbringen, damit ihre Seelen ihm Ge=
sellschaft leisteten.

„Kâshghar, Montag, den 5. April. — Heut habe ich
etwas Neues zu schreiben. Ich habe meine zweite Unterredung

mit dem Könige gehabt, die ich schon lange erwartet hatte. Am
Nachmittag kam der Sirkar und verkündigte, man werde entweder einen großen Officier senden, um mit mir zu sprechen,
oder mich zu einem Besuch beim Könige abholen. Ich antwortete:
„Mir ist das Eine so lieb wie das Andere; ich stehe dem Atalik-
Ghâzi zu Befehl.“ Nach einigen Minuten sagte der Sirkar:
„Machen Sie sich bereit, denn man wird heute Abend nach Ihnen
schicken.“ Mit dem ersten Theile seiner Ankündigung wollte er
mich wahrscheinlich auf die Probe stellen.

„Als er fort war, machte ich zwei Gewehre (die einzigen,
die ich noch hatte) bereit, um sie auf den Rath des Yuzbaschi
als „Nazar“ zu überreichen. Ich weiß, daß es, seitdem ich im
Lande bin, sie immer nach diesen beiden Gewehren gelüstete, da
sie wußten, daß es diejenigen waren, die ich zu meinem eigenen
Gebrauch behielt. Schießgewehre englischer Fabrik sind hier zu
Lande nicht so gewöhnlich, daß man eines kann wieder mit fort-
nehmen lassen.

„Abends gegen acht Uhr wurde ich abgeholt. Man führte
mich nach der andern Ecke des großen viereckigen Platzes, der
sich vor dem Palaste befindet, und dann durch eine Seitengasse
zu einem großen Thore, wo auf jeder Seite eine Reihe Geschütze
standen. Wir öffneten das Thor und begaben uns durch die
Wache hindurch auf einen freien Platz, der mit chinesischen
Laternen erleuchtet war. Gegenüber stand eine Art Pavillon
mit Wänden von durchbrochener Arbeit, die, von innen erleuchtet,
einen hübschen Eindruck machten. Am Fuße einer Flucht Stufen,
die in den Pavillon hinaufführten, verließ mich mein Führer.
Ich ging allein hinauf und trat in das Zimmer ein. In einer
Ecke, dicht an einer Oeffnung in dem Gitterwerke, saß der Atalik-
Ghâzi. Er streckte die Hände aus, um mich zu bewillkommnen,
ließ mich ihm gegenüber Platz nehmen und sagte, ich solle mich
bequem setzen (ich hatte mich natürlich in der martervollen Stellung hingesetzt, die in Turkistân üblich ist). Nachdem die gewöhnlichen Erkundigungen nach dem Befinden u. s. w. vorüber
waren, rief er nach einem Dolmetscher, einem Hindostani-Jema-
dar; dieser kam und blieb unter dem Fenster stehen, an welchem
wir saßen. Unsere ganze Unterhaltung kann ich nicht wiedergeben, denn sie dauerte länger als eine Stunde. Die Haupt-

Abend-Besuch bei dem Atalik-Ghâzi.

punkte jedoch sind folgende: Der König fing damit an, daß er
sagte, er fühle sich dadurch, daß ich sein Land besuche, sehr ge=
ehrt: er stehe an Macht und Würde tief unter· den Engländern;
im Vergleich zu der Malika Padishah (der Königin) sei er nur
so groß (wobei er die Spitze seines kleinen Fingers zeigte).*)
Ich erwiderte, ich hoffte, daß zwischen den beiden Ländern
Freundschaft hergestellt werde, wie sie zwischen dem Sultan von
Rum (der Türkei) und den Engländern bestehe, und zwischen
Freunden komme Ungleichheit nicht in Betracht (Sie werden sagen,
diese Antwort meinerseits sei eine abgedroschene und schon früher
von mir gegeben worden, aber Sie werden sich erinnern, daß
die Bemerkung, durch welche sie hervorgerufen wurde, ebenfalls
abgedroschen war). Er sagte: „Gott gebe es“, und fuhr dann
weiter fort, ich sei sein Bruder, alle seine Unterthanen seien
meine Diener, und wenn die Nachbar=Völker (Rußland und Kho=
kand erwähnte er namentlich) erführen, daß ich zu ihm gekom=
men sei, werde sein Ansehen bedeutend wachsen. Ich antwortete,
ich sei weder von der Königin noch von dem Lord Sahib (dem
Vicekönige) gesandt, sondern rein aus eigenem Antriebe gekom=
men, da ich von seinem Ruhm gehört hätte; das Einzige, womit
ich ihm nützen könne, sei, daß ich ihm Aufschluß gäbe von
meinem Vaterlande und meiner Königin, mit deren Angelegen=
heiten ich natürlich bekannt sei. (Ich bemerkte, daß der Dolmet=
scher, während er dies Alles übersetzte, zuletzt so leise sprach, daß
er fast nur noch flüsterte.) Der König erwiderte, ich sei sein
Bruder u. s. w. und machte mir viele Complimente; er sagte,
er habe noch nie einen Engländer gesehen, obgleich er viel von
ihrer Macht und Wahrheitsliebe gehört habe. Er fügte noch
hinzu, er sei überzeugt, daß von ihrer Seite nichts geschehen
könne, was für ihn nachtheilig, sondern nur, was für ihn gut
sei. Dann sagte er: „Ich betrachte Sie als meinen Bruder; was
Sie mir rathen, werde ich thun. Ich gedenke einen Gesandten
in Ihr Vaterland zu schicken. Was rathen Sie mir?“ Ich er=

---

*) Ich bemerkte, daß er jetzt die Stellung der Königin genau zu kennen
schien, während bei meinem ersten Besuche Alles sich um den „Lord Padshah“
oder Vicekönig von Indien drehte. Er hat durch den Unterricht, den er genossen,
in seinen Kenntnissen Fortschritte gemacht.

widerte: „Ihre Absicht ist vortrefflich, und es ist höchst wün=
schenswerth, daß ein Gesandter hingeht." Hierauf sagte er: „Ich
werde den Gesandten hinschicken und ihm einen Brief an den
Lord Sahib übergeben, mit der Bitte, daß Letzterer ihn an die
Königin sende." Ich erwiderte: „Das ist das Beste, was Sie
thun können." Er sagte: „Gut, nun über die Zeit; wann soll
er gehen?" Ich anwortete: „Das steht in Ihrem Belieben; sen=
den Sie ihn entweder mit mir, oder vor mir, oder nach mir,
aber ich rathe Ihnen, daß Sie das, was Sie thun wollen, bald
thun." „Natürlich", sagte er; „mein Gesandter wird mit Ihnen
gehen, und da Sie meinen, daß er bald gehen muß, so will ich
Sie nur noch drei Tage hier behalten, dann sollen Sie nach
Yârkand gehen, und entweder in Yang=Hiſſâr oder in Yârkand
werde ich ihn unter Ihre Obhut stellen." „Sehr gut", erwiderte
ich, „und wenn Sie befehlen, werde ich ihm Alles auseinander=
setzen, wonach er etwa glaubt gefragt zu werden, und noch
Anderes, zu dessen Anhörung, wenn ich es Ihnen sagen wollte,
Sie wahrscheinlich keine Zeit haben; er kann dann Ihre weiteren
Befehle einholen, damit er nicht, wenn er bei unseren Regenten
Audienz erhält, sich außer Stande sieht eine Antwort zu geben."
Er sagte: „Thun Sie dies ja. Morgen Abend werden wir
wieder mit einander sprechen, und dann noch einmal in Yang=
Hiſſâr, wohin ich mich begeben werde, nachdem ich den Mazâr
(ein muselmännisches Heiligthum) besucht habe. Auch werde ich
einen Mann senden" (ich verstand das Wort „Piſar" oder Sohn,
aber der Dolmetscher sagte nicht so), „der zwischen Ihnen und
mir hin= und hergehen wird, und durch den wir einander Mit=
theilungen machen können; wenn er kommt, so lassen Sie außer
Ihnen Beiden Niemanden zugegen sein. Schicken Sie alle Ihre
Diener so lange fort, und Alles, was zwischen uns vorgeht, halten
Sie geheim, bis Sie Ihr Vaterland wieder betreten." Ich versprach
es. Dann sagte er: „Die Königin von England ist der Sonne
gleich, die Alles erwärmt, was sie bescheint. Ich befinde mich
in der Kälte und wünsche, daß von ihren Strahlen einige auf
mich fallen mögen. Ich bin sehr klein — ein Mann von gestern.
Erst in den letzten wenigen Jahren hat mir Gott dies große
Land gegeben. Daß Sie gekommen sind, ist für mich eine große
Ehre. Ich rechne darauf, daß Sie in Ihrem Vaterlande Etwas

für mich thun. Kann ich Ihnen hier irgend einen Dienst er=
weisen, so befehlen Sie nur, aber Sie müssen dasselbe auch für
mich thun. Was werden Sie denn von mir sagen, wenn Sie
zurückkommen?" Ich erwiderte: „Ich werde meinen Landsleuten
sagen, daß der Ruf von Ihnen, der bis nach Indien gedrungen,
nur die Hälfte von dem ist, was ich thatsächlich gefunden habe."
Er lachte und streckte die Hand aus, um sie mir zu reichen.
Dann sagte er: „Sie müssen fortfahren, einen Ihrer Diener mit
Waaren nach Turkistän zu senden. Ob die Malika mir einen
Gesandten schickt oder nicht, das wird sie entscheiden, aber von
Ihnen muß immer ein besonderer Agent kommen und gehen.
Wollen sie jährlich einen senden?" Ich erwiderte: „Wenn Sie
es mir erlauben, werde ich es sicherlich thun." „Das ist recht",
sagte er. „Senden Sie mir durch ihn allerlei Waaren und
schicken Sie mir einen Brief mit, in welchem Sie bitten können,
um was sie wollen. Sie können stets über mich verfügen, und
die Ankunft ihres Briefes wird für mich ein Segen und ein
wahrer Schatz sein." Ich erwiderte: „Dadurch werde ich hoffent=
lich recht oft Nachricht erhalten von Ihrem Glück und Wohler=
gehen. Das wird meine größte Freude sein. Ich hoffe, daß Ihr
Königreich auf Hunderte von Jahren gegründet werde."

„Nachdem wir in dieser Weise noch weiter mit einander ge=
sprochen und ich meinen Thee getrunken hatte, ließ er ein Gewand
bringen und es mir anlegen; nach Empfang desselben mußte ich
mich jedoch wieder setzen; er wiederholte dann Einiges von dem,
was er gesagt hatte, und schloß mit den Worten: „Az barae
Khuda" (vor Gott), „ich meine Alles so, wie ich es sage. Ich
bin ein Muselmann und werde von dem, was ich einmal einge=
gangen habe, nicht zurücktreten." Endlich ließ man mich gehen;
der Sohn des Königs erschien und geleitete mich bis an das
äußere Thor. Gegen den Schluß der Unterredung hin glaubte
der Dolmetscher dem Anscheine nach, daß ich für die Ehre und
die Complimente, die mir zu Theil wurden, mich nicht dank=
bar genug zeigte. Er fuhr in der Hindostani-Sprache fort: „Be=
denken Sie, was dieser große Fürst Ihnen sagt; so hat er noch
zu Niemandem gesprochen." Ich weiß nicht, ob er erwartete, daß
ich aufstehen und „Allaho-akber" sagen, oder irgend eine andere
derartige Ceremonie verrichten sollte; der König aber erwartete dies

offenbar nicht, denn er fiel dem Dolmetscher ins Wort und sprach, er solle blos sagen, was ihm befohlen werde.

„Als ich herauskam, wurde ich von meiner ganzen Umgebung mit „Mubârak"-Wünschen überhäuft; sie kamen Alle herbei und setzten sich zu mir, um das Resultat meines Besuches beim Könige zu erfahren.

„Kâschgar, Dienstag, den 6. April. — Heute morgen brachte mir der Sirkar als Abschieds-Geschenk vom Könige Beutel voll Gold- und Silber-Jambus und einigen Goldstaub in Papier; er sagte, das sei zu meinen Privat-Ausgaben. Den Werth dieses Geschenkes schätze ich auf ungefähr 690 Pfund Sterling (oder 4000 Thaler). Gleich darauf erschien er wieder und brachte noch gegen 45 Pfund Sterling (oder 300 Thaler) Silber für den Munshi. Ferner brachte er mir ein Gewand von carmoisinrothem Atlas, das mit Gold und prachtvoller Stickerei völlig überladen war, außerdem eine hohe Sammtmütze und noch andere Gewänder für mich, den Munshi und die sämmtlichen Diener. Bald darauf langte ein Pferd an, mit hübschem Reitzeug und Sattelschmuck; der Zügel wurde mir eingehändigt und dabei mit ausgestreckten Armen der Segen des Himmels angerufen. Heut Abend wurde ich wieder zum Könige abgeholt. Es war Alles wie vorher, nur daß, nachdem ich mich gesetzt hatte, mein Munshi in den Hof kommen und von ferne ein Salâm sagen durfte, worauf der König von seinem Fenster aus mit einem gemurmelten „O aleikum as-Salâm" antwortete, dann sich den Bart strich und hinzufügte: „Er ist ein guter Mensch, der arme Kerl" („Bechâra", was eine freundschaftliche Bezeichnung von Seiten eines Höhergestellten einem Niedrigeren gegenüber ist). Wie zuvor drehte sich seine Unterhaltung hauptsächlich um seine Unbedeutendheit im Vergleich zu unserer Königin, „der Beherrscherin der sieben Himmelsstriche", wie er sie nannte. Er sprach sich weitläufig darüber aus, daß er Freundschaft mit England wünsche, hauptsächlich aber über seine besondere Freundschaft gegen mich; er sagte, wenn er mein Gesicht sehe, mahne ihn Gott daran, daß er es als ein gutes Zeichen für sich nehmen solle. Ich erwiderte, seine Güte sei überwältigend, und da ich selbst zu unbedeutend sei, als daß ich sie verdiente, so sähe ich Alles so an, als solle es meiner Landesherrin und dem ganzen englischen Volke gelten. Dies faßte er so auf, als bezöge ich mich auf die Geschenke, die er mir am Morgen geschickt hatte, und sagte: „Nein, nein, es ist Alles für Sie selbst, wegen der besonderen Freundschaft, die ich für Sie gefaßt habe. Für Ihre Königin gedenke ich einige passende Gaben bereit zu machen, und da Sie mein Freund sind und ich die Sitten ihres Landes nicht kenne, so rechne ich darauf, daß Sie mir sagen, was ich ihr schicklicherweise senden kann. Sie ist sehr groß, und ich bin sehr klein; ich verhehle Ihnen nichts; Sie kennen den Zustand meines Landes; es erzeugt nichts als Filzwaaren und dergleichen Dinge" (dabei lachte er und zeigte auf die Matten, mit welchen der Fuß= boden belegt war); „Sie müssen mir daher Rath ertheilen." Ich erwiderte: „Das werthvollste Geschenk, das Könige einander geben können, ist Freundschaft; kann ich aber damit, daß ich Ihnen Rath ertheile, irgend nützen, so stehe ich Ihnen zu Diensten." Er sagte: „In dieser Beziehung rechne ich auf Sie. Wenn wir in Yang=Hissâr uns treffen, wollen wir Alles in Ord= nung bringen. Hier bin ich mit Geschäften überhäuft. Es sind hier Leute aus Rußland (?), aus Khokand, aus Bokhâra, und aus allen Gegenden. Ich habe mir aber vorgenommen, nach Yang=Hissâr zu gehen und mich von Geschäften frei zu machen, wie von einem Ueberzieher; dann wollen wir recht viel mit einander sprechen. Welchen Rath Sie mir auch geben, ich werde ihm bis auf das Kleinste folgen" (dabei zeigte er auf seine Fingerspitzen), „mag es sich darum handeln, daß ich Briefe schreiben oder Gesandte schicken oder was sonst thun soll." Ich erwiderte: „Der Plan, einen Gesandten zu schicken, ist aus Ihrer eignen Ueberlegung und Weisheit hervorgegangen; wenn ich Ihnen aber bei der Ausführung desselben, weil ich die englischen Sitten u. s. w. kenne, den geringsten Dienst leisten kann, so werde ich es mit größter Freude thun." Dann zählte er an seinen Fingern und sagte: „Morgen ist Char=Shamba, über= morgen Panj=Shamba und den Tag darauf Freitag. Ich werde nach Yang=Hissâr aufbrechen und meinen Sohn hier lassen. Bleiben Sie ein paar Tage bei ihm (mein Land und alle meine Unterthanen gehören Ihnen), und am Freitag kommen Sie nach Yang=Hissâr, wo Sie mich treffen werden. Ich liebe diesen Ort sehr, weil es die erste Stadt war, die ich in diesem Lande nahm,

20*

und ich gedenke in dem dortigen Heiligthum meine Andacht zu
verrichten. Wir werden dort Alles abmachen und ich werde zwei
oder drei Männer von Rang und Weisheit mit Ihnen senden.
Sie sollen Sie, bis Sie mein Land verlassen, auf den Händen
tragen und dann mit Ihnen in Ihr Vaterland gehen." Nach=
dem wir noch weiter gesprochen hatten, sagte er: „Ich schäme
mich sehr, daß schon einmal ein Engländer in dieses Land kam
und von einem Räuber, einem gewissen Wallé Khan, der damals
hier war, ermordet wurde." Ich erwiderte: „Wir wissen, daß
Sie dabei nicht betheiligt waren, und werfen auch die Schuld
nicht auf Sie. Der Reisende, von dem Sie sprechen, war kein
Engländer, sondern ein Deutscher; aber dennoch that uns sein
Tod sehr leid, denn er war in Indien, von wo er nach Turkistân
kam, unser Gast." Er sagte weiter, indem er sechs Finger empor
hielt: „Da! Gerade soviel Jahre habe ich bis jetzt regiert; vor=
dem war ich ein ganz unbedeutender Mensch." Ich antwortete:
„Die Könige, die durch das Recht der Geburt auf den Thron
kommen, erlangen ihre Macht nicht durch eigenes Verdienst. Auf
diejenigen aber, die, wie Timur und Sikander (Tamerlan und
Alexander), ein großes Reich durch eigene That gewinnen, blickt
man mit Bewunderung." Der König faßte sich (nach Turki=
Art) am Rocke und sagte: „Gebe Gott, daß Ihre Worte ein=
treffen." (Sie werden sagen, ich sei außerordentlich sentenziös;
das ist aber hier zu Lande Sitte. Tupper würde hier eine
literarische Größe sein.)

„Ferner sagte der Atalik: „Es ist noch ein Engländer nach
Yârkand gekommen; wissen Sie, wer er ist?" Ich erwiderte:
„Ich traf in Tibet einen Engländer, der mich bat ihn mitzu=
nehmen; aber ich sagte ihm, ich könne dies nicht thun, da ich
den König nur für mich allein um Erlaubniß gebeten hätte, sein
Land betreten zu dürfen." Er entgegnete: „Nun, jeder Eng=
länder, der kommt, er mag sein, wer er will, ist mir will=
kommen."

„Hierauf durfte ich mich entfernen. Ich erstickte fast, denn
ich hatte drei schwere Gewänder, eines über dem andern, zu
tragen, die mir der König diesen Nachmittag geschenkt hatte; das
ist hier zu Lande Sitte. Ich habe vergessen zu sagen, daß, als

ich eintrat, der König mir beim Anlegen der neuen Gewänder „Mubârak" (oder Glück) wünſchte.

„Ich verſuchte dem Sirkar, der mir die Geſchenke brachte, ein Ehrengewand zu geben, aber er weigerte ſich entſchieden, Etwas anzunehmen; er ſagte, der König werde ihm, wenn er von einem Mihmân (Gaſt) auch nur das kleinſte Geſchenk an= nähme, die Kehle abſchneiden laſſen. Ich ſagte ihm, er ſolle verſuchen, ob er vom König die Erlaubniß erhielte, es anzu= nehmen.

„Kâſhghar, Mittwoch, den 7. April. — Der König brach heut Morgen bei Zeiten nach Yang=Hiſſâr auf. Sarda traf einen „Top=rez" (Geſchützgießer), der ihm die Auskunft gab, die ich über Johnſon's vermeintlichen „Nana Sahib" geſucht hatte. Mohammad Ali, der früher die Khotener Infanterie kommandirte, iſt jetzt in Alt=Kâſhghar, wo er ein militäriſches Commando hat. Er iſt ein Pathan und wird von den anderen Pathans als ſolcher anerkannt; er war daher ſicherlich nie ein Hindu. Außer ihm iſt hier noch ein anderer Khotener Officier, der urſprünglich wirk= lich ein Hindu war. Er war ein Bramine, Namens „Kanheya", den Juma, ehe er ſich in Khoten niederließ, als eingeborenen Agenten in Ladâk kannte. Er pflegte für ſeine Geſchäftsfreunde zwiſchen Ladâk und Yârkand Handel zu treiben. Als in Khoten die chineſiſche Herrſchaft aufhörte, wurde er Muſelmann und von Habibulah Khan mit einem Commando betraut. Sein jetziger Name iſt Islam, und er wohnt in der alten „Urda" (Palaſt), die das Hauptquartier der Freunde Sarda's, der Leute des Maharaja, iſt. Er iſt daher ſicherlich nicht der „Nana Sahib". Ich habe vergeſſen zu erwähnen, daß er früher unter den Sikhs ein Sipahi (Chutter Sing's) geweſen, aber nach unſerm zweiten Sikh=Kriege nach Ladâk geflohen war. Der Mann, den John= ſon meint, iſt offenbar der Erſtere, da ſowohl der Name als das Amt dazu ſtimmt. Daß zwei Mohammad Alis die ganze Khotener Infanterie kommandirt haben, iſt nicht wahrſcheinlich.

„Alte Meuterer gibt es, wie Sarda's Freund ſagt, im Dienſte des Atalik=Ghâzi nicht. Der „Top=rez" (Geſchützgießer) war erſt in Khoten, dann, nachdem Khoten gefallen war, einige Monate in Yârkand, und jetzt iſt er hier. Er hatte natürlich mit allen indischen Officieren u. s. w. Umgang und muß es daher wissen. Er steht übrigens für sie alle ein.

„Ich erhielt ein Billet von Hayward, worin er sagt, da man mir gestatte abzureisen, während von seiner Abreise Nichts erwähnt werde, so nehme er an, daß man ihn noch festzuhalten gedenke. Leider wurde dies durch ein widerliches Gerücht, das heut einer meiner Diener hörte, so ziemlich bestätigt. Man sagte ihm, ich solle jetzt mit einem Gesandten des Atalik-Ghâzi nach Indien zurückgeschickt werden, und Hayward wolle man als Geißel für des Gesandten sichere Wiederkunft behalten.

„Ich gab sofort Juma den Auftrag, zum Jemadar Dâd-Khwâh zu gehen, der einigen Einfluß zu haben scheint und auch gefühlvoll und freundlich ist. Juma soll ihm auseinandersetzen, daß, so lange ein Engländer gegen seinen Willen hier festge-halten werde, man durchaus nicht zu erwarten habe, durch einen Gesandten etwas Gutes zu erreichen, und daß, wenn sie Hayward nicht wollten abreisen lassen, sie sich die Mühe sparen könnten, mit unserer Regierung in Verkehr zu treten.

„Den 8. April. — Der Jemadar Dâd-Khwâh sagt auf die Mittheilung, die ich ihm durch Juma machen ließ, sowohl Hayward als Mirza — sollten zurückgesandt werden und mir von Yang-Hissâr aus Gesellschaft leisten.

Sechszehntes Kapitel.

Von Káſhghar zurück nach Yârkand und Aufenthalt daſelbſt.

Gebirgsanſicht. — Der Turki-Wagen. — Schubkarren. — Schneegebirge. — Yang-Hiſſâr; bunte Bilder aus dem Volksleben. — Soldaten. — Abſchieds= beſuch bei dem Könige. — Der Dolmetſcher Ghulâm Khâdir. — Geſchenke für die Königin. — Chineſiſche Gemälde. — Wettermacher. — Ein Stereoſkop. — Gepreßter Thee. — Hinduiſche Vorurtheile und ein gefährlicher Scherz. — Ankunft in Yârkand. — Die Chihil-Situn, ein Ueberbleibſel aus dem Alterthume, zwiſchen Káſhghar und Khokand. — Dichtigkeit der Bevölkerung in Yârkand. — Etwas Näheres über Khoten. — Den See Sarikol kennt man nicht. — Ein Billet von Hayward. — Ghulâm Khâdir und ſeine Erinnerungen an Conolly. — Verſtümmelung der Verbrecher. — Ein Stereoſkop von dem Bazâr. — Das Verſpeiſen der Pferde. — Khoten'ſches Gold. — Behandlung der Pferde. — Die Pâlampurer Meſſe. — Strafe wegen Benutzung falſcher Gewichte. — Der Maharaja von Kaſhmir als britiſcher Vaſall. — Eine Hin= richtung. — Schlagintweit's Ermordung. — Vorbereitungen zur Abreiſe.

„Von Káſghar nach Yepchang, Freitag, den 9. April. — Gegen zehn Uhr brachen wir auf. Die meiſten Diener und das ganze Gepäck kamen in zwei „Arabas" (ländliche Wagen). Es war ein garſtiger, windiger Tag; dann und wann gab es Staubſtürme und Sprühregen. Der Sirkar ritt mit mir eine kleine Strecke von der Feſtung hinaus und ſtieg dann ab, um von mir Abſchied zu nehmen. Außer dem Yuzbaſhi und ſeinen Leuten, begleiten mich der Yaſâwal in rothem Rock und Abdulla Akhund, der Stellvertreter des Sirkar. Als wir nach Yepchang kamen, frühſtückten wir. Unſer Abſteigequartier nahmen wir dort wieder in dem alten Locale; um es vorher bereit zu machen,

war ein Mahrambaschi hingesandt worden. Das Haus gehört
dem Ortsvorsteher von Yepchang. Ich ging mit Sarba aus,
um einige kleine Sandhügel zu besuchen, die etwa eine Meile
entfernt sind. Dort hatten wir nach Norden eine herrliche An=
sicht von den Kakshal= und Karan-Tâgh-Bergen, erblickten nach
Westen ebenfalls Berge und nach Süden und Südwesten die
riesenhafte Schneekette (den Kizilart oder Kizilyé). Wir konnten
die Festung von Kâshghar deutlich sehen und orientirten uns in
der Gegend, bis wir durch neue Staubstürme unterbrochen wur=
den. Dann kehrten wir zurück und fanden die „Arabas" ange=
kommen. Es sind Schüttkarren mit zwei gewaltig großen Rä=
dern, einem Pferde in der Gabeldeichsel und zwei Vorderpferden,
die an langen Hanfsträngen ziehen, welche durch an der Gabel
angebrachte eiserne Ringe laufen und an der unter dem Karren
befindlichen Are befestigt sind. Jedes Pferd hat ein Paar
Stränge für sich, die bis hinter gehen, und auch ein Paar be=
sondere Zügel. Am Halse haben die Pferde eine Art Joch:
zwei parallele Stäbe, die durch große Polster von der Schulter
abgehalten werden; das Ganze sieht aus wie ein Kummet, nur
daß das Joch mit den Strängen abgenommen wird, während die
Polster an dem Pferde zurückbleiben.

„Später (als das Wetter sich wieder aufgeklärt hatte) machte
ich noch einen Ausflug nach den Sandhügeln, orientirte mich noch
weiter in der Gegend und konnte die ringsumliegenden Berge
sehen. Der Weizen und die Gerste sprossen beide und sind schon
ein Paar Zoll hoch. Zu irgend einer andern Saat wird mit
ein Paar Ochsen, die sehr weit von einander gespannt sind, eben
das Feld gepflügt. Auch ein Paar Pferde sah ich, mit denen
man eggte oder vielmehr die Erdschollen zertheilte. In der Nähe
der Häuser hat man auf die Bäume Kürbisse gesteckt, in welchen
sich Löcher befinden, damit eine Art kleiner Amsel mit gelbem
Schnabel hinein bauen kann. Sie singen gut und sollen im
Sommer dunkelblau werden. Die Turks nennen sie „Kara-kuch=
kach". Man sagte mir, Mais ernte man hier auf einen Charak
Aussaat vierundsechzig Charaks; Weizen und Gerste weniger. Reis
wird im Districte Kâshghar nicht gebaut. Ich bemerkte auch
einige tatarische Schubkarren; sie waren sehr leicht und ließen
sich gut handhaben.

Ansicht von Kaschghar und dem Gebirgszuge, der es von den russischen Besitzungen trennt.

Nach einer Skizze von R. B. Shaw, gezeichnet von Major Strutt.

„Von den Bäumen sind manche fast belaubt: alle schlagen aus. Die Flüsse sind sehr leer; ihr Wasser wird durch die Kanäle abgeleitet und zum Feldbau verwendet. An dem dritten Flusse wird stark gearbeitet; es wird dort auf Befehl des Altalik eine Brücke gebaut. In der Mitte des Stromes hat man zwei Pfeiler hergestellt (die nach beiden Richtungen Nasen haben); sie bestehen aus einer Einfassung von Planken, die mit Eisen zusammengeklammert und mit großen Steinen ausgefüllt ist. Um die Ufer oberhalb der Brücke vor der Wirkung des Stromes zu schützen, hat man weniger sorgfältig gearbeitete Pfeiler oder vielmehr Wellenbrecher errichtet, und die Zwischenräume zwischen den Wellenbrechern und der Brücke hat man soeben mit Setzlingen von Weiden bepflanzt, die durch ihre Wurzeln das Ufer befestigen sollen.

„Der Boden ist den ganzen Weg entlang angebaut, das Becken des letzten Flusses ausgenommen, das Weideland geblieben ist. Ueber die ganze Gegend hin stehen einzelne Landhäuser, deren Obstgärten und Anlagen die Aussicht beschränken, so daß man nur einige Hundert Meter weit die Gegend sehen kann. Auf der Straße begegnet man einer Menge „Arabas."

„Von Peychang nach Yang-Hissar, den 10. April. — Ein wolkenloser Morgen mit Reif und einer dünnen Eisdecke auf den Wasserlachen, die am Wege sich finden. Ich machte wieder einen Ausflug, um eine Ansicht der Berge zu bekommen. Es bot sich mir ringsum ein vollkommen deutlicher Anblick dar. Nach Südwesten stehen gewaltig hohe Berge, auf welchen der Schnee sich wenigstens drei Fünftel vom Gipfel herab erstreckt. Der nördliche und der südliche Gebirgszug strecken sich nach Westen hin, wo (von Westen ein wenig nördlich) dem Anschein nach eine Oeffnung sich befindet, die von niedrigeren Ausläufern eingenommen wird, und wo man keine Schneekette sieht. Die Gebirgszüge bilden daher eine tiefe Bucht, deren Ende wir nicht sehen können. Fast gerade südlich von uns erreicht der südliche Gebirgszug seine größte Höhe in einer Masse riesenhafter Spitzen und wendet sich dann nach Süden, wo er sich den Augen entzieht. Der nördliche Gebirgszug aber setzt sich weit nach Osten fort, bis er in der Ferne verschwindet, weil das Auge ihn nicht mehr erreichen kann; er bildet eine lange Mauer von Schnee-

gebirgen (erſt „Karan=Tâgh" und weiter öſtlich „Mus=Tâgh"
genannt), von welchen lange Reihen niedrigerer Rücken (unter
verſchiedenen Namen, wie Kaſhal, Artaſh u. ſ. w.) in die Ebene
hinauslaufen. Ueber dieſe niedrigeren Rücken, und parallel mit
dem höheren Gebirgszuge geht die Straße nach Akſu; ſie führt
über acht verſchiedene „Cols" oder kleine Päſſe.

„Der Yuzbaſhi wurde krank und mußte einen Theil des
Weges in einer „Araba" fahren. Auf halbem Wege hielten wir
in einem Dorfe an und bekamen einen Daſtar=Khan und einen
Pilao. Hierauf gab es einen heißen Ritt nach Yang=Hiſſâr
hinein. Die Gegend iſt noch beſſer angebaut, als ich im Winter
es gedacht hatte. Doch gibt es auch einige Strecken Weideland.

„Ehe wir Yang=Hiſſâr erreichten, mußte ich einen carmoiſin=
rothen Atlasrock anziehen und eine Sammt=Mütze aufſetzen; ſo ritt
ich im Triumph hinein. Ich bin in einer Moſchee untergebracht,
die in der Nähe des Fort und dem Lager des Geſandten von Kolab
(einem der kleinen Staaten Weſt=Turkiſtâns) gegenüber ſteht.

„Mein Mahrambaſhi, Ala Akhund, kam uns den halben
Weg entgegen und ritt mit uns hinein. Es ſieht aus, als zögen
viele Beamte vor uns hin; doch ſind wir, wie es ſcheint, nicht
im Stande ſie ſo zu ſagen mit der Hand zu greifen; kaum ſieht
man ſie, ſo verſchwinden ſie wieder, ſchließen ſich uns aber auf
geheimnißvolle Weiſe endlich wieder an und finden ſich in unſerm
Zuge. Man hatte Alles vorbereitet und führte uns in unſere
Wohnung ein.

„Yang=Hiſſâr, Sonntag, den 11. April. — Einen ſo
angenehmen Tag wie heute habe ich ſeit mehreren Monaten nicht
verlebt. Es ſcheint, als wären wir wieder in die Welt einge=
treten, nachdem wir lange von derſelben abgeſchloſſen waren.
Wir wohnen in einer Moſchee gerade außerhalb des Thores der
Feſtung und zwiſchen ihr und der Stadt, die ungefähr eine
Viertelmeile entfernt liegt. Unſre Moſchee ſteht auf etwas hohem
Grunde, und wenn man an der einen Seite auf einer Art über=
deckter Plattform ſitzt, kann man die Gegend weithin überſehen.
Auf einer Seite iſt dieſe Plattform offen gelaſſen, aber die Seite,
die der Thür der Moſchee gegenüber liegt, iſt mit ſeidenen Vor=
hängen geſchloſſen, der Art, wie man ſie in Indien unter dem
Namen „Kanâts" kennt (die man in der Regel als Seitenwände der

Zelte benutzt). Andere „Kanâts" umschließen einen kleinen offenen
Raum, dessen vierte Seite durch eine Reihe kleiner Zimmer gebildet wird, die unter rechten Winkeln vom Ende der Moschee
herlaufen. Für die Diener sind draußen in einem kleinen Garten, der neben einem zur Moschee gehörenden Teiche liegt, Zelte
aufgeschlagen. Das Thor des Fort ist etwa hundert Meter entfernt, und die Straße, die von da nach der Stadt führt, war
den ganzen Tag gedrängt voll Menschen, die viel Lärm machen
und sich versammelt haben, um zu sehen, wie der König an eine
Menge armer Leute, Krüppel, Lahme, Blinde und Bettler von
Beruf, die aus der Umgegend herbeigekommen sind, seine milden
Gaben austheilt. Wenn man beinahe drei Monate lang nichts
als kahle Wände gesehen hat, ist es unbeschreiblich angenehm,
dieses rege Leben zu beobachten: die hin- und herwogende
Volksmasse, die kleinen Knaben, die um sie herum scharmützeln
und die anständigen Leute belästigen und beschädigen, wie sie es
in der ganzen Welt machen. Nicht zufrieden damit, daß der
Staub durch die Bewegungen der Menschenmenge vom Boden,
wo er drei bis vier Zoll hoch liegt, aufgeregt wurde, fegten sie
ihn mit den Stiefeln umher und warfen einander damit, und
wenn ein „Teufel" (ein in Indien sowohl als hier gewöhnlicher
schwacher Wirbelwind) seine sich drehende Sandsäule empor-
trieb, so machten sie gemeinschaftliche Sache mit ihm, eilten ihm
von allen Seiten nach, und suchten ihre Mützen in den Wirbel
zu werfen, um sich das Vergnügen zu verschaffen, sie in die Luft
hinaufwirbeln zu sehen.

„Ferner gibt es dort „Fakire" oder „Derwische" in ihren
hohen kegelförmigen Mützen, an der Seite eine Kürbisflasche
tragend. Mehr als hundert derselben setzten sich der Reihe nach
hin und warteten, bis sie bei der Austheilung von Geld an die
Reihe kamen. Einzelne von Ihnen stellten sich immer zu gewissen
Zeiten im Lager des Fremden ein, baten um Almosen und sagten,
wenn sie ihre Ration Brod oder Reis empfingen, mit ausgestreckten Händen ein arabisches Gebet her, das mit einem „Allaho-
akber" endigte; bei diesen letzten Worten strichen sie mit den
Händen langsam über das Gesicht, bis zur Spitze des Bartes
herab. Einer derselben, mit langem verfilztem Haar (was man
hier selten sieht), redete mich in persischer Sprache an und bettelte

nicht für sich, sondern für sein Pferd, das er am Zaume führte, und das ungemein gut aussah. Ich hatte schon von reitenden Bettlern gehört, aber noch keinen gesehen. Man sagt allerdings sprichwörtlich, sie ritten anderswohin. Unter den Uebrigen er= kannte ich einen höchst amüsanten jungen Bettler wieder, den ich in Kaschghar gesehen hatte; es ist ein kleiner Knabe von vier bis fünf Jahren, der nur ein Auge hat und in höchst fließender Weise arabische Gebete herlispelt; in den Pausen schnattert er in der Turki=Sprache und unterbricht sich zuweilen, um aus den Gegen= ständen, die ihm in den zu diesem Zwecke in die Höhe gehaltenen Rockschoß geschüttet werden, die großen Stücke Zucker, oder die höchst verlockenden Pistazien herauszulesen. Seine Eltern scheinen ihn, ehe sie ihn zum Betteln hereinschicken, erst zu stimmen, denn er läßt sich in seiner fließenden, aber unverständlichen Anrufung von Gottes Segen durch Nichts stören.

„Die Frauen, mit ihren runden, schwarzrandigen Pork=Pie= Hüten*) (ihrer Kopfbedeckung für den Winter) und weißen Kopf= tüchern, bilden einen Haufen für sich. Wenn sie vor meiner Wohnung vorüber gehen, ziehen sie ihre kleinen netzartigen Schleier über das Gesicht herab. Die angesehenen Männer und Würdenträger des Ortes machen mir, wenn sie vorübergehen, mit gefalteten Händen tiefe Verbeugungen und fügen den ge= wöhnlichen Gruß „As=Salâm aleikum“ hinzu, ohne auch nur zu ahnen, daß ich ein Ungläubiger bin; in meinen seidenen Röcken und Turban halten sie mich vielmehr für einen feinen Musel= mann. Zum Thore des Fort zieht ein nie endender Strom von Reitern aus und ein: die Beamten in prächtigen Gewändern mit silberbeschlagenen Kuppeln und Degen, die Gewehre über die Schultern gehängt; die Mullahs in weiten, an der Taille nicht gegürteten Röcken von nüchternen Farben und gewaltigen weißen Turbanen; Reitknechte in hohen Stiefeln, welche die Pferde ihrer Herren zur Bewegung oder zur Schwemme hinausbringen, wo= bei sie eines reiten und ein zweites führen, beide in ihrer Stalldecke, die sie, ziemlich wie bei den englischen Pferden, bis auf die Augen bedeckt.

„Auf der andern Seite meiner Wohnung arbeiten einige

---

*) Deutsch: Schweinspastetenhüte; in England ein Spottname für eine Art vornhereingezogener Damenhüte.					Anm. d. Uebers.

Männer an der Herstellung eines Gemüsegartens; sie werfen die Erde auf, um Rücken und Furchen zur Bewässerung zu machen. Kein Engländer könnte mehr arbeiten oder mehr fertig bringen. Als ich ihnen etwas Brod u. s. w. hinausschickte, machten sie tiefe Verbeugungen und setzten sich zusammen, um zu speisen; sie holten dazu ihre flaschenförmigen Kürbisse voll Wasser hervor, die sie mit ihren Ueberziehern zugedeckt hatten, um sie vor der Hitze zu schützen. Aber sie brachten damit nicht lange zu; sie aßen das Brod, standen dann sofort wieder auf und arbeiteten weiter; nur am Nachmittag unterbrachen sie ihre Arbeit zweimal, um ihre gewöhnlichen Gebete zu sprechen, wobei sie sich auf die frisch umgegrabene Erde streckten.

„In derselben Richtung liegt auch ein mit einer Mauer umgebener Raum, in welchem sich Baracken befinden. Aus letzteren kam eine Compagnie Fußsoldaten in rothen Röcken hervor, die ein Hauptmann in Blau führte. Ihre Uniform sieht echt morgenländisch aus: lange Röcke, die bis unter die Knice reichen und an den Kanten, sowie um die Schnitte an den Seiten herum schwarz besetzt sind; weite Hosen, ebenso, und eine kegelförmige, blaue Mütze mit rother Spitze; an der Seite ein krummer Säbel, an einer Kuppel, die gedrängt voll Taschen und Flaschen hängt. In regelrechtem Zuge zu marschiren, davon haben sie keinen Begriff; sie laufen zerstreut dem Hauptmann nach.

„Am Nachmittag kam für den Munshi ein Pferd mit schönem Sattelschmuck, und er wurde mit in das Fort genommen, um dem Könige für dasselbe „Allaho-akber“ zu sagen. Er that dies, wie schon früher, von ferne. Die Satteldecke ist von Tuch mit chinesischer Seidenstickerei.

„Der Yuzbashi hatte das Fieber. Ich gab ihm Chinin.

„Montag, den 12. April. — Heut Morgen machte ich dem Könige einen Abschiedsbesuch. Ich wurde in das Fort und durch eine breite Gasse, die mit blanken Mauern eingefaßt war, an das Thor der „Urda“ gebracht. Als ich hier eintrat, sah ich am Ende des einen Hofes den König am Fenster eines Zimmers sitzen. Ich mußte wie gewöhnlich mich ihm gegenüber setzen, und er sagte, ich solle es mir bequem machen. Der Dolmetscher wurde herbeigerufen; wir erkundigten uns gegenseitig nach dem Befinden und hatten dann wieder ein langes Gespräch, das ich

unmöglich ganz wiedergeben kann. Er sagte, er wolle einen Ge=
sandten mit mir schicken, einen Sayad hohen Ranges. Wir soll=
ten gehen, sobald die jungen Früchte der Aprikosen sich bildeten;
dies sei die Zeit, wo die Pässe frei seien. (Ich muß hier die
Bemerkung einschalten, daß die Muselmänner, da ihre Mond=
Monate in einem Zeitraume von zweiunddreißig Jahren durch
alle vier Jahreszeiten laufen, die Jahreszeiten nicht mit den
Monatsnamen bezeichnen können, sondern irgend einen Vorgang
in der Natur, sei es die Erntezeit, oder das Reifen einer gewissen
Frucht, oder, wie im vorliegenden Falle, das Ansetzen der Frucht,
als Führer und Merkmal nehmen müssen.) Er theilte mir mit,
daß er von Yârkand, von Shahidulla, von Tibet und von Kash=
mir, Couriere werde zurücksenden lassen, die über mich und über
den Fortgang unserer Reise Nachricht bringen sollten. Dann
fragte er mich: „Soll ich dem Maharaja von Kaschmir einen
Brief senden? Was rathen Sie?" und bog sich dabei vor, um
in meinem Gesicht nach der Antwort zu forschen. Ich versuchte
mich zu entschuldigen, daß ich keine geben könne; da er aber in
mich drang, erwiderte ich: „Es steht natürlich ganz in Ihrem
Belieben; aber ich bin der Meinung, daß große Könige sich nicht
herablassen sollten, tributpflichtigen Fürsten Briefe u. s. w. zu
senden." Er ging sofort wieder von der Sache ab und sagte:
„Mehr wollte ich nicht wissen. Ich werde einen Mann mit
Ihnen senden, der unter Ihrem Befehle stehen wird, und den
Sie von Kaschmir zurücksenden sollen, sobald Sie es für passend
halten. Dann fragte er, ob er, wie er bisher gethan habe,
in Kaschmir einen Kaufmann als Nachricht=Schreiber halten
solle. Ich antwortete: „Auf alle Fälle, und ich hoffe, Sie wer=
den auch bald einen Vertreter in Lahore haben, durch welchen
sich gegenseitige Mittheilungen machen lassen." Dies Alles sagte
ich erst, nachdem ich mich lange gesträubt und gegen ihn ge=
äußert hatte, daß solche Dinge mich nichts angingen, und daß er
darin seinem eigenen Urtheil folgen müsse. Aber er berief sich
auf unsere besondere Freundschaft und sagte: „Sie kennen Hin=
dostân genau u. s. w., und was nützt es einen Freund zu haben,
wenn er in Dingen, die er kennt, keinen Rath geben will?"
Dann sprach er noch weiter über die Größe der Malika Sahib
(der Königin), und daß sie der Sonne gleich sei, die Alles er=

wärmt, worauf ihre Strahlen fallen. (Hier kam der Dolmetscher
in eine üble Lage; nach seinen indischen Vorstellungen ist die
Sonne ein Feind, dem man ausweichen muß, und der Schatten
für das Leben der größte Segen, und er verwickelte sich in ein
Bild, nach welchem die Sonne ihren Schatten auf den Menschen
wirft!) Der König fuhr fort, er sei nicht werth der Freund einer
so großen Herrscherin zu sein, aber er hoffe, es werde ihm vielleicht gestattet sein in ihren Strahlen sich zu wärmen. Er wünsche
freundschaftliche Beziehungen mit uns, da er von Feinden und
eifersüchtigen Mächten umgeben sei.

„Dann kam er wieder auf seine Freundschaft gegen mich zu
sprechen. Ich erwiderte, mein Herz sei mit dem seinigen verknüpft, und ich würde meinen Landsleuten von seiner liebreichen
Gesinnung und freundlichen Behandlung erzählen. Er sagte:
„Senden Sie ja recht oft einen ihrer Diener, irgend einen
Munshi, zu mir. Schreiben Sie mir, wie Sie sich befinden,
und ich werde Ihnen Nachricht von mir senden. Bitten Sie mich
auch um Alles, was Sie etwa aus dem hiesigen Lande brauchen;
es steht Ihnen Alles zu Diensten." Ich erwiderte, ich würde
es sicherlich thun u. s. w. Während dieses ganzen Gesprächs
war er noch freundlicher als gewöhnlich; er lächelte fortwährend
und bog sich vertraulich herüber, um selbst mit mir in leichtem
Persisch zu sprechen; bei jedem Satze fragte er: „Mâkul, Shaw
Sahib?" („Verstehen Sie?") Sein ganzes Benehmen gegen
mich ist höchst zuvorkommend und freundschaftlich; alle ge-
zwungene Würde oder Zurückhaltung setzt er bei Seite. Endlich
nach dem Thee wurde mir ein Gewand angelegt; er nahm ganz
liebevoll Abschied, ergriff meine Hand mit seinen beiden und hielt
sie, während er mir glückliche Reise wünschte und mich Gottes
Schutz empfahl. Dann sagte er, mit ausgestreckten Händen, ein
arabisches Gebet für meine Sicherheit und den glücklichen Erfolg
meiner Reise her, und strich sich unter einem „Allaho-akber" mit
den Händen über das Gesicht bis zum Barte herab. Der Dolmetscher, Ghulâm Khâdir, wurde mit mir in meine zeitweilige
Wohnung zurückgesandt, um Andeutungen in Bezug auf Geschenke für unsere Königin niederzuschreiben, deren schriftliche
Mittheilung ich ihm hatte versprechen müssen.

„Ghulâm Khâdir setzte sich und sprach mit mir. Er ist

ein Pathan aus Rampore und verließ Indien zur Zeit des
Krieges Hari-Sing's unter Rânjit-Sing. Er war in Kabul
während der englischen Occupation und erzählte, wie ein Engländer eine kleine Kupfermünze für eine Rupi gekauft habe.
Ich setzte ihm aus einander, daß die Kupfermünze wahrscheinlich
eine sehr alte gewesen sei, und der Engländer sie deshalb so
theuer bezahlt habe. Ghulâm Khâdir hat seitdem in Shahr-i-
Sabz, Bokhâra, Khokand (wo er gegen die Russen kämpfte) und
dann hier gedient. Er sagte, der hiesige König möchte sehr gern
mit England in freundschaftlichen und commerziellen Verkehr
treten, und er glaube, derselbe werde jetzt einen großen Auf-
schwung nehmen, theils wegen der neuen englischen Straße,
theils wegen der Unterstützung von Seiten des Atalik-Ghâzi. Ich
antwortete, ich hoffte es ebenfalls, ohne von der Erwähnung unserer neuen Straße seinerseits Notiz zu nehmen, obwohl ich wußte,
auf was er hinzielte. Er fuhr fort: „Es liegt noch ein großes
Hinderniß im Wege, der Räuberstamm der Kanjutis; wenn aber
die Engländer die ganze Straße entlang mit dem Bau ihrer
Forts fertig sind" (er gebrauchte das Wort „Thanna", das eine
befestigte Polizeistation bedeutet), „so wird man sich vor ihnen
nicht fürchten." Ich sagte: „Welche Forts?" Er erwiderte:
„Oh, es ist ein vortrefflicher Plan und wird die Straße für
Karawanen ganz sicher machen." Ich sagte: „Ich weiß nicht,
was Sie meinen!" Nachdem er sich lange gesträubt, mit der
Sprache herauszugehen, und vielmals wiederholt hatte, daß die
Sache höchst wünschenswerth sei, sprach er endlich offen aus, es
gehe das Gerücht, daß die Engländer eine neue Straße nach
Turkistân entlang, die sie eben eröffneten, in gewissen Zwischenräumen kleine Forts bauten. Ich lachte und sagte: „Ach, die
neue Straße, auf der ich gekommen bin? Da draußen in der
Wüste gibt es sicherlich keine Forts." Er entgegnete: „Ja, eines
davon ist in Shahidulla." Ich rief aus: „Ach, das meinen
Sie. Das Fort in Shahidulla wurde während der Yârkandischen Unruhen vom Maharaja von Kashmir gebaut. Wenn der
Lord Sahib hört, daß der Maharaja einen solchen Uebergriff auf
die turkistânische Grenze gemacht hat, wird er sehr böse werden."

„(Dies war von Seiten meines Freundes Ghulâm Khâdir
ein sehr feiner Schachzug gewesen. Er glaubte, er hätte mich

in ein Dilemma gebracht; denn entweder mußte ich sagen, die
Engländer wären für Handlungen des Maharaja in keiner Weise
verantwortlich, woraus folgen würde, daß er England keinen
Gehorsam schuldig sei, und davon hatte ich soeben dem Könige
das Gegentheil gesagt, oder ich mußte gestehen, daß die Erbauung
des erwähnten Fort auf Yârkandischem Gebiete ein britischer
Uebergriff sei.)

„Ghulâm Khâdir fiel mir ins Wort und sagte: „Sie ver=
stehen mich falsch; es ist sehr wünschenswerth, daß Ihre Regie=
rung Forts baut, um die Straße zu schützen. Sie sollte auch
einen Feldzug gegen die Kanjutis machen und sie bewältigen.
Eine solche Eroberung auszuführen, würde für die Engländer
nur eine Kleinigkeit sein.“ Ich erwiderte: „Es ist sehr unwahr=
scheinlich, daß unsere Regierung sich in die Angelegenheiten eines
Staates mischt, der jenseits des Gebietes des Maharaja und an
den Grenzen, ja sogar zum Theil innerhalb der Grenzen Tur=
kistâns liegt. Das ist Etwas für den Atalik=Ghâzi, und ich hoffe,
er wird den Plan, den er, wie ich hörte, gefaßt hat, durchsetzen
und die Kanjutis von dem Yârkand=Strome vertreiben.“ Ghulâm
Khâdir erwiderte: „Gegenwärtig ist er zu sehr beschäftigt, als
daß er sich in einen Gebirgskrieg einlassen kann.“ Ich sagte:
„Auf jeden Fall sind hierin die Interessen Englands mit den=
jenigen des Atalik=Ghâzi identisch. England trägt kein Verlangen,
den Himalaya zu überschreiten, und es liegt in seinem Interesse,
daß nördlich von diesem Gebirge eine starke und freundschaftliche
Macht existirt. Es würde dadurch in jeder Hinsicht gewinnen, und
mir würde es um des Handels willen sehr lieb sein, wenn der
Gesandte des Atalik=Ghâzi mitkäme.“

„Er sagte: „Nun muß ich mich entfernen, sobald Sie auf=
geschrieben haben, welche Geschenke für die Königin passen.“
Hierauf mußte ich nothwendig eine Antwort geben; ich erwiderte
daher unbestimmt, daß es am angenehmsten und passendsten sein
würde, Gegenstände zu senden, die dem hiesigen Lande eigenthüm=
lich und nicht allzu groß seien. Darauf schrieb er ein Verzeichniß
von Produkten der hiesigen Gegend nieder — Jade, Seidenstoffe
u. s. w. u. s. w. Er entfernte sich mit dem Versprechen, sobald
er könne, wiederzukommen, womöglich, ehe ich aufbräche. Aber
er ließ sich nicht wieder sehen, und wir reisten fast unmittelbar

darauf ab. Wir ritten durch den Bazär von Yang-Hissâr und dann weiter nach Toblok. Am Abend ging ich hinaus und orientirte mich über die Gebirge; man sieht von hier aus eine merkwürdige Einsenkung, durch welche nach Juma's Angabe ein Paß nach Kolab und Badakhshan führt.

„Von Toblok nach Kizil und weiter nach Aklangar, Dienstag, den 13. April. — Ehe wir Kizil erreichten, zogen wir durch einen zerstörten Urtang*) der Khatais, wo sich an den Mauern der Urba**) und der Budh-Khana***) große Zeichnungen chinesischer Götter befanden; die Figuren waren jedoch alle verunstaltet. Der Mahrambashi seufzte beinahe auf diesen Trümmern, da er sich der Vergnügungen erinnerte, die sie hier immer gehabt hatten, der Trinkgelage u. s. w. So wagt er jedoch nicht zu sprechen, wenn andere Muselmänner zugegen sind.

„Von Kizil nach Norden sieht man zwischen den niedrigen Sandhügeln hindurch eine Kette hoher Schneeberge.

„Als wir das Dorf hinter uns hatten, orientirten wir uns in der Gegend. Bis Kizil, wohin der Yuzbashi vorausgegangen war, hatten wir einen heißen Ritt. Wir kehrten in den alten Quartieren ein und saßen am Nachmittag unter einem am Teiche stehenden Baume. Am Abend orientirten wir uns wieder in der Gegend. Wir sprachen über die Schwierigkeiten der Route nach Ladâk zurück: über den Mangel an Gras und den heftigen Wind im Karakôram-Li. Juma erörterte, auf welche Weise wir am besten vorwärts kämen; er sagte mit der ernsthaftesten Miene: „Was den kalten Wind betrifft, den können wir für vierzig Tangas los werden; in Yârkand ist ein Mullah, der wird uns eine Zauberformel schreiben, die wir mitnehmen können. Wir Träger thun dies alle, und der Mullah irrt sich nie." Selbst der Munshi und Chumâru brachen darüber in ein Gelächter aus, aber Juma versicherte sie, es sei in allem Ernste wahr. Am Abend machte der Yuzbashi den Vorschlag, wir wollten des Nachts in einer Araba nach Aklangar fahren, um nicht bei Tage in der Hitze über die wasserlose Wüste reiten zu müssen. Ich stimmte

---

*) Ein Urtang ist eine chinesische Militärstation.
**) Urba ist ein Gerichtshaus oder Justizpalast.
***) Budh-Khana ist, wie die Muselmänner es nennen, ein Götzentempel.

bei, stellte aber den Antrag, daß wir lieber reiten wollten. Von Ala Akhund, meinem Mahrambashi, und Koblan (dem Yasâwal), die nach Kâshghar zurückkehren sollten, nahmen wir hier aufs Herzlichste Abschied und gaben Jedem ein Gewand, einen Turban und zwei oder drei Tillahs. Dem Ala Akhund standen bei der Trennung von mir die Thränen in den Augen. Gegen 8½ Uhr Abends brachen wir auf: voran ritt ein Mann, um uns den Weg zu zeigen. Die Nacht war kühl. Der Vorreiter wurde vielfach gebeten, während wir ritten, Geschichten zu erzählen, um der Reisegesellschaft die Zeit zu vertreiben; er gab die Geschichte von einem Tiger und einem Könige zum Besten. Wir erreichten Aklangar um 11½ Uhr Nachts (wir hatten wie gewöhnlich in drei Stunden drei Tash zurückgelegt). Ich breitete mein Bettzeug aus (das Juma hinter sich auf dem Pferde hatte) und schlief auf dem Fußboden.

„Ala Akhund beschrieb ein merkwürdiges Ding, das wie ein Doppelfernrohr war und das er in der Schatzkammer des Königs gesehen hatte. Man steckt ein Stückchen Papier hinein, sagt er, auf dem sich einige Kritzel befinden, und sieht sofort wirkliche Männer und Frauen, Kanonen und Pferde u. s. w. Er beschrieb auch die Ausstattung eines europäischen Zimmers, Sophas u. s. w., die er auf diese Weise gesehen hatte. Juma meint, es sei ein Stereoskop, das der russische Gesandte mitgebracht habe.

„Von Aklangar nach Kokhrobât, Mittwoch, den 14. April. — Um 6½ Uhr Abends brachen wir auf und ritten in der Kühle nach Kokhrobât hinein. Der Yuzbashi verkündete, daß wir nun wieder in sein eigenes Gebiet (er meinte das Gebiet des Dâd-Khwâh) gekommen seien und uns Vergnügen machen könnten, wie es uns gefiele: wir könnten in den Bazârs, den Feldern oder den Gärten umhergehen, wie es uns beliebe. Wir trafen den Beg von Kokhrobât und einen Yasâwal Panjâbashi, den der Shaghâwal mir bis hierher entgegen gesandt hatte. Der Yuzbashi ging mit mir hinaus, um einen Spaziergang zu machen, verließ mich aber, als er einige Reiter die Straße herkommen sah; ich ermittelte, daß es Mohammad Isâk war, der sich nach Yang-Hissâr begab, sah ihn aber nicht. Wir kehrten in dem Städtchen in einem Hause ein, nicht in meinem alten Quartier, der Urda.

21*

„Am Abend kamen der Yuzbaſhi, der Yaſâwal und der Beg und blieben bei mir ſitzen. Der Beg iſt ein Hajji; er hat die Türkei u. ſ. w. beſucht. Wir ſprachen lange über Iſtambul und Aegypten, den ruſſiſchen Krieg u. ſ. w. Er ging über Bokhâra, Perſien, Trebizond (wo er neun Tage lang eingekerkert wurde) nach Iſtambul. Er erwähnte die Belagerung von Varna und die Einnahme von Sebaſtopol durch die Engländer, die er auch „Lanwar" (?Londoner) nennt. Es kommt Einem ganz wie zu Hauſe vor, wenn man einen Mann trifft, der alle dieſe Orte und Ereigniſſe kennt. Er erzählte dem Yuzbaſhi, daß der Sultan ein großer Freund der Malika (der Königin) ſei, und beſtätigte Alles, was ich bisher in dieſer Beziehung mitgetheilt habe. Er fuhr, wie er ſagt, für 1 Tillah auf der Eiſenbahn in wunderbar kurzer Zeit von Miſr (Kairo) nach „Sikandar Aden" (Alexandria). Nach ſeiner Behauptung befindet ſich in jeder Stadt Rums ſowohl ein Feringi= als auch ein Turki-Gouverneur. Der Yuzbaſhi freut ſich ſehr darüber, daß meine Mittheilungen beſtätigt werden.

„Sâdu Khoja ſagt, er habe hier einem großen Geſecht zwiſchen den Chineſen und den ſieben Khojas beigewohnt. An dem großen Teiche ſeien viele Muſelmänner überfallen und umgebracht worden. Die Bäume ſind alle (faſt) belaubt, und an der Pfirſiche und Apvrikoſe bilden ſich die jungen Früchte.

„Wir trafen eine Karawane von Kameelen, die mit großen Cylindern zuſammengepreßten Thees von drei bis vier Fuß Länge und einem Fuß Durchmeſſer beladen waren. Man ſagt mir, ſie würden nach Yârkand zurückgebracht, nachdem man ſie ohne Erfolg anderswohin zum Verkauf geſandt habe. Die Turks lieben den gepreßten oder „Ziegel"=Thee nicht.

„Von Kohrobât nach Yârkand, Donnerſtag, den 15. April. — Um 6 Uhr früh brachen wir auf, außer dem Yuzbaſhi und ſeinen Leuten von dem Yaſâwal Panjâbaſhi escortirt. Wir trafen eine Abtheilung Reiter (gegen hundert Mann), die Dienerſchaft des neuen Hâkim von Yang-Hiſſâr, der ſchon weiter geritten war. Er war in letzter Zeit Oberzollbeamter in Yârkand. Dann kam der Kotwal oder oberſte Polizeibeamte von Yârkand, der dem Könige ſeine Aufwartung machen will. Später begegneten uns mehrere Fürſten und Leute aus Kuché und Akſu (unter Anderen der Alam oder oberſte Religionslehrer):

sie hatten seit der Einnahme der genannten Städte, wo sie die
Führer der Opposition gegen den Atalik-Ghâzi gewesen waren,
in Dârkand im Gefängniß gesessen, oder vielmehr unter polizei-
licher Aufsicht gestanden. Sie sind eben wieder freigelassen
worden.

„In einem Dorfe hielten wir an, um zu frühstücken. Hier
wäre beinahe eine traurige Geschichte vorgekommen. Während
ich mit dem Ajuzbaschi und Panjâbaschi dasaß, brachte mir Chumâru, einer meiner Guddis, Etwas, um das ich ihn gebeten hatte.
Der Ajuzbaschi, der gegen meine Leute immer sehr gutmüthig ist,
machte den Panjâbaschi auf Chumâru aufmerksam und stellte
Letzteren als eine Art Natur-Seltenheit dar; er lachte und sagte:
„Sehen Sie, da ist ein Hindu, eine Sorte Menschen, die nicht
mit anderen Menschen essen wollen.“ Der minder freisinnige
Panjâbaschi sah den Chumâru verächtlich an und fragte ihn in
ziemlich rauhem Tone: „Sind Sie ein Hindu?“ Chumâru kam
auf unerklärliche Weise oder durch die Gutmüthigkeit des Ajuzbaschi verleitet, auf den Einfall, lachend zu antworten: „Nein,
ich bin ein Muselmann.“ Die beiden Officiere sprangen sofort
in großer Erregung auf und schrieen: „Er hat es mit eigenen
Lippen gesagt, er ist ein Muselmann“, und wandten sich dann
zu mir mit den Worten: „Wir sind Beide Zeugen, daß er es
gesagt hat.“ Ich blieb ruhig, stellte mich, als ob ich das Alles
für eine Fortsetzung des Scherzes hielte, und antwortete lächelnd:
„Ja, ich habe es auch gehört, die Sache ist daher jetzt abgemacht.
Aber kommen Sie, ich warte auf das Frühstück, es wird sonst
kalt.“ Sie machten ein ziemlich erstauntes Gesicht, setzten sich
aber nieder, obgleich sie noch immer in Aufregung waren und
über die Sache weiter sprachen. Ich lenkte das Gespräch allmälig
auf andere Gegenstände und besonders auf ein Paar untrügliche
alte Scherze, mit welchen ich den Ajuzbaschi stets zum Lachen
brachte. Aber ich muß gestehen, daß ich eine Zeit lang sehr un-
ruhig war, da ich wußte, wie streng die fanatischen Muselmänner
Central-Asiens in religiösen Dingen sind. Hat ein Mensch sich
einmal zum muselmännischen Glauben bekannt, und sei es auch
nur dadurch, daß er zufälliger Weise das Glaubensbekenntniß
hersagt, oder selbst dadurch, daß er blos „Ja Khuda“ spricht (was
dem gewöhnlichen Ausrufe „mein Gott“ gleich kommt), so lassen

sie ihn nicht wieder, wie sie es nennen, in den Götzendienst verfallen, sondern zwingen ihn, zwischen dem Islâm oder dem Tode
zu wählen. Der Yuzbashi sagte mir später, Chumâru sei nur
mit genauer Noth davongekommen; es sei ein Glück gewesen, daß
nur er und der Panjâbashi zugegen waren, so daß sie aus Rücksicht auf mich die Sache vertuschen könnten, ohne daß sie dem
Kâzi zu Ohren käme.

„Nach diesem kleinen Zwischenfall zogen wir weiter und
warden später mit einem von Yârkand herausgeschickten Dastar-
khân bewirthet. Gleich darauf traf uns ein Tâjik-Officier, Namens Tash-Khoja, aus Khojend, den der Dâd-Khwâh sandte, um
mich nach Yârkand hinein zu geleiten. Er zeigte mir sein Gewehr;
es war ein einläufiges mit den Zeichen der englischen Regierung,
dem V, der Krone und dem aufgerichteten Löwen. Es war in
Yârkand neu geschäftet worden.

„Die Gegend, durch die wir zogen, glich einem Garten; die
Bäume waren alle völlig belaubt (da es hier wärmer als in
Kâshghar ist), und die Obstgärten standen in Blüthe.

„Ich wurde in mein früheres Haus geführt und mußte dort
wieder von einem Dastar-khân essen, dem fast ein Dutzend warme
Gerichte folgten. Hierauf besuchte ich den Dâd-Khwâh und wurde
von ihm höchst freundlich empfangen. Der Dâd-Khwâh kam mir
entgegen und umarmte mich ganz herzlich; er sagte, er freue sich
sehr, daß er mich wiedersehe, und es thue ihm sehr leid, daß er
mich in Kâshghar nicht gesehen habe. Als wir von meinem dortigen Besuche sprachen, erzählte er eine Fabel.

„Salomo, der die Sprache aller Geschöpfe verstand, hörte
zufällig, wie der König der Würmer seine Unterthanen vor ihm
(Salomo) warnte und ihnen sagte, sie sollten ihm nicht zu nahe
kommen, sonst werde er sie zerquetschen. Salomo lud den Wurm-
könig vor sich und fragte nach dem Grunde dieser Lüge. Der
König der Würmer antwortete: „Wenn sie sich Dir nahten und
Dich sähen, Salomo, würden sie vor mir nie wieder Ehrfurcht
haben!"

„Ich lachte über das Gleichniß, das ohne alle Auslegung
mitgetheilt wurde, und antwortete, obgleich der Atalik-Ghâzi viele
Freundschaft und großes Wohlwollen gegen mich gezeigt habe, so
sei doch er (der Dâd-Khwâh) mein erster Freund und habe daher

in meinem Herzen den Vorrang. Nachdem wir noch mehr der
Art gesprochen hatten, sagte ich: „Nach so langer Abwesenheit
wollte ich Ihnen gern sofort meinen Besuch abstatten, aber jetzt
will ich Sie nicht länger von Ihren Amtsgeschäften abhalten.“
Er erwiderte: „Nein, nein, ich beklage nur, daß Sie mich nicht
oft genug besuchen.“ Ich antwortete: „Sie sind so freundlich,
dies zu sagen; aber wenn auch der eine Freund dem andern
gegenüber nicht aussprechen kann, daß er gerade viel zu thun
hat, so muß der andere doch von selbst Einsicht haben und nicht
all zu viel Zeit in Anspruch nehmen.“ Das war ihm sehr ange=
nehm. Als wir uns entfernten, empfingen ich und der Munshi
die üblichen Gewänder, und gleich darauf kam Tash=Khoja und
brachte noch mehr Gewänder u. s. w.

„Zu meiner Umgebung gehören der frühere Panjábashi
Dáda=Khan und der alte Sádu=Khoja. Es kommt mir gerade vor,
als wäre ich wieder zu Hause; Jedermann ist höchst freundschaft=
lich. Alle Augenblicke erkennen und grüßen mich Freunde.

„Am Abend sprach ich mit dem Panjábashi Dáda=Khan über
ein Ueberbleibsel aus dem Alterthum, das sich an der Straße
von Káshghar nach Khokand finden soll. Es liegt, wie er sagt,
an einer Stelle, die man „Arawan“ nennt, drei Tash (oder fünf=
zehn englische Meilen) jenseits Ush und besteht aus einer Flucht
alter Stufen, die in den Felsen gehauen sind und zu einer Höhle
mit sehr engem und kleinem Eingange hinaufführen. Die Höhle
ist sehr umfangreich und scheint ein richtiges Labyrinth zu sein.
Die Stufen sind unter dem Namen „Chihil=Situn“ oder „die
vierzig Stufen“ bekannt. Traditionen über dieselben haben die
Eingebornen nicht; sie wissen nur, daß sie sehr alt sind.

„Der Yuzbashi zeigte mir ein Gewehr, daß der König dem
Dád=Khwáh gegeben hat; es ist eines von den meinigen. Der
Dád=Khwáh hat sich zu demselben ein Pulverhorn von Silber
machen lassen; es ist genau nach einem gewöhnlichen Pulverhorn
gefertigt, das ich ihm gab. Die Arbeit ist vortrefflich, Schrau=
ben, Federn und Alles vollständig. Auch kleine silberne Pfröpse
mit silbernen Ketten, um die Mündungen des Gewehrs zu schlie=
ßen, hat er sich machen lassen.

„Yârkand, Freitag, den 16. April. — Am Morgen
kam der Yuzbashi und verkündete, daß der Dád-Khwáh soeben

von Shahidulla Nachricht erhalten habe, daß meine Karawane
dort angelangt sei.

„Ich hatte Besuch von den beiden Guddis. Sie sagen, die
Kaschmiris seien voller Versicherungen gewesen, daß ich und meine
Begleitung nie von Kâshghar zurückkehren würden, und daß man
auch die hinduischen Händler nie fortlassen werde. Tara Sing
hat Nachricht erhalten von dem glücklichen Erfolg unsres Grenz=
Krieges in Hazâra. Man erzählte mir die Geschichte eines Hindu,
der dieser Tage Muselmann wurde und sich dann beklagte, daß
er Nichts dafür bekommen habe — er wagte sogar dem Dâd=
Khwâh zu sagen, daß er Geld u. s. w. erwartet habe. Der Dâd=
Khwâh entgegnete: „Gehen Sie hin und holen Sie einen Beu=
tel, um die Tangas hinein zu thun.” Als der Mann fort war,
zog der Dâd=Khwâh Erkundigungen ein und erfuhr, daß derselbe
schon früher in Badhashe sich zum Islâm bekannt, aber sein Be=
kenntniß widerrufen habe; ebenso hörte er, daß er jetzt erklärt
habe, er werde zum zweiten Male Hindu werden, da er Nichts
dafür bekäme, daß er Muselmann geworden sei. Der Dâd=Khwâh
ließ ihn verhaften, und seitdem hat man Nichts von ihm gehört.
Man weiß nicht, ob er hingerichtet wurde oder nicht.

„Yârkand, Montag, den 19. April. — Mein Pony
„Rover” (Umherschwärmer) ist zurückgebracht worden — er sieht
ungemein gut aus. Ich gab dem Oberstallknecht einen Turban
und einen Tillah.

„In Andijân werden, wie der Panjâbashi sagt, glatte Hunde
ohne Magen und mit langen Nasen zum Niederhetzen des Wil=
des verwendet! (Er meint offenbar Windhunde.) Auch behaarte
kleinere Hunde, mit sehr großen buschigen Schwänzen (Wachtel=
hunde) benutzt man, um die Fasane in den Jungeln aufzutreiben,
die dann von den abgerichteten Falken getödtet werden.

„Yârkand, Dienstag, den 20. April. — Heut Morgen
traf Tashi den Sohn des alten Mannes von Sanju. Er erzählt,
daß meine ganze Karawane in Yepchang jenseits des Karakôram
geblieben, da die Hälfte der Pferde todt sei und die sämmt=
lichen Leute bis auf zwei vom Frost gelitten hätten. Er hat die
Nachricht dem Dâd=Khwâh gebracht; als ich aber den Yuzbashi
fragte, was aus den Gütern geworden sei, wußte er nichts Neues

darüber; ich kann daher keine Schritte thun, weil ich dadurch meinen Berichterstatter verrathen würde.

„Juma, der abwesend war und die in Schmäusen bestehende Ceremonie vollzog, die der in Leh erfolgte Tod seiner Mutter erforderte, brachte mir einen auf Argun-Art bereiteten Pilao mit; er war sehr gut; es gab dazu verschiedenerlei Saucen.

„Sâdu Khoja erinnert sich noch der Ermordung Schlagint-weit's und sagt, Wallé Khan habe gewöhnlich jeden Tag fünf bis zehn Menschen hinrichten lassen, meistens „bégunah", ohne Schuld.

„Chumâru sagt, in der Stadt drängten sich die Menschen zusammen wie die Beeren an einer Weintraube, und wenn es in Indien wäre, würden sie bald durch irgend eine Seuche hin-weggerafft werden.

„Den 21. April. — Die Guddi-Kaufleute haben sich heut eingefunden, um den Abend mit meinen Guddi-Dienern zu ver-bringen. Sie stimmen Alle in der Ansicht überein, daß die Stadt Yârkand ebenso viel Einwohner hat wie Amritsar, obgleich sie nicht so viel Flächenraum einnimmt. Sie sagen, zwischen Kar-galik und Guma führe die Straße durch einen Strich Wüste, der kein Wasser habe und dreißig Meilen breit sei; die Straße be-zeichnen Stangen, die man dreißig bis vierzig Meter von einan-der aufgestellt hat; sonst würde sie nach einem Sandsturme nicht mehr zu erkennen sein. Jenseits Guma gibt es überall Dörfer und wird viel Landbau getrieben. Khoten beschreibt der Guddi Chinju folgendermaßen. Die Stadt hat 125 Moscheen. Die Ge-gend ist besser angebaut als Yârkand. Auch die Stadt ist voller Gärten. Berge sind nicht zu sehen. Innerhalb der Stadt ist eine alte Mauer mit vier Thoren. Außerhalb ist eine neue Mauer, die Hajji Habibullah in vierzehn Tagen gebaut hat. In Kiria gibt es sechs Goldbergwerke. In der Provinz Khoten liegen noch sieben andere große Städte, von welchen Ilchi die größte ist.

„Als der Guddi Chinju die Stadt Khoten betrat, sagte er zu seinem muselmännischen Diener, er solle sein Pferd durch die Stadt führen, er wolle zu Fuße gehen. Der Diener entgegnete: „Machen Sie sich durchaus keine Sorge, reiten Sie weiter, es wird Ihnen Niemand etwas thun." Er ritt daher weiter; gleich

darauf hörte man die Anbijânis murmeln: „Hindu, Hindu!"
Endlich traten sie an ihn heran und sagten: „Wer sind Sie, und
wo kommen Sie her?" Er erwiderte: „Ich bin ein Hindu und
komme eben von Yârkand, um Handel zu treiben." Sie fragten:
„Haben Sie einen Diener?" Er antwortete: „Ja, er ist hinten."
Da sagten die Anbijânis zu einander: „Laßt uns den Diener
festnehmen und vor den Kazi bringen. Dieser Hindu ist hier
fremd und kennt die Verordnung nicht, daß kein Hindu in den
Gassen reiten darf, sein Diener aber hätte es ihm sagen sollen
und wird wohl, weil er es nicht gethan hat, bestraft werden."
„Ich sprang sofort vom Pferde", sagt Chinju, „und bat sie für
meinen Diener um Gnade; mit vieler Mühe ließen sie sich endlich bewegen."

„Auf dem Wege nach Khoten traf er den Beg von Khoten
und dessen Gefolge, die sich nach Kâshghar begaben. Sobald er
sie erblickte, stieg er ab. Als sie an ihn herankamen, hielt der
Beg an und fragte, wer er sei. Er antwortete, er sei ein Hindu
und wolle nach Khoten, um sich dort zwei „Rotis" (zwei Brode)
zu verdienen, worauf der Beg sagte: „Nun, gehen Sie hin, ich
wünsche Ihnen Glück, aber sehen Sie sich vor und trauen Sie
nicht Jedermann. Ehe Sie Ihre Waaren hingeben, lassen Sie
sich erst Ihr Geld bezahlen. Denn wenn man Sie beschwindelt,
so werden wir zwar den Verbrecher verhaften und sein Haus
und Eigenthum verkaufen, um Sie zu bezahlen; wenn er aber
Nichts hat, wie können Sie dann befriedigt werden?"

„Hierauf fragte der Beg: „Haben Sie kein Pferd bekommen?" Der Guddi erwiderte: „Ich habe ein Pferd, um, wenn
ich müde werde, zu reiten; als ich aber Eure Excellenz sah, stieg
ich ab." Der Beg entgegnete: „Nein, nein, steigen Sie wieder
auf; in der hiesigen Gegend kann Niemand zu Fuße gehen; sitzen
Sie daher wieder auf und setzen Sie Ihre Reise in aller Bequemlichkeit fort."

„Wie Chinju sagt, beklagen sich die dort befindlichen ausländischen Soldaten, daß sie keinen Sold bekämen.

„Das Gold ist ein Monopol der Regierung; Privatleute
dürfen keines von Khoten ausführen.

„Yârkand, Sonntag, den 25. April. — Der alte
Khansama und Suba kamen am Morgen wirklich an. Sie er-

zählen, wie sie unterwegs aufgehalten wurden. Sie erreichten nicht einmal Lingzi=Tang; ihr Führer führte sie in den Thälern westlich von Chang=Chenmo in der Irre umher, bis vier Pferde starben. Nach dieser Verzögerung entdeckten sie, daß ihre Lebens= mittel nicht mehr hinreichten; sie schickten daher nach Tanksé zurück, um mehr Proviant holen zu lassen. Der Kardar weigerte sich, ohne Befehl von Leh Etwas zu geben; der Khansama brachte daher die Güter nach Tanksé zurück und ging selbst nach Leh. Er trieb Geld auf und schoß es Mominth Argun vor, um frische Pferde zu kaufen, kam, nach vieltägiger Verzögerung in Ladāk und noch weiterem Aufenthalt in Tanksé, auf einem Um= wege um den Shayok herum, mußte aber die Güter am Fuße des Karakôram=Passes lassen, da die Bhots, die man geschickt hatte, um die Ladungen hinüberschaffen zu helfen, nicht weiter mitgehen wollten und umkehrten.

„Ich erhielt ein Packet Briefe und Zeitungen vom Sep= tember.

„Der alte Khansama und Suba kamen herein und umschlan= gen meine Füße — sie schluchzten wie auf dem Theater, daß sie wohlbehalten angekommen seien, hätten sie nur meinem „Ikbāl" (Glück) zu danken!

„Yârkand, Montag, den 26. April. — Der Shaghā= wal sendet Truppen nach Sarikol: er gibt ihnen Geld, Röcke, Pferde u. s. w. Wie der Panjābashi sagt, sollen dieselben blos die jetzt dort befindlichen Occupationstruppen ablösen. Er behaup= tet, einen See Sarikol gäbe es nicht, und er sowohl als Sādu Khoja versichern, die letzte Silbe des Wortes sei von „Kol", „der Sklave", nicht von „Kül", „der See", abgeleitet. Die Aus= sprache dieser beiden Wörter ist ganz verschieden. Die Sarikolis sind Tajiks, sprechen aber einen andern Dialekt als die Badakhshis und die Tajiks von Bokhāra und Khojend, deren Sprache eine und dieselbe ist.

„Yârkand, Dienstag, den 27. April. — Hayward ist, wie ich höre, angekommen und hat eine Unterredung mit dem Dâd=Khwâh gehabt.

„Ich habe von dem Brocat, der Büchse u. s. w., die der Khansama mitgebracht hat, ein Geschenk für den König zurecht gemacht und einen Brief geschrieben, den ich mit demselben ihm

senden will. Am Abend schickte ich den Munshi zum Dâd-Khwâh
mit einer andern Partie Brocat u. s. w. für ihn selbst.

„Yârkand, Mittwoch, den 28. April. — Der Yuzbashi
stattete mir einen Besuch ab; er brachte vom Dâd-Khwâh ein
warmes Diner. Später kam er noch einmal, um von einer Büchse
die Schwanzschraube abnehmen zu lassen. Ich schickte Chumâru
mit ihm nach der Werkstatt, wo die Gewehre gefertigt werden;
da man aber keinen passenden Schraubstock hatte, so ließ es sich
nicht machen. Ich bat in einem Garten wohnen zu dürfen. Der
Yuzbashi schlug die frühere Wohnung des Munshi vor, in deren
Nähe sich ein Garten und ein Wasserbassin befindet; er wollte
aber erst mit dem Dâd-Khwâh sprechen.

„Der Panjâbashi erzählte, daß in dem Bazâr ein „Jahân-
Namch“ (= Welt-Zeiger) zu sehen sei, den man aus Indien
hergebracht und hier für zwölf Tillahs (= 72 Rupis) verkauft
habe. Nach der Beschreibung erkannte ich sofort, daß es ein
Stereoskop sei.

„Ich erhielt ein Billet von Hayward. Der Atalik-Ghâzi hat
durch seinen väterlichen Abschied sein Herz gewonnen.

„Yârkand, Freitag, den 30. April. — Juma brachte
ein Pferd, das zu verkaufen war. Ich war einverstanden, einen
„Kurs“ (= 17 Pfund Sterling oder 113 Thlr. 10 Sgr.) dafür
zu geben.

„Der Panjâbashi drang später in mich, es zurückzugeben;
der Dâd-Khwâh ließ mir durch ihn sagen: „Ich fühle mich sehr
gekränkt, da ich höre, daß Shaw Sahib ein Pferd gekauft hat,
während doch mein ganzer Stall ihm zu Diensten steht.“ Ich
ließ zurücksagen, es hätten mich zwei Freunde gebeten, ihnen in
Yârkand Pferde zu kaufen; das sei der Grund, weshalb ich es
gekauft hätte. Er ließ wieder sagen, ich brauchte nur die Pferde,
die ich, sei es für meine Freunde, oder für mich, gern haben
möchte, unter den seinigen auszusuchen. Ich ließ abermals zurücksagen: „Bei uns ist es Sitte, sich von keinem Geschenk zu trennen, das man von einem Freunde erhalten hat, den man schätzt.
Wenn daher der Dâd-Khwâh mir auch tausend Pferde geben
wollte, wie könnte ich eines davon weggeben?“ Dies war ihm,
wie es scheint, ein Räthsel, denn ich habe keine Antwort erhalten, obgleich der Panjâbashi meinen Munshi bestürmt, mich zur

Zurückgabe des Pferdes zu bewegen, da es sich nicht mit der Ehre des Dâd-Khwâh vertrage, wenn ein Gast, während er bei ihm sei, Etwas kaufen müsse.

„Dârkand, den 30. April. — Ich muß wieder von einem Besuche sprechen, den mir Ghulâm Khâdir machte. Nachdem wir uns über andere Dinge unterhalten hatten, gedachte er Conolly's, der in Bokhâra ermordet wurde. Er sagte: „Conolly Sahib kam nach Khokand, wo ich einen Diener von ihm kannte. Jene Stadt wurde später von dem Amir von Bokhâra (der vor einigen Jahren gestorben ist) eingenommen, und Conolly wurde mit ihm nach Bokhâra zurücktransportirt, wo er umgebracht wurde." Dann kam er auf Unterhaltungen zu sprechen, die zwischen dem Atalik-Ghâzi und ihm über die Engländer stattgefunden hatten, und sagte dabei unter Anderem Folgendes: „Ich sagte ihm, die Engländer seien gerecht und erlaubten sich keine rechtswidrigen Uebergriffe, und führte als Beispiel meinen eigenen Fürsten an, dem man sein Gebiet läßt, obgleich er sich vollständig in der Gewalt der Engländer befindet."

„Er erzählte mir auch, daß es ihnen sehr an Artillerie-Officieren mangele, da die Turks keine Neigung dazu hätten, und daß er und ein anderer Jemadar die Einzigen seien, die Etwas von Geschützen verständen, sie seien aber gar zu wenig.

„Zum Schluß sagte er, der König habe ihn zu mir gesandt gemäß dem, was er mir in Yang-Hissâr gesagt habe, daß er, wenn ich nach Dârkand käme, Jemanden senden werde, der sich nach mir erkundigen solle. Wie Ghulâm Khâdir sagt, wird der König zu demselben Zwecke auch wieder senden, ob aber ihn selbst oder Jemanden anders, weiß er nicht.

„Dârkand, den 1. Mai. — Der Yuzbashi freute sich sehr über etwas Oel, daß ich aus Kuhfüßen habe extrahiren lassen. Sie scheinen sich einzubilden, dieses Oel werde ihre Gewehre von selbst rein erhalten.

„Er brachte eine russische Doppelflinte (mit dem Namen W. Papow). Der Schaft war sehr gebrechlich und mit Nägeln ausgebessert. Er bat mich, Chumâru sie putzen zu lassen. Als er die Schlösser öffnete, war er selbst bestürzt über den schrecklichen Schmutz. Ich hielt eine Predigt darüber, daß man die Gewehre rein halten müsse; ich sagte, wie man Pferde füttern

müsse, so müsse man Gewehre putzen, und wenn man dies vernach=
lässige, würden die einen wie die andern unbrauchbar. Man bringt
fast jeden Tag Flinten und Pistolen, die ich ansehen, und von
denen ich sagen soll, wodurch sie Schaden gelitten haben. In der
Regel ist es Schmutz und Nachlässigkeit. Ich verkehre täglich mit
dem Chef der Werkstätten des Dâd=Khwâh, den ich holen lasse,
um ihm zu zeigen, was an den einzelnen Waffen nicht in Ord=
nung ist.

„Der Yuzbaschi sagt, indem er mir den Brief des Königs
durchsieht, der Gruß „Salâm aleikum", mit welchem er schließt,
sei eine der höchsten Ehrenbezeigungen, da es nicht Sitte sei, daß
der König, selbst wenn er an Muselmänner schreibt, ihn gebrauche,
außer wenn sie ihm gleich stehen.

„Den 1. Mai. — Heut stellte der Yuzbaschi mir Moham=
mad Azim vor, der von Yang=Hissâr gekommen ist; er brachte
mir vom Könige einen Brief als Antwort auf den meinigen und
einige Ehrengewänder, die mir auf gebührende Weise angelegt
wurden.

„Mit dem alten Khansama (oder Küchenmeister) habe ich
soeben einen kleinen Skandal gehabt. Er möchte gern seine in=
dischen Sitten einführen, überall Profit zu machen, indem er
Alles verkauft, was von den Lebensmitteln, die uns zum täg=
lichen Gebrauch in großem Ueberfluß gegeben werden, übrig
bleibt. Bis jetzt haben wir allen Geiz gemieden, und ich hatte
die Diener dahin gebracht, daß sie Jedem, der kam, Brod, Reis,
Fleisch u. s. w. gaben. Heut bat Chumârn um etwas Reis, den
der seinen Guddi=Freunden im Bazâr bringen wollte; als er ihn
aber holen wollte, hörte ich in der Küche heftige Worte; ich rief
daher den Khansama und befahl ihm, den Reis zu geben. Er
wollte über die Sache noch weiter sprechen, aber ich unterbrach
ihn und gab ihm zu verstehen, daß, wenn er noch Etwas zu
sagen habe, er es zu einer andern Zeit sagen müsse, nachdem er
dem Befehle gehorcht habe. Nach Tische ließ ich den alten Mann
kommen und fragte: „Nun, was wollten Sie noch sagen?" Diese
Frage kaltblütig zu beantworten, wurde ihm ziemlich schwer; er
brummte und stotterte, worauf ich lachte und sagte: „Ich will
Sie daran erinnern, was Sie sagen wollten. Sie wollten hier
zu Lande das indische Sportelsystem anfangen und sich Neben=

einkünfte verschaffen. Ich wünsche nun, daß Sie es gerade noch zwei Monate aufgeben, bis wir aus diesem Lande hinaus sind. Ich weiß, daß Ihr Diener in Indien durch Uebertheuerung und andere derartige Kleinigkeiten, den Betrag Eures Lohnes verdoppelt. Haben Sie aber das Vertrauen zu mir, daß Sie nicht darunter leiden sollen, wenn Sie diese Nebeneinkünfte eine Weile aufgeben. Ich wünsche, daß die Leute hier, wenn wir das Land verlassen, von uns Allen eine gute Meinung haben. Bis jetzt haben wir Allen, die zu uns kamen, reichlich gespendet. Nun würde es den Leuten durchaus nicht recht sein, wenn sie sähen, daß, sobald der Khansama kommt, dies Alles anders wird. Ich rechnete darauf, daß Sie kommen und meine Ideen noch vollständiger verwirklichen würden." Der alte Herr schien ganz gerührt durch das neue Licht, das ihm hier aufging, und ich glaube wirklich, er wird mit offenen Händen spenden. Viele Eingeborne Indiens wollen gern für großmüthig gelten und verschwenden, während sie keine Gelegenheit versäumen, einen Profit herauszupressen, oft einen großen Theil ihres Gewinnes durch prahlerische Freigebigkeit.

„Sarda erzählt, daß im Bazär täglich ein Mädchen von fünfzehn bis sechszehn Jahren zu sehen sei, die sich kürzlich des Diebstahls halber die rechte Hand hat abhauen lassen. Sie muß mit bloßem Arme an einem öffentlichen Platze sitzen und· hat, sei es aus Zwang oder freiem Willen, keinen Verband um die Wunde. Heut war dieselbe durch die Hitze schmerzhafter geworden als gewöhnlich, denn sie hatte einen Haufen Sand zusammengescharrt, ihn mit Wasser übergossen und, während sie auf der Seite in der Sonne lag, zur Linderung des Schmerzes den Stummel hineingesteckt!

„Heut kamen eine Partie Zeitungen und ein Brief von Cayley vom 26. October; es hatte sie irgend ein Kaufmann mitgebracht, der aber nicht im Stande gewesen war, sie mir eher zu geben. Ich schrieb heimlich, wie gewöhnlich, an Hayward und schickte ihm die Zeitungen.

-„Järkand, Mittwoch, den 5. Mai. — Man hat mir eine Menge gelber tatarischer Rosen gebracht.

„Der Atalik-Ghäzi soll auf den Shaghäwal ungehalten sein wegen der Art, wie er die sarikolischen Angelegenheiten behan-

delt; es ist dort ein neuer Aufruhr ausgebrochen. Er gab dem
Bruder des Shaghâwal zwei Ohrfeigen und sagte, es habe den
Anschein, als ob der Shaghâwal König und er (der Atalik-Ghâzi)
sein Vezier sei. Der Shaghâwal hat sich dies so zu Herzen genommen, daß er jetzt nicht aus dem Hause geht.

„Man erzählt heut, auf Aksu rücke eine chinesische (wahrscheinlicher eine Tungâni-) Armee vor, und die Weiber einiger
dort stehenden Soldaten sollen der Sicherheit halber hierher geschickt worden sein.

„Yârkand, Sonnabend, den 8. Mai. — Chumâru
brachte von dem Bazâr ein Stereoskop mit, nebst Ansichten
von Rom, Florenz, Mailand, Constantinopel u. s. w. und zwei
Bildern mit Soldaten und mit dem Innern einer Kunsthandlung,
wo eine Dame mit einem Muff eine Mappe voll Gemälde durch-
sieht. Der Panjâbashi erkannte dasselbe sofort als seinen „Jahân-
Nameh“ oder „Welt-Zeiger“ und behauptete, die Dame lese die
Angil (Evangelien), und eine Ansicht in Auvergne mit kahlen
Bergen sei Tibet. Das Stereoskop soll zwanzig Tillahs oder
achtzig Thaler kosten. Der Yuzbashi brachte vom Dâd-Khwâh
Hühner und russischen Zucker als Geschenk; er nahm meinen
Le Faucheur-Revolver mit fort, um ihm denselben zu zeigen.
Von Hayward kam ein Billet; er hat gehört, daß der Gesandte
gekommen ist, und daß wir in acht Tagen fort sein sollen.

„Yârkand, den 11. Mai. — Der Yuzbashi erschien zur
Frühstückszeit; er brachte ein Pferd, das, wie er sagte, der Dâd-
Khwâh mir sandte, weil er gehört habe, daß ich mir eines kaufen wolle, und er es an Gastfreundschaft werde fehlen lassen,
wenn er mich dies thun ließe. Das Pferd ist ein hübscher Grauschimmel, den ich früher, wenn ich den Yuzbashi ihn reiten sah,
gelobt hatte.

„Bei einem zweiten Besuch, den mir der Yuzbashi machte,
fragte ich ihn, wann wir abreisen würden, und schilderte die
Angst, die meine Freunde bei der langen Abwesenheit um mich
hätten. Er erwiderte, die Straße sei wegen des Wassers noch
immer ungangbar, und außerdem lasse sich ein Besuch bei einem
großen Könige des Din-i-Islam (mohammedanischen Glaubens)
nicht so schnell abmachen; es sei bei ihnen Sitte, bedachtsam mit
„Maslahat, Maslahat“ (Berathung und Rath) zu handeln. Man

könne mich nicht in einer Jahreszeit zurücksenden, wo ich unter=
wegs alle meine Pferde verlieren würde. Dann schilderte er die
Freude, die meine Freunde und der Lord Pashah haben würden,
wenn sie mich wohlbehalten wiederkommen sähen, und schloß da=
mit, daß er eine Art Kriegstanz aufführte, durch den sie meine
Rückkehr feiern würden. Ich mußte zu sehr lachen, als daß ich
noch weiter hätte klagen können; das war natürlich sein Zweck.

„Yârkand, den 11. Mai. — Heut morgen kam der
Panjâbashi und sagte, man habe ihm soeben mitgetheilt, daß wir
in Zeit von einem Monate aufbrechen sollten; er werde bis
Shahidulla Khoja mit mir gehen. Wir sprachen noch weiter
über das Pferd, das man mir am Morgen gegeben hatte. Er
sagte, der Dâd=Khwâh möchte gern wissen, ob ich noch eines
brauchte. Ich antwortete: „Mir ist der Mund geschlossen, denn
wenn ich um Erlaubniß bitte, ein Pferd kaufen zu dürfen, so
gibt der Dâd=Khwâh mir statt dessen eines. Ich möchte gern
noch einige andere Sachen kaufen, wie zum Beispiel Maulthiere,
einige Pferdelasten Seide als Probe u. s. w., aber ich befinde
mich in einer mißlichen Lage. Kaufe ich die Sachen ohne zu bit=
ten, so wird der Dâd=Khwâh böse. Bitte ich ihn, so macht er
mir ein Geschenk damit. Ich muß daher aus Scham schweigen.“
Er sagte: „Wenn Sie mir vertrauen wollen, so will ich das
Alles, ehe Sie gehen, abmachen. Was die Maulthiere betrifft,
so werde ich sie Ihnen verschaffen, mit dem Vorgeben, daß sie
Lasten tragen sollen. Bis Sanju können Sie dieselben leicht be=
laden und sie dann weiter leer mitnehmen.“

„Er erzählte mir von einem Wagstück, bei welchem er vor
vier Jahren, wo er Kaufmann war, betheiligt gewesen. Es be=
stand darin, einen Infanterie=Obersten aus Khokand herauszu=
schmuggeln! Es war zu der Zeit, als der Atalik=Ghâzi Kâshghar
belagerte und Khuda Yâr Khan *) nicht gestatten wollte, daß sich
ihm von Khokand aus neue Parteigänger anschlossen. Dieser
Officier (der den Titel „Laber“ hatte, was eben so viel wie ein
Panjabbashi bei der Cavallerie ist) wollte sehr gern nach Kâsh=
ghar gelangen; er ließ sich daher in eine große Kiste sperren,
und diese wurde, als ob sie Waaren enthielte und zu der Kara=

*) Khuda Yâr Khan ist der jetzige König von Khokand und Andijân.

wane gehörte, die mein Freund, der jetzige Panjâbaschi, herüber=
brachte, auf die eine Seite eines Maulthieres gehängt, während
auf der andern Seite ein Güterballen ihr das Gleichgewicht hielt.
Er mußte den ganzen Tag zusammengekrümmt sitzen, nahm aber
einen „Chah=Josh" voll Thee mit hinein, um sich unterwegs die
Zeit zu vertreiben. Sobald die Nacht eintrat, wurde er aus
seiner Haft befreit. Dies ging fünfzehn Tage so fort, bis sie
ihren Bestimmungsort erreichten, wo der Panjâbaschi eine gute
Belohnung erhielt und der aus seiner freiwilligen Haft entlassene
Officier von dem Atalik=Ghâzi in Dienst genommen wurde und
jetzt 2000 Mann (Infanterie) befehligt.

„Wie der Panjâbaschi sagt, gibt es bei der Infanterie keine
Panjâbaschis, und die Panjabs*) werden „Laber" genannt. Sie
sowohl als die Yuzbaschis und Dahbaschis reiten auf dem Marsche,
im Kampfe aber sind die beiden letzteren Officiergrade zu Fuß.

„Heut wurden noch 400 Mann Truppen als Verstärkung
nach Sarikol abgeschickt. Der Aufruhr scheint noch nicht vor=
über zu sein.

„Yârkand, Mittwoch, den 12. Mai. — Der Yuzbaschi
brachte mir einen großen Kaufmann zum Besuch, den der Sha=
ghâwal schickte, um mir bei jedem Einkauf, den ich etwa machen
wollte, beizustehen. Meine Diener, sagte der Yuzbaschi, würden,
da sie hier fremd seien, jedenfalls betrogen, deshalb sollte ich,
wenn ich irgend Etwas wünschte, nur zu diesem Kaufmann
(Mulla Elchi Beg) schicken, er werde es mir verschaffen. Ich
gab ihm Thee und einen Dastar=khân. Er sagte, er sei in Indien,
bis Rampore und Simla, gewesen und habe in Labâk den Ca=
pitän Strachey kennen gelernt. Er bat, eine Probe Seide, die
ich geholt hatte, ansehen zu dürfen, und sagte: „Khuda khalesa
(so Gott will), werde ich Ihnen bessere Seide als diese verschaf=
fen, Taksir."**) Die beste Seide kommt aus Andiján, die nächst=
beste aus Khoten, die schlechteste aus Guma u. s. w. Er ist, wie
der Panjâbaschi sagt, ein „Chalghurd" oder Maulesel (wie er
es ausdrückt), halb Kaschmiri, halb Turki.

_____

*) „Panjab" ist die kurze Bezeichnung für „Panjab=Baschi" oder Chef
von 500 Mann. Zur Kriegszeit stimmen ihre Commandos nicht mit diesen Ti=
teln überein; sie befehligen dann eine viel größere Anzahl Leute.
**) Taksir wird von den Turks als ehrerbietige Anrede gebraucht.

„Da eben von Mauleseln die Rede ist, so erzählt mir der Yuzbaßhi, daß seit dem Abzuge der Chinesen hier zu Lande keine mehr gezogen werden. Es scheint, daß die strengen muselmännischen Gesetze es verbieten, weil die Pferde „halâl“ (oder rein, das heißt zur Nahrung tauglich), während die Esel unrein oder „harâm“ sind. Dies führte zu einem Gespräch über das Essen des Pferdefleisches. Ausdrücklich zum Essen werden, wie er sagt, keine Pferde gehalten, hat aber das Pferd ein Bein gebrochen, oder ist es auf sonst eine Weise unbrauchbar geworden, so wird es (ich wollte sagen, für den Tisch, das würde aber hier zu Lande ein falscher Ausdruck sein, ich will daher sagen) für den Fußboden gemästet. Das Pferdefleisch wird als eine große Delicatesse betrachtet und hauptsächlich von den Begas und großen Männern gegessen. Der Dâd-Khwâh läßt immer dann und wann für sich und die höchsten Officiere ein Pferd schlachten. Aus seiner Küche werden jeden Tag tausend Mann gespeist, Yasâwals, Mahrams, Wachen u. s. w.

„Tara Sing*) hatte einen Mann mit geprägtem Gold nach Khoten gesandt, um Waaren einzukaufen. Er fand den Markt ungünstig und wollte sein Geld wieder zurückbringen. Nun dürfen Privatleute kein Gold von Khoten mit hinwegnehmen, da es in dem Lande, wo es gegraben wird, ein Monopol der Regierung ist. Er wandte sich daher an den Gouverneur und bat um einen besonderen Erlaubnißschein. Der Gouverneur ließ ihn kommen und sagte: „Was haben Sie denn für einen Grund, daß Sie Ihr Geld wieder mit zurücknehmen wollen? Haben die Kaufleute von Ihnen mehr verlangt, als die Marktpreise betragen? Oder wollen Sie Ihr Gold für die gehörige Anzahl Tangas umwechseln? Sagen Sie mir es nur, und ich werde suchen die Sache für Sie abzumachen, und wenn alles Andere nicht hilft, so werde ich Ihnen Waaren geben oder selbst wechseln.“ Der Mann erwiderte: „Das ist es nicht, Taksir (Eure Excellenz), sondern die Marktpreise selbst sind zufällig so hoch, daß ich Nichts profitiren würde, wenn ich von hier Sachen mit nach Indien nehmen wollte.“ — „Gut“, sagte der Gouverneur, „dann will ich Ihnen einen Erlaubnißschein geben, das Gold mit fortzuneh-

---

*) Tara Sing ist ein Sikh-Kaufmann, der mir nach Yârkand folgte; er ist derselbe, der mich im Jahre 1867 über den Bara Lacha-Paß begleitete.

nehmen; sollten Sie sich aber anders besinnen, so haben Sie sich
nur an mich zu wenden." Das ist für einen morgenländischen
Gouverneur sehr edel gehandelt.

„Heut morgen erhielt der Munshi einen Brief vom Dâd=
Khwâh, des Inhalts, er habe mit Schmerzen gehört, daß ich
Sachen für mich kaufte und es ihn nicht wissen ließe, damit er
mir dieselben verschaffen könne. Das hieße nicht als Freund
handeln. Ich ließ den Munshi antworten, daß er mir seinen
Brief vorgelesen, und daß ich erwidert hätte: „Die Güte des
Dâd=Khwâh ist so groß, daß er mir nicht nur das verschafft, um
was ich ihn bitte, sondern auch das, wonach ich mich blos in
meinem Herzen sehne. Deshalb lasse ich nicht einmal mehr einen
Wunsch in meiner eigenen Brust aufkommen, denn ich schäme
mich, seine Güte so sehr in Anspruch zu nehmen. Aus diesem
Grunde und nicht aus Mangel an Freundschaft mag ich ihn nicht
mit Bitten belästigen."

„Yârkand, den 14. Mai. — Ich habe, glaube ich, noch
nicht mitgetheilt, wie die Turks die Pferde behandeln. Dies ist
in vieler Hinsicht anders als bei uns. In der Regel bleiben sie
Tag und Nacht gesattelt und fest gegürtet, und viele Turks
lassen ihre Pferde sich gar nicht niederlegen; sie sagen, wenn sie
dies thäten, setzte sich das Getreide in ihren Beinen und Füßen
fest und machte sie lahm! Sie binden sie daher am Kopfe kurz
an. Beim Beginn des Tagemarsches, ehe die Sonne hoch steht,
dürfen sie sich an dem ersten Strome satt trinken, dann aber be=
kommen sie den Tag hindurch kein Wasser wieder, oder doch nicht
eher, als bis sie mehrere Stunden geruht haben. Wenn die
Pferde von einer Reise oder einem Ritt hereinkommen, so wer=
den sie erst zwei bis drei Stunden lang von kleinen Knaben
auf= und abgeführt. Hierauf werden sie, ohne daß man sie ab=
sattelt oder auch nur die Gurte löst, selbst in der heißesten Wit=
terung vom Kopfe bis zum Schwanze mit mehreren dicken
Pferdedecken belegt und, wie ich schon beschrieben habe, angebun=
den, wobei man ihnen blos das Gebiß aus dem Maule nimmt
es aber unter dem Kinne hängen läßt. Nach einigen Stunden
führt man sie zur Tränke und gibt ihnen etwas Heu und später
ihr Getreide; geputzt aber werden sie, soweit ich es beobachtet
habe, erst am nächsten Morgen, an demselben Tage nur, wenn

es noch sehr zeitig ist. Jedenfalls putzt man sie nicht eher, als
bis sie fünf bis sechs Stunden geruht haben. Zum Putzen benutzt man eine Striegel, hierauf aber anstatt der Bürste einen
kleinen Besen von Zweigen, der Birkenruthe ähnlich, die früher
den Schulknaben so gut bekannt war. Mit diesem Besen peitschen
sie das Pferd überall durch schnelle Bewegung des Handgelenkes,
zuerst gegen den Strich der Haare und dann dem Striche nach.
Das kleine Instrument wirkt sehr gut und macht das Pferd schön
rein und glatt. Die Turks sind hierin sehr eigen, und wenn sie
die geringste Nachlässigkeit entdecken, dreschen sie ihre Stallknechte
tüchtig durch. Der Herr prüft oft die Reinheit seines Pferdes
mit der Manschette seines weißen Untergewandes oder Hemdes.
Er macht sie ein wenig feucht und reibt das Pferd damit. Hierbei darf auch nicht der geringste Schmutz an dem weißen Aermel
bleiben. Beschlagen werden die Pferde hier in der Regel nicht,
ausgenommen zu Reisen im Gebirge. Aber ich brauche wohl nicht
zu sagen, daß es keine macadamisirten Straßen gibt, die ihre
Füße beschädigen könnten — das ganze Land, mit Einschluß
der Straßen, ist ganz weiches Erdreich, das sehr leicht zu
Staub wird.

„Yârkand, Sonnabend, den 15. Mai. — Der Kaufmann Mulla Elchi Beg kam heut wieder und brachte mir Stücke
chinesischer Seide u. s. w. zur Auswahl. Was er früher über
den Thee sagte, wiederholte er nochmals. Ich fragte ihn, ob er
von einer Messe gehört habe, die zu Pâlampur im Thee-Districte
von Kangra eingeführt worden sei, wo Kaufleute aus Turkistán
ihre Waaren umtauschen und Thee u. s. w. einkaufen könnten.
Er sagte, er habe davon gehört, auch, wie die englische Regierung gegen die Turki-Kaufleute das größte Wohlwollen beweise.
Bei der letzten Messe habe man sie zusammengerufen, ihnen
Schutz und Beistand versprochen und sie schließlich mit Geschenken entlassen. Dann fragte er mich, ob bei dieser Messe auch
Seide Absatz finden werde, so daß man sie nicht mehr wie früher
bis nach Amritsir zu bringen brauche. Ich erwiderte, die Kaufleute von Amritsir und aus anderen großen Städten besuchten
die Messe mit ihren Waaren, und dies gäbe den Turki-Kaufleuten Gelegenheit, wenn sie den Marktpreis günstig fänden, ihre
Waaren dort umzusetzen, ohne daß sie nöthig hätten, bis nach

Amritsir zu gehen. Er schien sich außerordentlich zu freuen, daß diese Vortheile ihnen geboten wurden und unsere Regierung überhaupt eine so günstige Gesinnung gegen sie hat. Ich fragte ihn, ob er Etwas von der russischen Messe in Nischni Nowgorod wisse. Er sagte: „Ja; sie ist wie die Messe in Pâlampur." Der Name, unter dem er sie kennt, ist „Makria". Nach seiner Beschreibung dauert sie jedes Jahr dreißig Tage: zehn Tage für Baargeschäfte, zehn Tage für Tauschhandel und zehn Tage für Geschäfte auf Credit.

„Die Diener sahen heut einen Mann und eine Frau durch die Gassen führen und hinter ihnen drei Mann hergehen, welche sie mit Ruthen hieben; hinterher ritt der Kazi, der die Vollziehung der Strafe überwachte. So wurden sie nach dem Richtplatz geführt, wo man ihnen die Kehle abschnitt.

„Am Abend macht Juma Hoffnung, daß wir Schlagintweit's Sachen bekommen werden, die unter der Aufsicht eines Mannes in Sanju zurückgelassen wurden. Das einzige Hinderniß scheint ein Balti, Namens Rahmân, zu sein, der ein Diener von Schlagintweit war, und der ein gewisses Recht auf die Sachen erlangt zu haben scheint. Ich habe lange über dieselben unterhandelt, für ihre Auslieferung eine Belohnung versprochen und gedroht, daß ich, wenn man sie nicht herausgebe, mich an den Dâd-Khwâh wenden würde.

„Der Yuzbashi zeigte mir heut, wie die Russen den Hut abnehmen, wenn sie in ein Zimmer treten; er machte genau das geschäftige Wesen nach, mit dem ein Franzose die Ceremonie ausführen würde. Er sagte, er habe es bei einem russischen Gesandten gesehen, als derselbe zu Chemkend in das Zelt des Lashkar-Bashi (General) eintrat. Der Munshi theilte ihm mit, die Engländer hätten dieselbe Sitte, worüber er sich sehr wunderte.

„Yârkand, den 16. Mai. — Sarda sah heut in dem Bazâr einen Fleischer bestrafen, der überführt wurde, daß er falsche Gewichte benutze. Man band ihm die Waage um den Hals, entblößte ihm die Schultern und führte ihn durch die Gassen, während die Leute des Kazi folgten und ihn mit ihren Peitschen hieben, die aus ledernen Riemen bestanden. Die Waagen sind hier zu Lande alle nach dem Princip unserer Schnellwaagen gemacht; sie haben einen langen Arm für das Gewicht

und einen kurzen für die zu wägenden Gegenstände. Der betref=
fende Mann hatte seine Waage dadurch gefälscht, daß er den
kurzen Arm beschwerte.

„Der Munshi theilte ein Gespräch mit, das er früher zu
erwähnen vergessen hatte. Ehe ich hier ankam, hatte man ihn
über die Engländer, den Maharaja von Kashmir u. s. w. gefragt.
Er sagte, der Maharaja sei ein Vasall der britischen Regierung,
worüber man sich zu wundern schien. Am nächsten Tage schickte
man einen Mann zu ihm, der ihn in ein Gespräch über densel=
ben Gegenstand hineinzog. Als er seine frühere Behauptung
wiederholte, sagte der Mann: „Nein, nein, mein Herr, Sie haben
Unrecht. Ich bin selbst in Kashmir gewesen und weiß, daß jedes
Jahr an einem bestimmten Tage alle Engländer aus dem Lande
vertrieben werden.“ Der Munshi erwiderte: „Das Land ist klein,
und die englische Regierung hat deshalb befohlen, daß Reisende
nur einen Theil des Jahres hingehen, damit das Land nicht
überfüllt und der Maharaja belästigt wird. Auch ist es im Win=
ter sehr kalt und nur für den Aufenthalt im Sommer geeignet.“
— „Nein, nein,“ wiederholte sein Besuch, „wenn das, was Sie
sagen, wahr wäre, würden jedenfalls einige Engländer im
Lande bleiben, man würde sie nicht alle hinaustreiben.“ Da
mein Munshi sah, daß der Mann so gut unterrichtet war, so
mußte er schweigen; der Gast nahm Abschied; er hatte, wie es
schien, den Zweck, zu dem er gekommen war, erreicht.

„Yârkand, den 18. Mai. — Heut Nachmittag wurde
gerade außerhalb meines äußeren Thores auf dem vor dem Pa=
laste liegenden freien Platze Lärm gehört. Die Diener kamen
hereingesprungen und sagten, es werde eben ein Mann „halalt“
(oder hingerichtet), und ein Haufen Soldaten suchte die Hinrich=
tung zu verhindern. Dies war jedoch, wie sich später heraus=
stellte, ein Irrthum. Der Mann war ein Sirbaz*) (Infanterist),
der nach Hause gegangen, ehe die Reihe an ihm war, um Urlaub
zu bekommen. In Folge dessen wurde der Urlaub aller Uebrigen

---

*) Sirbaz bedeutet Einen, der „seinen Kopf aufs Spiel setzt“, und soll
angeblich sich auf das verzweifelte Wesen des Berufs dieser Helden beziehen.
Man vergleiche Janbaz (ein in Kabul gebräuchliches Wort) das Einen be=
deutet, „der sein Leben aufs Spiel setzt“; es wird ebenfalls für die Soldaten
eines besonderen Corps gebraucht.

zurückgenommen. Der Mann war eingefangen und zur richter=
lichen Entscheidung vor den Dâd=Khwâh gebracht worden, worauf
die anderen Sirbaz sich in stürmischer Weise versammelten, mit
der Absicht, ihn auf der Stelle zu lynchen. Man hatte ihm schon,
wie meine Diener gesehen hatten, das Obergewand ausgezogen,
als die Leute des Dâd=Khwâh mit einiger Schwierigkeit ihn befrei=
ten, aber nur um ihn bis zur Zeit des Abendgebetes einzusperren,
wo ihm dann die Kehle sollte abgeschnitten werden. Nunmehr
hat er wahrscheinlich dies Schicksal bereits erlitten, denn es ist
jetzt elf Uhr Abends.

„Heut besuchte mich der Balti Rahmân, der bei Schlagint=
weit Diener war und angeblich einige Sachen hat, die derselbe
in Sanju zurückließ. Ich versprach ihm, wenn er sie herausgäbe,
eine Belohnung und sagte, unsere Regierung werde sich sehr
freuen, daß er das Eigenthum des Sahib aufbewahrt und es mir
nun ausgehändigt habe. Er versprach halb und halb, dies zu
thun, suchte es aber noch zu verschieben, indem er sagte, er werde
die Sachen mitbringen und sie mir in Labâk geben. Er sagt,
als Schlagintweit's Reisegesellschaft nach Pamzal gekommen sei,
habe sein Munshi um Erlaubniß zur Rückkehr gebeten. Schlag=
intweit verweigerte sie, da er keinen Andern hatte, der Persisch
schreiben konnte. Der Munshi that, als füge er sich, und reiste
ab, als ob er den Zug führen wolle. Er kam eine Strecke vor=
aus und verbarg sich irgendwo, bis der Zug vorüber war. Im
nächsten Lager warteten sie auf ihn, aber er zeigte sich nicht;
Rahmân wurde daher zurückgeschickt, um ihn zu suchen. Er er=
wischte ihn in Chimray und versuchte ihn zurückzubringen; aber
der Munshi wollte durchaus nicht; er sagte, er könne ihm, wenn
er wolle, die Kehle abschneiden, aber mitgehen werde er nicht.
„Was sollte ich machen?“ sagt Rahmân, „der Sahib hatte mir
keinen Befehl gegeben, ihm die Kehle abzuschneiden, ich ließ ihn
daher laufen.“ Rahmân schloß sich Schlagintweit im Karakash=
Thale, unterhalb Shahidulla, wieder an. Hier machten sie Halt,
weil sie von einigen Guddi=Kaufleuten, die auf der Flucht waren,
erfuhren, daß das Land jenseits des Passes sich in Aufruhr be=
finde (in Folge des Einfalls Wallé Khan's). Rahmân wurde
nach Labâk zurückgeschickt, um Lebensmittel zu holen. Er machte
die Reise, auf der Rückkehr aber trafen ihn der Khansama,

Chuprassi und andere Diener Schlagintweit's und sagten, er brauche nicht weiter zu gehen, da der Sahib mit Mohammad Amin und den andern Turks, die sie begleitet hätten, aufgebrochen sei, um den Paß zu überschreiten. Er kehrte daher nach Indien zurück. Rahmân ist schrecklich bange, daß ihm Etwas geschehen könne, und bittet mich, von dem, was wir mit einander verhandeln, Niemanden Etwas wissen zu lassen. Hier zu Lande, sagt er, macht man sich ein Gewissen daraus, wenn man ein Schaf schlachtet, aber man macht sich kein Gewissen daraus, einen Menschen umzubringen!

„Yârkand, den 20. Mai. — Heut morgen kam der Yuzbashi und brachte vom Dâd-Khwâh die Mittheilung, daß unsere Zeit jetzt nahe sei und unsere Pferde reisefertig gemacht werden sollten. Wenn ich noch Etwas einkaufen wolle, müßte ich mich beeilen. Zum Schluß wandte er sich mit der Bitte an mich, ich möchte ihm, da er mein Freund sei, sagen, was ich vom Dâd-Khwâh am liebsten als Geschenke haben möchte. Ich erwiderte, nach unseren Sitten sei es sehr unschicklich, seine Freunde um Geschenke zu bitten, ich könne dies nicht thun. Da schrie er: „Sie sind jetzt nicht in Ihrem Lande, hier müssen Sie es machen wie wir." Ich hatte Mühe, meinen Munshi zum Schweigen zu bringen, der anfing, eine Menge Dinge herzuzählen, die man mir geben solle. Der Yuzbashi versicherte jedoch, wenn ich meine Wünsche nicht ausspräche, werde der Dâd-Khwâh sich beleidigt fühlen, und entfernte sich mit den Worten: „Nun, der Munshi wird „maslahat" (überlegen) und dann das Resultat sagen."

„Später traf er Juma und sagte ihm, er solle sofort fünfzehn Pferde bereit machen, da wir in zehn Tagen abreisen würden. Wie ich höre, ist heut ein großer Officier in einem „Tilpek" (einer hohen Pelzmütze, welche die hohen Beamten tragen) vom Könige gekommen und, als er den Dâd-Khwâh verließ, von dem Yuzbashi im Hofstaat bis an das Thor begleitet worden.

„Die Kaufleute haben mit frischen Pferden, die für sie bereit standen, ihre Güter nach Kargalik schaffen lassen. Als Grund dazu geben die zur Karawane gehörigen Leute an, daß in vier bis fünf Tagen der Fluß (Yârkand) anschwellen und daß man dann in Booten wird übersetzen müssen.

„Yârkand, den 22. Mai. — Der Yuzbashi holte mich

ab, um dem Dâd=Khwâh einen Besuch zu machen. Wir fingen
an über das heiße Wetter zu sprechen. Der Dâd=Khwâh sagte,
was es noch schlimmer mache, sei, daß es keinen Regen gebe, um
die Luft abzukühlen, während dagegen in Andiján, wenn es dort
auch sehr heiß sei, doch häufige Regengüsse die Hitze erträglicher
machten. Ich sagte: „Ich denke mir, in Andiján ist das Klima
ziemlich so, wie in meinem Vaterlande, England. Wie ich höre,
gibt es dort im Winter viel Schnee und im Sommer viel Re=
gen, wie bei uns." „Gerade so", erwiderte er, „England liegt
wahrscheinlich gerade westlich von Andiján und ihm gegenüber,
wodurch das Klima in beiden Ländern ähnlich wird." Ich setzte
ihm auseinander, daß England noch weiter nördlich als Andi=
ján, näher am Polarstern liege, der, in meinem Vaterlande ge=
sehen, höher am Himmel stehe, als hier. „Das wußte ich aller=
dings nicht", erwiderte er mit Theilnahme verrathender Miene.
„In welchem der sieben Himmelsstriche liegt denn Ihr Vaterland?
Wie lang ist dort der Tag, sechszehn Stunden?" Ich antwortete,
wir hätten nicht wie. sie, die Eintheilung in sieben Himmelsstriche,
denn wir theilten die Erde in fünf Zonen ein; ich wüßte daher nicht,
zu welchem Himmelsstriche wir gehörten. Am längsten Tage aber
sei es bei uns von den vierundzwanzig Stunden ungefähr achtzehn
bis neunzehn Stunden hell. Da hielt er die Hände empor und rief
aus: „Sie müssen am äußersten Rande des fünften Himmelsstriches
wohnen." Dann sagte ich ihm, daß noch weiter nördlich, wohin
unsere Schiffe führen, um große Fische zu fangen, den Sommer
hindurch die Sonne nicht unter den Horizont hinabginge. Er
fragte mich, was für Menschen dort lebten; nach ihren Ansichten,
sagte er, müsse ein solches Klima so auf die Säfte des Körpers
einwirken, daß es große Kraft erzeuge. Ich erzählte ihm, daß die
Eskimos mir nur bis an die Brust reichten, worauf er bemerkte,
die Kälte müsse sie am Wachsthum hindern. Ich sagte ihm, un=
sere Regierung habe viele Fahrzeuge in jene Gegenden gesandt,
um sie zu durchforschen, und gelehrte Männer und „Hakims"
mitgeschickt, um über die Naturerscheinungen zu berichten. Er
erwiderte: „Eine weise Regierung muß sich über Alles Kenntniß
verschaffen." Ich fuhr fort: „Wir Engländer lieben solche For=
schungen sehr. Unter Anderem interessiren wir uns sehr für
Central=Asien, weil wir glauben, daß die meisten Völker, die jetzt

das Abendland bewohnen, ursprünglich aus diesen Gegenden
kamen. Unsere Gelehrten forschen daher sehr emsig über die
frühere Geschichte der central=asiatischen Völker nach." Er sagte:
„Ich werde Ihnen entweder ein Buch verschaffen, aus welchem
Sie sich genau darüber unterrichten können, oder selbst es für
Sie abschreiben." Ich dankte ihm ganz aufrichtig und sagte:
„Ich spreche mit Ihnen über diese Dinge, weil ich sehe, daß Sie
sich dafür interessiren, gerade so, wie unsere gelehrten Doctoren."
Dann sagte er: „Sie sind der erste Engländer, den ich je gesehen
habe, und ich bin der erste Anbijâni, den Sie gesehen haben.
Ich hoffe, wir werden treue Freunde sein und unsere beiden Na=
tionen ebenfalls. Sie haben dem Verkehre zwischen uns die Thür
geöffnet; möge sie nie wieder geschlossen werden." Ich erwiderte:
„Das war der Zweck, um dessentwillen ich kam, und da der
Atalik=Ghâzi mich bittet, jedes Jahr meinen Diener nach Turki=
stân zu senden, so hoffe ich durch diese Gelegenheit auch jedes
Jahr zu erfahren, ob Sie sich glücklich und wohl befinden." Er
antwortete: „Al=hamd=ul=Illah" (Gott sei Dank), die Thür steht
offen, und hoffentlich wird es so, wie Sie sagen." Dann sagte
ich ihm, ich sei nun schon lange von meinem Vaterland ab=
wesend, und meine Freunde würden um mich besorgt sein; es
würde mir deshalb lieb sein, wenn ich die Erlaubniß zur Abreise
bekäme, sobald als er und der König es für angemessen hielten.
Er erwiderte: „Sie sind unser Gast, und wir können nicht zu
Ihnen sagen: „Gehen Sie"; im Gegentheil, wir wünschten, wir
könnten Sie ganz bei uns behalten. Noch eine kurze Zeit wer=
den die Pässe Ihre Abreise hindern; aber die Zeit ist nahe;
wahrscheinlich gegen das Ende dieses Mondes wird die Straße
frei sein. Die Kaufleute kamen und baten mich, sie aufbrechen
und bis Shahidulla gehen zu lassen, um dort die passende Zeit
zu erwarten, wo sie die Pässe überschreiten können; aber ich
konnte es ihnen nicht gestatten. Es ist nicht schicklich, daß vor
Ihnen Jemand abreist." Dann gab ich ein Zeichen, daß man den
Dastar=khân entfernen möge (den man, wie gewöhnlich, mir vor=
gesetzt hatte; auch waren dem Dâd=Khwâh und mir wiederholt
Tassen Thee gereicht worden). Hierauf wurde das übliche Ge=
wand hereingebracht (diesmal zwei, eines über dem andern); als
ich aufstand, erhob sich der Dâd=Khwâh ebenfalls, und als ich

die Gewänder anzog, sagte er lachend: „Wir haben einen voll=
ständigen Anbijâni aus Ihnen gemacht; Sie haben unsere Tracht
und unsere Sitten angenommen." Ich antwortete: „Wir haben
ein Sprichwort, welches sagt: „„Wenn man in der Türkei ist,
muß man es machen, wie die Türken.""" Dieses Sprichwort ge=
fiel ihm sehr; er wandte es natürlich auf die central=asiatischen
Turks an. Wie gewöhnlich, begleitete er mich bis an die Thür
und trennte sich von mir mit einer würdevollen und höflichen
Verbeugung.

„Das Gespräch über die Himmelsstriche habe ich deshalb mit=
getheilt, weil es zeigt, welchen Verstand und welche Kenntnisse der
Mann besitzt; denn daß ein Asiat (ohne europäische Bildung) weiß,
daß, je weiter nach Norden, ein desto größerer Unterschied zwischen
der Länge des Tages und der Nacht stattfindet, ist nach meiner
Erfahrung etwas ganz Ungewöhnliches. Bei der Eintheilung der
Welt in Himmelsstriche scheint er sich nach der Länge des längsten
Tages zu richten; sie ist daher blos eine Eintheilung nach der
geographischen Breite, wenn auch hinsichtlich der Zahl, auf welche
die Himmelsstriche festgesetzt sind, eine ganz willkürliche. Auch sah er,
obgleich ich nur erwähnte, daß in den Polargegenden die Sonne
im Sommer die ganze Nacht hindurch sichtbar sei, doch sofort
ein, daß es eine kalte Gegend sei, noch ehe ich ihm sagte, daß
im Winter die Sonne gar nicht aufgehe. Mein Munshi, dem ich
das Erstere gesagt hatte, kam sofort zu dem Schlusse, daß das
Klima unerträglich heiß sein müsse!

„Als ich den Palast betrat, begegnete ich einem Manne, der
von einem Soldaten herausgeführt wurde. Der Mann war lei=
chenblaß und hielt mit der linken Hand seinen rechten Arm,
dessen Aermel am Ende leer zu sein schien. Ich merkte sofort,
daß man ihm wegen Diebstahls, oder irgend eines derartigen
Verbrechens, soeben die rechte Hand abgehauen hatte.

„Yârkand, den 23. Mai. — Chumârn hat gestern eine
Partie Seide für mich gekauft. Er erzählt, daß die hiesigen
Kaufleute eine merkwürdige Sitte haben. Wenn irgend ein Kauf
oder Verkauf abgeschlossen wird, so wird immer eine bestimmte
kleine Summe unter dem Namen „Dalâlgi" (Mäklergebühr) be=
zahlt. Man gibt sie nicht einem Mäkler von Beruf, sondern zu=
dringlichen dritten Personen, die bei der Unterhandlung geholfen

haben. Sobald ein Handel vor ſich geht, bleiben, wie anderwärts im Morgenlande, die Vorübergehenden in der Regel ſtehen und geben ihr Wort darein, oder ſprechen ihre Anſicht aus; aber hier thun ſie es nicht umſonſt; ſie bekommen von dem Mäklerlohne ihren Antheil (oft nur einige Kupfermünzen). So kann ein Menſch, der Etwas vom Handel verſteht, eine gute Zunge hat und zudringlich genug iſt, ſein vollſtändiges Auskommen haben, indem er blos in den Gaſſen umherſpaziert und bei jedem Ver= kauf, den er etwa vor ſich gehen ſieht, mit hilft. Juma verdient ſich auf dieſe Art, während er nach oder von ſeinem Hauſe aus durch den Bazâr geht, faſt jeden Tag zwei bis drei Tangas.

„Yârkand, Donnerſtag, den 27. Mai. — Heut ſchickte mir Hayward ſeine Karten u. ſ. w., da er gehört hat, daß ich vor ihm abreiſe. Ich war kürzlich unwohl; als der Dâd=Khwâh es erfuhr, ſchickte er mir eine Arznei, die er ſelbſt gemacht hatte. Er gibt ſich für einen großen „Hakim" oder Doctor aus.

„Yârkand, Freitag, den 28. Mai. — Der Yuzbaſhi kam und verkündigte, daß wir übermorgen aufbrechen ſollten! Von Hayward erhielt ich ein Billet, worin er ſagt, daß er den= ſelben Tag abreiſe. Es werden Vorbereitungen getroffen und dabei der übliche Lärm gemacht.

„Nach dem „Ramâz=i=digar"*) beſuchte ich den Dâd=Khwâh. Als ich fragte, ob er ſich Etwas wünſche, das ich ihm aus Indien ſenden könne, ſagte er, er ſei ein reiner Soldat und kümmere ſich um weiter Nichts als um Gewehre! Aber er wünſche zu= nächſt, daß ich glücklich ſei, und erſt dann ſehne er ſich nach Ge= wehren. Ich ſondirte ihn in Betreff des Geſandten, der mit mir habe gehen ſollen; — er kennt ihn gar nicht, — ſagt, ich hätte die Thür geöffnet und mein Name und meine Freundſchaft ſeien in ſein Herz wie in Stein eingegraben, ſo daß weder Wind noch Regen ſie auslöſchen und, nur der Tod die Inſchrift vernich= ten könne.

„Yârkand, Sonnabend, den 29. Mai. — Ich bin ſtark mit Vorbereitungen zur Abreiſe beſchäftigt. Mit einem Ar= gun habe ich ein Uebereinkommen abgeſchloſſen, daß er mir bis Ladâk neun Pferde ſtellt. Der Yuzbaſhi brachte Geſchenke — zwei

---

*) „Ramâz=i=digar" heißt zweites Gebet des Nachmittags.

Stücke Tabâr (Seide), ein Paar Stiefeln, Zucker u. s. w. Er sagte, morgen früh werde der Dâd-Khwâh beschäftigt sein, ich thäte daher besser, wenn ich ihm jetzt durch den Munshi Lebewohl sagte. Der Munshi ging und gab dem Dâd-Khwâh meinen Le Faucheur-Revolver als Abschieds-Geschenk. Zur Erwiderung sagte der Dâd-Khwâh, er sei mein Freund und möchte deshalb mein Taschenmesser und meinen Compaß gern zum Andenken haben! Ich schickte es ihm sofort; seine Absicht war natürlich, meinen Compaß zu bekommen. Er weiß nicht, daß ich noch einen andern habe!

„Am Nachmittag wurde Juma von einem Yârkandischen Mullah, den er betrog, durchgeprügelt und stellte sich dann, als müsse er sterben. Er wurde auf ein Bett gebracht und vor das Thor des Dâd-Khwâh gestellt. Das Urtheil lautet, daß Juma seine Schulden bezahlen und der Mullah Juma's Wunden heilen soll! Wie steht es mit meiner Abreise? Der Panjâbashi sagt, man werde Juma nicht gestatten, sich krank zu stellen. Ein Kaufmann kam und machte den Versuch, von mir die Bezahlung einiger Schulden Momin's zu erpressen, wie gewöhnlich."

Siebenzehntes Kapitel.

Rückreise von Yârkand nach Indien.

Abreise von Yârkand. — Hayward holt uns ein. — Der Fluß Tiſhnâf. — Fruchtbare Gegend. — Halt in Kargalik. — Das Bokhâra-Perſiſch. — Eine muſikaliſche Unterhaltung. — Steinige Wüſte. — Ein Thal. — Oaſe von Bora. — Sandhügel. — Der Weg von Khoten. — Die Werbung des Yuz-baſhi. — Hayward's Beobachtungen. — Der Chuchu-Paß. — Der Chitrâliſche Sklavenhandel. — Kirghiſiſche Hütten. — Notizen über Kanjut und die Pa-mir-Gegenden. — Abſchied von dem Yuzbaſhi am Sanju-Paſſe. — Ankunft am Karakaſh. — Das Küen-Lün- und das Karakoram-Gebirge. — Die Quellen des Yârkand-Fluſſes. — Der Karakoram-Paß und das Karakoram-Gebirge. — Sterblichkeit unter den Laſtthieren. — Großes Eismeer an der Quelle des Shayok. — Antilopen. — See-Terraſſen. — Triebſand. — Gletſcher. — Ein gefährlicher Uebergang über den Shayok und die Gefahren des Saſſer-Paſſes. — Wieder im britiſchen Gebiet.

„Von Yârkand nach Otanchi, Sonntag, den 30. Mai. (Anderthalb Taſh, ſüdlich). — Wir wurden bis beinahe drei Uhr Nachmittags aufgehalten, weil keine Pferde erſchienen. Endlich kamen ſie und wir brachen auf — der Yuzbaſhi, Pan-jâbaſhi, Sâdu Khoja u. ſ. w. Wir zogen durch die Stadt, und als wir dieſelbe verließen, machte die Karawane Halt und ſagte, es ſei bei ihnen Sitte, dort den erſten Tag zu bleiben. Ich ließ Chumâru zwei bis drei Pferdelaſten nothwendiger Sachen brin-gen und ritt durch ſchönes grünes Land weiter nach einem großen, mit Obſtgärten umgebenen Landhauſe. Der Hof ſtand voller Wein-ſtöcke an Spalieren. Der Ort gehört Ahmed Akſkul. Etwa eine

halbe Stunde später kam Mr. Hayward an, wurde aber in einen
andern Theil der Gebäude gebracht, so daß wir uns nicht tra=
fen. Die Pferde blieben bis zehn Uhr ohne Futter, und dann
erst bekam jedes zwei Hände voll Getreide, Wasser und Gras
gar nicht, auch durften sie sich des Nachts nicht niederlegen.

„Die indischen Officiere bei dem Artillerie=Park lächelten
mich, als ich an ihnen vorüberging, heimlich an, zum Zeichen,
daß sie mich erkannten.

„Vor dem Thore des Fort stak auf einem hohen Pfahle ein
Menschenkopf!

„Von Otandji nach Poskyam, Montag, den 31. Mai.
— Nach dem Frühstück brachen wir auf. Hayward schloß sich
uns an und wir legten den Marsch zusammen zurück. Ich freute
mich sehr, daß ich wieder mit einem Engländer zusammen war.
Der Panjâbashi kehrte, nachdem ich ihm einen Turban gegeben
hatte, nach Yârkand zurück.

„In Poskyam wurden wir in Häusern in der Stadt ein=
quartiert. Hayward und ich saßen mit einander zu Hause und
später im Schatten der Bäume an einem Teiche. Man brachte
einen „von einem Teufel (Jinni) besessenen" Mann zu mir, den
ich heilen sollte. Ich lehnte es ab!

„Der Yârkand=Strom hat jetzt weniger Wasser als früher.

„Hayward sagte mir, man habe ihm weder auf der Hinreise
noch auf der Rückreise gestattet, durch die Stadt Yârkand zu
ziehen, sondern habe ihn außerhalb der Mauern herumgeführt.

„Die ganze Straße entlang stehen, wie ich (glaube ich) schon
früher erwähnt habe, einen (Turki=) Tash oder (persischen) Far=
sakh (ungefähr fünf englische Meilen) von einander, Stangen,
an welchen sich Breter mit Angabe der Entfernung befinden;
die Zählung fängt von Khoten an.

„Von Poskyam nach Yak=Shamba Bazâr (andert=
halb Tash), Dienstag, den 1. Juni. — Vierunddreißigster Tash
(am Ausgange von Poskyam) und dreiunddreißigster (einen hal=
ben Tash von Yak=Shamba Bazâr); Richtung Süd zu Ost. —
Ein sehr angenehmer Ritt durch eine liebliche grüne Gegend
voller Landhäuser und Obstgärten.

„Wir zogen durch die kleine Stadt und wurden einige hundert
Meter jenseits derselben in ein Landhaus mit Weinbergen und

Gärten gebracht, das eine kleine Strecke von der Straße ab lag. Für Hayward und für mich wurden in den Gärten auf freie Plätze Teppiche gebreitet. Es war hier im Schatten der Bäume sehr angenehm.

„Hayward und ich speisten zusammen.

„Ich erhielt vom Dâd-Khwâh einen Brief, worin er mich bat, einem Hajji beizustehen, den er eben nach Indien sende, um dort Gewehre u. s. w. zu kaufen. Auch ein Ehrengewand empfing ich. Ich gab dem Ueberbringer ein baumwollenes Gewand und antwortete in angemessener Weise.

„Der Yuzbashi sagt, indem er vom Fort Shahidulla spricht, der Atalik-Ghâzi sei über dasselbe sehr ärgerlich, da es ganz offenbar in seinem Gebiete liege, indem die Kirghisen ihm Tribut zahlen. Ich sagte ihm, der Lord Sahib werde sehr böse werden, wenn er erfahre, daß der Maharaja über seine Grenze hinaus gegangen sei. Der Yuzbashi sagte, man habe anfangs geglaubt, diese Invasion sei von Seiten der Engländer geschehen, aber seit meiner Ankunft seien sie besser unterrichtet.

„Von Yak-Shamba Bazâr nach Kargalik, Mittwoch, den 2. Juni. Zweiunddreißigster, einunddreißigster und dreißigster Tash (der letztere gerade vor Kargalik; der einunddreißigste ungefähr anderthalb Tash von Yak-Shamba Bazâr). — Wir überschreiten den Fluß Tishnâf, etwa zwei Meilen südlich vom zweiunddreißigsten Tash; er ist gegen fünfzehn Meter breit und ungefähr drei Fuß tief.

„Die ganze Strecke entlang war noch dasselbe fruchtbare Land.

„Wir wurden durch die Hälfte der Stadt und dann nach rechts über die Häuser hinaus in einen großen Garten geführt. Dort wurde an den Ufern eines Teiches, im Schatten großer Wallnuß- und Maulbeer-Bäume, unser Lager aufgeschlagen. Es war ein herrlicher Platz.

„Ungefähr drei Meilen von der Stadt traf mich der Hajji von Bokhâra; er sagte, er reise eben nach Hindostan und werde mit uns gehen. Später traf mich Ibrahim Bey, der Sirkar von Kargalik. Der Hajji blieb einige Zeit bei uns sitzen. Wie er sagt, ist der bei Kunduz fließende Arm des Amu (Oxus) nur in Booten zu passiren, während die übrigen vier Arme bis zu ihrre

Einmündung sich durchwaten lassen. Er behauptet, in Bokhâra werde das einzig echte Persisch gesprochen! Von dem Irâni-Persischen unterscheidet es sich in den Wörtern wie in der Aussprache nur unbedeutend. Er selbst verwandelt b in w oder o; er spricht zum Beispiel Aw (oder Ao) für Ab, Schâo für Schab u. s. w.

„Kargalik, Donnerstag, den 3. Juni. — Der Hajji kam und blieb bei uns sitzen. Später brachte der Yuzbashi ein Musikcorps mit Guitarren, Violoncello, Klavier, Tambourins u. s. w. und gab uns eine musikalische Unterhaltung mit Tanz. Ueber die Köpfe der Tänzer hinweg wurden Kupfermünzen gereicht und den Musikern zugeworfen. Zu diesem Zwecke wurden allen Zuschauern Hände voll Kupfermünzen gegeben.

„Später besuchten Hayward und ich den Yuzbashi an seinem eigenen Platze; er ließ einen Dastar-khân auftragen.

„Kargalik, Freitag, den 4. Juni. — Wir machen noch immer Halt. Es kamen Leute, um Arzneimittel zu holen.

„Die Gerste reist eben. Der Weizen steht in vollen Aehren, ist aber noch grün. Die Melonen blühen noch nicht. Der Reis wird eben gesät. Die „Béda" (Luzerne) wird gehauen, je nachdem man sie braucht (ein Wuchs nach dem andern). Die Nektar-Pfirsichen (mit weißem Stein) werden soeben eingebracht. Beim Dastar-khân gibt es ganze Schüsseln voll; ebenso Aprikosen.

„Kargalik, Sonnabend, den 5. Juni. — Wir halten noch immer.

„Während der Yuzbashi in einem von Hayward's Büchern ein Portrait der Magdalene betrachtet, sagt er (neckisch scherzend): „Das ist die Tochter eines Lord Sahib, die der Captân Sahib (Hayward) gern heirathen wollte, aber nicht bekam. Deshalb hebt er ihr Portrait auf."

„Wie der Hajji sagt, ist das hiesige Land allgemein unter dem Namen Kashkar bekannt und der Atalik-Ghâzi wird König von Kashkar genannt.

„Von Kargalik nach Besharif (ein Ritt von einer Stunde), Sonntag, den 6. Juni. — Wir wurden vom Hajji und seiner Begleitung eskortirt. Längs dem Strome, der jedoch trocken liegt, weil man sein Wasser zum Landbau verwendet hat, ist eine Oase. Zwischen Kargalik und dieser Oase liegt eine stei-

nige Wüste. Wir lagerten uns an einem Teiche unter Bäumen.
Mit dem Hajji und seiner Reisegesellschaft sprachen mehrere afgha=
nische Kaufleute. Der Munshi hört von einem Turki, daß der
Akhund von Swat im Bunde mit den Afghanen Peschawur ge=
nommen habe. Als ich es dem Yuzbashi lachend mittheile, lacht
er ebenfalls. Er sagt, er habe gehört, der Akhund sei ein Räu=
ber wie die Kanjutis.

„Von Besharik nach Bora (zweiundzwanzig Meilen, ein
Ritt von fünf Stunden), Montag, den 7. Juni. — Wir über=
schritten den kleinen Fluß, der (von Kugiar kommend) für die
Oase von Besharik das Wasser liefert, und betraten dann die
steinige Wüste, die einem Meeresstrande ähnlich mit abgerundeten
Kieseln und Sand bedeckt war. Der Morgen war neblig=feucht.
In der Ferne war Nichts zu sehen. Die Thal=Oase von Bora
war schön grün. Der Mais war an manchen Stellen ein Paar
Fuß hoch), an anderen Stellen, wo man ihn mit Pflügen, vor
denen die Ochsen einzeln gehen, umgepflügt hatte, um das Un=
kraut auszurotten (wobei der Mais gleichzeitig mit entwurzelt
wird), war er niedriger. Der kleine Fluß läuft zwischen tiefen
Ufern, an welchen hohes Rohr steht (daher der Name Bora).
Wir lagerten uns in einem Obstgarten am Teiche und frühstück=
ten bei der Ankunft.

„Der Yuzbashi sagte im Vertrauen, er habe vergangene Nacht
etwas davon gehört, daß die Afghanen den Engländern mehrere
„Yourts" abgenommen hätten und dann ein englischer Beg ge=
kommen sei und sie geschlagen habe. Aber diese Nachricht sei
weit her, fügte er hinzu, und höchst wahrscheinlich nicht wahr.
Ich sagte ihm, als ich fortgegangen, sei der König von Kabul
ein großer Freund der Engländer gewesen; er habe Gesandte an
sie geschickt u. s. w. Er schien damit einverstanden, daß die Mit=
theilung falsch sei.

„In der Nähe von Taschkand sollen sich große Heerden wil=
der Pferde befinden, dem tibetischen Kyang ähnlich. Man nennt
sie „Kulan".

„Von Bora nach Ui=Taghruk, Dienstag, den 8.
Juni. — Gegen zwölf Meilen.

„Wir stiegen aus dem fruchtbaren Thale von Bora nach den
kahlen Ebenen hinauf, die sich von dem Gebirge herabziehen und

23*

durch welche die verschiedenen Flüsse sich ihren Weg gesucht haben, wobei jeder längs seinem Laufe eine vertiefte Oase bildet. Die geneigten kahlen Ebenen am Fuße des Gebirges bilden einen eigenthümlichen Charakterzug des Landes; sie finden sich auch auf der Westseite, wo wir von Kokhrabat nach Yang-Hissâr durch sie zogen.

„Nachdem wir uns zwölf Meilen weit zwischen den Sand= hügeln hindurchgewunden hatten, erreichten wir wieder den Rand einer Oase, zogen in dieselbe hinab und kamen in das Dorf Ui=Taghruk. Die kleine Ravine oder das Thälchen fängt erst etwa eine Meile oberhalb des Dorfes an sich unter das Niveau der Ebene zu senken und wird allmälig immer tiefer, bis es sich zwischen dreihundert Fuß hohen Klippen dahinzieht; es ist unge= fähr eine halbe Meile breit und hat schönen Landbau. Die Ebene besteht aus vom Wasser abgespülten Steinen (mit Einschluß von Granitstücken) und Sand und legt die Vermuthung nahe, daß sie einst das Gestade eines Binnensees war, der vielleicht Ost= Turkistân bis zum Fuße der Gebirge, die es auf drei Seiten um= geben, bedeckt haben mag. Die Säume dieses abfallenden Ge= stades sind nach den tiefer liegenden Ebenen (oder dem Bett des vermeintlichen Sees) hin, von Ravinen durchschnitten. Die Ravi= nen enthalten meistentheils nur Buschholz; aber diejenigen, die sich weit genug zurückerstrecken und ihre Quelle im Gebirge haben, bilden die lieblichen, fruchtbaren Oasen von Bora, Ui=Taghruk Koshtak, Sanju u. s. w. Hier ist es entschieden viel kühler. Es ist noch keine Frucht reif, und die Gerste ist noch grün.

„Von Koshtak nach Sanju, Donnerstag, den 10. Juni. — Die letzten fünf Meilen zogen wir durch kleine Sand= hügel, die bis zum Rande allmälig ansteigen, von wo dann ein Abhang von 800 bis 1000 Fuß Höhe in das Thal von Sanju hinabführt. Halben Wegs diesen Abhang hinab kamen uns un= sere alten Freunde, der Alam Akhund (Oberpriester) und zwei kirghisische Ortsvorsteher, entgegen. Am Eingange zur Cultur wurden uns Dastar=khâns aufgetragen. Wir ritten zwei Meilen weit zwischen Häusern und Feldern hindurch das Thal hinab und überschritten dabei den Fluß. Hayward wurde an einen Platz geführt, der in einem Garten für ihn bereit gemacht war. Ich wurde in dem Hause Mohammed Bai's (des alten Mannes von

Sanju) einquartiert, wo man mich zu einer Art Estrade brachte, die mit Teppichen belegt war, einen erhöhten Sitz und oben ein Zeltdach hatte. Der Sohn des alten Mohammad Bai schenkte mir und dem Yuzbaschi Thee ein, während die kirghisischen Häupt= linge auf dem Saume des Teppichs saßen und ebenfalls Thee erhielten. Später besuchte mich der Beg von Khoten, Mansur Khoja, ein munterer, dicker Mann, der früher Gouverneur der Stadt Yârkand war, aber in Ungnade fiel und ein Jahr lang hingesetzt wurde. Er war erst vor etwa sechs Monaten wieder freigelassen worden. Ihm hatte das Haus gehört, in welchem ich in Yârkand wohnte. Er ist kürzlich in Sanju angestellt wor= den und scheint zu meinen, daß ein solches Amt Etwas unter seiner Würde sei. Als ich (um ihn zu trösten) sagte, sein District sei von hoher Wichtigkeit, da er die Thür des Verkehrs zwischen Indien und Turkistân sei, erwiderte er: „Dann bin ich der Ghulam=i=Darwâzah" (Sklave des Thores). Er kam mehrmals zu mir und blieb bei mir sitzen, und wenn der Yuzbaschi nicht da war, machte er seinen Beschwerden Luft (bat mich aber Nichts davon zu erwähnen). „Ich thue jedoch", sagte er, „in meiner jetzigen Stellung mein Möglichstes. Der vorige Beg" (Sherif Khan, den ich gesehen hatte, als ich früher durch Sanju zog) „wurde seiner Tyrannei halber abgesetzt und eingekerkert. Die Bauern waren halb zu Grunde gerichtet", fuhr der Ghulam=i= Darwâzah fort, „ich habe daher versucht, sie wieder emporzu= bringen; ich borge Geld und schieße es ihnen vor, damit sie sich Vieh u. s. w. kaufen können."

„In Sanju hielten wir einen Tag, um uns zu unserer Reise vorzubereiten und Lebensmittel u. s. w. aufzuladen. Mein Wirth (der alte Mohammad Bai) und seine Söhne waren sehr feine Leute. Er ist ein reicher alter Landwirth und hat eine recht hübsche Tochter. Ich sah die junge Dame mehrmals, wenn sie mit einem Kruge auf der Schulter und von einer Magd oder Sklavin begleitet, zum Hause herauskam, um für den Haushalt Wasser zu holen. Sie schien weit mehr Krüge voll zu holen, als nöthig sein konnten, und machte sich dann und wann eine Gelegenheit, sich um das Thor herum etwas aufzuhalten und sich den fremden Engländer und alle seine wunderbaren Einrichtungen anzusehen. Ich erfuhr später, daß mein Yuzbaschi in die junge

Dame verliebt sei (er hat durchaus keinen schlechten Geschmack;
es konnte nichts Hübscheres geben als ihre dunkeln Augenwimpern, rosigen Wangen und das Kinn mit dem Grübchen). Er
hatte den alten Mohammad Bai gebeten, sie ihm zur Gattin zu
geben, aber der alte Mann sagte, er wünsche, daß seine Tochter
einen Mann heirathe, der sich in derselben Lebensstellung befinde
wie er und sich in seiner Nähe niederlassen wolle, nicht einen
Soldaten, der immer zu Pferde sitze und in dem einen Augenblick auf dem Pamir und im nächsten an den Grenzen China's
sei. Der Yuzbaschi hofft ihn noch zu bereden, und ich war erstaunt,
als ich sah, mit welcher Lebhaftigkeit mein mit hohen Familien
verwandter Wächter vom Pferde stieg und vorwärts lief, um den
alten Landwirth zu umarmen. Aber die Liebe gleicht, wie es
scheint, alle Unterschiede aus, in Turkistân so gut wie anderwärts.

„Von Sanju nach Kizil=Aghil, Sonnabend, den
12. Juni. — Wir brachen auf, und um nicht den Sanju=Strom
hinaufgehen zu müssen, der sehr angeschwollen ist, schlugen wir
eine neue Route ein. Mansur Khoja, der Beg, kam, um mich
abreisen zu sehen, und sprach mit ausgestreckten Händen ein Gebet für meine glückliche Reise. Wie gewöhnlich, waren die Arguns, Juma, Kudu u. s. w. nicht mit voran.

„Wir zogen über einen Sandrücken, welcher der Seite des
Sanju=Thales, auf der wir dasselbe betreten hatten, gegenüber-
stand, und kamen an einem Dorfe, Namens Poské, in ein anderes kleineres Thal. Wir folgten dem Flusse aufwärts bis zu
einem Stück angebauten Landes, wo Bäume und ein Haus standen; es gehörte einem alten Mullah, der an den Ufern des
Flusses lebt.

„Der Yuzbaschi und die Kirghisen (die uns begleiten) sagen
auf Befragen, die große Bergspitze in der Nähe von Yang=Hissâr
heiße Taghalma Mustagh (Mustagh bedeutet Eis=Berg). Sie
kennen eine Menge örtlicher Namen, haben aber keinen allgemeinen Namen für irgend einen Gebirgszug. „Sarikta" ist der
Name, den sie dem Thale des Karakash geben, wo sie ihre Schafe
weiden.

„Am Abend schossen der Yuzbaschi und seine Leute nach der
Scheibe.

„Von Kizil=Aghil nach Mazar, den 13. Juni. — Beim Aufbruch rief der Yuzbajhi nach dem alten Mullah, dem der Garten gehört, und sagte zu ihm: „Dua kilip" (sprich ein Gebet). Hierauf kniet der alte Mann mit ausgestreckten Händen nieder; alle Anderen strecken, während er betet, ebenfalls die Hände aus, dann streichen wir uns Alle den Bart, und der Yuz= bajhi ruft: „Barak=Allah, Barak=Allah" (mit Gottes Segen), und so reiten wir denn fort.

„Noch immer dem Strome aufwärts folgend, während er in das höhere Gebirge eintritt, sahen wir allmälig den Kamm der Kette, der am oberen Ende des Thales sich hinzog. Er war mit Schnee bedeckt, unterhalb dessen einige herrliche grüne Gras= abhänge sich ausdehnen, ein starker Contrast zu den ringsum stehenden kahlen Bergen. Wir lagerten uns an der Einmündungs= stelle eines Thales, das nach Westen führt, und an dessen oberem Ende der kleine Paß liegt, den wir morgen überschreiten sollen, und der uns wieder in das Thal des Sanju=Flusses zurückbringen wird, aber an einem Punkte, wo die Anschwellung desselben uns keine Schwierigkeit mehr bereitet.

„Unterwegs bleibt Hayward oft zurück, um Beobachtungen zu machen. Der Yuzbajhi scheint sich jetzt ganz daran gewöhnt zu haben und sagt zu mir: „Dort ist er; er läuft wieder einer neuen Straße nach." Sie sind der Meinung, der einzige Zweck, den er bei seinen Forschungen habe, sei, eine bequeme Straße in ihr Land zu finden.

„Der Yuzbajhi verdoppelt seine Aufmerksamkeiten, da die Zeit naht, wo wir uns trennen müssen. Heute gab er uns bei der Ankunft ein kaltes Frühstück, weil unsere Sachen noch nicht da waren. Er sagt uns, die Turks seien Pferdeliebhaber (Ashik.)

„Von Mazar nach Tam, Montag, den 14. Juni. — Wir sind über den Chu=chu=Paß. Erst zogen wir sechs Meilen weit das Seitenthal hinauf, dann kletterten wir mit Leichtigkeit bis zu dem Passe empor, der über einen Ausläufer des Gebirgs= zuges führt. Die Straße war staubig. Der Weg den Berg hinab geht hauptsächlich durch eine enge Schlucht, aus der man in ein offeneres Thal herauskommt, das nach dem Sanju=Flusse führt. Wir wendeten uns stromaufwärts, wobei wir den Fluß dreimal überschritten, und passirten die alte zerstörte Mauer, die

das Thal zu schützen pflegte, bis zu einem Stück bebauten Lan=
des und den wenigen Hütten von Tam. Gegen zwei Uhr Nach=
mittags kamen wir an. Gleich darauf stieg der Fluß plötzlich so,
daß er sich nicht mehr überschreiten ließ, und dadurch wurde
unser ganzes Gepäck von uns abgeschnitten. Wir mußten in einer
der Hütten ohne Bettzeug auf der Erde schlafen und die Sättel
als Kopfkissen benutzen. Der Yuzbashi und sein Mann schossen
nach der Scheibe; ebenso ein Shikari (oder Jäger), der hier lebt.
Dieser Mann soll einem Menschen einen Apfel vom Kopfe schie=
ßen können und es dieser Tage in Khoten vor dem Könige gethan
haben, der ihm eine ansehnliche Belohnung gab.

„Von Tam nach Tablek, Dienstag, den 15. Juni. —
Am Morgen, wo der Fluß wieder hinlänglich gefallen war, schloß
unser Gepäck sich uns wieder an. Um fünf Uhr früh stand das
Wasser noch ganz hoch. Wir ritten einige Meilen am Flusse
hinauf und lagerten uns auf einer grasreichen Stelle, um uns
mit den Kirghisen über unsere künftigen Bewegungen zu berathen.

„Von Tablek nach Kichik=Yelák („kleine Viehweide"),
Mittwoch, den 16. Juni. — Nach fünf Meilen Weges mündet
von der rechten Seite ein Thal ein; nach acht Meilen fängt die
Straße an sich lange grasreiche Abhänge hinaufzuziehen, die ein
breites Thal einschließen. An der Stelle, wo von der linken
Seite (Nordosten) her ein Thal einmündet, stießen wir auf ein
kirghisisches Lager; dort waren für mich, Hayward, den Munshi
und den Yuzbashi vier besondere Zelte aufgeschlagen. Der Yuz=
bashi erzählte mir, in der Nähe von Chimkend sei einmal eine
kleine Abtheilung russischer Truppen eingeschlossen worden und
habe sich dazu verstanden, in Zeit von drei Tagen Muselmänner
zu werden (!). Nach Verlauf der drei Tage fand man, daß sie
sich stark verschanzt hatten und nunmehr nicht zum wahren Glau=
ben übertreten wollten.

„Die Kirghisen kamen uns alle entgegen. Wir wurden von
vielen alten Bekannten begrüßt. Die hiesigen Kirghisen bestehen
aus zweiundzwanzig Familien oder Haushaltungen („Yürt" ge=
nannt; wie man sagt, wird dieser Name nicht auf die Filzzelte
angewandt, die „Akuis" heißen); sie wandern nur zwischen den Di=
stricten Sarikia und Sanju. Kameele haben sie nicht. Ein alter
Mann, mit schmalen Augen, sagt, er sei vor zwanzig Jahren

von Tashkurgan hergekommen. Er trieb mit Chitrál Handel und
brachte in einem Jahre zehn und im nächsten dreißig Sklaven
zurück, die er in Kâshghar verkaufte. Seitdem ist er als Gesandter in Kanjut gewesen, und zwar in freundschaftlichen Angelegenheiten von Seiten der Kirghisen.

„Die hier lebenden Kirghisen zogen vor zwanzig Jahren von
Sarikol hierher. Vorher gab es hier keine.

„Ein kirghisischer Akni, den ich maß, war einundfünfzig Fuß
im Umfange, in der Mitte acht Fuß und an den Seiten bis zum
Anfang der Kuppel vier Fuß hoch.

„Kichik Yeilak, kirghisisches Lager, den 16. Juni. —
Der alte Kirghise erzählte mir ferner, daß sowohl die Chitrális
als die Kanjutis Shias (oder Ketzer) seien, obgleich der Regent
von Chitrál seine Gebete nach der Sunni (oder orthodoxen Lehre)
verrichte. Kanjut wird durch den Fluß in zwei Theile getheilt;
auf der einen Seite desselben liegt Nagar, auf der andern Hunza.
Die dazwischen befindliche Brücke wird von Detachements beider
Stämme bewacht. Es giebt oft Krieg zwischen beiden. Der alte
Fürst Ghazanfar ist todt. Hunza wird jetzt von seinem Sohne
regiert. Die Stadt Hunza allein enthält 3000 Häuser und der
Fürst kann mit 3000 bis 4000 Mann Truppen ausrücken. Jeder-
mann, der in freundschaftlicher Absicht kommt, wird gut behan-
delt, aber die Kaufleute werden oft geplündert, und verdächtige
Menschen werden sofort umgebracht. Soweit es den offenen
Kampf betrifft, sind sie, wie er sagt, Weiber; sie fallen nur über
Karawanen her, wie die Katze über die Maus. Von Kanjut bis
Tashkurgan ist es zehn Tage (es giebt zwei Routen, wovon die
eine schlecht ist); von Tashkurgan bis zu den Alai-Ebenen sind
sieben Tage, und von da bis Khokand vier Tage. Zwischen
Tashkurgan und den Alai-Ebenen muß man zwei bis drei Pässe
überschreiten, aber sie bieten keine Schwierigkeit; von Wakhan
bis Kâshghar ist es zwanzig Tage (zehn Tage braucht man, um
über den Pamir zu kommen); von Badakshân bis Kâshghar beträgt die Entfernung dreißig Tage. Unter dem Namen Karakül
giebt es zwei Seen; der eine, der zwölf Tage im Umfang hat
und auf dem Pamir liegt, entsendet sein Wasser nach Westen in
den Karategin-Fluß. Der andere, der viel kleiner (zwei Tage
im Umfang) ist und am Fuße der Taghalma-Spitze liegt, ergießt

sich in den Kâshghar-Fluß. Die Kirghisen kommen jetzt nicht in den Pamir hinüber, obgleich er mit Gras bedeckt ist.

„Den 17. Juni. — Chumâru und Juma zogen mit dem ganzen Gepäck ab; letzteres wurde mit kirghisischen Yáks über den Paß gebracht. Juma kam gegen zwei Uhr wieder zurück.

„Freitag, den 18. Juni (Grim-Dewân). — Heute zogen wir über den Grim Dewân (Sanju-Paß). Wir brachen um 7 Uhr Vormittags auf Yáks auf. Der Yuzbaschi ritt mit mir den halben Weg nach dem Fuße des Passes und nahm dann herzlichen Abschied — als er mich umarmte, standen ihm fast die Thränen in den Augen. Sâdu Khoja begleitete uns über den Paß. Erst zogen wir an Grasabhängen hinauf, die auf drei Seiten von Schneebergen umgeben waren, so daß sie eine Art Bucht darstellten. Dann wandten wir uns nach Süden und stiegen den Bergrücken hinauf. Schnee gab es erst an der höchsten Stelle des Passes, obgleich dieselbe von der Straße ab 1500 Fuß unter dem Berggipfel lag. An dem südlichen Abhange fand sich mehr Schnee; 1000 Fuß weit war er schlackerig. Unglücksfälle kamen nicht vor — ich ritt bis zum eigentlichen Berggipfel. Auf der andern Seite fand ich Chumâru mit dem Gepäck, das gestern hinübergeschafft wurde. Ich nahm Abschied von dem kirghisischen Akshal (gab ihm ein seidenes Gewand und für meinen Chef einen weißen Turban), ebenso von Sâdu Khoja, dem ich einen seidenen Turban gab. Fünfzehn Kotaß (Yáks) nebst fünf bis sechs Kirghisen gehen mit uns bis Shahidulla. Wir kamen das Bett des Flusses herab, der sehr angeschwollen war, bis zu einem früheren Lager, wo wir blieben, während wir Chumâru zurückließen, um uns am Morgen mit den übrigen Sachen zu folgen.

„Es ist neblig, man kann daher in der Ferne Nichts sehen. Der Gipfel des Bergrückens ist eine Art Schieferthon.

„Vom Lager nach Pilâtaghuch, Sonnabend, den 19. Juni. — Wir ritten nach dem Karakash hinab und erreichten ihn bei Mazâr Abu Bekr. Hier frühstückten wir und gingen dann zwanzig Minuten weit zu Fuße stromaufwärts, wo tiefes Wasser gegen die Felsenwand läuft und Alles fünfzig Meter weit von Menschen getragen werden muß. Die Pferde schickte ich oben herum. Die Kirghisen trieben ihre Yáks durch den Strom, der hier gegen vierzig Meter breit und im Durchſchnitt zwei Fuß tief iſt, und nach angeſtelltem Verſuch in der Stunde vier engliſche Meilen durchläuft. Nachdem wir noch zwanzig Minuten gegangen waren, trafen wir die Pferde wieder; dann lagerten wir uns eine Stunde in einem Jangel von Gras und Büſchen.

„Sonntag, den 20. Juni (Halt in Pilâtagh uch). — Wir warteten auf das Gepäck, das von dem letzten Haltepunkte her ſich uns wieder anſchließen ſollte. Ich ließ die Pferde beſchlagen. Ein alter Kirghiſe, der mich mit dem hier abgedruckten Tagebuche ſah, fragte, ob es der Koran ſei. Ich ſagte, es ſei ein Kitab (Buch), worauf er es ehrerbietig mit dem Finger berührte, den er dann küßte.

„Ich unterhielt mich mit dem alten Kirghiſen. Er ſagt, der hieſige Stamm habe erſt in Sarikol gelebt, ſei aber von den Kanjutis (die er „yaman Kâfirs“ böſe Heiden, nennt) ſo verfolgt worden, daß er vor zwanzig Jahren nach Sarikia*) gezogen ſei; er habe aus dreißig Familien beſtanden. Seitdem der Atalik regiert, hat die jetzt in Sarikol herrſchende Sicherheit eine neue Einwanderung der Kirghiſen von den Alai-Ebenen (in Khokand) herbeigeführt, und ſie zählen jetzt 200 Zelte. Von Shahidulla bis Taghdumbaſh**) im Diſtricte Sarikol iſt es zehn bis fünfzehn Tageritte, und von da über den Pamir bis Andiján ungefähr ebenſo weit. Die Päſſe ſind niedrig. Einen See mit dem Namen Sarikol gibt es nicht, aber einen von zwölf Tagen Umfang mit dem Namen Sarikül. Der Pamir iſt mit Gras bedeckt und reich an wilden Thieren, unter welchen der großhörnige „Arkar“ (Ovis Poli) und ſein Weibchen, die „Gulja“, ſich befinden; ſie ſind ſehr ſcheu. Der Kirghiſe fragte mich, ob ich einen „Frang Miltek“ oder ein fränkiſches Gewehr hätte, womit er (wie ich aus ſeiner Beſchreibung entnahm) eine Büchſe meint; er ſagte, er und die anderen Kirghiſen ſeien auf dieſelben ganz verſeſſen und würden jeden Dienſt verrichten, wenn ſie eines bekommen könnten.

*) Sarikia iſt der Name, den man den Weiden am oberen Theile des Karakaſh-Fluſſes gegeben hat.
**) Taghdumbaſh bedeutet „der Kopf des Gebirges“. Es iſt der obere Theil des Diſtrictes Sarikol.

„Von Pilátaghuch nach Shahidulla Khoja, den
21. Juni. — Als wir uns dem Fort näherten, kamen uns fünf
Soldaten unter einem Panjábashi ungefähr fünf Meilen weit
entgegen. Sie erkundigten sich unter vielen Complimenten nach
unserm Befinden u. s. w. und ritten mit uns wieder zurück.
Wir überschritten den Fluß zweimal und lagerten uns in der
Nähe des Fort. Am Abend gab es einen kleinen Sprühregen.
Der Schnee liegt bis 1000 Fuß über dem Thale herab.

„Von Shahidulla nach Souget, Mittwoch, den
23. Juni. — Ich brach mit einigen leichten Ladungen auf und
ließ meine schwereren Sachen zurück, damit sie nachfolgen sollten.
Hayward that dasselbe. Ich nahm meine eigenen fünf Pferde
und drei von Juma. Der Panjábashi und vier Soldaten eskor=
tirten uns eine Meile weit hinaus und nahmen dann ehrerbietig
Abschied. Am Abend lagerten wir uns unter einer gewaltig
großen Moräne, die von den östlich vom Thale stehenden Schnee=
bergen herabkommt. Gras gab es dort in Fülle und an dem
Flusse auch eine Menge Sträucher, die Holz lieferten.

„Von Souget nach Chibra, Donnerstag, den 24.
Juni. — Die Entfernung beträgt acht und eine Viertelstunde
oder fünfzehn Meilen. Unser Paß von Souget wand sich das
steinige Bett des Thales hinauf, erst eine Meile südwestlich, dann
eine halbe Meile westlich. (Hier mündete von Westen her eine
Nullah ein, durch die man in den Kirghisen=Paß Nullah hinüber=
kommen konnte.) Nachdem wir noch ein Paar Meilen süd=süd=
westlich gezogen waren, kamen wir aus der steinigen Nullah her=
aus und betraten eine fast platte Gegend, die auf beiden Seiten
von abgerundeten Bergen begrenzt war, zwischen welchen ein brei=
tes offenes Thal lag. Hier setzten wir unsern Marsch noch ein
Paar Meilen süd=süd=westlich fort, wobei wir uns einer Schnee=
kette von abgerundeten Hügeln näherten, die vor uns gerade
querüber lief. Als wir an den Fuß der Hügel herankamen, fan=
den wir, daß ein offenes Thal von der rechten und ein anderes
von der linken Seite sich herabzog, die eine einzige gerade Linie
bildeten und auf die Straße ausliefen, auf der wir gekommen
waren. Wir wendeten uns nach links und zwar südöstlich nach
dem am oberen Ende liegenden Passe hin. Das gegenüberliegende
Thal, das an seinem oberen Ende einen ähnlichen, aber schnee=

freien Paß hat, läuft nordwestlich. Sechs Meilen weit zogen
wir allmälig das offene Thor hinauf bis zum Fuße eines kurzen
und ziemlich steilen, mit Schnee bedeckten Abhanges. Nach einer
Viertelstunde standen wir oben auf demselben. Von dem Passe
führt ein sanfter Abhang in einem breiten Thale drei Meilen
weit südöstlich, dann wendet sich das Thal und geht eine halbe
Meile süd-süd-östlich, worauf wir eine trockene Nullah mit einigen
Umfriedigungen von Steinen und vielen todten Pferden erreichten.
Hier machten wir Halt. Zwischen niedrigen Schneebergen hindurch führen Thäler mit bequemen Pässen ungefähr nordöstlich
nach dem Karakash.

„Von Chibra nach Châbartâsh, Freitag, den 25.
Juni. — Sechs Meilen gingen wir südlich das breite Thal
hinab; die Berge nahmen auf beiden Seiten allmälig an Höhe
ab, bis sie in die Ebene oder das hohe Tafelland übergingen,
durch welches ein zwanzig bis dreißig Fuß tiefes, fast trockenes
Flußbett läuft. Von da wandten wir uns nach Süd-Süd-Westen
und hatten nun von den gegenüberstehenden hohen Schneebergen
(Karakoram), von welchen wir von Chibra her immer mehr Spitzen gesehen hatten, eine vollständige Ansicht. Während wir auf
der rechts von uns liegenden Hochebene hinaufzogen, sahen wir
in dem süd-süd-westlich stehenden Gebirgszuge einen Einschnitt.
Dieser führt nach dem Karakoram-Passe. Weiter nach links ziehen
sich Schneeberge herum (die den oberen Karakash begrenzen); sie
runden sich mehr und mehr ab, obgleich noch immer mit Schnee
bedeckt, bis sie die hinter uns stehende Küen-Lün- oder Suget-
Kette treffen. Diese Bergkette, ein hohes Schneegebirge, steht dem
Karakoram gerade gegenüber, sie läuft ungefähr parallel mit
demselben und hat eine regelmäßigere Gestalt; wir sehen hier den
wirklichen Gebirgszug, während wir von dem Karakoram nur die
Schneegipfel, nicht die wirkliche Wasserscheide sehen: das eine ist
eine in Schlachtlinie stehende Armee, das andere eine Armee in
parallelen Colonnen, von welchen wir nur die Spitzen sehen können. Der ganze Zwischenraum links von uns ist eine unregelmäßige Hochebene, die etwa dreißig Meilen weit zu den nach
Osten stehenden Bergen ansteigt, die den oberen Karakash begrenzen.

„Zwischen diesen Bergen hindurch sieht man nach Süden hin

einen Paß, der sich zwischen einer nach Süden stehenden Felsen=
spitze und einem nach Norden stehenden hohen doppelten Schnee=
berge befindet. Die Hochebene, die ich erwähnt habe, heißt die
„Dubsa Sergot oder Sertkol"; sie ist dem Anschein nach völlig
unfruchtbar. Von ihr kommt ein breites, fast trockenes Flußbett
her und vereinigt sich zu unseren Füßen mit einem ähnlichen,
das von der Oeffnung des Karakoram=Passes herkommt, und mit
demjenigen, dem wir von Chibra herab gefolgt sind. Sie gehen
alle drei zusammen nach Nordwesten hin und bilden den Yârkand=
Fluß (der hier nur wenig Wasser hat; er fließt kaum, so unbe=
deutend ist der Fall des breiten, kiesigen Bettes). Weiterhin scheint
der Fluß sich tiefer hinabzusenken und zwischen den kahlen Aus=
läufern, die von der nach Norden stehenden Schneekette Suget
entsendet werden, und einem, der von dem in Süden stehenden
Karakoram herkommt, zu einer Art Ravine zu werden. Dann
scheint auch der Charakter des Landes sich zu ändern und nicht
mehr das freie Plateau darzustellen, auf dem wir uns jetzt be=
finden. Hier wird man an die Ansichten von Island erinnert,
so nahe kommt der Schnee der Bergwände an die Ebenen herab.
Die hiesigen Berge erscheinen, obgleich wahrscheinlich keiner we=
niger als 18,000 Fuß hoch ist, als bloße Hügel, so hoch ist das
Plateau, auf dem sie stehen. Zwischen der Ansicht östlich und
der Ansicht westlich ist ein auffallender Contrast. Indem wir
uns in das kiesige Bett hinab begaben, wandten wir uns wieder
nach dem Karakoram hin, obgleich man kaum bemerkt, daß wir
vorher bergab gingen und jetzt bergauf steigen. Nachdem wir von
der Wendung nach Süd=Süd=Westen an ein Paar Meilen zurück=
gelegt haben, überschritten wir das von der Dubsa Sergot
kommende kiesige Bett. Hier zeigte sich deutlich, daß es von dem
Passe des Karakash herkam, der von hier südöstlich lag. Der
fernste Punkt, bis zu welchem wir den Yârkand=Fluß verfolgen
konnten, lag von hier Nord=West zu West. Vier Meilen weiter
bezeichneten einige todte Pferde in einem Seitenbett den Halte=
platz, den man Malikshah nennt. Hier sahen wir auf dem nach
links liegenden Tafellande sechs weiße Böcke (tibetische Anti=
lopen). Jenseits desselben wurde das Flußbett ganz trocken, und
wir marschirten elf Meilen weit auf seinen grenzenlosen Ebenen
hinauf, bis einige niedrige Ausläufer vom Karakoram her eine

Art Portal bildeten, durch das wir wieder in die Berge eintraten: dies ist Wahabjilga. Von da ab zogen wir durch ein breites Gebirgsthal drei Meilen Süd-West zu Süd bis zu einem einzelnen Felsen, der an einem Grasplatze mitten in dem kiesigen Bette steht, das hier ein wenig Wasser hat. Die in der Nähe befindlichen Abhänge haben ein wenig tibetisches spitziges Gras: dies ist Châdar-Tâsh (Zelt-Stein), wo wir uns lagerten. Zwischen Malikschah und hier gab es weder Wasser noch Gras.

„Von Châdartâsh nach Kiziltâgh, Sonnabend, den 26. Juni. — Die Entfernung beträgt anderthalb Stunden oder fünf englische Meilen. Oestlich von Châdartâsh führt eine breite Thalebene zu einem scheinbaren Passe, der etwa fünfzehn Meilen entfernt zwischen Schneehügeln hindurchgeht. Dieser Paß liegt Süd-Ost zu Süd, und führt wahrscheinlich ebenfalls nach dem oberen Karakash. Hayward will diese Route versuchen, daher trennen wir uns hier. Ich brach auf und zog über eine jener großen Eisflächen, die in der hiesigen Gegend gewöhnlich sind; sie entstehen durch wiederholtes Austreten und Gefrieren des Flusses an flachen Stellen seines Bettes. Eine Meile von Châdartâsh konnte ich durch eine Oeffnung den Suget-Paß sehen. An einem Abhange, auf dem an einem Platze, wo das Bett des Flusses eine von rothen Hügeln umgebene kleine Ebene von Kies bildet, ein wenig Gras stand, machten wir Halt, gerade vor dem Eingange in ein zwischen großen Schneebergen liegendes Thal. Weiter oben gibt es, wie man sagt, kein Gras, und bis zum Passe ist es noch immer weit. Um eine bessere Aussicht zu haben, begab ich mich drei Meilen einen nach Ost-Süd-Ost stehenden Bergrücken hinauf.

„Sonntag, den 27. Juni (Halt in Kiziltâgh.) — Am Morgen fehlten der Maulesel und der Grauschimmel (vom Yuzbashi). Ich sandte nach allen Richtungen aus. Nachdem Yusaf auf dem andern Grauschimmel umhergejagt war, um die Fährten zu suchen, sah man ihn plötzlich, wie einen alten Jagdhund, der die Spur gefunden hat, gerade das Thal hinabreiten. In allen anderen Richtungen hatte ich selbst schon vergebens gesucht und fand nun, daß die beiden Fährten dorthin führten. Ich schickte Yusaf noch zwei Andere zu Pferde mit Futterbeuteln und Lebensmitteln für die Leute nach. Gleich darauf kommt Hayward's

Argun und sagt, Hayward's Schimmel sei todt und meine beiden
Flüchtlinge seien bei Tagesanbruch an Châbartâsh vorübergegangen!
Ich zankte ihn aus, daß er sie nicht aufgehalten und zurückgeschickt
habe (Hayward rieth mir in einem Billet, ich solle ihn durch=
hauen). Auch gab ich ihm einige Nägel, die ich übrig hatte, da
Hayward zum Beschlagen seiner Pferde nicht hinreichend damit
versehen war.

„Als wir zu Bette gingen, hatten wir von den Pferden
noch keine Nachricht. Es ist ganz abscheulich, hier noch aufge=
halten zu werden, gerade an der Grenze der Civilisation, die ich
nach so langer Abwesenheit endlich wieder erreicht habe. Dies
Maulthier will ich, wenn ich es einfange, gehörig beladen.

„Montag, den 28. Juni (Halt in Kiziltâgh). — Wir
müssen noch immer Halt machen, da bis jetzt sich weder Leute
noch Pferde gezeigt haben. Eine schreckliche Geduldprobe!

„Ich zählte die noch übrigen achtzehn Pferde, die innerhalb
eines Radius von hundert Meter am Lagerplatze umherlagen.

„Die ganze Straße entlang findet man immer nach einigen
Hundert Meter ein Gerippe, während die Halteplätze damit über=
füllt sind. In der Nacht hören wir die Wölfe heulen, die diese
Straße heimsuchen. Sie erwarten jetzt wahrscheinlich den Eintritt
der Jahreszeit, wo Pferde kommen.

„Um drei Uhr Nachmittags kam der Bursche Abdullah zurück
und sagte, er sei den Fährten der Maulthiere u. s. w. fast bis
nach Chibra gefolgt. Yusaf hatte offenbar, nach den Fährten zu
schließen, mehrmals versucht, das Maulthier zu fangen. Aber
vergebens. Sie müssen Alle über den Paß hinüber gegangen
sein, wo sie meiner Karawane in die Quere kommen werden. Ich
bin entschlossen auf jeden Fall wo möglich morgen aufzubrechen."

Hier ist mein Tagebuch zu Ende, denn die Schwierigkeiten
der Straße ließen mir keine Zeit mehr, auch nur einige Zeilen
in der Nacht niederzuschreiben.

Der Turki=Bursche Yusaf, der den Fährten meines Maul=
thieres und Pferdes nachritt, welche am 27. Juni von Kiziltâgh
fortliefen, verfolgte dieselben muthig über die hohe wüste Ebene
hinüber. Erst am nächsten Tage kam er halb verhungert sechszig
Meilen weit zurück in Shahidulla in das Lager einiger meiner

Eismeer an der Quelle des Shayok-Flusses im Karakorum-Gebirge.

Nach einer Skizze von R. B. Shaw, gezeichnet von Major Strutt.

Diener geritten, die mir nachzogen, und die das Pferd und Maulthier bereits eingefangen hatten.

Ich habe die parallelen Bergrücken erwähnt, die um den Karakoram=Paß herumstehen und die einer in Colonne aufgestellten Armee gleichen. Wenn man in den breiten Thälern, die sie von einander trennen, zwischen ihnen hindurchgeht, findet man, daß sie immer niedriger werden und allmälig unter die Grenze des ewigen Schnees herabsinken, isolirte Spitzen ausgenommen, die sich über dieselbe erheben. Die Thäler steigen immer fort, aber die Steigung ist nie so steil, daß man nicht mit einem Wagen hinauffahren könnte. Endlich kommt man an einen Bergrücken, der den Weg versperrt und nicht höher aussieht, als ein Eisenbahndamm, obwohl er einige hundert Fuß hoch sein mag. Dieser Rücken ist der Karakoram=Paß. Er gleicht mehr einer Ausgußstelle, durch welche vielleicht das Wasser eines alten Sees abgeflossen ist, als demjenigen, was wir unter einem Gebirgspasse verstehen. Das sogenannte Karakoram=Gebirge ließe sich vielleicht besser als der erhöhte Rand eines Beckens oder der höchste Theil eines unregelmäßigen Plateau denn als eine Bergkette bezeichnen. Der Abfall auf der Südseite ist größer, aber man kann es kaum glauben, daß man sich auf der Wasserscheide befindet zwischen dem großen Stromsystem, daß sich in den indischen Ocean ergießt, und demjenigen, welches ostwärts nach China hin läuft. Die Höhen erheben sich auf beiden Seiten nicht über den Rang der Hügel, und ewiger Schnee ist nicht vorhanden, obgleich der Karakoram 18,000 Fuß über dem Meere liegt. Die Straße ist durch Pferdegerippe markirt; die dünne Atmosphäre und der gänzliche Mangel an Gras, der viele Tagereisen dauert, verursachen unter den Lastthieren eine Sterblichkeit, die sich bei der verhältnißmäßig geringen Unannehmlichkeit, welche der Reisende selbst hat, kaum erklären läßt.

Einen Tagemarsch südlich von dem Passe sieht man eine Reihe wirklicher Gletscherberge. Der Shayok=Fluß, eine der Quellen des Indus, entspringt in einem vollkommenen Ocean von Eis, der diesen Namen viel eher verdient als die Mer de Glace von Chamouni, die mehr ein Eisfluß als ein Eismeer ist. Zwei von erstaunlich hohen Bergspitzen herabkommende Gletscher vereinigen sich und überschwemmen mit ihren blauen Wogen eine

große Ebene. Es iſt werth, daß man eine Reiſe von England
her macht, blos um dieſe Stelle zu ſehen. Die, wie es ſcheint,
unfruchtbare Ebene wird von tibetiſchen Antilopen mit ihren
ſchlanken lyraförmigen Hörnern, den zierlichſten ihrer Art, beſucht.
Terraſſen und andere Zeichen, daß früher hier ein See beſtand,
erſtrecken ſich bis zu einer Höhe von 200 Fuß an den Wänden
der Ebene und der Schlucht hinauf, durch die der Strom ent=
rinnt. Es ſind die Merkmale eines Sees, der ſich hier zu wieder=
holten Malen gebildet hat, indem die Gletſcher unten die Ravine
verſperrten, und der bei der großen Ueberſchwemmung des Jah=
res 1841 (die im Anhang näher beſchrieben wird) eine ſolche
Verwüſtung anrichtete. Ich halte jedoch dieſe Merkmale für zu
bedeutend, als daß ſie während des kurzen Beſtehens neuerer
Seen entſtanden ſein können, und glaube vielmehr, daß ſie auf
wiederholte Erſcheinungen derſelben Art in früheren Zeiten hin=
weiſen. Dies iſt, wenn richtig, ſehr intereſſant.

Gleich darauf verläßt man aber die hohen Plateaux und
abgerundeten Hügel, welche die charakteriſtiſchen Merkmale des
Landes ſind, und folgt dem Fluſſe in die engen Schluchten des
Gebirges hinab. Man hat den zerriſſenen Rand der Hochebene
erreicht. Die Ravine, in die wir eintraten, war ſo eng, daß wir
alle Augenblicke durch den Fluß waten mußten, da er durch ſeine
Krümmungen beſtändig den Weg verſperrte. Der ſchwierigſte
dieſer Uebergänge wurde durch einen gewaltig großen Gletſcher,
Namens Kumdan, veranlaßt, deſſen Spitze aus einem Seitenthale
hervorragte; er war mit Zinnen und „Seracs“ verſehen, von
welchen manche 200 Fuß hoch waren, und wie Zucker glitzerten.
Ich war zur Hälfte über den Fluß geritten, da ſchien mein Pferd
zu fallen, als ob es durch eine Eisfläche gebrochen wäre. In
dem eiskalten Waſſer war ich bald auf den Beinen, und als ich mich
umſchaute, ſah ich die ſämmtlichen Pferde umherſchlagen und um
ihr Leben ringen, wie ein Zug Fiſche in ſeichtem Waſſer. Wir
waren in Triebſand gerathen! Die meiſten von uns erreichten
mit einiger Schwierigkeit das Ufer, aber zwei Pferde waren tie=
fer hineingeſtürzt; ihre Ladungen wurden durch den Strom los=
geſpült, und ſie ſelbſt lagen erſchöpft und keuchend auf der Seite
(denn das wirkliche Waſſer war hier nicht mehr als zwei Fuß
tief), während ſie mit den Köpfen allmälig unterſanken. Der Sand,

der ein Pferd verschlang, war fest genug, um einen Mann zu
tragen, und wir waren mit einiger Mühe im Stande, die Köpfe
der Pferde, während sie von ihren Lasten befreit und ans Ufer
gezogen wurden, über dem Wasser zu erhalten. Selbst als sie
sich auf trockenem Lande befanden, lagen sie noch erschöpft auf
der Seite, die Zähne fest zusammengebissen, aus den Nüstern
blutend, und an allen Gliedern zitternd. Ich habe häufig bemerkt, daß in der Nähe von Gletschern, die tief herabgehen, sich
Triebsand und die oben beschriebenen Eislager finden.

Gegen drei Meilen weiter unten versperrte wieder ein
Gletscher den Weg. Nach sorgfältiger Untersuchung entdeckten
wir, daß Pferde gar nicht vorbeikommen konnten, da das Eis in
den letzten drei Monaten*) bis an die gegenüberstehenden jäh
abstürzenden, hohen Kalkfelsen vorgerückt war, während der Fluß
unter demselben durch eine Art Tunnel lief. Um die Sache noch
schlimmer zu machen, fing es an zu schneien, und meine Diener,
die schon bei dem Durchwaten des eiskalten Wassers durch und
durch naß geworden waren, setzten sich, wie Eingeborene es machen, nieder, um ihr Schicksal zu beklagen und zu sterben. Außerdem rückte auch noch die Nacht heran, und es blieb daher nichts
Anderes übrig, als Halt zu machen. Gras ließ sich nicht entdecken; und unser Getreidevorrath für die Pferde reichte nur noch
einen Tag; bis dahin hatten wir gehofft, auf ein Weideland zu
kommen. Nunmehr war dies aber unmöglich. Das Gepäck mußten wir alles an dieser Stelle lassen, wo es später abgeholt
werden sollte, und die Pferde wurden am nächsten Tage auf
einem fünf Tage langen Umwege über die Berge herumgeschickt,
wobei sie als Futter nur wenig von dem Reise der Mannschaft
bekamen. Da ich gern einen bewohnten Ort erreichen wollte, von
wo ich nach achtmonatlichem Schweigen Nachricht von meiner wohl-
behaltenen Ankunft absenden konnte, so brach ich mit zwei Mann
auf, um das Hinderniß zu überschreiten, während ich Zelte, Bettzeug, Kochgeräthe und alles Andere zurückließ.

Nachdem wir über den Gletscher hinweg waren, mußten wir
wieder durch den Fluß waten, aber diesmal zu Fuße. Er kam

---

*) Seitdem einer meiner Führer vorübergegangen war, was drei Monate
vorher geschah.

voll gewaltig großer Eisblöcke herab, die von der Decke des
Gletscher=Tunnels fielen und bald den Fluß versperrten, bald
wieder durch die Gewalt desselben mit fortgerissen wurden. Wir
wählten einen Augenblick, wo der Tunnel versperrt und das
Wasser seicht war, und eilten nun in den Fluß hinein. Ehe wir
halb hinüber waren, veranlaßte uns ein rauschender Ton, uns
umzublicken; da sahen wir eine mächtige eisbeladene Wassermasse
auf uns herabschießen. Ein mitten im Wasser liegender Felsen
war unsere einzige Zuflucht. Wir kletterten auf denselben und
kamen gerade zur höchsten Zeit, denn einer der vordersten Eis=
blöcke prallte Tajhi, als ich ihm aus dem Wasser half, an die
Kniee.

Der Felsen war nur niedrig, und da rings um uns das
Wasser tobte, dabei auf jeder Seite Eisblöcke aufstapelte und all=
mälig immer höher stieg, so sah ich den Augenblick, wo es über
unsern Zufluchtsort hinwegschießen würde, schon vorher. Wir
verbrachten eine „schlimme Viertelstunde"! Als das Wasser des
Flusses nur noch einen Fuß unter dem höchsten Theile unseres
Felsens stand, hörte es plötzlich auf zu steigen und fing gleich
darauf an zu fallen; auch kamen keine Eisblöcke mehr. Ich regte
meine Gefährten an, und wir eilten durch den noch übrigen Theil
des Flusses. Ehe wir den Platz verlassen hatten, kam wieder
eine Fluth herab, und diesmal sahen wir unseren freundlichen
Felsen unter einem wogenden Strome gewaltig großer Eisblöcke
verborgen. Manche von ihnen mußten über zwanzig Centner
schwer sein!

In dem eiskalten Wasser durchnäßt, mußten wir uns auf
die am wenigsten vom Winde getroffene Seite eines großen Stei=
nes, gleichsam im Schatten der gewaltigen Gletscher=Klippen, de=
ren Zinnen und „Seracs" zweihundert Fuß zum Himmel empor=
ragten, legen und so die Nacht verbringen. Die nächste Nacht
fand ich in einer Höhe von mehr als 10,000 Fuß ein Loch in
dem Felsen, in welchem ich mich zusammenkauern konnte, wäh=
rend eine quer über den Eingang gebreitete wasserdichte Decke
den fallenden Schnee nicht hineinließ. Am nächsten Tage über=
schritten wir den Sasser=Paß; der Weg ging über weite Felder
nachgebenden Schnees, in welchem man alle fünf bis sechs Schritte
bis an die Schenkel einsank. Hier ließ mein Führer mich im

Flucht vor Ueberschwemmung in Folge des Schmelzens eines
Gletschers.

Stiche, da er schneeblind wurde, und ich mußte den Weg durch den Compaß finden. Diese mühsame Arbeit durch den Schnee dauerte acht Stunden, und als wir ihn hinter uns hatten, trat die Nacht ein. Durch den Führer irre geleitet und in der Hoffnung einen bewohnten Ort zu erreichen, wanderten wir fort bis Mitternacht, wo wir uns dann wieder auf der dem Winde nicht ausgesetzten Seite eines Steines, der nicht drei Fuß hoch war, niederlegen mußten. Aber diesmal hatten wir gar Nichts zu essen und zu trinken.

Als der Morgen graute, brachen wir wieder auf. Unsere Kehlen waren wie Eisen und unsere Füße wie Blei. Nachdem wir zehn Meilen gegangen waren, erreichten wir eine tibetische Schäferhütte und hielten die Milch und das Gerstengericht, das der Hirt uns gab, für die feinste Nahrung in der Welt.

Hier waren wir in die britischen Besitzungen gekommen, nachdem wir den Karakoram= und Saffer=Paß, die Dr. Thomson zuerst erforschte, überschritten hatten. Das Land jenseits dieser Stelle ist unsern Landesvermessern und unsern Jagdliebhabern bekannt, obgleich die letzteren selten bis zum Karakoram vordringen. Ich will deshalb meinen Reisebericht hier schließen, denn als ich jene imaginäre rothe Linie überschritten hatte, die Anfangs in bescheidener Weise nur einige Factoreien an der Küste umgab und bis jetzt in dem Schnee und auf den Hochplateaux des Karakoram, der Wasserscheide zwischen Indien und Central=Asien, ihre weiteste Ausdehnung erreicht hat, glaubte ich fast in der Heimath angelangt zu sein.

Achtzehntes Kapitel
Die Ansichten der Eingebornen über Indien.

Der Munshi und die Hindu-Diener. — Gespräch über Indien. — Gesellschaftliche Sitten in Indien. — Kindermord. — Die Familie des Munshi. — Der
Zustand Indiens vor der britischen Herrschaft. — Unterscheidung zwischen religiösen und weltlichen Angelegenheiten. — Welchen Werth man im praktischen Leben auf den Korän legt. — Bestechung in den Kreisgerichten Indiens.
— Eingeborne Beamte. — Die geringe Anzahl englischer Richter. — Uebel-
stände in Folge des häufigen Wechsels der Beamten in Indien. — Die Kaste
ist in Indien eine gesellschaftliche Sitte, die mit der Religion in gar keiner
Verbindung steht. — Aehnliche Zustände in Europa.

Aus dem Tagebuche:

„Kâshghar, 1869. — In unserm einförmigen Leben ist
noch immer keine Aenderung eingetreten. Ermüdung zu beschreiben, ohne langweilig zu werden, ist schwer; ich will es daher
nicht versuchen. Aus Mangel an anderer Beschäftigung sprechen
wir viel über Indien. Dies ist interessant, weil mein Munshi
und die Diener hier alle Zurückhaltung bei Seite legen und mir
Dinge erzählen, die man in Indien in seinem ganzen Leben nicht
hören würde. Dies bezeugt das offene Geständniß, das der
Munshi von einem beabsichtigten Kindermorde ablegte.

„Heut sprachen wir von gesellschaftlichen Sitten. Ich wußte
noch nicht, daß in indischen muselmännischen Familien kein Weib
sich vor ihrem Manne zeigen darf, wenn seine Eltern oder seine
älteren Brüder zugegen sind. Sitzt der Vater oder die Mutter

eines Mannes bei den Frauen des Hauses, so muß der Mann,
wenn er sich nähert, sich durch Husten oder lautes Rufen be-
merklich machen. Sein Weib muß dann aufstehen und sich von
der Gesellschaft zurückziehen. Diese albernen Beschränkungen zerstören, wie der Munshi zugesteht, alles Familienleben.

„Ich sagte ihm, nach meiner Ansicht erkläre es sich hieraus
einigermaßen, daß unter muselmännischen Fürsten der Bruder-
mord und ähnliche Verbrechen so häufig vorkommen. Ihre
Familienbande sind so locker, daß sie über die Ermordung des
Bruders eben so wenig Gewissensbisse empfinden, wie über die
Ermordung eines Fremden.

„Er antwortete: „Nein; das ist nicht der Grund; es ist das
Gelüst nach Macht, das diese Mordthaten verursacht. Bei Ihnen
gibt es eine feste Ordnung, nach welcher die Verwandten eines
Regenten von dessen Tode keinen Vortheil zu erwarten haben;
bei uns aber wünscht jeder Bruder den Tod des andern, damit
er die Souveränität genießen kann.“

„Ich sagte ihm, dieser anarchische Zustand habe früher auch
in Europa geherrscht, aber die große Masse des Volkes, die zahlreicher gewesen sei als der intriguirende Adel, habe sich vereinigt,
um den fortwährenden Störungen der öffentlichen Ruhe ein Ende
zu machen. In die Wagschale einer geordneten Regierung und
eines dauerhaften Zustandes sei das Gewicht des freien und fried-
liebenden Mittel- und niedrigern Standes gelegt worden. Wir
würden nicht dulden, daß einige unruhige Fürsten das Glück und
den Wohlstand ganzer Nationen zerstörten, um ihren Ehrgeiz
und ihre gegenseitige Eifersucht zu befriedigen.

„Die muselmännischen Völker scheinen nie gewußt zu haben,
daß sie die Macht besitzen, jene nie endenden Kämpfe um die
Oberherrschaft, die der Grund aller ihrer Leiden sind, zu verbieten. Ich habe eine Lebensbeschreibung von Timur (Tamerlan) gelesen, aus der man mit Erstaunen sieht, wie der Zustand
Central-Asiens zu seiner Zeit war. Es ist ein wahres Kaleido-
skop von Herrschern. Kaum hat man ermittelt, wie drei oder
vier Fürsten zu einander stehen, so sieht man schon wieder eine
neue Combination sich bilden. Der Regent des einen Staates
verbindet sich mit dem Fürsten eines zweiten, um einen dritten
zu erobern. Es gelingt ihnen, aber bei ihrer Rückkehr finden

sie, daß ihre eigenen Fürstenthümer in andere Hände gefallen sind. Dann streiten sie sich um ihre noch übrige Beute und wer verliert, flieht völlig geschlagen. In etwa zwei Jahren findet man ihn mächtiger als je, als Herrn von zwei bis drei neuen Provinzen, die er bei dem allgemeinen Grapsen sich angeeignet hat. Man erinnert sich an das französische Spiel „La mère et ses enfants", wo die Spieler auf ein gegebenes Zeichen sämmtlich einen Platz auf einer Reihe Stühle zu bekommen suchen, deren Zahl für sie nicht hinreicht. Bei dem blutigen Spiele, das in Central-Asien so lange gespielt worden ist, findet sich nur der Unterschied, daß alle Zuschauer an dem Gedränge Theil nehmen. Jeder entschlossene Soldat, der durch das Versprechen plündern zu dürfen, sich einen Anhang sammeln kann, darf hoffen, die unsichere Ehre der Souveränität einige Monate oder Jahre zu genießen.

„Kâschghar. — Gestern erzählte mir mein Munshi die Fehden und Zwistigkeiten der kleinen Hügelrajahs von Rajaori, welchen seine Familie viele Generationen hindurch erblichen Dienst leisten mußte. Sein Vater hatte, wie er sagte, nie zwei Jahre hinter einander ungestört in seinem eigenen Hause zugebracht. Bald floh er mit seinem Fürsten vor dem Angriff eines benachbarten Rajah. Bald schickte ihn sein eigener Rajah in die Verbannung, weil er einen Thronbewerber begünstigte. Das eine Mal gelangte er durch das Glück seines Schutzherrn zu hohem Wohlstand; ein anderes Mal siegte ein rivalisirender Zweig und er wurde ins Gefängniß geworfen. Intriguen, Verrath und Bürgerkriege waren bei den kleinen, vierzig bis fünfzig Meilen langen Königreichen so gewöhnlich wie bei größeren Staaten. Diesen muselmännischen Häuptlingen war es ein Kleines, ihre nächsten Verwandten beim Gebet zu ermorden oder auch noch schlimmere Verbrechen zu begehen. Ein geschlagener Rivale bekam Salzspeise zu essen, während man ihm das Wasser entzog und seine Wunden mit reizenden Mitteln behandelte, bis er starb. Dies fand erst kürzlich statt, ehe wir das Panjab nahmen.

„Ich frage meinen Munshi, ob man diese guten alten Zeiten zurück wünsche. Er sagt, die Fürsten schämten sich so ziemlich ihres vergangenen Betragens, wenn man dasselbe im Lichte unserer friedlichen und gerechten Verwaltung sehe. Dieses Ge-

fühl würde aber noch immer nicht stark genug sein, um sie zu
hindern, wenn die englische Herrschaft beseitigt würde, ihr früheres
unruhiges Treiben zu erneuern.

„Nach seiner Schilderung ist selbst unter der starken Hand
Ranjit-Singh's die Unsicherheit im Lande sehr groß gewesen.
Eine Reise nach Lahore wurde als ein ebenso großes Wagniß
betrachtet wie jetzt eine Reise nach Yârkand, und man unternahm
sie nicht, wenn es nicht die äußerste Noth erforderte.

„Der Reisende nahm mit Thränen von seiner Familie Ab=
schied, und sie wünschten ihm Glück auf den Weg und sagten: „Gehe
hin, Bruder, und kehre wohlbehalten zurück. Gott wird dort so
gut wie hier bei Dir sein." Die Straßen wurden von Räubern
unsicher gemacht, während jedes Oberhaupt eines Distriktes ein
neuer Feind war.

„Jetzt tritt man eine Reise nach Delhi oder Calcutta an,
als ob man nach dem nächsten Bazâr ginge. Man schläft ohne
Furcht in dem einsamsten Jangel. Man macht kein Geheimniß
daraus, daß man wohlhabend ist, und hüllt sich nicht in geringe
Kleider, wie man es früher machte, um seinen Wohlstand nicht
merken zu lassen.

„Die Masse des Volkes hat daher allen Grund zufrieden zu
sein. Anders aber, fügt der Munshi hinzu, verhält es sich mit
der Menschenklasse, die bei den zahlreichen kleinen Höfen schma=
rotzte. Früher sicherte ein ausgezeichneter Dienst, den man einem
Rajah leistete, das Glück der ganzen Familie und Nachkommen=
schaft eines Mannes. Jetzt ist Jeder sein eigenes Brod. Was
er verdient, verdient er für sich allein. Den Lohn, den er sich
ausmacht, bekommt er, aber mehr bekommt er nicht. Seine
Söhne müssen wieder von vorn anfangen wie er. Er ist zwar
nicht einem so plötzlichen und unheilvollen Sturze ausgesetzt wie
früher, aber er hat auch keine Hoffnung sehr hoch zu steigen.
Auch bleibt sein Amt nicht in seiner Familie. Wenn früher
ein Vezier starb, so behielt die Wittwe seine Amtssiegel zum
Besten ihres Kindes. Jetzt aber muß der Sohn eines hohen ein=
gebornen Officiers als Hofschreiber anfangen und steht mit jedem
Anderen auf gleicher Stufe.

„Ich setzte dem Munshi aus einander, daß wir es für unge=
recht hielten, das Verdienst auf Kosten des Gemeinwesens zu be=

lohnen, indem man wichtige Staatsämter Leuten übertrüge, die nicht befähigt wären sie auszufüllen. Das Gemeinwesen leide darunter, wenn, um einen tüchtigen Vater zu belohnen, sein un= fähiger Sohn ihm im Amte folgen solle. Für ein Verdienst, das zu groß sei, als daß es dem, der es sich erworben, bei Leb= zeiten vergolten werden könne, hätten wir Auszeichnungen, die auf seine Kinder übergingen, aber sie wären nicht der Art, daß die Unfähigkeit eines Nachfolgers dem Gemeinwesen Schaden ver= ursache.

„Ich versuchte mich auf Beispiele zu besinnen, wo solche Belohnungen in Indien vorgekommen waren, mußte aber ab= brechen, weil ich keine finden konnte. Ich bin seitdem auf den Gedanken gekommen, daß hierin vielleicht der Grund mit liegt, weshalb unsere Regierung beim Volke nicht beliebt ist. Andere Ursachen, die sich nicht beseitigen lassen, gibt es natürlich in großer Menge. Aber läßt sich die erwähnte nicht beseitigen? Wir beschränken mit Recht jedes Amt (in der Theorie) auf die= jenigen, die sich durch ihr Verhalten die dazu erforderlichen Eigenschaften erworben haben. Aber dem Geiste der Morgen= länder ist der Grundsatz erblicher Belohnungen von Natur ein= gepflanzt. Sollten wir nicht, indem wir ihn in irgend einer nicht verwerflichen Form annehmen, unsere Herrschaft befestigen?

„Mein vorhergehendes Gespräch mit dem Munshi fortsetzend, sagte ich: „Werden Ihre muselmännischen Fürsten, die alle jene Verbrechen begehen, nicht als Uebelthäter betrachtet? Wie mir scheint, können sie morden und rauben und werden doch, wenn sie ihre Gebete regelmäßig sprechen, für fromme Muselmänner gehalten. In unserm Lande fangen offene Verbrecher damit an, daß sie die religiösen Pflichten vernachlässigen.“

„Er erwiderte: „Die religiösen und weltlichen Angelegen= heiten sind von einander getrennt. In seinem alltäglichen Be= tragen richtet sich Niemand nach dem, was er in der Moschee hört oder sagt.“

„Ich sagte: „Darüber wundere ich mich gerade nicht. Wor= über ich erstaune, ist, daß diejenigen, welche die größeren Ge= bote ihrer Religion übertreten, es noch für der Mühe werth halten, die kleineren zu befolgen.“

„Dies wußte er nicht zu erklären. Dann fragte ich: „Er=

heben denn Ihre Mullahs ihre Stimme gegen alle diese Ver=
brechen? Hat Ihre Religion Etwas gethan, um jenen Unruhen
und dem beständigen Blutvergießen, welche die charakteristischen
Merkmale aller heidnischen Staaten sind, Einhalt zu thun? Ob=
gleich bei uns keineswegs ganz der Religion gemäß gehandelt
wird, so hat doch unsere Religion bei der Unterdrückung von
Unruhen und Herstellung des Friedens Wunder gethan. Wir
liegen nicht fortwährend mit einander im Kampfe um die Ober=
gewalt einzelner Menschen."

„Dies gab er zu, sagte aber: „Das kommt daher, daß
Sie zur Beilegung aller Streitigkeiten feste Statuten und Ge=
setze haben."

„Ich sagte: „Die haben Sie in Ihrem Korân."

„Er antwortete: „Ach, ja, der Koran; aber im praktischen
Leben hört Niemand auf ihn."

„Ich lachte und sagte: „Da gestehen Sie zu, daß wir un=
serm Buche gehorchen und Sie dem Ihrigen nicht gehorchen."

„Dies Land hier, Ost=Turkistân, steht sicherlich auf einer
höheren Stufe der Civilisation als das Panjab vor seiner
Annexion. Das Eigenthum ist vor Jedermann sicher, außer vor
der Regierung; die Straßen sind ebenfalls sicher; Waffen werden
nie getragen, außer von Soldaten, und auch von ihnen nur,
wenn sie im Dienste sind. Kriege hat es gegeben, aber es sind
eher die Kriege des siebenzehnten und achtzehnten als die des
zwölften Jahrhunderts: Erbfolgekriege und Eroberungskriege,
nicht die endlosen Kämpfe kleiner Fürsten, die das Land unter
sich theilen.

„Eines Tages unterhielt mich Chumâru mit einer dramati=
schen Darstellung der Art und Weise, auf welche bei unseren
Kreisgerichten in Indien jeden Tag kleine Bestechungen gemacht
werden.

„Ein unglücklicher Dorfbewohner, der einen Prozeß hat,
tritt demüthig heran und weiß nicht, an wen er sich wenden
soll. Ein Chuprassi (ein Gerichtsdiener) fängt an ihn auf grobe
Weise fortzujagen.

„Der Mann, der sein Recht sucht, stellt ihm demüthig vor,
daß er einen Rechtsfall anzubringen habe.

„Der Beamte unterbricht ihn und sagt: „Es nützt Ihnen

nichts, wenn Sie diesen Fall vorbringen. Der Sahib (der eu=
ropäische Richter) nimmt ihn nicht an. Machen Sie, daß Sie
fortkommen."

„Der Mann antwortet nach der üblichen indischen Sitte
mit gefalteten Händen: „Ach, Maharaj!" (eine ehrerbietige An=
rede), „vermitteln Sie die Sache; Sie sind meine einzige Hoff=
nung."

„Der Chuprassi fragt ganz leise: „Wie viel wollen Sie
geben?" Der Rechtsuchende nennt eine geringfügige Summe.

„Hierauf sagt der Beamte, er solle guten Muthes sein; er
werde die ganze Sache abmachen. Er zieht (das Geld in der
Tasche) mit eilfertiger Geschäftsmiene ab und begibt sich nach
der Thür des Gerichtssaales. Sobald er drin ist, legt er sein
hochmüthiges Wesen ab und geht geräuschlos vor, als sei er
blos gekommen, um seinen Dienst zu versehen oder dem Richter
die Fliegen vom Kopfe wegzuwedeln.

„Nachdem er eine beträchtliche Zeit drin geblieben ist (in
den Augen des Prozessirenden lange genug, um den englischen
Richter beschwatzt haben zu können, was der arme unwissende
Tropf durchaus für möglich hält), kommt er wieder heraus (wo=
bei er sich von Neuem aus dem demüthigen Gerichtsdiener in
den hochmüthigen Beamten verwandelt), nimmt den ängstlichen
Bittsteller bei Seite und versichert ihn, er habe mit dem Sahib
gesprochen und Alles in Ordnung gebracht.

„Der dankbare Mann ruft den Segen des Himmels auf
ihn herab und macht die tiefsten Saláms, so daß er den Staub
zu seinen Füßen berührt.

„Damit ist für diesen Tag die Komödie zu Ende."

„Aber sie hat viele Acte und in jedem derselben muß das
unglückliche Opfer bluten, während er in dem Wahn erhalten
wird, daß er sich im Hauptquartiere einen werthvollen Freund
sichere. Dadurch leidet nicht nur die Rechtspflege (weil sie die
armen Leute unnöthiger Weise drückt), sondern auch der Ruf
unserer Beamten, von welchen der Prozessirende eine ganz falsche
Meinung bekommt.

„Diese Mittheilung von Seiten Chumáru's führte dazu, daß
rasch hintereinander noch viele andere Fälle derselben Art erzählt
wurden.

„Als Beispiel sei noch folgender Fall erwähnt:

„Der Bestecher tritt vor einen eingebornen Beamten hin, der öffentlich da sitzt und Zeugenaussagen niederschreibt oder sonstwie beschäftigt ist, und sagt: „Hier, mein Herr, nehmen Sie die fünf Sihrs*) Ghi**) (oder das Fuder Heu u. s. w.), wofür Sie mir soeben das Geld geschickt haben."

„Der Beamte sagt: „Geben Sie es meinem Diener."

„Der Diener, der die Kniffe seines Herrn kennt, kommt mit betrübtem Gesicht wieder und sagt: „An der Ghi fehlt ein Viertel-Sihr."

„Hierauf antwortet der Bestecher mit zusammengeschlagenen Händen: „Nein, mein Herr, ich brachte das volle Gewicht."

„Da sagt der Beamte mit großmüthiger Miene: „Nun, es kommt ja nichts darauf an; lassen Sie es gut sein."

„Er hat dem Manne nie einen Heller gegeben; die ganze Geschichte ist eine reine Bestechung. Und die drei Betheiligten, die das Possenspiel aufführen, kommen dabei nie aus der Fassung.

„Als meine Leute genug solche Fälle erzählt hatten, sagte ich, ich hätte behaupten hören, daß unsere Gerichtsbeamten ganz zuverlässig seien.

„Da fing die ganze Gesellschaft an zu lachen. Der Munshi sagte: „Ich selbst habe sie mehr als zehnmal bestochen. Die Sache ist allgemein."

„Chumâru sagte: „Ich könnte in kürzester Zeit ein Dutzend Fälle beweisen."

„Ich antwortete: „Das ist es eben. Jetzt erzählen Sie alle diese Geschichten; sind Sie aber wieder in Ihrer Heimath, so thun Sie den Mund nicht auf."

„Sie lachten und sagten: „Wer wagt es in seiner nächsten Umgebung sich so viel Feindschaft zuzuziehen. In einem andern Districte aber würden wir uns nicht das Geringste daraus machen."

„Wer einen Prozeß führt, und besonders wer appellirt, muß dreierlei Kosten tragen: Erstens die gesetzlichen Kosten, die

---

*) Ostindisches Pfund.
**) Zerlassene Butter.

einen verhältnißmäßig kleinen Posten bilden; dann den Aufwand
für kleine Bestechungen in jedem Stadium des Prozesses (auf
diese Art will man die Räder einschmieren, weil sonst der Prozeß unterwegs stecken bliebe, anstatt zur gehörigen Zeit befördert
zu werden); drittens den Verlust und Aufwand, den er hat, indem er Monate lang bei den Gerichtshöfen warten und vielleicht
mehrere hundert Meilen weit einem Lager nachziehen muß, in
der Erwartung, daß der Fall von dem wandernden Gericht entschieden werde.

„Bei der geringen Anzahl englischer Richter und der Größe
des Landes wird die Gerechtigkeit nicht Jedem ins Haus gebracht. Statt dessen schleppt sie einen ganzen Zug von Opfern
hinter ihrem Wagen her. Es ist, als wären in England die
Rundreisen der Richter so eingerichtet, daß man Prozesse aus
Northumberland in Cornwall führt, oder daß die in einem
Prozesse auftretenden Zeugen aus Kent in der täglichen Erwartung vorzukommen und gehört zu werden, mit dem Richter die
Rundreise durch Wales machen müssen.

„Unter der Sonne Indiens gibt es noch einen andern
Uebelstand; dies ist der häufige Wechsel der Beamten.

„Ein District-Officier im Panjab hat eine Stellung wie ein
kleiner König. Sobald die Leute ihn kennen, scheinen alle ihre
Hoffnungen und Wünsche auf ihn gerichtet zu sein. Sein Wille
ist nicht nur Gesetz, sondern das wirkliche Gesetz selbst wird be-
folgt, weil es sein Wille ist. Der Vicekönig wird verehrt, weil
er sein Vorgesetzter ist. Selbst wenn seine Entscheidung gegen
einen Prozessirenden ausfällt, zuckt der letztere die Achseln und
sagt, es sei ihm so bestimmt, eine Fügung Gottes. Sogar seine
Grillen werden respectirt, ohne daß man Rechenschaft verlangt.
Er ist ein höheres Wesen.

„Nun ist dies ein Ansehen, das ganz von selbst emporwächst,
ohne daß von Seiten des britischen Beamten besonderes Talent
dazu gehört. Wo das Talent noch hinzukommt, geht der Einfluß ins Wunderbare, wie bei Nicholson oder bei Edwardes.
Aber schon dadurch, daß man denselben Engländer Jahr aus
Jahr ein die Macht ausüben, Alles entscheiden, schaffen und zerstören, überhaupt als den höchsten sichtbaren Ausdruck der Gewalt sieht, entsteht der Einfluß von selbst. Seine Vorgesetzten

erlassen ihre Verordnungen zu Papier und in ihren Bureaus. Ihn aber sieht man es thun.

„Sein Name gestaltet sich nach und nach zu einem Spitznamen, den die Lippen der Eingebornen aussprechen können, und unter diesem Namen wird er eine örtliche Gottheit — eine gute oder böse, aber immer eine unwiderstehliche Gottheit.

„Dies ist eine Quelle der Macht, die keine Regierung, wenn sie weise handelt, geringschätzen wird. Sie erfordert nicht sowohl Talent, als eine lange Beharrlichkeit, nicht sowohl weise Gesetze, als einen starken persönlichen Willen, der das einzige Gesetz ist, das der Asiat versteht. Dies ist eine Quelle der Macht, über welche die britische Regierung stets gebieten kann, und ein britischer Officier wird sie stets zum Besten des Staates ausüben.

„Aber wir sehen diesen Einfluß zu oft zerstückelt durch beständigen Wechsel der Beamten. Männer, welche die britische Herrschaft befestigen würden, wenn man sie nur in Ruhe ließe, werden von einem Districte zum andern versetzt und immer wieder versetzt, ohne daß sie für irgend einen sich wirklich interessiren können, während die Eingebornen mit Verwunderung zusehen, und sagen, die Zeit von Ranjit Singh's Tode sei wiedergekommen, wo das Panjab im Laufe eines Jahres zehn Könige hatte.*)

„Es ist ein schlechtes Zeichen, wenn das Landvolk nicht einmal den Namen seines höchsten District-Beamten kennt. Das ist die Zeit, wo die eingebornen Beamten fett werden. Sie bleiben und wurzeln ein, aber sie sind der Schlingpflanze gleich, die nach und nach den Stamm, an den sie sich klammert, erschöpft. Sie üben ihren Einfluß nicht zum Nutzen der englischen Herrschaft oder der Bewohner des Landes, sondern ihrer eigenen Taschen und derjenigen ihrer Parteigänger aus.

„Man mag wohl fragen: Was hat das Alles mit Turkistán zu thun? Aber wenn ich einen hohen Berg bestiege und beim Herabkommen blos die Beschaffenheit des Gipfels und die unterwegs gesammelten Pflanzen beschriebe, ohne ein Wort von der weiten Aussicht zu sagen, die man dort auf andere Berge und

---

*) Dies wurde mir wirklich von einem alten Manne gesagt, der sich an jene Zeit erinnerte.

Ebenen hat, so würde man meinen, ich hätte meine Aufgabe nicht halb gelöst. Gerade so ist unser Aufenthalt in Yârkand und Kâshghar eine Art günstiges Terrain, das Einem Blicke in die indischen Angelegenheiten gestattet, wie man sie im Lande selbst nicht haben kann. Durch die Reise und dadurch, daß jedes controlirende Element fehlt, hat das Herz sich geöffnet und die Zunge sich gelöst. Es ist der Mühe werth, die Resultate nieder= zuschreiben.

„Kâshghar. — Heut haben wir in unserer sonst frieblichen Familie eine Störung gehabt. Die Ursache war lächerlich. Ich habe, glaube ich, noch nicht erwähnt, daß ich seit einigen Wochen meinen Guddi=Dienern Unterricht im Rechnen ertheilt habe. Ich habe sie jeden Abend bei mir und gebe ihnen Exempel auf. Sarda ist von den beiden der Gewecktere und lernt rasch. Chu= mâru, der geistig schwächer ist, wurde auf Sarda böse, weil er über ihn lachte, anstatt daß er ihm zeigte, wie er über die Schwie= rigkeiten hinwegkommen könne. Sie hatten jedoch beide gute Fortschritte gemacht und konnten lange Divisions=Exempel u. s. w. ohne Fehler rechnen.

„Seit zwei oder drei Tagen aber hat Sarda eine Anwand= lung von Dummheit gehabt und ist in seinen Exempeln stecken geblieben. Heut morgen verkündigte er den anderen Dienern, Chumâru müsse aus Neid und Eifersucht ihn vermittelst eines „Mantr" oder Zaubermittels behext haben. Er wollte des= wegen nicht mit ihm sprechen und ließ ihm durch Tashi sagen: „Scherz bleibt Scherz, aber nun löse meine Hände und gib mir meine Kraft zum Rechnen wieder." Chumâru weist die Beschul= digung zurück und lacht über die Möglichkeit der Zauberei. Ich sehe zu meiner Freude, daß auch noch mehrere Andere, darunter mein Munshi, von diesem Aberglauben sich frei gemacht haben.

„Der Munshi erzählt mir von einigen Teufelsbeschwörungen die zu Nurpur, in der Nähe seiner Heimath, vorgenommen wurden. Ein gewisser Bettelmönch verkündigte, daß es in einem bestimmten Hause einen „Jin" (oder bösen Geist) gebe, und er= bot sich, ihn auszutreiben. Die Leute gaben mit Freuden ihre Zustimmung und verschafften ihm so viel Geld, als er verlangte. Er zeichnete mit Milch und Feigensaft mehrere abscheuliche Bilder auf ein Stück Papier, welche „Jins" oder Dämonen darstellten.

Die Bilder waren nicht zu sehen, bis sie erhitzt wurden. Zu der festgesetzten Zeit stellte er um die Frau des Hauses herum Lichter, so daß sie einen Kreis bildeten, und ließ ein Becken voll glühender Holzkohlen vor sie hinstellen. Nachdem er viele Beschwörungsformeln gesprochen hatte, gab er ihr das (scheinbar) leere Stück Papier und sagte, sie solle es an ihre Brust drücken und der Dämon werde in dasselbe fahren. Hierauf ließ er sie das Papier über die glühenden Kohlen halten, wo natürlich die abscheulichen Figuren zum Vorschein kamen und für die Kunst des Geisterbeschwörers den schlagendsten Beweis lieferten. Die Sache wurde ausgesprengt und kam dem eingebornen Doctor zu Ohren, der, wie es schien, in Folge seiner medicinischen Kenntnisse nicht mehr an Magie glaubte. Er stellte einen Mann an, den Fakir in einer Schlinge zu fangen, indem er sich erbot, ihn für die Austreibung eines „Jin" aus seinem Hause zu bezahlen. Der Mann, der vorher instruirt wurde, zog, als die Zeit kam, anstatt des präparirten Papiers ein ähnliches Stück leeres Papier aus seiner Brust hervor, das er dort verborgen hatte. Dieses Papier wurde vergebens über dem Feuer erhitzt; es kam zur Bestürzung des Teufelsbeschwörers kein Dämon zum Vorschein. Am nächsten Tage packte er seine Sachen zusammen und verließ den ungläubigen Ort.

Während wir heute von Aberglauben sprachen, hörte ich eine Sage, die ich noch nicht kannte. Wie es scheint, kommen an einem bestimmten Tage des Jahres alle Hexen und alle „Devtas" (oder Local-Gottheiten) des Kangra-Districtes auf einem Berge, Namens Babbu, zusammen. Hier liefern sie eine große Schlacht. Gewinnen die „Devtas", so gibt es eine Hungersnoth; siegen die Hexen, so bleibt das Land verschont. Dies geschieht in der Regel. Da aber die genannten Persönlichkeiten gern Unheil stiften und auf dem Wege zu ihrem Rendezvous den Kindern oder dem Vieh, das sie etwa treffen, Schaden zufügen könnten, so bleiben in der bestimmten Nacht, wo muthmaßlich die Hexen aus allen Richtungen vorbeiströmen, alle Bewohner des Districtes zu Hause und schließen sich ein.

„Auch die „Devtas" nehmen Urlaub von ihren betreffenden Tempeln. In dem Dorfe Kanyâra, wo ich wohnte, ist die regierende Gottheit ein Schlangengott, Namens Indru-Nâg. Er

geht zu dem jährlichen Kampfe (wenigstens sagen dies seine
Diener, und sie müssen es wissen). Da er aber dort gewöhnlich
verwundet wird, so kann er auf dem Heimwege nicht weiter
kommen als bis zu einem Dorfe, Namens Bâri. Er wird daher
jedes Jahr dort feierlich abgeholt. Sobald die Brahmanen verkünden, daß er angekommen ist, zieht das ganze Dorf mit
Trommeln und Pfeifen aus, wobei sie eine Sänfte mitnehmen,
um ihn darin zurückzubringen. In Bâri angekommen, stellen
sie die Sänfte neben dem Flusse nieder und ziehen sich eine
Strecke zurück, damit er einsteigen kann. Dann gehen die
Brahmanen wieder hin und legen die eiserne neunschwänzige
Katze*) (mit der sie bei gewissen Religionsübungen sich den
bloßen Rücken peitschen) in die Sänfte. Später tragen sie die
Sänfte in ihren Tempel zurück und stellen sie neben das steinerne
Bild, das natürlich die ganze Zeit nicht von seinem Platze gekommen ist. Hier drängt das Volk sich um sie herum und fragt
nach seinem Gott. Die Brahmanen antworten: „Die Hexen
haben ihn verwundet; er ist sehr stark verletzt und konnte nur
mit großer Mühe bis nach Bâri kommen; aber hier ist er endlich wieder und befindet sich jetzt nicht mehr in Gefahr.“ Da
gibt es große Freude.

„Diese ganze Geschichte machte meinen Leuten jetzt viel
Spaß.

„Bei einer andern Gelegenheit theilte mir Sarda ein Gespräch mit, das er mit einem der Muselmänner gehabt hatte.
„Er behauptet,“ sagte Sarda, „der Maharâj (Gott) habe dort
oben eine große Armee Soldaten, wie die Engländer oder Russen,
und sende mit jedem Tropfen Regen fünf dieser Diener herab, die
denselben veranlaßten, sich auf alle lebenden Wesen sanft nieder-
zulassen und sie nicht durch seinen Fall aus solcher Höhe zu beschädigen. Ferner sagt er, eines Tages würden diese Diener die
Erde zusammenrollen wie einen Teppich, nachdem sie die Ueberreste aller lebendigen Geschöpfe wie Staub zusammengekehrt hätten.
Hierauf würde ein Kâfir (Heide) kommen, die Erde wieder auf-
rollen und diesen Staub über dieselbe zerstreuen, aus welchem
dann wieder lauter lebendige Geschöpfe entstehen würden, wie

---

*) Eine Peitsche mit neun Strängen.   Anm. d. Uebers.

aus Samen, den man ſät. Ich glaube, der Kāfir iſt von den beiden der Beſſere; meinen Sie das nicht auch? Warum geben ſie uns Hindus ſolch ſchlechte Schimpfnamen? Wir verehren Gott ſo gut wie ſie."

„Ich antwortete: „Wir ſowohl als die Muſelmänner be= trachten Euch als Heiden wegen Eurer Götzenbilder Dafür, daß Ihr Gott einmal anbetet, fallt Ihr hundertmal vor Steinen und Bildern nieder.

„„Jene Steine," erwiderte Sarda, „werden nur als Führer oder Gegenſtände hingeſtellt, auf die wir unſere Augen richten können. Gott iſt in ihnen, wie er ſonſt überall iſt; wir können nicht den leeren Raum anbeten, daher beſtimmen wir einen Stein als die Geſtalt, in der wir Gott anbeten wollen. Aber wir beten. ſtets zu ihm, indem wir ſagen „Ai Mahārâj", und nicht zu dem Steine."

„Ich ſagte: „Wir finden, daß es möglich iſt, Gott anzu= beten, ohne daß wir einen Stein vor uns aufſtellen, und über= dies betet Ihr auch noch andere Weſen und ſelbſt todte Men= ſchen an. Siv und Rām habt Ihr öfter auf den Lippen als Gott."

„„Das iſt natürlich", antwortete er, „hat nicht jeder König ſeinen Vezier und nimmt den Gehorſam gegen ſeinen Vezier an, als würde er ihm ſelbſt erwieſen? So hat man uns, ſei es mit Recht oder Unrecht, geſagt, dies wären ſeine Miniſter und ſie wären leichter zugänglich als Gott ſelbſt, der zu erhaben ſei. Aber ſelbſt wenn wir zu ihnen beten, nehmen wir immer Gottes Namen zuerſt."

„Chumārn unterbrach mich in der Antwort, indem er ſagte: „Das iſt Alles recht gut, aber ich weiß genau, daß er eine ſolche Anbetung nicht annimmt. Es iſt nur ein Vorwand. Gelehrte Männer mögen ſolche Unterſchiede machen, aber das gemeine Volk betet die Dinge an, ohne an Gott zu denken. Die Schuld liegt jedoch an unſeren Lehrern. Was können wir ungebildeten Menſchen von ſolchen Dingen wiſſen?"

„„Außerdem, daß Ihr Gott hintenanſetzt", fuhr ich fort, „habt Ihr auch noch Kaſtenunterſchiede unter den Menſchen ein= geführt, die alle Brüder ſind. Was würden Sie denken, wenn in Ihrer eigenen Familie von Ihren vier Brüdern zwei zu Euch

übrigen sagen wollten: „Bleibt uns fern; wir mögen nicht mehr
mit Euch essen; Ihr seid gemein"?"

„„Es ist wahr," erwiderten sie Beide, „unsere Kasten sind
ein ganz verkehrter Zustand. Aber was will man machen?
Wir Einzelnen können nicht dagegen kämpfen. Die Schuld
liegt an denjenigen, die zuerst den Riß in die Familie machten."
Damit war das Gespräch für jetzt zu Ende.

„Eines Tages traf ein Panjabi, der aus Rajaori, in der
Nähe von Kaschmir, gebürtig war, einen meiner Diener. Er
sagte, er und noch zweihundert andere Soldaten des Maharaja
von Kaschmir seien während des Krieges in dem Hügelstaate Gilgit
vor zwei Jahren gefangen genommen und als Sklaven verkauft
worden. Durch irgend einen Zufall, zu dessen Mittheilung er keine
Zeit hatte, waren sie in den Besitz des Atalik-Ghazi gekommen
und wurden in seinem Dienste hier behalten. Mit Thränen in
den Augen sprach dieser Mann von seiner alten Mutter, die er
in Rajaori zurückgelassen hatte, und von der geringen Hoffnung,
die er habe, sie jemals wiederzusehen. Eine gute Anzahl seiner
Mitgefangenen waren Hindus gewesen, aber zu Muselmännern
gemacht worden.

„Mein Munshi zog die beiden Hindu-Diener damit auf und
sagte, auch sie würden die Kalamah oder das Glaubensbekenntniß
— „La Illahi ill' Allah" („Es gibt keinen Gott außer Allah")
— hersagen müssen. Sarda, der ein Brahmane ist, erwiderte:
„Allerdings; wenn wir nie in unsere Heimath zurückkehren wollten,
würden wir sofort Muselmänner werden."

„Dies bestätigt eine Ansicht, die ich schon längst gehabt habe,
daß nämlich die Anhänglichkeit der Hindus an ihre Kaste eine
rein sociale Sache ist, und daß sie im Grunde genommen sehr
wenig religiöses Gefühl haben. Die Leichtigkeit, mit der sie auf
der Reise, oder wenn sie nicht beobachtet werden, in der strengen
Befolgung ihrer Gebräuche nachlassen, die Verachtung, mit der
sie oft von diesen Beschränkungen sprechen, selbst während sie
dieselben beobachten, das Alles weist darauf hin. Heut Morgen
erzählte Chumâru mit großem Gelächter, wie die Rajputs das
Wasser trinken, das von ihren Girth-Dienern geschöpft wird,
aber dieselben nicht den heiligen Kreis um ihren Kochplatz

herum betreten lassen. Er fügte noch hinzu: „Die Leute, die zu Hause bleiben, sind es, die uns zur strengen Beobachtung unserer Gebräuche anhalten; alle diejenigen, welche die Welt sehen, sind bereit dieselben aufzugeben; dies läßt sich aber nicht thun, wenn nicht das ganze Volk sich anschließt; zwei oder drei allein können es nicht ausführen."

„Alle Beobachtungen, die ich gemacht habe, führen mich zu dem Glauben, daß die Kaste, wie sie jetzt besteht, eine gesellschaftliche Sitte ist, die mit der Religion in keiner Verbindung steht. Darauf weist auch ihr Ursprung hin.

„Ich habe mich oft gefragt, ob nicht unsere Missionäre besser thun würden, wenn sie diejenigen Eingebornen, die ihren Götzenbildern entsagen, in die christliche Gemeinschaft aufnähmen, ohne sie zu zwingen, jedem Gefühle, das sich in ihnen regt, Gewalt anzuthun, indem sie mit den unfläthigsten Menschen von der Welt — mit Menschen, die an Aas sich weiden und mit Geiern um ihr Futter streiten — zusammen essen und Umgang pflegen müssen? Würde wohl ein englischer Geistlicher einen Standesgenossen vom Tische des Herrn abweisen, weil er einen Schornsteinfeger nicht zu seinem Mittagstische zulassen wollte? Warum also die Taufe Leuten versagen, die fast auf ähnliche Weise verfahren? Warum den Begriff des Christenthums mit etwas so Abstoßendem in Verbindung bringen, so daß, wenn man einen gewöhnlichen Eingebornen fragen wollte, was ein Christ werden bedeute, er wahrscheinlich antworten würde: „Mit Fegern essen?" Muß man vollkommen sein, ehe man ein Christ sein kann, oder ist nicht vielmehr das Christenthum ein Mittel, den Menschen vollkommen zu machen?

Es ist jetzt anerkannt, daß die Sklaverei eine unchristliche Einrichtung ist; versagte denn aber St. Paulus die Taufe allen Herren, die nicht erst ihre Sklaven freiließen? Hätte er dies gethan, so würden wahrscheinlich weder die Herren Christen, noch die Sklaven frei geworden sein, während wir jetzt beide Zwecke erreicht sehen. Ebenso könnte man wohl erwarten, daß diejenigen Hindus, die bereits über ihre eigene Mythologie lachen und nur aus Mangel an etwas Besserem noch an ihr festzuhalten scheinen, allmälig die Wahrheiten des Christenthums annehmen würden,

wenn man ihnen nicht den Alp ſocialer Herabſetzung aufbürdete.
Es ließe ſich dann hoffen, daß dieſer Sauerteig des Chriſten=
thums die gehörige Wirkung auf die Maſſe hervorbringen werde.
Die Kaſte würde verſchwinden, wie die Sklaverei verſchwun=
den iſt.

„Das Verfahren unſerer Miſſionäre in dieſer Beziehung ſcheint
mir demjenigen eines Arztes zu gleichen, der in ſein Kranken=
haus keine Patienten aufnehmen will, als ſolche, welche die Kri=
ſis ihrer Krankheit bereits überſtanden haben. Es heißt verlan=
gen, daß die Wirkung der Urſache vorhergehe. Aber ſie haben
natürlich für ihr Verfahren auch viele Gründe anzuführen. Ein
anderer Uebelſtand ſcheint mir darin zu liegen, daß man ver=
langt, alle Bekehrten ſollen ſich von ihrer Kaſte und Familie tren=
nen. Die Miſſionäre klagen, daß eine Hauptſchwierigkeit für ſie
aus der Nothwendigkeit hervorgehe, ihren Katechumenen Arbeit
zu verſchaffen, damit ſie ſich ihren Unterhalt verdienen, und aus
der Gefahr, daß dieſer Unterhalt für die Unwürdigen, die oft
„um der Brode und Fiſche willen“ zu ihnen kommen, eine Ver=
lockung werde. Dieſe Schwierigkeit ſcheint man unnöthiger Weiſe
geſchaffen zu haben. Laßt die Bekehrten in ihren Familien blei=
ben und ſie werden ſich ihr Brod verdienen, wie vorher, und
vielleicht auch die Ungläubigen gewinnen (1. Cor. VII, 12—26).

„Als ich mich wieder einmal mit meinen Hindu=Dienern
unterhielt, kam ich gerade auf den Punkt, über den ich ſchon
für mich nachgedacht hatte — nämlich auf die Verbindung zwiſchen
ihrer Kaſte und ihrer Religion. Während wir von dem Gole=
ria=Rajput ſprachen, den man zum Muſelmann gemacht hatte,
fragte ich, ob er wieder in ſeine Kaſte eintreten könne. Sie
ſagten, das könne er nicht, wenn nicht der Maharaja von Kaſh=
mir, deſſen Diener er ſei, ihn wieder in die Kaſtenrechte einſetzte,
indem er die Ceremonie durchmachte, mit ihm zu eſſen, was er
in ähnlichen Fällen zuweilen gethan habe.

„Ich ſagte: „Kann Niemand als ein Rajah dies thun? Ich
glaubte, es ſei irgend eine von den Brahmanen vollzogene religi=
öſe Ceremonie nöthig.“

„Sie erwiderten: „Was hat das mit der Religion zu
thun? Es iſt blos die Frage, ob ſeine Verwandten mit ihm
eſſen wollen oder nicht, und die Schwierigkeit liegt darin, ſie

Alle dahin zu bringen, daß sie damit einverstanden sind. Ist ein Rajah mit dem Beispiel vorangegangen, so kann dann Niemand zurückbleiben."

„Ich sagte: „Wir Engländer denken, Eure Kaste sei eine religiöse Verpflichtung."

„Chumâru antwortete: „Zwischen beiden findet keine Verbindung statt. Wenn ich Steine aufhöbe und sie nach einem unserer Götzenbilder würfe, so würde mein Volk schreien: „Ach, Mahârâj! Strafst Du diesen Menschen, der Dir spottet, nicht?" Aber es würde ihnen nie einfallen, mich aus der Kaste zu stoßen."

„Sarda fügte noch hinzu: „Wenn die Kaste von unserer Religion abhinge, so hätten wir nur eine einzige Kaste, denn Brahmanen und Feger beten alle dieselben Gottheiten an."

„Chumâru fuhr fort: „Seit einigen Jahren glaube ich nicht mehr an alle unsere Fabeln von Sri Râm und Siv, bin aber nichts desto weniger in meiner Kaste sicher. Wenn ich täglich das muselmännische „Ramâz" spräche, würde ich keineswegs mein Kastenrecht verwirken, so lange ich nicht Etwas in den Mund nähme, was als unrein betrachtet wird. In meinem frühern Dienste pflegte mein Herr uns aus Eurem Buche vorzulesen und ich lernte Eueren ganzen Glauben." (Sie müssen bedenken, daß im Morgenlande die Religion in dem Hersagen einer Glaubensformel besteht. Wer sagt: „La Illahi ill' Allah; Mohammad ar-Rasul Ullah", ist ein Muselmann, wenn er auch die Bedeutung der Worte nicht kennt. Wenn man daher einen Glauben lernt oder die Darlegung desselben mit anhört, so kommt das in den Augen der Morgenländer der Annahme desselben sehr nahe. Deshalb wollen die Muselmänner das Predigen der Missionäre auf den Gassen nicht dulden, das ihren Ohren, wie sie es betrachten, unheilige Töne aufzwingt.)

„Dann fragte ich, ob die mit der Kaste verbundenen Pflichten nicht eine gewisse Anerkennung der nationalen Götzen nothwendig machten.

„Sie antworteten Beide: „Nein; es steht uns ganz frei, welche Verehrung wir ihnen erweisen wollen. Unterließen wir sie ganz, so würden abergläubische alte Weiber den Kopf schütteln und prophezeien, daß uns Unglück treffen werde; aber auf unjer Kastenrecht würde die Unterlassung durchaus keinen Einfluß haben."

„Hier bestätigen also zwei Hindus aus hoher Kaste (von welchen der eine ein Brahmane ist) die Ansicht, zu der mich meine eigenen Beobachtungen geführt haben, und es wird wohl Niemand die Hindus beschuldigen, daß sie den Einfluß der Kaste zu gering angeben. Von dem übrigen Indien wage ich nicht zu sprechen, aber in der Hügelgegend des Panjab ist sicherlich die Kaste eine ebenso rein sociale Einrichtung, wie in England Morgenbesuche oder Tischgesellschaften. Sie schließt die nationale Religion nicht aus, aber sie hängt nicht von ihr ab. Sie unterscheidet sich dem Grade, aber nicht der Art nach von den Standesunterschieden, die in der europäischen Gesellschaft bestehen. Die letztere schließt den Ungebildeten (wenn er nicht den Mangel an Bildung durch andere Vorzüge ausgleichen kann) oder den Mann aus niedrigerem Stande ebenso streng von ihren Tischen aus, als schnitte sie ihn förmlich von der socialen Huhká und dem Wasser ab. Der einzige Unterschied liegt darin, daß die Hindu-Einrichtungen complicirter sind, und daß sie das ganze Leben hindurch dauern, während in England unter Umständen die Schranke durchbrochen werden kann. Man macht den englischen gesellschaftlichen Sitten häufig den Vorwurf, daß sie die Hindu-Kasten nachahmen. Aber ich glaube nicht, daß man überhaupt weiß, wie stark die Aehnlichkeit ist."

Neunzehntes Kapitel.

Uebersicht der charakteristischen Verhältnisse Turkistáns.

Die Heiligenbrücke bei Káshghar. — Flüsse und Ströme. — Die Größe der Stadt Yárkand. — Die Bevölkerung von Yárkand. — Die Vertheidigungs=werke von Yárkand und Káshghar. — Gassen und Bazárs. — Wildpret. — Kochkunst. — Kauf und Verkauf. — Münzwesen. — Erziehung. — Rechts=pflege. — Strafen. — Kriegsgefangene. — Handwerker und Tagelöhner. — Die Armee. — Preis der Lebensmittel. — Werth des Grundes und Bodens. — Besteuerung. — Klima, Staubstürme und Erdbeben. — Mineralproducte: Jade, Kupfer, Eisen, Blei und Gold. — Entfernungsmaße. — Tracht der Frauen.

Halben Wegs zwischen der Festung und der Altstadt Kásh=ghar (eine Strecke von fünf englischen Meilen) führt über den Fluß Kizil eine Brücke von acht Booten, die der Atalik=Ghâzi hat herstellen lassen.

Auf der andern oder Nord=Seite fließt dicht am Thore der Stadt ein großer Fluß, Namens „Tumân", mit einer Brücke von fünfundfünfzig Booten, die ebenfalls der jetzige Regent hat bauen lassen, während es früher dort nur eine Fähre von Boo=ten gab. Nach diesem kommen noch sechs Flüsse, deren entferntes=ster nach dem Namen Hazrat Apâk's genannt wird, dessen Heilig=thum an seinem Ufer steht.

Hier gab es früher eine sehr alte Brücke, die der Heilige selbst, ein früherer König von Ost=Turkistân, hatte bauen lassen; sie war so alt, daß es gefährlich war, sie zu passiren. Niemand wagte sie zu beseitigen oder eine neue zu bauen, da mehrere

Leute, die aus Mangel an Ehrerbietung Stücke Holz von der=
selben zum eigenen Gebrauch hinweggenommen hatten, durch die
übernatürliche Rache des Heiligen getödtet worden waren. Der
Eine hatte seinen Klotz kaum auf das Feuer gelegt, als er in
Splitter zerplatzte, von welchen ihm einer ins Gehirn eindrang,
so daß er starb. Ein Anderer hatte mit einem Balken von der
heiligen Brücke sein Dach ausgebessert, aber er fiel wieder her=
aus, ihm auf den Kopf, und tödtete ihn. So blieb die alte Brücke
zur Last und zum Schaden der Menschen stehen.

Als der Atalik kam und in seinen neuen Besitzungen die
nöthigen Verbesserungen vorzunehmen begann, sah er sofort die
Schwierigkeit ein, die ihm hier entgegentrat. Wie sollte er eine
gangbare Brücke herstellen, ohne den Aberglauben seiner Unter=
thanen zu verletzen? Es gelang ihm ganz vortrefflich. Er brachte
dem Heiligthume Hazrat Apâk's ein Opfer von zehn Kameelen,
zehn Farren und zehn Schafen, und nachdem er so den Heiligen
versöhnt hatte, hob er selbst mitten unter dem Geschrei „Allaho=
akber" (Gott ist groß) den ersten Klotz von der Brücke ab. Alle
seine Edelleute und Officiere nahmen die übrigen Planken und
brachten sie in feierlichem Zuge zu dem Heiligthume, wo sie als
geweihtes Holz, das nicht durch gemeinen Gebrauch entweiht
werden durfte, in gehöriger Ordnung aufgestellt wurden. Nach=
dem er so die privilegirte Last los war, ließ er an ihrer Stelle
eine neue Brücke bauen.

Die oben erwähnten acht Flüsse zweigen sich sämmtlich un=
gefähr anderthalb Tagemärsche oberhalb Kâshgar von selbst
von einem Mutterstamme ab. Dieser Mutterstamm jedoch wird
durch zahlreiche Nebenflüsse gebildet, die neun bis zehn Tage=
märsche westlich von Kâshgar in dem Gebirge entspringen.

In ähnlicher Weise kommen die fünf Ströme, die wir zwi=
schen Yepchang und Kâshgar überschritten, durch einen Stamm=
strom von den Gebirgen und Gletschern her. Die beiden Haupt=
ströme sind der Karasu (der mittlere) und der Telwachuk (der
große, der Yepchang am nächsten liegt).

Der Fluß, den man dicht an Yang-Hissâr überschreitet, ist
der Shahnâs. Er soll in einem kleinen See, Namens Karakül,
entspringen, der auf der Ostseite des Gebirges liegt und von

dem großen See Karakül in der Pamirsteppe ganz verschieden ist.

Dies Letztere erklärt wahrscheinlich die Verlegenheit, in welche die Geographen durch die Annahme gerathen sind, daß einer der Kâshgharischen Flüsse aus dem See Karakül auf dem Pamir entspringe, der zu einem ganz anderen Flußbecken gehört, indem er sein Wasser westwärts nach dem Oxus hin entsendet.

Eine zuverlässige statistische Uebersicht in den hiesigen Ländern zu erlangen, ist schwer. Die Bevölkerung der Städte ändert sich fortwährend, wegen der großen Menge Fremder, die zu gewissen Zeiten dort zusammenkommen.

Die Größe der Stadt Dârkand versuchte ich auf folgende Weise zu ermitteln. Meine Diener umschritten die Mauern Stück für Stück, so daß sie keinen Verdacht erregten. Sie gingen zu einem der fünf Thore hinaus und schritten bis zum nächsten, begaben sich dann wieder in die Stadt und kamen für diesen Tag nach Hause. Die Entfernung notirten sie dadurch, daß sie alle hundert Schritte ein Maiskorn aus einer Tasche in die andere steckten. Diese Körner brachten sie mir, und ich zählte sie. Jeder Diener that dies für sich, ohne Rücksicht auf die anderen. Indem wir dieses Verfahren für die einzelnen Abtheilungen der Mauer mehrmals wiederholten, die verschiedenen Angaben mit einander verglichen und daraus ein Mittel nahmen, das dann von Schritten auf Meter reducirt wurde, hoffe ich ein ziemlich richtiges Resultat erlangt zu haben.

Den Umfang berechne ich auf nahezu vier englische Meilen. Freie Plätze oder Gärten, die man in Anschlag bringen könnte, gibt es kaum. Nach meiner Berechnung, die sich auf die durchschnittliche Anzahl Thüren in einer Strecke Gasse u. s. w. von hundert Meter gründet, hat die Stadt Dârkand 25,000 Häuser.

Nun sind die Bewohner sehr dicht zusammengedrängt; einer meiner Diener vergleicht sie mit den jungen Hühnern in einem Hühnerhause, ein anderer mit den Beeren an einer Weintraube. Die Zahl der Kinder, die man überall sieht, ist erstaunlich. Drei Personen auf ein Haus ist daher ein niedriger Anschlag. Daraus ergibt sich, daß die Altstadt Dârkand nicht weniger als 75,000 Einwohner haben kann. Die Neustadt oder Festung ist viel kleiner (ungefähr 1000 Meter ins Geviert) und ist voll

freier Plätze, da sie von den wohlhabenderen und regierenden
Klassen bewohnt wird. Aber sie enthält auch die Kasernen, so
daß sie nicht weniger als 5000 Einwohner haben kann. Ich
glaube daher, wenn man eine genaue Zählung vornähme, würde
man finden, daß die Stadt und Festung zusammen nicht weniger
als 80,000 Einwohner haben.

Die Stadt Kâshghar zu besuchen, hatte ich keine Gelegenheit;
aber meine Diener sagten, sie sei größer als Yârkand.

Die Festung oder Yang=Shahr von Kâshghar, die ungefähr
fünf Meilen südlich von der Stadt liegt, hat von Osten nach
Westen eine Länge von etwa 1000 Meter. Die Breite von Nor=
den nach Süden beträgt etwas über 800 Meter — das heißt,
eine halbe englische Meile.

Von dem einzigen Eingangsthore in der Mitte der nörd=
lichen Mauer an läuft ein breiter Bazâr quer durch die ganze Fe=
stung bis zu einem verrammelten Thore auf der Südseite. Etwa
hundert Meter von dem Eingangsthore befindet sich auf der lin=
ken Seite dieser Centralstraße ein breiter freier Platz vor dem
Palaste, der die Süd= und Ostseite dieses Platzes bildet. Mein
Haus stand eine kleine Strecke weiter unten in einer Gasse, die
gerade dem Schloßplatze gegenüber in die centrale Bazârstraße
auslief.

Die Festungswerke von Yârkand wie von Kâshghar bestehen
in einer zwischen dreißig und vierzig Fuß hohen Mauer, die aus
in der Sonne getrockneten Backsteinen gebaut und mit Schlamm
verblendet ist. Die Mauern sind an der Basis zwischen dreißig
und vierzig Fuß dick und verjüngen sich nach oben bis auf sechs=
zehn Fuß. Auf der Mauer läuft zwischen zwei Brustwehren, die
zu Musketenfeuer mit Oeffnungen versehen sind, eine zwölf Fuß
breite Straße herum. An den Ecken befinden sich Basteien, wäh=
rend die Courtinen durch Vorsprünge unterbrochen werden, von
welchen aus ein Flankenfeuer unterhalten werden kann. Außer=
halb der Mauer ist ein bedeckter Weg, den eine Brustwehr schützt,
und wieder auf dessen äußerer Seite liegt der Graben, der, oben
gegen sechsunddreißig Fuß breit, nach unten immer schmäler
wird und fünfzehn bis zwanzig Fuß tief ist.

Die Thore sind sorgfältig geschützt; um sie herum wird die
Mauer vierzig bis fünfzig Meter weit immer dicker. Das Thor

in der Hauptmauer steht dem durch die Brustwehr des bedeckten
Weges führenden Thore nicht gegenüber, und der Raum zwischen
beiden befindet sich in gutem Vertheidigungs=Zustande, indem
er eine Art Waffenplatz bildet.

Die Gassen oder Bazârs der Städte sind zehn bis fünfzehn
Fuß breit und viele sind zum Schutze gegen die Sonnenstrahlen
überdacht. Die verschiedenen Bazârs sind zu verschiedenerlei
Waaren bestimmt und werden nach denselben benannt. Mit
Wasser werden die Städte aus großen Behältern versehen, die
durch Kanäle gefüllt werden. In allen Gassen wird während des
Sommers Eis verkauft, das während des Winters in Gruben
gebracht worden ist. Scherbet mit Eis wird viel getrunken. Der
Becher voll Eis kostet einen „Phul" oder nicht ganz einen Pfen-
nig ($\frac{1}{12}$ Penny).

Wildpret, Fasane sowohl als Hochwild, kann man im Winter bekommen, wo es gefroren von dem Gebirge hereingebracht wird.

Vorzügliches Brod wird dadurch hergestellt, daß man es
über kochendem Wasser dämpft; die Brode werden dabei in Gefäße mit falschem Boden von durchbrochenem Holzwerk gelegt.
In ähnlichen Gefäßen werden auch verschiedene Delicatessen ge-
kocht, die gute und schmackhafte Nahrung geben, besonders das,
was die Turks „Mantu" nennen; dies sind in kleine Klöße ein-
geschlossene Kügelchen von Füllsel mit Fleischsaft. Sie sind wirklich delicat.

Der ganze Handel in den Bazârs wird schweigend mit den
Händen abgemacht. Der Verkäufer, der Käufer und alle die zu-
dringlichen Helfer, die nie ermangeln, bei dieser Gelegenheit sich
zu melden, ziehen ihre langen Aermel über die Hände und thun
auf diese Weise Gebote, indem sie einander an den Fingern
ziehen und sagen: „So viele Hunderte", — ein Zug an den
Fingern. „So viele Zehner", — wieder ein Zug, — „und so
viele Einer", — noch ein Zug. Sie scheinen zu glauben, daß
kein Gebot gültig sei, wenn es nicht auf diese Weise gethan
worden ist *).

Wenn die Zeit zum Bezahlen kommt, so hat man einige

---

*) Marco Polo erwähnt dies ebenfalls.

Schwierigkeit wegen der unbequemen Beschaffenheit der Münze. Ein Silber=„Kurus" oder „Yambu" (dessen Werth beinahe 17 Pfund Sterling oder 113 Thaler beträgt) hat in kleiner Münze etwa 1100 „Tangas". Aber der „Tanga" selbst ist nur eine nominelle Münze; er besteht aus 25 kleinen Kupfermünzen, in welchen sich Löcher befinden und die man „Dahchin" nennt. Diese werden auf eine Schnur gereiht, und die Menge derselben, die erforderlich ist, um den Werth eines der genannten Silberbarren auszugleichen, hat natürlich ein beträchtliches Gewicht. Ich ließ einmal einen „Kurus" wechseln; da mußten meine Diener, um das kleine Geld nach Hause zu bringen, einen Esel miethen.

Ich glaube, das ist der Grund, warum so wenig Baargeschäfte vorkommen; fast jeder Kauf und Verkauf geschieht durch Tauschhandel oder auf Rechnung. Kaufleute, die große Eile haben, müssen sich, wenn sie baar und sofort bezahlt sein wollen, sehr oft mit einer geringeren Summe abfinden lassen, als ihre Forderung beträgt.

Das hiesige Längenmaß, das „Alchin" heißt und ungefähr achtundzwanzig englische Zoll hält, muß wohl dasselbe sein wie das russische Maß, das man „Arschin" nennt und das dieselbe Länge hat. Es ist ein vortrefflicher Beweis für den Fortschritt des russischen Handels, daß selbst die hier zu Lande gebräuchlichen Maße von Rußland entlehnt wurden.

Anstalten für die Erziehung gibt es sehr viele, wenn sie auch auf ziemlich niedriger Stufe stehen. In jeder Gasse, wo eine Moschee steht, ist mit derselben eine Elementarschule verbunden. Für Schüler reiferen Alters (von fünfzehn bis zwanzig Jahren) gibt es in der Stadt Yârkand Gymnasien, fünfzig bis sechszig an Zahl. In jedem können durchschnittlich hundert Schüler unterrichtet werden, und sie sind alle gut mit Ländereien dotirt.

Außer dem Grundvermögen der Schule zahlt jeder Schüler eine geringfügige Summe, aber sie lernen weiter nichts als lesen und schreiben, den Koran hersagen (und zuweilen seine Bedeutung verstehen) und kraft ihrer Fähigkeiten sich „Mullah" schreiben.

Seit der Zeit der Chinesen hat die Zahl der Gymnasien zugenommen. Der Atalik hat eben in Yârkand zwei neue gebaut und dotirt, auch große von Bäumen beschattete Wasserbehälter für sie herstellen lassen.

Seit der Ankunft des Atalik und seiner Andijânis sind die Gebräuche des Jslâm nach dem Beispiele Vokhâras des Heiligen sehr streng durchgeführt worden. Der Kâzi, oder die religiöse Behörde, durchwandert immer mit seinen Trabanten die Gassen, wie ein Proctor von Cambridge mit seinen Bullenbeißern. Sie sind mit einem eigenthümlichen breiten Lederriemen bewaffnet, der an einem kurzen hölzernen Griff befestigt ist, und züchtigen mit diesem Lederriemen alle Männer, die sie ohne Turban finden, und alle Frauen ohne Schleier. Wenn man sie kommen sieht, geht ihnen Jedermann eilig aus dem Wege, denn sie könnten doch irgend einen Fehler finden.

Der Kâzi bestraft auch in summarischer Weise ·mancherlei unehrliche Handlungen. Meine Diener sahen einst, wie ein Mann mit einer Waage um den Hals im Bazâr umhergeführt wurde. Ein Beamter vollzog die Strafe, indem er ihn mit dem Riemen auf die bloßen Schultern hieb, während ein anderer vorausging und sein Vergehen bekannt machte; er hatte in seinem Fleischergeschäft eine falsche Waage benutzt.

Wichtigere Fälle bleiben dem Kâzi Kalân (oder Oberrichter) vorbehalten, der seine Sitzungen im Palaste des Dâd-Khwâh in Yârkand hält, und dessen Urtheile von dem Letzteren bestätigt werden, besonders wenn er die Todesstrafe zuerkennt.

In Kâshghar untersucht der König viele Fälle selbst und macht sie ab. Jeden Morgen gegen acht oder neun Uhr kommen alle seine Officiere und begrüßen ihn. Er sitzt auf einer erhöhten Flur in einer Art Veranda, und die Officiere treten zu Fünfen heran und salâmen ihn, während er eintönig erwidert: „O aleikum as-Salâm". Die niedrigeren Officiere und der größere Theil der garnisonirenden Truppen kommen dann zu Zwanzig oder Dreißig bis an das äußere Thor des Hofes heran und grüßen ihn dort von ferne. Wer eine Bitte anzubringen hat, bleibt zurück, bis das Ceremoniell vorüber ist, wo dann der König die Gesuche anhört.

Hierauf geht er in der Regel hinaus, setzt sich in das geräumige, überdachte Thor der Festung und bietet allen seinen Unterthanen Gelegenheit, sich ihm zu nahen. Sie haben die größte

Freiheit, mit ihm zu sprechen, aber wehe dem, der gar zu vor-
laut ist und diese Freiheit benutzt, um Seine Majestät mit ge-
ringfügigen oder unwahren Klagen zu belästigen.

Die Gefangenen werden auf keine bestimmte Zeit eingesperrt.
Der Kerkermeister legt ihre Namen zu gewissen Zeiten dem Könige vor, um dessen Befehle einzuholen. Seine Majestät verfügt
dann die Entlassung derjenigen, deren Bestrafung er für genü-
gend hält. Aber Gefängnißstrafe wird nicht oft verhängt. Kleinen Dieben werden die Hände abgehauen; größere Verbrecher
werden mit dem Tode bestraft. Einer der in Káshghar dienenden
Officiere aus Pathan behauptet, wenn der Atalik glaube, daß
seine Leute zu selbstständig (oder, wie der Afghane es ausdrückt,
„mast") werden, so ließe er Einigen die Kehle abschneiden und
die Leichen hier und da umherlegen, „pour encourager les
autres."

Die höchsten Räthe des Königs sind zwei alte Männer, Namens Haider Beg Dâd-Khwâh und Nar Kol. In der Regel aber
berathet er für sich allein. Nach den Genannten kommen vier
Veziere, Namens Jsmail Beg Turra, Kâmil Beg Turra, Sayad
Turra und Jkbâl Beg Turra. Diese Alle gehören zu der Familie Khoja's, des früheren Herrschers von Ost-Turkistán; zu
derselben Familie gehörten auch Buzurg Khan, den der Atalik
verbannt hat, und Wallé Khan, den er hat umbringen lassen.

Hierauf kommen dem Range nach zunächst die Panjab-Bashis*),
dann die Officiere mit dem Titel „Umra", dann die Yuz-Bashis
u. s. w. Ming-Bashis**) und „Lashkar-Bashis" (Führer von
Armeen) werden, wie ich glaube, als besondere Officiere nur in
Kriegszeiten ernannt.

Man versichert mich, daß der Atalik-Ghâzi nie Kriegsgefangene umbringen läßt, diejenigen ausgenommen, die er als
politische Verbrecher betrachtet (wie zum Beispiel den Rebellen-
Häuptling von Sarikol). Die Hinrichtung geschieht bei Dieben
in der Regel durch Hängen; anderen Uebelthätern wird mit einem
langen spitzigen Messer die Kehle abgeschnitten; das Messer wird

----

*) Dem Namen nach „Führer von fünfhundert Mann".
**) Dem Namen nach „Führer von tausend Mann".

dabei von einer Seite zur andern in den Hals eingestochen und dann die Kehle nach vorn durchgeschnitten.

Ich fürchte, von der oben erwähnten allgemeinen Regel in Betreff der Kriegsgefangenen müssen ziemlich viele Ausnahmen gemacht werden. Erstens wurden alle Chinesen getödtet, die nicht Muselmänner werden wollten. Dies sollen in allen Provinzen, Civilisten und Soldaten zusammengenommen, nahe an 40,000 gewesen sein. Davon kam auf das Schwert des Atalik allerdings nur ein kleiner Theil, nämlich die Besatzungen von Yangi-Shahr, Kâshghar und vielleicht Maral-Bashi. Die Uebrigen waren vorher von den Tungânis und den Bewohnern des Landes niedergemetzelt worden.

Die Verwaltung befindet sich gegenwärtig hauptsächlich in den Händen der Andijânis. Die Gouverneure von Aksu, Kâshghar, Yang-Hissâr, Yârkand, Poskyam, Guma und Sanju gehören dieser Nation an, während die Gouverneure von Kargalik und Khoten Yârkandis sind; der Vezier des Letzteren ist aber wieder ein Andijâni.

Das Volk wird nicht tyrannisch behandelt. Es gibt hier zu Lande keine Zwangsarbeit, keine „Frohndienste", wie sie zum Beispiel in Kashmir und selbst in unseren eigenen Hügeldistricten des Panjab zur Schande noch bestehen. Alle öffentliche Arbeit wird in Ost-Turkistân von den Soldaten verrichtet; sie bauen sogar die Häuser, graben die Kanäle u. s. w. In Kâshghar war in der Nähe meines Hauses ein großes Schneidergeschäft. Es wurden dort Kleider gefertigt; aber die Schneider waren lauter Soldaten und gingen jeden Morgen zum Exercieren. Gibt es einmal ausnahmsweise viel zu thun, so werden Leute angenommen, aber ohne Zwang, und bekommen einen regelmäßigen Lohn, der täglich ein bis zwei „Tangas" (ungefähr drei bis sechs Groschen) beträgt.

Ich habe bemerkt, daß hier die Bauern nicht so gedrückt werden, wie dies in Kashmir in so auffälliger Weise geschieht. Jeder Dienst wird bezahlt; thut man dies in ungenügender Weise, so weigern sich die Leute ihn zu leisten. Das Holz, das wir zur Feuerung brauchten, wurde regelmäßig von den Beamten des Atalik, die mit der Beschaffung dessen, was wir nöthig hatten, beauftragt waren, an der Thür gekauft. Meine Diener sahen stets das Geld auszahlen; der Preis betrug für die Eselsladung vier „Tangas" (etwa dreizehn Groschen).

Die Arbeiter machen für einen guten Tagelohn auch eine gute Arbeit. Gerade hinter meinem Hause in Kâshghar waren unter der Mauer der Festung einige Männer mit der Herstellung eines Melonengartens beschäftigt. Zu diesem Zwecke mußten sie eine große Masse Erde fortschaffen, und das thaten sie so wacker wie Engländer. Meine Guddi-Diener pflegten zu bemerken, daß sie ganz anders arbeiteten als der sorglose, faule indische Kuli. Was sie (drei Mann) in einem Tage machten, dazu hätten sicher= lich ein Dutzend Kulis dieselbe Zeit gebraucht. Sie bekamen den Tag einen „Tanga" (etwa drei Groschen) und arbeiteten, wenn ihr Arbeitgeber (ein Schuhmacher) abwesend war, ebenso stark, als wenn er zugegen war. (Dies habe ich selbst bemerkt.) Sie benutzten die indische „Phaura" oder breite Hacke.

Die Officiere der Armee werden dadurch bezahlt, daß ihnen die Einkünfte von so und so viel Häusern oder Dörfern (in Na= tura) überlassen werden. Die Mannschaften erhalten täglich einen „Tanga" Löhnung und werden vom Könige gekleidet und ge= speist. Auch ihre Pferde gehören dem Könige. Außerdem werden unter die Officiere sowohl wie unter die Mannschaften häufig Geschenke (Röcke, Stiefeln u. s. w.) vertheilt, besonders wenn sie zu irgend einem Dienste verwendet werden.

Die Lebensmittel sind wohlfeil. Mehl kostete im Frühlinge 1869 der „Chárak" 90 „Phuls" (oder etwas mehr als 26 eng= lische Pfund zehn Groschen)*) Man sagt, dies sei der dritte Theil des Preises, den das Mehl etwas früher zur Zeit der chi= nesischen Herrschaft hätte. Die chinesischen Beamten pflegten, außer den in Natura geleisteten Abgaben an die Regierung, jährlich noch tausend „Yambus" oder 17,000 Pfund Sterling nach Peking zu senden. Dies theilte mir Ala Akhund mit, der bei dem Stabe des chinesischen Gouverneur in Kâshghar Dolmetscher gewesen war. Er sagt, die Gesammtforderung an die Provinz Kâshghar, mit Einschluß der Löhnung für die in einzelnen Orten stationirten Truppen und des Gehaltes der Beamten, habe jähr= lich in runder Summe beinahe 100,000 Pfund Sterling betra=

---

*) Im Panjab ist es fast nie billiger als 18 englische Pfund zehn Groschen.

gen. Diese Abgaben wurden durch die eingebornen Fürsten ein=
getrieben, denn die Chinesen mischten sich in keiner Weise in die
innere Verwaltung des Landes. Aber die Ortsbeamten durften
plündern wie sie wollten. Unter der jetzigen Regierung dagegen
werden die Beamten zu strenger Rechenschaft gezogen, und wäh=
rend meines Aufenthaltes in Turkistân kamen drei Fälle vor,
wo Gouverneure wegen Erpressungen ihres Amtes entsetzt wurden.

Ueber den Werth des Grundes und Bodens theilt mir der=
selbe Mahrambaschi, Ala Akhund, Folgendes mit. Ein „Pâtmân"
Land ist, wie er sagt, so groß, daß man vierundsechszig Chârafs
Weizen darauf säen kann. Vierundsechszig Chârafs sind 990
englische Pfund, die in Kangra hinreichen würden, um gegen
fünfundzwanzig Gumaos zu besäen. Der Preis, für welchen
ein solches Stück Land früher in Kangra verkauft zu werden
pflegte, beträgt ungefähr 150 Rupis oder 15 Pfund Sterling
(sechs Rupis für den Gumao). Hier kostet es, wie der Mahram=
baschi sagt, fünf bis zehn Yambus, oder 850 bis 1700 Rupis.
Schlechtes Land kostet der Pâtmân zuweilen nur einen Yambu
oder 170 Rupis. Nimmt man den Durchschnittspreis zu fünf
Yambus, so ist der Werth des Landes hier fast neunmal so hoch,
als er im Kangra=Thale war, ehe man anfing, Thee zu bauen!
Und dabei hat das Silber im Verhältniß zum Gold hier einen
höheren Werth als in Indien*).

Die Steuern werden, wie der Mahrambaschi sagt, von den
Landwirthen in Natura erhoben; sie betragen ein Zehntel des
Ertrages. Zu diesem Zwecke sind in jedem Dorfe Sirkars oder
Einnehmer angestellt, die das königliche Getreide aufspeichern.
Diesen Sirkars gibt der König unter seinem Siegel Befehl, ge=
wisse Quantitäten Getreide an die Beamten abzugeben, wie zum
Beispiel: 1000 Chârafs Weizen an den und den Yuzbaschi,
500 Chârafs an den und den, 300 Chârafs an den Mahram=
baschi u. s. w. Dies bildet ihren dem Range angemessenen jähr=
lichen Gehalt. Geht der Vorrath eines Sirkar zu Ende, so mel=
det er es dem Ober=Sirkar in Kâschghar. Ich fragte, ob die

---

*) In den letzten Jahren war in Kangra der durchschnittliche Verkaufspreis
des Landes nur wenig, wenn überhaupt niedriger als derjenige, der oben für
Kâschghar angegeben wurde.

Sirkars sich Erpressungen erlaubten. Er lachte und sagte: „Wenn
sie es thäten, würden die Dorfbewohner sie tüchtig dreschen, und
sie würden nicht wagen, sich deshalb bei dem Könige zu beschwe-
ren, da er sie wegen ihrer Spitzbüberei würde umbringen lassen."
— „Unter den Chinesen", sagte er dann weiter, „herrschte große
Tyrannei — man nahm damals den vierten Theil des Ertrages."
Ich erzählte ihm von Kaschmir, wo die Steuern verpachtet und
wo der und jener Beamte dem Bauer zwei Drittel bis drei
Viertel von dem Ertrage seines Landes abnimmt! Er hielt mit
Entsetzen die Hände empor und schrie über den Kâfir, den Maharaja. Andere Steuern gibt es, wie er sagt, hier zu Lande
nicht. Der inländische Handel und die einheimischen Gewerbser-
zeugnisse sind unbesteuert, aber von allen Waaren und von allem
Vieh, das ins Land eingeführt wird, werden Zölle erhoben und
zwar eins von vierzig.

Ueber das Klima u. s. w. theilte mir ein gewisser Mohammad Ummar Folgendes mit. Es gibt drei Monate Winter und
vierzig Tage große Kälte, ebenso drei Monate Sommer und
vierzig Tage große Hitze. Der Weizen wird im October und
November gesät; die ersten jungen Schößlinge frißt das Vieh
ab, aber nach dem Winter wachsen sie wieder; im Frühlinge
wird noch mehr Weizen gesät; er reist aller zu derselben Zeit,
nämlich drei Monate später, aber der frühzeitig gesäte ist der
kräftigste. Der Sommer ist sehr heiß; die Leute leben draußen
in den Gärten und an den Ufern der Flüsse und fahren in
Karren umher.

Wie ich bemerkt habe, sind die Staubstürme in Turkistân
anders als in Indien. Dort kommt der Staub mit dem Winde,
der ihn von fern her bringt. Hier fängt der Wind ohne Staub
an, und erst wenn er eine Zeit lang geweht hat, füllt sich die
Luft mit Sand- und Erdtheilchen aus der Nähe an.

Yepchang, ein Dorf zwischen Kâshghar und Yang-Hissâr,
war der Schauplatz mehrerer Erdbeben. Die Stöße (täglich acht
bis zehn) dauerten acht Monate lang und hörten gegen den
Frühling des Jahres 1868 auf. Sie fingen mit einem heftigen
Stoß an, den man im ganzen Lande fühlte. Die folgenden Stöße
wurden nur innerhalb eines Radius von einer bis zwei Meilen
um Yepchang herum wahrgenommen. Drei schwache Stöße kamen

vor, während ich in Kāšghar war. Das Gewehr des Mahram=
baši, das an einer Wand lehnte, fiel um. Dies war am frühen
Morgen, und ich muß, da ich sie nicht bemerkte, geschlafen haben.

Die strenge Kälte des Winters macht eine besondere Art
Weinbau nothwendig, der um Jârkand allgemein betrieben wird.
Die Weinstöcke werden in Reihen gepflanzt und haben auf der
einen Seite ein schiefes Spalier, auf der andern Seite einen
Graben. Im Sommer werden die Reben über das Spalier ge=
zogen, während der Graben den Wurzeln Wasser zuführt. Vor
dem Eintritt des Winters werden sie von dem Holzwerk losge=
macht und in den Graben gelegt, wo man sie gut mit Erde be=
deckt, bis der Frühling kommt. Auf diese Art leiden sie nicht
durch die strengen Fröste.

Eines der werthvollsten Erzeugnisse Ost=Turkistâns war ge=
wöhnlich die Jade. Die Brüche befinden sich gegen sechs Meilen
oberhalb des Lagerplatzes Balakchi am rechten (oder nördlichen)
Ufer des Flusses Karakaš im Küen=Lün=Gebirge (unter 36° 18′
nördl. Breite und ungefähr 78° 15′ östl. Länge). Die centrale
Masse des Gebirges besteht aus Granit. Der Hauptbruch liegt
eine Strecke weit oben an der Bergwand, aber eine Menge
Trümmer sind bis auf das Niveau des Flusses herabgespült
worden und bilden eine Bank, in der man viel gegraben hat;
den Abraum hat man auf Haufen zusammengeworfen, während
viele Stücke roher Jade geringerer Qualität bloßgelegt sind. In
dem Bruche selbst laufen Galerien eine Strecke weit in den Berg
hinein, und Dr. Cayley sah Stücke Holz, Keile u. s. w. umher=
liegen, welche die Arbeiter zur Zeit des muselmännischen Auf=
standes, durch den im Jahre 1863—64 der chinesischen Herrschaft
ein Ende gemacht wurde, im Stiche gelassen hatten. Weiter den
Karakaš=Fluß hinauf sind Zeichen früheren Handelsverkehrs.
An einer Stelle gibt es ein Stück Weg, der auf der abschüssigen
Seite auf einer Mauer ruht; an einer andern Stelle steht eine
Gruppe steinerner Hütten. Diese Zeichen führen alle nach dem
Elchi Dewan (oder Paß) hinauf, der weiter oben am Karakaš
liegt und über welchen Mr. Johnson im Jahre 1865 nach Kho=
ten hinüberging. Dies muß die Route gewesen sein, welche die
chinesischen Bergleute gewöhnlich einschlugen, um nach den Jade=
brüchen zu gelangen.

Den ganzen Karakaſh-Fluß hinab findet man Stücke Jade
unter den Kieſeln im Strome. Dieſe werden an Werth dreimal
ſo hoch geſchätzt wie die Bruchſteine; man nennt ſie „Su Taſh"
oder „Waſſer-Steine". Es iſt wahrſcheinlich, daß durch das be-
ſtändige Umherſtoßen in dem reißenden Strome Riſſe, die ſich
etwa in dem Steine befanden, noch größer geworden und endlich
die Stücke abgeſprungen ſind. Daher kann man bei allen „Waſſer-
Steinen" ziemlich ſicher ſein, daß ſie keine Sprünge haben. Dies
gibt ihnen den Werth; denn bei den Bruchſteinen waren die
Arbeiter immer der Gefahr ausgeſetzt, viele Tage oder Monate
umſonſt gearbeitet zu haben, wenn ſich plötzlich ein Riß in dem
Steine zeigte, der jede weitere Bearbeitung deſſelben verhinderte.
Der Hauptwerth der Jade ſcheint in der kunſtvollen Arbeit gelegen zu haben, zu der ſie wegen ihrer Härte und Zähigkeit ſich
beſonders eignete. Ich habe noch nichts davon gehört, daß die
rohe, unbearbeite Jade überhaupt einen Werth habe, der zu dem
Werthe des fertigen Handelsartikels im Verhältniß ſtände. Dieſer Induſtrie-Zweig hat jetzt gänzlich aufgehört. Die Bearbeitung
ſoll in Khoten und Yârkand von chineſiſchen Arbeitern beſorgt
worden ſein. In Indien iſt, wie ich glaube, keine Jade-Arbeit
gefertigt worden, obgleich manche Muſter eine gewiſſe Aehnlichkeit mit indiſchen Modellen haben. Aber der rohe Stein iſt meines Wiſſens nie nach Indien eingeführt worden, wenn auch jedes
Jahr eine beträchtliche Anzahl aus Jade gefertigter Tändeleien
herübergebracht werden. Und ich habe in Yârkand ſelbſt Jade in
der Form, die indiſch ſein ſoll, bearbeiten ſehen.

Der Bruch am Karakaſh iſt nicht die einzige Stelle, wo Jade
gefunden wird. Ganz oben auf dem Sanju-Paſſe (dem Grim
Dewân) über dem nördlichen Kamme des Küen-Lün-Gebirges
drüben fand ich grobe Jade anſtehen; ſie bildete eine ſägeförmige
Klippe. Auch in einem Fluſſe, Namens Yurung-Kaſh, der von
demſelben Gebirge wie der Karakaſh nach Khoten hineinfließt,
findet ſich Jade. Die Endung kaſh iſt bei allen dieſen Wörtern
der Turkiſprache entnommen und bedeutet Jade.

Marco Polo erwähnt, daß in dem Bette eines Fluſſes, den
man wohl für identiſch mit dem Karakaſh halten darf, „Jaspis"
gefunden werde. Er meint wahrſcheinlich Jade. Auch Benedict
Goez beſuchte die Jade-Minen während ſeines Aufenthaltes in

Khoten. Es ist schon eine Stelle aus dem chinesischen Werke „Tausenderlei Klassisches" angeführt worden, in welcher es heißt: „Jade kommt von dem Gebirge Kwan-lun (Küen-Lün)."

Andere Mineralproducte Ost-Turkistans sind Kupfer, Eisen, Blei und Gold. Das Kupfer soll sich in der Nähe von Akfu finden. Das Eisen wird im Kizil-Tagh (Rothen Gebirge) west-lich von Yârkand gewonnen und in den Dörfern Toblok Kizil (so genannt von der „rothen" Farbe des Bodens) u. s. w., süd-lich von Yang-Hissâr verarbeitet.

Blei liefern einige Thäler in der Nähe von Sarikol, wo der Yârkand-Fluß aus dem Gebirge kommt. Auch in der Nähe von Kâshghar, in dem Gebirge, das die nördliche Grenze des Pamir-Plateau bildet, soll es Bleibergwerke gegeben haben.

Khoten ist wegen seines Goldes berühmt, das in mehreren Bergwerken unter dem Gebirge in der Nähe von Kiria, östlich von Khoten, gewonnen wird. Dieses Goldfeld steht wahrscheinlich mit dem ostwärts von Rudok und Gortok gelegenen, das kürzlich einer der „Pandits" Major Montgomerie's besuchte, in Verbin-dung. In dem Gebirge zwischen diesen beiden Schauplätzen berg-männischer Thätigkeit soll Gold existiren. In Kiria werden die Schachte bis zu einer gewissen Tiefe abgeteuft, um die goldhal-tigen Lager zu erreichen, deren Erde an die Oberfläche herauf-gebracht und dann in Wiegen gewaschen wird. Das Product ist eine Art grober Goldsand, wenn ich so sagen darf; es besteht aus Staub, der mit größeren oder kleineren Nieren oder Klümp-chen vermischt ist, von denen jedoch keines größer als eine Wind-sorbohne ist und die eine unregelmäßige Gestalt haben.

Gerüchtweise hörte ich von einer der Steinkohle ähnlichen Substanz, die sich in den ostwärts von Yârkand liegenden Jan-geln findet. Ich denke mir jedoch, daß in dem Gebirge von Andijân, in der Nähe der Stadt Ush, ohne Zweifel Steinkohle vorkommt. Ein Andijâni beschrieb sie mir unter dem Namen Tash-kümür (Stein-Holzkohle), der dem französischen Namen „charbon-de-terre" sehr nahe kommt. Wie er sagt, streicht eine Ader derselben in dem Gebirge zu Tage, und die Leute gehen zuweilen hin und lesen sich Stücke auf, um sie zu verbrennen, aber ein regelmäßiges Kohlenbergwerk wird nicht betrieben.

Ich versuchte die genaue Länge der Entfernung zu ermit-

teln, die eine „Tash" oder auf Persisch „Farsakh" (Parasang)
oder eine „Sang" genannt wird. (Das Wort „Sang" ist nur
eine Uebersetzung des Turkiwortes „Tash", so genannt von den
Steinen, die neben der Straße aufgestellt sind, um die Entfer=
nung zu bezeichnen.)

Ich entdeckte bald, daß sie weit mehr betrug, als die ge=
wöhnliche „Farsakh" Persiens, die nur vierthalb englische Meilen
hält. Sie ist aber wahrscheinlich, wie die „Stunde" der Schweiz,
mehr ein Zeit= als ein Entfernungs=Maß. In den meisten
Berggegenden sagt man, die Entfernung zwischen zwei Orten
sei, wenn man bergauf gehe, so und so viel, wenn man aber
herabkomme, nur so und so viel.

In den Ebenen Ost=Turkistáns reist man in einem schnellen
Schaukel=Trapp oder Paßgang, den die Pferde viele Stunden
hinter einander beibehalten. Hier ist daher die Anzahl Meilen,
die man in der Stunde zurücklegt, wahrscheinlich größer als in
Persien. Auch bemerkte ich, daß, wenn man in die Berge kommt,
die „Tash" an Länge abnimmt.

Die Eingebornen behaupten, sie sei 12,000 Schritte. Auf
der Straße zwischen Kargalik und Yârkand, wo die Entfernungen
durch Pfähle bezeichnet sind, ließ ich meine Leute mehrmals eine
„Tash" zu Fuße und zu Pferde nach Schritten abmessen. Zu
Fuße brachten sie 11,000 Schritte heraus, was, den Schritt zu
achtundzwanzig Zoll gerechnet, nahezu fünf englische Meilen, und
zu dreißig Zoll, fünf und eine Viertel=Meile beträgt. Zu Pferde
erhielten sie 5740 Doppelschritte. Galton berechnet in seiner
„Kunst zu reisen", daß 950 Doppelschritte eines Pferdes auf
eine englische Meile gehen. Darnach würde die „Tash" gerade
sechs englische Meilen betragen. Bei dem Paßgange aber sind
die Schritte des Pferdes kürzer. Die „Tash" beträgt wahrschein=
lich gegen fünf englische Meilen: eine Entfernung, die wir ge=
wöhnlich in der Stunde zurücklegten. Mit dieser Rechnung stim=
men auch die Breitengrade überein.

Von den Längenmaßen zu der Tracht der Frauen ist ein
schroffer Uebergang, aber ich muß über den letztgenannten Ge=
genstand ein Paar Worte sagen. Die Kleidung der Männer habe
ich schon beschrieben, die der Frauen aber nicht. Im Winter
tragen die letzteren einen kleinen Pork=pie=Hut, der ringsum einen

aufgestülpten Pelzrand hat. Dieser Hut wird auf ein weißes
Kopftuch gesetzt, von dem der eine Zipfel sich auf der Stirn befindet, während der entgegengesetzte Zipfel auf den Rücken herab-
fällt und die beiden anderen Zipfel auf den Schultern ruhen.
Das übrige Kostüm besteht aus langen Röcken, die einer über
dem andern getragen werden, bis an die Knöchel reichen und
keine Taille haben.

Im Sommer aber ist die Kleidung eigenthümlicher. Der
gewöhnlichste Kopfputz gleicht der Kugel einer Lampe, die auf
den Hinterkopf gesetzt wird. Diese Kopfbedeckung ist in der Regel
weiß, bei den reicheren Klassen aber aus Seide oder Brocat hergestellt, die man steif macht und in die Gestalt einer Kugel
bringt. Die Kleidung für den Leib ist im Familienkreise und
bei den niedrigeren Ständen selbst in der Oeffentlichkeit eine
einfache: sie ähnelt dem Nachtgewande civilisirterer Länder und
reicht bis einen Fuß von der Erde hinab. Unter dem Gewande
treten die Enden weiter Hosen hervor; diese Enden sind in der
Regel gestickt und bestehen ganz aus einem verzierten und farbigen Stoffe, der am öftesten roth ist. Die Füße stecken in Stiefeln von rothem Leder mit hohen Absätzen: sie sollen bis an die
Kniee reichen. Geht aber eine Dame hohen Standes aus, so
zieht sie über alle diese Kleider noch ein langes Gewand von
schwarzem glattem und glänzendem Stoff, das bis auf die Erde
reicht, während die Aermel selbst die Fingerspitzen verbergen und
noch ein gutes Stück darüber hinausgehen, was man sparen
könnte. Vorn auf dem Kopfe wird ein kleines Horn angebracht,
das man durch viele Falten aus Calico oder einem anderen
Stoffe herstellt. Dieses Horn trägt eine Tunica von blumigem
Muslin mit Aermeln u. s. w., als ob es auf dem Leibe getragen werden sollte. Die Tunica hat jedoch die Sitte in eine Art
Mantille verwandelt, wie sie in Europa decretirt hat, daß eine
Husarenjacke auf der einen Schulter hängen soll. Das Gesicht
ist mit einem kleinen viereckigen Schleier bedeckt, der um den
Kopf gebunden wird, während die Mantille über den Kopf und
die Schultern bis an die Taille herabhängt. So ist jeder Theil
der schönen Yârkandi völlig verborgen, wie der Seidenwurm in
seinem Cocon.

Das Horn auf dem Kopfe soll der ursprüngliche Kopfputz

des Landes sein. Und damit stimmt eine Beschreibung überein, die sich in den Reisen Hwui Seng's, eines chinesischen Pilgers, findet, der Ost-Turkistän im Jahre 519 nach Christi Geburt besuchte. Er sagt: „Die königlichen Damen .... tragen ebenfalls auf dem Kopfe ein Horn, das acht Fuß (?) und noch länger ist; drei Fuß von seiner Länge sind von rothen Korallen ... Was die übrigen großen Damen betrifft, so bedecken sie sämmtlich ihre Köpfe in gleicher Weise; sie tragen Hörner, von welchen ringsum Schleier wie kostbare Baldachine herabhängen."

Die Hörner der jetzigen Zeit scheinen jedoch kürzer geworden zu sein, wenn nicht das Maß sich verändert hat, indem ein „Fuß" eigentlich ein „Zoll" war.

Das Haar der turkistänischen Damen wird über die Ohren hinweg in zwei lange Zöpfe geflochten, die auf dem Rücken herabhängen. Sie tragen kein Bedenken, diese Zöpfe durch künstliche Mittel noch stärker und länger zu machen. In Yârkand steht das Haar im Preise, und als mein Munshi (der in Indien sein Haar in losen Locken trug), ehe er Yârkand betrat, sich den Kopf nach der orthodoxen Mode scheeren ließ, waren die Karawanen-Leute ganz entrüstet, daß er das abgelegte Haar weggeworfen hatte; sie sagten ihm, es hätte eine beträchtliche Summe Geld eingetragen.

Die künstlichen Zöpfe, die man in allen Bazârs kaufen kann, sind aus kurzen Haaren gefertigt, die so zusammengeflochten werden, daß, indem am Ende der Haare mehrere Zoll ungeflochten bleiben, die centralen Flechten ganz verborgen sind. Mehrere derselben vereinigt, bilden einen ganz ansehnlichen Schwanz.

Schmuck tragen die Damen gewöhnlich nicht, da derselbe ihrer Religion zuwider ist. Gold darf Niemand an sich tragen; aber es gelang mir eine Anzahl hübscher Schmucksachen von Silber zu bekommen, die sehr geschmackvoll mit Türkisen und Korallen besetzt sind. Es war ein Armband, vier große eichelförmige Knöpfe, die man vorn am Kleide befestigt, zwei Talisman-Kapseln, die man an beide Schultern hängt, und ein Paar Ohrringe, die so gemacht sind, daß die Gehänge die innere Seite der großen Ringe einnehmen, die an den Ohren hängen.

Die indische Sitte, den Frauen die Nasen zu durchstechen,
um an denselben gewaltig große Ringe zu tragen, betrachten die
Yârkandischen Damen als ganz barbarisch. Aber ein wenig künstliche Farbe für ihre Wangen zu benutzen, darüber sind sie noch
nicht hinweg. Zu diesem Zwecke wird in den Bazârs gefärbte
Baumwolle verkauft, die, wenn man sie schwach anfeuchtet und
das Gesicht mit ihr reibt, den Wangen eine Blüthe verleiht, die
selbst auf europäischer Haut nicht unnatürlich aussieht.

Anhang.

Aus Cunningham's „Ladât".

Die Ueberschwemmung des Shayok und Indus. *)

Im December 1840 und im Januar 1841 hatte der Indus zwischen Torbela und Attock einen ungewöhnlich niedrigen Wasserstand. Im Februar und März wurde er noch niedriger und ließ sich sogar nicht weit oberhalb Attock durchwaten; im April und Mai aber war dies, obgleich er noch immer sehr niedrig

---

*) Es wird hier eine passende Stelle zu der Bemerkung sein, daß verschiedene, zur Aufstellung einer Ansicht sehr competente Männer (z. B. Generalmajor Strachey und Major Montgomerie) behaupten, der Durchbruch der Barrière im Shayok und die große Ueberschwemmung bei Attock im Jahre 1841 hätten in keiner wesentlichen Verbindung mit einander gestanden: Mr. Shaw scheint dies aber nicht gewußt zu haben. Wäre dem Indus blos das Wasser entzogen worden, das ihm der Shayok zuführt, und zwar an einem Punkte, der nur einige vierzig Meilen von den Quellen des letzteren liegt, so hätte dadurch wohl unmöglich eine große und handgreifliche Verminderung der Wassermasse des Indus bei Attock, 350 Meilen weiter unten, eintreten können, denn ehe der Fluß Attock erreicht, hat er eine große Anzahl andere bedeutende Nebenflüsse aufgenommen. Man vergleiche die Mittheilung von Major T. G. Montgomerie über eine andere große Ueberschwemmung, die Attock am 10. August 1858 erreichte, im „Journal of the Asiatic Society of Bengal" für das Jahr 1860, S. 128—135. Man muß bedenken, daß uns eine lange Strecke des Haupt-Indus, zwischen Ghilghit und Torbela, selbst jetzt noch absolut unzugänglich ist.

stand, nicht mehr möglich, da die Tiefe des Flusses durch den geschmolzenen Schnee sehr zugenommen hatte.

Anfangs Juni wurde die Barrière durchbrochen und das Wasser, das beinahe sechs Monate sich angesammelt hatte, stürzte mit vernichtender Gewalt das enge Thal des Shayok herab, Alles mit sich fortreißend. Häuser und Bäume, Männer und Frauen, Schafe und Ziegen schwammen mit fort und alle die angeschwemmten Flächen im Bette des Flusses, die man mit großer Mühe und Sorgfalt bewässert hatte, wurden in einem Augenblick zerstört. Dies geschah in der Mitte des Monats Jyeth, im Sambat-Jahre 1898, oder ungefähr den ersten Juni des Jahres 1841 nach Christi Geburt. Nach dem Zeugnisse der Bewohner von Chalung und Tartuk, an der westlichen Grenze von Chorbat, gingen die Wogen der Ueberschwemmung um zwei Uhr Nachmittags an ihren Dörfern vorüber. Da diese Dörfer auf entgegengesetzten Seiten des Flusses und zehn Meilen von einander entfernt stehen, so kann die Uebereinstimmung des Zeugnisses wohl als Beweis für dessen Richtigkeit angesehen werden. Zwei Tage später und genau zu derselben Stunde ging die Fluth an Torbela vorbei, das 550 Meilen von den genannten Dörfern liegt. Die Stromschnelligkeit beträgt daher 11·4583 Meilen in der Stunde oder 16·81 Fuß in der Secunde, was nur die Hälfte der Schnelligkeit der Fluthwelle im Val de Bagnes im Jahre 1818 bei ihrem ersten Einbruch in das Thal der Rhone ist. Der Fall von dem Khundan-Gletscher bis Torbela ist 16,000 Fuß, oder gerade zwanzig Fuß auf die Meile.

Die verheerenden Wirkungen der schrecklichen Fluth waren im Jahre 1847 noch immer ganz frisch. Bei Tertse, an einer der breitesten Stellen des Thales, konnte man sie bis zu einer Höhe von mehr als zwanzig Fuß über dem Flusse verfolgen; dort lagen über eine halbe Meile von dem Bette des Flusses, wie es im October des Jahres 1847 war, Stroh und Zweige in zwei bis drei Fuß breiten Linien zusammengehäuft. Aber die auffallendste Wirkung der Fluth war die, daß in dem Thale des Shayok kein Baum mehr zu sehen war, während das Seitenthal Nubra voll über hundert Jahre alter Bäume stand. In dem Bette des Shayok gab es natürlich viele junge Bäume; aber sie waren erst einige Jahre alt. Im Khapolor-Districte sah man in Surma und an anderen Orten viele Obstbäume mitten in großen Strecken Sand und Kies stehen .... Der Hauptverlust an Leben kam im Districte Nubra vor, wo das Thal des Shayok sich erweitert, bis es ungefähr eine halbe Meile breit ist. Dort wurden die Schäfer und Hirten mit ihren Schaf- und Rinder-Heerden mitten auf der freien Ebene überwältigt, ohne daß sie entrinnen konnten. In dem unteren Theile des Thales, wo das Flußbett eingeengt ist und wo die Dörfer in der Regel hoch über dem Wasser stehen, kam kein Verlust an Leben vor. Selbst in den tiefliegenden Weilern, im Bette des Flusses, war der Lebensverlust nur unbedeutend, denn das ferne Brausen des tosenden Wassers war für die Bewohner, welche die Ueberschwemmung von 1833 mit angesehen hatten, eine genügende Warnung, und sie flüchteten sich alle, mit wenigen Ausnahmen, die Berge hinauf.

Die Wirkung der Ueberschwemmung in Torbela ist von Major James Abbott nach der mündlichen Mittheilung eines Augenzeugen, Ashraf Dhan von Torbela, so genau geschildert worden, daß ich sie hier vollständig wiedergeben will. „Gegen zwei Uhr Nachmittags wurde von Nordosten her im Gebirge ein dumpf rauschender Ton gehört, der immer stärker wurde, bis er allgemeine Aufmerksamkeit erregte und wir zu fragen begannen: „Was ist das für ein dumpfes Rauschen? Ist es ein ferner Kanonendonner? Brüllt Gandgarh? Ist es Donner?" Plötzlich schrie Jemand: „Der Fluß ist da!" Und als ich hin sah, bemerkte ich, daß die trockenen Kanäle schon alle voll waren und daß der Fluß in einer völligen Mauer von Schlamm — denn wie Wasser sah er gar nicht aus — mit rasender Schnelligkeit hinabschoß. Wer ihn zur rechten Zeit sah, entkam mit Leichtigkeit; wer ihn zu spät bemerkte, war unvermeidlich verloren. Es war ein entsetzliches Gemisch von trübem Wasser, todten Soldaten, Bauern, Streitrossen, Kameelen, feilen Dirnen, Zelten, Maulthieren, Eseln, Bäumen und Wirthschafts-Geräthen, kurz Alles, was nur existirte, ging ordnungslos unter einander gemischt in einer und derselben Fluth unter; denn Raja Golab Singh's Armee lagerte in Kulai, drei Kos oberhalb Torbela, in dem Bette des Indus, um Painda Khan in Schach zu halten.

Ein Theil des Heeres verfolgte in jenem Augenblicke mit großer Eile den Feind, sonst wäre der Untergang noch umfassender gewesen. Die Uebrigen rannten: Manche nach großen Bäumen, die alle bald entwurzelt und mit fortgerissen wurden, Andere auf Felsen, die schnell unter dem Wasser standen. Nur diejenigen entkamen, die sich sofort nach der Bergwand flüchteten. Gegen 500 Mann von diesen Truppen wurden sogleich mit fortgeschwemmt. Der Schade war ungeheuer groß; viele hundert Acker urbares Land wurden von dem Wasser weggespült. Die ganzen Sisu=Bäume, welche die Ufer des Flusses schmückten, der berühmte Bargat=Baum mit vielen Stämmen, seit undenklichen Zeiten das beliebte Bivouak der Reisenden, waren alle in einem Augenblick verloren."

Soweit der Indus durch das Gebirge lief, war die Verheerung, welche diese schreckliche Ueberschwemmung in den tief liegenden Ländereien längs den Ufern des Flusses anrichtete, eine vollständige. Alles angebaute Land wurde weggerissen und auch nicht ein einziger Baum blieb stehen, um die Stelle zu bezeichnen, wo eine sorgfältige Bestellung und mühsame Bewässerung Hunderte von Jahren dem dürren Boden üppige Ernten abgerungen hatte. Die Felder, die Häuser und die Bäume gingen alle mit einander zu Grunde, während die Menschen und die Haus= thiere, Pferde und Ochsen, Schafe und Ziegen, in der Regel entrannen.

Das Verderben, das diese furchtbare Ueberschwemmung in dem Bette des Indus zwischen Torbela und Attock anrichtete, war so ungeheuer groß, daß „es Hunderte, wenn nicht Tausende von Jahren dauern wird, ehe die Zeit mit ihren heilenden Hän= den den Schaden jener Stunde wieder gutmachen kann. Die Einkünfte der Stadt Torbela haben sich dadurch von 20,000 auf 5000 Rupis vermindert. Chach ist mit kahlem Sande bestreut worden. Mit dem Nutzholze, durch das der Indus von der Zeit Alexanders bis zu diesem Unglückstage berühmt war, ist es jetzt so vollständig aus, daß ich mich in ganz Hazora vergebens be= mühte, einen Sisu=Baum zur Ausbesserung der Feld=Artillerie= Lafetten zu bekommen. Um nur einen dürftigen Ersatz zu bieten, streut der Fluß Goldstaub über den kahlen Boden hin, aber so, daß die Wäschereien mehrere Jahre hinter einander viermal so hoch verpachtet wurden, als sie eigentlich eintrugen."

Attock gegenüber wurde durch die gewaltigen Wogen der Ueberschwemmung das Wasser des Kabul-Flusses in seinem Laufe gehemmt und über zwanzig Meilen weit zurückgetrieben. Das Fort Akora und die Häuser des Dorfes Messabanda stürzten ein, und als ich sie im Januar 1848 sah, waren sie nur einzelne Trümmerhaufen . . . . . Dividiren wir die größte Wassermasse von 100,000 Kubik-Fuß, die sich in der Secunde ergoß, durch die ermittelte Schnelligkeit von 11·4583 Meilen in der Stunde oder 16·81 Fuß in der Secunde, so erhalten wir 5948 Quadrat-Fuß als Durchschnittsfläche der Fluthwelle. Daraus habe ich berechnet, wie hoch der Fluß an verschiedenen Stellen des Bettes seiner Breite gemäß gestiegen ist. Diese Höhen geben jedoch nicht das wirkliche Steigen des Wassers, das unmittelbar oberhalb jeder schmalen Stelle des Bettes stets größer gewesen sein muß.

	Breite des Flusses.	Steigen.
Oberhalb Tertse	250 Fuß	23·79 Fuß
In der Nähe von Tartak . .	100 „	59·48 „

Unterhalb Tertse war, wie durch die breiten Linien von Stroh und Zweigen ermittelt wurde, welche die äußersten Grenzen der Ueberschwemmung bezeichneten, die Höhe der Fluth zwischen zwanzig und dreißig Fuß. Auf der freien Ebene von Unmaru muß das Wasser wegen des Hindernisses, das sich seinem Laufe in den schmalen Betten zwischen Chalung und Tartuk bot, dieselbe Höhe wie in Tertse gehabt haben. Daraus erklärt es sich, daß die Linien von Stroh und Zweigen gegen eine halbe Meile von dem jetzigen Bette des Flusses lagen. Unterhalb der Mündung des Shayok verschmälert sich das Thal des Indus an manchen Stellen bis auf hundert Fuß und sogar noch weniger. An diesen Punkten muß daher das Wasser bis zu einer Höhe von wenigstens sechszig Fuß gestiegen sein und in dem eingeengten Bette des eigentlichen Indus oder Lé-Flusses eine beträchtliche Stauwelle veranlaßt haben. Und dies war wirklich der Fall; denn man soll die Wirkung der Ueberschwemmung beinahe dreißig Meilen den Indus hinauf wahrgenommen haben, während in Sarmak, zehn Meilen oberhalb der Vereinigungsstelle der beiden Flüsse, die tiefer gelegenen Cultur-Ländereien vernichtet und nicht weniger als 1200 Obstbäume von der Stauwasser-Fluth mit fortgerissen wurden.

In Skardo, wo der Fluß bis 520 Fuß breit wird, und wo die Sandflächen wenigstens dreißig Fuß über das allgemeine Niveau des Stromes sich erheben, breitete sich das Wasser wahrscheinlich nicht weit über die gewöhnlichen Grenzen aus. Die Steigung wird daher dort nicht mehr als zehn Fuß betragen haben. Unterhalb Skardo aber wird die Fluthwelle, zwischen Felsen eingeschlossen, wie der vorherrschende Charakter des Indusbettes durch den ganzen District Rongo ist, bis zu ihrer vollen Höhe von sechszig Fuß gestiegen sein, und an den „schroffen Engpässen" von Makpon-i-Shang-Rong muß das durch Krümmungen strömende Wasser sich wenigstens hundert Fuß hoch aufgestaut haben.

In Ghoritrap, unterhalb Attock, wo die Breite des Flusses nicht mehr als 250 Fuß beträgt, müssen die Wogen der Ueberschwemmung eine Höhe von wenigstens 23·79 Fuß erreicht haben, und daraus wird sich sofort die Höhe des Wassers in Attock erklären, wo in Folge eines plötzlichen Steigens von beinahe dreißig Fuß Höhe das Fort Khairabad unter Wasser gestanden haben soll.

Von Attock bis zum Meere setzte die Ueberschwemmung ihre Verheerung fort; aber ich habe nichts darüber erfahren können, wie viel Land überschwemmt und wie viel Menschen mit fortgerissen wurden. Nach den Zeitungen war die Verheerung der drei Deras, — Ismael Khan, Gazi Khan und Fateh Khan, — sehr groß, und ich glaube, über die näheren Umstände dieser außerordentlichen Ueberschwemmung können manche unserer vielen längs dem Indus stationirten britischen Officiere vielleicht noch eine Menge Mittheilungen sammeln.

Anmerkung. — Gegenwärtig sind im oberen Theile des Shayok auf den platten Fluß-Terrassen, die in dem Thale sich hinziehen, hier und da zerstreut, zahlreiche kleine Trümmerhaufen zu sehen. Sie bestehen aus Steinen und Kies von allen Größen, aber Alles stammt von einem Schieferfelsen. Nun ist die Formation des in der Nähe befindlichen Gebirges Granit und Gneiß, und Schiefer trifft man erst nahe am oberen Ende des Flusses, einige achtzig Meilen weiter oben. Fragt man die Eingebornen, wie das zugehe, so sagen sie, diese Haufen seien bei der großen Ueberschwemmung auf Eisblöcken herabgeführt worden; die Eisblöcke seien gestrandet, und als sie schmolzen, die Trümmer, mit denen sie beladen gewesen, liegen geblieben.

Diese Erklärung ist dem Anschein nach ganz richtig und zeigt, daß die Leute, die sie gaben, achtsam gewesen waren.

März 1871.

R. B. Shaw.

Ende.

Erläuterungen zu den beiden Karten.

Um die beiden Karten ganz genau wiederzugeben, sind sie für die deutsche Ausgabe nicht von Neuem lithographirt, sondern von den englischen Originalen blos übergedruckt worden. In der Schreibweise der Namen auf den Karten weicht der Verfasser mehrfach von der Schreibweise im Texte ab. Was das Richtige ist, mögen spätere Reisende entscheiden. Für die der englischen Sprache unkundigen deutschen Leser mag hier die Erklärung der auf den Karten vorkommenden englischen Wörter und vom Deutschen am auffallendsten abweichenden englischen Laute folgen:

Artush Pass, two day's march to Russian outpost on Naryn River = Artaih-Paß, zwei Tagemärsche von dem russischen Vorposten am Naryn-Flusse.

Bridge of 55 Boats = Brücke von 55 Booten.

by vor einem Ortsnamen = über.

Cashmere = Kaschmir.

Kirghiz = Kirghisen.

L.
Lake } = See.

M^t· = Berg.

Mountains
Mount$^{\underline{\cdot}}$
M$^{\underline{..}}$
M^{ts}· } = Gebirge.

or = oder.

P^k·
Peak } = Bergspitze.

Ra.
Range } = Bergkette oder Gebirge.

R.
River } = Fluß.

Road = Straße.
Snowy Peak = Schneegipfel.
to = nach.

Die abweichendsten Laute sind:

ee = i.
oo = u.
ow = au.

u lautet meistens wie ä, z. B. Yung = Yäng, zuweilen wie ü, z. B.
Sirikul = Sirikül, Kuen-Lun = Küen=Lün; zuweilen auch wie e,
z. B. Sutluj = Sätlej.

Die Consonanten werden wie im Texte des Buches gelesen.

————————

Druck von Graichen & Riehl in Leipzig.